JN437415

譯註唐六典

下

金鐸敏 主編

집필자 소개〔주편 외 가나다순〕

김택민: 고려대 문학박사 고려대 역사교육과 교수
저서 『중국고대 형법』『中國土地經濟史硏究』
『3000년 중국역사의 어두운 그림자』

김정희: 고려대 문학박사 동북아역사재단 책임연구위원
번역서 『망국의 황제』『中國歷史의 發展形態』

김진우: 고려대 문학박사 고려대 사학과 강사
학위논문 『중국고대 '효'사상의 전개와 국가권력』

김 호: 고려대 문학박사 아주대 인문학부 강사
학위논문 「唐 前期 皇帝의 威儀에 관한 硏究」

정순모: 고려대 문학박사 충남대 사학과 교수
학위논문 「唐後半期 鄕村社會의 地主層硏究」

하원수: 서울대 문학박사 성균관대 사학과 교수
논문 「唐代 名經科의 性格」「唐 前半期 進士科의 性格」 등

譯註唐六典 下

초판1쇄 인쇄일 2008년 12월 5일 / 초판1쇄 발행일 2008년 12월 8일

만든이 : 임성렬 / 만든곳 : 도서출판 신서원
주소 · 서울특별시 종로구 교남동 47-2(협신209호) 등록 제300-1994-183호(1994. 11. 9)
Tel (02) 739-0222 · 0223 / Fax (02) 739-0224
신서원 블로그 : http://blog.naver.com/sinseowon
ISBN 978-89-7940-088-5

역주당육전

하

김택민 주편

도서출판 신서원

범 례

1. 본 역주의 표점과 교감은 진중부(陳仲夫) 점교본 『당육전』에 의거하였다. 그러나 몇몇 이 점교본에 의문이 있는 것은 다른 판본과 비교하여 취하였다.
2. 원문의 문단 나누기는 기본적으로 저본에 따랐으나, 원문이 너무 길어 읽기에 불편하다고 생각된 곳은 단락 전체의 내용이해에 곤란을 주지 않는 범위 내에서 적절히 문단을 나누었다.
3. 역문에서 내용의 이해와 문맥의 순조로운 연결을 위해 말을 보충할 경우 ( )에 넣어 처리하였고, 원문을 제시할 필요가 있을 경우는 〔 〕에 넣어 처리하였다.
4. 역문의 문장부호는 한글맞춤법 원칙에 따랐으나, 필요한 경우 중간점을 사용했다.
5. 서명은 『 』로, 인용문은 " "로, 간접인용문과 강조어휘는 ' '로 표기하였다.
6. 정사(正史)와 『통전(通典)』·『자치통감(資治通鑑)』·『당률소의(唐律疏議)』·『문헌통고(文獻通考)』·『책부원구(冊府元龜)』·『문원영화(文苑英華)』·『송형통(宋刑統)』은 중화서국 표점본을 이용하였다. 『십삼경주소(十三經注疏)』·『직관분기(職官分紀)』·『태평어람(太平御覽)』은 중화서국 영인본을 이용했다. 『한관의(漢官儀)』·『한구의(漢舊儀)』는 중화서국 출판의 『한관육종(漢官六種)』을 이용하였다. 『당회요(唐會要)』는 상해고적출판사 표점본을 이용하였고, 권6에서만 세계서국 표점본을 이용하였다. 『대당개원례(大唐開元禮)』는 급고서원(汲古書院) 영인본을 이용하였다. 이밖에 자료의 서지사항은 각각의 주에서 밝혔다.

당육전〔하〕 목차

〔 〕안은 해당분야의 저·역자임

제 1 책[上]

제 2 책[中]

卷八 門下省
侍中
黃門侍郎
給事中 等
左散騎常侍 等
城門郎
符寶郎
弘文館
卷九 中書省
中書令
中書侍郎
中書舍人 等
左散騎常侍 等
集賢殿書院
史館
匭使院
卷十 秘書省
監 少監
著作局
太史局
卷十一 殿中省
監 少監
尙食局
尙藥局
尙衣局
尙舍局
尙乘局
尙輦局
卷十二 內官·宮官·內侍省
內官
宮官
尙宮局
尙儀局
尙服局
尙食局
尙寢局
尙功局
宮正
內侍省
內謁者
掖庭局
宮闈局
奚官局
內僕局
內府局
卷十三 御史臺
御史大夫 中丞
侍御史
殿中侍御史 監察御使
卷十四 太常寺
卿 少卿
兩京郊社署
諸陵署
永康興寧二陵署
諸太子陵署
諸太子廟署
太樂署
鼓吹署
太醫署
太卜署
廩犧署
汾祠署
兩京諸太公廟署
卷十五 光祿寺
卿 少卿
太官署
珍羞署
良醞署
掌醢署
권제16 衛尉寺·宗正寺
尉衛寺
卿 少卿
兩京武庫
武器署
守宮署
宗正寺
卿 少卿
崇玄署
권제17 太僕寺
卿 少卿
乘黃署
典廐署
典牧署
車府署
諸牧監
沙苑監
권제18 大理寺·鴻臚寺
大理寺
卿 少卿 等
大理正 評事 等
鴻臚寺
卿 少卿
典客署
司儀署
권제19 司農寺
卿 少卿
上林署
太倉署
鉤盾署
導官署
諸倉
司竹監
溫泉湯監
京都苑總監 四面監
諸屯監
九成宮總監
권제20 太府寺
卿 少卿
兩京諸市署
平準署
左藏署
右藏署
常平署

譯註 唐六典

『唐六典』

卷第二十一 國子監

御撰

集賢院學士兵部尙書兼中書令修國史上柱國開國公

臣 李林甫等奉敕注上

國子監

祭酒一人　司業二人　丞一人　主簿一人　錄事一人　府七人　史十三人　亭長六人　掌固八人

國子博士二人

助敎二人　學生三百人　典學四人　廟幹二人　掌固四人

太學博士三人

助敎三人　學生五百人　典學四人　掌固六人

四門博士三人

助敎三人　學生五百人　俊士八百人　典學四人　掌固六人

國子直講四人

大成十人

律學博士一人

助敎一人　學生五十人　典學二人

書學博士二人

學生三十人　典學二人

筭學博士二人

學生三十人　典學二人

국자감

좨주 1인　사업 2인　승 1인　주부 1인　녹사 1인　부 7인　사 13인　정장 6인　장고 8인

국자박사 2인[1)]

조교 2인[2)]　학생 300인[3)]　전학 4인　묘간 2인　장고 4인

---

1) 國子博士의 정원이 『通典』과 『舊唐書』는 『唐六典』의 기록과 같으나, 『新唐書』 권48, 百官3, 1266쪽에는 5인으로 되어 있다.

2) 國子助敎의 정원이 『舊唐書』는 『唐六典』의 기록과 같으나, 『通典』 권27, 職官9, 767쪽에는 3인으로 또 『新唐書』 권48, 百官3, 1266쪽에는 5인으로 되어 있다.

3) 國子學生의 정원이 『通典』·『舊唐書』·『新唐書』 選擧志上은 『唐六典』의 기록과 같으나, 『新唐書』 권48, 百官3, 1266쪽에는 80인(東都學生 15인 제외)으로 되어 있다. 그런데 이 國子學生의 정원

태학박사 3인[4)]

조교 3인[5)] 학생 500인[6)] 전학 4인 장고 6인

사문박사 3인[7)]

조교 3인[8)] 학생 500인[9)] 준사 800인[10)] 전학 4인 장고 6인

국자직강 4인

대성 10인

율학박사 1인[11)]

조교 1인 학생 50인[12)] 전학 2인

서학박사 2인[13)]

을 비롯한 『新唐書』 百官志에 나오는 6學의 학생수는 『唐會要』 권66, 東都國子監, 1371쪽에 나오는 元和2년 12월의 國子監의 上奏 내용과 일치한다. 따라서 『唐六典』과 『新唐書』 百官志에 보이는 國子監의 관원수의 차이 역시 唐前期와 唐後期의 변화상을 반영하는 것으로 생각된다.

4) 太學博士의 정원이 『舊唐書』는 『唐六典』의 기록과 같으나, 『通典』 권27, 職官9, 767쪽에는 2인으로, 또 『新唐書』 권48, 百官3, 1266쪽에는 6인으로 되어 있다.

5) 太學助教의 정원이 『舊唐書』는 『唐六典』의 기록과 같으나(『通典』에는 관련 기록 없음), 『新唐書』 권48, 百官3, 1266쪽에는 6인으로 되어 있다.

6) 太學學生의 정원이 『通典』·『舊唐書』·『新唐書』 選擧志上은 『唐六典』의 기록과 같으나, 『新唐書』 권48, 百官3, 1266쪽에는 70인(東都學生 15인 제외)으로 되어 있다.

7) 四門博士의 정원이 『舊唐書』와 『通典』은 『唐六典』의 기록과 같으나, 『新唐書』 권48, 百官3, 1267쪽에는 6인으로 되어 있다.

8) 四門助教의 정원이 『舊唐書』는 『唐六典』의 기록과 같으나, 『通典』 권27, 職官9, 768쪽에는 5인으로, 또 『新唐書』 권48, 百官3, 1267쪽에는 6인으로 되어 있다.

9) 四門學生의 정원이 『通典』·『舊唐書』·『新唐書』 選擧志上은 『唐六典』의 기록과 같으나, 『新唐書』 권48, 百官3, 1267쪽에는 300인(東都學生 50인 제외)으로 되어 있다.

10) 俊士의 정원이 『通典』과 『新唐書』 選擧志上은 『唐六典』의 기록과 같으나, 『舊唐書』와 『新唐書』 百官志에는 그 수를 명기하지 않았다.

11) 律學博士의 정원이 『通典』과 『舊唐書』는 『唐六典』의 기록과 같으나, 『新唐書』 권48, 百官3, 1267쪽에는 3인으로 되어 있다.

12) 律學學生의 정원이 『通典』·『舊唐書』·『新唐書』 選擧志上은 『唐六典』의 기록과 같으나, 『新唐書』 권48, 百官3, 1267쪽에는 20인(東都學生 5인 제외)으로 되어 있다.

13) 書學博士의 정원이 『舊唐書』와 『新唐書』는 『唐六典』의 기록과 같으나, 『通典』 권27, 職官9, 768쪽에는 3인으로 되어 있다. 그리고 『通典』과 『舊唐書』는 『唐六典』의 기록과 같이 助教에 대한 언급이 없으나, 『新唐書』 권48, 百官3, 1267쪽에는 '助教一人'의 존재를 명기해 두어 『唐六典』과

학생 30인[14)] 전학 2인

산학박사 2인[15)]

학생 30인[16)] 전학 2인

다르다.

14) 書學學生의 정원이 『通典』·『舊唐書』·『新唐書』 選擧志上은 『唐六典』의 기록과 같으나, 『新唐書』 권48, 百官3, 1268쪽에는 10인(東都學生 3인 제외)으로 되어 있다.

15) 筭(算)學博士의 정원에 대한 기록은 모든 문헌이 일치한다. 그런데 『通典』과 『舊唐書』는 『唐六典』의 기록과 같이 助敎에 대한 언급이 없으나, 『新唐書』 권48, 百官3, 1268쪽에는 '助敎一人'의 존재를 명기해 두어 『唐六典』과 다르다.

16) 筭學學生의 정원이 『通典』·『舊唐書』·『新唐書』 選擧志上은 『唐六典』의 기록과 같으나, 『新唐書』 권48, 百官3, 1268쪽에는 10인(東都學生 2인 제외)으로 되어 있다.

권제21 국자감

◎ **國子監: 祭酒一人, 從三品**; 『周禮』: "師氏以三德、三行敎國子: 一曰至德, 二曰敏德, 三曰孝德; 一曰孝行, 二曰友行, 三曰順行. 凡國之貴遊子弟學焉." 又: "保氏養國子以道, 敎之六藝, 謂禮、樂、射、御、書、數." 『漢官儀』云: "漢置博士祭酒一人, 秩六百石." 後漢以博士聰明有威重者一人爲祭酒. 韋昭『辨釋名』曰: "祭酒者, 凡讌饗必尊長老, 以酒祭先, 故曰祭酒." 徐廣曰: "古人具饌, 則賓中長者擧酒祭地, 示有先也." 魏因之. 晉武帝立國子學, 置祭酒一人. 『晉令』曰: "祭酒博士當爲訓範, 總統學中衆事." 傅暢「諸公讚」云: "裴頠爲國子祭酒, 奏立國子太學, 起講堂, 築門闕, 刻石寫五經." 「百官志」: "祭酒, 皂朝服, 介幘, 進賢兩梁冠, 佩水蒼玉, 官品第三." 東晉及宋、齊並同. 梁置國子祭酒一人, 班第十三, 比列曹尙書. 陳國子祭酒秩中二千石, 品第三. 後魏初, 第四品上; 太和二十二年, 增爲從第三品. 北齊改爲國子寺, 祭酒一人, 從三品. 後周闕. 隋初, 國子寺祭酒隷太常, 從三品. 開皇十三年復置國子學. 仁壽元年罷國子, 唯置太學. 大業三年, 改爲國子監, 依舊置祭酒一人. 皇朝因之. 龍朔二年改爲大司成, 咸亨中復舊. 光宅元年改爲成均監祭酒, 神龍元年復舊. **司業二人, 從四品下.** 『禮記』曰: "樂正司業, 父師司成." 秦、漢已來無聞. 隋大業三年, 置司業一人, 從四品; 皇朝因之. 龍朔二年改爲少司成, 咸亨中復舊. 垂拱中增置二人.

역문 **국자감 : 좨주는 1인으로 종3품이고,** 『주례』에서 "사씨[17]는

17) 師氏는 원래 商代 禁衛軍(師)의 長官으로서 武官이었던 듯하나, 『周禮』에는 大司徒의 屬官으로서 中大夫 1인, 上士 2인, 府 2인, 史 2인, 胥 12인, 徒 120인이 있다고 하고, 鄭玄은 "師(氏)는

세 가지의 덕성과 세 가지의 행실로써 귀족의 자제들〔國子〕[18]을 가르친다. (세 가지 덕성은) 첫째 지덕, 둘째 민덕, 셋째 효덕이며, (세 가지 행실이란) 첫째 효행, 둘째 우행, 셋째 순행이다. 무릇 나라의 귀족 자제들〔貴遊子弟〕[19]이 (사씨에게) 배운다"고 하였다.[20] 또 "보씨는 귀족의 자제들을 도로써 길러 여섯 가지 과목〔藝〕을 가르치니, (여섯 가지 과목이란) 예의·음악·활쏘기·수레몰기·글쓰기·수학이다"라고도 하였다.[21] 『한관의』에 이르기를 "한대에 박사좨주 1인을 두었는데, 질은 육백석이다"라고 하였다. 후한대에 박사로서 총명하고 위엄 있는 자 1인을 좨주로 삼았다.[22] 위소의 『변석명』[23]에서는 "좨주라는 것은 무릇 잔치에서는 반드시 나이 많은 이를 존중하여 (무리 중에 나이 많은 이에게) 술로써 제사하게〔祭先〕[24] 하므

道로써 사람을 가르치는 자의 호칭이다"고 설명하였다.(『周禮注疏』 권9, 地官司徒)

18) '國子'에 대하여 鄭玄은 "公卿大夫之子弟"라고 注하였고, 賈公彦의 疏는 『禮記』, 王制篇의 내용에 의거하여 "王大子已下至元士之嫡子"라고 보충 설명하고 있다.

19) "貴遊子弟"에 대하여 鄭玄은 "王公之子弟"라고 '國子'와 달리 설명하였으나, 賈公彦의 疏는 역시 『禮記』, 王制篇의 내용에 의거하여 '國子'와 같은 의미로 보고 있다.

20) 『周禮注疏』 권14, 師氏에는 "師氏, 掌以媺詔王. 以三德教國子: 一曰至德, 以爲道本; 二曰敏德, 以爲行本; 三曰孝德, 以知逆惡. 教三行: 一曰孝行, 以親父母; 二曰友行, 以尊賢良; 三曰順行, 以事師長.… 凡國之貴遊子弟學焉"이라고 하여 『唐六典』의 인용문과 약간 차이가 있으나 그 내용은 동일하다.

21) 『周禮注疏』 권14, 保氏에는 "保氏掌諫王惡. 而養國子以道, 乃教之六藝: 一曰五禮, 二曰六樂, 三曰五射, 四曰五馭, 五曰六書, 六曰九數; 乃教之六儀: 一曰祭祀之容, 二曰賓客之容, 三曰朝廷之容, 四曰喪紀之容, 五曰軍旅之容, 六曰車馬之容"이라고 하여 『唐六典』의 인용문과 약간 차이가 있으나 그 내용은 동일하다.

22) 『後漢書』 志권25, 百官2, 3572쪽에 따르면, 太常 아래 "博士祭酒一人, 六百石. 本僕射, 中興轉爲祭酒"라고 한다.

23) 『三國志』 권65, 韋曜傳, 1463쪽과 『隋書』 권32, 經籍1, 937쪽에는 韋昭의 이 책을 『辯釋名』으로 적고 있으나, 『新唐書』 권57, 藝文1, 1447쪽에는 『唐六典』과 같이 『辨釋名』으로 되어 있다.

24) 원문의 '祭先'은 곧 '祭'이니, 『禮記正義』 권2, 曲禮上의 "主人延客祭"에 대하여 鄭玄은 "延, 道也. 祭, 祭先也"라고 注하였기 때문이다. 물론 이 '祭'는 일반적인 제사와는 다르다. 위의 글에 대한 孔穎達의 "祭者, 君子不忘本, 有德必酬之, 故得食而種種出少許, 置在豆間之地, 以報先代造食之人也"

로 좨주라고 불렀다"고 하였다. 서광은 "옛 사람들은 음식이 다 차려지면 손님 중에 나이 많은 이가 술을 들어 땅에 제사하니 음식을 만든 선인[先]이 있었음을 드러내 보이는 것이다"고도 하였다.[25] 위나라는 이를 따랐다. 진(晉)의 무제는 국자학을 세우고 좨주 1인을 두었다.[26] 『진령』에서는 "좨주박사는 마땅히 스승으로서 모범이 되고 학교의 여러 일들을 총괄한다"라고 하였다. 부창의 「제공찬」에 이르기를 "배위가 국자좨주로 되어 국자태학을 세우고 강의실을 만들며 큰 문을 짓고 오경을 새긴 석경을 만들 것을 상주하였다"고 하였다.[27] 「백관지」에서는 "좨주는 조조복[28]·개책[29]·진현양량관[30]을 착용하고 수창옥을 차며, 3품이다"라고 하였다.[31] 동진부터 송·

란 疏에서 보듯이, 식사 전에 그 근본을 잊지 않는다는 취지로 음식을 조금씩 떼어내어 행하는 일종의 고수레 같은 의례이다.

25) 『後漢書』 志 권25, 太常, 3572쪽에는 "官名祭酒, 皆一位之元長者也. 古禮, 賓客得主人饌, 則老者一人擧酒以祭於地, 舊說以爲示有先"이라는 이와 유사한 기록이 있고, 『通典』 권27, 職官9, 763쪽 역시 마찬가지이다. 그런데 이 두 책 모두 이 말을 胡廣의 이야기로 전한다. 단 『太平御覽』(北京, 中華書局, 1960) 권236, 國子祭酒, 1116쪽에는 『唐六典』과 거의 같은 내용을 徐廣의 말로 인용하고 있다.

26) 『晉書』 권24, 職官, 736쪽에는 "咸寧四年, 武帝初立國子學, 定置國子祭酒·博士各一人, 助敎十五人, 以敎生徒"라고 하였다.

27) 『晉書』 권35 裴頠傳, 1042쪽에 따르면, 晉 惠帝 즉위 후 國子祭酒가 된 裴頠는 "奏修國學, 刻石寫經. 皇太子旣講, 釋奠祀孔子, 飮饗射侯, 甚有儀序" 하였다고 한다.

28) 『晉書』 권25, 輿服에는 皂朝服에 관한 설명이 없다. 『唐六典』의 설명에 따르면, '皂'는 6가지 練染의 하나(검은 색)이고(권22, 少府軍器監, 576쪽), '朝服'은 백관이 陪祭·朝會·大事 때에 입는 옷이다.(권4, 尙書禮部, 117쪽)

29) 정수리 부분이 뾰족하고 귀 부분이 긴 두건. 『晉書』 권25, 輿服, 770쪽에는 『漢注』를 인용하여 '服文吏'라고 하였다.

30) 『晉書』 권25, 輿服, 767쪽에 따르면, "進賢冠, 古緇布遺象也, 斯蓋文儒者之服. 前高七寸, 後高三寸, 長八寸, 有五梁·三梁·二梁·一梁.… 卿·大夫·八座·尙書, 關中內侯·二千石及千石以上, 則冠兩梁"이라고 한다.

31) 현재 『晉書』의 「職官志」에는 좨주의 착용 복식·佩物이나 官品에 대한 언급이 전혀 없다. 『通典』 권27, 職官9, 763쪽에 이와 동일한 사실을 기록하고 있으나, 단지 官品은 명기하지 않고

제까지는 모두 이와 같았다.[32] 양대에는 국자좨주 1인을 두었는데, 제13반으로서 열조상서에 비견되었다.[33] 진(陳)의 국자좨주는 질(秩)이 중이천석이고 3품이었다.[34] 북위 초에 (국자좨주의 관품이) 4품상이었는데, 태화 22년(498)에 종3품으로 올랐다.[35] 북제는 (국자학을) 국자시로 바꾸었고, 좨주 1인은 종3품이었다.[36] 북주에서는 (국자학·국자시에 관한) 기록이 없다.[37] 수 초에 국자시의 좨주는 태상(시)에 속하며 종3품이었다.[38] 개황 13년(593)에 다시 국자학을 두었다.[39] 인수 원년(601)에 국자(학)을 폐지하고 태학만 두었다.[40] 대업 3년(607)에 (태학을) 국자감으로 바꾸고, 예전과 같이 (국

"舊視侍中·列曹尙書"라고만 하였다. 동상 권37, 職官19, 1003~1004쪽의 晉代 3品官에 대한 기록에서도 祭酒는 나오지 않는다.

32) 正史의 기록에 따르면 東晉 초 이후 南齊 시기까지 國學은 廢置를 거듭하며 제도상에도 작지 않은 변화가 보이고(『晉書』 권24, 職官, 736쪽 : 『宋書』 권29, 百官上, 1228쪽 : 『南齊書』 권16, 百官, 315쪽과 『通典』 권53, 禮13, 1465~1467쪽 참조), 이에 대하여 『通典』 권27, 職官9, 764쪽에 잘 정리되어 있다. 따라서 『唐六典』의 이 기록은 의문이 많으니, "(南齊永明)八年, 國子博士何胤單爲祭酒, 疑所服, 陸澄等皆不能據, 遂以玄服臨試. 月餘日, 博議定, 乃服朱衣"(『南齊書』 권16, 百官, 315쪽)하여 國子祭酒의 복식에 분명히 변화가 있었던 것이다.

33) 『隋書』 권26, 百官上, 724쪽과 730쪽. 이에 따르면 國子祭酒는 13班 내에서 列曹尙書와 宗正 사이에 위치한다.

34) 『隋書』 권26, 百官上, 742쪽.

35) 北魏 國子祭酒의 관품은 『魏書』 권113, 官氏志, 2982쪽과 2995쪽의 기록과 일치한다. 그러나 孝文帝 말년 職員令의 개정은 太和 23년의 일이므로(동상, 2993쪽), 『唐六典』에서 國子祭酒의 官品이 바뀐 것을 太和 22년이라고 한 것은 착오인 듯하다.

36) 『隋書』 권27, 百官中, 757쪽에는 "國子寺, 掌訓敎胄子. 祭酒一人"이라고 하였으며, 관품은 『唐六典』의 기록과 같다.(동상, 765~766쪽)

37) 이것은 『周禮』에 따라 관제를 바꾼 西魏의 개혁에 따른 결과인 듯하다. 따라서 王仲犖, 『北周六典』, 北京:中華書局, 1979, 127~128쪽에서 보듯이, 北周에서는 師氏·小師氏·保氏가 국자좨주와 유사한 역할을 수행하였다고 생각된다.

38) 『隋書』 권28, 百官下, 777쪽과 785쪽.

39) 『隋書』 권28, 百官下, 793쪽.

40) 『隋書』 권28, 百官下, 793쪽과 799쪽.

자)좨주 1인을 두었다.[41] 당에서는 이를 따랐다.[42] 용삭 2년(662)[43]에 (국자감을 사성관으로 바꾸고, 국자좨주를) 대사성으로 바꾸었다가, 함형(670~674) 연간에 예전대로 되돌렸다. 광택 원년(684)에 (다시 국자감을 성균감으로 바꾸고, 국자좨주를) 성균감의 좨주로 바꾸었다가, 신룡 원년(705)에 예전대로 되돌렸다.[44] **사업은 2인으로 종4품하이다.** 『예기』에서 "악정[45]은 (수)업을 주관하고〔司業〕, 부사[46]는 (학업의) 완성을 주관한다〔司成〕"[47]라고 하였다. 진·한 이래 (이러한 관직에 대하여) 기록된 것이 없다. 수 대업 3년(607)에 사업 1인을 두었고, 종4품이었다.[48] 당조에서는 이를 따랐다. 용삭 2년(662)에

---

41) 『隋書』 권28, 百官下, 799쪽.

42) 『通典』과 『舊唐書』의 기록은 『唐六典』과 같지만, 唐初에 일시 큰 변화가 있었던 듯하다. 『唐會要』 권66, 國子監, 1368쪽과 『新唐書』 권48, 百官3, 1266쪽에 따르면, 武德 초에 國子監을 일시 國子學으로 바꾸어 太常寺에 속하게 하였다가 貞觀 연간에 다시 國子監으로 되돌렸다고 하기 때문이다.

43) 『唐會要』 권66, 東都國子監, 1368쪽에 따르면 이 해에(이것을 『通典』은 권27, 職官9, 764쪽에서 龍朔 원년의 일로 적었지만, 동상, 권53, 禮13, 1468쪽의 경우 龍朔 2년이라고 기록하였다) 東都國子監을 세웠는데, 『唐六典』에는 이를 위시한 東都國子監 관련 기록이 전혀 보이지 않는다.

44) 『新唐書』 권48, 百官3, 1266쪽에 이러한 변화 상황이 자세히 기록되어 있다. 그런데 이에 따르면 大司成을 國子祭酒로 되돌린 것은 좀더 정확히 말해서 咸亨 원년이고, 이를 다시 成均監祭酒로 바꾼 것은 光宅 원년이 아니라 垂拱 원년의 변화이다. 이 사실은 『唐會要』 권66, 國子監·東都國子監, 1368쪽에서 분명히 확인되고, 『唐六典』의 기록은 착오라고 생각된다. 『舊唐書』 권44, 職官3, 1891쪽과 『通典』 권27, 職官9, 764쪽은 이를 역시 光宅 원년의 일로 적고 있으나, 『舊唐書』의 경우 권44, 職官1, 1788쪽에서는 『新唐書』·『唐會要』의 설명과 같기 때문이다.

45) 『周禮』에는 '樂正'이란 官名은 나오지 않으나, 春官屬으로 大學을 관장하는 大司樂과 이를 돕는 樂師가 바로 이것인 듯하다. 『禮記』 권14, 王制, 472쪽에 "樂正崇四術, 立四敎…" 운운이라는 樂正에 대한 자세한 설명이 있다.

46) 淸代 孫希旦의 『禮記集解』(北京:中華書局) 권20, 文王世子, 566쪽에서는 '父師'를 大司成이라고 보았다. 이러한 관명은 『周禮』에는 나오지 않으나, 『禮記正義』 권20, 文王世子쪽에서 "大樂正學舞干戚, 語說… 大司成論說在東序"라고 하여 樂正과 함께 병술되고 있는 관직이다.

47) 『禮記正義』 권20, 文王世子의 "語曰, '樂正司業, 父師司成, 一有元良, 萬國以貞.' 世子之謂也"에서 인용한 말로서, 이것은 世子의 교육과 관련된 내용이다. 이에 대하여 孔穎達의 疏는 "司是職司, 故爲主, 謂樂正主大子『詩』·『書』之業, 父師主大子成就其德行也"라고 설명하였다.

(사업을) 소사성으로 바꾸었다가 함형(670~674) 연간에 예전대로 되돌렸다. 수공(685~692) 연간에 2인으로 증원하였다.[49)]

國子監祭酒、司業之職，掌邦國儒學訓導之政令，有六學焉：一曰國子，二曰太學，三曰四門，四曰律學，五曰書學，六曰筭學．凡春、秋二分之月，上丁釋奠于先聖孔宣父，以先師顔回配，七十二弟子及先儒二十二賢從祀焉． 舊『令』唯祀十哲及二十二賢．開元八年，勅列曾參於十哲之次，幷七十二子並許從祀．其名歷已具於祠部．祭以太牢，樂用登歌、軒縣、六佾之舞．若與大祭祀相遇，則改用中丁．祭酒爲初獻，司業爲亞獻，博士爲終獻．若皇太子釋奠則贊相禮儀，祭酒爲之亞獻．皇帝視學，皇太子齒冑，則執經講義焉．凡釋奠之日，則集諸生執經論議，奏請京文武七品以上淸官並與觀焉．凡敎授之經，以『周易』、『尙書』、『周禮』、『儀禮』、『禮記』、『毛詩』、『春秋左氏傳』、『公羊傳』、『穀梁傳』各爲一經；『孝經』、『論語』、『老子』，學者兼習之．諸敎授正業：『周易』，鄭玄、王弼『注』；『尙書』，孔安國、鄭玄『注』；『三禮』、『毛詩』，鄭玄『注』；『左傳』，服虔、杜預『注』；『公羊』，何休『注』；『穀梁』，范甯『注』；『論語』，鄭玄、何晏『注』；『孝經』、『老子』，並開元『御注』．舊『令』：『孝經』，孔安國、鄭玄『注』；『老子』，河上公『注』．其『禮記』、『左傳』爲大經，『毛詩』、『周禮』、『儀禮』爲中經，『周易』、『尙書』、『公羊』、『穀梁』爲小經．每歲終，考其學官訓導功業之多少；而爲之殿最．

역문 국자감의 좨주·사업의 직무는 나라의 유학을 가르쳐서 이

---

48)『隋書』권28，百官下，799쪽.

49) 唐代 國子監 司業의 置廢는 正史나『通典』에서 소략하게 설명하였을 뿐이다. 그런데 이를 상술한『唐會要』권66，東都國子監，1368쪽에 따르면，이것이 武德 초에 폐지되었다가 貞觀 6년에 다시 생겼으며 그 정원이 2인으로 증원된 것이 太極 원년이라고 하여(『舊唐書』권7，睿宗，159쪽에서도 景雲 3년 곧 太極 원년의 일로 적고 있다)『唐六典』의 기록과 다르다.

끄는 정령을 관장하는데, 여섯 학교가 있다. 첫째 국자, 둘째 태학, 셋째 사문, 넷째 율학, 다섯째 서학, 여섯째 산학이다. 무릇 춘분과 추분이 있는 달 상순의 '정(丁)'자가 든 날에 선성 공자[孔宣父][50]께 석전[51]을 행하는데, 선사 안회를 배향하고 (공자의) 72명[52] 제자와 선대의 유자(儒者) 22명[53]의 현인을 종사한다.[54] 예전 『영(令)』에서는 오로지 (공자가 뛰어난 재덕을 직접 칭송한 제자)

---

50) 『新唐書』 권15, 禮樂5, 373쪽에 따르면, 太宗 貞觀 11년에 "詔尊孔子爲宣父" 하였다고 한다.

51) 『唐六典』 권4, 尙書禮部의 120쪽에 "凡祭祀之名有四: 一曰祀天神, 二曰祭地祇, 三曰享人鬼, 四曰釋奠於先聖先師"라고 하니, 釋奠은 당시 '先聖先師'에 대한 제사의 특별한 명칭이다. 그리고 吉禮 중에 皇太子釋奠·國學釋奠·釋奠于齊太公·諸州釋奠·諸縣釋奠이 열거되어 있는데(동상, 111쪽), 여기에서 말하는 것은 이 가운데 國學釋奠으로서 齋戒-陳設-饋享-皇子束脩-學生束脩의 순서(『通典』 권77, 開元禮纂類12, 2990쪽 전후에는 皇子束脩와 學生束脩의 절차가 없고, 皇太子束脩가 별도의 禮로 기재되어 있다)로 진행되었다고 한다.(『大唐開元禮』 권54, 國子釋奠於孔宣父 참조)

52) 『史記』 권67, 仲尼弟子列傳, 2185쪽에 "孔子曰, 受業身通者七十有七人"이라고 하였고, 『索隱』에서 "『孔子家語』亦有七十七人, 唯文翁『孔廟圖』作七十二人"이라고 注하였다. 실제로 『唐六典』 권4, 尙書禮部, 122쪽에 孔子의 제자로 거명된 인물도 10哲을 포함하여 77명이고, 이것은 『唐會要』 권35, 褒崇先聖, 745쪽과 『新唐書』 권15, 禮樂5, 375~376쪽의 開元 27년의 改制 기록과 기본적으로 일치한다.(단 『大唐開元禮』 권1, 神位, 16~17쪽과 『通典』 권53, 禮13, 1482~1483쪽에는 수록 인물에 약간의 가감이 있다)

53) 『唐六典』 권4, 尙書禮部, 122쪽에 釋奠의 제사 대상으로 거명된 孔子의 제자 이외의 인물이 21명뿐(左丘明·公羊高·穀梁赤·伏勝·高堂生·戴聖·毛萇·孔安國·劉向·鄭衆·杜子春·馬融·盧植·鄭玄·服虔·賈逵·何休·王肅·王弼·杜預·范甯)이고, 『大唐開元禮』 권1, 神位, 17쪽의 기록 역시 마찬가지이다. 이것은 정관 21년 孔子와 함께 제사지내도록 한 인물들(『通典』 권53, 禮13, 1480쪽; 『唐會要』 권35, 褒崇先聖, 742쪽 : 『舊唐書』 권24, 禮儀4, 917쪽 : 『新唐書』 권15, 禮樂5, 374쪽)에서 빠진 卜子夏 곧 子夏가 開元 8년 10哲이라는 다른 범주로 從祀되었기(『通典』 권53, 禮13, 1481쪽 : 『唐會要』 권35, 褒崇先聖, 746쪽 : 『舊唐書』 권24, 禮儀4, 919~920쪽 : 『新唐書』 권15, 禮樂5, 375쪽) 때문인 듯하다. 정관 21년부터 단지 21인을 제사지내게 하였다는 『舊唐書』 권3, 太宗下, 59쪽의 기록은(여기에도 卜子夏는 들어가고 賈逵가 빠진다) 여타 기록과 다르므로 착오일 것이다.

54) 이러한 제사 대상자는 개원25년령에 따른 것이다. 아래에 注記된 내용을 위시한 唐制의 변화 과정은 『通典』 권53, 禮13, 1480~1482쪽과 『唐會要』 권35, 褒崇先聖·釋奠, 742~751쪽에 더욱 자세히 기록되어 있다. 실제로 孔子가 周公을 대신하여 先聖이 된 것은 貞觀 연간의 일이고 이후에도 두 사람의 지위는 몇 차례 바뀌니, 이러한 제도의 비교는 仁井田陞, 『唐令拾遺』, 學令第十의 1조, 265~271쪽을 참조하라.

십철[55]과 22명의 현인을 제사지내도록 하였다. 개원 8년(720)에 칙으로 증삼을 십철 바로 다음에 두고 아울러 72명의 제자들도 모두 종사하도록 허락하였다. 그 이름은 이미 사부에 갖추어 기록해 두었다.[56] **제사는 태뢰[57]로써 하고, 악(樂)[58]은 등가[59]·헌현[60]과 육일[61]의 춤을 사용한다. 만약 대제사[62]와 (날짜가) 겹치면, 중순의 정자가 든 날로 고쳐서 시행한다.**[63] **좨주가 초헌을 하고, 사업**

---

55) 『論語注疏』 권11, 先進의 "德行, 顔淵·閔子騫·冉伯牛·仲弓. 言語, 宰我·子貢. 政事, 冉有·季路. 文學, 子游·子夏"에 의거한 孔子의 특출한 제자 10명을 일컫는다.

56) 『唐六典』 권4, 尙書禮部, 122쪽에 釋奠에서 공자와 함께 제사한 인물들의 이름을 낱낱이 注記해 두었음을 말한다.

57) 『禮記正義』 권12, 王制의 "天子社稷皆大牢, 諸侯社稷皆少牢"와 『春秋公羊傳注疏』 권5, 桓公8年條의 "牛羊豕凡三牲, 曰大牢… 羊豕凡二牲, 曰少牢"라는 何休注에서 보듯이, 大牢 곧 太牢 는 큰 제사 때 쓰는 소·양·돼지 세 종류의 희생을 말하며, 제사의 형식상 양·돼지만의 少牢와 단지 소 한 마리를 사용하는 特牲과 대비된다. 『唐六典』의 권4, 尙書禮部, 128쪽과 권14, 太常寺, 414쪽 참조.

58) 『唐律疏議』 권1, 제6조 名例6 '十惡' 중 '不孝'에 대한 疏議에서 "樂, 謂擊鐘、鼓, 奏絲、竹、匏、磬、塤、篪, 歌舞, 散樂之類"라고 하였다.

59) 『初學記』(北京:中華書局, 1962) 권15, 歌, 376쪽에서 "堂上奏樂而歌曰登歌, 亦曰升歌"라고 하니, 堂上에서 악기를 연주하며 노래 부르는 것을 말한다. 『周禮注疏』 권23, 大師에 "大祭祀, 帥瞽登歌, 令奏擊拊"라는 말이 있고 鄭玄은 "鄭司農云, 登歌, 歌者在堂也"라고 注하였다.

60) 『唐六典』 권14, 太常寺, 403쪽에 따르면, 軒縣은 太子의 음악으로서 천자의 宮縣에서 몇 개의 악기를 뺀 略式이다. 『周禮注疏』 권23, 小胥에서는 "正樂縣之位, 王宮縣, 諸侯軒縣, 卿大夫判縣, 士特縣"이라고 하였으며, 鄭玄은 鄭衆의 말을 빌려 "宮縣四面縣, 軒縣去其一面, 判縣又去其一面, 特縣又去其一面"이라고 하였다.

61) 『唐六典』 권14, 太常寺, 403쪽에 따르면, 宮縣과 軒縣의 연주시에 추는 춤은 각각 八佾과 六佾로 차이가 있었다. 여기에서 '佾'이란 춤출 때의 행렬이니, 『禮記正義』 권49, 祭統의 八佾舞에 대한 注에서 鄭玄은 '佾'이 '列'과 같다고 하였다.

62) 『唐會要』 권35, 釋奠에는 정관 21년 中書侍郎의 상주에 "與大祭祀相遇, 改用中丁"이라고 하여 이 『唐六典』과 거의 동일한 문장이 있다.(748쪽) 그러나 『新唐書』 권15, 禮樂5, 376쪽에는 開元 28년 "詔春秋二仲上丁, 以三公攝事, 若會大祀, 則用中丁, 州·縣之祭, 上丁"이라고 하였으며 貞元 9년 太常의 上奏도 "准『六典』, 上丁釋奠, 若與大祀同日, 卽用中丁"(『唐會要』 권35, 釋奠, 750쪽)이라고 해서, 『唐六典』의 '大祭祀'를 '大祀'로 바꾸어 두었다.

63) 『唐會要』 권35, 釋奠, 748쪽의 정관 21년 許敬宗의 상주문에는 "『學令』, 祭以太牢, 樂用軒懸·六佾之舞, 並登歌一節, 與大祭祀相遇, 改用中丁"이라고 하니, 『唐六典』의 위 두 문장은 『唐令』의 내용

이 아헌을 하며, (국자)박사가 종헌을 한다.[64] 만약 황태자(가 주관하는) 석전[65]에서는 (좨주와 사업이) 의례를 돕고, 좨주가 아헌을 맡는다.[66] 황제의 학교 시찰[67]이나 황태자가 학교에 갈 때[齒冑][68] 집경으로서 강의를 한다.[69] 무릇 석전을 행하는 날에는 관학의 학생들을 모아 집경으로서 의논을 하고[70] 경사의 문무 7

인 듯하다.

64) 『唐六典』 권4, 尙書禮部, 124쪽에는 終獻者가 國子博士임을 명기하였다. 『唐會要』 권35, 釋奠, 748쪽에는 이와 같은 獻禮 절차를 "修附禮令, 爲永式" 할 것을 주장한 정관 21년 許敬宗의 상주문이 실려 있다.

65) 『唐六典』 권4, 尙書禮部, 111쪽에 열거되어 있는 釋奠 5가지 중에 皇太子釋奠이 있다. 이것은 齋戒-陳設-出宮-饋享-講學-還宮의 순서로 진행되고, 앞서 설명한 太學釋奠에 비하여 出宮-講學-還宮의 의례가 덧보태어져 있다.(『大唐開元禮』 卷53, 皇太子釋奠於孔宣父 참조)

66) 『唐會要』 권35, 釋奠, 747쪽에는 貞觀 20년 皇太子가 國學에서 釋奠할 때 皇太子-國子祭酒-司業이 순서대로 獻禮하게 한 조칙이 나오고, 『大唐開元禮』 卷53, 皇太子釋奠於孔宣父의 의례 규정 역시 마찬가지이다. 그러나 『唐會要』 권35, 釋奠, 749~750쪽에 실린 開元 7년 皇太子의 '謁先聖' 기록은 원래 侍中과 中書侍郞이 각각 亞獻과 終獻을 하도록 詔를 내렸다가 제사에 당하여 '冑子'가 皇太子의 初獻을 이어 獻禮를 행하게 바꾸었다고 전한다. 따라서 이러한 獻禮의 제도는 가변적인 것일 수도 있다.

67) 『唐六典』 권4, 尙書禮部, 111쪽에 吉禮 중의 하나로 視學이 있고, 황제와 황태자가 학교를 시찰하는 이 의식은 出宮-視學-車駕還宮의 순서로 진행된다.(『大唐開元禮』 卷52, 皇帝皇太子視學 참조)

68) 齒冑는 太子가 학교에서 公卿의 子弟들과 함께 공부할 때 단지 나이에 따라 순서를 매기고 天子의 아들이라고 특별대우를 하지 않음을 뜻한다. 그런데 太子를 비롯한 일부 皇親 등을 위해 弘文館·崇文館이라는 별도의 학교가 있으므로, 太子가 國子監으로 간다는 것은 그 자체로서 齒冑라고 생각된다. 『舊唐書』에는 玄宗 開元 3년(권107, 玄宗諸子 庶人瑛傳, 3258쪽)과 開元 7년(권8, 玄宗, 180쪽) 그리고 文宗 大和 7년(동상 권17下, 文宗下, 551쪽) 등에 齒冑에 관한 기록이 보인다.

69) 『大唐開元禮』 권52, 皇帝皇太子視學, 291쪽에 기록된 '視學'의 과정을 보면, 執經·侍講·執讀·執如意 등이 황제 가까이에 등장하며 "執讀讀所講經, 執經釋義" 하였다고 한다. 그러나 여기에는 누가 執經을 맡는가에 대하여서는 언급하지 않았다.

70) 단지 齋戒-陳設-饋享-皇子束脩-學生束脩의 순서로 진행된(전술한 것처럼 皇子束脩, 學生束脩는 『通典』 권77, 開元禮纂類12, 2999쪽 전후에는 없음) 國學釋奠의 경우 이러한 '論議'가 언제 또 어떻게 행해졌는가 알기 어렵다.(『大唐開元禮』 권54, 國子釋奠於孔宣父) 그러나 동상 권53, 皇太子釋奠於孔宣父에는 '講學'의 절차가 있고, 이 때 "執讀讀所講經, (執經)釋義訖, 執如意者以如意授侍講, 侍講興受, 進詣論議座, 北面問所疑, 執經爲通之"(괄호 속의 글자는 『通典』 권117, 禮77,

품 이상의 청관[71]이 모두 참관하도록 주청한다.[72] 무릇 가르치는 경서는 『주역』·『상서』·『주례』·『의례』·『예기』·『모시』·『춘추좌씨전』·『(춘추)공양전』·『(춘추)곡량전』을 각각 한 경으로 하고, 『효경』·『논어』[73]·『노자』[74]는 배우는 자들 모두 그것을 익히게 한다. 가르치는 여러 가지 정규 학습 내용〔正業〕은 『주역』은 정현과 왕필의 『주』, 『상서』는 공안국과 정현의 『주』, 『삼례』와 『모시』는 정

2998쪽에 의하여 보충한 것) 하였다고 한다.

71) 『唐六典』 권2, 尙書吏部, 33쪽에는 京師의 常參官·供奉官·諸司長官·淸望官과 "四品已下, 八品已上淸官"의 존재를 특기하고, 그 細注에서 "四品謂太子左、右諭德, 左·右衛、左·右千牛尉中郎將, 左、右副率, 率府中郎將. 五品謂御史中丞, 諫議大夫, 給事中, 中書舍人, 贊善大夫, 太子洗馬, 國子博士, 諸司郎中, 秘書丞, 著作郎, 太常丞, 左、右衛郎將, 左、右率府郎將. 六品謂起居郎、舍人, 太子司議郎、舍人, 諸司員外郎, 侍御史, 秘書郎, 著作左郎, 太學博士, 詹事丞, 太子文學, 國子助教. 七品: 左、右補闕, 殿中侍御史, 太常博士, 詹事司直, 四門博士, 太學助教. 八品: 左、右拾遺, 監察御史, 四門助教"라고 淸官을 명기해 두었다.

72) 『唐會要』 권35, 釋奠, 750쪽에는 이와 관련된 다양한 기록들이 나온다. 즉 玄宗 開元 28년 國子祭酒가 "准故事, 釋奠之日, 羣官道俗皆合赴監觀禮, 依故事著之常式" 할 것을 奏請하여 황제의 허락을 얻었으며, 釋奠時 "合集朝官講論五經文義" 하던 '舊例'가 大歷 5년 이전까지 계속되었으나 그 이후 시행되지 않았으므로 이를 부활시키자는 德宗 建中 3년 國子司業의 上奏가 그것이다. 그리고 德宗 貞元 2年의 釋奠에서 "自宰臣已下, 畢集於國學. 學官升講座, 陳五經大義及先聖之道" 하였다는 기록도 있다.

73) 이상 『周易』으로부터 『論語』에 이르는 11개의 책은 주지하듯이 儒教의 대표적인 經書들로서 당시 많은 注釋書들이 존재하였다.(『舊唐書』 권46, 經籍上과 『新唐書』 권57, 藝文1의 해당 서적에 대한 목록 참조) 그러나 아래의 注文은 國子監에서 사용된 注釋을 특정인의 것으로 제한하고 있는데, 이 기록은 후술하듯이 여타 문헌들과 다른 내용도 일부 보이므로 의문스러운 점이 없지 않다.

74) 아래 國子博士조의 이러한 經들의 학습 기간에 관한 기록에는 『老子』가 빠져 있고, 『舊唐書』 권44, 職官3, 1891과 『新唐書』 권44, 選擧志上, 1160쪽도 마찬가지이다. 그러나 『新唐書』 권48, 百官3, 1265쪽의 경우 위 『唐六典』의 기록과 동일하다. 그런데 사실 『당육전』 안에서도 이에 대한 서술에 異同이 있으니, 科擧와 관련된 서술 중 권2, 尙書吏部, 45쪽에서는 『老子』가 빠진(권8, 門下省, 255쪽도 동일) 반면 권4, 尙書禮部, 109쪽에서는 『老子』가 들어가 있기 때문이다. 따라서 이러한 내용의 차이는 과거시험에 『老子』가 들어가는지 여부와 관련이 있어 보인다. 즉 上元 2년부터 『老子』 혹은 『道德經』을 科擧에서 시험하기 시작하였지만 자주(武后 長壽 2년~中宗 神龍 원년, 玄宗 天寶 원년~德宗 貞元 원년, 德宗 貞元 12년 이후) 시험 대상에서 제외되었던 것이다.(『唐會要』 권75~77의 '貢擧' 중의 유관 기록 참조)

현의 『주』, 『좌전』은 복건과 두예의 『주』, 『공양(전)』은 하휴의 『주』, 『곡량(전)』은 범녕의 『주』, 『논어』는 정현과 하안의 『주』, 『효경』과 『노자』는 모두 지금 (황제)의 『어주』이다. 예전 『영(令)』의 경우, 『효경』은 공안국과 정현의 『주』, 『노자』는 하상공의 『주』이다.75) 『예기』·『좌전』은 대경이고, 『모시』·『주례』·『의례』는 중경이며, 『주역』·『상서』·『공양(전)』·『곡량(전)』은 소경이다.76) **연말마다 학관이 (학생들을) 가르쳐서 이끈 성과의 많고 적음을 평가하여 고과**(考課)**한다.**77)

○ 丞一人, 從六品下: 隋大業三年置國子丞三人, 從六品. 皇朝省置一人.

75) 이와 같은 國子監의 교재는 『貞觀政要』(上海古籍出版社, 1978) 권7, 崇儒學, 220쪽 : 『全唐文』(北京:中華書局, 1982) 권145, 于志寧, 大唐故太子右庶子銀青光祿大夫國子祭酒上護軍曲阜憲公孔公碑銘, 1463쪽 : 『舊唐書』 권73, 孔穎達傳, 2602~2603쪽 등의 사료에서 모두 『五經正義』를 "附國學施行" 하게 하였다고 한 기록과 차이가 있다. 여기에서 『五經正義』에 대한 언급이 없을 뿐더러, "先以輔嗣爲本" 한(『全唐文』 권146, 易正義序, 1473쪽) 『周易正義』는 王弼·韓康伯의 注를 채용하였고(『四庫全書總目』(北京:中華書局, 1982) 권1, 易類 1, 3쪽), '古文經'을 "久而愈亮"하다고 여긴(『全唐文』 권146, 尙書正義序, 1474쪽) 『尙書正義』는 孔安國의 傳(注)을 이용하였으며(『四庫全書總目』 권11, 書類 1, 89쪽), "杜(預)爲甲"이라고 한(『全唐文』 권146, 春秋正義序, 1477쪽) 『春秋(左傳)正義』는 杜預의 注를 채용하여(『四庫全書總目』 권26, 春秋類 1, 210쪽), 『唐六典』의 설명과 분명히 다르기 때문이다. 더욱이 현존 開成石經의 경우도 위 세 經의 注가 『五經正義』와 동일하고 『論語』 역시 何晏의 注만을 명기하고 있으므로(『禮記』의 경우 天寶연간에 만들어진 듯한 「御刪定禮記月令」을 채용), 唐代 國子監의 교재에서 『周易』·『尙書』·『孝經』에 鄭玄의 注, 『左傳』에 服虔의 注를 겸용하였다는 이 기록에는 의문이 남는다.

76) 『唐六典』의 권2, 尙書吏部, 45쪽과 권4, 尙書禮部, 109쪽에도 동일한 기록이 있는데, 이 9개의 '正經'을 科學와 연계시키고 있음이 주목된다. 『新唐書』 권45, 選擧志上, 1160쪽 참조.

77) 『唐六典』 권2, 尙書吏部에서 모든 官人에게 해당되는 4善(德義有聞·淸愼明著·公平可稱·恪勤匪懈)과 職務에 따라 설정된 27最를 준거로 한 官人의 考課를 자세히 설명하고 있는데, "訓導有方, 生徒充業, 爲學官之最"(42쪽)라고 하였다. 그런데 『唐會要』 권66, 東都國子監, 1373쪽에 실린 大和 5년 國子祭酒의 上奏에서는 "諸博士·助教, 皆計當年講授多少, 以爲考課等級"이라고도 하니, 여기에서 '訓導'는 '講授' 곧 수업과 관련된 것인 듯하다.

主簿一人，從七品下：北齊國子寺置主簿員，隋置一人，皇朝因之．錄事一人，從九品下．北齊國子寺有錄事員，隋置一人，皇朝因之．丞掌判監事．凡六學生每歲有業成上于監者，以其業與司業、祭酒試之：明經帖經，口試，策經義；進士帖一中經，試雜文，策時務，徵(故)事；其明法、明書・筭亦各試所習業．登第者，白祭酒，上于尙書禮部．其試法皆依考功，又加以口試．明經帖限通八已上，明法、明書皆通九已上．主簿掌印，勾檢監事．凡六學生有不率師教者，則擧而免之．其頻三年下第，九年在學及律生六年無成者，亦如之．假違程限及作樂、雜戲亦同．唯彈琴、習射不禁．錄事掌受事發辰．

역문 **승은 1인으로 종6품하이고**,78) 수 대업 3년(607)에 국자승 3인을 두고 종6품이었으나,79) 당조에서 1인으로 줄였다.80) **주부는 1인으로 종7품하이며**,81) 북제 국자시에 주부의 정원이 있었고,82) 수대에는 1인을 두었으며,83) 당에서도 이를 따랐다. **녹사는 1인으로 종9품하이다**.84) 북제 국자시에 녹사의 정원이 있었고,85) 수대에는 1인을 두었으며86), 당에서도 이를 따랐다. **승은 국자감의 (일상적인) 일들을 결정한다.**[判] **무릇 여섯 학교의 학생들이 해마다 학업을 마쳐**[業成]87) **국자감으로 올려보낸 자가 있으면,** (국자승은) 그

---

78) 『舊唐書』 권44, 職官3, 1891쪽과 『新唐書』 권48, 百官3, 1265쪽.
79) 『隋書』 권28, 百官下, 799쪽.
80) 『唐會要』 권66, 東都國子監, 1369쪽에 의하면, 이러한 변화는 武德 초의 일이다.
81) 『舊唐書』 권44, 職官3, 1891쪽과 『新唐書』 권48, 百官3, 1265쪽.
82) 『隋書』 권27, 百官中, 757쪽.
83) 『隋書』 권28, 百官下의 777쪽과 799쪽.
84) 『舊唐書』 권44, 職官3, 1891쪽과 『新唐書』 권48, 百官3, 1265쪽.
85) 『隋書』 권27, 百官中, 757쪽.
86) 『隋書』 권28, 百官下의 777쪽과 799쪽.
87) 아래 國子博士條의 "每歲，其生有能通兩經已上求出仕者，則上于監：堪秀才、進士者亦如之"라는

학습한 것을 사업·좨주와 함께 시험한다. 명경과 (응시 희망자)는 첩경[88)]·구술시험·경의책〔策經義〕,[89)] 진사과 (응시 희망자)는 중경 하나의 첩경·잡문시험·시무와 징사책〔策時務徵事[90)]〕,[91)] 명법과·명서과·명산과 (응시 희망자) 또한 각각 학습한 것을 시험한다. 합격한 자는 좨주에게 보고하고 상서성 예부로 올려보내 (과거에 응시)하도록 한다.[92)] 시험 방법은 모두 (이부) 고공(원외랑이 주관하는 과거)에 의거하며[93)], 또 구술시험을 덧보탠다.[94)] 명경과 (응

기록에서 보듯이, '業成'이란 곧 두 經 이상에 '通'하여 科擧에 응시할 만하게 되었음을 뜻한다.

88) 『通典』 권15, 選擧3, 356쪽에서 "帖經者, 以所習經掩其兩端, 中間開唯一行, 裁紙爲帖, 凡帖三字, 隨時增損, 可否不一, 或得四、得五、得六者爲通"이라고 하였다.

89) 明經科에서 치는 시험을 『唐六典』에서는 '帖(經)'·'試策'(권2, 尙書吏部, 45쪽) 혹은 '帖經'·'口試'·'答(時務)策'(권4, 尙書禮部, 109쪽)이라 하였는데, 이 國子監의 시험이 開元 25년의 改制 결과인 후자와 유사한 듯하다. 단 策의 내용상 經義와 時務가 다른 것은 "免試經策十條, 令答時務策三道"(『唐會要』 권75, 貢擧上, 1631쪽) 한 開元 25년의 변화 반영 여부에 따른 차이라고 여겨진다.

90) 『唐會要』 권66, 東都國子監, 1373쪽에 실린 大和 5년 國子祭酒의 상주문에 "謹按『六典』… 進士帖一中經, 試雜文, 策時務, 徵故事"라는 말이 나오고, 陳仲夫가 點校한 저본은 이를 근거로 하여 원본의 '徵事'에 '故'자를 덧보태었다.(교감기의 주10), 564쪽) 그러나 『封氏聞見記』(北平:哈佛燕京社, 1933) 권3, 貢擧, 2쪽에서 당시 進士科의 策問 5개는 "三通爲時務, 一通爲商(方略), 一通爲徵事"라고 하였으니, '徵事'는 '時務'와 함께 策試의 하나였으므로(『唐語林校證』(北京:中華書局, 1987) 권8, 補遺, 714쪽 참조), 이와 같이 원본에 없는 글자를 굳이 덧보탤 까닭이 없다고 생각된다. 그러므로 여기에서는 저본과 달리 표점하여 원본 그대로 해석한다.

91) 進士科에서 치는 시험을 『唐六典』에서는 '帖一小經'·'試雜文'·'時務(策)'(권2, 尙書吏部, 45쪽) 혹은 '帖(一大)經'·'試雜文'·'(時務)策'(권4, 尙書禮部, 109쪽)라고 하여 이 國子監의 시험과 약간 다르다. 그러나 위 주90)에 인용한 『封氏聞見記』 권3, 貢擧, 2쪽의 기록에서 보듯이 '徵事'와 '時務'가 모두 策試의 일종임을 감안하면, 이 역시 進士科 시험과 유사하다고 해도 좋을 것이다. 단 進士科가 中經의 帖試를 시행하였음을 전하는 현존 문헌이 존재하지 않으므로, 이 國子監의 시험을 進士科와 완전히 동일시할 수 있는지는 의문이다.

92) 『通典』 권15, 選擧3, 353쪽에서 "每歲仲冬, 郡縣館監課試其成者… 到尙書省"이라 하고, 『新唐書』 권44, 選擧志上, 1161쪽에서는 "每歲仲冬, 州·縣·館·監擧其成者送之尙書省"이라고 하였다.

93) 『唐六典』 권2, 尙書吏部, 44~46쪽 참조. 그런데 주지하듯이 科擧는 開元 25년부터 吏部에서 禮部로 그 관할이 바뀌었고, 바로 앞의 본문에서 "上于尙書禮部"라고 한 것은 이러한 改制 이후의 상황을 서술한 반면, 吏部 考功試를 거론한 이 注文은 그 이전 시기에 대한 설명인 듯하다. 그러나 위 국자감에서의 시험 방법에 대한 기록에서도 보았듯이, 이처럼 舊制와 新制를 뒤섞어

시 자격자)는 첩시에서 8조 이상을 통(通)한 자로 제한하고, 명법과·명서과 (응시 자격자)는 모두 9조 이상을 통한 자(로 제한)한다. **주부는 (관)인을 관장하고 국자감의 일을 구검[95]한다. 무릇 여섯 학교의 학생이 스승의 가르침을 따르지 않는 자가 있으면, 그를 적발하여 퇴학시킨다.**[96] **3년 계속 불합격하거나 9년 동안 재학하거나 율학의 학생이 6년 동안 학업을 마치지 못하(여 과거에 응시할 수 없다)면 또한 이와 같이 한다.**[97] 휴가 기한을 어기거나[98] 음악이나 잡스러운 놀이를 즐겨도 역시 마찬가지이다.[99] 다만 거문고를 타거나 활쏘기를 익히는 것은 금하지 않는다. **녹사는 수사발신(受事發辰)[100]을 관장한다.**

둔 혼란은 『唐六典』에서 드물지 않게 발견되는 현상이다.

94) 『唐會要』 권35, 學校, 740쪽에는 "以每年國子監所管學生, 國子監試; 州縣學生, 當州試. 並選藝業優長者爲試官, 仍長官監試. 其試者通計一年所受之業, 口問大義十條, 得八已上爲上, 得六已上爲中, 得五已上(下의 착오)爲下"라는 神龍 2년의 勅이 나오고, 『新唐書』 권44, 選擧志上, 1161쪽에도 國子監에서 "歲終, 通一年之業, 口問大義十條, 通八爲上, 六爲中, 五爲下" 하였다는 기록이 있다. 그런데 이와 같은 기록들은 6學에서 학생들이 1년 동안 수학한 내용을 정례적으로 시험한 것인지 혹은 이러한 6學의 시험을 통과한 이들을 國子監으로 불러모아 다시 과거 응시자를 뽑기 위해 치른 시험인지는 단언하기 어렵다.

95) 勾檢稽失 곧 문서 처리 시한의 지체나 失錯 유무를 검사하는 것을 말한다. 이를 책임지는 勾檢官에 대하여서는 김택민, 『동양법의 일반 원칙』(서울:아카넷, 2004), 470~471쪽 참조.

96) 『新唐書』 권44, 選擧志上, 1161쪽에는 學生들이 "其不帥教… 皆罷歸"라고 하였다.

97) 『新唐書』 권44, 選擧志上, 1161쪽에 "併三下與在學九歲, 律生六歲不堪貢者罷歸"라고 하였다.

98) 『新唐書』 권44, 選擧志上, 1161쪽에 학생들이 "歲中違程滿三十日, 事故百日, 緣親病二百日, 皆罷歸"라고 하여, 학생들이 쉴 수 있는 기한을 분명히 적고 있다.

99) 『唐會要』 권66, 東都國子監, 1370쪽에는 元和 원년 "其有藝業不勤, 遊處非類, 樗蒲六博, 酗酒喧爭, 凌慢有司, 不脩法度, 有一于此, 並請解退"라는 國子祭酒의 상주가 있다.

100) 김택민, 『동양법의 일반 원칙』, 471쪽에서는 受事發辰을 "백성이 제출했거나 또는 다른 官司에서 보내 온 문서를 관사가 접수함과 동시에 날짜를 기재하는 작업"이라고 설명하였다.

◎ 國子博士二人, 正五品上: 『漢書』「百官表」云: "博士, 秦官也, 掌通古今, 秩比六百石. 員多至數十人. 武帝置五經博士, 宣帝稍增員十二人" 『漢儀』云: "文帝博士七十餘人, 爲待詔. 博士, 朝服, 玄端章甫冠" 司馬彪「百官志」云: "博士十四人" 魏以太常統太學博士、祭酒. 晉初置博士十九人, 咸寧四年立國子學, 置國子博士一人. 晉官品第六, 介幘, 兩梁冠, 服、佩同祭酒. 宋、齊無所改作. 梁置國子博士二人, 爲九班. 陳品第四, 秩千石. 後魏初, 國子博士從五品上; 太和二十二年, 增爲第五品. 北齊置國子寺, 有博士五人, 品第五. 隋初, 國子隷太常, 置博士五人; 大業三年, 置國子監博士一人, 正五品. 皇朝增置二人. 助教二人, 從六品上. 晉武帝初立國子學, 置助教十五人, 官品視南臺御史, 服同博士. 東晉孝武損爲十人, 宋、齊並同. 梁班第二. 陳品第八, 秩六百石. 後魏第七品. 北齊置十人, 品同後魏. 隋初置國子助教五人, 從七品下; 大業三年, 減置一人. 皇朝增置二人.

역문 국자박사는 2인으로[101] 정5품상이고, 『한서』「백관(공경)표」에 이르기를 "박사는 진(秦)의 관직으로서, 고금에 통달하(여 황제의 자문에 응하)는 일을 관장한다. 질은 비육백석이고 정원이 많으면 수십 명에 이르렀다. 무제는 오경박사를 두었고, 선제가 정원을 12인으로 좀 더 늘렸다"고 하였다.[102] 『한의』에 이르기를 "문제 때 박사는 70여인이었고 (황제의 자문을 받는) 대조로 삼았다.[103] 박사는

101) 『新唐書』 권48, 百官3, 1266쪽에는 國子博士의 정원을 5인이라고 하였다.

102) 『漢書』 권19上, 百官公卿表上, 726쪽. 이에 따르면 五經博士를 둔 것은 武帝 建元 5년, 그 정원을 12인으로 늘린 것은 宣帝 黃龍 원년의 일이다.

103) 『漢書』 권88, 儒林傳, 3592쪽에 "孝惠·高后時, 公卿皆武力功臣. 孝文時頗登用(儒者), 然孝文本好刑名之言. 及至孝景, 不任儒, 竇太后又好黃老術, 故諸博士具官待問, 未有進者"라고 하였으니, 당시 博士는 그 수가 많았어도 실상 그렇게 중용되지는 않았던 듯하다.

조복을 입고 현단과 장보관[104]을 착용한다"고 하였다.[105] 사마표의 「백관지」에 이르기를 "박사는 14인이다"고 하였다.[106] 위나라에서는 태상이 태학박사와 좨주를 통괄하였다. 진(晉) 초에 박사 19인을 두었고, 함녕 4년(278)에 국자학을 세우고 국자박사 1인을 두었다.[107] 진대에는 6품관으로서, 개책·양량관을 착용하고 복식과 패물이 좨주와 같았다.[108] 송과 제에서는 바꾼 것이 없었다.[109] 양대에 국자박사는 2인을 두었고 제9반이었다.[110] 진(陳)에서는 4품으로서 질이 천석이었다.[111] 북위 초에 국자박사는 종5품상이었으나, 태화 22년(498)에 5품으로 올랐다.[112] 북제에는 국자시를 두었는데, 박사 5인

---

104) 章甫冠은 殷代의 冠名으로서 後漢 시기의 委貌冠이 이것이다. 『後漢書』 志권30, 3665쪽에 는 "委貌冠·皮弁冠同制, 長七寸, 高四寸, 制如覆杯, 前高廣, 後卑銳, 所謂夏之毋追, 殷之章甫者也.… 行大射禮於辟雍, 公卿諸侯大夫行禮者, 冠委貌, 衣玄端素裳"이라고 하며, "鄭衆『周禮傳』曰'衣有襦裳者爲端.' 鄭玄曰, '謂之端, 取其正也. 正者, 士之衣"라고 注記하였다. 그러므로 章甫冠은 흑색 상의인 玄端과 함께 짝을 이루는 禮服이니 『論語』, 先進의 "宗廟之事, 如會同, 端章甫, 願爲小相焉"에도 이러한 예가 보인다.

105) 淸代 孫星衍은 이것을 應劭의 『漢官儀』에 나오는 내용으로 보았다. 『漢官六種』, 129쪽 참조.

106) 『後漢書』 志권25, 百官2, 3572쪽.

107) 『晉書』 권24, 職官, 736쪽. 이에 따르면 博士 19인을 둔 것은 魏制를 이은 것이다. 『通典』 권27, 職官9, 766쪽도 이와 같다.

108) 현재 『晉書』의 「職官志」나 「輿服志」에는 박사의 착용 복식·패물이나 官品에 대한 언급이 전혀 없다.(권25, 輿服, 767쪽의 "博士兩梁, 崇儒也"라는 말은 문맥상 漢代 상황의 설명이다) 그러나 『通典』 권37, 職官19, 1004쪽에서 晉代의 '諸博士'가 6품관이었다고 하여 『唐六典』의 기록과 일치한다. 여기에서 博士의 복식과 패물이 祭酒와 같다고 하였는데, 실제로 介幘과 (進賢)兩梁冠 역시 앞서 나온 晉代 祭酒의 착용물과 동일하다.

109) 『宋書』 권29, 百官上, 1228쪽과 『南齊書』 권16, 百官, 315쪽을 보면, 宋·齊 시기의 國子博士는 정원이 2명으로 늘어나는 등 晉代의 경우와 다른 점이 있다.

110) 『隋書』 권26, 百官上, 724쪽과 730쪽.

111) 『隋書』 권26, 百官上, 743쪽.

112) 『魏書』 권113, 官氏志에 따르면, 원래 종5품상이었음은 맞으나(2985쪽) 이후 5품상으로 바뀌었다고 하여(2997쪽) 『唐六典』과 다르다. 앞서 國子祭酒 항목에서 설명하였듯이, 北魏 孝文帝 말년 職員令의 개정은 太和 23년의 일이다.(동상, 2993쪽)

이 있었고 5품이었다.[113] 수 초에 국자(시)는 태상(시)에 속하고, 박사 5인을 두었다.[114] 대업 3년(607)에 국자감박사 1인을 두었는데 정5품이었다.[115] 당조에서는 2인으로 늘렸다.[116] **조교는 2인으로 종6품상이다.**[117] 진(晉) 무제는 처음으로 국자학을 세우고 조교 15인을 두었는데,[118] 관품은 남대어사[119]에 비견되고 복식은 박사와 같았다.[120] 동진의 효무제는 10인으로 줄였다.[121] 송과 제도 모두 같다.[122] 양대에 제2반이었다.[123] 진(陳)에서는 8품으로서 질이 육백석이었다.[124] 북위에서는 7품이었다.[125] 북제에는 10인을 두었고 관품은 북위와 같았다.[126] 수 초에는 국자조교 5인을 두었고 종7품하이

---

113) 『隋書』 권27, 百官中, 757쪽. 단 동상, 766쪽에 의하면, 그 관품은 5품이 아니라 5품상이었다.

114) 『隋書』 권28, 百官下, 777쪽.

115) 『隋書』 권28, 百官下, 799쪽. 단 여기에서는 國子監博士가 아니라 國子學博士로 되어 있다.

116) 『舊唐書』 권44, 職官3, 1891쪽. 단 앞서 지적하였듯이 『新唐書』 권48, 百官3, 1266쪽에는 그 정원이 5인으로 되어 있다.

117) 『通典』 권27, 職官9, 767쪽에는 3인으로 또 『新唐書』 권48, 百官3, 1266쪽에는 5인으로 되어 있다.

118) 『晉書』 권24, 職官, 736쪽.

119) 『唐六典』의 御史臺에서는 南臺란 명칭에 대하여 언급하지 않았으나, 『通典』 권24, 職官6, 659쪽에는 梁代 이래 御史臺를 南臺라고도 불렀다고 전한다. 그런데 正史의 경우 南臺(侍)御史 등과 같은 관직이 이미 晉代부터 더러 보인다.

120) 『晉書』나 『通典』에는 晉代 國子助教의 관품이나 복식에 대한 설명이 보이지 않는다. 그런데 『南齊書』 권16, 百官, 315쪽의 "(國子)助教准南臺御史"나 『通典』 권27, 職官9, 767쪽의 "梁國子助教舊視南臺御史, 品服同博士"처럼 유사한 내용이 다른 朝代의 일로 기록된 문헌은 있다.

121) 『晉書』 권24, 職官, 736쪽에 따르면, 이것은 孝武帝 太元 10년의 일이다.

122) 이와 동일한 문장이 『通典』 권27, 職官9, 767쪽에 나온다. 그러나 실상 宋代에 國子助教를 1인만 두기도 하였으며(『宋書』 권29, 百官上, 1228쪽), 南齊 시기에 그 폐지가 주장되는(『南齊書』 권16, 百官, 315쪽) 등 晉制와 동일하다고 말하기는 어려울 듯하다.

123) 『隋書』 권26, 百官上, 732쪽.

124) 『隋書』 권26, 百官上, 745쪽.

125) 『魏書』 권113, 官氏志에는 國子助教의 관품이 太和 23년의 改制 이후에만 기록되어 있으며, 이것도 7품하로서 『唐六典』과 다르다.(3001쪽)

었는데,[127] 대업 3년(607)에는 1인으로 줄였다.[128] 당조에서는 2인으로 늘렸다.[129]

國子博士掌教文武官三品已上及國公子·孫、從二品已上曾孫之爲生者. 五分其經以爲之業, 習『周禮』、『儀禮』、『禮記』、『毛詩』、『春秋左氏傳』, 每經各六十人, 餘經亦兼習之. 習『孝經』、『論語』限一年業成, 『尙書』、『春秋公羊』·『穀梁』各一年半, 『周易』、『毛詩』、『周禮』、『儀禮』各二年, 『禮記』、『左氏春秋』各三年. 其生初入, 置束帛一篚、酒一壺、脩一案, 號爲束脩之禮. 其習經有暇者, 命習隷書幷『國語』、『說文』、『字林』、『三蒼』、『爾雅』. 每旬前一日, 則試其所習業. 試讀者, 每千言內試一帖; 試講者, 每二千言內問大義一條, 總試三條, 通一及全不通, 斟量決罰. 每歲, 其生有能通兩經已上求出仕者, 則上于監; 堪秀才、進士者亦如之. 助教掌佐博士, 分經以教授焉. 典學掌抄錄課業. 廟幹掌灑掃學廟.

역문 국자박사는 문무관 3품 이상과 국공의 아들·손자 그리고 종2품 이상의 증손으로서 학생이 된 자를 가르치는 것을 관장한다.[130] 경서를 다섯 (범주)로 나누어 수업을 하는데,[131] 『주례』·『의례』·

---

126) 『隋書』 권27, 百官中의 北齊에 관한 기록에서 國子助教의 정원은 『唐六典』과 같으나(757쪽) 그 품계가 종7품하로 되어 있다.(768쪽)

127) 『隋書』 권28, 百官下, 777쪽과 787쪽은 이와 같다. 그런데 『通典』 권27, 職官9, 767쪽에는 助教의 숫자를 4인으로 적고 있다.

128) 『隋書』 권28, 百官下, 799쪽.

129) 『舊唐書』 권44, 職官3, 1891쪽. 단 앞서 지적하였듯이 『通典』 권27, 職官9, 767쪽은 3인, 『新唐書』 권48, 百官3, 1266쪽에는 5인으로 그 정원을 달리 기록하였다. 國子助教의 관품은 正史 모두 『唐六典』과 마찬가지로 종6품상이라고 하였으니, 그 지위가 이전보다 높아졌다.

130) 『舊唐書』 職官志와 『新唐書』 百官志의 기록은 이와 거의 동일하지만, 『新唐書』 권44, 選擧志上, 1159쪽에는 "國子學, 生三百人, 以文武三品以上子、孫若從二品以上曾孫及勳官二品、縣公、京官四品帶三品勳封之子爲之"라고 하여 조금 차이가 있다.

『예기』·『모시』·『춘추좌씨전』을 익히고 (이 대경과 중경 가운데 하나의) 경마다 각각 60인씩 (수업)하고, 나머지 (소경과 『효경』·『논어』) 경 또한 함께 익힌다.[132] 『효경』·『논어』 학습은 1년 안에 학업을 마치게 하고, 『상서』·『춘추공양(전)』·『(춘추)곡량(전)』 (학습)은 각각 1년 반 (안에 학업을 마치게 하며), 『주역』·『모시』·『주례』·『의례』 (학습)은 각각 2년 (안에 학업을 마치게 하고), 『예기』·『좌씨춘추』 (학습)은 각각 3년 (안에 학업을 마치게 한다.) 학생이 처음 입학하면 비단 한 광주리, 술 한 병, 말린 고기 한 상을 드리는데, '속수의 예'라고 부른다.[133] 경서를 익히면서 여유가 생기면, 예서와 『국어』[134] · 『설문(해자)』[135] · 『자림』[136] · 『삼창』[137] · 『이아』[138]

131) 아래에서 당시 國子學의 학생은 科擧의 응시 자격을 얻기 위하여 '通兩經' 곧 大經과 小經 혹은 두 中經에 통해야만 하였으므로, 이들은 大經이나 中經 중 하나는 필수적으로 학습하지 않을 수 없었다. 그러므로 "五分其經以爲之業"이라는 것은 바로 이어서 나오는 『周禮』·『儀禮』·『禮記』·『毛詩』·『春秋左氏傳』이라는 大經과 中經 가운데 어느 한 經書를 각각 위주로 하는 학습단위 5개를 만들어 國子學의 수업이 진행되었음을 뜻한다고 여겨진다.

132) 아래에서 國子學의 學生이 "通兩經已上" 하여야 國子監으로 보내어 과거 응시 자격을 심사받는다고 하였는데, "一大(經)一小(經), 若兩中經"을 뜻한다는 明經科의 '通兩經' 규정을 생각할 때 (『唐六典』의 권2, 尙書吏部, 45쪽과 권4, 尙書禮部, 109쪽), 학생들은 大經이나 中經 중 하나를 배우지 않을 수 없었을 것이다. 따라서 國子博士의 수업 역시 앞서 國子祭酒·司業조에서 설명한 바 大經과 中經 곧 『禮記』·『左傳』과 『毛詩』·『周禮』·『儀禮』를 각각 중심으로 한 하나의 단위를 만들어 다섯 범주로 나눈 뒤 小經을 비롯한 여타 經書들을 이에 부수하여 가르쳤다고 생각된다.

133) 『大唐開元禮』 권54, 學生束脩, 302쪽에서 束脩의 禮로 드리는 束帛·酒·脩의 수량에 대하여 각각 '準令'·'二㪷'·'五脡'이라고 하였는데, 『唐會要』 권35, 學校, 741쪽의 神龍 2년 勅에는 "初入學, 皆行束脩之禮, 禮於師. 國子·太學各絹三疋, 四門學絹二疋, 俊士及律·書·算學·州縣各絹一疋, 皆有酒脯"라고 하였다.

134) 左丘明의 『春秋外傳國語』. 당시 이와 관련된 책들은 『舊唐書』 권46, 經籍上, 1979~1980쪽과 『新唐書』 권57, 藝文1, 1437쪽 참조.

135) 後漢 許愼의 『說文解字』. 『舊唐書』 권46, 經籍上, 1984쪽과 『新唐書』 권57, 藝文1, 1448쪽 참조.

136) 晉 呂忱이 지은 책. 『舊唐書』 권46, 經籍上, 1984쪽과 『新唐書』 권57, 藝文1, 1448쪽 참조.

137) 『舊唐書』 권46, 經籍上, 1984쪽과 『新唐書』 권57, 藝文1, 1447쪽에 따르면, 당시의 『三蒼』은 李斯 등이 짓고 郭璞이 解한 것이다.

를 아울러 익히게 한다.139) 열흘 마다(의 휴가) 전 날에 익힌 것을 시험한다. (기초 단계의 학습자에게 경서 문장의) 읽기를 시험하는 경우 천 글자 안에서 (세 글자를 가리고 이를 채우게 하는) 첩경 하나를 시험하고, (심화 단계의 학습자에게 경서 내용의) 풀이를 시험하는 경우 2천 글자 안에서 대의를 묻는 구술시험 하나를 행하여 총 3개를 시험해서 하나만 통하거나 모두 불통(不通)하면 (통하지 못한 것을) 헤아려서 처벌한다.140) 해마다 그 학생들이 두 경 이상에 통하여141) (명경과로써) 출사를 원하는 자가 있으면 국자감으로 올려보내는데, 수재과나 진사과에 감당할 만한 자도 또한 이와 같다. 조교는 박사를 도와 경서를 (다섯 범주로) 나누어 수업하는 것을 관장한다. 전학은 학생들의 학습 결과의 기록을 관장한다. 묘간은 학교와 사당을 청소하는 일을 관장한다.

◎ 太學博士三人, 正六品上; 東晉元帝增置國子博士十六人, 謂之太學博

---

138) 『舊唐書』 권46, 經籍上, 1983~1984쪽과 『新唐書』 권57, 藝文1, 1447쪽에 의하면, 당시 『爾雅』는 李巡注本을 위시한 다양한 종류가 있었다. 이 책은 中國에서 현존하는 가장 오래된 字義 해석집으로서 후대에 經書의 하나로 간주되었다.

139) 『新唐書』 권48, 百官3, 1266쪽에 이와 유사한 내용이 있으며 동상, 권44, 選擧志上, 1160쪽에는 "學書, 日紙一幅, 間習時務策, 讀『國語』·『說文』·『字林』·『三蒼』·『爾雅』"라고 하여 조금 달리 표현되어 있다.

140) 『唐會要』 권66, 東都國子監, 1373쪽의 文宗 大和 5년 國子祭酒의 상주문에 "按『學令』云: 諸生先讀經文通熟, 然後授文講義. 每旬放一日休假, 前一日, 博士考試. 其試讀每千言內試一帖, 帖三言; 講義者, 每二千言內問大義一條, 總試三條, 通二爲及第. 通一及不全通者, 酌量決罰"이라고 하였으니, 이것은 당시 『學令』의 규정이었다.

141) 『唐六典』의 권2, 尙書吏部, 45쪽과 권4, 尙書禮部, 109쪽에는 明經科와 관련하여 "通二經者, 一大(經)一小(經), 若兩中經; 通三經者, 大(經)·小(經)·中(經)各一; 通五經者, 大經並通"이라고 하였다.

士, 品、服同國子博士. 梁置太學博士八人, 班第二. 陳品第八, 秩六百石. 後魏初, 第六品中; 太和二十二年, 從第七品. 北齊國子寺有太學博士十人, 從第七品. 後周置太學博士下大夫六人, 正四命. 隋初置太學博士五人. 仁壽元年罷國子, 唯立太學, 置博士五人, 從五品; 大業三年減置二人, 降爲從六品. 皇朝增置三人. 助教三人, 從七品上. 後魏置太學助教, 第八品中. 北齊國子寺有太學助教二十人, 從第九品下. 後周置太學助教上士六人, 正三命. 隋初, 太學助教五人, 正九品上; 大業三年, 減爲二人. 皇朝增置三人.

역문 **태학박사는 3인으로**142) **정6품상이고**, 동진 원제가 국자박사를 16인으로 늘려서 이를 태학박사라고 불렀는데,143) 관품과 복식은 국자박사와 같았다. 양 때 태학박사 8인을 두었는데 제2반이었으며,144) 진(陳) 때 8품으로서 질이 육백석이었다.145) 북위 초에 6품중이었고, 태화 22년(498)에 종7품이었다.146) 북제의 국자시에는 태학박사 10인이 있었는데, 종7품이었다.147) 북주는 태학박사 하대부 6인을 두었는데 정4명이었다.148) 수 초에 태학박사 5인을 두었다.149) 인수 원년(601)에 국자(학)을 없애고 오로지 태학만 세웠는데, 박사

---

142) 太學博士의 정원을 『通典』 권27, 職官9, 767쪽에는 2인, 『新唐書』 권48, 百官3, 1266쪽에는 6인이라고 하였다.

143) 『晉書』 권24, 職官, 736쪽에 "元帝末, 增『儀禮』·『春秋公羊』博士各一人, 合爲十一人. 後又增爲十六人, 不復分掌五經, 而謂之太學博士也"라고 하였다.

144) 『隋書』 권26, 百官上, 724쪽(여기에는 "又有限外博士員"이라는 말이 덧보태져 있다)과 732쪽.

145) 『隋書』 권26, 百官上, 745쪽.

146) 『魏書』 권113, 官氏志, 2987쪽과 3001쪽에 따르면, 改制 후의 관품은 종7품하이었다. 전술하였듯이 北魏 孝文帝 말년 職員令의 개정은 太和 23년의 일이다.(동상, 2993쪽)

147) 『隋書』 권27, 百官中, 757쪽. 단 동상, 768쪽에 의하면, 그 관품은 종7품이 아니라 종7품하이었다.

148) 正史에는 관련 기록이 없으나, 『通典』의 권27, 職官9, 767쪽과 권39, 職官21, 1067쪽의 기록은 이와 같다.

149) 『隋書』 권28, 百官下, 777쪽.

5인을 두고 종5품이었다.[150] 대업 3년(607)에는 (정원을) 2인으로 줄이고, (품계를) 종6품으로 낮추었다.[151] **조교는 3인으로[152] 종7품상이다.** 북위는 태학조교를 두었는데 8품중이었다.[153] 북제의 국자시에는 태학조교 20인이 있었고 종9품하이었다.[154] 북주는 태학조교 상사 6인을 두었는데 정3명이었다.[155] 수 초에 태학조교는 5인으로 정9품상이었고,[156] 대업 3년(607) 2인으로 줄였다.[157] 당조에서는 3인으로 늘렸다.[158]

太學博士掌敎文武官五品已上及郡·縣公子·孫、從三品曾孫之爲生者, 五分其經以爲之業, 每經各百人. 其束脩之禮, 督課、試擧, 如國子博士之法. 助敎已下並掌同國子.

역문 **태학박사는 문무관 5품 이상과 군공·현공의 아들·손자 그리고 종3품의 증손으로서 학생이 된 자를 가르치는 것을 관장하는데,[159] 경서를 다섯 (범주)로 나누어 수업을 하며 경마다 각각**

---

150) 『隋書』 권28, 百官下, 793쪽과 799쪽.

151) 『隋書』 권28, 百官下, 799쪽.

152) 太學助敎의 정원은 『新唐書』 권48, 百官3, 1266쪽에 6인으로 되어 있다.

153) 이것은 『魏書』 권113, 官氏志, 2991쪽의 기록과 일치한다. 그러나 太和 23년 改制 이후의 상황은 미상이다.

154) 『隋書』 권27, 百官中, 757쪽. 단 동상, 770쪽에 의하면, 그 관품은 종9품하가 아니라 종9품이었다.

155) 正史에는 관련 기록이 없으나, 『通典』의 권27, 職官9, 767쪽과 권39, 職官21, 1068쪽의 기록은 이와 같다.

156) 『隋書』 권28, 百官下, 777쪽과 788쪽.

157) 『隋書』 권28, 百官下, 799쪽.

158) 『舊唐書』 권44, 職官3, 1891쪽. 단 앞서 지적하였듯이 『新唐書』 권48, 百官3, 1266쪽에는 그 정원이 6인으로 되어 있다.

159) 『舊唐書』 職官志와 『新唐書』 百官志의 기록은 이와 거의 동일하지만, 『新唐書』 권44, 選擧志上,

100인씩 (수업)한다. 그 속수의 예와 독려하여 가르치고 시험하여 (국자감으로) 천거하는 것은 국자박사의 방법과 같다. 조교 이하 (관인의 직무도) 모두 국자(학의 경우)와 동일하다.

◎ 四門博士三人, 正七品上: 『後魏書』: "劉芳表云: '太和二十年立四門博士, 於四門置學. 按: 『禮記』云天子設四學. 鄭玄注: 周四郊之虞庠也. 今以其遼遠, 故置於四門. 請移與太學同處.' 從之." 『後魏』「百官志」: "四門博士, 第九品." 北齊置二十人, 正九品上. 後周闕. 隋置五人, 從八品上. 皇朝減置三人, 加正七品上. 助教三人, 從八品上. 北齊國子寺有四門助教二十人. 隋初置四門助教五人, 從九品下. 皇朝因置三人.

역문 **사문박사는 3인으로[160] 정7품상이고**, 『후위서』[161]에 "유방이 표를 올려 '태화 20년 사문박사를 만들고 사방의 문(곁)에 학교를 두었습니다. 『예기』를 보면 천자가 사학을 설치하였다고 하고, 정현이 (사학은) 주나라에서 사방 교외의 작은 학교〔虞庠〕라고 주를 달았습니다.[162] (그러나) 지금 그것이 너무 멀어서 (관리하기가 힘들어

1159쪽에는 "太學, 生五百人, 以五品以上子·孫、職事官五品期親若三品曾孫及勳官三品以上有封之子爲之"라고 하여 조금 차이가 있다.

160) 四門博士의 정원을 『新唐書』 권48, 百官3, 1267쪽에는 6인이라고 하였다.

161) 『隋書』 권33, 經籍2, 956쪽에는 『後魏書』라는 이름으로 魏收와 魏彦濬의 두 책이 존재하니, 전자가 正史의 하나인 『魏書』이고 후자는 현재 남아 있지 않다. 현존 『魏書』에 이와 유사한 내용의 표문이 권55, 劉芳傳, 1221~1222쪽에 실려 있는데, 만약 『唐六典』이 이것을 인용하였다면 그 내용을 매우 축약한 것이다. 그러므로 아래에서 의미가 명료하지 않은 부분은 『魏書』의 원문을 보충하여 해석하고자 한다.

162) 현존 『魏書』의 원문은 "『禮記』云周人'養庶老於虞庠, 虞庠在國之四郊', 『禮(記)』又云:'天子設四學, 當入學而太子齒.' 注云:'四學, 周四郊之虞庠也'"이고, 여기에서 『禮記』로부터 인용된 두 문장은 각각 「王制」와 「祭義」편에 나오는 것이다.

주 때와 달리) 사방의 문(곁)에 (사문학을) 둔 것입니다. (그리고 옛날 태학 자리의 태학방(坊)은 태학만이 아니라 사문학까지 세워도 좋을 만큼 매우 넓으므로) 태학과 같은 곳으로 (사문학도) 옮기기를 청합니다'163)라고 하였고, (황제가) 이를 따랐다"고 하였다. 『후위(서)』「백관지」에서 "사문박사는 9품이다"고 하였다.164) 북제는 20인을 두었는데 정9품상이었다.165) 북주에는 관련 기록이 없다. 수는 5인을 두었고 종8품상이었다.166) 당조에서는 3인으로 줄였는데,167) (품계는) 정7품상으로 올렸다. 조교는 3인으로168) 종8품상이다. 북제의 국자시에는 사문조교 20인이 있었다.169) 수 초에 사문조교 5인을 두었고 종9품하이었다.170) 왕조는 (수를) 따라 3인을 두었다.171)

---

163) 여기에서 인용된 『魏書』의 원문은 "今太學故坊, 基趾寬曠, 四郊別置, 相去遼闊, 檢督難周. 計太學坊並作四門, 猶爲太廣. 以臣愚量, 同處無嫌. 且今時制置, 多循中代, 未審四學應從古不? 求集名儒禮官, 議其定所"이다.

164) 현존 『魏書』에는 百官志가 없고 官氏志만 있다. 이 책에서는 四門(小學)博士를 9품상에 해당하는 관직으로 분류하고 있다.

165) 『隋書』 권27, 百官中, 757쪽과 769쪽.

166) 『隋書』 권28, 百官下, 777쪽과 788쪽. 이것은 단지 隋初의 기록으로서, 煬帝의 改制 이후에 대한 내용은 『隋書』에 보이지 않는다.

167) 『舊唐書』 권44, 職官3, 1892쪽. 단 앞서 지적하였듯이 『新唐書』 권48, 百官3, 1267쪽에는 그 정원이 6인으로 되어 있다.

168) 四門助教의 정원은 『通典』 권27, 職官9, 767~768쪽에는 5인, 『新唐書』 권48, 百官3, 1267쪽에 6인으로 되어 있다.

169) 『隋書』 권27, 百官中, 757쪽.

170) 『隋書』 권28, 百官下, 777·789쪽. 煬帝의 改制 이후에 대한 기록은 『隋書』에 없다.

171) 『舊唐書』 권44, 職官3, 1892쪽. 그러나 전술하였듯이 『通典』 권27, 職官9, 767~768쪽에는 5인, 『新唐書』 권48, 百官3, 1267쪽에 6인으로 四門助教의 정원을 달리 기록하고 있다. 특히 원문에서 '因置'라는 표현을 사용하였음에도 불구하고 실제 隋代의 정원과 차이가 있다는 점에서 이 『唐六典』의 내용은 착오일 가능성을 배제하기 어렵다.

四門博士掌敎文武官七品已上及侯、伯、子、男子之爲生者，若庶人子爲俊士生者.『禮記』「王制」曰: "命鄕論秀士，升之司徒，曰'選士'; 司徒論選士之秀者，升之學，曰'俊士'." 『隋書』「志」曰: "舊國子學處士以貴賤，梁武帝欲招來後進，五舘生皆取寒門俊才，不拘員數." 卽今之俊士也. 分經同太學. 其束脩之禮，督課、試擧，同國子博士之法. 助敎已下，掌同國子.

역문 사문박사는 문무관 7품 이상과 (현)후·백·자·남의 아들로서 학생이 된 자, 그리고 서인의 아들로 준사가 되어 학생이 된 자를 가르치는 것을 관장한다.[172] 『예기』의 「왕제」편에 이르기를 "향에서 뛰어난 선비를 평가하여 사도에게 (뽑아) 올린 이를 '선사'라 하고, 사도가 선사 중에 뛰어난 이를 평가하여 (대)학으로 (뽑아) 올린 이를 '준사'라고 한다"라고 하였다.[173] 『수서』의 「(백관)지」에서 이르기를 "옛날 국자학은 귀천에 따라 선비들을 나누어 두었는데, 양의 무제가 공부하려는 학생들〔後進〕을 불러들이려고 오관[174]의 학생들을 모두 한미한 집안의 재능있는 자로 뽑고 그 정원의 수에 구애되지 않았다"[175]고 하니, (이것이) 곧 오늘의 준사이다. 경서를 나누(어 학생들을 가르치)는 것은 태학과 같다. 그 속수의 예와 독

172) 『舊唐書』 職官志와 『新唐書』 百官志의 기록은 이와 거의 동일하지만, 『新唐書』 권44, 選擧志上, 1159쪽에는 "四門學, 生千三百人, 其五百人以勳官三品以上無封、四品有封及文武七品以上子爲之, 八百人以庶人之俊異者爲之"라고 하여 차이가 있다.

173) 『禮記』 권13, 王制의 "命鄕論秀士, 升之司徒, 曰選士; 司徒論選士之秀者, 而升之學, 曰俊士"에 대하여 鄭玄은 "秀士, 鄕大夫所考, 有德行道藝者"; "學, 大學"이라고 注하였다.

174) 五館은 梁 武帝 天監 4년에 확대 개편된 中央官學이다. 『梁書』 권3, 武帝下, 96쪽과 『隋書』 권26, 百官上, 724쪽 참조.

175) 『隋書』 권28, 百官上, 724쪽에는 "舊國子學生, 限以貴賤, (梁武)帝欲招來後進, 五館生皆引寒門儁才, 不限人數"라고 하였다.

려하여 가르치고 시험하여 (국자감으로) 천거하는 것은 국자박사의 방법과 같다. 조교 이하 (관인의 직무도) 국자(학의 경우)와 동일하다.

◎ 直講四人. 皇朝初置, 無員數; 長安四年, 始定爲四員. 俸祿、賜會, 同直官例.

역문 직강은 4인이다. 당에서 처음 두었는데 (원래) 정원수는 정해져 있지 않았다. 장안 4년(704) 비로소 4인으로 정하였다. 봉록과 사회[176]는 직관의 경우와 같다.

直講掌佐博士、助教之職, 專以經術講授而已.

역문 직강은 박사와 조교의 직무를 돕는 일을 관장하며 오로지 경술로써 가르칠 뿐이다.

○ 大成十人. 皇朝置. 取貢擧及第人, 考功簡聰明者, 試書日誦得一千言, 並口試、策試所習業等十條通七, 然後補充, 仍授散官, 俸祿、賜會同直官例給. 初置二十人, 開元二十年減十人. 大成通四經業成, 上於尙書吏部試, 登第者加一階放選, 其不第則習業如初. 每三年一試. 若九年無

---

176) 俸과 祿은 모두 官人에게 지급된 급료로서, 각각 원칙상 달마다 준 돈·물품과 봄·가을에 주는 양식으로 구분된다. 賜會는 會賜라고도 하며, 元旦이나 冬至의 朝會時 역시 官人에게 주는 賞賜品이다. 여기에서 이 세 가지 항목의 열거는 곧 官人으로서의 물질적 대우를 총칭하는 것이라고 생각된다.

成, 則免大成, 從常調.

역문 대성은 10인이다. 당에서 두었다. 공거에 급제한 이들 중에서 고공(원외랑)이[177] (특별히) 총명한 이를 뽑는다. 하루 1천 언 외운 바를 쓰는 것을 시험하고,[178] 아울러 학습한 것들을 구두시험하고 책시하여 10 문항 가운데 7 문항에 통해야 한다. 그런 다음 (대성으로) 충원하면서 산관을 주고 봉록과 사회는 직관의 경우와 같이 지급한다. 처음에는 20인을 두었으나 개원 20년(732)에 10인을 줄였다. **대성이 4경에 통하여 학업을 마치면, 상서이부에 올려보내 시험하고,[179] 급제자는 1계를 더하여[180] 대선(待選)을 면제해서 (임용하고), 급제하지 못하면 처음과 같이 (다시) 학업을 익힌다. 3년마다 한 번 시험을 친다. 만약 9년 동안 학업을 마치지 못하면, 대성을 해임시키고 일반적인 관인 임용 방식(常調)[181]에 따른다.**

---

177) 이것은 開元 24년까지 貢擧 곧 科擧를 吏部 考功員外郎이 책임지고 있을 때의 기록이다. 그러나 禮部侍郎이 知貢擧가 된 이후에는 大成도 당연히 禮部侍郎이 선발하였다. 『唐六典』 권4, 尙書禮部, 禮部侍郎條, 110쪽 참조.

178) 이것은 저본의 "試書日誦得一千言"에 따른 번역이나, 여기에서 '書'는 혹 '術'자일 가능성도 있다. 大成에 관하여 더욱 자세히 서술한 『唐六典』의 권2, 尙書吏部, 考功員外郎條, 46쪽과 권4, 尙書禮部, 禮部侍郎條, 110쪽 및 『舊唐書』 권43, 職官2, 1829쪽에서는 모두 "試日誦千言"으로 기록하였기 때문이다. 그러나 『通典』 권27, 職官9, 768쪽에는 이 『唐六典』의 기록처럼 '書'자가 있으므로, 일단 저본에 의거한다.

179) 『唐六典』의 권2, 尙書吏部, 考功員外郎條, 46쪽과 권4, 尙書禮部, 禮部侍郎條, 110쪽에서 모두 "吏部簡試"라고 하였으므로, 이것은 吏部의 일반적인 銓選과는 달랐다고 생각된다.

180) 大成은 "其國子監大成十二(그대로)員, 取明經及第人聰明灼然者"라는 『舊唐書』 권43, 職官2, 1829쪽의 기록에서 보듯이, 明經科 급제자를 대상으로 하였다고 생각된다. 그런데 명경과의 경우 원래 '通二經'·'通三經'·'通五經'만 있을 뿐 '通四經'은 없다.(『唐六典』의 권2, 尙書吏部, 考功員外郎條, 45쪽과 권4, 尙書禮部, 禮部侍郎條, 109쪽) 그리고 『唐六典』의 권2, 尙書吏部, 考功員外郎條, 46쪽과 권4, 尙書禮部, 禮部侍郎條, 110쪽에 따르면, 大成은 추가로 학습하여 급제한 經이 『禮記』·『左傳』·『毛詩』·『周禮』일 경우 '加兩階'하고 나머지 經만 '加一階'한다고 하였다. 그러므로 이 國子監편에서의 설명은 불충분한 것으로 여겨진다.

◎ 律學博士一人, 從八品下: 『晉』「百官志」: "廷尉官屬有律博士員." 『晉』「刑法志」曰: "衛覬奏請置律學博士, 轉相教授." 東晉、宋、齊並同. 梁天監四年, 廷尉官屬置胄子律博士, 位視員外郞, 第三班. 陳律博士秩六百石, 品第八. 後魏初, 律博士第六品中; 太和二十二年, 爲第九品上. 北齊大理寺官屬有律博士四人, 第九品上. 隋大理寺官屬有律博士八人, 正九品上. 皇朝省置一人, 移屬國學. 助教一人, 從九品上. 皇朝置之.

역문 율학박사는 1인으로[182] 종8품하이고, 『진서(晉書)』「백관지」에 "정위의 속관으로 율박사의 정원이 책정되어 있었다"고 하고,[183] 『진서』「형법지」에 이르기를 "(위나라 때) 위기가 율학박사를 두어서 돌아가며 (율을) 가르칠 것을 상주하여 청하였다"고 한다.[184] 동진·송·남제도 모두 마찬가지였다.[185] 양 천감 4년(505)에 정위의 속관으로 주자율박사를 두었는데, 직위는 원외랑으로 비견되고 제3반이었다.[186] 진(陳)의 율박사는 질이 육백석이었고 8품이었다.[187] 북위 초에 율박사는 6품중이었으나, 태화 22년(498)에 9품상이 되었다.[188]

---

181) 『唐六典』의 권2, 尙書吏部, 考功員外郞條, 46쪽과 권4, 尙書禮部, 禮部侍郞條, 110쪽에는 '常調'가 '常選'으로 되어 있다.

182) 律學博士의 정원을 『新唐書』 권48, 百官3, 1267쪽에는 3인이라고 하였다.

183) 『晉書』 권24, 職官, 737쪽.

184) 『晉書』 권30, 刑法, 923쪽. 그런데 이것은 三國 魏 때의 일이며(『三國志』 권21, 衛覬, 611쪽), 律(學)博士의 기원도 晉이 아니라 魏에 있다.(『宋書』 권29, 百官上, 1231쪽) 따라서 『晉書』를 이용하여 律(學)博士를 설명한 『唐六典』의 이 기록은 오해의 소지가 없지 않다.

185) 『宋書』 권29, 百官上, 1231쪽과 『南齊書』 권16, 百官, 317쪽.

186) 『隋書』 권26, 百官上, 725·732쪽.

187) 『隋書』권26, 百官上, 745쪽.

188) 『魏書』 권113, 官氏志, 2987·3002쪽의 기록과 같으나, 앞서 國子祭酒 항목에서 설명하였듯이 北魏 孝文帝 말년 職員令의 개정은 太和 23년의 일이다.(동상, 2993쪽)

북제는 대리시의 속관으로 율박사 4인이 있었고 9품상이었다.189) 수는 대리시의 속관으로 율박사 8인이 있었고 정9품상이었다.190) 당조에서는 1인으로 줄이고191) 국학으로 옮겼다.192) 조교는 1인으로 종9품상이다. 당조에서 두었다.

律學博士掌教文武官八品已下及庶人子之爲生者, 以『律』、『令』爲專業, 『格』、『式』、『法例』亦兼習之. 其束脩之禮, 督課、試舉, 如三舘博士之法. 助教掌佐博士之職, 如三舘助教之法.

역문 율학박사는 문·무관 8품 이하와 서인의 아들로서 학생이 된 자를 가르치는 것을 관장하는데, 『율』과 『영』을 전문적으로 학습하며 『격』·『식』·『법례』 또한 아울러 익히게 한다.193) 그 속수의 예와 독려하여 가르치고 시험하여 (국자감으로) 천거하는 것은 (국자·태학·사문) 3관의 박사의 방법과 같다. 조교는 박사의 직임

---

189) 『隋書』 권27, 百官中, 756·769쪽.

190) 『隋書』 권28, 百官下, 776·788쪽.

191) 『舊唐書』 권44, 職官3, 1892쪽. 단 앞서 지적하였듯이 『新唐書』 권48, 百官3, 1267쪽에는 그 정원이 3인으로 되어 있다.

192) 『舊唐書』 권44, 職官3, 1892쪽에는 太宗 때 律學博士를 國子監에 설치하였다고 하였으나, 『新唐書』 권48, 百官3, 1267쪽에는 武德初 大理寺의 律博士가 國子監으로 옮겨진 뒤 복잡한 廢置의 연혁을 자세히 설명해 두었다.

193) 여기에서 律學의 교육 내용으로 지목한 律·令·格·式은 唐代 刑部에서 관할하는 '文法'의 네 가지로서 『唐六典』에 "凡律以正刑定罪, 令以設範立制, 格以禁違正邪, 式以軌物程事"라고 각각 규정되어 있다.(권6, 尙書刑部, 刑部郎中條, 180~185쪽) 그런데 『法例』의 경우 晉·梁·北周 시기 律의 한 篇名으로 나오지만(동상, 181·182쪽), 隋·唐代의 律에는 이러한 명칭의 篇目이 없다. 다만 『新唐書』 권58, 藝文2, 1495쪽에 趙仁本과 崔知悌의 『法例』라는 이름의 두 책이 나오는데, 『舊唐書』 권50, 刑法, 2142쪽을 보면 高宗이 당시 재판에 이용되던 趙仁本의 『法例』가 오히려 법률의 운용을 번잡하게 만든다고 여겨 '不用'하게 되었다고 한다. 그러므로 이 法例는 여러 가지 법의 시행 사례 혹은 판례집 같은 것의 범칭일 수도 있으나, 일단 여기에서는 저본 교감자의 설명에 따라 서명으로 번역한다.

을 돕는 것을 관장하니, (역시) 3관 조교의 방법과 같다.

◎ 書學博士二人, 從九品下. 『代本』: "蒼頡作書." 『周禮』: "保氏敎以六藝, 其五曰'六書'." 鄭司農云: "象形、會意、轉注、處事、假借、諧聲也." 古謂之小學. 『漢書』「食貨志」曰: "八歲入小學, 學六甲、五方、書計之事." 晉衛恒『字勢』曰: "昔黃帝有沮誦、蒼頡, 始作書契, 蓋覩鳥跡以興思也. 秦壞古文. 有八體: 一曰大篆, 二曰小篆, 三曰刻符, 四曰蟲書, 五曰摹印, 六曰署書, 七曰殳書, 八曰隷書. 王莽時, 甄豊校文字, 復有六書: 一曰古文, 二曰奇字, 三曰篆書, 四曰佐書, 五曰繆篆, 六曰鳥書." 自漢已來, 不見其職. 隋置書學博士一人, 從九品下. 皇朝加置二人.

역문 서학박사는 2인으로[194] 종9품하이다. 『세본』[195]에서 "창힐[196]이 글자를 만들었다"고 하였다. 『주례』에는 "보씨가 6예를 가르쳤는데[197] 그 다섯번째가 '글자를 만드는 여섯 가지 원칙(六書)'이다"고 하였으며, 사농 정중이 "상형·회의·전주·처사·가차·해성이다"고 (이를 설명)하였다.[198] 옛날에는 이것을 소학이라고 불렀다. 『한서』

194) 書學博士의 정원은 正史의 기록과 동일하나, 『通典』 권27, 職官9, 768쪽에는 3인으로 되어 있다.

195) 원문에 『代本』으로 쓴 것은 太宗 李世民의 이름을 避諱한 때문이다. 이 책은 黃帝로부터 春秋時代 諸侯大夫까지의 世系 등을 기록하였으나(『漢書』 권30, 藝文志, 1714쪽), 宋代에 산실되고 현존하는 것은 輯佚本이다.

196) 전설상 黃帝의 신하들 가운데 한 사람이다.

197) 『周禮注疏』 권14, 保氏條에는 "養國子以道, 乃敎之六藝, 一曰五禮, 二曰六樂, 三曰五射, 四曰五馭, 五曰六書, 六曰九數"라고 하였다.

198) 鄭司農 곧 後漢의 經學者 鄭衆의 이 설명은 『周禮注疏』 권10, 大司徒條의 疏에 '先鄭'의 말로 기록되어 있다. 象形은 '日'·'月'처럼 실물의 형상을 본뜬 것, 會意는 '信'·'武'와 같이 이미 만들어진 글자의 뜻을 합친 것, 轉注는 '考'·'老'처럼 한 글자에서 形·音·義를 변화시킨 것, 指事라고도

「식화지」에서는 "8세에 소학에 들어가서 육갑·오방·글쓰기와 계산하는 일을 배운다"고 하였다.[199] 진(晉) 위항의 『자세』[200]에서는 "옛날 황제는 저송과 창힐이(라는 신하가) 있어 처음으로 문자를 만들었으니, 대개 새의 발자국을 보고 생각해낸 것이었다. 진(秦)은 이 고문을 없애버려 8체가 있게 되었으니, 첫째 대전,[201] 둘째 소전,[202] 셋째 각부,[203] 넷째 충서,[204] 다섯째 모인,[205] 여섯째 서서,[206] 일곱째 수서,[207] 여덟째 예서[208]이다. 왕망 때 견풍은 (다양한) 문자를 비교

불리는 處事는 '上'·'下'와 같이 상징적인 부호와 연관된 것, 假借는 '令'·'長'처럼 본래 글자가 없어서 다른 글자를 빌려 쓴 것, 形聲으로도 불리는 諧聲은 '江'·'河'와 같이 각각 음과 의미를 가진 두 글자를 합쳐서 만든 것이다. 『周禮注疏』 권14, 保氏에 대한 疏 참조.

199) 『漢書』 권24上, 食貨志上, 1122쪽. 여기에서 '六甲'은 때의 표시 등에 상용되는 六十甲子를 뜻한다고 생각되며, '五方'과 '書計'는 顔師古注에서 "蘇林曰, '五方之異書, 如今祕書學外國書也.' 臣瓚曰, '辨五方之名及書藝也.' 師古曰, '瓚說是也'"라고 하였다.

200) 『隋書』 권32, 經籍1, 945쪽 : 『舊唐書』 권46, 經籍上, 1985쪽 : 『新唐書』 권57, 藝文1, 1448쪽에는 衛恒의 책으로 『四體書勢』만 나오며, 아래에 인용된 글도 『晉書』 권36, 衛恒, 1061~1063쪽에 실린 이 책의 내용과 비슷한데, 그 내용은 많은 부분이 許愼의 『說文解字』(臺北: 漢京文化事業有限公司, 1980)의 敍文에 근거한 듯하다.(권15上, 8뒤~17뒤쪽 참조)

201) 『晉書』 권36, 衛恒, 1062쪽에 인용된 『四體書勢』에서는 '大篆'을 "昔周宣王時, 史籀始著『大篆』十五篇, 或與古同, 或與古異, 世謂之籀書者也"라 하여 '古文'에서 약간 변형된 문자라고 설명하였다.

202) 『晉書』 권36, 衛恒, 1062~1063쪽에 인용된 『四體書勢』에서는 '小篆'에 대하여 두 가지 설을 소개하고 있다. 즉 "(李)斯作『倉頡篇』, 中車府令趙高作『爰歷篇』, 太史令胡毋敬作『博學篇』, 皆取史籀大篆, 或頗省改, 所謂小篆者"와 "下土人程邈爲衙獄吏, 得罪始皇, 幽繫雲陽十年, 從獄中作大篆, 少者增益, 多者損減, 方者使員, 員者使方, 奏之始皇. 始皇善之, 出以爲御史, 使定書"가 그것인데, 후자에 대하여서는 혹 이것을 隷書의 기원이라고 보는 이도 있음을 부기해 두었다.

203) 『晉書』 권36, 衛恒傳에 인용된 『四體書勢』에서는 '刻符'부터 '殳書'까지 5개 항목에 대하여 따로 설명을 하지 않았다. 『說文解字』의 '八體'에 대한 기술에 대하여 淸의 段玉裁는 "自刻符而下, 其『漢(書)』(藝文)志所謂'六技'與… 皆不離大篆小篆而詭變, 各自爲體"(권15上, 11뒤쪽)라고 하였다. 이 『說文解字』 권15上, 11앞쪽의 段玉裁注에 의하면 '刻符'는 符節에 새긴 字體이다.

204) 『說文解字』 권15上, 11앞쪽의 段玉裁注에 의하면 '蟲書'는 아래 王莽 시기의 鳥(蟲)書와 같다.

205) 『說文解字』 권15上, 11앞쪽의 段玉裁注에 의하면 '摹印'은 아래 王莽 시기의 繆篆과 같은데, 그는 이 말을 "摹, 規也. 規度印之大小, 字之多少而刻之"(권15上, 17앞쪽)라고 설명하였다.

206) 『說文解字』 권15上, 11앞쪽의 段玉裁注는 '署書'의 설명에서 "凡一切封檢題字, 皆曰署. 題榜亦曰署"라고 하였으니, '署書'는 곧 밀봉한 문서의 제목이나 匾額題字의 字體를 뜻한다.

하여 바로잡아서 다시 6서가 생겼으니, 첫째 고문,[209] 둘째 기자,[210] 셋째 전서,[211] 넷째 좌서,[212] 다섯째 무전,[213] 여섯째 조서[214]이다"고 하였다. 한 이래로 이러한 직임이 보이지 않으나, 수 때 서학박사 1인을 두니 종9품하이었다. 당조에서는 2인으로 늘렸다.[215]

書學博士掌敎文武官八品已下及庶人子之爲生者, 以『石經』、『說文』、『字林』爲專業, 餘字書亦兼習之. 石經三體書限三年業成,『說文』二年,『字林』一年. 其束脩之禮, 督課、試擧, 如三館博士之法.

역문 서학박사는 문무관 8품 이하와 서인의 아들로서 학생이 된 자를 가르치는 것을 관장하는데,『석경』[216]·『설문(해자)』·『자림』

---

207)『說文解字』권15上, 11앞쪽의 段玉裁注는 '殳書'의 설명에서 "古者, 文旣記笏, 武亦書殳. 按言'殳', 以包凡兵器題議, 不必專謂殳"라고 하였으니, '殳書'는 곧 兵器에 쓰는 字體를 뜻한다.

208)『晉書』권36, 衛恒, 1064쪽에 인용된『四體書勢』에서는 "秦旣用篆, 奏事繁多, 篆字難成, 卽令隷人佐書, 曰隷字"라고 하였다. 이것은 앞서 小篆의 기원에 대한 두번째의 설명과도 상통하는데,『說文解字』권15上, 11앞쪽의 段玉裁注에 의하면 '隷書'는 '觀獄職務'의 편의를 도모하기 위한 字體라고 하였다.

209)『晉書』권36, 衛恒, 1063쪽에 인용된『四體書勢』에서는 '古文'을 "孔氏壁中書也"라고 하였다.

210)『晉書』권36, 衛恒, 1063쪽에 인용된『四體書勢』에서는 '奇字'를 "古文而異字也"라고 하였다.

211)『晉書』권36, 衛恒, 1063쪽에 인용된『四體書勢』에서는 '篆書'를 "秦篆書也"라고 하였다.

212)『晉書』권36, 衛恒, 1063쪽에 인용된『四體書勢』에서는 '佐書'는 곧 '隷書'다고 하였다.

213)『晉書』권36, 衛恒, 1063쪽에 인용된『四體書勢』에서는 '繆篆'을 "所以摹印也"라고 하였다.

214)『晉書』권36, 衛恒, 1063쪽에 인용된『四體書勢』에서는 '鳥書'를 "所以書幡信印也"라고 하였다.『說文解字』권15上, 1앞쪽에는 이것이 '鳥蟲書'로 되어 있는데, 段玉裁注에 의하면 "幡當作旛, 漢人俗字, 以幡爲之. 書旛謂書旗幟, 書信謂書符.… 鳥蟲書, 謂其或像鳥, 或像蟲"이라고 한다.

215) 앞서 지적하였듯이『通典』권27, 職官9, 768쪽에는 정원이 3인으로 되어 있다.

216) 唐初까지 後漢·魏·晉 세 차례에 걸쳐 石經이 만들어졌다. 그런데『舊唐書』권46, 經籍上, 1987쪽과『新唐書』권57, 藝文1, 1450쪽에는『三字石經尙書古篆』·『三字石經左傳古篆書』등의 서적 명칭이 보이고, '三字石經'은 魏 正始연간에 만들어진 石經으로서 혹 '三體石經'으로도 불렸다고 한다.(『隋書』권32, 經籍1, 947쪽과 그 校勘記 참조) 따라서 아래의 '石經三體'란 말을 볼 때, 여기에서의『石經』은 正始石經과 관련된 책으로 생각된다.

을 전문적으로 학습하며, 그밖의 자서 또한 아울러 익히게 한다. 석경의 세 가지 서체는 3년 안에 학업을 마치게 하고, 『설문(해자)』는 2년, 『자림』은 1년(안에 학업을 마치게 한다.) 그 속수의 예와 독려하여 가르치고 시험하여 (국자감으로) 천거하는 것은 (국자·태학·사문) 3관의 박사의 방법과 같다.

◎ 筭學博士二人, 從九品下. 『代本』: "隷首造數." 『周禮』: "保氏教以六藝, 其六曰'九數'." 卽『九章』也: 一曰方田, 二曰粟米, 三曰差分, 四曰少廣, 五曰商功, 六曰均輸, 七曰方程, 八曰嬴不足, 九曰旁要. 『漢書』「律曆志」曰: "數者, 一、十、百、千、萬. 所以筭數事物也. 小學是則, 職在太史, 羲和掌之." 魏、晉已來, 多在史官, 不列於國學. 隋置筭學博士一人, 從九品下. 皇朝增置二人.

역문 산학박사는 2인으로 종9품하이다. 『세본』에서 "예수[217]가 숫자를 만들었다"고 하였다. 『주례』에는 "보씨가 6예를 가르쳤는데[218] 그 여섯번째가 아홉 가지 분야의 계산(九數)이다"고 하였으니 곧 『구장』[219](에 나오는 내용)이다.[220] 첫째 방전,[221] 둘째 속미,[222] 셋째 차

---

217) 전설상 黃帝의 신하들 가운데 한 사람이다.

218) 앞서 書學博士 조에서 설명하였듯이 『周禮注疏』 권14, 保氏條에 "養國子以道, 乃教之六藝, 一曰五禮, 二曰六樂, 三曰五射, 四曰五馭, 五曰六書, 六曰九數"라고 하였다.

219) 前近代 中國의 대부분 科學技術 서적들은 주지하듯이 저자나 편찬·간행 시기를 정확히 알기 어려울 뿐더러 그 改撰의 연혁도 불확실하다. 전통적인 數學書로 가장 유명한 『九章算術』 역시 마찬가지이니, 唐代 筭學에서 교재로 사용된 『九章』이 구체적으로 어떤 책인지 단언하기 어렵다. 『舊唐書』 권47, 經籍下의 曆算類에는 徐岳의 『九章算經』(『新唐書』에는 『九章算術』), 劉向의 『九章重差』, 劉徽의 『九章重差圖』, 甄鸞의 『九章算經』, 劉祐의 『九章雜算文』, 宋泉之의 『九章術疏』(『新唐書』에는 『九經術疏』)와 같은 책이 나오고(2038~2039쪽), 『新唐書』 권59, 藝文3의 曆算類의

분,[223] 넷째 소광,[224] 다섯째 상공,[225] 여섯째 균수,[226] 일곱째 방정,[227] 여덟째 영부족,[228] 아홉째 방요[229]이다. 『한서』「율력지」에 "수라는 것은 일·십·백·천·만으로써 사물의 수를 헤아리기 위한 것이다.[230] 소학에서 이를 본받(아 배우)고, (산학과 관련된) 직무는

경우 이밖에도 李淳風이 注를 단 『九章算術』·『九章算經要略』도 보인다.(1545~1547쪽) 현존 『九章算術』에 대하여서는 『四庫全書總目提要』(北京, 中華書局, 1965) 권107, 子部 天文算法類, 902쪽 참조.

220) 『周禮注疏』 권14, 保氏條의 '九數'에 대한 鄭玄의 注에 "方田, 粟米, 差分, 少廣, 商功, 均輸, 方程, 贏不足, 旁要"라고 하여 『唐六典』의 기록과 동일하다. 그러나 현존 『九章算術』에서는 '方程'과 '贏(盈)不足'의 순서가 바뀌어져 있고, 또 '差分' 대신 '衰分'·'旁要' 대신 '句股'라는 표현을 사용하였다.

221) 『九章算術』의 方田편에는 여러 가지 모양의 밭들과 관련된 길이나 넓이를 구하는 문제들이 대부분이지만, 아울러 다양한 분수의 계산법도 나온다.(차종천 역, 『九章算術 周髀算經』, 서울: 범양사, 2000 참조)

222) 『九章算術』의 粟米편은 농산물들 사이의 교환 비율을 이용해서 교환량을 계산하는 문제를 위주로 이루어져 있으며, 이밖에도 물건의 단가를 구하는 등의 상이한 내용도 포함되어 있다.(위 차종천의 책 참조)

223) 『九章算術』의 衰分편은 먼저 개별적으로 비율이 다를 때 각각의 할당량을 따지는 문제를 싣고, 이어서 단가와 수량을 토대로 총액을 계산하는 등의 문제도 덧보태어 두었다.(위 차종천의 책 참조)

224) 『九章算術』의 少廣편에는 정사각형이나 정육면체의 한 변을 구하거나, 원의 넓이를 알고 둘레를 구하는 등의 다양한 문제들이 나온다.(위 차종천의 책 참조)

225) 『九章算術』의 商功편은 토목공사의 공사량과 1인당 노동량을 알고 소요 인원을 구하는 문제들과 여러 가지 입체기하적 형태와 관련된 부피나 길이를 구하는 문제들로 구성되어 있다.(위 차종천의 책 참조)

226) 『九章算術』의 均輸편에는 漢 武帝 시기 均輸法의 구체적 집행과 관련된 문제들을 비롯하여 粟米·衰分편에 나오는 것과 유사한 비례 문제들이 실려 있다.(위 차종천의 책 참조)

227) 『九章算術』의 方程편에 나오는 문제들은 1차연립방적식과 관련된 것들이다.(위 차종천의 책 참조)

228) 『九章算術』의 盈不足편에는 기본적으로 $y=a+bx=a'+b'x$의 관계에서 x,y의 해를 구하는 것과 같은 문제들이 나온다.(위 차종천의 책 참조)

229) '旁要'는 句股라고도 하는데, 『九章算術』의 句股편에는 기본적으로 피타고라스정리를 활용하는 문제들이 실려 있다.(위 차종천의 책 참조)

230) 『漢書』 권21上, 律曆志上, 956쪽에는 여기에 "順性命之理也"라는 말이 덧보태어져 있다. 그리고 算法과 算術 등에 대한 설명 이후 "紀於一, 協於十, 長於百, 大於千, 衍於萬, 其法在算術. 宣於天

태사에게 있었으며, 희화[231]가 이를 관장하였다"고 하였다. 위와 진(晉) 이래 (산학과 관련된 직무는) 대부분 사관(史官)에게 있었으며, 국학에 두지 않았다. 수 때에 산학박사 1인을 두었고 종9품하이었다. 당조에서는 2인으로 늘렸다.

筭學博士掌敎文武官八品已下及庶人子之爲生者, 二分其經以爲之業: 習『九章』、『海島』、『孫子』、『五曹』、『張丘建』、『夏侯陽』、『周髀』十有五人, 習『綴術』、『緝古』十有五人; 其『記遺』、『三等數』亦兼習之. 『孫子』、『五曹』共限一年業成, 『九章』、『海島』共三年, 『張丘建』、『夏侯陽』各一年, 『周髀』、『五經筭』共一年, 『綴術』四年, 『緝古』三年. 其束脩之禮, 督課、試擧, 如三舘博士之法.

역문 산학박사는 문무관 8품 이하와 서인의 아들로서 학생이 된 자를 가르치는 것을 관장하는데, 경서를 두 (범주)로 나누어 수업을 한다. 『구장』·『해도(산경)』[232]·『손자(산경)』[233]·『오조(산경)』[234]·

下, 小學是則"이라고 하여 아래의 구절로 이어진다. 따라서 『唐六典』의 『漢書』, 律曆志의 인용문은 算學과 직접 관련된 부분만을 채록한 것이다.

231) 羲와 和 혹은 羲和는 中國 고대 전설상의 인물이지만, 이후 天文曆法을 관장하는 官名으로도 사용되었다.

232) 唐代의 曆算類 서적으로 劉徽의『海島算經』(『舊唐書』 권47, 經籍下, 2039쪽 : 『新唐書』 권59, 藝文3, 1547쪽)과 李淳風이 注한 『海島算經』(『新唐書』 권59, 藝文3, 1547쪽)이 正史에 보인다. 현존 『海島算經』(『四庫全書總目提要』 권107, 子部 天文算法類, 903쪽 참조)은 몇 차례 측량하여 얻은 수치를 근거로 멀리 떨어진 관측물의 높이·깊이 등을 推算하는 사례들을 모아두었다.

233) 唐代의 曆算類 서적으로 甄鸞이 撰注한 『孫子算經』(『舊唐書』 권47, 經籍下, 2039쪽)과 李淳風이 注한 『甄鸞孫子算經』·『五曹孫子等算經』(『新唐書』 권59, 藝文3, 1547쪽)이 正史에 보인다. 현존 『孫子算經』(『四庫全書總目提要』 권107, 子部 天文算法類, 903쪽 참조)은 산가지를 이용한 계산법 등을 그 내용으로 한다.

234) 唐代의 曆算類 서적으로 甄鸞의 『五曹算經』 2종(『舊唐書』 권47, 經籍下, 2039쪽 : 『新唐書』 권59, 藝文3, 1545쪽)과 韓延의 同名書, 李淳風이 注한 『五曹孫子等算經』(『新唐書』 권59, 藝文3, 1546~1547쪽)이 正史에 보인다. 현존 『五曹算經』(『四庫全書總目提要』 권107, 子部 天文算法類, 903~

『장구건(산경)』[235]·『하후양(산경)』[236]·『주비(산경)』[237]을 배우는 이가 15인, 『철술』[238]·『집고(산술)』[239]을 배우는 이가 15인이었으며, 『(수술)기유』[240]와 『삼등수』[241]는 모두 배웠다. 『손자(산경)』·『오조(산경)』은 합쳐서 1년 안에 학업을 마치는데, (이러한 학업

904쪽 참조)은 田·兵·集·倉·金曹로 분류하여 여러 가지 문제와 해법을 제시하고 있다.

235) 唐代의 曆算類 서적으로 甄鸞의 『張丘建算經』(『舊唐書』 권47, 經籍下, 2039쪽. 『新唐書』 권59. 藝文3, 1545쪽에서는 甄鸞이 注한 것으로 되어 있음)과 李淳風이 注한 『張丘建算經』(『新唐書』 권59. 藝文3, 1547쪽)이 正史에 보인다. 현존 『張丘建算經』(『四庫全書總目提要』 권107, 子部 天文算法類, 904~905쪽 참조)은 等差級數·2차방정식·부정방정식 등과 관련된 문제를 설명하고 있다.

236) 唐代의 曆算類 서적으로 甄鸞이 注한 『夏侯陽算經』(『舊唐書』 권47, 經籍下, 2039쪽 : 『新唐書』 권59. 藝文3, 1545쪽)과 韓延의 同名書(『新唐書』 권59. 藝文3, 1546~1547쪽)가 正史에 보인다. 현존 『夏侯陽算經』(『四庫全書總目提要』 권107, 子部 天文算法類, 904쪽 참조)은 官民에게 필수적인 내용만을 실어 여러 算經 중에 가장 簡要하다.

237) 唐代의 天文類 서적으로 趙嬰·甄鸞이 注하거나 李淳風이 '撰' 혹은 '釋'한 『周髀』라는 책이 보이나(『舊唐書』 권47, 經籍下, 2036쪽; 『新唐書』 권59. 藝文3, 1543~1544쪽), 筭學의 교재로 사용된 책은 曆算類에 나오는 李淳風이 '注'한 『周髀算經』(『新唐書』 권59. 藝文3, 1547쪽)이 아닌가 한다. 현존 『周髀算經』(『四庫全書總目提要』 권106, 子部 天文算法類, 891쪽 참조)은 蓋天說에 입각한 天文學的 내용과 함께 피타고라스 정리, 닮은꼴을 이용한 비례 계산 등의 수학적 내용을 담고 있다.(앞의 차종천의 책 참조)

238) 『舊唐書』 권47, 經籍下, 2039쪽과 『新唐書』 권59. 藝文3, 1547쪽에 따르면, 당시 祖沖之가 撰하고 李淳風이 注한 『綴術』이란 책이 있었다. 이것은 四庫全書에 수록되어 있지 않아 그 내용을 정확히 알 수가 없다.

239) 『舊唐書』 권47, 經籍下, 2039쪽과 『新唐書』 권59. 藝文3, 1547쪽에 따르면, 당시 王孝通이 撰하고 李淳風이 注한 『緝古算術』이란 책이 있었다. 四庫全書에는 『緝古算經』으로 나오는데(『四庫全書總目提要』 권107, 子部 天文算法類, 905쪽 참조), 이것은 마름모의 면적이나 부피 계산 등에 관한 내용을 담고 있다.

240) 『舊唐書』 권47, 經籍下, 2039쪽과 『新唐書』 권59. 藝文3, 1545쪽에 따르면, 당시 徐岳이 撰하고 甄鸞이 注한 『數術記遺』라는 책이 있었다. 四庫全書에는 『術數記遺』로 나오는데(『四庫全書總目提要』 권107, 子部 天文算法類, 903쪽 참조), 여기에는 命數法과 珠算·心算 등의 다양한 계산법이 나온다.

241) 『舊唐書』 권47, 經籍下, 2039쪽과 『新唐書』 권59. 藝文3, 1545쪽에 따르면, 당시 董泉이 撰하고 甄鸞이 注한 『三等數』라는 책이 있었다. 이 책은 현존하지 않아 그 내용을 알 수가 없으나, 黃帝의 算法으로서 "三等數法, 其下者十十變之. 其中者萬萬變之, 其上者億億變之"(『紫巖易傳』 권10)라는 것과 관련이 있을 듯하다.

기간은) 『구장』·『해도(산경)』은 합쳐서 3년, 『장구건(산경)』·『하후양(산경)』은 각각 1년, 『주비(산경)』·『오경산(술)』[242]은 합쳐서 1년, 『철술』은 4년, 『집고』는 3년이었다. 그 속수의 예와 독려하여 가르치고 시험하여 (국자감으로) 천거하는 것은 (국자·태학·사문) 3관의 박사의 방법과 같다.

242) 이 책은 위에서 열거한 算學의 교재 중에 들어가 있지 않으므로 『唐六典』의 기록에 착오가 있는 듯하다. 正史에서 唐代의 曆算類 서적으로 이와 유사한 명칭의 것은 李淳風이 注한 『五經算術』이다.(『新唐書』 권59, 藝文3, 1547쪽) 현존 『五經算術』(『四庫全書總目提要』 권107, 子部 天文算法類, 904쪽 참조)은 '尙書定閏法'과 같은 條文에서 보듯이 經書와 관련하여 계산법을 설명한다는 점에서 그 특징이 있다.

『唐六典』

第二十二 少府軍器監

御撰

集賢院學士兵部尙書兼中書令修國史上柱國開國公

臣 李林甫等奉敕注上

少府監

監一人　少監二人　丞四人　主簿二人　錄事二人　府二十七人　史十七人　計史三人　亭長八人　掌固六人

中尙署

令一人　丞四人　府九人 史十八人　監作四人　典事四人　掌固四人

左尙署

令一人　丞五人　府七人　史二十人　監作六人　典事十八人　掌固十四人

右尙署

令一人　丞四人　府七人　史二十人　監作六人　典事三人　掌固十人

織染署

令一人　丞二人　府六人　史十四人　監作六人　典事十一人　掌固五人

掌冶署

令一人　丞二人　府六人　史十二人　監作二人　典事二十三人　掌固四人

諸冶監

每冶監各一人　丞各一人　錄事各一人　府各一人　史各二人　監作四人　典事二人　掌固四人

北都軍器監

監一人　少監一人　丞二人　主簿一人　錄事一人　府十人　史十八人　典事四人　亭長二人　掌固四人

甲坊署

令一人　丞一人　府二人　史五人　監作二人　典事二人

弩坊署

令一人　丞一人　府二人　史五人　監作二人　典事二人

諸鑄錢監

監各一人　副監各一人　丞各一人　監事各一人　錄事各一人　府各三人　史各四人　典事各五人

諸互市監

每市監一人　丞各一人　錄事各一人　府各二人　史各四人　價人各四人　掌固八人

소부감

감 1인 소감 2인 승 4인 주부 2인 녹사 2인 부 27인 사 17인 계사 3인 정장 8인 장고 6인[1]

중상서

영 1인 승 4인 부 9인 사 18인 감작 4인 전사 4인 장고 4인

좌상서

영 1인 승 5인 부 7인 사 20인 감작 6인 전사 18인 장고 14인[2]

우상서

영 1인 승 4인 부 7인 사 20인 감작 6인 전사 3인[3] 장고 10인

직염서

영 1인 승 2인 부 6인 사 14인 감작 6인 전사 11인 장고 5인

장야서

영 1인 승 2인 부 6인 사 12인 감작 2인[4] 전사 23인 장고 4인

제야감

매 야감 각1인 승 각1인 녹사 각1인 부 각1인 사 각2인 감작 4인[5] 전사 2인 장고 4인

북도군기감

감 1인 소감 1인 승 2인 주부 1인 녹사 1인 부 10인 사 18인 전사 4인 정장 2인 장고 4인

갑방서

영 1인 승 1인 부 2인 사 5인 감작 2인 전사 2인

---

1) 掌固 6인은 『舊唐書』 권44, 職官志, 1893쪽에 4인으로 되어 있다. 『新唐書』는 『唐六典』과 같다.

2) 掌固 14인은 『舊唐書』 권44, 職官志, 1893쪽에 4인으로 되어 있다. 『新唐書』는 『唐六典』과 같다.

3) 典事 3인은 『舊唐書』 권44, 職官志, 1894쪽과 『新唐書』 권48, 百官志, 1270쪽에 모두 13인으로 되어 있다.

4) 監作 2인은 『舊唐書』 권44, 職官志, 1894쪽에 4인으로 되어 있다. 『新唐書』는 『唐六典』과 같다.

5) '監作四人'은 冶監마다 冶監부터 史까지 각각의 인원이 있기 때문에, '各四人'의 '各'자가 생략된 것으로 보는 것이 타당하다. 마찬가지로 그 아래 '典事二人' '掌固四人'도 역시 '各'자가 생략된 것이다.

노방서

영 1인　승 1인　부 2인　사 5인　감작 2인　전사 2인

제주전감

감 각1인　부감 각1인　승 각1인　감사 각1인　녹사 각1인　부 각3인　사 각4인　전사 각5인

제호시감[6]

매 시감 1인　승 각1인　녹사 각1인　부 각2인　사 각4인　가인 각4인　장고 8인[7]

---

6) '諸互市監'에서 '諸'자는 본래 여러 판본에 모두 없는 글자지만, 陳仲夫의 點校本(中華書局, 1992)은 본문에 따라서 추가하였다.

7) '掌固八人'은 앞의 다른 인원과 마찬가지로 互市監마다 8인이 있었다고 보면, 앞에 '各'자가 생략된 것이다.

권제22 소부군기감

◎ 少府監: 監一人, 從三品; 『漢書』百官表云: "少府, 秦官, 掌山海池澤之稅, 以給供養; 有六丞. 其屬官有尙書、符節、太醫、太官、湯官、導官、樂府、若盧、考工室、左弋居室、甘泉居室、左·右司空、東織、西織、東園匠十六官令·丞, 又胞人、都水、均官三長·丞, 又上林中十池監, 又中書謁者、黃門、鉤盾、尙方、御府、永巷、內者、宦者八官令·丞, 諸僕謝、署長、中黃門皆屬焉." 少府者, 天子之私府, 所以供奉之職皆在焉. 王莽改曰共工. 後漢復爲少府, 其尙書、侍中、符節皆屬焉, 餘職多所幷省. 『漢官解詁』云: "少府主供養, 陂池、禁錢, 服御、口實, 掖庭、中宮." 魏因之. 晉置功曹、主簿、五官等員; 少府, 銀章、靑綬, 五時朝服, 進賢兩梁冠, 絳朝服, 佩水蒼玉, 品第三, 統材官校尉、中·左·右三尙方、中黃·左·右藏、左校、甄官、平準、奚官等令, 左校坊、鄴中黃·左·右藏、油官等丞. 及過江, 唯置一尙方, 又省御府. 至哀帝時, 桓溫表省少府, 以幷于丹陽尹. 孝武復置. 宋少府領左·右尙方、御府、東冶、南冶、平準等令、丞. 齊又加以領左、右尙鍛署. 梁以少府爲夏卿, 統材官將軍、左·中·右尙方、甄官、平水、南塘、邸稅庫、東·西冶、中黃、細作、炭庫、紙官、柴署等令、丞. 班第十一, 品從第四. 陳因之. 後魏少府、宗正、太僕、廷尉、司農、鴻臚爲六次卿, 第二品上; 太和末, 改少府爲太府. 北齊不置少府, 其左·中·右三尙方、司染、諸冶及細作、甄官等署並隷太府寺. 至隋煬帝大業五年, 始分太府爲小府監, 置監一人, 從三品; 少監一人, 從四品; 丞二人; 統左尙、右尙、內尙、司職、司染、鎧甲、弓弩、掌冶等署. 其後又改監爲令, 少監爲少令, 併司織、司染爲織染署, 廢鎧甲、弓弩二署. 皇朝因爲監.

龍朔二年改爲內府監，咸亨元年復爲小府監．光宅元年改爲尙方監，神龍元年復舊．開元初，分甲鎧、弓弩別置軍器監；十一年省軍器監，其作並歸少府；尋又於北都置軍器監．少監二人，從四品下．隋煬帝置少卿一人，從第四品，皇朝因置二人．龍朔、咸亨、光宅、神龍並隨監改復．

역문 소부감: 감은 1인으로 종3품이고, 『한서』 백관공경표에 "소부는 진(秦)의 관직으로 산·바다·연못·저습지 등에서 나오는 세수로 황제에게 필요한 물품을 공급하는 일을 관장했는데,[8] 승(丞)이 여섯 있었다. 그 속관으로 상서[9]·부절[10]·태의[11]·태관[12]·탕관[13]·도

8) 少府는 秦에서 처음 설치한 관직이라고 하지만, 『周禮』의 大府에서도 그 연원을 찾아볼 수 있다.(『周禮注疏』 권6, 天官冢宰下 大府玉府內府外府, 153~163쪽) 또 전국시대 韓에도 少府가 있었다는 기록이 나온다.(『戰國策』 권26, 韓策一 蘇秦爲楚合從說韓王과 『史記』 권69, 蘇秦列傳, 2250쪽 참조) 이를 보면 少府의 명칭과 그 職掌은 秦 이전에 유래가 오래되었음을 알 수 있다. 秦漢代가 되면 少府는 九卿 중 하나로 황제의 사생활을 뒷받침하는 황실재정을 전담하고 大司農은 국가 운영을 위한 국가재정 부문을 주관해서, 財政이 이원적으로 운용되는 모습을 보여준다. 『居延漢簡』에는 少府가 '小府'라고도 나오는데, '少'와 '小'자의 古義가 서로 통하므로 동일한 기구를 말한 것이다. 또 『漢書』 권19상, 百官公卿表, 732쪽의 해당 원문에 應劭는 "名曰禁錢, 以給私養, 自別爲藏. 少者, 小也, 故稱少府"라고 했고 顔師古는 "大司農供軍國之用, 少府以養天子也"라고 해서 이러한 내용을 확인해 준다. 秦漢代 少府는 비축 재화와 관할 부서를 비교하면 大司農보다 규모가 작지 않아서, 국가재정의 용도가 부족할 때는 少府의 재화로 충당하기도 했다. 少府와 大司農으로 대별되는 皇室財政과 國家財政의 二元化는 前漢 武帝時期를 기점으로 少府 관할이었던 田租가 大司農으로 이관되고 또 주요 병기의 생산과 관리가 少府의 재원으로 관리되어 君主私産의 성격이 강했던 데에서 점차 '大司農錢'으로 운용되면서 '兵器의 國家化'라는 변화를 찾아볼 수 있는 가운데(李成珪, 「漢帝國 中央武庫 收藏目錄의 발견-尹灣漢簡〈武庫永始四年兵車器集簿〉의 正體-」〔『歷史學報』 170, 2001〕, 119~195쪽 참고) 점차 財政의 운용은 大司農 중심으로 변화하면서 少府의 재정기관으로서의 역할은 갈수록 축소되어 간다. 그리고 後漢代가 되면 황제의 개인적인 財政과 供奉이라는 少府의 중요 직능에서 주로 供奉의 역할만이 남게 된다. 즉 少府 관할로 太醫·太官·守宮·上林苑 등 4개의 관서만 남게 되고, 나머지 侍中 이하는 모두 명목상으로만 소부에 속하면서 폐지되거나 司農 등으로 소속이 바뀌게 된다.(『後漢書』 권36, 百官3, 3600쪽: "右屬少府. 本注曰, 職屬少府者, 自太醫、上林凡四官. 自侍中至御史, 皆以文屬焉")

9) 아래 『通典』의 기록에서 秦 이래 前漢 말까지 少府 속관이었던 尙書의 변화를 살펴볼 수 있다. 尙書의 직능과 권한에서 중요한 변화인 前漢 成帝 建始 4년(29) '尙書分曹'의 개편 이후 尙書는 後漢代 명목상 少府에 속했지만 점차 독립된 조직을 이루어 정무의 핵심이 되어 갔다. (『通典』 권22, 職官4, 587쪽: "秦時, 少府遣吏四人在殿中, 主發書, 謂之尙書. 尙猶主也. 漢承秦置. 及武帝遊宴

관14)·악부15)·약노16)·고공실17)·좌익18)·거실19)·감천거

後庭, 始用宦者主中書, 以司馬遷爲之. 中間遂罷其官以爲中書之職. 至成帝建始四年, 罷中書宦者, 又置尙書五人, 一人爲僕射, 四人分爲四曹, 通掌圖書·祕記·章奏之事及封奏, 宣示內外而已, 其任猶輕.")

10) 秦에서는 符璽令이라고 해서 趙高가 符璽令의 일을 겸했다는 기록이 나온다. (『史記』 권87, 李斯列傳, 2547쪽: "始皇三十七年十月, 行出游會稽, 並海上, 北抵琅邪. 丞相斯·中車府令趙高兼行符璽令事, 皆從.") 그런데 다음 『通典』의 기록에서 前漢 초 符璽令이 符節令으로 관명이 바뀌었음을 짐작할 수 있다. (『通典』 권21, 職官3: "秦漢有符節令丞, 領符璽郎. 文帝二年, 初與郡守爲銅虎符竹使符之制, 又皆屬焉.")

11) 前漢에는 太醫가 少府와 太常의 屬官으로 모두 있었지만(『漢書』 권19상, 百官公卿表, 726쪽: "奉常, 秦官, 掌宗廟禮儀, 有丞. 景帝中六年更名太常. 屬官有太樂、太祝、太宰、太史、太卜、太醫六令丞"), 後漢은 太常에 太醫를 설치하지 않고 少府에만 두었다.(『後漢書』 권36, 百官三·少府, 3592쪽: "少府卿一人,… 太醫令一人, 六百石. 本注曰, 掌諸醫. 藥丞、方丞各一人. 本注曰, 藥丞主藥, 方丞主藥方") 이후 역대 왕조에서는 太醫의 소속이 계속 변하다가, 北齊 때부터는 다시 太常寺에 속하게 되어 唐에서도 太常寺 아래에 太醫署를 설치하였다. 太醫의 설치 연혁에 대해서는 『唐六典』 권14, 太常寺, 太醫署條, 408~409쪽 참조. 『漢官』에 따르면 漢代 少府 속관 太醫 아래에는 員醫 293인, 員吏 19인이 있었다고 나온다.([淸]孫星衍 輯/周天游 點校, 『漢官六種』 漢官一卷, 中華書局, 1990년, 6쪽: "太醫, 員醫二百九十三人, 員吏十九人")

12) 太官은 大官이라고도 하는데 戰國 秦부터 있었으며 주로 궁정의 음식에 관한 일을 관장하였다. 『漢書』 권19상, 百官公卿表, 732쪽: "太官主膳食." 또 『漢官儀』에 따르면 太官令은 秩이 1천 석으로 4명의 丞을 거느렸다. ([淸]孫星衍 輯/周天游 點校, 『漢官六種』(中華書局, 1990) 漢官儀二卷, 135쪽: "太官令, 兩梁冠, 秩千石, 丞四人.")

13) 前漢 때 少府 속관인 湯官은 떡 따위의 종류를 관장했다. (『漢書』 권19상, 百官公卿表, 732쪽: "師古曰, 湯官主餅餌.") 또 後漢은 湯官令이 없었으나 湯官丞을 두어 술을 주관하였다. (『後漢書』 권36, 百官3, 3592쪽: "太官令一人, 六百石. 本注曰掌御飮食, 左丞·甘丞·湯官丞·果丞各一人. 本注曰左丞主飮食. 甘丞主膳具. 湯官丞主酒. 果丞主果.")

14) 導官은 前漢 때 少府 속관으로 곡식 도정 등의 일을 주관했다. (『漢書』 권19상, 百官公卿表, 732쪽: "師古曰, 導官主擇米.") 後漢에서는 大司農 속관으로 소속이 바뀌었다. (『後漢書』 권36, 百官三·大司農, 3590쪽: "導官令一人, 六百石. 本注曰主春御米及作乾糒. 導,擇也. 丞一人.")

15) 樂府는 武帝 때 처음 만들어졌다가 哀帝 때 폐지되었다. (『漢書』 권22, 禮樂志, 1045쪽: "至武帝定郊祀之禮, 祠太一於甘泉, 就乾位也. 祭后土於汾陰, 澤中方丘也. 乃立樂府, 采詩夜誦, 有趙代秦楚之謳. 乃立樂府. 師古曰, 始置之也. 樂府之名蓋起於此, 哀帝時罷之": 『漢書』 권11, 哀帝紀, 335쪽: "六月, 詔曰鄭聲淫而亂樂, 聖王所放, 其罷樂府": 『漢書』 권19상, 百官公卿表, 732쪽: "綏和二年, 哀帝省樂府.") 漢代에는 太常의 속관에 太樂令·丞이 있고 少府 속관으로 樂府令·丞이 있어서, 太樂令·丞은 종묘제사의 음악을 주관했고 樂府令·丞은 궁정연회의 음악을 주관했다. (『通典』 권25, 職官七, 695쪽: "太樂署, 周官有大司樂, 掌成均之法. 亦謂之樂尹, 以樂舞敎國子. 左傳楚鍾建爲樂尹, 卽大司樂也. 秦漢奉常屬官有太樂令及丞, 又少府屬官幷有樂府令·丞.")

16) 若盧는 詔獄 또는 병기의 보관을 관장했다고 생각된다. (『漢書』 권19상, 百官公卿表, 732쪽:

실[20]·좌사공·우사공[21]·동직·서직[22]·동원장[23] 등 열여섯 관서

"服虔曰, 若盧, 詔獄也. 鄧展曰, 舊洛陽兩獄, 一名若盧, 主受親戚婦女. 如淳曰, 若盧, 官名也, 藏兵器. 品令曰 若盧郎中二千人, 主弩射. 漢儀注有若盧獄令, 主治庫兵將相大臣.") 또 『漢書』 권72, 王吉傳, 3058쪽: "王吉, 補若盧右丞"의 기사에서 若盧令 아래에 若盧右丞이 확인되므로 若盧左丞도 있었을 가능성이 있다. 『漢舊儀』((淸)孫星衍 輯/周天游 點校, 『漢官六種』(中華書局, 1990), 91쪽)에는 "若盧獄令, 主治庫兵、將相大臣. 若盧右丞, 主治庫兵者"라고 기록되어 있다.

17) 少府 속관으로 考工室은 주로 기계 제작을 담당했다. (『漢書』 권52 田蚡傳, 2380쪽: "嘗請考工地益宅, 上怒曰, 遂取武庫! 是後乃退. 師古曰, 考工, 少府之屬官也, 主作器械.") 그리고 武帝 太初 원년에 考工室에서 考工으로 이름을 바꾸었다. (『漢書』 권19상, 百官公卿表, 732쪽: "武帝太初元年, 更名考工室爲考工.") 後漢 때 太僕 소속으로 바뀌면서 병장기와 직물의 제작으로 직무가 구체적으로 나오고 있다. (『後漢書』 권35, 百官二·太僕, 3581쪽: "考工令一人, 六百石. 本注曰, 主作兵器弓弩刀鎧之屬. 成則傳執金吾入武庫及主織綬諸雜工. 左右丞各一人.")

18) 左弋은 본래 秦의 관직으로 1令과 9丞이 있었고, 武帝 때 佽飛로 고쳤다. (『漢書』 권8 宣帝紀, 260쪽: "本秦左弋官也, 武帝改曰佽飛官, 有一令九丞, 在上林苑中結矰繳以弋鳧鴈, 歲萬頭, 以供祀宗廟. 許愼曰, 佽, 便利也. 便利矰繳以弋鳧鴈, 故曰佽飛.") 『漢書』 권9, 元帝紀, 281쪽의 "少府佽飛外池"라는 내용에서 左弋의 관서가 上林苑 이외의 여러 苑囿에도 있었음을 알 수 있다. 이러한 기록에서 左弋은 少府 속관으로 황제의 園囿에서 鳥類를 잡아 진상하는 일을 담당하였음을 알 수 있다.

19) 『漢書』 권19상, 百官公卿表, 732쪽을 보면 左弋을 顔師古는 지명이라고 했고, 陳仲夫는 아마도 이 해석을 취하여 표점을 해서 '左弋과 甘泉에 두어진 居室'로 본 것 같다. 역문은 『漢書』 권19상, 百官公卿表, 732쪽: "太初元年, 更名考工室爲考工, 左弋爲佽飛, 居室爲保宮, 甘泉居室爲昆臺, 永巷爲掖廷. 佽飛掌弋射, 有九丞兩尉"라는 기사에 따라서 별개의 少府 속관으로 해석했다. 居室은 武帝 太初 원년에 保宮으로 바뀌었다. 居室(保宮)은 『漢書』 권52, 灌夫傳, 2387쪽: "劾灌夫罵坐不敬, 繫居室"과 『漢書』 권54, 蘇武傳, 2464쪽: "陵始降時, 忽忽如狂, 自痛負漢, 加以老母繫保宮"라는 기사에서 황궁 내의 감옥으로 보기도 하지만, 반면 『漢書』 권88, 儒林傳, 3618쪽: "江博士復死, 乃徵周慶、丁姓待詔保宮, 使卒授十人"라는 기록에서 감옥이 아니라 단순한 황궁 내 房屋으로 볼 수도 있어 분명하지 않다. 출토유물에도 居室·居甲·居丙 등의 도장이 찍혀 있는 瓦片·瓦當과 '居室丞印'이라는 封泥가 나오고 있다.

20) 甘泉宮은 秦의 離宮이었다가 武帝 때 황제의 피서지로 증축된 곳이다. 앞의 居室이 황궁 내의 居室을 책임지는 관서라면 甘泉居室은 甘泉宮의 居室을 관리하는 일을 담당했다고 볼 수 있다. 무제 때 甘泉居室은 昆臺로 이름을 바꾸었다. (『漢書』 권19상, 百官公卿表, 732쪽: "武帝太初元年,… 甘泉居室爲昆臺.")

21) 출토되는 漢代의 瓦片·瓦當에 찍혀 있는 '右空' 등의 도장을 보면, 左·右 司空은 陶瓦의 제조를 담당한 것으로 보인다.

22) 東織·西織은 東織室과 西織室의 약칭이다. 『漢書』 권8, 宣帝紀, 251쪽: "詔曰, 乃者, 東織室令史張赦"에 대해 應劭는 "舊時有東西織室, 織作文繡郊廟之服"라고 했다. 또 『漢舊儀』((淸)孫星衍 輯/周天游 點校, 『漢官六種』(中華書局, 1990), 77쪽)에는 "凡蠶絲絮, 織室以作祭服. 祭服者, 冕服也. 天地宗廟羣神五時之服. 皇帝得以作縷縫衣, 皇后得以作巾絮而已.… 與婦人從事, 故舊有東西織室作治"라고

에 영과 승이 있었다.[24] 또 포인[25]·도수[26]·균관[27] 세 관서는 장과 승이 있었고, 상림원에는 열 개의 지감을 두었으며,[28] 또 중서알자[29]·황문[30]·구순[31]·상방[32]·어부[33]·영항[34]·내자[35]·환자

해서 주로 織室에서 제사 때 복식을 만들었음을 알 수 있다.

23) 東園匠은 少府 속관으로 능묘의 부장품 제작을 담당하였다. (『漢書』 권19상, 百官公卿表, 732쪽: "師古曰, 東園匠, 主作陵內器物者也" : 『通典』 권79, 凶禮一: "東園匠·考工令, 奏東園祕器, 表裏洞赤, 虡文畫日月鳥龜龍虎連壁偃月, 牙檜梓宮如故事.")

24) '六'자는 본래 제 판본에 모두 '二'자로 적혀 있었지만, 『漢書』 권19상, 百官公卿表에 따라서 고친 것이다. 尙書에서 東園匠까지 헤아리면 모두 16관서에 각각 1명씩의 영과 승을 둔 것이다.

25) 胞人은 짐승의 고기를 식용으로 가공 처리하여 진상하는 일을 담당한 少府 속관이다. (『漢書』 권19상, 百官公卿表, 732쪽: "師古曰, 胞人, 主掌宰割者也. 胞與庖同" : 『周禮注疏』 권4, 天官冢宰·庖人: "庖人, 掌共六畜、六獸、六禽, 辨其名物.")

26) 都水는 수리시설의 관리와 漁稅의 징수를 담당했는데, 太常과 大司農 및 각 郡國에도 모두 都水官이 있었다고 한다. (『漢書』 권19상, 百官公卿表, 727쪽: "如淳曰, 律, 都水治渠隄水門. 三輔黃圖云三輔皆有都水也.")

27) 太常의 속관으로 均官에 대한 설명이 다음과 같이 나온다. (『漢書』 권19상, 百官公卿表, 727쪽: "服虔曰, 均官, 主山陵上槀輸入之官也.") 이를 통해서 少府 속관인 均官도 少府의 관할 지역에서 짚을 거둬들이는 일을 담당했다고 볼 수 있다.

28) 上林苑은 漢代 苑囿의 이름이다. 본래 秦代부터 있었는데 秦 멸망 후 방기되었다가 武帝 때 확충하여 둘레 300여 里의 대규모가 되었다. 苑 내에는 70여 개소의 궁전이 있었으며 각종 자연지형과 동식물이 있었다. 水衡都尉가 총괄하였고 步兵校尉가 상림원의 둔병을 지휘했다. 司馬相如가 『上林賦』를 지어서 武帝에게 천자와 제후의 올바른 苑囿와 수렵에 대해 諷諫한 내용이 『漢書』 권57, 司馬相如傳에 실려 있다. 상림원에 있는 池는 각각 池監을 두고 少府 관할로 관리했음을 알 수 있다.

29) 『唐六典』권9, 中書省 中書令條, 273쪽 참조.

30) 黃門은 黃門侍郎을 가리킨다. 『唐六典』권8, 門下省 黃門侍郎條, 243쪽 참조.

31) 鉤盾은 少府 속관으로 令 1인에 5丞2尉를 두고 경사 부근의 비교적 작은 園囿를 관리하였다. (『漢書』 권19상, 百官公卿表, 732쪽: "師古曰, 鉤盾主近苑囿" : 『後漢書』 권26, 百官3, 3595쪽: "鉤盾令一人, 六百石. 本注曰宦者. 典諸近池苑囿遊觀之處. 丞·永安丞各一人, 三百石. 本注曰宦者. 永安, 北宮東北別小宮名, 有園觀.")

32) 尙方은 上方이라고도 부르며, 少府의 속관으로 황제 전용의 귀금속 장식 및 병장기 등을 제작하는 일을 담당했다. 『漢書』 권19상, 百官公卿表, 732쪽: "師古曰, 尙方主作禁器物" : 『後漢書』 권26, 百官3, 3596쪽: "尙方令一人, 六百石. 本注曰, 掌上手工作御刀劍諸好奇物."

33) 御府에 대해서는 少府의 속관으로 황제의 진귀한 재화를 보관·관리하는 업무와 황제의 의복을 제작·수선·세탁하는 업무가 나오고 있다. 『漢書』 권19상, 百官公卿表, 732쪽: "師古曰, 御府主天子衣服也" : 『漢書』 권99하, 王莽傳, 4189쪽: "師古曰, 御府有令丞, 少府之屬官也, 掌珍物. 中御

등 여덟 관서의 영과 승이 있었고, 여러 복야[36]·서장·중황문[37]이 모두 소부에 소속되었다"고 하였다. 소부는 황제의 사사로운 관부이기 때문에, 황제를 받들어 모시는 직무가 모두 여기에 있었다. 왕망이 소부를 공공으로 고쳤었다.[38] 후한에서 다시 소부가 되었는데 상서·시중·부절이 모두 소부에 속했으며, 그밖에 (전한 때 설치되었던 소부 속관의) 대부분이 합쳐지거나 폐지되었다. 『한관해고』[39]에 "소부는 황제의 공양을 책임지는데, (담당 업무는) 산택피지(山澤陂池)의 관리와 황제의 용도로 사용하는 돈[40]과 황제의 복식 및 음식 그리고 황제의 중궁과 후궁을 관리하는 일이다"라고 하였다. 위(魏)는 이를 따랐다. 진(晉)에서는 소부에 공조·주부·오관 등의 관원을 두었다.[41] 소부경은 은장·청수를 차고[42] 오시조복[43]을 입으며 진

府者, 皇后之府藏也" : 『後漢書』 권26, 百官3, 3595쪽: "御府令一人, 六百石. 本注曰宦者. 典官婢作中衣服及補浣之屬."

34) 『後漢書』 권26, 百官3, 3595쪽: "永巷令一人, 六百石. 本注曰宦者. 典官婢侍使. 丞一人. 本注曰宦者."

35) 『唐六典』 권12, 內官宮官內侍省 內府局條, 361쪽 참조.

36) 『漢書』 권19상, 百官公卿表, 728쪽: "僕射, 秦官, 自侍中尙書博士郎皆有. 古者重武官, 有主射以督課之, 軍屯吏騶宰永巷宮人皆有, 取其領事之號."

37) 『漢書』 권19상, 百官公卿表, 732쪽: "師古曰, 中黃門, 奄人居禁中在黃門之內給事者也" : 『後漢書』 권26, 百官3, 3594쪽: "中黃門, 比百石. 本注曰, 宦者, 無員. 後增比三百石, 掌給事禁中."

38) 『漢書』 권99, 王莽傳, 4103쪽: "置大司馬司允, 大司徒司直, 大司空司若, 位皆孤卿. 更名大司農曰羲和, 後更爲納言, 大理曰作士, 太常曰秩宗, 大鴻臚曰典樂, 少府曰共工."

39) 後漢의 王隆이 편찬한 『漢官篇』은 『凡將』『急就』의 4字1句 형태를 모방한 것으로, 여기에 胡廣이 解詁를 더하여 『漢官解詁』이라 칭하였다. 후에 산일되었으나 淸代 孫星衍이 佚文을 모아서 한 권으로 만들어 『漢官六種』에 포함시켰다. 王隆之의 『漢官篇』을 본문으로 하고 胡廣의 注文을 그 아래에 두었다.

40) '禁錢'은 山澤陂池의 稅를 가리키며, 또 이 세금으로 황제를 봉양하는데 사용되는 少府의 예산을 의미하기도 한다. 국가재정의 범주에 있는 '大司農錢'과 대비된다.

41) 功曹·主簿·五官 등은 漢 이래 중앙 및 지방 각 관서에 두었던 속리들이다. 功曹는 해당 관서의 人事 및 功績과 紀綱을 담당하면서 관서의 속리 중 지위가 으뜸이었다. 主簿는 문서와 장부를 관장했다. 五官은 漢에서는 郡國의 속리로 관부의 기강을 확립하고 제사를 주관하면서 공조

현양량관44)을 쓰고 강조복45)을 입으며 수창옥46)을 차는데, 제3품으로 재관교위47)·중상방·좌상방·우상방·중황좌장·중황우장48)·

에 버금하는 위치였다. 이후 계속 두어지다가 隋代부터 설치하지 않았다. 『晉書』職官志의 내용을 보면, 晉은 중앙의 列卿과 領軍·護軍 및 太子太傅·太子少傅 아래 속관으로 五官이 확인된다. (『晉書』 권24, 職官, 735쪽: "太常、光祿勳、衛尉、太僕、廷尉、大鴻臚、宗正、大司農、少府、將作大匠、太后三卿、大長秋, 皆爲列卿, 各置丞、功曹、主簿、五官等員" : 『晉書』 권24, 職官, 740쪽: "資重者爲領軍、護軍, 資輕者爲中領軍、中護軍. 屬官有長史、司馬、功曹、主簿、五官, 受命出征則置參軍" : 『晉書』 권24, 職官, 742쪽: "太子太傅、少傅, 皆古官也. 泰始三年, 武帝始建官, 各置一人, 尙未置詹事, 官事無大小, 皆由二傅, 並有功曹、主簿、五官.")

42) 漢代는 秩 比2千石 이상이 銀印·靑綬를 착용했는데, 魏晉은 이를 따랐다. (『漢書』 권19상, 百官公卿表, 743쪽: "凡吏秩比二千石以上, 皆銀印靑綬, 師古曰, 漢舊儀云, 銀印背龜紐, 其文曰章, 謂刻曰某官之章也" : 『後漢書』 권30, 輿服下, 3674쪽: "九卿·中二千石·二千石靑綬.")

43) 五時朝服은 백관이 郊祀에 참가할 때 계절별로 달리 입는 5종의 朝服이다. (『晉書』 권25, 772쪽: "漢制, 一歲五郊, 天子與執事者所服各如方色, 百官不執事者服常服絳衣以從. 魏祕書監秦靜曰, 漢氏承秦, 改六冕之制, 但玄冠絳衣而已. 魏已來名爲五時朝服, 又有四時朝服, 又有朝服. 自皇太子以下隨官受給. 百官雖服五時朝服, 據今止給四時朝服, 闕秋服, 三年一易.")

44) 緇布冠이라고도 하며 文士와 儒者가 착용하였다. 五梁·三梁·二梁·一梁의 구분이 있어서 梁이 많을수록 귀한 것으로 卿大夫 및 2千石 이상은 兩梁을 썼다. (『後漢書』 권30, 輿服下, 3666쪽: "進賢冠, 古緇布冠也, 文儒者之服也.… 公侯三梁,… 中二千石以下至博士兩梁, 自博士以下至小史私學弟子, 皆一梁. 宗室劉氏亦兩梁冠, 示加服也.")

45) 백관들이 조회시 입는 붉은 비단 朝服이다.

46) 관인들은 품급에 따라 玉石을 찼는데 水蒼玉은 대부급이 착용했다. 수창옥이란 명칭은 푸른색과 물결무늬에 기인한다. (『禮記正義』 권30, 玉藻, 1482쪽: "天子佩白玉而玄組綬. 公侯佩山玄玉而朱組綬. 大夫佩水蒼玉而純組綬.")

47) 材官은 漢代 步兵의 호칭으로 用力이 있는 자들을 일컬은 말이었다. (『漢書』 권1, 高帝紀如, 37쪽: "如淳曰, 漢儀注云民年二十三爲正, 一歲爲衛士, 一歲爲材官騎士, 習射御騎馳戰陳" : 『漢書』 권1, 高帝紀, 74쪽: "應劭曰, 材官, 有材力者" : 『漢書』 권49, 晁錯傳: "平地通道, 則以輕車材官制之." 晉의 材官校尉는 少府에 소속되어 있었다. 『晉書』 권24, 職官, 737쪽: "少府, 統材官校尉、中左右三尙方、中黃左右藏、左校、甄官、平準、奚官等令, 左校坊、鄴中黃左右藏、油官等丞.")

48) 中黃藏은 黃門 내에 황제의 재화를 보관해둔 府庫로 환관이 직접 담당해서 관리했다. (『漢書』 권19상, 百官公卿表, 732쪽: "師古曰, 中黃門, 奄人居禁中在黃門之內給事者也" : 『漢書』 권9, 元帝紀, 282쪽: "師古曰, 黃門, 近署也, 故親幸之物屬焉" : 『漢書』 권68, 霍光傳, 2932쪽: "師古曰, 黃門之署, 職任親近, 以供天子, 百物在焉, 故亦有畫工.") 西晉은 少府 아래에 中黃藏이 左·右藏로 나뉘어져 있었다. 원문은 中黃·左·右藏으로 각각 구분해서 셋으로 나누어 놓았지만, 역문에서는 『晉書』 권24, 職官에 따라서 中黃左藏과 中黃右藏 둘로 구분해서 해석했다. 『晉書』 권24, 職官, 737쪽: "少府, 統材官校尉、中左右三尙方、中黃左右藏、左校、甄官、平準、奚官等令, 左校坊、鄴中黃左右藏、油官等丞."

좌교[49]·견관[50]·평준[51]·해관[52] 등의 영과 좌교방[53]·업중황좌장·업중황우장[54]·유관[55] 등의 승을 통할하였다. 동진이 세워지면서 소부 아래 상방 하나만을 두었고 또 어부도 폐지했다.[56] 애제 때 환온이 표를 올려 소부를 없애고 (소부 관할의 속관을) 단양윤[57] 관할로 모두 합쳤다. 효무제 때 소부를 다시 두었다. 송에서는 소부가 좌상방·우상방·어부·동야·남야[58]·평준 등의 영과 승을 통

---

49) 秦漢代 左·右·前·後·中 五校는 將作大匠에 속하면서 모두 令·丞이 있었는데 工徒·營繕의 일을 담당하였다. (『漢書』 권19상, 百官公卿表, 733쪽: "將作少府, 秦官, 掌治宮室, 有兩丞左右中候. 景帝中六年更名將作大匠. 屬官有石庫·東園主章·左右前後中校七令丞, 又主章長丞.") 西晉 때는 少府에 左校를 두었다가 東晉 때 폐지하였다.

50) 甄官은 磚石·陶瓷를 제조하는 일을 담당하였다. 後漢 때는 將作大匠에 속한 前·後·中 甄官令·丞이 있었다. 西晉 때 처음 관서를 두고 少府에 소속되었다.

51) 平準은 漢代에는 大司農에 속해서 물가를 고르게 하는 일을 했다. (『漢書』 권19상, 百官公卿表, 731쪽: "治粟內史, 秦官, 掌穀貨, 有兩丞. 景帝後元年更名大農令, 武帝太初元年, 更名大司農. 屬官有太倉·均輸·平準·都內·籍田五令丞, 斡官·鐵市兩長丞.") 後漢에서 平準은 令·丞 각 1인을 두고 물가 이외에 염색에 관한 일도 했다. (『後漢書』 권26, 百官三 大司農, 3590쪽: "平準令一人, 六百石. 本注曰, 掌知物賈, 主練染, 作采色, 丞一人.") 魏晉에서는 少府 소속으로 바뀌면서 오로지 염색에 관한 일만을 하게 되었다.

52) 奚官은 관노비의 관리와 노동을 담당하는 관서이다. 고대 죄인의 자녀로 몰관되어 노비가 된 경우 奚라고 했다. (『周禮注疏』 권1, 天官冢宰 酒人, "酒人, 奄十人, 女酒三十人, 奚三百人.… 鄭依『秋官·司厲』, 從坐男女, 沒入縣官爲奴, 則奴者, 男女同名, 以其曉解作酒, 有才智, 則曰女酒, 其少有才智給使者, 則曰奚.") 西晉에서는 少府 아래 奚官令을 두고 관노비의 노역을 관장하였다.

53) 左校坊은 건물의 건축과 목수 등을 관장하였다. 西晉에서는 左校坊丞을 두어 少府 소속으로 하였는데, 東晉 때는 폐지되었다.

54) 鄴中黃左右藏은 業에 설치한 中黃左右藏으로 內藏府庫를 가리킨다. 建安 18년(213) 曹操가 魏公이 되어 鄴에 도읍했는데 후에 曹丕가 낙양으로 천도한 후에도 여전히 五都의 하나로 각종 궁전 건축과 府庫들이 있었다. 魏를 계승한 晉도 鄴에 계속 府庫를 유지하였다.

55) 油官은 기름 저장고의 관리를 담당하였다. 西晉 때는 少府 소속으로 丞을 두었다. 東晉 哀帝가 少府를 폐지했을 때 丹陽尹 관할로 바뀌었었다.

56) 『宋書』 권39, 百官上, 1232쪽: "御府, 二漢世典官婢作褻衣服補浣之事, 魏晉猶置其職, 江左乃省焉."

57) 東晉 元帝가 揚州의 建業에 도읍하면서 丹陽太守를 丹陽尹으로 바꿨는데, 그 지위는 漢代의 京兆尹에 해당했다.

58) 『宋書』 권39, 百官上, 1232쪽: "東冶令, 一人, 丞一人. 南冶令, 一人, 丞一人. 漢有鐵官, 晉置令, 掌工徒鼓鑄, 隸衛尉. 江左以來, 省衛尉, 度隸少府. 宋世雖置衛尉, 冶隸少府如故. 江南諸郡縣有鐵者或

령했다. 제는 여기에 또 (소부의 속관으로) 좌상단서·우상단서[59]를 더하였다. 양은 소부경이 하경(夏卿)[60]이 되어 재관장군[61]·좌상방·중상방·우상방·견관·평수·남당저세고[62]·동야·서야·중황·세작·탄고·지관·시서 등의 영과 승을 통령하였으며 제11반으로 종4품이었다. 진(陳)은 이를 따랐다. 북위에서는 소부·종정·태복·정위·사농·홍려가 여섯 차경이었는데, 제2품상이었다. 효문제 태화 말에 소부를 태부로 고쳤다.[63] 북제는 소부를 두지 않고 좌상방·중상방·우상방·사염·제야 및 세작·견관 등의 관서를 모두 태부시에 예속시켰다. 수 양제 대업 5년(609)에 처음으로 태부시를 나누어 소부감을 만들었는데 감 1인을 두었으며 종3품이었다. 소감은 1인으로 종4품이었다. 승은 2인이었다. 좌상·우상·내상·사직·사염·개갑·궁노·장야 등의 관서를 통할하였다. 그 후에 다시 감을 영으로 바꾸었는데, 소감은 소령이 되었으며 사직서와 사염서를 합쳐 직염서로 만들고 개갑과 궁노 두 관서는 폐지했다. 당은 수의 제도를 따라서 소부감을 두었다. 용삭 2년(662)에 내부감(內府監)으로 고쳤다가 함형 원년(670)에 다시 소부감이 되었다. 광택 원년

置冶令, 或置丞, 多是吳所置."

59) 『南齊書』 권16, 百官, 318쪽: "左右尙方令各一人, 丞一人. 鍛署丞一人."

60) 梁은 四時에 따라 12卿을 두었는데, 春·夏·秋·冬에 각각 세 명의 卿이 있었다. 夏卿의 경우 太府·少府·太僕이었다.

61) 漢代의 材官將軍은 郡國의 材官과 병사들을 통솔하였지만, 西晉은 材官校尉를 두어 工匠을 통솔하였다. 梁은 西晉 이래의 材官校尉를 材官將軍으로 바꾸었다.

62) 南塘邸稅庫는 商稅를 징수하고 보관하는 관서이다. 원본에서는 南塘과 邸稅庫를 나누었으나 이는 잘못으로 여겨진다. 南塘은 南朝의 도읍인 建康의 지명으로 邸稅庫가 있던 위치를 나타내는 것으로 생각된다. (『隋書』 권26, 百官上, 725쪽: "少府卿, 位視尙書左丞, 置材官將軍、左中右尙方、甄官、平水署、南塘邸稅庫、東西冶、中黃、細作、炭庫、紙官、染署等令丞.")

63) 北魏 孝文帝 태화 23년(499)의 일인데 선무제가 4월에 즉위하므로 신 황제 즉위 후 개편한 것으로 보아야 할 것이다.

(684) 상방감(尙方監)으로 고쳤다가 신룡 원년(705) 소부감으로 복구하였다. 개원 초 소부감에서 갑개와 궁노 두 관서를 분리하여 별도로 군기감(軍器監)을 설치하였다.64) 개원 11년(723)에 군기감을 폐지하고 그 작방을 모두 본래의 소부감으로 귀속시켰다. 얼마 후 또 북도(北都)에 군기감을 두었다.65) **소감은 2인으로 종4품하이다**. 수 양제는 소경 1인을 두었는데 종4품이었다. 당은 이를 따르면서 소감 2인을 두었다. 용삭·함형·광택·신룡 때 소감은 감의 명칭변경에 따라서 바뀌었다가 다시 복구하였다.

小府監之職, 掌百工伎巧之政令, 總中尙、左尙、右尙、織染、掌冶五署之官屬, 庀其工徒, 謹其繕作; 少監爲之貳. 凡天子之服御, 百官之儀制, 展采備物, 率其屬以供焉.

역문 **소부감의 직무는 뭇 공장들의 기예에 관한 정령을 관장하고, 중상·좌상·우상·직염·장야 다섯 관서의 관속을 통령하며, 공도를 다스려서 그 작업을 독책한다. 소감은 그 차관이 된다. 무릇 황제가 입고 쓰는 모든 물품과 백관의 의례 행사에 필요한 물품을 두루 잘 갖추어 두고 예하 속관들을 통솔하여 공급한다.**

○ 丞四人, 從六品下; 漢置丞六人, 比千石. 後漢置一人, 以明法補. 魏、晉因之. 宋、齊、梁、陳皆一人, 梁班第四. 後魏少府丞一人, 從五品中. 隋

64) 『舊唐書』 권8, 玄宗本紀, 175쪽: "(開元 3年)十二月庚午, 以軍器使爲軍器監, 置官員." 이를 보면 군기감의 설치는 開元 3년(715)의 일이다.
65) 『舊唐書』 권8, 玄宗本紀, 185쪽: "(開元 11年)五月己巳, 北都置軍器監官員. 王晙爲朔方節度使, 兼知河北郡、隴右、河西兵馬使."

煬帝分太府寺置小府監，置丞二人．皇朝加至六人．龍朔、咸亨、光宅、神龍並隨監改復．開元二十三年減二人．主簿二人，從七品下；『晉令』："少府置主簿二人．" 宋、齊因之．梁主簿七班之中第三．隋煬帝置主簿一人，皇朝加置四人． 龍朔、咸亨、光宅、神龍並隨監改復， 開元二十三年減二人．錄事二人，從九品上．

역문 **승은 4인으로 종6품하이고**, 한에서는 승 6인을 두었는데 질이 비 1천 석이었다.66) 후한에서는 1인을 두었는데 명법으로 임명하였다.67) 위와 진(晉)은 이를 따랐다. 송·제·양·진(陳)에서는 모두 1인이었고68) 양에서는 제4반이었다. 북위에서 소부승은 1인으로 종5품중이었다. 수 양제가 태부시를 나누어 소부감을 설치하고 승 2인을 두었다.69) 당은 6인으로 늘렸다.70) 용삭·함형·광택·신룡 연간에 모두 소부감의 명칭변경에 따라 고치고 복구하였으며 개원 23년 2인을 줄였다. **주부는 2인으로 종7품하이며**, 『진령』에 "소부는 주부 2인을 둔다"고 하였으며 송과 제는 이를 따랐다.71) 양에서 주부는 7반 가운데 제3반이었으며72) 수 양제는 주부 1인을 두었

---

66) 前漢 少府丞의 질은 1千石이고 後漢 少府丞은 比1千石이었다. (『漢書』 권19上, 百官公卿表, 733쪽: "自太常至執金吾, 秩皆中二千石, 丞皆千石" : 『後漢書』 권26, 百官三, 3592쪽: "少府, 卿一人, 中二千石. 本注曰, 掌中服御諸物, 衣服寶貨珍膳之屬. 丞一人, 比千石.")

67) '以明法補'의 구절에 대해 陳仲夫는 원문에서 '法補'의 부분에 잔결이 있었던 것을 嘉靖本에 의거해 보충하였다고 하였다. 그러나 『唐六典』 전체에서 관직의 연혁에 대한 서술부분에 이러한 구절이 없는 점과 전후의 내용으로 보아 衍文일 가능성이 있다.

68) 『宋書』 권39, 百官上, 1232쪽: "少府, 一人. 丞一人. 掌中服禦之物. 秦官也, 漢因之. 掌禁錢以給私養, 故曰少府. 晉哀帝末, 省並丹陽尹. 孝武世復置."

69) 『隋書』 권28, 百官下, 799쪽: "少府監置監, 從三品, 少監, 從四品, 各一人. 丞從五品, 二人. 統左尚、右尚、內尚、司織、司染、鎧甲、弓弩、掌冶等署. 復改監、少監爲令、少令. 併司織、司染爲織染署, 廢鎧甲、弓弩二署."

70) 『新唐書』 권48, 百官3, 1268쪽: "丞六人, 從六品下. 掌判監事."

71) 『通典』 권27, 職官9, 759쪽: "主簿, 晉置二人, 自後歷代一人, 大唐有二人."

고 당은 늘려서 4인을 두었다. 용삭·함형·광택·신룡 때 모두 소부감의 명칭변경에 따라 바뀌었다가 복구하였으며 개원 23년에는 2인을 줄였다. 녹사는 2인으로 종9품상이다.

丞掌判監事. 凡五署所脩之物須金石、齒革、羽毛、竹木而成者, 則上尙書省, 尙書省下所由司以供給焉. 凡五署之所入於庫物, 各以名數幷其州土所生以籍之, 季終則上於所由, 其副留於監; 有出給者, 則隨注所供而印署之. 凡敎諸雜作, 計其功之衆寡與其難易而均平之, 功多而難者限四年、三年成, 其次二年, 最少四十日, 作爲等差, 而均其勞逸焉. 凡敎諸雜作工, 業金、銀、銅、鐵鑄、(金+寫)、鑿、鏤、錯、鏃所謂工夫者, 限四年成; 以外限三年成; 平慢者, 限二年成. 諸雜作有一年半者, 有一年者, 有九月者, 有三月者, 有五十日者, 有四十日者. 主簿掌勾檢稽失. 凡財物之出納, 工人之繕造, 簿帳之除附, 各有程期; 不如期者, 擧而按之. 錄事掌受事發辰.

역문 승은 소부감의 일상 사무를 처리하는 일을 관장한다. 무릇 (소부감에 속한) 다섯 관서[73]에서 제작하는 물품 중 반드시 금석(金石)·치혁(齒革)[74]·우모(羽毛)·죽목(竹木) 등이 있어야지만 만들 수 있는 경우, 상서성에 올리면 상서성에서 담당 관서에 (문서를) 내려보내 공급한다.[75] 무릇 태부시에서 다섯 관서의 창고로 들어

72) 『隋書』 권26, 百官上, 733쪽에는 "位不登二品者, 又爲七班"이라고 하였는데 여기에서 '二品'이란 구품관인법에서 鄕品 2품을 말한다. 향품은 9품까지 있었는데 2품 이상은 上品으로 관인이 되어 入班할 수 있었지만 3품 이하는 寒族이 되어 班에 들지 못하고 流外7班이 되었다. 원본의 내용은 이 流外7班 가운데 3班이었다는 뜻이다.

73) '五署'는 소부감 예하의 中尙署·左尙署·右尙署·織染署·掌冶署이다.

74) '齒革'은 상아와 물소가죽이다. 『尙書』 禹貢: "厥貢… 齒革、羽毛"에 대한 孔穎達 疏를 보면 "『詩』云, '元龜象齒. 知齒是象牙也,… 革之所美, 莫過於犀, 知革是犀皮也'"라고 되어 있다.

75) 여기서 '所由司'는 太府寺를 가리킨다. 少府의 諸署에서 필요로 하는 원료는 반드시 매년 예산

오는 물품은 각각 품명과 수량, 생산된 곳의 지명을 모두 장부에 기록하여 계절 말(분기 말) 담당관서[76]에 올리고 그 부본은 소부감에 남긴다. (제작한 물건을) 창고에서 내어 공급하는 경우 (소부감승이) 그 때마다 공급하는 곳을 기재하고 날인 서명한다. 무릇 각종 제작 기술의 교육은 (기술 습득에 들어가는) 공력의 많고 적음과 기술의 난이도를 헤아려서 평균적으로 정한다. 공력이 많이 들고 어려운 것은 4년 혹은 3년 안에 (기술을) 완성하게 하고 그 다음이 2년이며 가장 짧은 기한은 40일로, 기술의 차등을 만들어서 그 수고로움과 손쉬움에 따라서 공평하게 한다. 무릇 각종 제작 기술의 교육은 금·은·동·철의 주조 및 사(鎔)·착(鑿)·누(鏤)·착(錯)·촉(鏃)[77] 등 이른바 공부(工夫: 전문기술)를 닦는 경우 4년을 기한으로 기술을 완성하게 한다. 이밖에 3년을 기한으로 완성하는 것도 있다. 비교적 간단하고 평이한 기술은 2년을 기한으로 완성한다. 여러 기술 중에는 기한이 1년 반, 1년, 9개월, 3개월, 50일, 40일짜리도 있다. 주부는 (문서 처리에서) 규정을 위반하거나 시기를 지체하였는지 자세히 검사하는 일을 관장한다. 무릇 재물의 출납, 공인

을 짜서 상서성의 심사를 거친 뒤 太府寺에서 공급받는다. 구체적으로 보면 尙書省 戶部의 度支郎中이 먼저 소부감 諸署의 예산을 심사하고 이를 戶部 金部郎中이 다시 검사한 후 시행문서(符)를 太府寺에 하달하면 太府寺 관할 左·右 藏署에서 지급하는 것이다. 이 때 서로 대조를 위해 '少府監'이라고 새긴 15개의 木契를 사용하는데 少府監에서 14隻의 雄契를 가지고 太府寺에 있는 1척의 雌契와 맞추어서 매번 기물 제작에 필요한 물품을 수령하는 방식이었다.(『唐六典』 권3, 尙書省·戶部, 度支郎中·金部郎中조와 권20, 太府寺조 참조)

76) 여기서의 '所由'는 尙書省 戶部 金部郎中을 지칭한다.

77) 鑄·鎔·鑿·鏤·錯·鏃은 모두 금속그릇을 주조·제작하는 과정의 각종 기술 및 공정이다. '鎔'는 금속주물을 틀에 넣어 형태를 만드는 것이며 '鑿'은 그릇에 구멍을 내는 기술이다. '鏤'는 조각하여 장식하는 것이고 '錯'은 금도금 장식을 하는 것이며 '鏃'은 닦아서 윤을 내는 과정을 말한다.

(工人)의 수리와 제작, 장부의 보관과 폐기는 각각 규정된 기한이 있다. 기일에 맞추지 못하면 적발해서 (원인을) 자세히 조사한다. 녹사는 공문을 접수하고 개봉 날짜를 적는 일을 관장한다.[78)]

◎ 中尙署: 令一人, 從六品上; 漢少府屬官有尙方令、丞. 後漢尙方令一人, 六百石, 掌上手工作御刀劍、諸好器物及寶玉作器. 和帝時, 蔡倫爲尙方令, 作秘劍, 皆有龍泉、太阿之目; 及諸器械, 靡不牢固. 其後分爲中、左、右三尙方. 魏氏因之. 晉過江左, 唯置一尙方, 哀帝以隷丹陽尹, 孝武帝復舊. 晉代掌造軍器. 宋高祖踐阼., 以相府部配臺, 謂之左尙方, 而本署謂之右尙方, 令、丞各一人. 孝武帝改右尙方曰御府, 又置中署, 隷右尙方. 齊置左、右尙方令・丞各一人. 梁置左、中、右尙方三令、丞, 其令並從九品. 其後廢中尙方, 唯存左、右而已. 陳因之. 北齊太府寺管左、中、右三尙方. 隋開皇中, 有內、左、右三尙方署, 猶屬太府寺. 內尙方令二人, 正八品下, 掌諸織作. 煬帝分屬少府. 皇朝因置二人, 省「方」字, 但曰中尙、左尙、右尙. 開元十八年省一人, 升爲從六品上. 丞四人, 從八品下; 漢、魏已來皆隨署省置. 後漢丞一人, 四百石. 魏、晉、宋、齊皆隨署改易. 梁位在七班之下, 爲三品勳位. 隋置丞四人, 正九品下. 皇朝因之. 開元中升其品. 監作四人, 從九品下.

역문 중상서: 영은 1인으로 종6품상이고, 전한의 소부 속관으로

78) '受事'는 『六部成語』 吏部・受事・註解에 '接任辦事'로 되어 있듯이 일을 맡아 처리한다는 의미이지만, 여기서 '事'는 공문서 자체를 가리키는 것으로 문서의 접수를 의미한다. '辰'은 '時'이고, '發'은 '始'이다. '受事發辰'은 해당 관서에서 접수한 공문서를 개봉해서 처리하기 시작한 시간을 바로 기록하여 기한을 계산하는 기준으로 삼는 것이다. 『唐六典』 권1, 左右司郎中員外郎, 11쪽의 "凡內外百司所受之事, 皆印其發日, 爲之程限"이 바로 '發辰'의 의미이다.

상방령·승이 있었다. 후한의 상방령은 1인으로 질이 6백 석이었으며 기술이 뛰어난 자가 황제의 도검과 각종 노리개 및 보옥의 작기를 만드는 일을 관장했다. 화제 때 채륜이 상방령으로 있으면서 비검을 만들었는데 모두 용천·태아[79]와 같은 정도의 좋은 보검이었으며 각종 기물들은 모두 견고하지 않은 것이 없었다.[80] 그 후 중·좌·우 3상방으로 나뉘어졌다. 위는 후한의 제도를 따랐다. 동진 때는 상방 하나만을 두었는데 (동진) 애제 때 단양윤에 소속되었다가 효무제 때 다시 소부 관할로 복구하였다. 진대의 상방은 병기 제작을 담당하였다. (남조) 송 고조가 즉위하면서 승상부의 작부[81]를 황실 직속으로[82] 배속시켰는데 이를 좌상방으로 부르고 본래의 상방은 우상방으로 불렀으며 각각 영·승 1인이 있었다.[83] (송) 효무제 때 우상방을 바꾸어 어부(御府)라고 불렀으며[84] 또 (후폐제 초) 중서를 두어 우상방에 예속시켰다.[85] 제는 좌·우상방령·승 각 1인을 두

---

79) 龍泉과 太阿는 보검의 이름이다. 先秦시대 보검으로 楚에 龍泉이 있고 秦에 太阿와 工市가 있으며 吳에 干將과 莫邪검이 있었다고 하는데, 『越絶書』에는 "楚王召風胡子, 令之吳越, 見歐冶子干將, 使之爲鐵劍三枚, 一曰龍泉, 二曰太阿, 三曰工市"라는 말이 나온다. 또 『晉書』 권36, 張華傳에 "張華夜見斗中二星之間有紫氣, 後使人於豊獄中掘地得二劍, 一曰龍泉, 一曰太阿"라는 말이 나오기도 한다.

80) 『後漢書』 권78, 宦者列傳, 2513쪽: "倫有才學,… 後加位尙方令. 永元九年, 監作祕劒及諸器械, 莫不精工堅密, 爲後世法."

81) 近衛本은 『通典』에 '部'자 위에 '作'자가 있다고 해서, 正德本의 해당 원문인 '以相府部配臺'를 '以相府作部配臺'로 교감하고 있다. 陳仲夫는 『宋書』 百官志에도 '作'자가 없어서 『唐六典』과 문장이 같다고 보면서 正德本의 원문을 그대로 두고 있다. 그런데 현 『宋書』 中華書局本은 기존 판본에 모두 '作'자가 빠졌던 것을 『通典』 職官典에 따라서 '作'자를 더해서 교감했다. 따라서 近衛本대로 '以相府作部配臺'라고 하는 것이 맞는 것 같다.

82) 『宋書』 권39, 百官上, 1232쪽: "宋高祖踐阼, 以相府作部配臺, 謂之左尙方, 而本署謂之右尙方焉."

83) 『容齋續筆』 臺城少城: '晉宋間, 謂朝廷禁省爲臺.'

84) 『宋書』 권39, 百官上, 1232쪽: "世祖大明中, 改曰御府, 置令一人, 丞一人 御府, 二漢世典官婢作褻衣服補浣之事, 魏·晉猶置其職, 江左乃省焉."

었다. 양은 좌·중·우 상방의 영·승이 세 명 있었는데 상방령은 모두 종9품[86]이었다. 그 후 중상방을 폐지하고 좌·우상방만을 남겨 두었다. 진은 양의 제도를 따랐다. 북제는 태부시에서 좌·중·우 세 상방을 관할하였다.[87] 수는 개황연간에 내[88]·좌·우 세 상방서를 두었는데 여전히 태부시에 속했다.[89] 내상방령은 2인으로 정8품하이며[90] 각종 직물의 제조를 관장하였다. 양제는 세 상방을 소부에 나누어 소속시켰다. 당은 수의 제도를 따라 상방령 2인을 두었는데 「방」자를 빼고 중상·좌상·우상으로만 불렀다.[91] 개원 18년(730) 중상서영의 정원에서 한 명을 줄이고 종6품상으로 올렸다. **승은 4인으로 종8품하이며.** 한·위 이래 승은 모두 서의 변화에 따라서 폐지되거나 설치되고 했다. 후한의 상방승은 1인으로 4백 석이었

85) 『唐六典』 권11, 殿中省 尙衣局 奉御條, 326쪽: "後廢帝初, 省御府, 置中署, 隸右尙方. 其後又置"라고 되어 있는데 『宋書』 권39, 百官上의 문장도 동일하므로, 이 일은 宋 後廢帝(472~477) 때로 보아야 할 것이다.

86) 梁 武帝 天監 7년(508) 徐勉이 이부상서가 되어 선거제도를 九品制에서 十八班制로 바꾸었는데 班이 많을수록 지위가 높았다. 좌·우상방령은 제1반으로 종9품에 상당했다. 여기서 中尙方令의 반열이 나오지 않기 때문에 당시 中尙方이 이미 폐지되었을 가능성도 있다고 한다. (『隋書』 권26, 百官上, 728쪽: "天監,… 至七年, 革選, 徐勉爲吏部尙書, 定爲十八班. 以班多者爲貴, 同班者, 則以居下者爲劣.… 左右尙方, 爲一班.")

87) 北魏 때 少府를 太府로 바꾸었는데, 北齊는 北魏의 제도를 계승하였으므로 太府寺에서 좌·중·우 세 상방을 관할하고 있다. (『隋書』 권27, 百官中, 751쪽: "後齊制官, 多循後魏.… 太府寺,… 統左、中、右三尙方.")

88) 中을 內로 바꾼 것은 隋 文帝의 아버지인 楊忠의 이름을 피휘했기 때문이다.

89) 『隋書』 권28, 百官下, 776쪽: "太府寺統左臧、左尙方、內尙方、右尙方,… 等員."

90) 『隋書』 권28, 百官下, 786쪽: "上署令, 左尙方、右尙方, 爲正八品"을 보면 左·右 尙方만 정8품으로 나오고 內尙方令의 품계는 나오지 않는다.

91) '尙方'에서 '方'자가 생략된 것은 측천무후가 少府監을 尙方監으로 바꾸면서 尙方監 예하의 中·左·右 尙方 및 織染方·掌冶方 등 다섯 관서의 이름이 '方'자가 서로 겹친다고 해서 생략한데서 기인한다. 『新唐書』 권48, 百官三, 1271쪽: "武后改少府監曰尙方, 而中左右尙方、織染方、掌冶方五署, 皆去方以避監, 自是不改矣."

다.[92] 위·진·송·제에서는 모두 서의 변화에 따라서 바뀌었다. 양의 중상방승은 관위가 7반의 아래로 3품 훈위에 있었다.[93] 수는 내상서에 승 4인을 두었고 정9품하였다.[94] 당은 이를 따랐다. 개원연간 그 관품을 (종8품하로) 올렸다. 감작은 4인으로 종9품하이다.

中尙署令掌供郊祀之圭璧, 凡冬至祀昊天上帝以蒼璧, 孟春祈穀、孟夏雩祀、季秋明堂祀並以四圭有邸, 夏至祭皇地祇以黃琮, 祀日、月以圭邸, 祠東方靑帝以靑圭, 南方赤帝以赤璋, 西方白帝以騶虞, 北方黑帝以玄璜, 中央黃帝以黃琮, 祭神州及嶽、鎭、海、瀆、大社、大稷皆以兩圭有邸. 及歲時乘輿器玩, 中宮服飾, 彫文錯綵, 珍麗之制, 皆供焉; 丞爲之貳. 每年二月二日, 進鏤牙尺及木畫紫檀尺., 寒食, 進毬, 兼雜綵雞子., 五月五日, 進百索綬帶., 夏至, 進雷車, 七月七日, 進七孔金細針., 十五日, 進盂蘭盆., 臘日, 進口脂、衣香囊. 每月進筆及檮衣杵. 琴·瑟·琵琶弦、金·銀紙, 須則進之, 不恒其數也. 其所用金木、齒革、羽毛之屬. 任所出州土以時而供送焉. 其紫檀、櫚木、檀香、象牙、翡翠毛、黃嬰毛、靑蟲眞珠、紫鑛、水銀出廣州及安南, 赤麖皮、瑟瑟、赤珪、琥珀、白玉、碧玉、金剛鑽、盆灌、鍮石、胡桐律、大鵬砂出波斯及凉州, 麝香出蘭州, 銅鉢銅出代州, 赤生銅出銅源監也.

역문 중상서령은 교사 제사에서 사용하는 규벽(圭璧)[95]의 공급을

---

92) 『後漢書』 권27, 百官四, 3613쪽: "令、相千石, 丞、尉四百石."

93) 梁은 十八班 외에 7班을 두었고 또 그 아래에 三品蘊位와 三品勳位가 있었다. (『隋書』 권 26, 百官上, 735쪽: "左尙方五丞, 右尙方四丞, 爲三品勳位.")

94) 『隋書』 권28, 百官下, 776쪽, 太府寺條 참조. 또 『隋書』 권28, 百官下, 789쪽에 나열되는 正九品 관직명 중 上署丞이 바로 이에 해당한다.

95) 圭璧은 위가 둥그스름하면서 직사각형의 길쭉한 모양인 圭와 가운데 구멍이 뚫려 있는 원형의 璧이 합쳐져 있는 형태의 玉器이다. 즉 아래쪽에 璧을 바탕으로 하고 위로 圭를 다듬어 만든 것인데 이 때 圭의 길이가 5寸 정도라고 한다. 圭璧은 천자와 제후들이 서로 朝聘의 예를 하거

관장하며, 무릇 동지에 호천상제에게 지내는 제사[96]는 하늘 빛 옥벽(蒼璧)[97]을 사용하며, 초봄〔孟春〕에 지내는 기곡제[98]와 초여름〔孟夏〕에 지내는 기우제〔雩祀〕[99]와 늦가을〔季秋〕 명당 제사[100]는 모두 옥벽

나 제사를 지내는 의식에서 각자 손에 쥐고 있는 禮器의 용도로 사용되었다고 한다.(『周禮注疏』 권20, 春官・典瑞, 538쪽: "圭璧以祀日月星辰. (鄭玄注) 圭其邸爲璧" : 『周禮注疏』 권41, 冬官考工記下・玉人, 1124쪽: "圭璧五寸, 以祀日月星辰. (孫詒讓正義) 圭璧, 於六寸璧上, 瑑出一圭, 長五寸" : 『後漢書』 권2, 明帝紀, 100쪽: "親執圭璧, 恭祀天地.")

96) 『通典』 권43, 禮3, 1192~1193쪽: "大唐武德初, 定令. 每歲冬至, 祀昊天上帝於圜丘. 壇於京城明德門外, 道東二里,… 以景帝配, 五方上帝・天文皆從祀. 日月・內官・中官・外官及衆星皆從祀.… 上帝及配帝用蒼犢各一, 五方帝及日月用方色犢各一, 內官以下加羊豕各九. 孟春辛日, 祈穀, 祀感帝於南郊, 以元帝配. 武德・貞觀之制, 大享之外, 每歲立春・立夏・季夏・立秋・立冬, 並依周禮. 其配食及星辰從祀亦然." 冬至때 圜丘에 제사지내는 대상이 昊天上帝이다. 冬至는 陰陽・日月・萬物이 반대로 전환하는 시점으로 다른 節氣 등을 계산하는 기준이었으며 역대 왕조 모두 이 제사를 중시하였다. 唐朝도 '凡歲之常祀二十有二' 중 본 제사를 첫번째로 언급하였고 史書에 '有事于南郊'란 표현은 모두 본 제사를 의미한다. 특히 配享者・主祭人(皇帝를 主獻으로 한 것 외에 亞獻과 終獻을 누구로 할 것인가에 대한 것)・禮儀절차・사용할 음악을 놓고 격렬한 논쟁이 야기되기도 하였다.(『唐六典』 권4, 尙書禮部 禮部郎中條 참조)

97) 蒼璧은 하늘빛의 둥근 옥벽으로, 호천상제 즉 天帝에 대한 제사를 지낼 때 하늘의 형상을 본뜨기 때문이다.

98) 孟春은 음력 정월로 古制에 천자는 이 달에 吉日을 골라 상제에게 풍년을 기원하는 제사를 올린다고 했다. (『新唐書』 권13, 禮樂三, 334쪽: "開元中, 起居舍人王仲丘議曰,… 夫祈穀, 本以祭天也, 然五帝者五行之精, 所以生九穀也, 宜於祈穀祭昊天而兼祭五帝.")

99) 孟夏는 음력 4월로 雩祀는 도성 南郊에서 지내는 祈雨祭이다. 唐의 경우 무덕 초 매년 孟夏에 圜丘에서 昊天上帝에게 雩祀를 지내면서 景皇帝를 배향하고 五方上帝・五人帝・五官의 제사도 같이 올렸다고 한다. 『通典』 권43, 禮三, 1206쪽: "大唐武德初, 定令. 每歲孟夏, 雩祀昊天上帝於圜丘. 景皇帝配, 特用蒼犢二.… 貞觀雩祀於南郊, 顯慶禮於圜丘"라 하여 『貞觀禮』에서는 南郊, 『顯慶禮』에서는 圜丘에서 제사를 올렸다고 한다.

100) 後漢 말 蔡邕은 明堂이 천자의 太廟로 上帝에게 제사를 지내면서 조상을 配享하는 장소라고 하는데(『蔡中郎集』 권10, 明堂月令論, "明堂者, 天子太廟, 所以宗祀其祖以配上帝者也"), 이는 明堂이 천자가 政令을 반포하고 제후가 朝覲하여 왕도정치를 행하는 곳이라는 유가적 관념의 소산이다.(『孟子』 梁惠王下・『荀子』 彊國・『禮記』 明堂位・『大戴禮記』 明堂 등) 반면 천자가 음양의 조화를 月令에 따라 이루는 종교적 장소라고 보는 관점도 있다. 실제 明堂의 古制에 대해서는 분명하지 않아서 논쟁이 끊이지 않았지만 前漢 武帝 때 封禪을 거행하면서 비로소 태산 아래 汶水가에 明堂을 건립하고 太一과 五帝에게 제사를 지내면서 高帝와 景帝를 배향하고 있다.(『史記』 권28, 封禪書, 1401쪽 : 『漢書』 권6, 武帝紀, 196~210쪽 참조) 後漢도 光武帝 때 明堂을 만들었고 明帝가 五帝에게 제사를 지내고 있다. 唐은 무덕 초 令을 제정해서 매년 季秋 명당에서 五方上帝

을 바탕〔邸〕으로 해서 네 개의 규를 다듬어서 만든 옥기를 사용하며,[101] 하지에 황지기[102]에 지내는 제사는 황색의 종[103]을 사용하며, 해와 달에 지내는 제사는 벽을 바탕으로 규를 다듬어 사용한다.[104] 동방의 청제에게 지내는 제사는 푸른색 규[105]를 사용하며[106] 남방의 적제에게 지내는 제사는 붉은색 장[107]을 사용하고 서방의 백제에게

에게 제사를 지내면서 당 황실의 조상인 元帝를 배향한다고 했다. 다만 명당의 제도는 唐에서도 태종 시기까지 분명히 정해지지 않아서 季秋의 明堂 제사는 실제 圜丘에서 거행되었다. 武則天이 황제가 된 후 낙양에 明堂을 건립하여 通天宮(『蔡中郎集』 권10, 明堂月令論: "明堂者, 所以明天氣統萬物, 明堂上通于天象日辰, 故下十二宮象日辰也")이라고 부르지만, 季秋의 이 제사는 여전히 圜丘에서 지내고 있었다. (『通典』 권44, 禮4, 1221・1228쪽: "大唐武德初, 定令, 每歲季秋祀五方上帝於明堂, 以元帝配, 五人帝・五官並從祀" : "(開元)二十年, 季秋, 大享于明堂, 祀昊天上帝, 又以五方帝・五官從祀, 籩豆罇罍之數, 與雩禮同.")

101) '四圭有邸'는 玉璧을 바탕으로 해서 4개의 圭를 다듬어서 만든 玉器를 지칭한다. '邸'는 이런 모양의 玉器에서 바탕이 되는 부분을 뜻한다. (『周禮注疏』 권 41, 冬官考工記下・玉人, 1122쪽: "四圭尺有二寸, 以祀天. (鄭衆注) 中央爲璧, 圭著其四面, 一玉俱成.")

102) 皇地祇는 전설상의 곤륜산을 지키는 地神이라고 한다. 唐에서는 夏至日에 궁성의 北郊 14리 되는 곳에 方丘壇을 만들어 皇地祇에 대한 제사를 지냈는데 渭水의 북쪽에 위치했다. (『通典』 권45, 禮5, 1261쪽: "大唐制, 夏日至祭皇地祇, 於宮城之北郊十四里爲方丘壇, 因隋制, 以景帝配, 神州・五方・岳・鎭・海・瀆・山林・川澤・丘陵・墳衍・原隰, 皆從祀. 地祇及配帝牲用黃犢二, 神州用黝犢一, 岳鎭以下加羊豕各五. 孟冬祭神州於北郊.")

103) 땅에 대한 제사였기 때문에 황색의 바깥쪽이 네모나고 안쪽이 둥근 玉器인 琮을 사용했다. (『周禮注疏』 권18, 春官 大宗伯, 478쪽: "以黃琮禮地. (鄭玄注) 禮神者必象其類, 璧圜, 象天. 琮八方, 象地.")

104) 『通典』 禮三 朝日夕月, "周制, 以柴祀日月星辰. 日壇曰王宮, 月壇曰夜明. 禮神之玉以珪璧." 唐에서는 春分에 東郊에서 朝日에 제사지내고 秋分에 西郊에서 夕月에 제사지냈다.

105) 『周禮注疏』 권18, 春官 大宗伯, 478쪽: "以靑圭禮東方." 푸른색 圭는 봄에 만물이 처음 생겨나는 것을 상징한다.

106) 『禮記』 月令에 따르면, 四立日(立春·立夏·立春·立冬)이 되면 각각 해당 王氣의 神을 교외에서 맞이한다고 한다. 그래서 立春에는 천자가 3공9경을 거느리고 東郊에서 春氣를 맞이하는데, 이 때 맞이하는 신이 바로 東方 靑帝威靈仰이다.

107) 『禮記』 月令에 따르면 立夏에 천자는 삼공구경을 인솔해서 南郊에서 夏氣를 영접하는데, 이 때 맞이하는 신은 南方 赤帝赤熛怒이다. 이 때 圭를 반으로 나눈 모양인 붉은 색 璋을 사용하는데 이는 여름이 되면 만물이 이미 반쯤은 소멸했음을 상징하는 것이다. (『周禮注疏』 권18, 春官・大宗伯, 478쪽: "以赤璋禮南方. (鄭玄注) 半圭曰璋, 象夏物半死.")

지내는 제사는 백호 형상의 백호〔白琥: 騶虞〕[108]를 사용하며 북방 흑제에게 지내는 제사는 검은 색의 황[109]을 사용하고 중앙의 황제에게 지내는 제사는 황색의 종[110]을 사용한다. 신주[111]와 오악·사진·사해·사독[112]·대사·대직[113]은 모두 옥벽을 바탕으로 해서 두 개의

108) 『禮記』 月令에 立秋가 되면 천자는 3공9경을 거느리고 西郊로 나가 秋氣를 맞이하는데 이 때 맞이하는 신은 西方 白帝白招拒라고 한다. 騶虞는 몸에 검은 무늬가 있는 白虎로 살아 있는 생물을 먹지 않는다고 한다. 『周禮注疏』 권18, 春官 大宗伯, 478쪽: "以白琥禮西方.(鄭玄注) 琥猛象秋嚴"에서 호랑이 모양의 玉器인 白琥가 바로 여기서의 騶虞와 같다는 것을 알 수 있다. 호랑이 모양의 白琥를 사용해서 가을의 엄정함을 상징하는 것이다.

109) 『禮記』 月令에 立冬에는 北郊로 나가 冬氣를 맞이한다고 하는데, 이 때 맞이하는 신이 北方 黑帝叶紀光이다. (『周禮注疏』 권18, 春官·大宗伯, 478쪽: "以玄璜禮北方. (鄭玄注) 半璧曰璜, 象冬閉藏, 地上無物, 唯天半見.")

110) 『禮記』 月令에 季夏 土德王日에 천자는 3공9경을 이끌고 南郊에서 王氣를 영접하는데, 이 때 맞이하는 신은 中央 黃帝含樞紐이다.

111) 神州에 대한 제사는 永徽中 許敬宗이 "方丘祭地之外, 別有神州, 謂之北郊. 地分爲二, 既無典據, 又不通. 請合爲一祀"라 하여 잠시 폐지되었으나 乾封 초에 다시 복구되었다. 이후 開元 21年 夏日至의 地祇 제사에 高祖를 配享케하고 神州에 대한 제사에 太宗을 配享케 하였다. 『通典』 권45, 禮5, 1261~1262쪽 참조. 또 孟冬에 거행되며 절차는 齋戒-陳設-省牲器-(鑾駕出宮)-奠玉帛-進熟-(鑾駕還宮)의 과정이다. 『大唐開元禮』 권31·32 참조.

112) 『通典』 권46, 禮6, 1282~1283쪽: "武德·貞觀之制, 五岳·四鎭·四海·四瀆, 年別一祭, 各以五郊迎氣日祭之.… 其牲皆用太牢. 祀官以當界都督刺史充. 先天二年, 封華岳神爲金天王. 開元十三年, 封泰山神爲天齊王." 이후 天寶 5년과 10년에 五嶽과 四海의 神을 모두 王으로 封하였고 四鎭·四瀆은 公으로 봉하였다. 五嶽·四鎭·四海·四瀆의 명칭 및 祭地를 정리하면 다음 표와 같다.(『唐六典』 권4, 尙書禮部 禮部郎中條 참조)

	東(祭地)	南	中	西	北
五嶽	岱山 兗州	衡山 衡州	崇山 洛州	華山 華州	恒山 定州
四鎭	沂山 沂州	會稽山 越州		吳山 隴州	醫無閭山 營州
四海	東海 萊州	南海 廣州		西海 同州	北海 洛州
四瀆	大淮 唐州	大江 益州		大河 同州	大濟 洛州

113) '社'는 山林·川澤·丘陵·墳衍·原隰 五土의 神이며, '稷'은 五土 중에서도 특히 原隰의 토지신을 가리킨다. 五土에서 각기 기르는 바가 있지만 山林·川澤·丘陵·墳衍은 잡다한 종류가 나오는 반면 五穀은 原隰에서만 기를 수 있기 때문에 原隰의 신인 稷을 오곡의 으뜸으로 받드는 것이다. 社壇은 동쪽, 稷壇은 서쪽에 있는데 北面하여 제단을 만들고 四面으로 문을 열어둔다. 唐은 社稷이 含光門 안 오른편에 있었고 仲春과 仲秋의 戊日에 太社·太稷에 제사를 지냈다고 한다.

규를 다듬어서 만든 옥기를 사용한다.[114] **한 해의 절기마다 황제가 사용하는 기물·노리개**[115] **및 중궁의 복식으로 현란한 문양을 새겨놓은 진귀하고 아름다운 제품을 모두 공급한다. 승은 그 차관이 된다.** 매년 2월 2일[116] 누아척(鏤牙尺)[117]과 목화자단척(木畫紫檀尺)[118]을 바친다. 한식[119]에는 공[毬; 毬][120]과 채색 계란[121]을 바친다. 5월 5일에는 백색수대(百索綬帶)를 바친다.[122] 하지에는 뇌차(雷車)를 바친다.[123] 7월 7일에는 칠공금세침(七孔金細針)을 바친다.[124] 7월 15일에

---

114) 『周禮注疏』 권20, 春官·典瑞, 536쪽: "兩圭有邸, 以祀地·旅四望. (鄭玄注) 兩圭者, 以象地數二也."

115) 단오나 납일 같은 절기 때 궁정에서 거행하는 연회와 유희에 사용하는 기물을 지칭한다.

116) 2월2일은 春龍節로 풍속에 용이 머리를 들어올리고 날아오르는 날이라고 한다. 唐初 관중 지역에 큰 가뭄이 들었는데, 용이 못에 들어가 놀면서 비 내리기를 잊어버렸기 때문에 헤엄 잘 치는 사람이 물속으로 들어가 降龍木으로 용을 때려서 용이 머리를 쳐들고 공중으로 날아올라 비를 내리게 했다는 전설이 있다. 여기서 이 날 용을 때려 비를 내리게 한다는 祈雨의 풍속이 생겨난 것이다.

117) 鏤牙尺은 상아에 꽃무늬를 새겨서 만든 자이다.

118) 木畫紫檀尺은 '降龍木'을 상징해서 용의 머리를 들어올려 비를 내리게 한다는 의미를 가지고 있다. (『新唐書』 권48, 百官三, 1269쪽: "歲二月, 獻牙尺.")

119) 寒食은 淸明節(양력 4월 5·6일경)에 즈음한 날로 冬至에서 105일째 되는 날이다. 춘추시대 晉 文公과 介子推의 故事에서 유래한다고 하며 이날 불을 피우지 않고 익힌 음식을 먹지 않는 풍속에서 명칭이 나왔다.

120) '毬'과 '雜綵雞子'는 모두 寒食 때 궁정 유희와 관련 있는 물건이다. '毬'은 '鞠'으로도 쓰는데 바로 공(球; 毬)을 말한다. 唐代에는 寒食에 바람을 불어넣은 공을 가지고 蹴鞠을 하는 습속이 있었는데 궁정에서도 성행했고 특히 玄宗이 즐겨했다고 한다.

121) '雜綵雞子'는 다채로운 색깔로 장식을 한 계란(雞子)으로 역시 寒食 때 궁정에서의 유희에 사용되었다. ([梁] 宗懍 撰, 『荊楚歲時記』: "古之豪家, 食稱畫卵, 今代猶染藍茜雜色, 仍加雕鏤, 遞相餉遺, 或置盤俎.")

122) 5월 5일은 端午節로 물에 빠져 죽은 굴원의 고사에서 유래해서 龍船의 경주를 하고 粽子를 먹으면서 제사지내는 외에 또 邪氣를 쫓고 무병장수를 기원하는 의미에서 5색실을 아이의 어깨나 손에 두르거나 기둥 등에 걸어두는 풍속이 있었다.

123) 唐代에는 夏至에 3일의 휴가를 주는 규정이 있었다. 雷車는 신화에서 雷神의 수레 또는 우레소리가 나는 수레 등을 가리킨다. (『莊子』 達生篇: "其爲物也, 惡聞雷車之聲, 則捧其首而立" ; 『太平御覽』 天部·虹霓類: "『淮南子』曰, 昔者馮夷·大丙之御也, 乘雷車駕雲虹.")

는 우란분(盂蘭盆)을 바친다.[125] 납일[126]에는 구지(口脂)[127]와 의향낭(衣香囊)[128]을 바친다. 매달 붓과 도의저(擣衣杵)[129]를 바친다. 금·슬·비파의 줄과 금·은 종이는 필요가 있을 때 바치고 그 수량을 항상 준비하여 두지는 않는다. **중상서에서 사용하는 금목**(金木)**·치혁**(齒革)**·우모**(羽毛)[130]**와 같은 종류는 생산하는 지역의 풍토에 따라 시기에 맞추어 공급한다.** 자단(紫檀)[131]·여목(櫚木)[132]·단향(壇香)[133]·상아·비취모(翡翠毛)[134]·황영모(黃嬰毛)[135]·청충(青蟲)[136]진주·자광(紫鑛)[137]·

---

124) 漢代 이래 바느질을 관장하는 神格으로 믿었던 織女에게 칠석날 밤 부녀자들이 바느질감과 과일을 마당에 차려놓고 女功인 바느질 솜씨가 늘기를 빌었던 '乞巧'의 풍속이 있었다. 『荊楚歲時記』([梁] 宗懍 撰)에 "七夕婦人結綵縷, 穿七孔針, 或金銀鍮石爲針"이라고 하는데, 중상서가 올리는 七孔金細針이 바로 그것으로 칠석날 궁정부인들이 '乞巧'를 하는 데 사용하기 위한 것이다.

125) 7월 15일은 도교에서는 中元節이고 불교에서는 盂蘭盆節이다. 불교의 盂蘭盆節은 석가의 제자 중 한 명인 목련존자가 아귀지옥에 떨어진 어머니를 구제하기 위해 온갖 음식으로 대중에게 공양을 한데서 유래하는데 夏安居가 끝나는 7월 보름에 거행하였다. 특히 唐代에 성행했던 행사로 이 날 중상서가 바치는 盂蘭盆은 궁정에서 절에 공양하기 위해 사용하는 갖가지 음식과 과일을 그릇(盆)에 담은 것이다.

126) 臘日은 12월에 짐승을 잡아서 조상에게 제사지내는 날로 漢代 이래 冬至 뒤 세번째 戌日이 臘日이었지만 나중에 12월 8일로 정해졌다. 唐代에 臘日이 되면 太廟에 大享을 올리고 太廟 西門 안쪽에서는 司命·中霤·國門·國行·厲·戶·灶 등에게 제사지내며 南郊에서는 百神에게 蠟祭를 올렸다.

127) 口脂는 입술에 발라 추위를 막는 기름으로 臘日에 신하와 부인들에게 내리는 하사품이다.

128) 衣香囊은 옷 속에 꿰매놓는 향주머니로 역시 臘日에 황제의 하사품이다.

129) 檮衣杵는 의복을 세탁할 때 사용하는 다듬이 방망이이다. '檮'는 '擣'이다.

130) 『新唐書』 百官志는 『唐六典』과 동일하나 『舊唐書』 職官志에는 '金木'이 '金玉'으로 '羽毛'가 '毛羽'로 되어 있다. (『舊唐書』 권44, 職官三, 1893쪽: "其所用金玉齒革毛羽之屬, 任土以時而供送之.")

131) 紫檀은 赤壇·血壇이라고도 부르는데 콩과에 속하는 낙엽 교목이다. 목재가 단단하고 붉은 색을 띠어서 목재가구의 재료로 쓰인다.

132) 櫚木은 花櫚木·花利木이라고도 부르는데 紫檀과 비슷해서 역시 가구나 부채의 재료로 사용된다.

133) 壇香은 黃壇·白壇 두 종류가 있다. 壇香科에 속하며 낙엽 소교목이다. 목재의 향기가 매우 강렬해서 정교한 기물 및 향료·약재를 만드는 데 사용한다.

134) 翡翠는 물총새로 그 깃털은 상감 장식의 재료로 사용된다.

135) 黃嬰은 새 이름으로 수컷의 깃털이 金黃色으로 광택이 있어 상감 장식의 재료로 이용한다.

수은은 광주와 안남에서 나오고, 적경피(赤麖皮)[138] · 슬슬(瑟瑟)[139)140] · 적규(赤圭) · 호박(琥珀) · 백옥 · 벽옥 · 금강찬(金剛鑽)[141] · 분관(盆灌) · 유석(鍮石)[142] · 호동률(胡桐律)[143] · 대붕사(大鵬砂)[144]는 페르시아와 양주에서 나오며, 사향은 난주에서 나오고, 동발동(銅鉢銅)은 대주에서 나오며 적생동(赤生銅)은 동원감(銅源監)[145]에서 나온다.

◎ 左尙署: 令一人, 正七品下; 後漢末, 分尙方爲三: 中、左、右. 魏、晉因之. 晉過江, 唯尙方而已. 宋、齊、梁、陳有左、右尙方. 晉、宋已來並四百石, 梁班第一, 從九品. 北齊太府寺左、中、右尙方. 隋開皇中, 三尙方並屬太府寺, 左尙令三人, 掌造車輦、繖扇、矟毦、弓箭、弩戟、器仗、刀鏃、膠漆、竹木、骨角、畫素、刻鏤、蠟燭等. 皇朝置一人, 開元十八年爲

---

136) 靑蟲은 곤충 모양으로 깍은 푸른 색 佩玉이다.
137) 紫鑛은 붉은 색 鑛砂로 광동 紫金縣에서 생산되어 염료를 만드는 데 사용된다.
138) 赤麖은 사슴과의 동물로 唐 玄宗 天寶 12년 西域 火尋에서 赤麖皮를 바쳤다는 기록이 있다.
139) '瑟瑟'은 원본에 '琴瑟'로 되어 있는데 嘉靖本이나 廣雅本도 똑같다. 陳仲夫는 『隋書』 波斯傳의 "其國土産有瑟瑟"이라는 기록에 근거해서 '琴'을 '瑟'로 바꾸었다.
140) 瑟瑟은 푸른 옥구슬로 『隋書』 波斯傳에 페르시아의 특산품이라고 나오며 『新唐書』 于闐國傳에도 德宗 때 호탄(于闐)에서 瑟瑟을 구했다는 기록이 있다. (『新唐書』 권221, 西域 · 于闐國, 6236쪽: "初, 德宗卽位, 遣內給事朱如玉之安西, 求玉於于闐, 得圭一, 珂佩五, 枕一, 帶胯三百, 簪四十, 奩三十, 釧十, 杵三, 瑟瑟百斤, 它寶等.")
141) 金剛鑽은 다이아몬드를 말한다.
142) 鍮石은 황동인데 唐代 西域의 특산품으로 주로 불상 주조나 관복의 장식 등에 사용하였다. (『大唐西域記』 권11: "波斯出金 · 銀 · 鍮石.")
143) 胡桐律은 胡桐淚로 땅 속에 묻혀 오래된 胡桐의 나무 진이다. 찬 성질이 있어서 해열제 등의 약재로 주로 사용된다.
144) 大鵬砂는 硼砂로 붕산나트륨의 결정이다. 금속의 납땜이나 방부제 등의 용도로 사용한다.
145) 銅源監은 唐代 銅의 생산을 관장하기 위해 설치한 기구이다. 『新唐書』에 綱州 翼城의 澮高山에 銅이 생산되어 銅源監을 설치했다는 기록이 나온다. (『新唐書』 권39, 地理三, 1002쪽: "天祐二年, 更曰澮川. 有銅源、翔錢坊二. 有澮高山, 有銅, 有鐵.")

正七品下. 丞五人, 從八品下, 前·後漢、魏、晉、宋、齊、梁、陳皆隨署置省. 『梁選簿』, "左尙丞爲三品勳位." 隋左尙方丞八人, 正九品下. 皇朝置五人, 開元十八年爲從八品下. 監作六人, 從九品下.

역문 좌상서: 영은 1인으로 정7품하이고, 후한 말 상방(尙方)을 셋으로 나누어 중·좌·우 상방으로 만들었다. 위와 서진은 이를 따랐다. 동진 때는 상방 하나뿐이었다.146) 송·제·양·진에서는 좌·우상방이 있었다.147) 진·송 이래 상방령의 질은 모두 4백 석이었고148) 양에서는 제1반으로 종9품이었다.149) 북제는 태부시에 좌·중·우 상방이 있었다.150) 수 개황 연간에 상방 셋은 모두 태부시에 속했는데, 좌상방은 영이 3인으로151) 거련(車輦)152)·산선(繖扇)153)·삭이(稍

---

146) 해당 원문의 '唯尙方而已'은 앞의 中尙署條 '唯置一尙方'이나 『宋書』 권39, 百官上, 1232쪽의 '唯一尙方'을 보면 '唯'아래에 '一'자가 빠져 있는 것으로 보인다.

147) 宋은 좌·우 상방령·승 각 1인을 두었고(『宋書』 권39, 百官上, 1232쪽), 齊도 이를 따랐다.(『南齊書』 권16, 百官, 318쪽) 梁에서는 좌·중·우 상방령·승을 모두 설치한 기록(『隋書』 권26, 百官上, 725쪽)이 나오지만 그 품계를 설명하는 부분에서는 단지 좌·우 상방령·승(『隋書』 권26, 百官上, 733·735쪽)만이 있다. 이러한 차이는 앞의 中尙署條에 "梁置左、中、右尙方三令、丞,… 其後廢中尙方, 唯存左、右而已"로 나오지만 어느 시기에 中尙方을 폐지했는지는 분명하지 않다. 陳은 梁의 제도를 그대로 따랐다.

148) '石'자는 본래 잔결된 부분으로 嘉靖本도 마찬가지인데, 陳仲夫가 廣雅本에 따라 보충했다.

149) 원래 '梁班從九品'으로 되어 있고 嘉靖本과 廣雅本도 마찬가지이다. 그런데 梁 天監 7년 관제를 바꾸면서 18班을 만들었지만 이전의 九品制를 없애지는 않아서 '班'과 '品'이 같이 있었다. 따라서 '班'에 '從九品'이 있는 것은 이치에 맞지 않다고 보아서 陳仲夫는 앞의 中尙署條 '梁置左、中、右尙方三令、丞, 其令並從九品'과 『隋書』 권26, 百官上, 733쪽: "左·右尙方令, 爲一班"을 대조해서 '第一' 두 글자를 보충했다.

150) 『隋書』 권27, 百官中, 757쪽: "太府寺,… 統左·中·右三尙方. 左尙方, 又別領別局·樂器·器作三局丞. 中尙方, 又別領別局·涇州絲局·雍州絲局·定州紬綾局四局丞. 右尙方, 又別領別局丞."

151) '左尙令三人'에서 令이 3인이라는 것은 분명하지가 않다. 『隋書』 권28, 百官下, 776쪽의 해당 조문을 보면 "太府寺統左藏·左尙方·內尙方·右尙方,… 等署, 各置令"으로 되어 있어 정원이 나와 있지 않다. 또 아래의 注에도 "二人. 左·右尙方則加至二人"으로 되어 있는데, 본래 정원 1인에 2인을 늘려서 3인이 되었는지 아니면 늘려서 2인이 되었다는 뜻인지 확실하지 않다. 『唐六典』 원문은 이를 2인을 늘려서 정원이 3인으로 되었다고 이해한 것으로 보이지만, 近衛本은 정원

毦)[154]·궁전(弓箭)·노극(弩戟)·기장(器仗)·도촉(刀鏃)·교칠(膠漆)·죽목(竹木)·골각(骨角)·화소(畫素)[155]·각루(刻鏤)[156]·납촉(蠟燭) 등의 제조를 관장했다. 당에서는 좌상령 1인을 두었고 개원 18년에 정7품하가 되었다. **승은 5인으로 종8품하이며**, 전한·후한과 위·진·송·제·양·진에서는 모두 관서에 따라서 설치되거나 폐지되었다. 『양선부(梁選簿)』[157]에 "좌상승은 3품훈위이다"[158]라고 했다. 수는 좌상방승이 8인으로 정9품하였다.[159] 당은 5인을 두었고 개원 18년에 종8품하가 되었다. **감작은 6인으로 종9품하이다**.

左尙署令掌供天子之五輅、五副、七輦、三轝、十有二車, 大小方圓華蓋一百五十有六, 諸翟尾及大小繖翰, 辨其名數而頒其制度; 丞爲之貳. 凡皇太后、皇后、內命婦之重翟、猒翟、翟車、安車、四望、

을 2인으로 늘렸다고 보고 '左尙令三人'을 '左尙令二人'으로 고쳐야 한다고 교감하고 있다. 陳仲夫는 교감기에서 이 두 가지 모두 확실하지 않다고 하면서 유보하고 있지만, 일반적인 용례를 감안한다면 近衛本의 교감에 따라서 '二人'으로 고치는 것이 좋을 듯하다.

152) 車輦에 대해서는 『唐六典』 권11, 殿中省 尙輦局條, 331~332쪽 참조.

153) '繖'은 햇빛을 피하고 비를 막는 용구이며 '扇'은 부채이다. 繖扇에 대해서는 『唐六典』 권11, 殿中省 尙輦局條, 332쪽 참고.

154) '矟'은 일종의 긴 창(矛)으로 기병용 무기이다. 『釋名』, 釋兵: "矛長丈八尺曰矟, 馬上所持, 言其矟矟便殺也." '毦'는 '깃털을 사용해서 병장기의 장식물로 만든 것이다.

155) 畫素는 그림을 그리는 데 쓰이는 흰 비단과 안료를 포함한다.

156) 刻鏤는 조각의 뜻으로 여기서는 조각한 공예품을 가리킨다.

157) 梁選簿의 '簿'자는 원본에 '部'로 되어 있고 또 嘉靖本·廣雅本도 마찬가지인데, '簿'자로 바로잡은 것이다. 『梁選簿』는 『隋書』 經籍志와 『舊唐書』 經籍志에 모두 그 책 이름이 실려 있다. ("徐勉撰, 『梁選簿』 3권.")

158) 『隋書』 권26, 百官上, 735쪽: "左尙方五丞,右尙方四丞, 爲三品勳位." 梁은 18班 이외에 鄕品 2품이 되지 않는 출신이 한미한 士族으로 별도의 7班을 두었는데, 7班 이외에 三品蘊位와 三品勳位가 또 있었다.

159) 『隋書』 권28, 百官下, 789쪽: "上署丞, 爲正九品." 隋의 左尙方署는 上署에 속했으며 上署丞은 正九品이다.

金根等車, 皇太子之金輅、軺車、四望車, 王公已下象輅、革輅、木輅、軺車, 公主、王妃、外命婦一品猒翟車, 二品、三品犢車, 其制各有差. 其用金帛、膠漆、材竹之屬, 所出方土以時支送. 漆出金州, 竹出司竹監, 松出嵐、勝州, 文栢出隴州, 梓楸出京兆府, 紫檀出廣州, 黃楊出荊州.

역문 좌상서령은 천자의 오로·오부·칠련·삼려·십이거와 크고 작은 사각형·원형의 화려한 덮개 156개와 크고 작은 적미선(翟尾扇)[160]과 산한(繖翰)[161]을 만들어 공급하는 일을 관장하는데, 그 명칭과 수량을 판별해서 그 제도를 시행한다. 승은 그 차관이 된다. 무릇 황태후·황후·내명부는 중적·염적·적거·안거·사망거·금근거 등의 수레를 타고, 황태자는 금로·초거·사망거를 타며, 왕공 이하는 상로·혁로·목로·초거를 타고, 공주·왕비·외명부 1품은 염적거를 타며 외명부 2품과 3품은 독거를 타는데, 그 제도에 각각 차등이 있다. (좌상서에서) 사용하는 금백·교칠·재죽(材竹)과 같은 종류는 생산하는 지역의 풍토에 따라서 시기에 맞추어 정해진 수량을 보낸다. 칠은 금주에서 나오고, 대나무는 사죽감에서 나온다. 소나무는 남·승주에서 나오고, 오동나무는 농주에서 나온다. 가래나무는 경조부에서 나오고, 자단은 광주에서 나오며, 황양(黃楊)[162]은 형주에서 나온다.

---

160) 꿩의 꼬리나 깃털로 만든 부채이다.
161) 여러 가지 화려한 채색 무늬로 장식한 일산이다.
162) 회양목으로 목재가 단단하여 조각이나 나무빗 등을 만드는 데 이용된다.

◎ 右尙署: 令一人, 正七品下; 後漢分尙方爲三: 中、左、右. 魏、晉因之. 晉過江, 唯尙方而已. 宋、齊、梁、陳有左、右尙方. 北齊亦有三尙方. 隋左、右尙方屬太府寺, 令三人, 正八品下; 煬帝始改隸少府焉. 皇朝因置令二人, 掌造甲胄、具裝、刀、斧、鉞及皮毛雜作、膠墨、紙筆、薦席等事. 開元十八年省一人, 丞爲正七品下. 丞四人, 從八品下; 漢、魏已來, 與左尙方同. 隋右尙方丞六人, 皇朝置四人, 開元十八年爲從八品下. 監作六人, 從九品下.

역문 우상서: 영은 1인으로 정7품하이고, 후한은 상방을 중·좌·우 셋으로 나누었다.[163] 위와 서진은 이를 따랐다. 동진 때는 오직 상방만이 있었다. 송·제·양·진에서는 좌·우상방이 있었다. 북제에서도 세 상방이 있었다.[164] 수에서는 좌·우상방이 태부시에 속했고 영은 각기 3인으로 정8품하[165]였다. 양제 때 비로소 바뀌어 소부에 소속되었다.[166] 당은 이에 따라서 영 2인을 두었는데, 갑주·구장(具裝)[167][168]·도·부·월과 모피로 만든 여러 물품·교묵(膠墨)·지필

---

163) 출토되는 漢代 기물을 보면 '中尙方'은 前漢 때 이미 있었고 '左尙方'은 後漢 靈帝 시기에 출현한다. '右尙方'도 연호는 분명하지 않지만 1건이 나오는데 좌·우가 보통 함께 나오므로 '右尙方'도 영제 무렵으로 추정할 수 있어 후한 말이면 中·左·右 세 尙方이 모두 갖추어졌다고 볼 수 있다.

164) 『隋書』 권27, 百官中, 757쪽: "太府寺,… 統左·中·右三尙方."

165) 『隋書』 권28, 百官下, 786쪽: "上署令, 左尙方·右尙方, 爲正八品."

166) 수 양제 대업 3년(607)의 일로 이 때 태부시에서 나뉘어 소부감을 설치했고 左·右·內尙方을 예속시켰다.

167) '具'자는 원본에는 '貝'로 되어 있는데 嘉靖本도 마찬가지여서 아마 형태가 비슷해서 잘못 쓴 것으로 보인다. 近衛本에서 "貝當作具"로 교감했고 廣雅本도 '具'로 되어 있어 '具'로 고쳤다.

168) 具裝은 기물에 갖추어야 하는 장비를 말하는 것으로 여기서는 甲胄의 장비를 가리킨다.

(紙筆)·천석(薦席)[169] 등의 일을 관장했다. 개원 18년(730) 영 1명을 줄이고 품계는 정7품하로 올렸다. 승은 4인으로 종8품하이며, 한·위 이래 우상방의 연혁은 좌상방과 같다.[170] 수는 우상방의 승이 6인이지만,[171] 당에서는 4인을 두었으며 개원 18년 종8품하가 되었다. 감작은 6인으로 종9품하이다.

右尙署令掌供天子十有二閑馬之鞍轡, 每歲, 京兆、河南制革、理材、爍金以爲之, 送之於署, 令工人增飾而進焉. 及五品三部之帳, 備其材革, 而脩其制度: 丞爲之貳. 凡刀劍、斧鉞、甲胄、紙筆、茵席、履舃之物, 靡不畢供. 其用綾絹、金鐵、毛革等, 所出方土以時支送. 白馬尾、白犛牛尾出隴右諸州, 翟尾、孔雀尾、白鷺鮮出安南、江東, 貂皮出諸軍州.

역문 우상서령은 천자의 열둘 마구간[172]에서 사용하는 마구[173]와 매년 경조·하남에서는 제혁(制革)·이재(理材)·삭금(爍金) 등[174] 가죽을 가공 처리해서 (마구의 장비를) 만들어 우상서로 보내고, (우상서에서는) 공인에게 장식을 더하게 한 후 바친다. 5품3부의 장막

---

169) 薦席은 멍석을 말하는데 薦은 짚으로 만든 것이고 席은 왕골로 엮은 것이라고 한다.
170) 앞의 左尙署條 "丞五人, 從八品下" 이하의 내용을 참조.
171) 『隋書』 百官志에 따르면 文帝 開皇 때 태부시에 소속된 우상방의 승은 6인이었지만 양제 때 소부감으로 소속이 바뀐 후 승의 정원에 대해서는 분명한 기록이 없다.
172) 閑馬는 황제의 전용 마구간으로 12개 閑馬에 대해서는 『唐六典』 권11, 殿中省·尙乘奉御條, 330쪽 참조: "六閑: 一曰飛黃, 二曰吉良, 三曰龍媒, 四曰駒駼, 五曰駃騠, 六曰天苑. 左、右凡十有二閑, 分爲二廐: 一曰祥麟, 二曰鳳苑, 以繫飼馬."
173) 鞍轡는 馬具를 泛稱하는 것으로 鞍은 말의 안장이며 轡는 말고삐이다.
174) 制革·理材·爍金은 일련의 馬具 제작과정을 가리킨다. 制革은 모피를 가공해서 가죽(革)으로 만드는 것이며, 理材는 가죽에 광택을 내거나 부드럽게 처리하는 과정이고, 爍金은 가죽에 각종 필요한 금속을 연마해서 붙이는 과정이다.

을[175] 공급하는 일을 관장하는데 그 재목과 가죽을 갖추어 그 제도에 맞게 (마구와 장막을) 만든다. 승은 그 차관이 된다. 무릇 도검·부월·갑주·지필·자리·신발[176]과 같은 물품은 부족하지 않게 공급한다. (재료로) 사용하는 능견(綾絹)[177]·금철(金鐵)·모혁(毛革) 등은 생산하는 지역의 풍토에 따라서 시기를 맞추어 보낸다. 백마의 꼬리, 흰 야크의 꼬리[178]는 농우(隴右)의 여러 주에서 생산되고, 꿩꼬리·공작꼬리·백로깃털은 안남과 강동에서 나오며, 담비가죽은 여러 군주(軍州)[179]에서 나온다.

◎ 織染署: 令一人, 正八品上; 『周官』 九職: "嬪婦化理絲帛." 考工記: "理絲麻而成之, 謂之婦功." 漢少府屬官有東織、西織, 成帝河平元年省東織, 更名西織曰織室. 後漢有織室丞一人, 此後無聞. 北齊中尚方領涇州、雍州絲局丞, 定州紬綾局丞. 後周有司織下大夫一人, 掌凡機材之工. 隋煬帝置司織署令、丞, 後與司染署併爲織染署. 『周禮』 天官有"染人, 掌染絲帛. 凡

175) 5品3部의 장막은 唐代 제도에 규정된 장막을 총괄하는 것이다. 상세한 내용은 『唐六典』 권11, 殿中省·尙舍奉御條, 329쪽 참고: "尙舍奉御掌殿庭張設,… 凡大駕行幸, 預設三部帳幕, 有古帳、大帳、次帳、小次帳、小帳, 凡五等.… 凡五等之帳各三, 是爲三部." 또 『舊唐書』 권44, 職官3, 1865쪽에 "凡五等之帳爲三部"라는 기록도 있다.

176) 履舃은 신발 종류를 泛稱한 것이다. 履는 풀·가죽·비단 등 다양한 재료로 신발을 만드는데 홑겹으로 된 것이고 舃은 여기에 나무 같은 것을 더해서 신발 바닥을 여러 겹으로 만든 것이다.

177) 綾絹은 두 종류의 비단으로 綾은 표면이 매끄럽고 무늬가 있는 것이며 絹은 생사로 만들어 무늬가 없는 것이다.

178) 白犛牛는 중국 서북부·티베트고원·중앙아시아·인도 북부 등의 고산지대에서 서식하는 야크를 가리키는 것이다.

179) 軍州는 唐代 변경지대의 절도사 통할 하에 軍이 주둔해서 지키는 州이다.

染, 春暴練, 夏纁玄." 冬官有"設色之工五, 謂畫、繪、鍾、筐、㡖也." 韋昭『辨釋名』云: "平準令主染, 有常平之法, 故準而酌之." 兩漢並隸司農. 晉平準令有監染吏六人, 初隸司農, 後屬少府. 宋順帝名準, 始改曰染署令. 齊復爲平準令, 梁、陳爲平水令. 北齊太府寺有司染署, 長秋寺有染局丞. 後周有染工上士一人, 又有司色下大夫一人. 隋初有司染署, 隸太府寺, 煬帝分屬少府. 大業五年, 合司織、司染爲織染署, 令二人. 皇朝置一人. 丞二人, 正九品上; 漢、魏已來, 並具於本署. 隋幷司織、司染爲一署, 丞四人. 皇朝因之, 置二人. 監作六人, 從九品下.

역문 직염서: 영은 1인으로 정8품상이고, 『주례』 구직(九職)[180]에 "부녀자는 견직물을 짜는 일을 한다"라고 하였다. (『주례』) 「고공기(考工記)」[181]에는 "명주실과 삼실로 베를 짜는 것을 부녀자의 일[婦功]이라고 한다"라고 하였다.[182] 전한 때 소부 속관으로 동직·서직이 있었는데 성제 하평 원년(28 BC)[183] 동직을 없애고 서직은 이름을 바꾸어 직실이라고 했다. 후한은 직실승 1인이 있었는데[184] 그 이후로

180) 『周禮注疏』 권2, 天官·大宰, 32쪽: "以九職任萬民: 一曰三農, 生九穀; 二曰園圃, 毓草木; 三曰虞衡, 作山澤之材; 四曰藪牧, 養蕃鳥獸; 五曰百工, 飭化八材; 六曰商賈, 阜通貨賄; 七曰嬪婦, 化治絲枲; 八曰臣妾, 聚斂疏材; 九曰閒民, 無常職, 轉移執事." 九職은 백성들의 직업을 총칭하는 것으로 일곱 번째에 부녀자의 職이 나오는데 『周禮』 원문은 '化治絲枲'로 되어 있지만 『唐六典』에서는 唐 高宗 李治의 이름을 避諱해서 '化理絲帛'로 바꾸었다. 또 현행본 『周禮』의 '絲枲'를 『唐六典』에는 '絲帛'으로 나와 있어 차이가 보인다.

181) 「考工記」는 본래 춘추 말 제나라에서 나온 기술서적이었다고 한다. 전한 때 河間獻王이 『周官』에 「冬官」이 결락되어 있어 이 책을 끼워 넣었으며, 유흠이 『周官』을 『周禮』로 이름을 바꾸면서 현제의 『周禮』 冬官考工記가 된 것이다.

182) 『周禮注疏』 권39, 冬官考工記, 1057쪽: "治絲麻而成之, 謂之婦功." 여기서도 『唐六典』은 唐 高宗 李治의 이름을 피휘해서 '理'로 바꾸었다.

183) 河平은 前漢 成帝의 두번째 연호이다. 그 전 해 가을에 홍수로 제방이 터져서 황하가 범람했는데 이 해에 제방을 복구하면서 改元한 것이었다. (『漢書』 권10, 成帝紀, 308~309쪽: "秋, 桃李實. 大水, 河決東郡金堤. 冬十月, 御史大夫尹忠以河決不憂職, 自殺. 河平元年春三月, 詔曰, 河決東郡, 流漂二州, 校尉王延世堤塞輒平, 其改元爲河平.")

전하는 내용이 없다. 북제는 중상방에서 경주(涇州)·옹주(雍州) 사국승(絲局丞)[185]과 정주(定州) 주릉국승(紬綾局丞)을 관할하였다.[186] 북주는 사직하대부 1인을 두었는데,[187] 직조에 관한 일을 모두 관장했다.[188] 수 양제는 사직서(司織署) 영·승을 두었는데 나중에 사염서(司染署)와 합쳐서 직염서(織染署)로 만들었다. (『주례』) 천관(天官)[189]에 "염인(染人)은 견직물의 염색을 관장한다. 무릇 염색은 봄에 삶고 햇빛에 말려서 여름에 분홍빛과 청흑색으로 물들인다"[190]라고 하였다. (『주례』) 동관(冬官)[191]에 "염색 작업은 다섯 종류로, 화(畵)[192]·회

---

184) 『後漢書』 권26, 百官3, 3595쪽: "御府令一人, 六百石. 本注曰, 宦者. 典官婢作中衣服及補浣之屬. 丞、織室丞各一人. 本注曰, 宦者."

185) "涇州雍州絲局丞"에서 '丞'자는 원본에는 '成'자로 잘못 적혀 있었는데 嘉靖本에 따라서 고친 것이다.

186) 『隋書』 권27, 百官中, 757쪽: "太府寺,… 中尙方, 又別領別局·涇州絲局·雍州絲局·定州紬綾局四局丞." 涇州는 오늘날 섬서성 涇州縣으로 北周의 영역이었다. 여기서의 北齊 涇州는 북제가 북주와의 경계지역에 설치한 僑州이며 雍州도 비슷한 것이다. 定州만이 오늘날 하북성 定縣으로 북제의 영역 내에 있었다.

187) 北周는 『周禮』에 따라서 天·地·春·夏·秋·冬의 6官府를 설치했는데 冬官府 大司空 아래 司織下大夫 1인을 두었는데 正四命으로 織造에 관한 일과 工匠의 관리를 관장했다. 그밖에도 小司織上士·司織中士·織采中士·織枲中士 등이 있었다.

188) 본래 '機材之工'에서 '工'은 잔결된 부분인데, 嘉靖本에 따라서 보충한 것이다.

189) 『周禮注疏』 권8, 天官冢宰 染人, 210쪽: "染人, 掌染絲帛."

190) 『周禮注疏』 권8, 天官冢宰 染人, 210쪽에 나오는 말로 본래 원문에는 "秋染夏, 冬獻功"이라는 말이 더 있어서 봄부터 겨울까지 염색을 하는 전체 과정을 설명하고 있다. 봄의 '暴練'은 본격적인 염색의 준비단계로 옷감을 햇볕에 말리고(暴) 물에 삶아서 세탁하는(練) 과정이다. 여름의 '纁玄'은 염색을 하는데 일단 분홍빛(纁)과 청흑색(玄)의 두 가지 색으로만 하는 것이다. 여기에 가을에는 여러 가지 색깔로 염색을 더한 후(染夏) 겨울에 완성된 물건을 바치는 것이다.(獻功)

191) 『周禮注疏』 권39, 冬官考工記, 1062~1063쪽 참조.

192) 『周禮注疏』 권39, 冬官考工記, 1062~1063쪽의 '設色之工五'조를 보면 뒤의 문장에는 '五'자가 빠져 있으면서 여전히 '畫·繢·鍾·筐·㡆' 다섯을 병렬하고 있지만, 그 뒤에 職掌을 설명하는 부분에서는 '畵'와 '繢'가 하나로 합쳐 있어서 염색 작업의 종류가 실제로는 넷으로 되어 있다. 혹자는 '畵'를 기물에 색을 넣는 것이고 '繢'는 옷에 채색하는 것으로 구분하기도 하지만(孫詒讓,

(繪)[193]·종(鍾)[194]·광(筐)[195]·황(慌)[196]이라고 한다"는 내용이 있다. 위소(韋昭)의 『변석명(辨釋名)』[197]에 이르기를 "평준령은 염색을 주관하는데, 상평의 법이 있어서 (이를) 기준으로 작업한다"[198]라고 했다. 양한 모두 대사농에 속했다. 진은 평준령 아래에 감염리(監染吏) 6인이 있었는데, 처음에는 대사농에 속했다가 나중에 소부에 속했다. (남조) 송 때에 순제(順帝)의 이름이 준(準)[199]이었기 때문에 비로소 염서령(染署令)으로 고쳐서 불렀다. 제는 다시 평준령이라고 하였고,[200] 양과 진에서는 평수령(平水令)이라고 하였다.[201] 북제는 태부

『周禮正義』 권79), 현행본 『周禮』 冬官考工記는 '畵繢'를 한 가지 종류로 해석하고 있다.

193) '畵繪'는 『周禮』에 '畵繢'로 되어 있는데, "畵繢之事, 雜五色"이라고 해서 의복에 다채로운 색상을 수놓고 물들이는 일을 지칭하고 있다.

194) '鍾'은 '鍾氏'로 담당하는 작업은 '染羽'라고 해서 깃발이나 수레를 장식하는 새의 깃털을 염색하는 일이다.

195) '筐'은 즉 '筐人'으로 『周禮』 考工記에 그 구체적인 작업의 내용이 나오지 않아 자세한 내용을 알 수는 없다.

196) '慌'은 '慌氏'인데 맡은 작업은 '湅絲'라고 해서 즉 명주실을 삶아 세탁해서 부드럽고 흰 비단(練)을 만드는 과정이다.

197) 韋昭는 吳郡 雲陽(현 강소성 丹陽)사람으로 三國 吳의 상서랑·태사령·중서랑·중서복야 등의 관직을 지냈다. 孫皓 즉위 후 위소는 侍中과 領左國史로 있으면서 손호의 부친인 孫和의 本紀를 만들라는 명을 거절해서 옥에 갇히게 되었다. 위소는 후한 때 劉熙가 찬술한 『釋名』을 판별하는 『辨釋名』을 지어 바침으로써 사면을 받고자 했지만 오히려 책의 내용을 문제삼은 손호에게 주살되고 말았다.(『三國志』 권65, 吳書 韋昭傳, 1460~1464쪽 참조)

198) 전한의 平準令은 대사농에 속하면서 물자의 수송을 담당하면서 각 지역간 물가를 고르게 하는 일을 했는데 이는 염색의 일과는 관련이 없었다. 후한 때 平準令은 均輸의 역할은 없고 오로지 염색에 관한 일만을 하게 되는데 여기서 '常平之法'은 전한 때의 물가 조절기능과는 상관이 없고 後漢 때 평준령의 직무인 염색과 관련한 내용으로 이해해야 할 것이다.(『後漢書集解』에서 인용하는 惠棟의 언급, "劉熙『釋名』云, 平準令主染色, 色有常平之法, 故準面酌之") 또 『通典』 職官九 諸卿下: "少府監織染署令"條의 注에 인용하는 韋昭의 『辨釋名』은 "平準令主染色. 染有均平之法, 故準而則之"라고 되어 있고 『太平御覽』 권232, 平準令條에서 인용하는 韋昭의 『辨釋名』은 "釋云, 平準令主染色. 色有常平之法, 准的之也"라고 하고 있다.

199) '準'자는 본래 원본에는 '准'으로 되어 있고 가정·광아본도 마찬가지이다. 『宋書』 권10, 順帝紀, 193쪽: "順皇帝諱準, 字仲謀, 小字智觀, 明帝第三子也"에 따라서 '準'으로 고친 것이다.

시에 사염서(司染署)를 두었고 장추시(長秋寺)에 염국승(染局丞)을 두었다.[202] 북주에서는 염공상사(染工上士)[203] 1인이 있었고 또 사색하대부(司色下大夫)[204] 1인이 있었다. 수에서는 처음에 사염서(司染署)가 있어 태부시에 속했지만[205] 양제 때 분리되어 소부로 소속되었다. 대업(大業) 5년(609) 사직(司織)과 사염(司染)을 합쳐 직염서(織染署)라고 했는데 영이 2인이었다. 당에서는 1인을 두었다. 승은 2인으로 정9품상이며 한·위 이래 (승의 연혁은) 모두 본서에 갖추어져 있다. 수는 사직(司織)과 사염(司染)을 합하여 하나의 관서로 만들었는데 승은 4인이었다. 당에서는 이에 직염서를 두고 승은 2인을 두었다. 감작은 6인으로 종9품하이다.

織染署令掌供天子、皇太子及羣臣之冠冕, 辨其制度, 而供其職務; 丞爲之貳.

역문 **직염서령은 천자·황태자 및 군신(群臣)의 관면(冠冕)을 공급하는 일을 관장하는데, 그 제도를 분별해서 그 직무를 수행한다; 승은 그 차관이 된다.**

---

200) 『南齊書』 권16, 百官, 318쪽: "少府.… 平準令一人, 丞一人."

201) 『隋書』 권26, 百官上, 725쪽: "少府卿,… 平水署,… 等令丞."

202) 『隋書』 권27, 百官中, 757쪽: "太府寺,… 司染署, 又別領京坊·河東·信都三局丞. 長秋寺,… 奚官署, 又別有染局丞."

203) 染工上士는 『周禮』 天官冢宰 染人에 따라서 설치한 것으로 天官府太府中大府의 속관이며 정원 1인에 正三命이었다.

204) 司色下大夫는 冬官府司色司의 장관으로 정원 1인에 正四命이며 각종 기물과 의복의 착색을 관장했다.

205) 『隋書』 권28, 百官下에 따르면 개황 초 태부시 아래에 사염서가 있었는데 영 2인, 승 4인으로 영은 정8품하이고 승은 정9품하였다.

○ 天子之冠二, 一曰通天冠, 二曰翼善冠; 冕六, 一曰大裘冕, 二曰衮冕, 三曰鷩冕, 四曰毳冕, 五曰絺冕, 六曰玄冕; 弁二, 一曰武弁, 二曰皮弁; 幘二, 一曰黑介幘, 二曰平巾幘; 帽一, 曰白紗帽. 太子之冠三, 一曰三梁冠, 二曰遠遊冠, 三曰進德冠; 冕二, 一曰衮冕, 二曰玄冕; 弁一, 曰皮弁; 幘一, 曰平巾幘. 臣下之冠五, 一曰遠遊冠, 二曰進賢冠, 三曰獬豸冠, 四曰高山冠, 五曰卻非冠; 冕五, 一曰衮冕. 二曰鷩冕, 三曰毳冕, 四曰絺冕, 五曰玄冕; 弁二, 一曰爵弁, 二曰武弁; 幘三, 一曰介幘, 二曰平巾幘, 三曰平巾綠幘.

역문 천자의 관(冠)[206]은 두 가지로 하나는 통천관(通天冠)[207]이며, 두번째는 익선관(翼善冠)[208]이다. 면(冕)은 여섯으로 하나는 대구면(大裘冕)[209]이며, 두번째는 곤면(衮冕)[210]이고, 세번째는 별면(鷩冕)[211]이며, 네번째는 취면(毳冕)[212]이고, 다섯째는 치면(絺冕)[213]이며, 여섯째가 현면(玄冕)[214]이다. 변(弁)[215]은 두 가지로 하나는 무변(武弁)[216]

---

206) 황제에서 황태자 및 群臣의 복식에 관한 자세한 내용은 『唐六典』 권4, 尙書禮部, 117~118쪽과 권11, 殿中省 尙衣局條, 326~328쪽 참고. 織染署를 비롯해서 『唐六典』에서는 冠2 · 冕6 · 弁2 · 幘2 · 帽1 모두 13종류로 분류하는데, 『新唐書』와 『舊唐書』 輿服志의 내용은 약간 다르게 되어 있다. 즉 『舊唐書』 권45, 輿服志는 13개이지만 翼善冠이 없고 白帢이 있다. 또 絺冕이 繡冕으로 되어 있으나 양식과 용도는 같다. 『新唐書』 권24, 車服志는 14개로 되어 있는데 역시 翼善冠이 없고 緇布冠과 白帢이 있다.

207) 『新唐書』 권24, 車服志, 515쪽: "通天冠者,… 二十四梁, 附蟬十二首, 施珠翠、金博山."

208) 『舊唐書』 권45, 輿服志, 1937쪽: "太宗又制翼善冠, 朔望視朝, 以常服及白練裙襦通著之" : 『通典』 권57, 禮17, 1615쪽: "大唐貞觀中, 制, 月一日、十五日視朝, 常服之. 又與平巾幘通用."

209) 『周禮注疏』 권7, 天官 司裘, 171쪽: "掌爲大裘, 以共祀天之服" : 『周禮注疏』 권21, 春官 · 司服, 549쪽: "王之吉服, 祀昊天、上帝則服大裘而冕, 祀五帝亦如之."

210) 『周禮注疏』 권21, 春官 司服, 549쪽: "享先王則衮冕."

211) 『周禮注疏』 권21, 春官 司服, 549쪽: "享先公、饗、射, 則鷩冕."

212) 『周禮注疏』 권21, 春官 司服, 549쪽: "祀四望山川, 則毳冕."

213) 『周禮注疏』 권21, 春官 司服, 549쪽: "祭社稷五祀, 則希冕."

이고, 두번째가 피변(皮弁)이다; 책(幘)[217]은 둘인데 하나는 흑개책(黑介幘)[218]이고, 두번째가 평건책(平巾幘)[219]이다; 모(帽)는 하나로 백사모(白紗帽)[220]라고 한다.[221] 태자의 관은 세 가지로 하나는 삼량관(三梁冠)이고, 두번째는 원유관(遠遊冠)[222]이며, 세번째는 진덕관(進德冠)이다; 면은 둘로 하나는 곤면(袞冕)이고, 두번째는 현면(玄冕)이다; 변은 하나로 피변(皮弁)이라고 한다; 책(幘)은 하나로 평건책(平巾幘)이라고 한다.[223] 신하의 관은 다섯으로 하나는 원유관(遠遊冠)

---

214) 『周禮注疏』 권21, 春官 司服, 549쪽: "祭群小祀, 則玄冕."

215) 『周禮注疏』 권21, 春官 司服, 552~554쪽: "凡兵事韋弁服, 視朝則皮弁服, 凡甸冠弁服, 凡凶事服弁服, 凡弔事弁經服."

216) 『新唐書』 권24, 車服志, 52쪽: "武弁者, 武官朝參・殿庭武舞郎・堂下鼓人・鼓吹桉工之服也." 또 『通典』 권57, 禮17, 1612쪽에 의하면 武弁은 漢代에 大冠이라고도 하였으며, 매미와 담비 꼬리로 장식했다.

217) 幘은 본래 漢代부터 평민이 쓰던 두건이었으나 前漢 元帝가 이마의 긴 머리를 감추기 위해 쓰기 시작하자 신하들도 쓰게 되었다고 한다.(蔡邕 撰, 『獨斷』 권하) 또 『隋書』 권10, 禮儀6, 235쪽은 "幘, 尊卑貴賤皆服之. 文者長耳, 謂之介幘; 武者短耳, 謂之平上幘. 名稱其冠而制之"라 하여 幘을 文・武로 나누어 구분하고 있다.

218) 『新唐書』 권24, 車服志, 516쪽: "黑介幘, 無飾."

219) 幘 중의 하나로 平上幘과 같은 것이다.(『隋書』 권10, 禮儀6, 235쪽; 『新唐書』 권24, 車服志, 521쪽: "平巾幘者, 武官・衛官公事之服也.")

220) 『通典』 권57, 禮17, 君臣冠冕巾幘等制度, 1621쪽에 의하면 白紗로 帽를 만든 것은 남조 宋에서 시작되었고, 황제로부터 士人에 이르기까지 모두 사용하였다고 한다.

221) 이상 황제의 복식은 다음의 경우에 이용된다. 『新唐書』 권24, 車服志, 514~516쪽: "大裘冕者, 祀天地之服也.… 袞冕者, 踐祚・饗廟・征還・遣將・飮至・加元服・納后・元日受朝賀・臨軒冊拜王公之服也.… 鷩冕者, 有事遠主之服也.… 毳冕者, 祭海嶽之服也.… 絺冕者, 祭社稷饗先農之服也.… 玄冕者, 蜡祭百神・朝日・夕月之服也.… 通天冠者, 冬至受朝賀・祭還・燕群臣・養老之服也.… 緇布冠者, 始冠之服也.… 武弁者, 講武・出征・蒐狩・大射・禡・類・宜社・賞祖・罰社・纂嚴之服也.… 弁服者, 朔日受朝之服也.… 黑介幘者, 拜陵之服也.… 白紗帽者, 視朝・聽訟・宴見賓客之服也.…平巾幘者, 乘馬之服也.… 白帢者, 臨喪之服也."

222) 遠遊冠은 본래 초의 관으로 진이 초를 멸망시킨 후 받아들였고 한대에는 천자와 제후왕들이 사용했다. 『新唐書』 권24, 車服志, 517쪽: "遠遊冠者, 謁廟・還宮・元日朔日入朝・釋奠之服也"라고 황태자의 복식 중 하나로 나온다.

223) 황태자의 복식은 『唐六典』 권26, 太子三師三少詹事府左右春坊內官・內直局, 668쪽 참조.

이고, 두번째는 진현관(進賢冠)[224]이며, 세번째는 해치관(獬豸冠)[225]이고, 네번째는 고산관(高山冠)[226]이며, 다섯번째는 각비관(卻非冠)[227]이다; 면은 다섯인데 하나는 곤면(袞冕)이고, 두번째는 별면(鷩冕)이며, 세번째는 취면(毳冕)이고, 네번째는 치면(絺冕)이며, 다섯번째는 현면(玄冕)이다; 변은 둘로 하나는 작변(爵弁)이고, 두번째는 무변(武弁)이다; 책은 셋으로 하나는 개책(介幘)이고, 두번째는 평건책(平巾幘)이며, 세번째는 평건록책(平巾綠幘)이라고 한다.

○ 凡織紝之作有十, 一曰布, 二曰絹, 三曰絁, 四曰紗, 五曰綾, 六曰羅, 七曰錦, 八曰綺, 九曰繝, 十曰褐. 組綬之作有五, 一曰組, 二曰綬, 三曰絛, 四曰繩, 五曰纓. 紬線之作有四, 一曰紬, 二曰線, 三曰絃, 四曰網. 練染之作有六. 一曰靑, 二曰絳, 三曰黃, 四曰白, 五曰皀, 六曰紫. 凡染大抵以草木而成, 有以花、葉, 有以莖、實, 有以根、皮, 出有方土, 採以時月, 皆率其屬而脩其職焉.

역문 무릇 피륙을 짜는 작업은 열 가지가 있는데, 하나는 포이고 두번째는 견이며 세번째는 시(絁)이고,[228] 네번째는 사(紗)이며 다섯째는 능이고 여섯째는 나이며[229] 일곱째는 금이고 여덟째는 기(綺)이

---

224) 『新唐書』 권24, 車服志, 520쪽: "進賢冠者, 文官朝參·三老五更之服也."
225) 『新唐書』 권24, 車服志, 521쪽: "法冠者, 御史大夫·中丞·御史之服也. 一名獬廌冠也."
226) 『新唐書』 권24, 車服志, 521쪽: "高山冠者, 內侍省內謁者·親王司閤·謁者之服也."
227) 卻非冠은 亭長·門僕이 착용하는 것이다.(『新唐書』 권24, 車服志, 521쪽 참조)
228) 絹은 얇고 성기게 짠 흰 비단이고, 絁는 絹에 비해 좀더 거칠게 짜서 주로 치마를 만드는 데 적당한 비단이다.
229) 綾은 화려한 꽃무늬 같은 수놓은 무늬 비단인데 비해, 羅는 보다 성기고 단순하게 무늬를 수놓은 비단이다. 羅는 熟羅와 生羅의 구분이 있다.

며 아홉째는 간(綱)이고 열번째는 갈(褐)이라고 한다. 인끈을 짜는 작업은 다섯 가지가 있는데, 하나는 조(組)이고 두번째는 수(綬)이며 세번째는 조(條)이고 네번째는 승(繩)이며 다섯째는 영(纓)이라고 한다. 비단실을 짜는 작업은 네 가지가 있는데, 하나는 유(紬)이고 두번째는 선(線)이며 세번째는 현(絃)이고 네번째는 강(綱)이라고 한다. 염색을 하는 작업은 여섯 가지가 있다. 하나는 청(靑)이고 두번째는 강(絳)이며 세번째는 황(黃)이며 네번째는 백(白)이고 다섯째는 조(皂)이며 여섯째는 자(紫)라고 한다. 무릇 염색은 대개 초목(草木)으로 만드는데, 꽃이나 잎으로 만드는 것도 있고 줄기나 열매를 가지고 만드는 것도 있으며 뿌리나 껍질을 가지고 만드는 것도 있다. (각기) 생산되는 지역에서 시기에 맞추어 채취하여 모두 그 관속들을 거느리고 그 직무를 수행한다.

◎ 掌冶署: 令一人, 正八品上; 『周禮』冬官: "攻金之工六, 謂築、冶、鳧、㮚、段、桃也." 秦及漢, 諸郡國出鐵者, 置鐵長官、丞. 晉衛尉屬官有冶令、丞各一人, 掌工徒鼓鑄; 過江, 省衛尉, 而冶令始隷少府. 宋有東冶令・丞、南冶令・丞, 齊因之. 梁有東冶令, 西冶令, 從九品下. 『選簿』: "舊, 東冶重, 西冶輕." 然則梁朝之西冶, 蓋宋、齊南冶也. 陳因之. 後魏無聞. 北齊太府寺有司冶令、丞. 後周有冶工中士一人, 又有鐵工中士一人. 隋太府寺統掌冶署, 令二人, 掌金、銀、銅、鐵器之屬, 幷管諸冶; 煬帝改屬少府, 令從八品上. 皇朝因之, 省一人. 丞二人, 正九品上; 秦、漢已來具上注. 隋太府寺統掌冶丞四人, 煬帝改屬少府, 皇朝因之, 省二人. 監作二人, 從九品下.

역문 장야서: 영은 1인으로 정8품상이고, 『주례』 동관(冬官)[230]에 "금속을 가공하는 작업은 여섯으로 축(築)[231]·야(冶)[232]·부(鳧)[233]·율(㮚)[234]·단(段)[235]·도(桃)[236]이다"라고 하였다. 진과 한에서는 철이 생산되는 군국의 경우 철관장과 승을 두었다.[237] 서진은 위위(衛尉)의 속관으로 야령·승 각 1인이 있었는데 공도(工徒)와 주조하는 일을 관장하였다.[238] 동진 때 위위를 없애면서 야령이 비로소 소부에 소속되었다.[239] 송은 동야령·승과 남야령·승이 있었고[240] 제는 이를

---

230) 『周禮注疏』 권39, 冬官考工記, 1062~1063쪽 : 『周禮注疏』 권40, 冬官考工記, 1097쪽 참조.

231) 『周禮注疏』 권40, 冬官考工記, 1097~1098쪽: "築氏執下齊,… 築氏爲削, 長尺博寸, 合六而成規." '築'은 築氏로 고대 簡牘을 깎아서 만드는 書刀의 제작을 담당했다. 下齊는 청동을 제련할 때 구리의 비율이 적고 주석 함량이 많은 방식이다. 반대로 上齊는 구리가 많고 주석이 적은 경우로 서로 대비되는데 여기서 구리와 주석의 합금 비율을 '六齊'로 더욱 세분해서 나누기도 한다.

232) 『周禮注疏』 권40, 冬官考工記, 1097~1098쪽: "冶氏執上齊,… 冶氏爲殺矢, 刃長寸, 圍寸, 鋌十之, 重三垸." '冶'는 冶氏로 창극이나 화살촉 같은 병기 제작을 담당했는데 구리 비율이 높은 上齊의 방식으로 제조한다.

233) 『周禮注疏』 권40, 冬官考工記, 1097·1103쪽: "鳧氏爲聲,… 鳧氏爲鍾, 兩欒謂之銑." '鳧'는 鳧氏로 鍾이나 鼎의 제작을 담당했다.

234) 『周禮注疏』 권40, 冬官考工記, 1097·1106쪽: "㮚氏爲量,… 㮚氏爲量, 改煎金錫則不耗." '㮚'은 㮚氏로 度量器의 제작을 담당했다.

235) 『周禮注疏』 권40, 冬官考工記, 1097쪽: "段氏爲鎛器." '段'은 段氏로 뒤 부분이 闕文이어서 자세한 내용은 나오지 않지만 대략 농기구의 제작을 담당한 것으로 보인다.

236) 『周禮注疏』 권40, 冬官考工記, 1097·1101쪽: "桃氏爲刃,… 桃氏爲劍, 臘廣二寸有半寸." '桃'는 桃氏로 刀劍의 제작을 담당했다.

237) 鐵官은 戰國 秦에서도 설치되어 철기 생산을 주관했으며(『漢書』 권62, 司馬遷傳, 2708쪽: "蘄孫昌, 爲秦王鐵官"), 漢代는 대사농의 속관으로 武帝 때부터 본격적으로 설치되어 염철의 국가 독점과 전매를 실행하였다. 『漢書』 地理志와 食貨志에 따르면 前漢 때는 전국 郡國 중 39郡 48縣에 鐵官이 설치되었으며 그밖에도 철이 생산되지 않는 지역에도 小鐵官을 두었다. 後漢 때도 鐵官을 두었는데 『後漢書』 郡國志에 34곳이 나오며 그 중 27곳이 『漢書』 地理志와 동일한 장소이다.

238) 후한 말 조조가 하북을 평정한 후 司金都尉를 설치한 이래 삼국시대 魏와 蜀 등에서 冶鐵의 일은 모두 武官에 속했다. 따라서 西晉의 諸冶도 衛尉에 속했던 것이다.

239) 『宋書』 권39, 百官上, 1232쪽: "漢有鐵官, 晉置令, 掌工徒鼓鑄, 隸衛尉, 江左以來, 省衛尉, 度隸少府."

따랐다.[241] 양은 동야령과 서야령이 있었는데 종9품하였다.[242] 『(양)선부』에 "이전에는 동야가 서야보다 중요했다"라고 했다. 따라서 양의 서야는 대개 송·제의 남야이다. 진은 이를 따랐다. 북위는 전하는 내용이 없다. 북제는 태부시에 사야령·(사야)승이 있었다. 북주는 야공중사(冶工中士)[243] 1인이 있었고, 또 철공중사(鐵工中士)[244] 1인이 있었다. 수는 태부시에서 장야서를 통할했는데, 영이 2인이고, 금·은·동·철기 따위를 관장하였으며 아울러 여러 야를 관리하였다. 양제 때 고쳐 소부에 예속하게 했고 영은 종8품상이었다. 당은 이를 따르면서 영 1인을 줄였다. **승은 2인으로 정9품상이며**, 진과 한 이래 승에 관해서는 위의 영에 대한 주문에 갖추어져 있다. 수는 태부시에서 장야승 4인을 통할하였는데 양제 때 고쳐 소부에 속하게 했고, 당은 이를 따르면서 승 2인을 줄였다. **감작은 2인으로 종9품하이다**.

掌冶署令掌鎔鑄銅鐵器物之事; 丞爲之貳. 凡天下諸州出銅鐵之所, 聽人私採, 官收其稅. 若白鑞, 則官爲市之. 其西邊、北邊諸州禁人無置鐵冶及採, 若器用所須, 則具名數, 移於所由, 官供之; 私者, 私市之. 凡諸冶所造器物, 皆上於少府監, 然後給之. 其興農冶監所造

---

240) '南'자는 본래 원본에서는 '西'로 잘못 되어 있고 가정본·광아본도 마찬가지이다. 바로 아래 문장의 "然則梁朝之西冶, 蓋宋、齊南冶也"와 『宋書』 권39, 百官上, 1232쪽: "東冶令, 一人, 丞一人. 南冶令, 一人, 丞一人"에 근거해서 '西'를 '南'으로 고친다.

241) 『南齊書』 권16, 百官, 315쪽: "少府,… 東冶令一人, 丞一人. 南冶令一人, 丞一人."

242) 『隋書』 권28, 百官上, 733쪽: "東西冶·左右尙方·南北武庫·車府等令, 爲一班." 양 무제 천람 7년 관제개혁으로 구품제를 18반제로 바꾸었는데, 第一班은 기존의 제9품에 상당한 것이었다.

243) 冶工中士는 북주 冬官府司金中大夫의 속관으로 正二命에 철기 주조를 담당했다.

244) 鐵工中士는 북주의 司金中大夫 속관에는 나오지 않는다. 『通典』 職官21에 북주의 관품 正二命에 나오는 '鑄工中士' 혹은 '鍛工中士'를 잘못 기재한 것일 수 있다.

者, 唯供隴右諸牧監及諸牧使.

역문 장야서령은 동과 철을 녹여서 기물을 만드는 일을 관장한다. 승은 그 차관이다. 무릇 천하의 주에서 동과 철이 생산되는 곳은 민간의 사사로운 채광을 허용하고 관에서는 그 세를 징수한다. 만약 백랍(白鑞)[245]이 나오면 관에서 이를 사들인다. 서변(西邊)과 북변(北邊)의 주에서는 민간의 철야(鐵冶) 설치와 채광을 금지하며,[246] 필요한 기물은 품목과 수량을 갖추어[247] 담당 관서에 보고하고 관에서는 이를 공급한다. 사적인 용도일 경우 개인이 이를 구입한다. 무릇 여러 야(冶)에서 만든 기물은 모두 소부감에 보고한 후에 공급한다. 그 중 흥농야감(興農冶監)에서 만든 것은 농우의 여러 목감과 목사에만 공급한다.

◎ 諸冶監: 監各一人, 正七品下; 秦、漢內史及諸郡有鐵者, 則置鐵官長、丞. 『晉令』: "諸冶官庫各置督監一人." 『宋書』云: "江南諸郡縣有鐵者, 或置冶令, 或丞, 皆吳時置也." 齊、梁有梅根諸冶令. 北齊諸冶皆有局丞. 隋諸冶皆置監, 監有上、中、下三等, 皇朝因之, 掌鑄兵農之器, 以給軍旅、屯

245) '鑞'자는 기존 판본에 '蠟'자로 잘못 쓰여 있는데, 『舊唐書』 권44, 職官3, 1894쪽: "若白鑞, 則官市之"에 따라 고친 것이다. '白鑞'은 납·아연·주석의 합금을 통칭한 것이다. 이 白鑞은 비교적 낮은 가격으로 민간에서 私鑄錢을 만드는 데 이용되었기 때문에 질 나쁜 사주전의 유통을 막기 위해 관에서 전량 사들였던 것이다.

246) 『舊唐書』 권44, 職官3, 1894쪽: "其西北諸州, 禁人無置鐵冶及採鐵."

247) '具'자는 원본에서는 '其'로 잘못 되어 있고 가정본도 마찬가지이다. 광아본은 '具'로 되어 있고 또 『舊唐書』 권44, 職官3, 1894쪽: "若器用所須, 具名移於所由官供之"의 내용에 따라서 '具'로 바로잡은 것이다.

田、居人焉. 丞一人, 從八品上; 監作四人, 從九品下.

역문 제야감: 감은 각 1인으로 정7품하이고, 진과 한대에 철이 생산되는 내사(內史)[248] 및 군(郡)에 철관장(鐵官長)과 승을 두었다. 『진령(晉令)』[249]에 "여러 야(冶)의 관고(官庫)에는 각각 독감(督監) 1인을 둔다"라고 했다. 『송서』에는 "강남의 여러 군현 가운데 철이 생산되는 곳은 혹 야령을 두기도 하고 야승을 두기도 했는데 모두 오나라 때 설치한 것이다"[250]라고 하였다. 제와 양은 매근(梅根) 등의 여러 야령이 있었다.[251] 북제는 각 야에 모두 국승(局丞)이 있었다.[252] 수는 각 야에 모두 감을 두었는데, 감에는 상·중·하 3등이 있었다. 당은 이를 따라서 군사와 농경에 필요한 기물의 주조를 관장하여 군대와 둔전 및 민간에 공급하였다. 승은 1인으로 종8품상이며, 감작은 4인으로 종9품하이다.

諸冶監掌鎔鑄銅鐵之事, 以供小府監; 丞爲之貳.

역문 제야감은 동과 철을 녹여서 주조하는 일을 관장해서 소부감에 공급한다. 승은 그 차관이 된다.

---

248) 『漢書』 권19상, 百官公卿表, 736쪽: "內史, 周官, 秦因之, 掌治京師. 景帝二年分置左右內史. 右內史, 武帝太初元年更名京兆尹, 屬官有長安市、廚兩令丞, 又都水、鐵官兩長丞. 左內史更名左馮翊, 屬官有廩犧令丞尉. 又左都水、鐵官、雲壘、長安四市四長丞皆屬焉."

249) 『舊唐書』 권46, 經籍上 乙部史錄 刑法類, 2009쪽: "『晉令』四十卷, 賈充等撰."

250) 『宋書』 권39, 百官上, 1232쪽: "江南諸郡縣有鐵者, 或置冶令, 或置丞, 多是吳所置"라고 해서 원문의 '皆吳時置也'가 '多是吳所置'로 되어 있다.

251) 『宋書』 권39, 百官上, 1230쪽: "晉江右掌冶鑄, 領冶令三十九, 戶五千三百五十, 冶皆在江北, 而江南唯有梅根及冶塘二冶, 皆屬揚州, 不屬衛尉" : 『隋書』 권26, 百官上,735쪽: "梅根諸冶令,… 爲三品勳位."

252) 『隋書』 권27, 百官中, 757쪽: "諸冶東道, 又別領滏口、武安、白間三局丞, 諸冶西道, 又別領晉陽冶、泉部、大邗、原仇四局丞."

◎ 北都軍器監: 監一人, 正四品上; 開元初令少府監置, 十六年移向北都. 少監一人, 正五品上; 丞二人, 正七品上; 主簿一人, 正八品上; 錄事一人, 正九品下.

역문 북도군기감[253]: 감은 1인으로 정4품상이고, 개원 초 소부감에 (군기감을)설치케 했고[254] 개원 16년 북도(태원부)로 옮겼다. 소감은 1인으로 정5품상이며, 승은 2인으로 정7품상[255]이고, 주부는 1인으로 정8품상이며, 녹사는 1인으로 정9품하[256]이다.

---

253) 軍器監은 갑옷과 弩 등 병기의 제조를 담당했던 관서이며, 北都는 太原府로 唐의 발상지로 중시되었던 곳이다. 軍器監은 北周 때 처음 설치되었으며(『周書』 권6, 武帝下, 92쪽: "建德四年春正月戊辰, 初置營軍器監"), 수 양제 때는 少府監에 鎧甲·弓弩署가 있었다. 唐代에는 軍器監의 廢置가 빈번하여 기록마다 조금씩 차이를 보여준다. 『唐六典』 少府監의 軍器監은 玄宗 開元연간의 제도로 명의상으로는 소부감에 속하지만 실제로는 거의 독립되어 있었고 군기감의 관품도 정4품상으로 다른 소부 속관보다 훨씬 높고 심지어 少府少監보다도 높아서 거의 少府監(종3품)에 버금가는 자리이다. 唐代 軍器監의 연혁에 관한 사료는 아래와 같다. 『舊唐書』 권44, 職官三, 1894쪽: "北都軍器監一人, 正四品上. 少監一人, 正五品上. 丞二人, 正七品上. 主簿一人, 正八品上. 錄事一人, 從九品上. 府十人, 史十八人, 典事四人, 亭長二人, 掌固四人. 軍器監掌繕造甲弩, 以時納于武庫" : 『新唐書』 권48, 職官三, 1275쪽: "武德初, 有武器監一人, 正八品下.… 少監一人, 丞二人, 主簿一人. 七年廢軍器監, 八年復置, 九年又廢. 貞觀六年, 廢武器監. 開元以前, 軍器皆出右尙署, 三年置軍器監, 十一年復廢爲甲弩坊, 隸少府, 十六年復爲監. 有府八人, 史十二人, 亭長二人, 掌固四人" : 『舊唐書』 권8, 玄宗本紀, 175쪽: "(開元三年)十二月庚午, 以軍器使爲軍器監, 置官員" : 『舊唐書』 권8, 玄宗本紀, 185쪽: "(開元十一年)五月己巳, 北都置軍器監官員" : 186쪽: "(開元十一年)十一月丁亥, 廢軍器監官員, 少府監加置少監一人以充之" : 221쪽: "(天寶六年)夏四月癸酉, 復置軍器監."

254) 『職官分紀』([宋]孫逢吉 撰, 中華書局, 1988) 권23, 軍器監, 505쪽에 인용된 『唐六典』의 해당 원문은 "開元初, 分少府監, 至十六年移向北都"로 되어 있어 여기의 "令少府監置, 十六年移向北都"와 차이가 있다. 『職官分紀』에 따르면 軍器監이 少府監에서 분리되어('分') 나온 것으로 보이지만 『唐六典』에서 軍器監이 거의 독립적인 위치에 있음에도 여전히 편제상 少府監에 예속되어 있는 것으로 보고 원문 그대로('令') 해석을 했다.

255) '正7品上'에서 '上'자는 원본에 없는 글자로 가정본·광아본도 마찬가지이다. 『通典』 職官22와 新·舊『唐書』 百官志에 따라서 '上'자를 추가한 것이다. 승 2인은 『新唐書』 百官志에는 丞 1인으로 되어 있다.

軍器監掌繕造甲弩之屬, 辨其名物, 審其制度, 以時納于武庫; 少監爲之貳焉. 丞掌判監事. 凡材革出納之數, 工徒衆寡之役, 皆督課焉. 主簿掌印及勾檢稽失. 錄事掌受事發辰.

역문 군기감은 갑옷과 궁노 따위를 제작하는 일을 관장한다. 그 품명과 종류를 분별하고 그 제도를 살펴서 때에 맞게 무고(武庫)에 납입한다. 소감은 그 차관이 된다. 승은 군기감의 일을 판정한다. 무릇 목재와 가죽의 출납 수량과 공도(工徒)의 복역량을 모두 감독하여 심사한다. 주부는 인장 관리와 문서 처리의 규정 위반이나 시기 지체를 검사하는 일을 관장한다. 녹사는 공문의 접수와 개봉 날짜의 기재를 관장한다.

○ 甲防署: 令一人, 正八品下; 『周禮』 考工記曰: "函人爲甲: 犀甲七屬, 兕甲六屬, 合甲五屬. 凡爲甲, 先必爲容, 然後制革, 權其上旅與其下旅, 而重若一." 隋少府有甲鎧署, 皇朝改焉. 丞一人, 正九品下; 監作二人, 從九品下.

역문 갑방서: 영은 1인으로 정8품하이고, 『주례』 고공기[257]에 "함인(函人)[258]은 갑옷을 만든다. 서갑(犀甲)은 7속(屬), 시갑(兕甲)은 6속, 합갑(合甲)은 5속이다.[259] 무릇 갑옷을 만들 때는 반드시 먼저 사람의

256) 정9품하는 『舊唐書』 職官志에는 종9품상으로 되어 있다.

257) 『周禮注疏』 권40, 冬官考工記, 1109쪽 참조.

258) 函人은 『周禮』의 관명으로 갑옷의 제작을 담당하는데, 피혁을 가공해서 만들었다. 『孟子注疏』 권4, 公孫丑上: "孟子曰, 矢人豈不仁於函人哉! 矢人惟恐不傷人, 函人惟恐傷人"의 趙岐 注에 "函, 甲也"라고 하였다.

259) 犀甲은 물소 가죽으로 만든 갑옷이고 兕甲은 외뿔소 가죽으로 만든 것이다. 合甲은 여러 겹의 가죽을 겹쳐서 만드는 것이다. 이 세 종류의 갑옷 중 合甲이 가장 오래 사용할 수 있는

체형을 잰 뒤에 갑옷의 가죽을 재단하고 그 허리 윗부분(上旅)과 허리 아랫부분(下旅)를 헤아려서 아래 위의 무게를 똑같이 한다[260]"라고 하였다. 수의 소부에는 갑개서(甲鎧署)가 있었는데 당에서 (갑방서로) 바꾸었다. **승은 1인으로 정9품하이며, 감작은 2인으로 종9품하이다.**

○ 弩坊署: 令一人, 正八品下; 『周禮』: "司弓矢掌四弩. 凡弩, 夾庾利攻守, 唐大利車戰、野戰." 「考工記」: "弓人取六材必以其時. 幹也者, 以爲遠; 角也者, 以爲疾; 筋也者, 以爲深; 膠也者, 以爲和; 絲也者, 以爲固; 漆也者, 以爲受霜露也. 凡取幹之道有七: 柘爲上, 檍次之, 檿桑次之, 橘次之, 木瓜次之, 荊次之, 竹爲下." 隋有弓弩署, 皇朝改焉. 丞一人, 正九品下; 監作二人, 從九品下.

역문 **노방서는 영이 1인으로 정8품하이고,** 『주례』에 "사궁시(司弓矢)는 네 개의 노를 관장한다. 무릇 노는 협노(夾弩)와 유노(庾弩)가 성곽의 공수에 이롭고 당노(唐弩)와 대노(大弩)가 차전과 야전에 이롭다"[261]라고 하였다. 「고공기」에는 "궁인은 여섯 가지 재료를 반드시 그 시기에 맞추어 취한다. 간(幹)은 멀리 날려 보내기 위한 것이다.

튼튼한 것이었다.(『周禮注疏』 권40, 冬官考工記, 1109쪽: "犀甲壽百年, 兕甲壽二百年, 合甲壽三百年") '屬'은 직사각형의 갑옷미늘로 여기에 구멍을 뚫어 서로 꿰매어 갑옷을 만드는 것이다. 7屬은 갑옷의 아래(下旅)와 위(上旅)를 묶는 마디가 일곱 개라는 것을 의미한다. 따라서 7屬보다는 6屬이, 6屬보다는 5屬으로 만든 갑옷이 더 크고 질긴 가죽으로 미늘을 만들어 묶은 것으로 더 견고하고 수명이 오래가게 된다.

260) '上旅'는 갑옷의 허리 윗부분이고 '下旅'는 갑옷의 아랫부분으로 갑옷을 제작할 때 양쪽의 무게를 조절해서 맞추는 것이다.

261) 『周禮注疏』 권32, 夏官·司馬·司弓矢, 842~844쪽 참조.

각(角)은 빨리 날려보내기 위한 것이다. 근(筋)은 깊게 꽂히게 하기 위한 것이다. 교(膠)는 재료들을 잘 붙게 하기 위한 것이다. 사(絲)는 활의 당기는 힘을 굳건히 받쳐주기 위한 것이다. 칠(漆)은 이슬이나 서리에도 견디기 위한 것이다. 무릇 간(幹)의 재료를 취하는 방도는 일곱 가지가 있다. 자(柘: 산뽕나무)가 으뜸이고, 억(檍: 감탕나무)이 그 다음이며, 염상(檿桑: 산뽕나무)이 그 다음이고, 귤(橘: 귤나무)이 그 다음이며, 목과(木瓜: 모과나무)가 그 다음이고, 형(荊: 가시나무)이 그 다음이며, 죽(竹)이 가장 좋지 않다"[262]라고 하였다. 수에는 궁노서(弓弩署)가 있었는데, 당은 이를 (노방서로) 바꾸었다. 승은 1인으로 정9품하이며 감작은 2인으로 종9품하이다.

○ 甲坊令、弩坊令各掌其所脩之物，督其繕造，辨其粗良；丞爲之貳．凡財物之出納，庫藏之儲備，必謹而守之．

역문 갑방령과 노방령은 각각 그 만드는 물품을 관장해서, 그 제작을 감독하고 좋고 나쁨을 판별한다. 승은 그 차관이 된다. 무릇 재물의 출납과 창고의 저장은 반드시 그 규정을 신중하게 지킨다.

◎ 諸鑄錢監：監各一人．『周禮』："泉府上士四人，掌市之征布．" 又："司市以商賈阜貨而行布，以泉府同貨而斂賒．國凶荒扎喪，則市無征而作布．" 鄭玄云："市不稅，爲民乏困也．金、銅無凶年，因物貴，大鑄泉以饒民．" 布及

262) 『周禮注疏』 권40, 冬官考工記, 1172쪽 참조.

泉, 謂錢也. 『漢書』食貨志曰: "太公爲周立九府圜法. 錢圜函方, 輕重以銖故貨寶於金, 利於刀, 流於泉, 布於布, 束於帛. 周景王鑄大錢, 文曰「寶貨」, 肉好皆有周郭. 秦兼天下, 銅錢文曰「半兩」, 重如其文. 漢與, 以秦錢重難用, 令人鑄楡莢錢. 文帝以錢益輕, 更錢四銖錢, 文爲「半兩」, 除'盜鑄錢令', 使民放鑄. 及武帝初, 鑄三銖錢, 重如其文, 禁人盜鑄. 有司言三銖錢輕, 更請郡國鑄五銖錢, 文曰「五銖」, 周郭其質. 又以人多奸鑄, 令京師鑄官赤仄, 一當五. 其後赤仄錢又廢. 於是, 悉禁郡國毋鑄錢, 專令上林三官鑄錢. 自武帝元狩五年三官初鑄五銖錢, 至平帝元始中, 成錢二百八十億萬餘. 王莽變漢制, 始造大錢, 徑寸二分, 重十二銖, 文曰「大錢五十」; 後又多所改作." 及公孫述於蜀鑄錢, 人不便之, 故謠曰: "黃牛白腹, 五銖當復." 後漢光武除王莽所造, 復五銖錢. 靈帝鑄四出錢. 魏初專以粟、帛爲貨, 明帝復立五銖錢, 至西晉不改. 吳孫權鑄大錢一當五百文, 又鑄一當千錢. 蜀劉備鑄一直百錢. 東晉沈充鑄小錢, 謂之「沈郎錢」. 宋文帝又鑄四銖錢, 體完厚. 孝武帝四銖, 形小薄. 廢帝鑄二銖, 謂之耒子錢; 又有綖環錢, 貫之以縷, 入水不沈. 南齊亦用四銖. 梁武帝乃鑄二種錢: 肉好周郭, 文曰「五銖」, 重如其文; 又除肉郭, 謂之女錢. 百姓私用古錢, 有直百五銖、女錢、太平百錢、定平日百、五銖稚錢、五銖對文等號, 輕重不一. 普通中, 議罷銅錢, 鑄鐵錢. 陳初, 有梁末兩柱及鵝眼錢, 時雜用之; 文帝改鑄五銖, 宣帝又鑄大貨六銖. 後魏太和十九年鑄錢, 文曰「太和五銖」; 永安二年改鑄, 文曰「永安五銖」. 東魏齊文襄以錢文「五銖」, 名須稱實, 一文重五銖, 計百錢重一斤四兩二十銖. 北齊文宣帝鑄常平五銖, 重如文. 周武帝鑄布泉錢, 以一當五, 與五銖並行; 建德中, 復鑄五行大布, 一當十. 宣帝又鑄永通萬國, 以一當千. 隋高祖以天下錢貨不等, 更鑄新錢, 背面肉好, 皆有周郭, 文曰「五銖」, 重如其文, 每一千重四斤二兩. 自漢至隋, 雖時或輕重, 皆用五銖. 皇朝武德中, 悉除五銖, 更鑄開通元寶錢. 乾封初, 又鑄乾封泉寶錢, 尋廢. 開元中, 以錢濫惡, 江、淮間尤甚, 有敕禁斷, 令御史往江、淮間收斂, 納官鎔之. 其求稍廣, 州縣恐其錢數不充, 隨以好錢繼之, 自是, 百姓財幣耗損, 御史坐是左遷. 舊法每一千重六斤四兩, 近所鑄者多重七斤, 錢文本歐陽詢所書. 錢官, 漢氏初屬少府, 後屬水衡; 後漢屬司農; 魏、晉已下, 或屬少府, 或屬司農, 皇朝少府置十鑪, 諸州亦皆屬焉. 及少府罷鑄錢, 諸州遂別. 令絳州三十鑪, 楊、宣、鄂、蔚各十鑪, 益、鄧、郴各五鑪, 洋州三鑪, 定州一鑪.

역문 제주전감: 감은 각 1인이다. 『주례』에 "천부(泉府) 상사(上士)는 4인으로,[263] 시의 세금으로 징수한 화폐를 관장한다"[264]라고 하였다. 또 "사시(司市)[265]는 상인들을 통하여 시장을 풍성하게 하면서 화폐를 유통시키고,[266] 천부(泉府)를 통하여 재화를 고르게 하면서 거두기도 하고 풀기도 한다.[267] 나라에 흉년이나 전염병이 돌면 시에서는 세금을 거두지 않고 화폐를 발행한다"[268]라고 하였다. 정현이 말하기를 "시장에서 세금을 거두지 않는 것은 백성들이 곤궁하기 때문이다.[269] 금이나 동은 흉년이 없으므로 (재난을 맞아) 물자가 귀하게 되면 화폐를 대량으로 주조하여 백성들을 여유롭게 해준다"[270]라고 했다. 포(布)와 천(泉)은 화폐를 말하는 것이다. 『한서』 식화지에 말하

---

263) 『周禮注疏』 권9, 地官 司徒, 232쪽: "泉府, 上士四人, 中士八人, 下士十有六人, 府四人, 史八人, 賈八人, 徒八十人."

264) 『周禮注疏』 권15, 地官 司徒・泉府, 380쪽: "泉府, 掌以市之征布."

265) 『周禮注疏』 권9, 地官 司徒, 230쪽: "司市, 下大夫二人, 上士四人, 中士八人, 下士十有六人, 府四人, 史八人, 胥十有二人, 徒百有二十人."

266) 『周禮注疏』 권14, 地官 司徒 司市, 367쪽: "司市,… 以商賈阜貨而行布."

267) 『周禮注疏』 권14, 地官 司徒 司市, 369쪽: "以泉府同貨而斂賖." 이 말은 司市가 泉府에 보관하고 있는 화폐를 수단으로 해서 시장의 수요와 공급을 조절한다는 의미이다.

268) 『周禮注疏』 권14, 地官 司徒 司市, 372쪽: "國凶荒札喪, 則市無征, 而作布." 『唐六典』 원문은 '扎'자로 되어 있는데 『周禮』는 '札'로 되어 있다. '扎'은 '札'의 俗字로 보이며, '札喪'은 전염병이 돌아 사망자가 대량으로 발생한 것을 말한다.

269) '爲民乏困也'에서 '乏困'은 제 판본에서 모두 '之用'으로 잘못 적혀 있다. 『周禮』의 해당 내용에 대한 정현 주에 따라서 '乏困'으로 고친 것이다.

270) 『周禮注疏』 권14, 地官 司徒 司市, 372쪽 참조.

기를 "태공이 주(周)를 위하여 구부(九府)[271]와 환법(圜法)[272]을 만들었다. 화폐는 둥근 모양에 가운데 네모난 구멍이 있고[273] 무게는 수(銖)[274]를 단위로 했다. 따라서 화폐는 금보다 귀하고 칼보다 예리해서 이로우며 샘보다 더 잘 흐르고 베보다 더 잘 펼쳐지며 비단보다 더 잘 모아서 묶을 수 있는 것이다.[275] 주 경왕(景王)이 대전(大錢)을 주조했는데 『보화(寶貨)』라고 글자를 새겨넣고 동전의 테두리와 가운데 구멍 부분 모두 주곽(周郭)이 있었다.[276][277] 진이 천하를 통일하고 동전에 글자를 『반량(半兩)』이라고 새겼는데, 무게가 그 문자와 같았다.[278] 한이 일어난 후 진의 반량전은 무거워 사용하기 어렵다고 해서 민간에서 유협전(楡莢錢)을 만드는 것을 허용했다.[279] 문제(文帝)는 동전이 갈수록 가벼워진다고 해서 다시 사수전(四銖錢)을 만들었는데, 글자는 『반량(半兩)』이라고 새겼으며 「도주전령(盜鑄錢令)」을 폐지하고 민간에서 마음대로 동전 주조하는 것을 허용했다.[280] 무제

---

271) 『漢書』 권24, 食貨下, 1149쪽: "師古曰, 周官太府·玉府·內府·外府·泉府·天府·職內·職金·職幣皆掌財幣之官, 故云九府."

272) 『漢書』 권24, 食貨下, 1149쪽: "師古曰, 圜爲均而通也." 圜法은 재화의 유통을 관리하는 제도로 구체적으로 九府의 각종 직무를 지칭한다.

273) 『漢書』 권24, 食貨下, 1149쪽: "孟康曰, 外圜而內孔方也."

274) '銖'는 중량의 단위로 1/24량이다. 기장 낟알 100개를 1銖라고 하고 24銖를 1兩으로 했다고 한다. 『孫子算經』 권상: "稱之所起, 起於黍. 十黍爲一絫, 十絫爲一銖, 二十四銖爲兩, 是也."

275) 『漢書』 권24, 食貨下, 1149쪽 참조.

276) '肉好皆有周郭'에서 '肉好'는 제 판본 모두 '內外'라고 잘못 적혀 있다. 『漢書』 권24, 食貨下, 1151쪽에 따라서 고쳤다.

277) 肉·好·周郭은 모두 화폐의 전문 용어이다. '肉'은 화폐의 본체 부분이고 '好'는 가운데 뚫린 구멍 부분이며 '周郭'은 郭이라고도 하는데 화폐의 테두리를 따라 돌기된 부분이다.

278) 『漢書』 권24, 食貨下, 1152쪽: "秦兼天下, 幣爲二等, 黃金以溢爲名, 上幣, 銅錢質如周錢, 文曰半兩, 重如其文."

279) 『漢書』 권24, 食貨下, 1152쪽: "漢興, 以爲秦錢重難用, 更令民鑄莢錢."

280) 『漢書』 권24, 食貨下, 1153쪽: "孝文五年, 爲錢益多而輕, 乃更鑄四銖錢, 其文爲半兩. 除盜鑄錢令,

초에 삼수전(三銖錢)을 주조했는데, 무게가 새긴 글자와 같았고 민간의 도주(盜鑄)를 금지했다.[281] 유사(有司)에서 삼수전이 가볍다고 말하면서 다시 군국에서 오수전을 주조할 것을 청하니, 『오수(五銖)』라고 글자를 새겨넣었으며 주곽(周郭)이 뒷면에도 있었다.[282][283] 또 민간에서 불법으로 주조하는 것이 많으므로 경사의 주조관에게 적동으로 주곽(周郭)을 두른 동전[赤仄錢]을 만들게 했는데,[284] (적측전) 1개가 5개의 오수전에 상당하게 했다.[285] 그 후에 또 적측전(赤仄錢)은 폐지했다.[286] 이에 모든 군국의 주전을 금지시키고, 오로지 상림삼관(上林三官)[287]에서만 주조하게 했다.[288] 무제 원수(元狩) 5년(118 BC)부터 상림삼관에서 오수전을 주조하기 시작하여 평제(平帝) 원시(元始)

使民放鑄."

281) 『漢書』 권24, 食貨下, 1164쪽: "令縣官銷半兩錢, 更鑄三銖錢, 重如其文. 盜鑄諸金錢罪皆死, 而吏民之犯者不可勝數."

282) 『漢書』 권24, 食貨下, 1164쪽: "如淳曰, 錢一面有文, 一面幕, 幕爲質. 民盜摩漫面而取其鋊, 而更鑄作錢." 민간에서 동전의 평평한 뒷면(質)을 갈아서 얻은 구리가루로 私鑄錢을 만들었기 때문에 五銖錢을 만들면서 글자가 새겨진 앞면만이 아니라 뒷면에도 테두리의 융기된 부분(周郭)을 만들었던 것이다.

283) 『漢書』 권24, 食貨下, 1165쪽: "有司言三銖錢輕, 輕錢易作姦詐, 乃更請郡國鑄五銖錢, 周郭其質, 令不可得摩取鋊."

284) 『漢書』 권24, 食貨下, 1170쪽: "如淳曰, 以赤銅爲其郭也."

285) 『漢書』 권24, 食貨下, 1169쪽: "而公卿請令京師鑄官赤仄, 一當五, 賦官用非赤仄不得行."

286) 『漢書』 권24, 食貨下, 1169쪽: "其後二歲, 赤仄錢賤, 民巧法用之, 不便, 又廢."

287) '上林三官'에서 上林은 한대 苑囿인 上林苑이고 三官은 상림원의 책임자인 水衡都尉의 속관으로 화폐주조와 관련된 관원을 지칭하는 것이다. 수형도위의 속관으로 上林·均輸·御羞·禁圃·鐘官·技巧·辯銅 등 아홉의 令·丞이 있는데(『漢書』 권19, 百官公卿表, 735쪽), 『漢書』 食貨志의 해당 문장과 동일한 내용이 실려 있는 『史記』 권30, 平準書, 1434~1435쪽의 集解에서는 均輸·鍾官·辯銅을 3官으로 보고 있다. 이에 비해 陳直은 『史記新證』에서 均輸令은 鑄錢과 관계가 없다고 하면서 대신 鍾官·辯銅·技巧令을 上林三官으로 들면서 鍾官은 동전의 주조, 技巧는 동전의 문양, 辯銅은 동전의 원료를 각각 담당했을 것으로 추측한다.

288) 『漢書』 권24, 食貨下, 1169쪽: "於是悉禁郡國毋鑄錢, 專令上林三官鑄. 錢既多, 而令天下非三官錢不得行, 諸郡國前所鑄錢皆廢銷之, 輸入其銅三官."

연간(AD 1~5)에 이르기까지 280억 여 개의 오수전을 만들었다.[289] 왕망은 한의 제도를 고쳐서 처음으로 대전을 만들었는데, 지름이 1촌 2분에 무게가 12수였고, 『대전오십(大錢五十)』이라고 새겼다.[290] 뒤에 또 고친 것이 많았다"라고 하였다. 공손술(公孫述)이 촉(蜀)에서 철전을 주조했는데, 사람들이 이를 불편하게 여기면서 노래하기를 "황우(黃牛)와 백복(白腹)이여! 오수(五銖)가 회복되어야 하니!"[291]라고 했다. 후한 광무제는 왕망이 만들었던 화폐를 폐지하고 오수전으로 복구하였다.[292] 영제는 사출전(四出錢)을 주조했다.[293] 위 초에는 오로지 곡식과 비단을 화폐로 사용했다가,[294] 명제 때 다시 오수전을 사용하여 서진 때까지 바꾸지 않았다.[295] 오의 손권은 일당오백전과 일당천전의 대전을 주조했다.[296] 촉한의 유비는 일치백전(一直百錢)을

---

289)『漢書』 권24, 食貨下, 1177쪽: "自孝武元狩五年, 三官初鑄五銖錢, 至平帝元始中, 成錢二百八十億萬餘云."

290)『漢書』 권24, 食貨下, 1177쪽: "王莽居攝, 變漢制, 以周錢有子母相權, 於是更造大錢, 徑寸二分, 重十二銖, 文曰大錢五十."

291)『後漢書』 권13, 隗囂公孫述列傳, 537쪽: "是時, 述廢銅錢, 置鐵官錢, 百姓貨幣不行. 蜀中童謠言曰, 黃牛白腹, 五銖當復."

292)『後漢書』 권24, 馬援列傳, 837쪽: "初, 援在隴西上書, 言宜如舊鑄五銖錢. 事下三府, 三府奏以爲未可許, 事遂寢. 及援還, 從公府求得前奏, 難十餘條, 乃隨牒解釋, 更具表言. 帝從之, 天下賴其便" : 『後漢書』 권1, 光武本紀, 67쪽: "初, 王莽亂後, 貨幣雜用布、帛、金、粟. 是歲, 始行五銖錢."

293)『後漢書』 권8, 靈帝紀, 353쪽: "復修玉堂殿, 鑄銅人四, 黃鍾四, 及天祿、蝦蟆, 又鑄四出文錢."

294)『晉書』 권26, 食貨, 782쪽: "文帝黃初二年, 以穀貴, 始罷五銖錢" : 『晉書』 권26, 食貨, 794쪽: "及獻帝初平中, 董卓乃更鑄小錢, 由是貨輕而物貴, 穀一斛至錢數百萬. 至魏武爲相, 於是罷之, 還用五銖. 是時不鑄錢既久, 貨本不多, 又更無增益, 故穀賤無已, 及黃初二年, 魏文帝罷五銖錢, 使百姓以穀帛爲市."

295)『晉書』 권26, 食貨, 794~795쪽: "至明帝世, 錢廢穀用既久, 人間巧僞漸多, 競溼穀以要利, 作薄絹以爲市, 雖處以嚴刑而不能禁也. 司馬芝等擧朝大議, 以爲用錢非徒豐國, 亦所以省刑. 今若更鑄五銖錢, 則國豐刑省, 於事爲便. 魏明帝乃更立五銖錢, 至晉用之, 不聞有所改創."

296)『三國志』 권47, 吳書 吳主傳, 1140쪽: "嘉禾五年春, 鑄大錢, 一當五百" : 『三國志』 권47, 吳書・吳主傳, 1142쪽: "赤烏元年春, 鑄當千大錢."

주조했다.[297] 동진의 심충(沈充)이 소전(小錢)을 주조했는데, 이를 '심랑전(沈郞錢)'이라고 했다.[298] 송 문제도 사수전을 주조했는데,[299] 동전의 몸체가 완전하고 두터웠다. 효무제 때 주조한 사수전은 모양이 작고 얇았다.[300] 폐제[301]는 이수전을 주조했는데, 이를 뇌자전(耒子錢)이라고 했으며, 또 연환전(綖環錢)이 있어 실로 꿰매었는데, 물에 넣어도 가라앉지 않았다.[302] 남제도 사수전을 사용했다. 양 무제 때는 두 가지 종류의 동전을 주조했다. 동전의 테두리와 가운데 구멍 부분에 주곽(周郭)이 있었고 『오수(五銖)』라고 새겼는데, 무게는 그 문자와 같았다. 또 테두리에 주곽(周郭)을 없앤 것은 여전(女錢)이라고 불렀다.[303] 백성들은 사사로이 옛 동전을 사용했는데, 그 중에는 치백오수전(直百五銖錢)·여전(女錢)·태평백전(太平百錢)·정평일백전(定平一百錢)·오수치전(五銖雉錢)·오수대문전(五銖對文錢) 등의 이름이 있었고 무게는 한결같지 않았다.[304] 양 무제 보통(普通)연간에 동전을 폐

---

297) 『三國志』 권39, 蜀書 劉巴傳, 982쪽: "(裴松之注) 零陵先賢傳曰,… 軍用不足, 備甚憂之. 巴曰, 易耳, 但當鑄直百錢, 平諸物賈, 令吏爲官市. 備從之, 數月之間, 府庫充實."

298) 『晉書』 권26, 食貨, 795쪽: "吳興沈充又鑄小錢, 謂之沈郞錢. 錢旣不多, 由是稍貴."

299) 『宋書』 권5, 文帝紀, 79쪽: "戊午, 立錢署, 鑄四銖錢" : 『宋書』 권75, 顔竣傳, 1960쪽: "先是元嘉中, 鑄四銖錢, 輪郭形制, 與五銖同, 用費損, 無利, 故百姓不盜鑄."

300) 『宋書』 권6, 孝武帝紀, 113쪽: "孝建元年春正月,… 壬戌, 更鑄四銖錢" : 『宋書』 권75, 顔竣傳, 1961쪽: "所鑄錢形式薄小, 輪郭不成就. 於是民間盜鑄者雲起, 雜以鉛錫, 並不牢固. 又剪鑿古錢, 以取其銅, 錢轉薄小, 稍違官式."

301) 宋의 廢帝는 前廢帝와 後廢帝가 있었다. 여기서는 前廢帝 劉子業(465)으로 재위 기간이 겨우 1년 반 정도로 포학하여 측근에게 피살되었다.

302) 『宋書』 권75, 顔竣傳, 1963쪽: "前廢帝卽位, 鑄二銖錢, 形式轉細, 官錢每出, 民間卽模效之, 而大小厚薄, 皆不及也. 無輪郭, 不磨鑢, 如今之剪鑿者, 謂之耒子. 景和元年, 沈慶之啓通私鑄, 由是錢貨亂敗, 一千錢長不盈三寸, 大小稱此, 謂之鵝眼錢. 劣於此者, 謂之綖環錢, 入水不沉, 隨手破碎, 市井不復料數, 十萬錢不盈一掬, 斗米一萬, 商貨不行."

303) 『隋書』 권24, 食貨, 689쪽: "武帝乃鑄錢, 肉好周郭, 文曰「五銖」, 重如其文. 而又別鑄, 除其肉郭, 謂之女錢."

지하고 철전을 주조하자고 논의했었다.[305] 진 초에는 양 말의 양주전(兩柱錢)과 아안전(鵝眼錢)[306]이 있어서 때때로 섞어서 사용했다.[307] 문제 때 오수전으로 고쳐 주조했고,[308] 선제(宣帝)는 또 대화육수(大貨六銖)를 주조했다.[309] 북위 태화 19년에 동전을 주조하여, 『태화오수(太和五銖)』라고 새겼다.[310] 영안 2년에 고쳐서 주조했는데, 『영안오수(永安五銖)』라고 새겼다.[311] 동위 때 고징(高澄)[312]은 동전에 『오수(五銖)』라고 새겼으므로 이름이 반드시 실제 무게와 맞아야 한다고 해서, 1문의 중량은 5수로 해서 100전의 중량은 1근 4량 20수로 했다.[313] 북제 문선제는 상평오수전(常平五銖錢)을 주조했는데, 무게는 문자와 같았다.[314] 북주 무제는 포천전(布泉錢)을 주조하여 하나가 오수전 다

---

304) 『隋書』 권24, 食貨, 689쪽: "百姓或私以古錢交易, 有直百五銖·女錢·太平百錢·定平一百·五銖雉錢·五銖對文等號. 輕重不一."

305) 『隋書』 권24, 食貨, 690쪽: "至普通中, 乃議盡罷銅錢, 更鑄鐵錢. 人以鐵賤易得, 並皆私鑄. 及大同已後, 所在鐵錢, 遂如丘山, 物價騰貴."

306) 『宋書』 권75, 顏竣傳, 1963쪽: "沈慶之啓通私鑄, 由是錢貨亂敗, 一千錢長不盈三寸, 大小稱此, 謂之鵝眼錢."

307) 『隋書』 권24, 食貨, 690쪽: "陳初, 承梁喪亂之後, 鐵錢不行. 始梁末又有兩柱錢及鵝眼錢, 于時人雜用, 其價同, 但兩柱重而鵝眼輕."

308) 『隋書』 권24, 食貨, 690쪽: "至文帝天嘉五年, 改鑄五銖. 初出, 一當鵝眼之十."

309) 『隋書』 권24, 食貨, 690쪽: "宣帝太建十一年, 又鑄大貨六銖, 以一當五銖之十, 與五銖並行. 後還當一, 人皆不便."

310) 『魏書』 권110, 食貨志, 2863쪽: "魏初至於太和, 錢貨無所周流, 高祖始詔天下用錢焉. 十九年, 冶鑄粗備, 文曰「太和五銖」, 京師及諸州鎮皆通行之."

311) 『魏書』 권110, 食貨志, 2865~2866쪽: "建義初, 重盜鑄之禁, 開糾賞之格. 至永安二年秋, 詔更改鑄, 文曰「永安五銖」, 官自立爐, 起自九月至三年正月而止."

312) 齊文襄은 高歡의 장자인 高澄으로 동위정권의 실권자였지만 효정제 무정 7년 피살되었다. 文襄은 北齊 건국 후 추존된 시호이다. 유명한 蘭陵王 高長恭이 高澄의 아들이라고 한다.

313) 『魏書』 권110, 食貨志, 2866쪽: "遷鄴之後, 輕濫尤多. 武定初, 齊文襄王奏革其弊. 於是詔遣使人詣諸州鎮, 收銅及錢, 悉更改鑄, 其文仍舊. 然姦僥之徒, 越法趨利, 未幾之間, 漸復細薄. 六年, 文襄王以錢文五銖, 名須稱實, 宜稱錢一文重五銖者, 聽入市用. 計百錢重一斤四兩二十銖, 自餘皆準此爲數."

314) 『北齊書』 권4, 文宣帝, 57쪽: "四年春正月己丑, 改鑄新錢, 文曰「常平五銖」" ; 『隋書』 권24, 食貨,

섯에 상당케 하여, 오수전과 함께 통행하였다.[315] 건덕(建德)연간 다시 오행대포(五行大布)를 주조했는데, 하나에 오수전 열 개를 상당케 했다.[316] 선제도 영통만국(永通萬國)을 주조하여 하나에 오수전 천 개를 상당케 했다.[317] 수 고조는 천하의 화폐가 고르지 않으므로 다시 새로운 동전을 주조했는데, 앞뒤와 바깥 테두리와 안쪽 테두리 모두 주곽(周郭)이 있었고 『오수(五銖)』라고 새겼는데, 무게는 새긴 문자와 같아서 매 1천전의 중량은 4근 2량이었다.[318] 한에서 수에 이르기까지 비록 때때로 가볍기도 하고 무겁기도 했지만 모두 오수전을 사용했다. 당 무덕(武德)연간에 오수전을 모두 폐지하고 개통원보전(開通元寶錢)을 고쳐 주조했다.[319] 건봉(乾封) 초에 또 건봉천보전(乾封泉寶錢)을 주조했지만 얼마 후 폐지했다.[320] 개원 연간 동전이 많아지고 불량한데, 강(江)·회(淮) 지방이 특히 심하므로 금하는 조칙을 내리고 어사를 강·회 지방으로 보내 악전을 거두어서 관에 들여 녹이게 했다. 이같이 어사들이 구하는 악전의 양이 많아지자, 주현에서는

690쪽: "齊神武霸政之初, 承魏猶用永安五銖. 遷鄴已後, 百姓私鑄, 體制漸別, 遂各以爲名.… 文宣受禪, 除永安之錢, 改鑄常平五銖, 重如其文. 其錢甚貴, 且制造甚精."

315) 『周書』 권5, 武帝邕上, 65쪽: "保定元年秋七月戊申,… 更鑄錢, 文曰「布泉」, 以一當五, 與五銖並行."

316) 『周書』 권5, 武帝邕上, 89쪽: "(建德三年), 更鑄五行大布錢, 以一當十, 與布泉錢並行."

317) 『周書』 권7, 宣帝贇, 121쪽: "(大象元年)十一月, 初鑄永通萬國錢, 以一當十, 與五行大布並行."

318) 『隋書』 권24, 食貨, 691쪽: "高祖既受周禪, 以天下錢貨輕重不等, 乃更鑄新錢. 背面肉好, 皆有周郭, 文曰「五銖」, 而重如其文. 每錢一千, 重四斤二兩."

319) 『舊唐書』 권1, 高祖李淵, 12쪽: "武德四年秋七月, 廢五銖錢, 行開元通寶錢" : 권48, 食貨上·錢, 2094쪽: "高祖卽位, 仍用隋之五銖錢. 武德四年七月, 廢五銖錢, 行開元通寶錢, 徑八分, 重二銖四絫, 積十文重一兩, 一千文重六斤四兩."

320) 『舊唐書』 권48, 食貨上 錢, 2095쪽: "至乾封元年封嶽之後, 又改造新錢, 文曰乾封泉寶, 徑一寸, 重二銖六分. 仍與舊錢並行, 新錢一文當舊錢之十. 周年之後, 舊錢並廢" : 『新唐書』 권54, 食貨四, 1384쪽: "顯慶五年, 以惡錢多, 官爲市之, 以一善錢售五惡錢, 民間藏惡錢以待禁弛. 乾封元年, 改鑄「乾封泉寶」錢. 徑寸, 重二銖六分, 以一當舊錢之十. 踰年而舊錢多廢. 明年, 以商賈不通, 米帛踊貴, 復行開元通寶錢, 天下皆鑄之."

거둬들이는 악전의 수량을 충족하지 못할까 염려하여 좋은 동전으로 이를 충당하기도 하니 이로부터 백성들의 재화가 줄어들게 되었고 어사들도 이 일로 죄를 받아 좌천되었다.[321] 옛 법에는 1천 전당 무게가 6근 4량이었는데, 근래 만들어진 것은 대부분 무게가 7근이고 동전에 새겨진 글자는 본래 구양순(歐陽詢)이 쓴 것이었다.[322] 전관(錢官)은 한대에는 처음 소부에 속했다가 후에 수형도위에 속했다. 후한에서는 대사농에 속했다. 위·진 이래 소부에 속하기도 했고 대사농에 속하기도 했다. 당에서는 소부에 10로(鑪)를 설치했고 각 주의 노(鑪)도 모두 소부에 속했다. 소부에서 동전 주조를 하지 않게 되면서 각 주의 노도 마침내 소부 관할에서 벗어났다. 현재 강주(綱州)에 30개의 주전로(鑄錢鑪), 양(楊)·의(宜)·악(鄂)·울주(蔚州)에 각각 10개의 주전로, 익(益)·등(鄧)·침주(郴州)에 각각 5개의 주전로, 양주(洋州)에 3개의 주전로, 정주(定州)에 1개의 주전로가 있다.

諸鑄錢監以所在州府都督、刺史判之; 副監一人, 上佐判之; 丞一人, 判司判之; 監事一人, 參軍及縣尉知之; 錄事、府、史, 士人爲之.

역문 각 주전감은 소재하는 주·부의 도독·자사가 맡는다. 부감은 1인으로 (주·부의) 상좌(上佐)가 맡는다. 승은 1인으로 (주·부

321) 『新唐書』 권54, 食貨四, 1384쪽: "先天之際, 兩京錢益濫, 郴、衡錢纔有輪郭, 鐵錫五銖之屬皆可用之. 或鎔錫摸錢, 須臾百十. 開元初, 宰相宋璟請禁惡錢, 行二銖四參錢, 毁舊錢不可用者. 江淮有官鑪錢、偏鑪錢、稜錢、時錢, 遣監察御史蕭隱之使江淮, 率戶出惡錢, 捕責甚峻, 上靑錢皆輸官, 小惡者沈江湖, 市井不通, 物價益貴, 隱之坐貶官."

322) 『舊唐書』 권48, 食貨上 錢, 2095쪽: "初, 開元錢之文, 給事中歐陽詢制詞及書, 時稱其工. 其字含八分及隸體, 其詞先上後下, 次左後右讀之. 自上及左迴環讀之, 其義亦通, 流俗謂之開通元寶錢."

의) 판사(判司)가 맡는다. 감사는 1인으로 참군과 현위가 담당한다. 녹사·부·사는 사인(士人)[323]이 맡는다.

◎ 諸互市監: 監各一人, 從六品下; 漢、魏已降, 緣邊郡國皆有互市, 與夷狄交易, 致其物産也. 並郡縣主之, 而不別置官吏. 至隋, 諸緣邊州置交市監, 視從第八品; 副監, 視正第九品. 皇朝因置之, 各隷所管州、府. 監加至從六品下; 改副監爲丞, 品第八下. 光宅中改爲通市監, 後復舊爲互市監. 丞一人, 正八品下. 隋置交市副監, 皇朝改爲互市監丞.

역문 제호시감[324]: 감은 각 1인으로 종6품하이고, 한·위 이래 변경의 군국에는 모두 호시(互市)를 두어서 이민족과 교역을 하여 그 물산이 이르렀다. 모두 군현에서 주관했고 별도로 관리를 두지는 않았다. 수에 이르러 각 변경 주에 교시감(交市監)을 설치했는데, (교시감은) 종8품에 비견되었다. 부감은 정9품에 비견되었다. 당은 이를 따라서 (호시감을) 두었는데, 각각 관할 주·부에 예속되었다. 감은 품계를 더하여 종6품하에 이르렀다. 부감은 승으로 고쳤으며 정8품하였다. 광택 연간에 통시감(通市監)으로 고쳤다가 나중에 호시감(互市監)으로 복구하였다. 승은 1인으로 정8품하이다. 수에서는

---

323) 『舊唐書』 職官志에는 '土人'이 '士人'으로 되어 있다. 『舊唐書』 권44, 職官三, 1895쪽: "諸鑄錢監,… 錄事、府、史, 士人爲之." 역문은 『舊唐書』에 따라서 士人이 담당한 것으로 해석했지만, 『唐六典』의 원문 그대로 '土人' 즉 현지인으로 해석도 가능하다.

324) 『舊唐書』 권44, 職官三, 1895쪽: "諸互市: 監各一人, 從六品下. 丞一人, 正八品下. 諸互市監掌諸蕃交易馬驢牛之事" ; 『新唐書』 권48, 百官三, 1272쪽: "互市監: 每監, 監一人, 從六品下, 丞一人, 正八品下. 掌蕃國交易之事. 隋以監隷四方館. 唐隷少府. 貞觀六年, 改交市監曰互市監, 副監曰丞, 武后垂拱元年曰通市監. 有錄事一人, 府二人, 史四人, 價人四人, 掌固八人."

교시부감을 두었고 당에서는 호시감승으로 고쳤다.

諸互市監各掌諸蕃交易之事; 丞爲之貳. 凡互市所得馬、駝、驢、牛等, 各別其色, 具齒歲、膚第, 以言于所隸州、府, 州、府爲申聞. 太僕差官吏相與受領, 印記. 上馬送京師, 餘量其衆寡, 幷遣使送之, 任其在路放牧焉. 每馬十匹, 牛十頭, 駝、騾、驢六頭, 羊七十口, 各給一牧人. 若非理喪失, 其部使及遞人, 改酬其直. 其營州管內蕃馬出貨, 選其少壯者, 官爲市之.

역문 제호시감은 각각 여러 외국과의 교역에 관한 일을 관장한다. 승은 그 차관이 된다. 무릇 호시는 교역으로 얻은 말·낙타·나귀·소 등에 대해서 각각 그 품종을 구별하고 나이와 등급을 갖추어서 소속된 주·부에 알리며, 주·부는 이를 태복시에 보고한다. 태복시는 관리를 파견하여 서로 확인해서 수령하고 (가축에) 낙인을 찍고 기록한다. 상등마(上等馬)는 경사로 보내고 나머지는 그 수량을 헤아려 사자를 파견해서 (각 목감으로) 보내는데, 가는 길에 방목하는 것을 허락한다. 말 10필, 소 10두, 낙타·노새·나귀 6두, 양 70마리마다 목인(牧人) 1인을 붙인다. 만약 이유없이 (가축을) 상실하면 사자와 교대해서 몰고 가는 목인에게 그 값어치만큼 고쳐서 배상하게 한다. 영주(營州)관내에서 외국의 말이 매물로 나오면 어리고 튼튼한 것을 골라 관에서 사들인다.

『唐六典』

卷第二十三 將作都水監

御撰

集賢院學士兵部尙書兼中書令修國史上柱國開國公

臣 李林甫等奉勅注上

將作監

大匠一人　少匠二人　丞四人　主簿二人　錄事二人　府十四人　史二十八人　計史三人　亭長四人　掌固六人

左校署

令二人　丞四人　府六人　史十二人　監作十人

右校署

令二人　丞三人　府五人　史十人　監作十人　典事二十四人

中校署

令一人　丞三人　府三人　史六人　監事四人　典事八人　掌固一人

甄官署

令一人　丞二人　府五人　史十人　監作四人　典事十八人

百工監

監一人　副監一人　丞一人　錄事一人　府一人　史三人　監作四人　典事二十人

就谷監

監一人　副監一人　丞一人　錄事一人　府一人　史三人　監作四人　典事二十人

庫谷監

監一人　副監一人　丞一人　錄事一人　府一人　史三人　監作四人　典事二十人

太陰監

監一人　副監一人　丞一人　錄事一人　府一人　史三人　監作四人　典事十人

伊陽監

監一人　副監一人　丞一人　錄事一人　府一人　史三人　監作四人　典事十人

都水監

使者二人　丞二人　主簿一人　錄事一人　府五人　史十人　亭長一人　掌固四人

舟檝署

令一人　丞二人　府三人　史四人　監漕四人　曹史二人　典事三人　掌固三人

河渠署

令一人　丞一人　府三人　史六人　河隄謁者六人　典事三人　掌固四人　長上魚師十人　短番魚師一百二十人　明資魚師一百二十人

諸津

每津令一人 丞一人 錄事一人 府一人 史二人 典事三人 津吏五人

장작감

대장 1인 소장 2인 승 4인 주부 2인 녹사 2인 부 14인 사 28인 계사 3인 정장 4인 장고 6인

좌교서

영 2인 승 4인 부 6인 사 12인 감작 10인

우교서

영 2인 승 3인 부 5인 사 10인 감작 10인 전사 24인[1)]

중교서

영 1인 승 3인 부 3인 사 6인 감사 4인 전사 8인 장고 1인[2)]

견관서

영 1인 승 2인 부 5인 사 10인 감작 4인 전사 18인

백공감

감 1인 부감 1인 승 1인 녹사 1인 부 1인 사 3인 감작 4인 전사 20인[3)]

취곡감

감 1인 부감 1인 승 1인 녹사 1인 부 1인 사 3인 감작 4인 전사 20인[4)]

고곡감

감 1인 부감 1인 승 1인 녹사 1인 부 1인 사 3인 감작 4인

---

1) 『舊唐書』 권44, 職官3, 1896쪽에는 14인으로 되어 있는데, 『新唐書』 권38, 百官3, 1274쪽은 『唐六典』과 같다.

2) 『舊唐書』 권44, 職官3, 1896쪽과 『新唐書』 권38, 百官3, 1274쪽에는 2인으로 되어 있어 『唐六典』과 다르다.

3) 『舊唐書』 권44, 職官3, 1897쪽에는 21인으로 되어 있는데, 『新唐書』 권38, 百官3, 1275쪽은 『唐六典』과 같다.

4) 『舊唐書』 권44, 職官3, 1897쪽에는 21인으로 되어 있는데, 『新唐書』 권38, 百官3, 1275쪽은 『唐六典』과 같다.

전사 20인[5)]

태음감[6)]

감 1인 부감 1인 승 1인 녹사 1인 부 1인 사 3인 감작 4인 전사 10인

이양감

감 1인 부감 1인 승 1인 녹사 1인 부 1인 사 3인 감작 4인 전사 10인

도수감

사자 2인 승 2인 주부 1인[7)] 녹사 1인 부 5인 사 10인 정장 1인 장고 4인[8)]

주집서

영 1인 승 2인 부 3인 사 4인 감조 4인 조사 2인 전사 3인 장고 3인

하거서

영 1인 승 1인 부 3인 사 6인 하제알자 6인 전사 3인 장고 4인 장상어사[9)] 10인 단번어사 120인 명자어사 120인

제진

매진령 1인 승 1인[10)] 녹사 1인 부 1인 사 2인 전사 3인 진리 5인

---

5) 『舊唐書』 권44, 職官3, 1897쪽에는 21인으로 되어 있는데, 『新唐書』 권38, 百官3, 1275쪽은 『唐六典』과 같다.

6) 『唐六典』의 아래 본문에는 百工監부터 伊陽監까지 6개의 監을 병렬하였는데, 庫谷과 太陰 사이에 '斜谷(監)'이 있다. 이러한 서술은 『舊唐書』 권44, 職官3, 1896쪽과 『新唐書』 권38, 百官3, 1274쪽 역시 마찬가지이다. 그러나 『唐六典』의 注文에는 斜谷監에 대한 기록이 없고, 목차에 이것이 빠진 까닭도 바로 이와 관련이 있는지 모르겠다.

7) 『舊唐書』 권44, 職官3, 1897쪽에는 2인으로 되어 있는데, 『新唐書』 권38, 百官3, 1276은 『唐六典』과 같다.

8) 『舊唐書』 권44, 職官3, 1897쪽에는 3인으로 되어 있는데, 『新唐書』 권38, 百官3, 1276쪽은 『唐六典』과 같다.

9) 『舊唐書』 권44, 職官3, 1897쪽에는 '長上魚師'의 '魚'자가 '漁'로 되어 있다. 아래 '短番魚師'와 '明資魚師'의 경우도 마찬가지이다.

10) 丞 이하 官人 혹은 職掌人의 수는 각 津의 수이므로, 定員 앞에 '各'자를 첨가하여야 한다.

권제23 장작도수감

◎ 將作監: 大匠一人, 從三品; 『左傳』云: "少昊氏五雉爲五工正." 『周官』冬官掌百工之職. 『漢書』「百官表」云: "將作少府, 秦官, 掌治宮室, 有兩丞、左·右中候. 景帝改曰將作大匠, 秩二千石. 屬官有石庫、東園主章、左·右·前·後·中校七令、丞, 又主章長、丞. 武帝改東園主章曰木工. 成帝省中候及左、右、前、後、中校五丞." 後漢光武中元二年省, 常以謁者兼之; 至章帝建初元年又置. 魏因之. 晉將作大匠置功曹、主簿、五官等員, 掌土木之役. 過江後及宋、齊並不常置. 梁天監七年置十二卿, 改將作大匠爲大匠卿, 是爲秋卿, 班第十, 品正第五. 陳因之. 後魏太和初, 將作大匠從第二品下; 二十二年, 降爲從三品. 北齊因之. 後周有匠師中大夫一人, 掌城郭、宮室之制及諸器物度量; 又有司木中大夫一人, 掌木工之政令. 隋將作寺置大匠一人, 從三品; 開皇二十年改爲將作監, 以大匠爲大監. 煬帝大業五年, 正四品; 十三年, 又改大監爲令. 皇朝改置大匠、少匠、丞、主簿等員. 龍朔二年改爲繕工監, 咸亨元年復舊. 光宅元年改爲營繕監, 神龍元年復舊. 少匠二人, 從四品下. 後周官有小匠師下大夫一人. 隋初, 將作無少匠; 開皇二十年改寺爲監, 大匠爲大監, 始置副監一人. 煬帝改副監爲少監; 大業三年, 改少監爲少匠; 五年又改少匠爲少監, 正五品; 十三年, 又改爲少令. 皇朝改置少匠二人. 龍朔、咸亨、光宅、神龍隨監改復.

역문 장작감: 대장[11]은 1인으로 종3품이고, 『좌전』에 이르기를 "소

11) 『舊唐書』 권44, 百官3, 1895쪽에는 (將作)大匠으로 되어 있으나, 『新唐書』 권48, 百官3, 1272쪽의 경우 (將作)監으로 나온다. 이것은 『新唐書』에 附注되어 있듯이 天寶11년 大匠이 (大)監으로

호씨 때 다섯 꿩(의 이름)으로 다섯 종류 장인의 우두머리[工正] (명칭)으로 삼았다"[12]고 하였다. 『주관』[13]에서는 동관이 백공의 직임을 맡았다. 『한서』의 「백관(공경)표」에 이르기를 "장작소부는 진(秦)의 관직으로 궁실을 건설하는 일을 관장하는데, (그 아래) 두 승과 좌중후·우중후가 있었다. (전한의) 경제는 (장작소부를) 장작대장으로 개명하였고,[14] 그 질은 이천석이었다.[15] 그 속관으로는 석고[16]·동원주장[17]·좌교·우교·전교·후교·중교의 일곱 영과 승이 있었으며, 또 주장장[18]과 주장승도 있었다 무제는 동원주장을 고쳐서 목공으로 불렀다.[19] 성제는 중후와 좌·우·전·후·중 교의 다섯 승을 없앴다[20]"라고 하였다. 후한 광무제 중원 2년(57)에 (장작

개명되었기 때문이며(1273쪽), 『唐六典』 편찬 당시의 명칭은 분명히 大匠이다.

12) 『春秋左傳』, 昭公17년조에는 郯子의 "我高祖少皞摯之立也, 鳳鳥適至, 故紀於鳥, 爲鳥師而鳥名… 五雉爲五工正, 利器用, 正度量, 夷民者也"라는 말이 나온다. 여기에서 다섯 가지 꿩과 匠人의 구체적인 명칭은 異說이 분분한데, 賈逵의 설은 "西方曰鷷雉, 攻木之工也. 東方曰鶅雉, 搏埴之工也. 南方曰翬雉, 攻金之工也. 北方曰鵗雉, 攻皮之工也. 伊洛而南曰翬雉, 設五色之工也."(위 『春秋左傳』 기록의 疏)이다.

13) 『周官』은 곧 『周禮』인데, 이 책은 周代의 官職을 天·地·春·夏·秋·冬으로 나누어 설명한다. 단 百工을 관장하는 冬官 司空에 관한 기록은 일찍이 散失되어, 현재 『周禮』의 이 부분은 漢代에 『考功記』로 보충한 것이다.

14) 『漢書』 권19상, 百官公卿表上, 733쪽은 이러한 변화를 景帝 中6년의 일로 명기하였다.

15) 將作大匠의 秩은 『漢書』 권19상, 百官公卿表上, 737쪽에 나온다.

16) 漢代의 石庫에 관한 기록은 찾을 수 없으나, 건축용 石材와 관련이 있는 官署인 듯하다.

17) 위 『漢書』 百官公卿表上의 '東園主章'에 대한 顔師古의 주는 "東園主章掌大材, 以供東園大匠也"라고 하였다.(734쪽) 그런데 東園은 少府에 속하는 官署로서 '棺器'의 제작을 주관하였고(『後漢書』 권10하, 孝崇匽皇后, 442쪽의 본문과 주문), 여기에서 東園匠이 '陵內器物'을 만들었다.(『漢書』 권19상, 百官公卿表上, 731~732쪽의 본문과 주문)

18) 『漢書』 권19상, 百官公卿表上, 734쪽의 顔師古注에 인용된 '章謂大材'라는 如淳의 말을 볼 때, 主章은 큰 목재를 관리하는 官人이라고 생각된다. 이 主章은 독자적인 長과 丞이 있으므로 東園主章과는 별개의 將作少府 屬官인 듯하다.

19) 『漢書』 권19상, 百官公卿表上, 733쪽에 의하면, 武帝 太初 원년의 일이다.

20) 『漢書』 권19상, 百官公卿表上, 733쪽에 의하면, 成帝 陽朔 3년의 일이다.

대장을) 없애고[21] 항상 알자로써 (그 직무를) 겸직하게 하였다가,[22] 장제 건초 원년(76)에 이르러 다시 두었다.[23] 위(魏)는 이를 따랐다. 진(晉)에서는 장작대장 (아래)에 공조·주부·오관 등의 인원을 두어[24] 토목 공사를 관장하였다. 장강을 건넌 (동진) 뒤 송·제까지 항상 (장작대장을) 두지는 않았다.[25] 양 천감 7년(508) 12경을 두어 장작대장을 대장경으로 바꾸었는데,[26] (대장경은) 추경(의 하나)로서 제10반 정5품이었다.[27] 진(陳)은 이를 따랐다.[28] 북위 태화(477~499) 연간 초에 장작대장은 종2품하이었고,[29] 22년(498)에는 종3품으

---

21) 이것은 아래 『後漢書』의 百官志의 내용과 동일하지만, 『後漢書』 권21, 任光의 아들 隗의 열전에는 "將作大匠自建武以來常謁者兼之"(753쪽)라는 상이한 기록도 보인다.

22) 실제로 後漢 光武帝와 明帝 시기에는 "遣謁者分將施刑補理城郭"(『後漢書』 권1하, 光武帝紀, 78쪽)이나 "遣將作謁者王吳修汴渠"(同上書 권2, 明帝紀, 114쪽), "詔與將作謁者王吳共修作浚儀渠"(同上書 권76, 王景, 2464쪽)와 같이 (將作)謁者에게 토목공사를 주관하게 한 사례가 존재한다.

23) 『後漢書』 志27, 百官4, 3610쪽의 주에 인용된 蔡質의 『漢儀』에서 "(將作大匠)位次河南尹, 光武中元二年省, 謁者領之, 章帝建初元年復置"라고 하였다.

24) 『晉書』 권24, 職官, 735쪽에 따르면, 太常·將作大匠 등이 "皆爲列卿, 各置丞、功曹、主簿、五官等員" 하였다고 한다.

25) 『晉書』 권24, 職官, 737쪽에 "將作大匠, 有事則置, 無事則罷" : 『宋書』 권39, 百官上, 1233쪽에 "晉氏以來, 有事則置, 無則省"이라고 하며, 『南齊書』 권16, 百官, 318쪽에 "(將作大匠, 太僕, 大鴻臚)三卿不常置"라고 하였다.

26) 『隋書』 권26, 百官上, 724쪽에 天監 7년의 이러한 변화를 자세히 기록하였는데, 이 때 春·夏·秋·冬으로 구분한 12卿의 이름은 아래와 같다.

春卿	夏卿	秋卿	冬卿
太常卿, 宗正卿, 司農卿	太府卿, 少府卿, 太僕卿	衛尉卿, 廷尉卿, 大匠卿	光祿卿, 鴻臚卿, 太舟卿

27) 『隋書』 권26, 百官上, 730쪽에는 大匠卿이 제10반이라는 사실만 명기하였으나, 이 班制의 시행 시기에도 "九品之制不廢"하였으므로(『通典』 권37, 職官 秩品2, 1022쪽) 제10반은 9품 官制上 정5품에 해당한다고 하겠다.

28) 『隋書』 권26, 百官上, 742쪽과 『通典』 권37, 職官 秩品3, 1033쪽에 의하면, 陳代의 大匠卿은 3품으로서 梁代와 다르다.

29) 『魏書』 권113, 官氏志, 2979쪽. 단 同上書 권7하, 孝文帝, 172쪽에 따르면, 太和 17년에 『職員令』을 반포하였다.

로 낮추어졌다.[30] 북제는 이를 따랐다.[31] 북주에 장사 중대부 1인이 있어 성곽과 궁실의 제도와 여러 기물들의 크기 표준을 관장하였고, 또 사목 중대부 1인이 있어 목공과 관련된 행정을 관장하였다.[32] 수에서는 장작시에 대장 1인을 두고 (그 품계가) 종3품이었으나,[33] 개황 20년(600) (장작시를) 장작감으로 바꾸고 대장을 대감으로 (개명)하였다.[34] 양제 대업 5년(609)에 정4품이 되었고, 13년(617)에 또 (장작)대감을 (장작)령으로 바꾸었다.[35] 당조에서는 고쳐서 (장작감에) 대장·소장·승·주부 등의 인원을 두었다.[36] 용삭 2년(662) (장작감을) 선공감으로 고쳤다가 함형 원년(670)에 예전대로 되돌렸다. 광택 원년(684) 영선감으로 고쳤다가 신룡 원년(705) 예전대로 되돌렸다.[37] **소장**[38]**은 2인으로 종4품하이다.** 북주의 관직으로

---

30) 『魏書』 권113, 官氏志, 2995쪽. 단 『魏書』에는 이러한 改制를 太和 23년의 일로 적고 있다.

31) 『隋書』 권27, 百官中, 765쪽에 의하면 北齊 시기 將作大匠은 종3품이었다.

32) 『通典』 권39, 職官 秩品4, 1066쪽에는 北周의 正5命 중 冬官 中大夫로서 匠師와 司木이 존재한다. 匠師와 司木의 직임에 대한 『唐六典』의 설명은 현존 문헌에서 분명한 근거를 찾기 어려우나, 이를 추론해 볼 만한 자료들은 있다. 王仲犖, 『北周六典』 권7, 冬官府, 470~471쪽 참조.

33) 『隋書』 권28, 百官下, 785쪽.

34) 『隋書』 권28, 百官下, 793쪽.

35) 『隋書』 권28, 799쪽에 "(大業三年)將作監改大監、少監爲大匠、少匠…五年, 又改大匠爲大監, 正四品, 少匠爲少監, 正五品. 十三年, 又改監、少監爲令、少令, 丞加品至從五品"이라고 하였다. 이 『隋書』의 내용이 아래 將作少匠에 관한 설명에도 나오는데, 『唐六典』의 이 將作大匠에 대한 서술에서는 大業 3~5년 사이의 변화가 생략되어 있다.

36) 『舊唐書』 권44, 百官3, 1895쪽과 『新唐書』 권48, 百官3, 1273쪽에 의하면, 將作令을 將作大匠으로 바꾼 것은 武德(初)연간의 일이다.

37) 『通典』 권27, 職官 將作監, 762쪽과 『唐會要』 권66, 將作監, 1367쪽의 기록도 이와 동일하다. 『舊唐書』 권44, 百官3, 1895쪽과 『新唐書』 권48, 百官3, 1273쪽의 將作監의 沿革에 관한 서술은 이 가운데 일부 사실이 누락된 불충분한 것이다.

38) 『舊唐書』 권44, 百官3, 1895쪽에 (將作)少匠으로 되어 있으나, 『新唐書』 권48, 百官3, 1272쪽에는 (將作)少監으로 나온다. 이것은 앞서 大匠과 관련하여 설명하였듯이 天寶 11년 개명의 결과이다.

소장사 하대부 1인이 있었다.[39] 수초에는 장작(시)에 소장이 없었으나, 개황 20년(600) (장작)시를 (장작)감으로 고치면서 대장을 대감으로 하고 처음으로 부감 1인을 두었다.[40] 양제는 부감을 소감으로 바꾸었는데,[41] 대업 3년(607) 소감을 소장으로 고쳤다가 5년(609)에 다시 소장을 소감으로 바꾸었고 (그 품계가) 정5품이었으며, 13년(617)에는 또 (소감을) 소령으로 바꾸었다.[42] 당조에서는 소장을 2인으로 고쳐 두었다.[43] 용삭(2년)·함형(원년)·광택(원년)·신룡(원년)에 (장작)감(의 명칭이 바뀜)에 따라 (장작소장의 명칭도) 바뀌거나 (예전대로) 되돌려졌다.

將作大匠之職, 掌供邦國脩建土木工匠之政令, 總四署、三監、百工之官屬, 以供其職事; 少匠貳焉. 凡西京之大內、大明·興慶宮, 東都之大內、上陽宮, 其內外郭、臺、殿、樓、閣幷仗舍等, 苑內宮、亭, 中書、門下、左·右羽林軍、左·右萬騎仗、十二閑廐屋宇等, 謂之內作. 凡山陵及京·都之太廟、郊社諸壇·廟, 京、都諸城門, 尙書·殿中·秘書·內侍省、御史臺、九寺、三監、十六衛、諸街使、弩坊、溫湯、東宮諸司、王府官舍屋宇, 諸街、橋、道等, 並謂之外作. 凡有建造營葺, 分功度用, 皆以委焉. 凡修理宮廟, 太常先

39) 『通典』 권39, 職官 秩品4, 1067쪽에는 北周의 正4命 가운데 冬官 下大夫로서 小匠師가 나온다. 그런데 이 『通典』의 北周官人의 秩品기록에는 正3命 冬官 上士 중에도 小匠師가 있다.

40) 『隋書』 권28, 百官下, 793쪽.

41) 煬帝가 副監을 少監으로 바꾼 사실은 여타 문헌에서 확인하지 못하였다. 그러나 『隋書』의 開皇 20년 副監 創置(권28, 百官下, 793쪽)와 大業3년의 少監을 少匠으로 개칭한 기록(同上書, 799쪽)을 볼 때, 이 사이에 副監이 少監으로 바뀐 것은 분명한 사실이라고 생각된다.

42) 『隋書』 권28, 百官下, 799쪽.

43) 『舊唐書』 권44, 百官3, 1895쪽과 『新唐書』 권48, 百官3, 1272쪽. 그런데 少匠을 2인으로 늘린 시점은 『唐會要』에서는 則天武后 大足 원년이라고 한(권66, 將作監, 1367쪽) 반면 『通典』에서는 睿宗 太極 원년이라고 하여(권27, 職官 將作監, 762쪽) 상이하다.

擇日以聞, 然後興作.

역문 장작대장의 직임은 나라의 건설 사업에 공급될 토목 공사(에 동원되는) 장인의 정령을 관장하는 것인데, 4개의 (좌교·우교·중교·견관)서와 3개의 감44) 및 온갖 장인45)의 관속들을 총령하여 해당 직무를 (수행하도록 인력과 자재를) 제공한다. 소장은 그 차관이 된다. 무릇 서경46)의 대내47)·대명궁48)·흥경궁,49) 동도50)의 대내51)·상양궁52)과 그 안팎의 (성)곽·대·전·누·각53)

---

44) 將作監 예하의 官府를 설명한 아래의 본문에는 百工·就谷·庫谷·斜谷·太陰·伊陽의 6개 監이 나오는데(목차와 본문의 注文에는 斜谷監이 없음), 여기에서 왜 '三監'이라고 표현하였는지 이해하기 어렵다. 아래 將作丞의 직임을 설명할 때 나오는 '三監'도 마찬가지로서, 이 구절들은 혹 '五監'이나 '六監'의 착오일 가능성도 배제할 수 없다.

45) 원문은 '百工'인데, 이것은 『역주당육전[상]』 권7, 尙書工部, 672쪽에 설명된 將作監 소속 만 5천 인의 '匠'을 가리킨다고 생각된다. 여러 주들에서 뽑아 온 이들은 "신체가 건장하며 기능이 정교한" 장인들이었다. 『新唐書』 권48, 百官3, 1273쪽에는 天寶 11년 이들이 "短蕃匠一萬二千七百四十四人, 明資匠二百六十人"으로 구성되었다는 기록도 있다.

46) 속칭 長安으로 불리는 唐朝의 수도는 시기에 따라 그 공식적인 명칭이 달랐다. 『新唐書』 권37, 地理1, 961쪽에 의하면 "上都, 初曰京城, 天寶元年曰西京, 至德二載曰中京, 上元二年復曰西京, 肅宗元年曰上都"라고 하는데, 『唐六典』에서는 京城과 西京이라는 이름이 모두 보인다.

47) 大內는 황제의 궁을 뜻하는 일반명사일 수도 있으나, 여기에서는 문맥상 長安의 太極宮을 가리키는 고유명사인 듯하다. 이것은 睿宗 景雲 원년 10월에 "以京大內爲太極宮"하였다는 『唐會要』 권30, 大內, 639쪽의 기록과도 부합한다. '西內'라고도 부르는 太極宮은 宮城의 중앙에 위치하여 동쪽으로 東宮, 서쪽으로 掖庭宮, 남쪽으로 皇城, 북쪽으로 禁苑(西內苑)과 인접하고 있다. 『역주당육전[상]』 권7, 尙書工部, 645~650쪽과 楊鴻年, 『隋唐宮殿建築考』(陝西人民出版社, 1992), 16~17쪽의 '太極宮'조 참조.

48) 長安都城의 동북쪽 龍首原에 위치한 황제의 궁으로서 '東內' 혹은 '北內'라고도 불린다. 실제로 唐代의 황제들이 가장 많이 또 장기간 거주한 곳은 바로 이 大明宮이었다. 『역주당육전[상]』 권7, 尙書工部, 650~655쪽과 楊鴻年, 『隋唐宮殿建築考』, 6~9쪽 참조.

49) 玄宗 李隆基가 왕자시절에 형제들과 함께 살았던 皇城 밖의 私邸를 즉위 후 황제의 궁으로 개조·확대한 것으로서 '南內'라고도 불린다. 玄宗은 여기에서 聽政하기도 하였으나, 唐 후기의 경우 대부분 太上皇이나 退位한 君主의 거소로 이용되었다. 『역주당육전[상]』 권7, 尙書工部, 655~658쪽과 楊鴻年, 『隋唐宮殿建築考』, 31~37쪽 참조.

50) 唐朝는 서쪽으로 치우친 수도 長安의 기능을 보완하기 위하여 洛陽을 중시하였다. 『新唐書』는 그 명칭의 변화를 "東都, 隋置, 武德四年廢. 貞觀六年號洛陽宮, 顯慶二年曰東都, 光宅元年曰神都,

이나 장사54) 등과 (금)원55) 안의 궁·정56) 그리고 중서(성)·문하

神龍元年復曰東都, 天寶元年曰東京, 上元二年罷京, 肅宗元年復爲東都"라고 전하는데(권38, 地理2, 981~982쪽.), 『唐會要』 권68, 河南尹, 1407쪽에서는 '罷京'을 上元 원년의 일로 적었으며 그 이후 기록도 차이가 있다. 『唐兩京城坊考』(北京:中華書局, 1985) 권5, 東京, 131쪽에서는 『新唐書』의 기록과 거의 동일하나, 마지막 東都로 되돌린 시점을 上元 2년이라고 하였다.

51) 여기에서의 '大內'는 황제의 궁에 대한 범칭으로서 洛陽의 皇城 북쪽에 있는 皇宮(『역주당육전(상)』 권7, 尙書工部, 665쪽)을 가리키는 듯하다. 이것은 長安의 宮城과 동일한 위상에 존재하며, 『舊唐書』 권38, 1421쪽)와 『新唐書』 권38, 982쪽)의 「地理志」나 徐松의 『唐兩京城坊考』 권5, 東京宮城, 131~137쪽은 이를 宮城으로 적고 있다. 『역주당육전(상)』 권7, 尙書工部, 665~668쪽과 楊鴻年, 『隋唐宮殿建築考』, 61~66쪽의 '洛陽宮'條 참조.

52) 洛陽의 皇城 서남쪽에 있는 황제의 궁으로서, 高宗이 만년에 聽政한 곳이며 則天武后가 실각한 뒤 머물다가 죽은 곳이기도 하다. 『역주당육전(상)』 권7, 尙書工部, 668~670쪽과 楊鴻年, 『隋唐宮殿建築考』, 11~12쪽 참조.

53) 長安과 洛陽에 있는 황제의 궁은 성곽으로 둘러싸여 있고, 그 안에 臺(『初學記』 권24, '臺'는 "『釋名』云, 臺持也. 言築土堅高, 能自勝持也"라고 하였다. 『爾雅』, '釋宮'에서는 "四方而高曰臺"라고 한다)·殿(『初學記』 권24, '殿'은 "『蒼頡篇』曰, 殿大堂也"라고 하였다)·樓(『初學記』 권24, '樓'는 "『說文』曰, 樓重屋也. 又『釋名』曰, 言牖戶諸射孔慺慺然也라고 하였다. 『爾雅』, '釋宮'에서는 "陜而修曲曰樓"라고 한다)·閣을 비롯하여 觀·堂·亭 등의 이름을 가진 여러 종류의 건물들이 세워졌다.(위 太極宮 등에 대한 『역주당육전(상)』 권7, 尙書工部의 645~658쪽과 665~670쪽 참조) 『舊唐書』 권38, 地理1의 1394쪽과 1420~1421쪽에 따르면 이러한 건물들의 수는 아래와 같다.(長安의 興慶宮에 대한 기록은 없음)

長安 太極宮	長安 大明宮	長安 興慶宮	洛陽 宮城	洛陽 上陽宮
別殿·亭·觀 35개	別殿·亭·觀 30여 개	未詳	別殿·臺·館 35개	別殿·亭·觀 9개

54) "相王、衛王重俊、成王千里宅, 遣衛士宿衛, 環其所居, 十步置一仗舍, 持兵巡徼, 同於宮禁"(『新唐書』 권183, 外戚, 4738쪽)이라는 기록에서 보듯이, '仗舍'는 衛士들의 宿衛와 警備를 위한 건물이다. 『唐兩京城坊考』는 大明宮의 西面에 있는 日營門과 右銀臺門에 "門皆有仗舍"라고 附注하였는데(권1, 西京 大明宮, 18쪽), 이러한 仗舍는 황제의 궁과 금원의 문에 모두 설치되었을 듯하다.

55) 『역주당육전(상)』 권7, 尙書工部의 658~659쪽과 670~671쪽에 따르면 禁苑은 長安의 궁성 북쪽, 洛陽의 皇都 서쪽에 있었다. 그런데 『唐兩京城坊考』에서는 長安의 경우 太極宮 북쪽의 '西(內)苑', 大明宮 동남쪽의 '東(內)苑'과 隋의 大興苑에 해당하는 '禁苑'으로 나누어 두었고(권1, 西京 三苑, 27~32쪽), 낙양의 금원은 神都苑이라는 이름으로 설명한다.(권5, 東京 神都苑, 143~145쪽) 그러나 『唐六典』에는 禁苑 이외의 명칭이 보이지 않으며, 正史 地理志의 長安과 洛陽에 대한 기록 역시 마찬가지이다.

56) 『唐六典』에는 長安의 禁苑에 있는 건물들의 이름이 나오지 않으나, 『舊唐書』 권38, 地理1, 1394쪽에 의하면 苑內에 '離宮·亭·觀'이 24개 있었다고 한다. 洛陽의 禁苑은 『唐六典』에 단지 11개의 宮(『初學記』 권24, 宮은 "『釋名』云, 宮穹也. 言屋見於垣上, 穹崇然也"라고 하였다. 『爾雅』, 釋宮에서는 "宮謂之室, 室謂之宮"이라고 한다.)과 2개 亭의 명칭이 보이는데(『역주당육전(상)』 권7,

(성)[57]·좌우림군·우우림군·좌만기·우만기의 병장기 (보관소)[58]·12종의 황제 말의 마구간[59](과 같은) 건물 등을 내작[60]이라고 부른다. 무릇 산릉[61] 및 서경·동도의 태묘[62]·교사[63]의 여

尙書工部, 670~671쪽), 『舊唐書』 권38, 地理1, 1421쪽에 의하면 苑內에 '離宮·亭·觀'이 14개 있었다고 한다.

57) 唐代 中書省과 門下省은 황제의 궁 안에 있었는데, 그 위치는 각각 아래의 표와 같다. 中書省의 경우 이밖에 仁壽宮에도 두어졌고, 황제의 여타 궁 안에도 두 省은 존재하였을 것이다.(楊鴻年, 『隋唐宮殿建築考』, 413~414쪽과 398~399쪽 참조) 그리고 中書外省과 門下外省이 長安과 洛陽의 皇城에 따로 있었으나(『唐兩京城坊考』의 권1, 西京 皇城, 14·11쪽과 권5, 東京 皇城, 139·138쪽), 여기에서 말하는 中書省과 門下省이 이들까지 포함하는지는 의문이다.

	長安大內	大明宮	興慶宮	洛陽大內
中書省	右延明門의 밖	月華門의 밖	和豊門橫街南	明福門의 부근
門下省	左延明門의 동남쪽	日華門의 동쪽	未詳	宮의 동남쪽(章善門內)

58) 唐代 天子의 禁軍은 南衙와 北衙로 나뉘고, 그 중에 皇宮의 북쪽에 두어진 北衙禁軍을 거느린 것이 左·右 羽林軍이었다.(『唐六典』 권25, 諸衛府, 643쪽) 그리고 '萬騎'는 貞觀 12년 玄武門에 左·右 屯營을 설치하면서 만든 '飛騎' 중 武藝가 뛰어난 이들을 일컬은 '百騎'로부터 확대·발전한 것으로서, 본래 羽林軍의 主力이었던 이들은 개원 26년 左·右 龍武軍으로 자립하였다.(『唐會要』 권72, 京城諸軍, 1529~1531쪽 : 唐長孺, 『唐書兵志箋正』(北京:科學出版社, 1957), 권3, 83~94쪽 참조) 실제로 『唐兩京城坊考』 권1, 西京 大明宮, 18~19쪽에 따르면, 大明宮의 東面 남쪽 문인 太和門 밖과 西面 북쪽 문인 九仙門 밖에 각각 배치한 左三軍과 右三軍은 羽林軍·龍武軍·神策軍이다.(『唐六典』이 神策軍을 언급하지 않은 것은 이것이 天寶 13년에 새로 만들어진 부대이었기 때문이다) 따라서 이러한 北衙禁軍의 중심부대들은 자신들의 병장기를 황제의 궁 가까이에 보관하고 있었을 듯하다. 단 『唐兩京城坊考』에는 東·西 朝堂 곁에 '金吾左·右仗院'의 존재만 확인될(권1, 西京 大明宮, 19쪽) 뿐 羽林軍이나 萬騎 혹은 龍武軍 관련 기록은 보이지 않는다.

59) 『역주당육전(중)』 권11, 殿中省, 223~224쪽의 본문에 의하면, 唐代 황제의 말을 左와 右의 飛黃·吉良·龍媒·騊駼·駃騠·天苑右로 구분한 12閑이 있었고, 이 말들을 키우는 祥麟과 鳳苑이라고 불리는 두 마구간은 모두 仗內에 있었다. 그리고 이것의 注文을 보면, 당시 仗內에는 이밖에 飛龍·鵷鸞·吉良·六羣이라는 이름의 마구간과 奔星과 內駒라는 또 다른 閑도 있었으며, 仗外에도 東南內·西南內라는 두 마구간과 左飛·右飛·左萬·右萬라는 네 종류의 閑 역시 있었다. 특히 飛龍廐 혹은 飛龍院의 경우 『唐六典』에서 洛陽宮城의 북문인 玄武門 안의 동쪽에 있다고 명기하였는데(『역주당육전』(상) 권7, 尙書工部, 670쪽), 이 마구간은 西京의 玄武門 밖에도 있었다고 한다.(楊鴻年, 『隋唐宮殿建築考』, 404~405쪽 참조)

60) '內作'은 모두 황제의 궁이나 禁苑 안에 있다는 점에서 皇城을 비롯한 그밖의 지역에 있던 건물 혹은 시설물들과는 구분되는 듯하다.

61) 帝王의 陵을 山陵이라고 하는데, 『唐六典』의 편찬 당시 高祖의 獻陵, 太宗의 昭陵, 高宗의 乾

러 제단과 사당, 서경·동도의 여러 성문[64], 상서성[65]·전중성[66]·비서성[67]·내시성[68]·어사대[69]·9시[70]·3감[71]·16위[72]·여러

陵, 中宗의 定陵, 睿宗의 橋陵, 殤帝의 恭陵이 있었다. 『역주당육전(중)』 권14, 太常寺, 367~369쪽 참조.

62) 唐 황제의 祖廟인 太廟는 長安의 황성 安上門의 동쪽(『唐兩京城坊考』 권1, 西京 皇城 14쪽), 洛陽의 경우 皇城 東朝堂의 남쪽 네번째 橫街의 북쪽에 있었다.(同上書 권5, 東京 皇城, 138쪽)

63) '郊'는 하늘에 제사지내는 圜丘와 땅에 제사지내는 方丘를 말하며, '社'는 太社와 太稷을 제사지내는 社稷을 뜻한다. 당시 圜丘는 長安 도성의 南面 啓夏門 서남쪽 2里 밖에 있었고(『唐兩京城坊考』 권1, 西京 外郭城, 33쪽), 方丘는 長安 궁성의 북쪽 14里 밖에 있었다.(『通典』 권45, 禮 方丘, 1261쪽) 그리고 社稷의 경우 長安皇城 含光門의 서쪽에 있었으며(『唐兩京城坊考』 권1, 西京 皇城 10·17쪽의 '大社'도 이 社稷을 가리킨다), 東都의 경우 皇城 應天門 밖 북쪽부터 第1橫街와 第2橫街 사이에 '太社'가 있었다.(同上書 권5, 東京 皇城, 139쪽) 여기에서 大社는 곧 太社이며, 이것은 광의의 의미로 社稷과 동일한 듯하다.

64) 長安과 洛陽의 여러 城門들은 『역주당육전(상)』 권7, 尙書工部의 639~670쪽과 楊鴻年, 『隋唐宮殿建築考』, 225~392쪽 참조.

65) 長安에는 皇城 承天門街의 동쪽에서 宮城부터 第4橫街의 북쪽에 있고(『唐兩京城坊考』 권1, 西京 皇城, 12쪽), 洛陽의 경우 東城 承福門 안 南北街의 동쪽에서 남쪽부터 第2橫街의 북쪽에 있었다.(同上書 권5, 東京 東城, 140쪽)

66) 長安에는 皇城 承天門街의 동쪽에서 궁성부터 第2橫街의 북쪽에 있고(『唐兩京城坊考』 권1, 西京 皇城, 11쪽), 洛陽의 경우 황성 應天門 밖 동쪽에서 第1橫街와 第2橫街의 사이에 있었다.(同上書 권5, 東京 皇城, 138쪽) 그런데 大明宮 안에도 '殿中外院·殿中內院(省)'이 있으나(同上書 권1, 西京 大明宮, 21·23쪽 : 楊鴻年, 『隋唐宮殿建築考』, 555쪽 참조), 여기에서 '外作'으로 표현된 殿中省은 황제 궁 안의 이것들을 포함하지 않을 듯하다.

67) 長安에는 황성 承天門街의 서쪽에서 궁성부터 第5橫街의 북쪽에 있고(『唐兩京城坊考』 권1, 西京 皇城, 15쪽), 洛陽의 경우 황성 西朝堂의 남쪽 第4橫街의 북쪽에 있었다.(同上書 권5, 東京 皇城, 139쪽)

68) 長安에는 掖庭宮의 서남쪽에 있고(『唐兩京城坊考』 권1, 西京 宮城, 9쪽), 洛陽의 경우 황성 西朝堂의 남쪽 第3橫街의 북쪽에 있었다.(同上書 권5, 東京 皇城, 139쪽) 楊鴻年, 『隋唐宮殿建築考』, 415~416쪽에는 이밖에 大明宮과 太極宮에도 內侍省이 있었다고 하나, 전자는 『唐兩京城坊考』에 '內侍別省'으로 나오며(권1, 西京 大明宮, 23쪽), 후자의 경우 後代에 만들어진 『陝西通志』에만 보인다. 따라서 여기에서 말하는 內侍省 역시 황제의 궁 밖에 존재하는 것이라고 생각된다.

69) 長安에는 황성 承天門街의 서쪽에서 궁성부터 第6橫街의 북쪽과(『唐兩京城坊考』 권1, 西京 皇城, 16쪽), 洛陽의 경우 황성 西朝堂의 남쪽부터 第4橫街의 북쪽에 있었다.(同上書 권5, 東京 皇城, 139쪽) 이밖에 大明宮의 中書省 남쪽에도 御史臺가 있었으나(同上書 권1, 西京 大明宮, 21쪽), 이것은 文宗 大和연간에 새로 만들어진 것이다.(『全唐文』 권727, 舒元輿의 御史臺新造中書院記) 그러므로 『唐六典』 편찬당시 황제의 궁 안에 御史臺는 없었다.

70) 아래의 표에서 보듯이 9寺는 대부분 皇城 안에 있었고, 황제의 궁에 두어진 경우는 없다.

가사73) · 노방74) · 온탕75) · 동궁의 여러 관부76) · 왕부77)의 관사

근거는 『唐兩京城坊考』의 '권수·쪽수'로만 표시하였다.

	太常寺	光祿寺	衛尉寺	宗正寺	太僕寺	大理寺	鴻臚寺	司農寺	太府寺
長安	皇城	皇城	皇城	皇城	皇城	皇城	皇城	皇城	皇城
근거	1.14	1.13	1.15	1.16	1.16	1.15	1.17	1.15	1.14
洛陽	東城	東城	皇城	尙善坊	安業坊→皇城	東城	皇城	敦行坊→東城	皇城
근거	5.140	5.138	5.138	5.148	5.139 · 147	5.141	5.138	5.140 · 150	5.138

71) 『舊唐書』 권42, 職官1, 1785쪽에 "貞觀元年, 改國子學爲國子監, 分將作爲少府監, 通將作爲三監"이라고 하였다. 『唐六典』은 여기에 軍器監과 都水監을 더하여 5監의 체제를 보여주고 있으나, 이 둘은 독립된 官府로서의 廢置가 분분하고 이에 대한 기록도 문헌에 따라 다르다. 그런데 『通典』 권27, 職官 軍器監, 769쪽에 의하면 전자는 開元 11년 폐지되었다가 天寶6년에 復舊되었으며(『唐六典』 권22, 少府監軍器監, 577쪽의 기록처럼 開元 16년에 다시 만들어진 軍器監은 北都에 두어졌다.), 후자의 경우 『新唐書』 권48, 百官3, 1276쪽에서 開元 25년에 가서야 비로소 將作監으로부터 완전히 독립되었다고 한다. 따라서 여기에서의 3監은 國子監 · 少府監 · 將作監을 의미한다고 생각되며, 이들의 위치는 아래의 표와 같다.

	長安	洛陽	근거(『唐兩京城坊考』의 권수, 쪽수)
國子監	外郭城內 務本坊	外郭城內 正平坊	2, 40과 5, 149
少府監	皇城 承天門街의 동쪽, 宮城부터 第6橫街의 북	皇城 承福門內 南北街의 서쪽, 남쪽부터 第1橫街의 북	1, 14와 5, 141
將作監	皇城 承天門街의 서쪽, 북쪽부터 第3橫街의 북	미상	1, 15

72) 16衛는 左 · 右 衛, 左 · 右 驍衛, 左 · 右 武衛, 左 · 右 威衛, 左 · 右 領軍衛, 左 · 右 金吾衛, 左 · 右 監門衛, 左 · 右 千牛衛인데, 左 · 右 金吾衛를 제외하고는 모두 皇城 안에 두어졌다.(『唐兩京城坊考』의 권1, 西京 皇城, 11~15쪽과 권5, 東京 皇城, 138~139쪽) 左金吾衛는 長安의 永興坊(同上書 권3, 西京 外郭城, 52쪽)과 洛陽의 淸化坊(同上書 권5, 東京 外郭城, 172쪽)에 있었고, 右金吾衛는 長安의 布政坊에 있었던 것만 확인될(同上書 권4, 西京 外郭城, 104쪽) 뿐 洛陽의 경우 관련 기록이 없다.

73) 『唐六典』에는 左 · 右 金吾衛의 中郞將府에 그 屬官으로 左 · 右 街使 각 1인이 있다고만 전하고 그 구체적인 직임은 설명하지 않았다.(권25, 諸衛府, 635·639쪽) 그러나 唐 후기에는 『舊唐書』 권15, 憲宗下, 470쪽의 鄭權처럼 金吾大將軍으로서 街使를 겸임한 사례가 다수 발견되고, 그 역할이 중시되었던 듯하다. 실제로 『唐會要』 권86에 나오는 街使의 上奏(「街巷」, 1868쪽)나 勅文 중 街使에 대한 언급(「橋梁」, 1869~1870쪽)을 볼 때, 이들은 주로 도로나 교량의 관리, 보수를 책임지고 있었다. 그런데 이 街使의 관청 위치는 『唐兩京城坊考』에 명기되어 있지 않으나, 대체로 左 · 右 金吾衛와 유사하였다고 보아도 과히 틀리지 않을 것이다.

74) 『唐六典』에는 (北都)軍器監 아래 甲坊署 · 弩坊署가 병기되어 있다. 그런데 『唐會要』 권66, 軍器

건물, 여러 가로[街]·교량·도로[道]78) 등을 모두 외작79)이라고 부른다. 무릇 건축이나 수리할 일이 있으면, 작업량[功]을 분별하고 (필요한 인력과 자재 등의) 쓸 것을 헤아려 (담당 부서에 그 조달을) 맡긴다.80) 무릇 궁이나 사당의 공사는 태상시에서 먼저 택일

監, 1376쪽의 "開元三年十二月二十四日, 以軍器使爲監, 領弩·甲二坊. 十一年十月二十五日罷, 隸入少府監, 爲甲弩坊, 加少監一員以統之. 天寶六載五月二十八日, 復置"라는 기록을 보면, 長安에 軍器監이 독립된 官府로 설치되지 않았던 개원 년부터 천보 6년 사이에 甲坊署와 弩坊署는 甲弩坊이란 이름으로 少府監 아래 두어졌다고 한다. 그러므로 여기에서의 '弩坊'은 곧 甲弩坊으로 보아도 좋을 듯하고, 실제로 『唐兩京城坊考』에도 甲弩坊으로 연칭된 官府의 이름만 확인된다. 즉 長安 皇城 承天門街의 동쪽에서 궁성으로부터 第4橫街의 북쪽 그리고 洛陽 東城 承福門 안 南北街의 서쪽에서 남쪽으로부터 제1橫街의 북쪽에 있었던 軍器監은 원래 甲弩坊의 舊址였다는 것이다. (권1, 13쪽과 권5, 141쪽)

75) '溫湯'은 『唐兩京城坊考』에는 보이지 않으나, 宋代 宋敏求의 『長安志』(北京:中華書局, 1990, 宋元方志叢刊本) 권15, 臨潼, 5뒤쪽에서 "溫湯在新豊縣界溫谷, 卽溫泉也.…(貞觀18年)御賜名溫泉宮"이라고 하였다. 그런데 司農寺 아래 두어진 溫泉湯(監)에 대한 『唐六典』의 설명에 이와 유사한 내용이 있고(권19, 司農寺, 529쪽), 이 '溫湯'은 곧 후대에 楊貴妃의 故事로 유명한 驪山北麓의 華淸宮이다. 따라서 이것은 長安 밖의 別宮이지만 唐代의 황제들이 자주 찾았던 곳으로서 여기에서 특기한 듯하다. 楊鴻年, 『隋唐宮殿建築考』, 43~48쪽 참조.

76) 『唐六典』 권26~28에 나오는 東宮의 주요 官府와 그 소재지는 아래의 표와 같다.(근거는 『唐兩京城坊考』의 '권수·쪽수'로만 표시) 그런데 여기에서 左·右 春坊과 內坊은 東宮과 皇城에 병치되었다는 점에서 흥미로우나, 이 경우 역시 太極宮과 같은 황제의 궁에 있지 않았던 것은 분명한 사실이다.

	詹事府	左春坊	右春坊	(東宮)內坊	家令寺	率更寺	(東宮)僕寺	10率府
長安	皇城	東宮/皇城	東宮/皇城	東宮/皇城	皇城	皇城	皇城	모두 皇城
근거	1,12	1,8/ 1,12	1,8/ 1,12	1,8/ 1,12	1,12	1,12	1,12	1,12
洛陽	皇城	皇城	皇城	皇城	皇城	擇善坊	未詳	皇城(左·右淸道率府, 右司禦率府, 左·右內率府는 未詳)
근거	5,140	5,138	5,138	5,139	5,138	5,155		1,138~139

77) 『唐兩京城坊考』에는 특정 王의 王府에 대한 기록도 자주 나오지만, 특히 長安의 경우 宣平坊의 東南隅에 '舊諸王府'(권3, 西京 外郭城, 77쪽) 그리고 延康坊에 '諸王府'(권4, 西京 外郭城, 109쪽)가 있었다고 한다.

78) 원문은 '街'와 '道'를 구분하고 있는데, 현재로서는 양자의 차이를 명확히 설명할 수 없다.

79) '外作'은 지금까지 열거된 사례들을 볼 때 '內作'과 달리 황제의 宮이나 禁苑 이외 지역의 건물이나 시설물을 의미한다고 생각된다.

하여 알려주면 그 뒤에 일을 시작한다.[81]

○ 丞四人, 從六品下; 漢將作有丞二人, 秩六百石. 後漢置一人, 魏、晉因之. 東晉、宋、齊有事則置, 無事則罷. 梁天監七年置大匠丞一人, 班第三. 陳因之. 後魏從五品中; 太和二十二年, 第七品下. 北齊丞四人, 從第七品上. 後周匠師上士一人. 隋將作丞二人, 從六品, 大業十三年加至從五品. 皇朝加丞至四人, 從六品下. 主簿二人, 從七品下; 晉將作置主簿員. 江左有事則置, 無事則省. 梁天監七年復置將作主簿一員, 七班中第三. 北齊將作寺有功曹、主簿員; 若有營作, 又別立長史、司馬、主簿各一員. 隋將作主簿二人, 皇朝因之. 錄事二人, 從九品上.

역문 승은 4인으로 종6품하이고, (전)한에서는 장작(소부 혹은 장작대장 아래)에 승 2인이 있었고 그 질이 육백석이었다.[82] 후한은 1인을 두었고, 위·진(晉)이 이를 따랐다. 동진·송·제에서는 일이 있으면 두었고 일이 없으면 없앴다. 양은 천감 7년(508)에 대장승 1인을 두었는데, 제3반이었다.[83] 진(陳)은 이를 따랐다.[84] 북위에서는 (원래 승이) 종5품중이었으나 태화 22년(498)에 7품하가 되었다.[85] 북제에 승은 4인으로 종7품상이었다. 북주에는 장사 상사 1인

---

80) 공사에 필요한 인력과 자재의 算定은 『唐律』에서 매우 철저하게 관리하고 있다. 즉 『역주 당율소의』 第240條, 擅興 17 '興造言上'조, 2366~2368쪽에서 보듯이, "諸有所興造, 應言上而不言上, 應待報而不待報, 各計庸, 坐贓論減一等… 卽料請財物及人功多少違實者, 笞五十. 若事已損費, 各併計所違贓庸重者, 坐贓論減一等"라고 하여 그 필요 자재와 노동력의 계산이 잘못되었을 경우 엄격히 처벌하였던 것이다.

81) 이것은 營繕令의 규정이다. 『唐令拾遺』, 營繕令 제31의 제5조, 804쪽 참조.

82) 『漢書』 권19상, 百官公卿表上의 733·737쪽.

83) 『隋書』 권26, 百官上, 724쪽과 732쪽.

84) 『隋書』 권26, 百官上, 745쪽에 따르면 陳代에도 12卿 아래에 8품관이었던 丞이 있었다.

85) 『魏書』 권113, 官氏志에 나오는 丞의 품계는 『唐六典』과 동일하나(2986·3000쪽), 태화 22년은

이 있었다.[86] 수에서는 장작승이 2인으로 종6품이었는데,[87] 대업 13년(617)에 종5품으로 올렸다. 당조에서는 승을 4인으로 늘렸고 (그 품계는) 종6품하이었다. **주부는 2인으로 종7품하이며**, 진(晉)에서는 장작(대장 아래)에 주부의 정원을 두었다. 강남(으로 내려간 동진)에서는 일이 있으면 두었고 일이 없으면 없앴다. 양은 천감 7년(508)에 다시 장작주부 1명을 두었는데, (18반 아래에 둔 별도의) 7반[88] 중 제3반이었다. 북제에는 장작시에 공조와 주부의 정원이 있었는데,[89] 공사가 있을 때는 또 장사·사마·주부를 각각 1명씩 따로 세웠다.[90] 수에서는 장작주부가 2인이었고, 당조는 이를 따랐다. **녹사는 2인으로 종9품상이다.**

丞掌判監事. 凡內外繕造, 百司供給, 大事則聽制、敕, 小事則俟省符, 以諮大匠, 而下於署、監, 以供其職. 凡諸州匠人長上者, 則州率其資納之, 隨以酬顧. 凡功有長短, 役有輕重. 凡計功程者, 四月、五月、六月、七月爲長功, 二月、三月、八月、九月爲中功, 十月、十一月、十二月、正月爲短功. **凡啓塞之時, 火土之禁, 必辨其經制, 而擧其條目.** 凡四時之禁: 每歲十月以後, 盡于二月, 不得起冶作; 冬至以後, 盡

23년으로 되어 있다.(2993쪽)

86) 『通典』 권27, 職官 將作監, 762쪽에서 將作監의 丞에 대응하는 北周의 관직을 '匠師中士'라고 하였다. 반면 권39, 職官 品秩4, 1068쪽에는 '上士'로서 '小匠師'라는 명칭이 보인다.

87) 『隋書』 권28, 百官下에 의하면, 隋 文帝 시기의 경우 將作丞이 2인이었던 것은 맞지만(775쪽) 그 품계가 종7품상이었다.(787쪽) 그리고 『唐六典』의 설명처럼 종6품이 된 것은 煬帝 大業 3년의 일이다.(799쪽)

88) 『隋書』 권26, 百官上의 梁의 官制에 대한 설명에서 "至(天監)七年, 革選, 徐勉爲吏部尙書, 定爲十八班. 以班多者爲貴, 同班者, 則以居下者爲劣.… 位不登二品者, 又爲七班"(729·733쪽)이라고 한다.

89) 『隋書』 권27, 百官中, 758쪽에 따르면, 이밖에도 錄事의 정원도 있었다고 한다.

90) 『隋書』 권27, 百官中, 758쪽에는 "若有營作, 則立將、副將、長史、司馬、主簿、錄事各一人"이라고 하여, 임시로 두었다는 관직들의 종류가 『唐六典』의 기록보다 다양하다.

九月, 不得興土工; 春、夏不伐木. 若臨事要行, 理不可廢者, 以從別式. 凡營造修理, 土木瓦石不出於所司者, 總料其數, 上于尙書省. 凡營軍器, 皆鐫題年月及工人姓名, 辨其名物, 而閱其虛實. 主簿掌印, 勾檢稽失. 凡官吏之申請糧料、俸食, 務在、假使, 必由之以發其事. 若諸司之應供四署、三監之財物器用違闕, 隨而擧焉. 錄事掌受事發辰.

역문 승은 장작감의 일을 판정하는 일을 관장한다. 무릇 내작·외작(의 건물과 시설물)을 수리하거나 만들어 여러 관부들에 제공하는데, 큰일은 제·칙(으로 하달된 황제의 명령[91])을 받들고 작은 일은 (상서)성의 부[92]를 기다려서 (공사를 시작하는데) 대장과 의논하고 (좌교·우교·중교·견관의 4개) 서와 (3개의) 감[93]에 하달하여 그 직무를 (수행하도록 인력과 자재를) 제공한다. 무릇 여러 주의 (장작감 소속) 장인으로서 (장작감의 일에) 장기 복역하는 경우 주가 (복역하지 않은 장인의 결손분에 상당하는) 재화를 계산하여 바치게 하고, (장기 복역자에게) 그만큼 대가를 지불한다.[94] 무릇 작업량(에 필요한) 시간이 다르며, 시키는 일도

---

91) 制와 敕은 『唐六典』에서 '王言'들 가운데 하나로 설명하고 있다. 『역주당육전(중)』 권9, 中書省 集賢院史館匭使, 94~96쪽 참조.

92) 符는 唐代 下達文書의 하나로서 尙書省에서 州, 州에서 縣, 縣에서 鄕으로 내리는 문서와 같은 것들이다. 『역주당육전(중)』 권1, 三師三公尙書都省, 138쪽 참조.

93) 아래 將作丞의 직임에 대한 설명에서 '三監'이란 말이 나오므로, 이것 역시 '3개의 감'을 가리킨다고 생각된다. 그런데 앞서 將作大匠의 설명에도 보이는 이 말은 전술하였듯이 將作監 예하에 百工·就谷·庫谷·斜谷·太陰·伊陽의 6개 監(목차와 본문의 注文에는 斜谷監이 없음)이 있었던 사실과 어긋난다.

94) 『역주당육전(상)』 권7, 尙書工部, 672쪽에 의하면, 당시 장작감에는 1만 5천 명의 장인들이 소속되어 있었는데, 이들이 정해진 기간만큼 복역하지 않고 별도로 인부를 고용한 경우 이들로부터 재물을 거두어 비단(輕貨)으로 바꾸어 장작감에 내도록 하였다.

강도의 차이가 있다. 무릇 작업량의 기준[功程]을 계산할 경우 4월·5월·6월·7월은 (노동 시간이 긴) 장공, 2·3·8·9월은 (노동 시간이 중간인) 중공, 10·11·12·1월은 (노동 시간이 짧은) 단공으로 한다.[95] **무릇 공사의 시작과 종료(의 마땅한) 시기나 불과 흙의 (사용이 필요한 공사를) 금지(하는 시기)는 반드시 그 일반적인 제도를 분명히 알아서 그 (공사 중의 구체적인) 사항들을 밝힌다.** 무릇 계절에 따른 금지는 (아래와 같으니) 매년 10월부터 (이듬해) 2월까지 야철 작업을 시작할 수 없고, 동지부터 (이듬해) 9월[96]까지는 토목 공사를 일으킬 수 없으며, 봄과 여름에는 나무를 벨 수 없다.[97] 만약 (시급한) 일에 당면하여 반드시 (이처럼 금지된 일을) 행할 필요가 있고 이치상 하지 않을 수 없다면 별도의 규정[式]에 따른다.[98] **무릇 건설과 수리에 (필요한) 흙·나무·기와·돌(과 같은 자재들)이 담당하는 관부에서 나오지 않을 경우 그 수량을 헤아려 상서성에 보고한다.**[99] 무릇 군사 기물의 제작은 모두 (제

---

95) 이와 동일한 내용은 『역주당육전(상)』 권7, 尙書工部, 672쪽에도 나오는데, 이것은 당시 「營繕令」의 한 조문이다. 『唐令拾遺』, 營繕令 제31의 제1조, 800쪽(『唐令拾遺補』, 831쪽) 참조.

96) 校勘記에서 지적하고 있듯이, 이것은 혹 '正月'의 착오일 수도 있다.

97) 『역주당율소의』 第241條, 擅興18 '非法興造'조의 疏議, 2368쪽에서 "非法興造, 謂法令無文, 雖則有文, 非時興造, 亦是, 若作池亭賓館之屬"이라고 하였는데, 여기에서 "때가 아닌데 興造를 위해 한 것"이라는 규정이 바로 여기에 해당한다고 생각된다. 이 경우 율문에 따르면 "十庸以上, 坐贓論" 하도록 되어 있다.

98) 『역주당율소의』 第424條, 雜律36 '失時不修堤防'조의 疏議, 3244~3245쪽에서 "若暴水汎溢, 損壞隄防, 交爲人患者, 先卽修營, 不拘時限"이라고 한 것이 바로 이와 같은 특수한 상황에 대한 규정이다. 이를 어겨서 문제가 생겼을 때는 주관 관원이 처벌을 받는다.

99) 『역주당율소의』 第240條, 擅興17 '興造言上'조의 "修城郭, 築堤防, 興起人功, 有所營造, 依營繕令, '計人功多少, 申尙書省聽報, 始合役功.' 或不言上, 及不待報, 各計所役人庸, 坐贓論減一等. 其庸倍論, 罪止徒二年半"(2366~2367쪽)라는 疏議에서 알 수 있듯이, 당시 이런 공사는 尙書省의 관리 아래에서 행해지도록 令으로 규정하고 있었다.(『唐令拾遺』, 營繕令 제31의 제2조, 800~801쪽 : 『唐令拾遺補』, 831쪽 참조)

작) 연월과 만든 자의 이름을 새겨넣어 그 기물의 종류·수량을 명확히 하여 그 허실을 살핀다.[100] 주부는 (관)인과 처리날짜의 지체나 실착의 유무에 대한 검사[勾檢稽失]를 관장한다. 무릇 관리가 식량[糧料][101]·급여[俸食][102]·공가나 출장임무[務在假使][103]를 청하면, 반드시 주부를 거쳐서 그 일을 시행한다. 만약 여러 관부에서 (장작감 아래) 4개의 (좌교·우교·중교·견관)서와 3개의 감[104]에 응당 제공하여야 하는 재물이나 용구가 어긋나거나 빠졌다면, (그 잘못을) 찾아서 지적한다. 녹사는 문서의 수발[受事發辰]

---

100) 이것은 『唐令拾遺』, 營繕令 제31의 제6조, 804쪽에서 보듯이 당시 營繕令의 규정이다. 그런데 『역주당육전(중)』 권20, 太府寺, 650~654쪽에도 "其造弓矢、長刀, 官爲立様, 仍題工人姓名, 然後聽鬻之: 諸器物亦如之"라고 하여 이와 비슷한 내용이 보이며, 이에 따르면 기물의 제작자를 표시하도록 만든 법령은 비단 군사적 기물만에 제한된 것도 아니었다.(『唐令拾遺』, 關市令 제26, 제12조, 720쪽 참조) 실제로 洛陽 含元殿의 遺址에서 출토된 벽돌이나 기와 등에도 제작자의 이름이 적힌 것이 많다.(宿白, 「隋唐長安城和洛陽城」(『考古』 1978-6) 참조)

101) 正史에는 '供軍糧料'(『舊唐書』 권20上, 昭宗, 747쪽 등)·'糧料使'(『新唐書』 권146, 李栖筠, 4736쪽 등)와 같은 용례가 자주 보이고, '糧料'는 보통 軍糧과 말의 사료를 의미하는 듯하다. 그러나 官學의 학생(『唐會要』 권36, 附學讀書, 779쪽)이나 외국에서 온 使臣(『唐會要』 권100, 雜錄, 2136쪽) 등에게도 '糧料'가 지급된 적이 있으니, 여기에서의 '糧料'도 公務나 이에 준하는 일을 수행하는 이들에게 준 식량이었다고 생각된다.

102) 『역주당육전(상)』 권3, 尙書戶部, 352~353쪽에 의하면, 원래 京官에게 防閤·庶僕·俸食·雜用 등을 지급하였으나, 개원 24년에 그 명목이 번다함을 이유로 하여 이 모든 것을 합쳐서 '月俸'이란 이름으로 지급하였다고 한다. 따라서 여기에서의 '俸食'은 개원 24년 이전 관인들의 급여 중 하나였다고 생각된다.

103) 『唐六典』의 이 구절은 의문스러운 점이 있다. 『新唐書』 권48, 百官3, 1273쪽에서는 將作監 主簿의 직임을 "掌官吏糧料、俸食, 假使必由之"라고 하여, '務在'라는 말이 없으며, 저본의 校勘記에서 지적하였듯이 이것은 '務任'의 착오일 수도 있기 때문이다. 그러므로 여기에서는 일단 '假使' 곧 冬至 등의 公休日이나 喪葬 등에 따른 公暇를 뜻하는 '假'(『唐令拾遺』, 732~756쪽과 『唐令拾遺補』, 810~816쪽의 假寧令 참조)와 특별한 임무를 부여받아 출장을 가는 '使'에 초점을 맞추어 해석하였다.

104) 실제로 將作監 예하에는 百工·就谷·庫谷·斜谷·太陰·伊陽이라는 6개의 監이 있으므로(목차와 본문의 注文에는 斜谷監이 없음), 여기에서 3개의 감이 구체적으로 무엇을 뜻하는지 설명하기 어렵다.

을 관장한다.

◎ 左校署: 令二人, 從八品下; 『周官』有攻木之工七, 謂輪、輿、弓、廬、匠、車、梓也. 秦、漢有左、右、前、後、中校五令·丞. 後漢唯置左、右校令·丞各一人, 令六百石; 又有材官校尉. 魏幷左校於材官. 晉過江, 省將作大匠, 而左、右校隷少府; 又改材官校尉爲將軍, 罷左校令. 宋、齊、梁、陳又有左校令、丞, 別置材官將軍、司馬. 北齊太府寺有左校署令、丞. 後周有掌材上士. 隋將作領左校署令二人, 皇朝因之. 丞四人, 正九品下; 漢成帝省左、右、前、後、中五校丞. 後漢置左、右校丞各一人, 秩三百石. 魏因之. 東晉隷少府. 宋、齊、梁、陳、北齊皆有丞. 後周有掌材中士二人. 隋左校丞四人, 皇朝因之. 監作十人, 從九品下.

역문 좌교서: 영은 2인으로 종8품하이고, 『주관』에는 나무를 다루는 장인이 일곱 가지 있는데, 수레의 바퀴·덮개를 만드는 윤인, 수레의 몸체를 만드는 여인, 여러 가지 활을 만드는 궁인, 기물의 자루를 만드는 노인, 궁실·성곽·수로 등을 만드는 장인, 수레를 만드는 거인, 물통·과녁 등을 만드는 재인을 말한다.105) 진(秦)·한에서는 좌교·우교·전교·후교·중교의 다섯 영과 승이 있었다.106) 후한은

105) 『周禮』「冬官 考功記」의 原文은 "凡攻木之工七… 攻木之工, 輪、輿、弓、廬、匠、車、梓"인데, 賈公彦의 疏는 이 일곱 종류의 木工을 "輪人爲輪·蓋, 輿人爲車輿, 弓人爲六弓, 廬人爲柄之等, 匠人爲宮室城郭溝洫之等, 車人爲車, 梓人爲飮器及射侯之等"라고 설명하였다.(十三經注疏整理本 『周禮注疏』(北京大學出版社, 2000) 권39, 1245~1246쪽) 『周禮』에는 輪人(同上書 권39, 1263~1268쪽), 輿人(同上書 권39, 1268~1271쪽), 弓人(同上書 권42, 1372~1391쪽), 廬人(同上書 권41, 1340~1391쪽), 匠人(同上書 권41, 1372~권42, 1366쪽), 車人(同上書 권42, 1367~1372쪽), 梓人(同上書 권42, 1367~1372쪽)이 하는 일에 대한 자세한 설명이 나온다.

106) 『通典』 권27, 職官 將作監, 762쪽에는 左·右 校署가 "秦及漢初有左、右、前、後、中五校令, 後

오로지 좌교와 우교의 영·승만 두었고[107] 영(의 질)이 육백석이었는데, 또 재관교위가 있었다.[108] 위(魏)에서는 좌교령을 재관(교위)로 통합하였다.[109] 진(晉)이 장강을 건너 (동진 시기에) 장작대장을 없애고 좌(교)·우교를 소부의 아래에 두었으며, 아울러 재관교위를 (재관)장군으로 고치고 좌교령를 폐지하였다.[110] 송·제·양·진(陳)에서는 다시 좌교령·(좌교)승이 있었고, 따로 재관장군·사마를 두었다.[111] 북제는 태부시에 좌교서의 영과 승이 있었다.[112] 북주에는 장재 상사가 있었다.[113] 수에서는 장작(대장 혹은 대감·(대)령)

唯置左、右校令. 後漢因之, 掌左、右工徒"이라고 하여 위 『唐六典』의 기록과 차이가 있다. 여기에서 오로지 左·右 校令만을 둔 것은 後漢이 아니라 前漢 시기의 일로 보이기 때문이다.

107) 전술한 것처럼, 이미 前漢 시기부터 左·右 校令만을 두었다. 그리고 『後漢書』와 『續漢志』의 주에 따르면, 右校와 左校에 둔 令·丞은 後漢 초에는 없었고 安帝 延光 3년 7월에 이르러서야 이것을 다시 만들었다.(권5, 孝安帝紀, 239쪽 : 志27, 百官4, 3610쪽 참조)

108) 『漢書』·『後漢書』와 『漢官六種』에 '材官校尉'라는 이름의 관직이 보이지 않는다. 단지 秦·漢 시기에 兵種의 하나로서 '材官'이 있었는데(『漢書』 권23, 刑法志, 1090쪽과 『後漢書』 권1下, 光武帝紀, 51쪽에 인용된 『漢官儀』 참조), 이것과 당시 將作少府나 將作大匠의 관계는 불분명하다.

109) 이 『唐六典』의 기록은 의문이 많다. 『通典』 권27, 職官 將作監, 762쪽에서 "魏倂左校、右校於材官"이라 하고, 『宋書』 권39, 百官上, 1238쪽의 경우 또 "材官將軍… 主工匠土木之事. 漢左右校令, 其任也. 魏右校又置材官校尉, 主天下材木事"라고 하여, 문헌에 따라 달리 적고 있기 때문이다. 실제로 아래 左校署의 丞 그리고 右校署의 令·丞에 대한 注文에서는 (後)漢의 상황을 서술한 뒤 '魏因之'라고만 하여 특기할 만한 변화가 없었던 것처럼 보이기도 한다. 따라서 魏代에 材官校尉를 신설한 것은 사실이라고 하더라도, 이로 인하여 左校나 右校 자체가 없어졌다고 생각되지는 않는다. 그러나 여기에서는 일단 저본에 의거하여 번역한다.

110) 『通典』 권27, 職官 將作監, 762쪽의 "晉左·右校屬少府"(『晉書』 권24, 職官, 737쪽 참조)나 『宋書』 권39, 百官上, 1238쪽의 "晉江左改材官校尉曰材官將軍, 又罷左校令"이라는 기록은 『唐六典』의 내용과 부합한다.

111) 材官將軍과 材官司馬는 宋과 南齊 시기에 尙書起部와 領軍 아래(『宋書』 권39, 百官上, 1238쪽과 『南齊書』 권16, 百官, 322쪽), 梁에서는 少府卿 아래(『隋書』 권26, 百官上, 725쪽) 있었으며, 陳의 경우 梁을 따랐던 듯하다.(同上書, 741쪽)

112) 『隋書』 권26, 百官中, 757쪽.

113) 『通典』 권39, 職官 秩品4, 1068쪽의 冬官 중 正3命에 속하는 掌材가 곧 上士로서 『唐六典』의 내용과 같다.(『北周六典』 권7, 冬官府, 476~477쪽 참조)

이 좌교서령 2인을 거느렸고, 당조는 이를 따랐다. 승은 4인으로 정9품하이며, 한 성제는 좌·우·전·후·중 다섯 교의 승을 없앴다.[114] 후한에서는 좌(교)·우교에 승을 각각 1인씩 두었고[115] 그 질(秩)은 삼백석이었다. 위는 이를 따랐다.[116] 동진에서는 소부 아래에 두었다. 송·(남)제·양·진·북제 모두 승이 있었다. 북주는 장재중사 2인이 있었다.[117] 수에서는 좌교(서의) 승이 4인이었고,[118] 당조는 이를 따랐다. 감작은 10인으로 종9품하이다.

左校令掌供營構梓匠之事, 致其雜材, 差其曲直, 制其器用, 程其功巧; 丞爲之貳. 凡宮室之制, 自天子至于士庶, 各有等差. 天子之宮殿皆施重栱、藻井. 王公、諸臣三品已上九架, 五品已上七架, 並廳厦兩頭; 六品已下五架. 其門舍三品已上五架三間, 五品已上三間兩厦、六品已下及庶人一間兩厦. 五品已上得制烏頭門. 若官修者, 左校爲之. 私家自修者, 制度准此. 凡樂縣簨簴, 兵仗器械, 及喪葬儀制, 諸司什物, 皆供焉. 簨簴謂鎛鍾、編鍾、編磬之屬. 器械謂仗床、戟架、杻械之屬. 喪儀謂棺槨、明器之屬. 什物謂机案、櫃檻、勅函、行槽、剉碓之屬.

역문 좌교령은 건설 공사의 여러 목공들[梓匠][119]을 제공하는 일을

---

114) 이것은 將作大匠의 연혁에서 이미 설명한 것이다. 『漢書』 권19상, 百官公卿表上, 733쪽 참조.

115) 이것은 左校署令의 연혁에 나오는 내용으로서, 앞서 설명하였듯이 後漢 시기에 右校와 左校에 令과 丞을 둔 것은 安帝 延光 3년의 일이다.(『後漢書』 권5, 孝安帝紀, 239쪽)

116) 앞서 令과 관련하여 지적하였듯이 魏代의 左校에 대한 기록은 매우 혼란스럽지만, 일단 저본의 내용에 따른다.

117) 『通典』 권39, 職官 秩品4, 1070쪽의 冬官 중 正2命에 속하는 掌材가 곧 中士로서 『唐六典』의 이것과 같다. 그러나 『通典』에는 下士 正1命(同上書, 1072쪽)의 掌材 역시 보인다.(『北周六典』 권7, 冬官府, 476~477쪽 참조)

118) 『隋書』 권28, 百官下, 777쪽에 의하면, 左校署의 丞과 監作은 각각 4인과 12인으로서 右校署의 3인·8인보다 많다.

119) 梓와 匠 모두 앞서 左校署의 令의 연혁을 설명한 注文에 나오는데, 이들은 각각 周代에 물

관장하는데, (공사에 필요한) 갖가지 목재를 구하여 굽은 것과 곧은 것을 나누어 (재질에 합당한) 용도를 정하고 (목공들의) 작업량과 기술력을 관리한다. 승은 그 차관이 된다. 무릇 궁실의 제도는 천자로부터 사인·서민에 이르기까지 각각 차이가 있다. 천자의 궁전은 모두 겹으로 된 공포와 화려한 문양으로 장식한 천장을 설치한다. 왕공과 신하들 중 3품 이상(에게 허용된 본채)은 (다섯 간에) 아홉 도리 그리고 5품 이상은 (다섯 간에) 일곱 도리(의 본채)에 모두 대청마루를 양쪽으로 내고, 6품 이하(에게 허용된 본채)는 (세 간에) 다섯 도리(의 규모)이다. 그 (허용된) 문간 별채는 3품 이상은 다섯 도리의 세 간, 5품 이상은 세 간에 두 쪽마루, 6품 이하와 서인은 한 간에 두 쪽마루(의 규모)이다. 5품 이상은 오두문을 지을 수도 있다.120) 만약 관에서 지을 경우 좌교(서)에서 그것을 (품계에 따라 법령대로) 한다. 개인이 스스로 지을 경우에도 제도는 이 (품계에 따라 상이한 법령)를 기준으로 한다. **무릇 악기를 거는 순거**〔樂縣簨簴〕,121) **병장기의 기계**〔器械〕**와 상장에 사용되는 의례 용품, 여러 관사**

잔·과녁 등을 만들거나 궁실·성곽·수로 등을 만드는 木工이었다. 그러나 『孟子』「滕文公章句下」의 "梓匠輪輿皆得食於子"라는 구절에 대한 漢代 趙岐의 注에서 "梓匠木工也"라고 하였으므로, 후대에 이것은 연칭되어 木工을 일컫는 말로도 사용되었음을 알 수 있다.

120) 『唐令拾遺』, 營繕令 제31의 제4조, 802쪽(『唐令拾遺補』, 831-2쪽 참조)에 의하면, 당시 "諸王公已下, 舍屋不得施重拱藻井. 三品已上堂舍不得過五間九架, 廳厦兩頭, 門屋不得過三間五架; 五品已上, 堂舍不得過五間七架, 廳厦兩頭, 門屋不得過三間兩架; 仍通作烏頭大門. 勳官各依本品. 六品已下及庶人, 堂舍不得過三間五架, 門屋不得過一間兩架. 非常參官, 不得造軸心舍, 及施懸魚對鳳瓦獸通袱乳梁裝飾. 其祖父舍宅, 門蔭子孫雖蔭盡, 聽依仍舊居住. 其士庶公私第宅, 皆不得造樓閣, 臨視人家"라는 令文이 있다. 위 『唐六典』의 기록은 이것을 간략히 서술한 것으로 보이므로, 그 해석도 여기에 준하여 일부 구절을 첨가하였다.

121) 『舊唐書』 권29, 音樂2, 1080쪽에 의하면, "樂縣, 橫曰簨, 竪曰簴"라고 한다.(『역주당육전(중)』 권14, 太常寺, 344쪽 참조)

에서 사용하는 기물(과 같은 목제품)을 모두 제공한다. 순거는 박종·편종[122]·편경 따위(의 악기를 거는 틀)를 말한다. 기계는 병기를 두는 상, 창을 세워두는 틀, 손이나 발에 채우는 형구 따위를 말한다. 상(장)에 사용되는 의례(용품)는 시신을 넣는 속널과 겉널이나 부장품 따위를 말한다. 기물은 책상이나 탁자, 물건을 담는 궤, 칙서를 보관하는 상자, 이동식 구유, 작두나 방아 따위를 말한다.

◎ 右校署: 令二人, 從八品下; 後漢安帝延光三年, 置左校令、右校丞, 其後又置右校令. 魏因之. 晉少府屬官有左校, 無右校, 其職蓋弁于左校矣. 宋、齊、梁、陳皆無. 北齊太府寺管左校, 亦無右校. 隋置右校署令、丞, 掌營構工作之事. 皇朝因之. 丞三人, 正九品下; 漢右校丞一人, 三百石. 魏因之. 宋、齊、梁、陳並置, 北齊省. 隋右校置丞三人, 皇朝因之. 監作十人, 從九品下.

역문 **우교서: 영은 2인으로 종8품하이고**, 후한 안제 연광 3년(124)에 좌교령과 우교승을 두었고, 그 뒤 다시 우교령을 두었다.[123] 위

---

122) 鎛鍾과 編鍾은 각각 청동제의 대형·소형의 종이다.(『역주당육전(중)』 권14, 太常寺, 376쪽 참조)

123) 이 문장으로 시작한 右校署의 연혁에 대한 注文은 前漢 시기의 설명을 생략해버렸다는 점에서 左校署·中校署와 다르며, 후술하듯이 그 내용상 의문이 많다. 우선 이 첫 부분은 左校署의 令과 丞에 대한 "後漢唯置左、右校令·丞各一人"과 "後漢置左、右校丞各一人"이라는 설명과 차이가 있다. 물론 이것을 그 치폐 상황을 상술한 것으로 볼 수 있고, 앞서 이 구절에 대한 역주에서 밝혔듯이 이러한 변화가 安帝 延光 3년의 일인 것도 사실이다. 그러나 이 때 左校令과 右校丞만을 먼저 두었을 뿐 左校丞과 右校令이 없었는지는 의문이다. 앞서 역주에서 인용한 『後漢書』의 권5, 孝安帝紀, 239쪽과 志27, 百官4, 3610쪽 그리고 『通典』 권27, 職官 將作監, 762쪽의 기록을 보면, 左·右校의 令과 丞이 다시 만들어진 것이 동일시점이었다고 생각되기 때문이다. 사실 『後漢書』 本紀에는 원래 "右校令左校丞官"으로 되어 있었고, 『唐六典』의 이 내용 역시 이와 무관하지

(魏)는 이를 따랐다.[124] 진(晉)에서는 소부의 속관으로 좌교만 있고 우교가 없었는데, (우교의) 그 직임이 대개 좌교에 통합되었다.[125] 송·제·양·진(陳)에서는 모두 (우교가) 없었다.[126] 북제는 태부시에서 좌교를 관할하였고 역시 우교는 없었다.[127] 수에서는 우교서의 영과 승을 두어 건설 공사의 일을 관장하게 하였다. 당조는 이를 따랐다. 승은 3인으로 정9품하이며, 한에서는 우교승이 1인으로 (질은)

않을는지도 모른다. 그러나 『唐六典』의 경우 『後漢書』 本紀의 원래 기록과 左·右가 바뀌어져 있을 뿐만 아니라, 中華書局本 『後漢書』는 이 원래의 기록을 "右校左校令丞官"의 착오라고 보았다.(『後漢書』 권5, 孝安帝紀, 249쪽의 校勘記 참조). 그러므로 역주자의 입장에서는 이 『唐六典』의 기록 역시 『後漢書』의 本紀와 마찬가지로 수정할 필요가 있다고 생각되나, 저본의 校監記에서는 이러한 가능성을 고려하지 않았다. 따라서 일단 번역은 저본의 표점에 따른다.

124) 앞서 左校署 令의 연혁과 관련하여 注記하였듯이 魏代의 左校와 右校에 대한 기록은 매우 혼란스럽다. 그러나 일단 여기에서는 저본의 내용에 따라 번역한다.

125) 이 기록은 앞서 본 左校署의 내용 즉 "晉過江, 省將作大匠, 而左、右校隷少府"라거나 "後漢置左、右校丞各一人… 東晉隷少府"라는 설명과 어긋난다. 다만 여기에서 명기된 少府에 소속된 右校의 존재는 東晉 시기의 상황이므로, 혹 西晉의 경우 이와 달랐을 수도 있다. 실제로 『晉書』 권 24, 職官, 737쪽의 "少府, 統材官校尉、中左右三尙方、中黃左右藏、左校、甄官、平準、奚官等令, 左校坊、鄴中黃左右藏、油官等丞. 及渡江…"이라는 기록을 보면, 西晉 시기 少府의 속관 중 右校의 이름이 나오지 않기 때문이다. 그러나 『通典』 권27, 職官 將作監, 762쪽에서 "晉左·右校屬少府"라고 한 이상 이러한 추론 역시 의문의 여지가 크다. 그러므로 이 『唐六典』의 기록은 그 시비를 가리기가 어려움을 지적해 둔다.

126) 『通典』 권27, 職官 將作監, 762쪽에서도 "宋以後並有左校令、丞"이라고 하므로 宋 이후 南朝에서는 이 『唐六典』의 설명과 같이 右校가 없었을 가능성이 있다. 실제로 이 시기의 正史들에서는 '右校'와 관련된 기록이 전혀 나오지 않는다. 그러나 『隋書』 권26, 百官上에서는 梁代의 大匠卿이 "統左、右校諸署"하였으며(725쪽) 陳이 "承梁, 皆循其制官"(741쪽) 하였다고 하여, 이와 상이한 기록도 보인다. 뿐만 아니라 아래 右校署의 丞을 설명할 때는 "宋、齊、梁、陳並置"라고 하여 상이하게 적고 있기 때문에 이 『唐六典』의 기록 또한 의문스러운 점이 많다.

127) 『隋書』 권27, 百官中, 757쪽에 나오는 北齊 太府寺 아래의 官府들 중 左校만 있을 뿐 右校가 보이지 않으며, 『北齊書』 어디에도 '右校'라는 말이 없다. 『通典』 권27, 職官 將作監, 762쪽의 경우 "北齊亦有之"라고 애매하게 기술되어 있으나(이 말이 南朝왕조들에 '左校令、丞'이 있었다는 바로 위의 문장과 이어지는 것인지 혹은 '左、右校署'에 대한 설명인 이 단락 전체와 관련된 것인지에 따라 그 의미가 달라질 수 있다), 『唐六典』의 이 내용과 상치되는 기록이 발견되지 않는다. 그러나 만약 '右'校가 없다면 굳이 '左'校라는 명칭이 필요한가라는 의문이 여전히 남는다.

삼백석이었다.[128] 위는 이를 따랐다.[129] 송·제·양·진은 모두 (우교의 승을) 두었으나,[130] 북제는 없앴다. 수에서는 우교(서)에 승 3인을 두었고, 당조는 이를 따랐다. **감작은 10인으로 종9품하이다.**

右校令掌供版築、塗泥、丹艧之事; 丞爲之貳. 凡料物支供皆有由屬, 審其制度而經度之. 凡修補之料, 每歲京北、河南及諸州支送麥麴三萬圍、麥麪一百車、䕸藡二萬斤; 其石灰、赤土之屬, 須則市供, 不恒其數.

역문 **우교령은 담쌓기**(版築)[131]·**흙일**(塗泥)[132]·**칠하기**(丹艧)[133]**(에 필요한 자재들)을 제공하는 일을 관장하고, 승은 그 차관이 된다. 무릇 재료나 물품의 수령과 공급은 모두 거쳐야 될 (관부) 조직이 있는데, 그 법령을 세밀히 살펴서 기획한다.** 무릇 공사용 재료는 매년 경북(京北)[134]·하남[135] 및 여러 주에서 보릿대(麥麴) 3만 단, 보

128) 『漢書』 권19上, 百官公卿表上, 737쪽의 "自太子太傅至右扶風, 皆秩二千石, 丞六百石"이라는 기록에 따르면 이 『唐六典』의 내용은 의문스럽다. 右校를 거느린 將作少府 역시 太子太傅와 右扶風 사이에 나오므로, 右校丞 또한 그 秩이 600석일 가능성도 있기 때문이다. 그러나 『後漢書』 志27, 百官4의 3611쪽과 3613쪽을 볼 때, 後漢의 右校令과 右校丞의 秩이 각각 600석과 300석이었음은 분명하다.

129) 위 右校署 令의 설명에서도 지적하였듯이 魏代의 左校와 右校에 대한 기록은 매우 혼란스럽지만, 여기에서는 일단 저본의 내용에 따른다.

130) 이 기록은 위 右校署의 令에 대한 설명과 다르고, 전술하였듯이 宋 이후 南朝 시기 右校의 실태는 현존 기록상 의문스러운 점이 많다. 그러나 일단 번역은 저본의 내용에 따른다.

131) 版築은 원래 양쪽에 널빤지를 세우고 그 사이에 흙을 다져넣는 中國의 전통적인 築城·築牆 방법이다.

132) 塗泥는 진흙을 의미하나, 이것은 토목공사에서 중요한 흙일을 통칭할 수 있다고 생각된다.

133) 丹艧의 原義는 붉은색 顔料이지만, 여기에서는 다양한 종류의 塗料와 顔料를 이용한 塗裝이나 채색작업을 가리킨다고 보아도 좋을 것이다.

134) 공식적인 行政地名으로서 京北은 존재하지 않고, 저본의 校監記에서는 '京兆'의 誤記가 아닌지 의심하고 있다. 실제로 『新唐書』 권37, 地理1, 961쪽에 따르면 이 지역에서 바치는 물품 중 麥麴가 있다.(中華書局本에서는 '麥、麴'로 표점한 것은 착오인 듯하다.)

135) 河南은 『唐六典』 권30, 三府都護州縣官吏, 740~741쪽에서 보듯이, 당시 京兆·太原府와 함께

릿가루[麥麪][136] 백 수레, 잘게 쓴 삼대[麻擣][137] 2만 근을 (일정하게) 받아서 보내고, 석회나 적토 따위는 필요할 때 시장에서 구입해서 제공하며 그 수량은 일정하지 않다.

◎ 中校署: 令一人, 從八品下; 漢將作左、右、前、後、中五校皆有令、丞, 自後不置, 皇朝置之. 丞三人, 正九品下; 漢成帝省, 皇朝復置. 監事四人, 從九品下.

역문 중교서: 영은 1인으로 종8품하이고, 한에는 장작(대장 아래) 좌·우·전·후·중의 다섯 교에 모두 영과 승이 있었는데, 그 뒤부터 (중교를) 두지 않았다가 당조에서 (다시 중교를) 두었다.[138] 승은 3인으로 정9품하이며, 한 성제 때 없앴다가[139] 당조가 다시 두었다. 감사는 4인으로 종9품하이다.

中校令掌供舟車、兵仗、廐牧、雜作器用之事. 凡行幸陳設供三梁

특별한 행정 구역이었다.

136) 麥麩과 麥麪의 '麥'이 보리인지 밀인지 불분명하나, 여기에서는 일단 우리에게 더욱 익숙한 '보리'로 번역한다. 이것은 모두 성이나 담을 쌓을 때 흙을 부착시켜 형태를 고정하거나 그 黏性을 높이기 위하여 이용된 소재라고 여겨진다.

137) 麻擣는 혹 '麻擣'·'麻搗'·'麻刀'라고도 쓰는데, 麻를 잘게 쓴 것으로서 石灰와 함께 반죽하여 건물의 塗裝에 사용한다.

138) 『新唐書』 권48, 百官3, 1274쪽에는 中校署의 연혁을 "武后時, 改曰營繕署. 垂拱元年復舊, 尋廢. 開元初復置"라고 附注하였는데, 『唐會要』 권66, 將作監, 1367쪽에 의하면 이것을 다시 둔 것은 개원 2년의 일이다.

139) 이것은 將作大匠의 연혁 등 앞에서 여러 차례 설명한 것이다. 『漢書』 권19상, 百官公卿表上, 733쪽 참조.

竿柱, 閑廄繫飼則供剉碓、行槽、鞍架, 禱祠祭祀則供棘葛、竹墼, 內外營造應供給者, 皆主守之; 丞爲之貳. 舊, 將作寺百工署掌營棘葛、槍子、土墫、石作之事. 開元十五年, 改百工署爲監, 其職掌各分入諸署: 槍子入左校, 石作入甄官, 棘葛、土墫等入於此署. 凡監、署役使車牛皆有年支草、豆, 據其名簿, 閱其虛實, 受而藏之, 以給於車坊.

역문 중교령은 배나 수레, 병장기, 가축의 사육, (그밖의) 여러 일들에 사용되는 용구를 제공하는 일을 관장한다.[140] 무릇 황제가 행행하여 (장막을) 설치할 때 세 들보(의 장막)[141]와 장대를 제공하고, 황제 말의 마구간에 짐승을 묶어두고 기를 때 (사료를 만드는) 작두·방아, 이동식 구유, 안장을 제공하며, 기도하거나 제사를 지낼 때 (벽사를 위한) 가시나무·칡덩굴[142]과 대나무·굽지 않은 흙벽돌을 제공하는데, 내작과 외작의 건설에 마땅히 공급하여야 할 것을 모두 직접 관리하고[主守][143], 승은 그 차관이 된다. 예전에는 장작시의 백공서가 가시나무·칡덩굴·살충제[槍子][144]·흙

---

140) 中校令이 관리하는 물품은 문헌에 따라 다르다. 즉 『舊唐書』는 『唐六典』과 동일하지만(권44, 職官3, 1896쪽), 『通典』 권27, 職官 將作監, 762쪽의 경우 "舟車, 雜兵仗, 廄牧"이라 하고 『新唐書』 권48, 百官3, 1274쪽에서는 "舟車, 兵械, 雜器"라고 하는 것이다. 여기에서는 일단 저본의 표점에 따라 번역한다.

141) 황제의 行幸時에 설치하는 장막은 古帳·大帳·次帳·小次帳·小帳의 다섯 종류가 있고, 古帳·大帳·次帳은 각각 그 앞부분에 5개·4개·3개의 梁이 있었다.(『역주당육전[중]』 권11, 전중성, 216~218쪽) 그러므로 '세 들보(의 장막)'이 次帳을 의미한다면, 여기에서 이 장막만을 거론하고 있는 까닭은 불분명하다.

142) 『通典』 권55, 禮 享司寒, 1548쪽의 "仲春開冰, 祭如藏禮, 依以桃弧棘矢設於冰室戶內之右"라고 하듯이, 棘 곧 가시나무는 제사를 지낼 때 辟邪의 의미로 사용되었다. 그리고 星辰·山川을 제사지낼 때 새끼줄로 칡덩굴을 묶어 제사지내는 곳에 빙 둘러 쳐놓는데, 이것 역시 災害를 쫓기 위한 것이다.

143) 『역주당율소의』 第54條, 名例54 '稱監臨主守'조, 361쪽의 律文에서 '主守'를 "몸소 친히 保典하는 것"을 뜻한다고 하였으며, 또 그 疏議는 "문서담당 관리이며, 오로지 그 사무를 관장하거나 倉庫·獄囚·雜物 등을 지키거나 담당하는 자"를 가리킨다고 설명하였다.

벽돌·석물을 만드는 일을 관장하였다. 개원 15년(727)에 백공서를 (백공)감으로 바꾸면서 그 직무를 각각 여러 관서로 나누었는데, (제작 책임을) 살충제는 좌교(서), 석물은 견관(서), 가시나무·칡덩굴과 흙벽돌 등은 이 (중교)서에 맡겼다. 무릇 (장작)감과 (그 아래 좌교·우교·중교)서들에서 부리는 수레 끄는 소들에게는 모두 해마다 (사료로) 지급하는 풀과 콩이 있는데, 그 명부에 의거하고 그 실상을 살펴 (필요한 사료를) 받아서 보관하다가 수레를 관리하는 곳에 준다.[145]

◎ 甄官署: 令一人, 從八品下; 『周禮』摶埴之工二, 謂陶與旊也. 後漢將作大匠屬官有前、後、中甄官令·丞. 晉少府領甄官署, 掌塼瓦之任. 宋、齊有東、西陶官瓦署督、令各一人. 北齊太府寺統甄官署, 甄官又別領石窟丞. 後周有陶工中士一人, 掌爲罇、彝、簠、簋等器. 隋太府寺統甄官署令、丞二人. 皇朝改屬將作. 丞二人, 正九品下; 後漢前、後、中三甄官各丞一人, 晉有甄官丞, 後周有陶工下士一人. 隋甄官丞二人, 皇朝因之. 監作四人, 從九品下.

역문 견관서: 영은 1인으로 종8품하이고, 『주례』에는 찰흙을 빚(어 기물을 만드)는 장인이 두 가지 있는데, 시루 등의 생활 기물을 만드

144) 槍은 樟腦를 만드는 녹나무[樟]의 일종으로서, 그 열매가 殺蟲 기능을 갖는다고 한다. 그러므로 여기에서 槍子 곧 창나무의 열매로 만든 것으로서 건축물 특히 木製品의 보호에 필요한 물품이었다고 생각된다.

145) 『新唐書』 권48, 百官3, 1274쪽에는 이 구절을 "監牧車牛, 有年支芻豆, 則受之以給車坊"이라고 하여 조금 달리 기록하였다.

는 도인과 궤와 같은 작은 제기들을 만드는 방인을 말한다.[146] 후한에는 장작대장의 속관으로 전견관·후견관·중견관의 영과 승이 있었다.[147] 진(晉)에서는 소부가 거느리는 견관서가 벽돌과 도자기(를 만드는) 일을 관장하였다. 송과 제에는 동도관와서와 서도관와서에 독과 영 각 1인이 있었다.[148] 북제는 태부시가 견관서를 총괄하였으며, 견관(서)는 또 석굴승을 따로 거느렸다. 북주에는 도공 중사 1인이 있어 준·이·보·궤[149] 등의 기물을 만드는 일을 관장하였다.[150] 수에서는 태부시가 견관서의 영·승 2인을 총괄하였는데,[151] 당조에서는 고쳐서 (견관서를) 장작감에 배속하였다.[152] 승은 2인으로[153]

---

146) 『周禮』 冬官 考功記의 原文은 "摶埴之工二… 摶埴之工, 陶、旊"인데, 賈公彦의 疏는 "陶人爲瓦器, 甑、甗之屬, 旊人爲瓦簋"라고 설명하였다.(『周禮注疏』 권39, 1245~1247쪽. 단 여기에서는 본문의 '旐'을 '旊'의 착오로 보아 수정해 두었다) 『周禮』에 따르면, 陶人은 甗·盆·甑·鬲·庾를 만들고(同上書 권41, 1326~1327쪽) 旊人은 簋·豆를 만든다.(同上書 권41, 1327~1329쪽)

147) 『後漢書』에는 이러한 官職이 보이지 않는다. 단 권75, 袁術, 2440쪽의 注文에 나오는 韋昭의 『吳書』에는 "孫堅北討董卓, 頓軍城南, 甄官署有井, 每旦有五色氣從井中出, 使人浚井, 得漢傳國玉璽"라고 하여 '甄官署'라는 官府의 이름이 있다. 그리고 『通典』 권27, 職官 將作監, 762쪽에는 이 『唐六典』과 거의 동일한 내용이 있으며, 宋代 孫逢吉의 『職官分紀』(北京:中華書局, 1988) 권22, 將作監, 501쪽에 인용된 『齊職儀』의 "左、右甄官署掌磚瓦之任. 少昊置鶡稚氏摶埴之工爲陶官也. 漢將作大匠屬官有前、後、中甄官令·丞"이라는 기록 역시 마찬가지이다.

148) 『宋書』와 『南齊書』에는 이러한 관직이 보이지 않으나, 『職官分紀』 권22, 將作監, 501쪽에 인용된 『齊職儀』에는 '東·西 陶官'을 두었다는 기록이 있다. 그러나 『通典』 권27, 職官 將作監, 762쪽에는 단지 이 시기에 甄官署의 존재에 대하여서만 언급하였고, 梁代에도 少府卿 아래 甄官署가 있었다고 기록하였을 뿐이다.(『隋書』 권26, 百官上, 725쪽)

149) 罇·彝와 簠·簋는 각각 酒器와 祭器의 명칭이다.

150) 正史에서는 北周의 陶工에 대한 기록이 없으나, 『通典』 권39, 職官 秩品4, 1070쪽에는 '陶工中士'라는 이름이 보인다. 『北周六典』 권7, 冬官府, 479~480쪽 참조.

151) 『隋書』 권23, 百官下, 777쪽에 의하면, 隋 文帝 시기에 甄官 등 太府寺 아래의 諸署에는 令 2인과 丞 4인이 있었다고 하여 『唐六典』의 기록과 차이가 있다.

152) 『隋書』 권28, 百官下, 799쪽의 "將作監改大監、少監爲大匠、少匠, 丞加爲從六品. 統左·右校及甄官署"라는 기록을 보면, 隋 煬帝 시기에 甄官署는 이미 太府寺 관할이 아니라 將作監 소속으로 바뀌어졌다고 생각된다. 따라서 이 『唐六典』의 내용은 의문이 있다.

153) 『通典』 권27, 職官 將作監, 762쪽에는 丞이 1인으로 되어 있으나, 『舊唐書』와 『新唐書』의 경우

정9품하이며, 후한에는 전·후·중 세 견관에 각각 승이 1인이었고, 진(晉)은 견관승이 있었으며, 북주에는 도공 하사 1인이 있었다.[154] 수에서는 견관승이 2인이었고,[155] 당조는 이를 따랐다. 감작은 4인으로 종9품하이다.

甄官令掌供琢石、陶土之事；丞爲之貳. 凡石作之類, 有石磬、石人、石獸、石柱、碑碣、碾磑, 出有方土, 用有物宜. 凡磚瓦之作, 瓶缶之器, 大小高下, 各有程準. 凡喪葬則供其明器之屬, 別勅葬者供, 餘並私備. 三品以上九十事, 五品以上六十事, 九品以上四十事. 當壙、當野、祖明、地軸、誕馬、偶人, 其高各一尺；其餘音聲隊與僮僕之屬, 威儀、服玩, 各視生之品秩所有, 以瓦、木爲之, 其長率七寸.

역문 견관령은 돌을 깎아 만들거나 흙을 빚어 굽는 일의 제공을 관장하는데, 승은 그 차관이 된다. 무릇 돌로 만드는 것의 종류로는 석경[156]·석인·석수[157]·석주·비갈[158]·맷돌이 있는데, (이러

이 『唐六典』의 기록과 같다.

154) 이상의 설명은 모두 위 甄官署 令의 연혁에 대한 설명과 부합한다. 北周의 경우 『通典』 권39, 職官 秩品4, 1072쪽에서 보듯이 전술한 陶工中士만이 아니라 陶工下士 역시 존재한다. 『北周六典』 권7, 冬官府, 480쪽 참조.

155) 앞에서 설명하였듯이 隋 文帝 시기의 경우 甄官署의 丞은 2인이 아니라 4인이었다. 『隋書』 권23, 百官下, 777쪽 참조.

156) 磬은 曲尺의 형태를 가진 타악기로서 당시 編磬은 중요한 악기였는데, 돌로 만든 石磬은 특히 天地의 神에 대한 제사에서 사용되었다. 『역주 당육전(중)』 권14, 太常寺의 太樂署條, 372~380쪽 참조.

157) 무덤의 주변에 사람 형상의 석물인 石人과 짐승 형상의 石獸를 세우는데, 이것은 당시 墓主의 지위와 관련이 있다. 즉 『唐令拾遺』, 喪葬令 제32의 제20조, 832쪽(『唐令拾遺補』, 843쪽 참조)에 의하면, 石人과 石獸의 숫자는 3품 이상의 경우 6개, 5품 이상의 경우 4개(贈官도 正官에 준함)로 제한되었던 것이다.

158) 원래 碑와 碣은 각각 네모난 머리와 둥근 머리의 비석을 가리켰으나, 후대에 이르면 碑石

한 석물들을 만드는 재료인 돌이) 나오는 곳은 지역마다 특징이 있고 (이 돌로써 만든 석물들을) 쓸 곳도 물건마다 적절한 데가 있다. 무릇 벽돌이나 도자기를 만드는 것과 병이나 장군과 같은 그릇들은 크기나 높이에서 각각 정해진 기준이 있다. 무릇 상사나 장사에는 그 부장품 따위를 제공하는데, 장사에 별도의 칙을 내린 경우 (부장품 등을) 제공하고, 그밖에는 모두 사적으로 (부장품 등을) 준비한다. 3품 이상은 90개, 5품 이상은 60개, 9품 이상은 40개이다. 당광·당야·조명·지축(의 네 신[159]의 형상)과 마용〔䩭馬〕[160]·인형〔偶人〕은 그 높이가 각각 1척이고, 그밖의 소리꾼 무리와 동복 따위는 외양과 의복·장신구를 각각 (망자가) 생전의 품계로써 가졌던 바에 준하여 도자기나 나무로 만드는데, 그 길이는 대개 7촌이다.[161]

을 가리키는 말로 연칭되는 것이 일반적이다. 그런데『唐令拾遺』, 喪葬令 제32의 제20조, 832쪽에는 "五品以上立碑, 螭首龜趺, 趺上高不得過九尺; 七品以上立碣, 圭首方趺, 趺上高四尺; 若隱淪道素孝義著聞, 雖不仕亦立碣"이라고 하여 碑와 碣의 차이를 분명히 하고 있다.

159) 墓葬에 사용된 當壙·當野·祖明·地軸에 대한 기록은 正史의 경우『宋史』의 禮志에 보일 뿐이고(권122, 2848쪽과 권124, 2910쪽), 그 구체적인 성격은 알 수 없다. 단『後漢書』志5, 禮儀中, 3128쪽에는 大儺와 관련된 12神 중 '磔死寄生'을 잡아먹는 것으로 '祖明'이라는 이름이 보인다. 따라서 當壙 등도 이처럼 惡鬼를 쫓는 神(獸)들이라고 생각된다. 아래에서 설명하듯이,『大唐開元禮』에서 이 네 가지를 '四神'으로 표현한 것도 이러한 추측을 확인해 준다.

160) '䩭馬'는 아래에 인용한 唐令의 明器에 관한 규정에서 보듯이『大唐開元禮』에 '駝馬'로 되어 있으나, 이와 유사한 내용을 전하는『通典』권86, 禮 薦車馬明器及飾棺, 1328쪽의 경우 '䩭馬'로 되어 있을 뿐만 아니라 이에 대한 "䩭, 馬帶也. 凡贈馬授䩭, 曰䩭馬也"라는 杜佑의 自注가 부기되어 있다. 따라서 이 '䩭馬'는 배띠를 두른 말의 형상을 한 馬俑을 가리킨다고 생각된다.

161)『唐令拾遺』, 喪葬令 제32의 제15조, 826쪽(『唐令拾遺補』, 840쪽 참조)에는 官品에 따라 상이한 陶俑의 숫자 등 더욱 상세한 明器에 관한 규정이 전한다. 그런데『大唐開元禮』등에 의거한 이 令文의 첫부분은 "諸明器, 三品以上不得過九十事, 五品以上六十事, 九品以上四十事. 四神駝馬及人, 不得過一尺. 餘音樂鹵簿等, 不過七寸"이라고 하여, 위『唐六典』의 내용과 일부 표현이 상이하다. 즉 "當壙、當野、祖明、地軸、䩭馬、偶人"이 "四神駝馬及人"으로, "音聲隊與僮僕之屬"은 "音樂鹵簿等"으로 되어 있는 것이다.

◎ 百工、就谷、庫谷、斜谷、太陰、伊陽監：監各一人，正七品下；副監一人，從七品下；丞一人，正八品上；『周禮』：山虞、林衡並掌斬伐林木之事. 歷代皆有其官，皇朝取其義而並置之. 庫谷監在鄠縣，就谷監在盩厔縣，百工監在陳倉，太陰監在陸渾縣，伊陽監在伊陽縣. 錄事各一人；監作各四人，從九品下. 太陰監、伊陽監各典事十人.

역문 **백공감·취곡감·고곡감·사곡감·태음감·이양감: 감은 각 (감마다) 1인으로 정7품하이고, 부감은 (각 감마다) 1인으로 종7품하이며, 승은 (각 감마다) 1인으로 정8품상이고,** 『주례』에서 산우와 임형은 모두 숲의 나무를 베는 일을 관장하였다.162) 역대로 모두 이러한 관직이 있었고,163) 당조도 이(러한 관직이 수행한 직임의) 뜻을 취하여 이(와 같은 여러 감)들을 모두 두었다.164) 고곡감은 호현에 있고, 취곡감은 주질현에 있으며, 백공감은 진창(현)에 있고, 태음감은 육혼현에 있으며, 이양감은 이양현에 있다.165) **녹사는 각**

162) 『周禮』의 地官司徒에는 '山虞'와 '林衡'의 직임을 각각 "掌山林之政令"과 "掌巡林麓之禁令而平其守"라고 기록하고 있다.

163) 秦·漢 이후 唐代에 이르기까지 '山虞'나 '林衡'이라는 이름의 관직을 두었던 것이 분명하게 확인되는 나라는 단지 北周뿐이다.(『通典』 권39, 職官 秩品4, 1069·1071쪽) 그러나 『漢書』 권19상, 百官公卿表上, 735쪽의 "水衡都尉, 武帝元鼎二年初置, 掌上林苑, 有五丞"나 "應劭曰: '古山林之官曰衡. 掌諸池苑, 故稱水衡'"라는 그 注文을 보면, 『周禮』의 이러한 관직의 職任을 계승하는 유사한 명칭의 官職들이 漢代 이래 존재하였던 것은 부정할 수 없는 사실이다.

164) 위 中校署에 대한 설명에서 "舊, 將作寺百工署掌營棘葛、槍子、土墫、石作之事. 開元十五年, 改百工署爲監"이라고 하여, 百工監은 百工署에서 유래하였고 그 본래 역할은 아래에서 설명한 '伐材木' 운운한 것과는 다르다. 실제로 『新唐書』 권48, 百官3, 1274~1275쪽에는 "武德初, 置百工監, 掌舟車及營造雜作, 有監、少監各一人, 丞四人, 主簿一人. 又置就谷、庫谷、斜谷、太陰、伊陽五監. 貞觀中, 廢百工監. 高宗置百工署, 掌東都土木瓦石之功, 開元十五年爲監. 有錄事一人, 府一人, 史三人, 典事二十人"이라고 하여 더욱 자세하게 이 百工監의 연혁을 설명하고 있다.

(감마다) 1인이며, 감작은 각 (감마다) 4인으로 종9품하이다. 태음감과 이양감에는 각각 전사가 10인이다.[166]

百工等監, 掌採伐材木之事, 辨其名物而爲之主守. 凡修造所須材幹之具, 皆取之有時, 用之有節.

역문 백공 등의 감은 목재로 쓸 나무를 벌채하는 일을 관장하는데, (필요한 목재의) 종류와 수량을 분별하고 그것을 직접 관리한다.〔主守〕[167] 무릇 공사에 필요한 목재를 갖추어 두는 일은 모두 그것을 (벌채하여) 취함에 (마땅한) 때가 있고 그것을 사용함에 마땅한 한도가 있다.

---

165) 아래의 표에서 보듯이 將作監 아래의 5監은 모두 長安과 洛陽 부근인 京兆·鳳翔·河南府에 존재한다. 여기에서 注記하지 않은 斜谷監의 경우 그 소재지를 알 수가 없다.

監名	監의 所在地	『舊唐書』 地理志의 기록 (권38, 1398~1423쪽)	備考
庫谷監	鄠縣	京兆府 屬縣	'庫谷關'은 京兆府 藍田縣 所在(『新唐書』 권37, 地理1, 962쪽)
就谷監	盩厔縣	京兆府 屬縣	
百工監	陳倉	鳳翔府 屬縣	底本에서 '縣'이 명기되지 않음
太陰監	陸渾縣	河南府 屬縣	
伊陽監	伊陽縣	河南府 屬縣	

166) 앞서 보았듯이 『唐六典』의 이 권23의 목록에는 百工監·就谷監·庫谷監에 典事 20인이 있었다고 기록되어 있다.(『新唐書』 권48, 百官3, 1275쪽 동일. 『舊唐書』 권44, 職官3, 1897쪽에는 그 수가 21인으로 달리 나온다) 그럼에도 불구하고 여기에서 단지 太陰監과 伊陽監의 典事수만을 注記하여 이상한데, 底本의 校勘者는 원래 본문에 典事의 정원에 대한 기록이 있었을 가능성을 제기하고 있다.

167) 『역주당율소의』 第54條, 名例 54 '稱監臨主守'조, 361쪽의 律文에서 '主守'를 "몸소 친히 保典하는 것"을 뜻한다고 하였다.

◎ 都水監: 使者二人, 正五品上. 本『周官』川衡之職. 漢太常、大司農、少府、內史、主爵中尉其屬官各有都水長、丞. 武帝置水衡都尉, 掌上林苑, 有五丞, 其屬官有上林、均輸、御羞、禁圃、輯濯、鍾官、辯銅令·丞; 又衡官、水司空、都水、農倉, 又甘泉上林·都水七官長·丞皆屬焉. 至成帝, 以都水官多, 置左、右使者各一人, 則劉向護左都水使者是也. 至哀帝, 罷之. 王莽改水衡都尉曰予虞. 後漢省都水以屬郡國, 而置河隄謁者五人. 魏因之, 又兼有水衡都尉, 主天下水軍舟船器械. 晉置都水臺都水使者一人, 掌舟檝之事, 官品第四; 又有左、右、前、後、中五水衡. 『晉起居注』及『元康百官名』: 陳愼、戴熊俱以都水使者領水衡都尉. 宋孝武帝省都水臺, 置水衡令. 齊氏復置都水臺使者一人. 梁武帝天監七年改爲太舟卿, 爲冬卿, 班第九, 吏員依晉, 又加當關四人. 陳因之. 後魏亦二官並置建, 都水使者正第四品中, 水衡都尉從五品中; 太和二十二年, 都水使者從五品, 而省水衡. 北齊都水臺使者二人, 後周有司水中大夫一人. 隋都水臺使者二人, 從第五品, 有丞、參軍、河隄謁者、錄事, 掌船局都水尉、諸津尉·丞·典作·津長等. 開皇三年, 省都水入司農, 十三年復置. 仁壽元年, 改爲都水監; 煬帝復爲使者, 正五品, 統舟檝、河渠二署. 大業五年, 又改使者爲監, 加至四品; 又置少監, 爲五品. 復改監爲令, 從三品; 少監爲少令, 從四品. 皇朝改爲都水署, 隸將作, 令從七品下. 貞觀中, 復改爲都水使者, 從五品上. 龍朔二年改爲司津監, 咸亨元年復爲都水使者. 光宅元年改爲水衡都尉, 神龍元年復舊.

역문 도수감: 사자는 2인으로 정5품상이다. 『주관』의 천형의 직임[168]에서 유래한다. (전)한의 태상·대사농·소부·내사·주작중위

168) 『周禮』의 地官司徒에는 '川衡'의 직임을 "掌巡川澤之禁令, 而平其守, 以時舍其守, 犯禁者執而誅罰之, 祭祀賓客共川奠"이라고 하였다.

에게는 그 속관으로 각각 도수장과 도수승이 있었다.[169] 무제가 수형도위를 두었는데,[170] 상림원[171]을 관장하였고 다섯 승이 있었다. 그 속관으로 상림·균수·어수·금포·집탁·종관·변동[172]의 영과 승이 있었고, 또 형관·수사공·도수·농창 그리고 감천상림·(감

169) 아래의 표에서 보듯이, 『漢書』 권19上, 百官公卿表上에는 都水長·丞이라는 관직이 여러 곳에 보인다. 그리고 『宋書』 권30, 百官下, 1252쪽에 의하면, 漢代의 都水長·丞은 "陂池灌漑, 保守河渠"를 주관하였다고 하며, 『漢書』 권19上, 百官公卿表上, 727쪽의 顔師古注는 "律, 都水治渠隄水門"이라는 如淳의 말을 설명을 인용하고 있다.

長官	都水長·丞 관련 기록	근거(『漢書』)
太常	屬官有太樂、太祝、太宰、太史、太卜、太醫六令·丞, 又均官、都水兩長·丞	726쪽
大司農	屬官有太倉、均輸、平準、都內、籍田五令·丞, 斡官、鐵市兩長·丞, 又郡國諸倉農監、都水六十五官長·丞皆屬焉	731쪽
少府	屬官有尙書、符節、太醫、太官、湯官、導官、樂府、若盧、考工室、左弋、居室、甘泉居室、左右司空、東織、西織、東園匠十六官令·丞, 又胞人、都水、均官三長·丞	731쪽
右內史(京兆尹)	屬官有長安市、廚兩令·丞, 又都水、鐵官兩長·丞	736쪽
左內史(左馮翊)	屬官有廩犧令·丞·尉, 又左都水、鐵官、雲壘、長安四市四長·丞皆屬焉	
主爵中尉(右扶風)	屬官有掌畜令·丞, 又右都水、鐵官、廐、廱廚四長·丞皆屬焉	736쪽

170) 『漢書』 권19상, 百官公卿表上, 735쪽에 의하면, 武帝가 水衡都尉를 만든 것은 元鼎 2년의 일이다.

171) 上林苑은 漢代의 苑囿로서, 唐代에도 이 이름을 딴 上林署라는 관부가 司農寺 아래 있었다. 『역주 당육전(중)』 권19, 司農寺, 609~612쪽 참조.

172) 『漢書』 권19상, 百官公卿表上, 735~736쪽의 顔師古注에는 이러한 水衡都尉의 屬官들에 대한 설명이 있다. 이에 따르면, 御羞는 '御宿'이라고도 불리는 지명으로서 황제에게 바치는 요리의 재료가 많이 나는 곳이고, 輯濯(『漢書』 권98, 元后傳, 4026쪽의 顔師古 注에서 "輯與楫同, 濯與櫂同"이라고 하였다)은 '船官'이며, 鍾官은 '主鑄錢官'이고, 辯銅은 "主分別銅之種類"라고 한다. 여기에는 이 『唐六典』에 기록된 것 이외에도 '技巧'와 '六廐'라는 屬官의 명칭이 보이는데, 이 둘은 成帝 建始 2년에 없어진 것이다. 그리고 여기에 설명되어 있지는 않으나, 均輸의 경우 앞서 同上書, 731쪽의 顔師古注에 "均輸, 謂諸當所有輸於官者, 皆令輸其地土所饒, 平其所在時賈, 官更於佗處賣之, 輸者既便, 而官有利也"라는 注釋이 있고, 달리 특별한 설명이 없는 禁圃는 황제를 위한 禁苑의 채마밭이라고 생각된다.

천)도수[173] 일곱[174] 관부의 장과 승도 모두 (수형도위에) 속하였다. 성제 때에 이르러 도수(라는 직함)의 관직이 너무 많아서 좌(도수)사자와 우(도수)사자 각각 1인만 두었는데,[175] 유향이 '호좌도수사자'였다는[176] 것이 바로 이것이다. 애제 때에 이르러 이를 폐지하였다.[177] 왕망은 수형도위를 고쳐 여우라고 불렀다. 후한에서는 (조정에서 직할하는 관직으로서의) 도수를 없애고 군과 국에 소속시켰으며, 하제알자 5인을 두었다.[178] 위는 이를 따랐으며, 또 수형도위가 함께 있어 천하 수군의 선박과 도구들을 주관하였다. 진(晉)에서는 도수대를 두었는데, 도수사자 1인이 선박의 일을 관장하였으며 관품은 4품이었고,[179] 또 좌·우·전·후·중 다섯 수형(도위)이 있었

---

173) 甘泉은 漢代의 離宮의 하나로서, 秦의 林光宮을 武帝가 확대·수축한 것이다. 이 甘泉宮은 雲陽縣 甘泉山에 있어 여름 避暑用으로 많이 사용되었으며, 上林苑의 渭南 부분과 이어진다. 따라서 "甘泉上林·都水"라는 원문은 甘泉宮 혹은 그 주변의 上林苑과 강·못을 관할하는 관부로 추측되나, 이와 관련된 기록이 달리 없으므로 그 구체적인 실상은 알 수가 없다.

174) 여기에서 衡官부터 (甘泉)都水까지 단지 여섯 개의 관부를 제시한 뒤 '일곱'이라고 한 것은 이상하다. 그러나 이와 동일한 구절이 『漢書』 권19상, 百官公卿表上, 735쪽에도 나오므로, 혹이 글은 해당 관부의 일부만 예시한 것일 수도 있다.

175) 『通典』 권27, 職官 都水使者, 770쪽의 "漢武帝以都水官多, 乃置左、右使者以領之"라는 기록에 따르면, 이 『唐六典』의 원문은 혹 "도수라는 직함의 관직이 너무 많아서 좌·우도수사자 각 1인을 두어 그들을 거느리게 하였다"는 의미로 해석할 수도 있다.

176) 劉向이 "護左都水使者"였다는 기록은 확인할 수 없으나(『通典』 권27, 職官 都水使者, 770쪽에는 "左都水使者"라고 되어 있다), 『漢書』 권36, 劉向, 1949쪽에는 그가 成帝 시기에 "以故九卿召拜爲中郎, 使領護三輔都水"하였다는 기록이 존재한다.

177) 이 사실은 『通典』 권27, 職官 都水使者, 770쪽에도 나오지만, 『漢書』에는 보이지 않는다.

178) 『後漢書』 志26 百官3, 3600쪽에는 後漢의 世祖 光武帝가 "都水屬郡國"하게 하고 武帝가 만든 水衡都尉를 없앴다고 하면서, 아울러 "每立秋貙劉之日, 輒暫置水衡都尉, 事訖乃罷之"라고 전한다. 그리고 『宋書』 권40, 百官下, 1252쪽에는 "漢東京省都水, 置河隄謁者"라는 기록이 있는데, 이 河隄謁者의 定員은 正史나 『通典』에서 확인되지 않는다.

179) 『晉書』에서는 都水臺에 관한 기록이 보이지 않으나, 후술하듯이 劉宋 시기에 都水臺를 폐지하였다면 이 『唐六典』의 내용은 사실이라고 생각된다. 『通典』에도 이와 유사한 기록이 있으니, "晉武帝省水衡, 置都水臺, 有使者一人, 掌舟航及運部, 而河隄爲都水官屬"이라고 하며(권27, 職官 都

다. 『진기거주』와 『원강백관명』에서 진신과 대응은 모두 도수사자로서 수형도위를 거느렸(다고 한)다.[180] 송 효무제는 도수대를 없애고 수형령을 두었다.[181] (남)제에서 다시 도수사자 1인을 두었다.[182] 양 무제는 천감 7년(508)에 (도수사자를) 태주경으로 고쳤는데, 동경(의 하나)로서[183] 제9반이었고, 관리의 정원은 진(晉)과 같았으나 다시 당관 4인을 덧보태었다.[184] 진(陳)은 이를 따랐다.[185] 북위 또한 (처음에는) 두 관직을 함께 두었는데, 도수사자가 정4품중이었고 수형도위는 종5품중이었다. 태화 22년(498)에 도수사자를 종5품으로 (품계를 내리고), 수형(도위)는 없앴다.[186] 북제의 도수대에는 사자가 2인이었고,[187] 북주에는 사수 중대부 1인이 있었다.[188] 수는 도수

水使者, 770쪽), 당시 都水使者는 4품이었다.(권37, 職官 秩品2, 1004쪽)

180) 晉에 水衡(都尉)이 있었다는 이 『唐六典』의 서술은 "(晉)武帝省水衡"이라는 『晉書』 권24, 職官, 739쪽과 『宋書』 권40, 百官下, 1252쪽의 기록과 어긋난다. 그런데 『通典』 권27, 職官 都水使者, 770쪽에는 "晉武帝省水衡… 元康中復有水衡都尉"라고 하여, 그 실상을 분명히 밝히고 있다. 즉 武帝 때 폐지되었던 水衡(都尉)가 惠帝 元康 연간에 복구되었던 것이다. 『唐六典』에서 『晉起居注』와 『元康百官名』에 나오는 水衡都尉의 사례를 특기한 것도 어쩌면 앞서 나온 正史의 未備를 보완하려 하였기 때문일 수 있는데, 이 역시 武帝 시기의 폐지 기록을 누락함으로써 충분한 설명은 아니라고 하겠다.

181) 『宋書』 권6, 孝武帝에 의하면, 都水使者는 元嘉 30년 말에 폐지되었다가(113쪽) 그 이듬해 孝建 원년 말에 곧 복구되었다.(116쪽) 『通典』 권27, 職官 都水使者, 770쪽의 내용도 『宋書』의 기록과 같다.

182) 위에서 지적하였듯이, 都水使者는 宋 孝武帝 시기에 일시 폐지되었다가 곧 복구되었다. 그러므로 이 『唐六典』의 내용은 착오라고 생각된다.

183) 『隋書』 권26, 百官上의 724·726쪽의 기록은 대체로 이와 같으며, 太舟卿의 직임을 "主舟航堤渠"라고 명기하였다.

184) 『隋書』 권26, 百官上, 726쪽에는 "太舟卿, 梁初爲都水臺, 使者一人, 參軍事二人, 河堤謁者八人. (天監)七年, 改焉. 位視中書郎, 列卿之最末者也"라고만 하였고, 正史나 『通典』에서 '當關'과 관련된 기록은 보이지 않는다.

185) 『隋書』 권26, 百官上, 742쪽에 의하면, 陳의 太舟卿은 3품관이었다.

186) 앞서 지적하였듯이 『魏書』는 이러한 官制의 변화를 太和 23년의 일로 적고 있는데, 그 이후 都水使者의 품계는 종5품하이었다.(『魏書』 권113, 官氏志, 2998쪽)

대에 사자가 2인으로 종5품이었다.[189] (그 아래) 승·참군·하제알자·녹사[190](와) 장선국의 도(수)위[191], 제진의 위·승·전작·진장[192] 등이 있었다. 개황 3년(583) 도수(대)를 없애고 (그 직임을) 사농(시)로 넣었다가, 13년(593)에 다시 (도수대를) 두었다.[193] 인수 원년(601) (도수대를) 고쳐 도수감으로 하(고 그 장관 역시 감으로 하)

---

187) 『隋書』 권27, 百官中, 755쪽에는 "都水臺, 管諸津橋. 使者二人, 參事十人. 又領都尉、合昌、坊城等三局. 尉皆分司諸津橋"라고 北齊 시기의 상황을 더욱 자세히 설명하고 있다.

188) 『역주 당육전(상)』 권7, 尙書工部, 684~685쪽에서 工部 水部郎中의 연혁을 설명할 때 北周冬官府의 "司水中大夫"가 나온다. 따라서 北周 시기의 이 관직을 다시 여기에서 都水使者와 관련시킬 수 있는지는 의문이다. 『通典』 권27, 職官 都水使者, 770쪽의 경우 北齊 이후 곧바로 隋代의 상황을 적음으로써 北周 시기에 관하여 기록하지 않은 것도 이와 무관하지 않을 수 있다. 『北周六典』 권7, 冬官府, 482~483쪽 참조.

189) 좀더 명확히 말하면, 개황연간 都水使者의 품계는 종5품하이었다.(『隋書』 권28, 百官下, 786쪽)

190) 『隋書』 권28, 百官下, 775쪽에 따르면, 都水臺의 丞은 2인, 參軍은 30인, 河堤謁者는 60인, 錄事는 2인이었다.

191) 저본의 校勘記에서 "掌船局都水尉、諸津尉"라는 구절은 원래 "船局都津尉"로 되어 있던 것을 『隋書』 권28, 百官下, 775쪽의 都水臺에 대한 기록에 의거하여 바꾼 것이라고 한다. 실제로 원래 문구만으로는 뜻이 잘 통하지 않으므로 이러한 수정은 기본적으로 타당한 듯하나, 이 과정에서 표점에는 약간의 문제가 생기지 않았나 한다. 즉 『隋書』의 문장은 "都水臺, 使者及丞各二人, 參軍三十人, 河堤謁者六十人, 錄事二人. 領掌船局、(그대로)都水尉二人, 又領諸津"이고, "掌船局都水尉" 앞에 '領'자가 있어 底本의 校勘者는 '錄事'와 "掌船局都水尉" 사이에 '、'가 아니라 '.'를 찍어 그 전후를 분명히 구분한 것이다. 그러나 『唐六典』 원문의 문맥상 丞부터 津長에 이르기까지 모두 都水臺 使者의 속관이라는 점에서 동일하게 보이고, 이와 같은 구분은 불필요하다고 생각되기 때문이다. 아울러 "掌船局都水尉"라는 官名 역시 문제가 있다. 왜냐하면 同上書, 788쪽에는 종8품관 가운데 "掌船局都尉"라는 관명이 나올 뿐더러, 都水臺 아래의 掌船局은 뒤에 나오는 '舟檝署'와 유사한데 그 연혁에서 '都水尉'가 아니라 '都尉'라는 이름만 보이기 때문이다. 실제로 『冊府元龜』 권620, 卿監部 總序, 7452쪽에는 仁壽 원년의 都水監에 "掌船局都尉一人"이 있었다는 기록도 있다. 따라서 掌船局의 관직은 그 상급관부의 명칭처럼 보이는 '都水尉'가 아니라 '都尉'일 가능성을 배제하기 어렵다고 생각한다. 그러므로 여기에서는 底本의 표점과 달리 여러 관직들을 병렬된 것으로 번역하고, '都水尉'의 경우 '水'자를 괄호 안에 넣어두었다.

192) 都水臺 아래의 諸津과 그 소속 官職은 아래에서 독립된 항목을 설정하여 상술하였으므로, 여기에서는 설명을 생략한다.

193) 隋 文帝의 개황연간 都水臺의 置廢에 대해서는 『隋書』 권28, 百官下, 792~793쪽에 상세하다.

였다가.[194] 양제가 다시 (도수감의) 사자로 만들었는데, 정5품으로서 주집과 하거의 두 서를 통령하였다.[195] 대업 5년(609)에 또 (도수)사자를 바꾸어 (도수)감으로 하고 (품계를) 4품으로 올렸으며, 또 (도수)소감도 두었는데, (그 품계가) 5품이었다. 다시 (도수)감을 고쳐 (도수)령으로 하였는데 종3품이었고, (도수)소감을 (바꾸어 도수)소령으로 하였는데 종4품이었다.[196] 당조에서는 도수서로 고쳐서[197] 장작(감)에 예속시켰는데, (도수)령은 종7품하이었다. 정관 연간(627~649)에 다시 (도수령을) 도수사자로 고쳤는데[198] 종5품상이었다.[199] 용삭 2년(662) (도수사자를) 사진감으로 고쳤다가 함형 원년(670)에 다시 도수사자로 하였다.[200] 광택 원년(684) (도수사자를) 수형도위로 고쳤고,[201] 신룡 원년(705) 예전대로 되돌렸다.[202]

---

194) 『隋書』 권28, 百官下, 793쪽에서 "仁壽元年, 改都水臺爲監, 更名使者爲監"이라고 하였다.

195) 『隋書』 권28, 百官下, 793·799쪽에 따르면, 이것은 隋 煬帝 大業 3년의 일이다.

196) 『通典』 권27, 職官 都水使者, 770쪽에는 "改監及少監並爲令"이라고 하였으나, 이 『唐六典』의 서술은 『隋書』 권28, 百官下, 799쪽에도 유사한 내용이 보이므로 착오가 없는 듯하다.

197) 이러한 변화 시기에 대한 기록은 문헌마다 다르다. 즉 『新唐書』 권48, 百官3, 1276쪽이 "武德初, 廢都水監爲署"라 하였고, 『唐會要』 권66, 都水監, 1377쪽은 "武德八年, 置都水署"라고 하였으며, 『通典』 권27, 職官 都水使者, 770쪽에서는 "武德八年, 置都水臺, 後復爲都水署"라고 하는 것이다. 그리고 『舊唐書』의 경우 "武德復爲監"(권44, 職官3, 1897쪽)이라고 하여 전혀 다른 이야기를 하고 있다.

198) 『通典』과 『舊唐書』는 『唐六典』처럼 이것을 정관 연간의 일로만 적고 있으나, 『唐會要』 권66, 都水監, 1377쪽과 『新唐書』 권48, 百官3, 1276쪽을 보면 정관 6년에 都水署가 都水監으로 또 그 장관은 都水令에서 都水使者로 바뀌었다.

199) 『舊唐書』 권44, 職官3, 1897쪽에서는 정관 연간의 都水使者가 종6품이었다고 하여 이 『唐六典』의 기록과 다르다.

200) 『唐會要』와 『新唐書』의 기록은 모두 이 『唐六典』의 기록과 동일한데, 이러한 관직명의 변화는 都水監과 司津監이라는 관부명칭의 변화와 연관된 것이었다. 따라서 『通典』 권27, 職官 都水使者, 770쪽의 경우 龍朔 2년에 "改都水使者爲司津監丞"이라고 한 것은 착오라고 생각되며, 『舊唐書』의 경우 咸亨 원년의 변화 사실을 누락하였다는 점에서 불충분하다고 생각된다.

201) 이 시기에 都水監이 水衡監으로 개칭된 사실은 『通典』·『唐會要』·『新唐書』에 모두 나오며(단 『新唐書』에서는 이것을 光宅 원년의 이듬해인 垂拱 원년으로 적고 있다), 이로 인하여 그 장관

都水使者掌川澤、津梁之政令，總舟檝、河渠二署之官屬，舟檝署開元二十三年省. 辨其遠近，而歸其利害；凡漁捕之禁，衡虞之守，皆由其屬而總制之. 凡獻享賓客，則供川澤之奠. 凡京畿之內渠堰陂池之壞決，則下於所由，而後修之. 每渠及斗門置長各一人，以庶人年五十已上并勳官及停家職資有幹用者爲之. 至漑田時，乃令節其水之多少，均其灌漑焉. 每歲，府縣差官一人以督察之；歲終，錄其功以爲考課.

역문 도수사자는 강·못과 나루터·다리의 정령을 관장하고, 주집(서)과 하거(서) 두 서의 관속을 모두 거느려서, 주집서는 개원 23년(735)에 없앴다. (배와 물을 이용한 수운의) 멀고 가까움을 분별하여 그 이익과 손실(의 계산을 통한 효율의 극대화)을 도모한다. 무릇 어로의 금지[203]나 강과 못을 지키는 일[衡虞之守][204]은 모두 그

도 都水使者에서 水衡都尉로 바뀌었을 것이다. 따라서 이 시기에 水衡都尉가 만들어졌다는 『舊唐書』 권44, 職官3, 1897쪽의 기록도 마찬가지 맥락에서 이해된다. 그런데 『唐會要』의 경우 이 때 관부명칭의 변화와 무관하게 都水使者가 都水府로 改名되었다고 하며, 『冊府元龜』 권620, 卿監部 總序, 7454쪽도 "垂拱中, 又改都水監爲水衡, 置都尉; 使者爲都水府"라고 하여 특이하다. 그러나 『唐六典』의 전후 문맥상 水衡都尉와 都水使者 양자의 상관성은 부정할 수 없을 듯하다.

202) 神龍 원년에 都水監과 都水使者란 이름을 되찾은 사실은 『通典』·『唐會要』·『舊唐書』에서 모두 발견된다. 그런데 이 시기의 都水監과 將作監의 관계는 불분명하다. 『新唐書』 권48, 百官3, 1276쪽에서는 都水監이 개원 25년에 "不隷將作監"하였다고 하였는데, 垂拱 연간 都水監의 改名에 대한 기록 뒤 神龍 원년의 변화를 생략하고 이 개원연간의 일로 곧바로 넘어간 이 책의 서술은 신뢰하기 어려운 점이 있다. 그러나 이 해의 改制에 대한 설명에서 『通典』은 都水監이 "不屬將作(監)"(권27, 職官 都水使者, 770쪽)하게 되었다고 한 반면에 『舊唐書』의 경우 "仍隷將作監"(권44, 職官3, 1897쪽)이라고 명기하고 있기 때문이다. 따라서 神龍 원년의 都水監이 독립적인 官府였는지 여부는 현재로서 단언하기 어렵다. 그런데 『唐六典』의 編制로 볼 때, 이 책이 만들어진 당시 都水監과 將作監은 분명히 별개의 조직이었다고 생각된다. 아울러 都水監의 使者의 品階를 본문에서 '정5품상'이라고 하였으나, 그 연혁에서는 단지 정관연간 '종5품상'으로 올린 사실까지만 기록한 것도 의문스러운 부분이다. 『舊唐書』는 神龍 원년에 다시 만들어진 都水使者를 '정5품상'이라고 하였으므로, 이 때 그 품계가 다시 높아졌을 가능성이 있다. 그러나 이러한 품계의 변화는 여타 문헌에는 전혀 나오지 않는다.

203) 工部의 虞部郎中·員外郎의 직임 역시 "掌天下虞衡、山澤之事, 以辨其時禁" 하는 것이었고, 『역주당육전(상)』 권7, 尙書工部, 682~683쪽에서 보듯이 원칙상 어로가 금지되는 시기(冬·春之交,

관속들이 담당하므로 (도수사자가 이러한 일들을) 총괄한다. 무릇 제사·잔치나 빈객의 접대에 강이나 못에서 산출되는 먹을거리를 제공한다. 무릇 경기 지역 안의 제방이나 저수지가 허물어지거나 터지면 담당 관속에게 하명한 뒤에 그것을 수축한다. 수로나 갑문마다 장을 각각 1인씩 두는데, 50세 이상의 서인이나 훈관 및 쉬고 있는 (관인) 경력자로서 유능한 자를 이로 삼는다.[205] 경지를 관개할 때에 그 수량을 조절하여 관개가 고르게 되도록 한다. 매년 부·현에서 1인의 관인을 차출하여 그것을 감독하게 하여, 연말에 그 성과를 기록하여 근무 평정을 한다.

○ 丞二人, 從七品上;『漢書』都水、水衡皆有丞. 後漢省. 晉初置都水使者, 有參軍二人, 蓋丞之職也. 宋因之. 孝武帝省都水臺, 置水衡令, 亦無丞. 梁天監七年置太舟卿, 始置丞一人, 班第一. 陳因之. 後魏都水有參事六人, 北齊有參事十人, 並丞之任也. 隋初, 置都水臺, 有丞二人, 正第八品上; 大業三年, 加從七品. 皇朝改爲都水署, 丞從八品下. 貞觀中, 改爲使者, 以署爲監, 加丞秩至從七品上. 主簿一人, 從八品下.『晉令』: "水衡都尉置主

水蟲孕育, 捕魚之器, 不施川澤; 春·夏之交, 陸禽孕育, 食柔獸之藥, 不入原野; 夏苗之盛, 不得蹂藉; 秋實之登, 不得焚燎.) 혹은 지역(凡京兆·河南二都, 其近爲四郊, 三百里皆不得弋獵·採捕…凡五嶽及名山能蘊靈産異, 興雲致雨, 有利於人者, 皆禁其樵採)이 있었다.

204)『周禮』의 地官司徒에는 앞서 都水監 使者의 기원으로 注記된 "掌巡川澤之禁令" 하는 川衡 이외에도, 林衡(掌巡林麓之禁令)·山虞(掌山林之政令)·澤虞(掌國澤之政令)와 같은 관직이 있다. 따라서 衡虞는 山林水澤을 관장하는 官을 뜻하는데, 여기에서 '衡虞之守'는 특히 水澤과 관련된 官人의 職任을 가리킨다.

205) 원문은 "以庶人年五十已上幷勳官及停家職資有幹用者爲之"인데, 底本의 校勘記에서 지적하였듯이 日本의 近衛本에서는 '家'를 '官'의 잘못이라고 보았다. 그러나『唐律疏議』에 "非見文武官, 卽停家職資"에 라는 말이 나오며(『역주당율소의』第451條, 捕亡 1 '將吏追捕罪人'조, 3281쪽), "停家職資"는 곧 文武官 경력자를 가리킨다.

簿一人."又:"左、右、前、後、中五水衡皆有主簿."梁天監七年, 太舟主簿七班之中第三, 與宗正主簿同. 後魏、北齊並不置. 大業中置主簿一員, 皇朝因之.

역문 승은 2인으로 종7품상이고, 『한서』에 (따르면) 도수(장)와 수형(도위)은 모두 승이 있었다.[206] 후한 때는 (도수승과 수형도위의 승을) 없앴다.[207] 진(晉) 초에 도수사자를 두고 (그 아래) 참군 2인이 있었는데,[208] 대개 승의 직임이었다. 송은 이를 따랐다. (송의) 효무제는 도수대를 없애고 수형령을 두었는데, 역시 승은 없었다.[209] 양 천감 7년(508) 태주경을 두면서 처음으로 승 1인을 두었는데, 제1반이었다.[210] 진(陳)은 이를 따랐다.[211] 북위에는 도수(대)에 참(군)사 6인이 있었고, 북제에는 참(군)사 10인이 있었는데,[212] 모두 승의 직

---

206) 이와 같은 사실은 앞서 都水監 使者의 연혁에서 이미 설명된 것으로서, 그 근거는 『漢書』 百官公卿表이다.

207) 앞서 지적하였듯이 後漢의 世祖 光武帝가 "都水屬郡國"하게 하고 武帝가 만든 水衡都尉를 없앴다면(『後漢書』 志26, 百官3, 3600쪽), 당연히 그 아래의 都水丞과 水衡都尉의 丞도 더 이상 조정에서 직할하는 관직이 아니었을 것이다.

208) 『晉書』에는 都水使者를 둔 기록만 있으나(권24, 職官, 739쪽), 『宋書』 권40, 百官下, 1252쪽에는 "晉武帝省水衡, 置都水使者, 而河隄爲都水官屬. 有參軍二人, 謁者一人, 令史減置無常員"이라 했다.

209) 都水監 使者의 연혁에서 이미 지적하였던 것처럼 『宋書』 권6, 孝武帝, 113·116쪽에 의하면 都水使者의 폐지는 단지 일시적 현상이었다.

210) 앞서 지적하였듯이 梁 초에는 都水臺가 있었고 여기에는 使者만 있었을 뿐 丞은 없었다. (『隋書』 권26, 百官上, 726쪽) 그러나 同上書, 724쪽과 732쪽에 의하면 天監 7년에 太舟卿으로 바꾸면서 그 아래 第1班의 丞을 두었다.

211) 『隋書』 권26, 百官上, 745쪽에 의하면 陳代 太舟卿을 비롯한 12卿의 丞은 8품관이었다.

212) 『通典』 권27, 職官 都水使者, 771쪽에서는 "後魏、北齊又曰參軍"이라고 하여 이 『唐六典』의 기록과 다르다. 그런데 『魏書』의 "(永平)二年正月, 尙書令高肇奏, 都水臺請依舊二使者, 參軍事… 詔曰 '使者置二, 可如所奏.… 參軍、錄事並更置一…"(권113, 官氏志, 3003~3004쪽)이라는 글이나 9품관으로서 "都水參軍事"라는 官名(『隋書』 권27, 百官中, 769쪽)을 보면, 저본의 校勘記에서도 설명하였듯이 參事와 參軍 모두 參軍事의 약칭이라고 생각된다. 실제로 同上書, 755쪽에는 北齊의 都水臺의 속관으로 '參事十人'이 있었다는 기록도 보인다.

임이었다. 수 초에 도수대를 두고 승 2인이 있었는데 정8품상이었고, 대업 3년(607)에 (품계를) 종7품으로 올렸다. 당조에서는 (도수대를) 도수서로 바꾸었고, 승은 종8품하이었다. 정관(627~649) 연간에 (도수령을 도수)사자로 고치고 (도수)서를 (도수)감으로 (개명)하였으며,[213] 승의 품계를 종7품상으로 올렸다. **주부는 1인으로 종8품하이다.** 『진(晉)령』에서 "수형도위 (아래)에 주부 1인을 둔다"고 하였으며, 또 "좌·우·전·후·중 다섯 수형(령)은 모두 주부가 있다"고 하였다.[214] 양 천감 7년(508)에 태주주부는 (18반 아래에 둔 별도의) 7반[215] 중 제3반으로서, 종정주부와 같았다. 북위와 북제는 모두 (주부를) 두지 않았다. (수) 대업(605~617) 연간에 주부 1명의 정원을 두었고, 당조는 이를 따랐다.

丞掌判監事. 凡京畿諸水, 禁人因灌漑而有費者, 及引水不利而穿鑿者; 其應入內諸水, 有餘則任王公、公主、百官家節而用之. 主簿掌印, 勾檢稽失. 凡運漕及漁捕之有程者, 會其日月, 而爲之糺擧.

역문 **승은 도수감의 일을 판정하는 일을 관장한다. 무릇 경기 지역의 여러 물길들은 백성들이 관개를 이유로 (필요 이상으로) 낭비하는 것과 물을 (자신의 농지에) 대기 어렵다고 (우물이나 수로를 새로) 뚫는 것을 금한다. 마땅히 궁내로 들여보낼 여러 수원들**

213) 앞서 설명하였던 것처럼 『唐會要』 권66, 都水監, 1377쪽과 『新唐書』 권48, 百官3, 1276쪽에서는 이러한 변화를 정관 6년의 일로 보았다.

214) 이와 같은 『晉令』의 내용은 正史를 위시한 여타 기록에서 발견되지 않는다. 그런데 『通典』 권27, 職官 都水使者, 771쪽의 主簿에 대한 설명에서 "晉水衡都尉有之, 爲左、右、前、後、中五水衡令, 悉皆有之"라는 유사한 내용이 보인다.

215) 이에 관하여서는 이미 將作監 丞의 연혁과 관련하여 설명하였다.

은 (궁중의 필요량 이상의) 여유가 있으면, 왕공·공주·백관의 집에서도 적절하게 그것을 사용(할 수 있도록) 한다. 주부는 (관)인과 처리 날짜의 지체나 실착의 유무에 대한 검사[勾檢稽失]를 관장한다. 무릇 수운이나 어로에 (시간의 제한) 규정이 있는 경우, 그 일시를 맞추게 하고 이를 위하여 (수운과 어로를) 감독한다.

◎ 舟檝署: 令一人, 正八品下; 漢中尉屬官有都船令、丞, 水衡都尉有輯濯令. 晉水衡令各有舷曹吏. 『齊職儀』有船官典軍一人. 後周有舟工中士一人. 隋都水使者領掌船局都尉二人, 煬帝改爲舟檝署令一人, 皇朝因之. 丞二人, 正九品下. 漢有都船丞、輯濯丞. 隋煬帝置舟檝署丞二人, 皇朝因之.

역문 주집서: 영은 1인으로 정8품하이고, 한에는 중위의 속관으로 도선령·(도선)승이 있었고,[216] 수형도위(의 속관으로)는 집탁령이 있었다.[217] 진(晉)의 (좌·우·전·우·중 다섯) 수형령은 각각 (그 속관으로) 현조리[218]가 있었다. 『제직의』에는 선관전군[219] 1인이 있다. 북주에서는 주공 중사 1인이 있었다.[220] 수의 도수사자는 장선국의

216) 『漢書』 권19上, 百官公卿表上, 732쪽에는 "中尉… 武帝太初元年更名執金吾. 屬官有中壘、寺互、武庫、都船四令丞. 都船、武庫有三丞, 中壘兩尉"라고 하였다. 그런데 '都船'을 顔師古의 注가 "都船獄令, 治水官也"라는 如淳의 말로써 설명하였고, 『漢書』에 나오는 그 실제 용례들이 '獄'과 관련된 것이라는 사실이(권83, 薛宣, 3385쪽 : 권86, 王嘉, 3501쪽) 흥미롭다.

217) 앞서 『唐六典』의 都水監 使者의 연혁을 설명한 注文에 이미 이 사실이 나온다.

218) 『通典』 권27, 職官 都水使者, 771쪽에서는 "晉曰船曹吏"라고 하였다.

219) 『通典』 권27, 職官 都水使者, 771쪽에서는 "齊曰官船典軍"이라고 하였다.

220) 舟工中士는 『通典』 권39, 職官 秩品4, 1070쪽에서 확인되는데, 同上書 1072쪽에 나오는 舟工下士와의 직임 차이는 명확하지 않다. 『北周六典』 권7, 冬官府, 484쪽 참조.

도위[221] 2인을 거느렸는데, 양제가 주집서의 영 1인으로 고쳤고, 당조는 이를 따랐다. 승은 2인으로 정9품하이다. 한에는 도선승과 집탁승이 있었다. 수 양제가 주집서에 승 2인을 두었고, 당조는 이를 따랐다.

舟檝令掌公私舟船及運漕之事; 丞爲之貳. 諸州轉運至京、都者, 則經其往來, 理其隱失, 使監漕監之.

역문 주집령은 (수운에 쓰이는) 관부와 개인의 배들과 조운의 일을 관장하고, 승은 그 차관이 된다. 여러 주에서 경사와 동도로 물건을 실어 보낼 때 그 (수운선들의) 왕래 과정을 통하여 그 줄거나 없어지는 일을 다스려(야 하므로 주집서가) 감조[222]로 하여금 이 (수운선의 운행)를 감독하게 한다.

◎ 河渠署: 令一人, 正八品下; 秦及兩漢都水、水衡官屬有河隄謁者, 則河渠署令也. 隋煬帝取『史記』「河渠書」之義以名署, 置令一人, 皇朝因之. 領河隄謁者、魚師. 丞一人, 正九品下. 隋煬帝置河渠署丞一人, 皇朝因之.

---

221) 都水臺 使者의 연혁에서 이미 지적하였듯이, 『隋書』 百官志는 이 官職을 "掌船局都尉"(788쪽)와 "掌船局都水尉"(775쪽)라는 상이한 이름을 혼용하고 있다.

222) 『新唐書』 권48, 百官3에는 두 종류의 監漕가 보인다. "貞觀六年, 置舟楫署, 有令一人, 正八品下, 掌舟楫、運漕: 漕正一人, 府三人, 史六人, 監漕一人…"(1276쪽)과 "唐有河隄使者. 貞觀初改曰河隄謁者. 有府三人, 史六人, 典事三人, 每渠及斗門有長一人, 掌固三人, 魚師十二人. 初, 有監漕十人, 從九品上, 大曆後省"(1277쪽)이 그것이다. 여기에서의 監漕는 舟檝署에 속한 전자를 뜻한다고 생각되지만, 후자 역시 이 직임과 무관하지 않을 듯하다.

역문 하거서: **영은 1인으로 정8품하이고**, 진(秦)과 양한의 도수(장)·수형(도위)의 관속에 하제알자가 있었는데,[223] (이들과 같은 직임을 수행한 것이) 곧 하거서령이다.[224] 수 양제는 『사기』 하거서의 의미를 취하여 그 관서를 이름 짓고 영 1인을 두었는데, 당조는 이를 따랐다. (하거서의 영은) 하제알자[225]와 (물고기를 잡는) 어사[226]를 거느린다. **승은 1인으로 정9품하이다**. 수 양제가 하거서승 1인을 두었고, 당조는 이를 따랐다.

河渠令掌供川澤、魚醢之事; 丞爲之貳. 凡溝渠之開塞, 漁捕之時禁, 皆量其利害而節其多少. 每日供尙食魚及中書門下官應給者. 若大祭祀, 則供其乾魚、魚醢, 以充籩、豆之實. 凡諸司應給魚及冬藏者, 每歲支錢二十萬送都水, 命河渠以時價市供之.

역문 하거령은 강·못(의 관리)와 물고기·젓갈의 일을 관장하고, 승은 그 차관이 된다. 무릇 수로의 열고 닫음이나 어로의 시기와 금지는 모두 그 이해득실을 헤아려서 그 (물의 배출과 어획

223) 『唐六典』은 앞서 都水監 使者의 연혁을 설명할 때 "後漢省都水以屬郡國, 而置河隄謁者五人"이라고 하였는데, 실제로 秦과 前漢의 경우 '河隄謁者'를 역임한 인물의 실례가 발견되지 않는다. 그러나 前漢 시기에도 '河隄使者'·'河隄都尉'(『漢書』 권29, 溝洫志, 1688·1690쪽)와 같은 '河隄' 관련 관직이 다수 존재한 것은 사실이다.

224) 『職官分紀』 권23, 都水使者, 508쪽에는 이 '河渠署令'이란 구절이 '河渠之職'으로 되어 있다.

225) 『舊唐書』 권44, 職官3, 1897쪽에서 "河隄謁者六人, 掌修補提堰漁釣之事"라고 한다. 그리고 『新唐書』 권48, 百官3, 1277쪽에 의하면, 이것은 원래 '河隄使者'였는데, 정관 초에 이와 같이 改名되었으며 정8품하로서 "完隄堰, 利溝瀆, 漁捕之事"를 관장하였다고 한다.

226) 『唐六典』의 本卷 목록에는 河渠署條에 "長上魚師十人, 短番魚師一百二十人, 明資魚師一百二十人"의 존재를 명기하고 있다. 『舊唐書』 권44, 職官3, 1897쪽에도 '魚'를 '漁'로 달리 적었을 뿐 동일한 기록이 보인다. 그리고 『新唐書』 권48, 百官3, 1277쪽의 "渭河三百里內漁釣者, 五坊捕治之. 供祠祀, 則自便橋至東渭橋禁民漁. 三元日, 非供祠不採魚"라는 기록도 이 魚(漁)師의 직임과 관련이 있을 듯하다.

양의) 많고 적음을 조절한다. 매일 상식(국에서 황제를 위한 요리에 필요한) 물고기와 중서문하의 관인들에게 (식사용으로) 마땅히 주어야 할 것을 제공한다. 만약 대제사를 거행하면 건어와 젓갈을 제공하여 제수로 삼는다. 무릇 여러 관부에 마땅히 주어야 할 물고기와 겨우내 보관할 것들은 매년 (호부가) 20만 전을 도수감에 보내어서 하거서로 하여금 시가로 사서 그것을 공급하도록 한다.

◎ 諸津: 令一人, 正九品上; 『列女傳』有趙津吏女, 自後無聞. 『晉令』: "諸津渡二十四所, 各置監津吏一人." 北齊三局尉皆分司諸津、橋之事. 後周有掌津中士一人, 掌津渡、川瀆之制, 而爲之橋梁. 隋都水領諸津: 上津, 每尉一人、丞二人; 中津, 尉、丞各一人; 下津, 尉一人. 每津典作一人、津長四人. 皇朝改置令、丞. 丞一人, 從九品下. 皇朝因隋置. 諸津在京兆、河南界者隷都水監, 在外者隷當州界.

역문 제진: (나루터마다 각각) 영은 1인으로 종9품상이고, 『열녀전』에는 조(趙)나라 진(津)의 관리 딸(의 이야기)이 있는데,[227] 그 이후로는 기록이 없다. 『진령(晉令)』은 "무릇 나루터는 24개이고, 각각에 감진리 1인을 두었다"고 하였다. 북제의 (도수대 산하) 세 국의 위(尉)들은 모두 나루터와 교량의 일을 나누어 맡았다.[228] 북주에는 장진 중사 1인이 있어,[229] 나루터와 강·수로의 제도를 관장하고 (필

227) 劉向, 이숙인 역, 『열녀전』(서울: 예문서원, 1996), 341~345쪽.
228) 『隋書』 권27, 百官中, 754쪽에 의하면 都水臺가 "都尉·合昌·坊城等三局"을 거느렸다고 한다.

요한 곳에) 교량을 지었다. 수에서는 도수(사자 혹은 감)가 제진을 거느렸는데, 상진은 위 1인과 승 2인씩, 중진은 위와 승 각각 1인(씩), 하진은 위 1인(씩) 두었다. 진마다 전작은 1인이고 진장은 4인이었다.230) 당조에서는 고쳐서 (일률적으로 진마다 1인의) 영과 승을 두었다. 승은 1인으로 종9품하이다. 당조는 수를 따라 (승을) 두었다. 제진은 경조·하남(부) 지역에 있는 경우 도수감에 소속되고, 그 (지역) 밖에 있는 것은 해당 지역 주현에 소속되었다.

諸津令各掌其津濟渡舟梁之事, 丞爲之貳.

역문 제진의 영은 각각 그 나루터를 건너는 배와 교량의 일을 관장하고, 승은 그 차관이 된다.

229) 掌津中士는 『通典』 권39, 職官 秩品4, 1070쪽에서 확인되는데, 同上書 1072쪽에는 掌津下士 역시 있다. 양자의 차이는 불명확하며, 그 구체적인 職任에 대한 기록도 이 『唐六典』 이외에는 없다. 『北周六典』 권7, 冬官府, 483~484쪽 참조.

230) 『隋書』 권28, 百官下, 775쪽의 "上津每尉一人, 丞二人; 中津每尉、丞各一人; 下津每典作一人, 津長四人"라는 기록은 下津에 대한 서술에서 『唐六典』과 다르다. 그런데 『隋書』의 校勘者도 말하였듯이, 『唐六典』의 기록이 옳을 가능성이 크다.(同上書, 803쪽)

『唐六典』

卷第二十四 諸衛府

御撰

集賢院學士兵部尙書兼中書令修國史上柱國開國公

臣 李林甫等奉敕注上

左右衛

大將軍各一人　將軍二人　長史一人　錄事參軍事一人　錄事一人　史二人
倉曹參軍事 二人　府二人　史四人　兵曹參軍事二人　府四人　史七人
騎曹參軍事一人　府二人　史四人　胄曹參軍事一人　府三人　史三人　亭長二人
掌固四人　司階二人　中候三人　司戈五人　執戟五人　奉車都尉五人

親府勳一府勳二府翊一府翊二府等五府

中郎將各一人　左郎將一人　右郎將一人　錄事一人　兵曹參軍事一人　府一人
史二人　校尉五人　旅帥十人　隊正二十人　副隊正二十人

左右驍衛

大將軍各一人　將軍二人　長史一人　錄事參軍事一人　錄事一人　史二人
倉曹參軍事二人　府二人　史四人　兵曹參軍事二人　府三人　史五人
騎曹參軍事一人　府二人　史四人　胄曹參軍事一人　府三人　史三人　亭長二人
掌固四人　司階二人　中候三人　司戈五人　執戟五人

左右翊中郎將府

中郎將各一人　左郎將一人　右郎將一人　錄事一人　兵曹參軍事一人　府一人
史二人　校尉五人　旅帥十人　隊正二十人　副隊正二十人

左右武衛

大將軍各一人　將軍二人　長史一人　錄事參軍事一人　錄事一人 史二人
倉曹參軍事二人　府二人　史四人　兵曹參軍事二人　府三人　史五人
騎曹參軍事一人　府二人　史四人　胄曹參軍事一人　府三人　史三人　亭長二人
掌固四人　司階二人　中候三人　司戈五人　執戟五人　稱長二人

左右翊中郎將府

中郎將各一人　左郎將一人　右郎將一人　錄事一人　兵曹參軍事一人　府一人
史二人　校尉五人　旅帥十人　隊正二十人　副隊正二十人

左右威衛

大將軍各一人　將軍二人　長史一人　錄事參軍事一人　錄事一人　史二人
倉曹參軍事二人　府二人　史四人　兵曹參軍事二人　府三人　史五人
騎曹參軍事一人　府三人　史四人　胄曹參軍事一人　府三人　史三人　亭長二人
掌固四人　司階二人　中候三人　司戈五人　執戟五人

左右翊中郎將府

中郎將各一人　左郎將一人　右郎將一人　綠事一人　兵曹參軍事一人　府一人
史二人　校尉五人　旅帥十人　隊正二十人　副隊正二十人

左右領軍衛

大將軍各一人　將軍二人　長史一人　綠事參軍事一人　綠事一人　史二人
倉曹參軍事二人　府二人　史四人　兵曹參軍事二人　府三人　史五人
騎曹參軍事一人　府二人　史四人　胄曹參軍事一人　府三人　史三人　亭長二人
掌固四人　司階二人　中候三人　司戈五人　執戟五人

左右翊中郎將府

中郎將各一人　左郎將一人　右郎將一人　綠事一人　兵曹參軍事一人　府一人
史二人　校尉五人　旅帥十人　隊正二十人　副隊正二十人

좌우위

대장군 각1인　장군 2인[1]　장사 1인　녹사참군사 1인　녹사 1인
사 2인　창조참군사 2인　부 2인　사 4인　병조참군사 2인　부 4인
사 7인　기조참군사 1인　부 2인　사 4인　주조참군사 1인　부 3인
사 3인　정장 2인[2]　장고 4인　사계 2인　중후 3인　사과 5인
집극 5인　봉거도위 5인

친부 훈1부 훈2부 익1부 익2부 등 5부

중랑장 각1인　좌랑장 1인[3]　우낭장 1인　녹사 1인　병조참군사 1인
부 1인　사 2인　교위 5인　여수 10인　대정 20인　부대정 20인

좌우효위

대장군 각1인　장군 2인　장사 1인　녹사참군사 1인　녹사 1인　사 2인
창조참군사 2인　부 2인　사 4인[4]　병조참군사 2인　부 3인　사 5인
기조참군사 1인　부 2인　사 4인　주조참군사 1인　부 3인　사 3인
정장 2인　장고 4인　사계 2인　중후 3인　사과 5인　집극 5인

좌우익중랑장부

중랑장 각1인　좌랑장 1인　우랑장 1인　녹사 1인　병조참군사 1인

---

1) 將軍 다음에 '各'자가 생략되어 있으며 이하 모두 이와 같다.
2) 『新唐書』 권49상, 百官志, 1280쪽에는 8인으로 기재되어 있다.
3) 左郎將 이하에 모두 '各'자가 생략되어 있다.
4) 『新唐書』 권49상, 百官志, 1283쪽에는 2인으로 기재되어 있다.

부 1인　사 2인　교위 5인　여수 10인　대정 20인　부대정 20인

좌우무위

대장군 각1인　장군 2인　장사 1인　녹사참군사 1인　녹사 1인　사 2인
창조참군사 2인　부 2인　사 4인　병조참군사 2인　부 3인　사 5인
기조참군사 1인　부 2인　사 4인　주조참군사 1인　부 3인　사 3인
정장 2인　장고 4인　사계 2인　중후 3인　사과 5인　집극 5인
칭장 2인

좌우익중랑장부

중랑장 각1인　좌랑장 1인　우랑장 1인　녹사 1인　병조참군사 1인
부 1인　사2인　교위 5인 여수 10인　대정 20인　부대정 20인

좌우위위

대장군 각1인　장군 2인　장사 1인　녹사참군사 1인　녹사 1인　사 2인
창조참군사 2인　부 2인　사 4인　병조참군사 2인　부 3인[5]　사 5인
기조참군사 1인　부 3인　사 4인　주조참군사 1인　부 3인　사 3인
정장 2인　장고 4인　사계 2인　중후 3인　사과 5인　집극 5인

좌우익중랑장부

중랑장 각1인　좌랑장 1인　우랑장 1인　녹사 1인　병조참군사 1인
부 1인　사 2인　교위　5인　여수 10인　대정 20인　부대정 20인

좌우령군위

대장군 각1인　장군 2인　장사 1인　녹사참군사 1인　녹사 1인　사2인
창조참군사 2인　부2인　사 4인　병조참군사 2인　부 3인　사 5인
기조참군사 1인　부 2인　사 4인　주조참군사 1인　부 3인　사 3인
정장 2인　장고 4인　사계 2인　중후 3인　사과 5인　집극 5인

좌우익중랑장부

중랑장 각 1인　좌랑장 1인　우랑장 1인　녹사 1인　병조참군사 1인
부 1인　사 2인　교위 5인　여수 10인　대정 20인　부대정 20인

5) 『新唐書』 권49상, 百官志, 1284쪽에는 2인으로 기재되어 있다.

권제24 제위부

◎ 左右衛, **大將軍各一人, 正三品**: 『周禮』"制軍: 萬二千五百人爲軍. 天子六軍, 大國三軍, 次國二軍, 小國一軍. 軍將皆命卿."『六韜』曰 "古之王者遣將授鉞, 曰: 從此, 上至天, 下至地, 將軍任也." 戰國亦有其職. 秦、漢始置衛將軍, 後漢及魏並因之, 然增其班秩. 晉文帝置臺, 又置中衛將軍. 武帝受命, 分爲左、右二衛, 各將軍一人, 品第四, 銀章、青綬, 武冠, 絳朝服, 佩水蒼玉. 宋、齊因之. 建元二年, 詔二衛將軍日暮常一人宿. 永明元年, 詔二衛儀從可增爲九十人. 又, 左衛領營五十, 司馬二十五人; 右衛領營四十, 司馬二十人. 梁左、右衛將軍班第十二, 陳秩二千石. 後魏從二品, 太和二十二年, 降爲第三品. 北齊因之. 隋左・右衛、左・右武衛、左・右候、左・右武候、左・右領軍、左・右率府各有大將軍一人, 所謂十二衛大將軍也. 然自兩漢至北齊, 大將軍位視三公; 至隋, 十二大將軍直爲武職, 位左、右省臺之下, 與古大將軍但名號同, 而統務別. 至開皇末年, 罷十二衛大將軍員. 煬帝大業三年, 復置左、右衛爲左、右翊衛, 其所領名爲驍騎. 皇朝復左、右衛府, 官屬與『隋令』略同. 龍朔二年除府字. **將軍各二人, 從三品.** 後魏永光元年, 始增置左、右衛將軍各二人, 從三品上; 太和二十二年, 降爲第三品. 北齊左、右衛府各將軍一人, 各武衛將軍二人, 皆有司馬、功曹、主簿、錄事等員. 隋左、右衛將軍各二人, 皇朝因之.

역문 **좌·우위대장군은 각각 1인으로 정3품이고**, 『주례』에 "군대를 편제할 때 1만 2,500인을 1군으로 한다. 천자는 6군, 대국은 3군, 차국은 2군, 소국은 1군을 (거느린다). 군장은 모두 경에게 맡긴다"[6]라고 하였다. 『육도』에 "고대의 왕자(王者)는 장수를 파견할 때 도끼를 주면서 말하기를 '지금부터 위로는 하늘, 아래로는 땅에 이르기까지 (모든 일은) 장군에게 맡긴다'"[7]라고 하였다. 전국시대에도 또한 그 직이 있었다. 진한 시대에 처음 위장군을 두었고[8], 후한 및 위나라에도 모두 그것을 따랐으나[9] 그 품과 질은 올렸다. 진 문제가 대(臺)를 설치하였고 또한 중위장군을 두었다.[10] 무제가 즉위하자 (위를) 나누어 좌위·우위 2위로 만들고[11] 각각 장군 1인을 두었으며, (이들은) 제4품으로[12] 은으로 만든 인장, 청색 인끈, 무

---

6) 『周禮注疏』 권28, 夏官司馬: "凡制軍, 萬有二千五百人爲軍, 王六軍, 大國三軍, 次國二軍, 小國一軍, 軍將皆命卿. 二千有五百人爲師, 師帥皆中大夫. 五百人爲旅, 旅帥皆下大夫. 百人爲卒, 卒長皆上士. 二十五人爲兩, 兩司馬皆中士. 五人爲伍, 伍皆有長."

7) 『六韜』 권3, 龍韜 立將篇: "武王問太公曰, 立將之道奈何.… 卜吉日, 以授斧鉞. 君入廟門, 西面而立. 將入廟門, 北面而立. 君親操鉞持首, 授將其柄曰, 從此上至天者, 將軍制之. 復操斧之柄, 授將其刃曰, 從此下至淵者, 將軍制之. 見其虛則進, 見其實則止. 勿以三軍爲重而輕敵, 勿以受命爲重而必死, 勿以身貴而賤人. 勿以獨見而違衆, 勿以辯說爲必然也." 본문의 鉞은 바로 斧鉞인데 장수는 출정할 때 왕에게 斧鉞을 받음으로써 휘하 군사들에 대한 殺罰의 권한을 가졌다. 『六韜』는 文韜·武韜·龍韜·虎韜·豹韜·犬韜가 1권씩 6권 60편으로 구성되어 있다. 『漢書』 藝文志에는 兵書略이 아닌 諸子略 儒家 항에 있다. 본문은 文王 또는 武王과 태공망 여상의 대화를 중심으로 기록되었기 때문에 呂望이 지었다고 알려졌지만 宋代부터 예문지에 보이는 책은 본서와 달라 『六韜』는 후대의 僞書라고 하는 설이 많고 그 성립시대나 저자에 대해 논쟁중이다. 1972년 山東 臨沂 銀雀山 前漢 武帝시기의 墓葬 중에 본서의 殘簡이 136간이 출토되었다.

8) 秦의 기사는 보이지 않고 前漢 文帝 때에 처음으로 보인다. 『漢書』 권4, 文帝紀, 108쪽: "…奉天子法駕迎代邸. 皇帝卽日夕入未央宮. 夜拜宋昌爲衛將軍, 領南北軍, 張武爲郎中令, 行殿中."

9) 『後漢書』 志24, 百官1, 3563쪽: "將軍, 不常置. 本注曰 掌征伐背叛. 比公者四. 第一大將軍, 次驃騎將軍, 次車騎將軍, 次衛將軍. 又有前·後·左·右將軍." 『宋書』 권40, 1250쪽에 魏나라 또한 衛將軍을 설치하였으며, 曹爽 집정시에 그 동생인 曹訓을 武衛將軍으로 삼았다는 기록이 있다.

10) 魏末 司馬師가 위독해지자 司馬昭(晉文帝)를 위장군으로 삼았다. 사마사가 죽자 사마소는 景元3년(262) 相國이 되고 晉公에 봉해졌고 관직을 설치하면서 中衛와 衛를 설치하였다.(『晉書』 권24, 職官, 740쪽: "左右衛將軍, 案文帝初置中衛及衛, 武帝受命, 分爲左右衛, 以羊琇爲左, 趙序爲右. 並置長史·司馬·功曹·主簿員, 江左罷長史" : 『宋書』 百官: "晉文帝爲相國, 相國府爲中衛將軍")

11) 『晉書』 권24, 職官, 740쪽: "左右衛將軍, 案文帝初置中衛及衛, 武帝受命, 分爲左右衛, 以羊琇爲左, 趙序爲右. 並置長史·司馬·功曹·主簿員, 江左罷長史."

12) 『通典』 권37, 職官19, 晉官品, 1003~1004쪽에는 衛將軍은 제2품, 左右衛는 제4품으로 기재되

관[13], 강조복을 (착용하고) 수창옥을 찼다. 송·제는 이를 따랐다. (제고제[齊高帝]) 건원 2년(480) 조를 내려 좌·우 2위 장군이 매일 밤 항상 한 사람씩 숙위하게 하였다. (제무제[齊武帝]) 영명 원년(483) 조를 내려 2위의 의종을 90인으로 늘리게 하였다.[14] 또한 좌위가 50영과 사마 25인을 거느리게 하였고, 우위는 40영과 사마 20인을 거느리게 하였다. 양에서는 좌·우위 장군은 제12반이었고, 진에서는 질이 이천석이었다. 북위에서는 종2품이었고 태화 22년(498)에는 제3품으로 내렸다.[15] 북제는 이를 따랐다. 수에서는 좌(위)·우위, 좌(무위)·우무위, 좌(후)·우후, 좌(무후)·우무후, 좌(령군)·우령군, 좌(솔부)·우솔부에 각각 대장군 1인이 있었으니 이른바 12위 대장군이다.[16] 그런데 양한에서 북제에 이르기까지 대장군의 지위는 삼공에 견주었지만[17] 수대에 이르러 12대장군은 단지 무관의 직임으

어 있다.

13) 『後漢書』 志30, 輿服下, 3668쪽: "武冠, 一曰武弁大冠, 諸武官冠之. 侍中·中常侍加黃金璫, 附蟬爲文, 貂尾爲飾, 謂之'趙惠文冠'. 胡廣說曰 '趙武靈王效胡服, 以金璫飾首, 前插貂尾, 爲貴職. 秦滅趙, 以其君冠賜近臣.' 建武時, 匈奴內屬, 世祖賜南單于衣服, 以中常侍惠文冠, 中黃門童子佩刀云" : 『晉書』 권25, 輿服, 767~768쪽: "武冠, 一名武弁, 一名大冠, 一名繁冠, 一名建冠, 一名籠冠, 卽古之惠文冠.…天子元服亦先加大冠, 左右侍臣及諸將軍武官通服之.…應劭漢官云, '說者以爲金取剛强, 百鍊不耗. 蟬居高飮淸, 口在掖下. 貂內勁悍而外柔縟.' 又以蟬取淸高飮露而不食, 貂則紫蔚柔潤而毛采不彰灼, 金則貴其寶瑩, 於義亦有所取. 或以爲北土多寒, 胡人常以貂皮溫額, 後世效此, 遂以附冠. 漢貂用赤黑色, 王莽用黃貂, 各附服色所尙也."

14) 『通典』 권28, 職官10, 783쪽: "宋齊謂之二衛, 各令營兵, 每暮一人宿直. 後增二衛儀從爲九十人. 陳因之"

15) 『魏書』 권113, 官氏志, 2993쪽에 따르면 太和 22년은 23년이 되어야 한다.

16) 『隋書』 권28, 百官下, 773쪽에 "高祖受命… 左右衛、左右武衛、左右武候、左右領、左右監門、左右領軍等府"라고 되어 있고 793~794쪽에 "改左右衛爲左右翊衛, 左右備身爲左右騎衛. 左右武衛依舊名. 改領軍爲左右屯衛, 加置左右禦. 改左右武候爲左右候衛. 是爲十二衛"라 기재되었다. 아울러 『通典』 권28, 職官10, 7822쪽에도 "隋煬帝以左右翊衛衛、左右驍衛、左右武威、左右屯衛、左右禦衛、左右候衛, 凡十二衛, 各置大將軍一人, 將軍二人, 以總府事"라고 기재되었다. 더욱이 左右率府도 太子詹事府에 소속되었고 12衛에는 포함되지 않는다. 따라서 본문의 기재는 착오가 있는 듯하다.

로 그 지위는 상서성 좌·우복야의 아래에 있었고, 예전의 대장군과 단지 이름과 호칭은 같았을 뿐 통괄하는 직무는 달랐다. 개황 말년(600)에 이르러 12위 대장군의 인원을 폐지하였다. 양제 대업 3년(607)에 다시 좌·우위를 설치하고 좌·우익위라 하였으며, 그 거느리는 (군사를) 효기라 하였다. 당에서는 다시 좌·우위부라 하였고, 관속은 『수령』과 거의 같았다. 용삭 2년(662)에 '부'자를 없앴다. **장군은 각각 2인으로 종3품이다.** 북위 정광 원년(520)에 처음으로 좌·우위 장군을 각각 2인으로 증설하였는데 종3품상이었고, 태화 22년(499)에 제3품으로 내렸다.18) 북제는 좌·우위부에 각각 장군 1인을 두었고, 각 무위장군 2인에는 모두 사마·공조·주부·녹사 등의 인원이 있었다. 수의 좌·우위 장군은 각각 2인이었고 당은 이를 따랐다.

---

17) 前漢 武帝時 衛青은 여러 차례 흉노를 정벌한 공으로 대장군에 임명되었고 霍去病·王鳳 등도 이를 역임하였다. 그들의 실제 지위는 때로 丞相보다 높았으며, 『文獻通考』 권59에서는 "西漢以來, 大將軍之官內秉國政, 外則仗鉞專政, 其權任出宰相之右"라 하였다. 後漢에서도 吳漢·景丹·鄧騭·耿寶 등과 順帝 이후 황후의 아버지나 형제 등 외척들이 대장군이 되어 三公에 견주었다. 魏에서는 曹仁·司馬懿·司馬師 등이 대장군을 역임하였다. 西晉의 大將軍開府者는 그 지위가 三公과 비슷하였다. 南朝의 宋 文帝는 팽성왕 劉義康을 대장군으로 삼았다. 이후 齊·梁·陳에서는 대장군이 贈官이었고 北魏·北齊 때에는 제1품상으로 武事를 담당하고 三師에 버금갔다.

18) 이 단락에는 많은 착오가 있는 듯하다. 첫째, 北魏에 '永光'이라는 연호는 없다. 『魏書』 권113, 官氏志, 3004쪽에 따르면 좌·우위장군을 설치한 것은 正光 원년(520) 7월의 일이었기 때문에 일단 정광으로 번역해 두었다. 그렇지만 正光이라 해도 太和연간 이후이므로 다음 문장과 호응되지 않는 문제점이 있다. 둘째, 『魏書』 권113, 官氏志, 2979쪽에는 左衛將軍과 右衛將軍이 副官이 아니라 장관으로 기재되었다. 『唐六典』 서술 관례에서 볼 때 본문의 將軍은 大將軍의 부관이므로 여기에 北魏의 左衛將軍과 右衛將軍을 將軍의 연원으로 볼 수 있을지 의문이다. 셋째, 『魏書』 권113, 官氏志, 2979쪽에 太和 이전의 左衛將軍과 右衛將軍은 종2품상과 종2품하이었고 太和 이후에는 모두 3품이었다. 따라서 주문에 왜 종3품상이라고 하였는지 의문이다. 넷째, 종3품상에서 태화 22년(499)에 제3품으로 내렸다는 설명도 왜 내린 것(降)으로 되었는지 이해하기 어렵다. 또한 효문제가 職員令을 다시 반포한 시점도 태화 22년이 아니라 23년이다.(『魏書』 권113, 官氏志, 2993쪽) 이 때문에 본서의 교감자인 진중부도 어떤 착오가 있었을 것으로 추측하고 있다.

左、右衛大將軍・將軍之職，掌統領宮廷警衛之法令，以督其屬之隊仗，而總諸曹之職務；凡親、勳、翊五中郎將府及折衝府所隷者，皆總制焉. 凡大朝會，率其屬以黃質鍪・甲・鎧、黃弓箭、黃刀、黃楯、黃穳、黃麾、麒麟旗、角端旗、赤熊旗之類，爲左、右廂之儀仗. 每月，親、勳、翊五府之三衛及折衝府之驍騎應番上者，各受其名簿，以配所職. 凡宿衛內廊閤門外，分爲五仗，一曰供奉，二曰親仗，三曰勳仗，四曰翊仗，五曰散手仗，皆坐於東、西廊下. 若御坐正殿，則立於兩階之次. 在正門之內，則以挾門隊坐於東、西廂. 承天、嘉德二門之內，皆大將軍守之. 諸門及內廂宿衛之仗，無將軍者，則以中郎將一人權代其職. 若大駕行幸，則如鹵簿之法以從.

역문 좌·우위대장군과 장군의 직임은 궁정의 경비와 호위에[19] 관한 법령을 통령하여 의장대를 감독하고 각 조의 직무를 총괄하는 일을 관장한다. 무릇 친부·훈부·익부의 다섯 중랑장부[20] 및 (좌·우위 소속의) 절충부[21]에 예속된 자들은 모두 (좌·우위 대장군과 장군들의) 총지휘를 받는다. 무릇 대조회[22] 때는 소속된 자

---

19) 宿衛에 관한 연원은 『周禮注疏』 권3, 天官冢宰: "宮伯掌王官之士庶子. 凡在版者, 掌其政令, 行其秩敍, 作其徒役之事, 授八次八舍之職事" 참조.

20) 親・勳・翊府는 좌·우위에 속한 親府・勳1府・勳2府・翊1府・翊2府 5부이다. 5부에는 정4품하 中郎將 각 1인, 정5품상 左・右 郎將이 각 1인 있고, 유외관으로 綠事 1인이 있으며, 정9품상 兵曹參軍事 각 1인이 있고, 유외관으로 府 1인과 史 2인이 있다. 위관으로 校尉 5인, 旅帥 10인, 隊正 20인, 副隊正 20인이 있다.(『新唐書』 권49상, 百官4上, 1281~1282쪽: "每府, 中郎將一人, 正四品下; 左右郎將一人, 正五品下; 親衛, 正七品上; 勳衛, 從七品上; 翊衛, 正八品上. 總四千九百六十三人. 兵曹參軍事各一人, 正九品上; 校尉各五人, 正六品上. 每校尉有旅帥二人, 從六品上; 每旅帥各有隊正二十人, 正七品上, 副隊正二十人, 正七品下. 五府中郎將掌領校尉、旅帥、親衛、勳衛之屬宿衛者, 而總其府事; 左右郎將貳焉")

21) 정관 10년(636) 隋의 禁軍 折衝郎將의 이름을 본떠 鷹揚府를 折衝府로 고쳤다. 唐代에는 전국 10道 대략 574~633개의(『역주당육전(상)』 권5, 尙書兵部, 485쪽 주52)·54) 및 兵部員外郎條 참조) 절충부가 설치되었으며, 折衝都尉가 衛士들의 宿衛・師役・戎具・資糧・差點・教習 등을 관장하였다.

들을 통솔하여 황색 바탕의 투구와 갑옷[23], 황색의 활과 화살, 황색의 칼·방패·작은 창·황색깃발·기린기·각단기[24]·적웅기 따위를 (갖추게 하고) 좌·우상의 의장으로 삼는다. 매월 친·훈·익 5부의 삼위[25] 및 절충부의 효기[26]로 번상해야 할 자는 (좌·우위가 병부와 소속 절충부에서) 각각 그 명부를 받아 해당 직무에 배치시킨다. 무릇 내랑과 합문 밖에서 숙위해야 경우에는 (삼위를) 오장(五仗)[27]으로 나누고, 첫째는 공봉[28], 둘째는 친장, 셋째는 훈장, 넷째는 익장, 다섯째는 산수장이라 한다. 모두 동·서낭하에 (무릎 꿇고) 앉는다. 만약 황제가 정전에 앉아 계시면 양측 계단의 위치에 선다. (궁전의) 정문 안에 계실 때는 협문대의 형식으로서 동·서상에 (무릎 꿇고) 앉는다.[29] 승천·가덕 두 문의 안에

---

22) 매년 元正·冬至에 황제가 群臣의 하례를 받는 의식을 말한다.

23) 『周禮注疏』, 夏官 司甲: "司甲下大夫二人" : 鄭注: "甲, 今時鎧也" ; 陸德明釋文: "古用皮謂之甲, 今用金謂之鎧."

24) 角端은 전설 속의 神獸의 이름이다. 『宋書』 권29, 符瑞下, 848쪽: "角端者, 日行萬八千里, 又曉四夷之語, 明君聖主在位, 明達外方幽遠之事, 則捧書而至"라 하였다. 한편 『역주당육전(중)』 권16, 衛尉寺, 472~474쪽에 "旗之制三十有二. 一曰靑龍旗,… 二十三曰角端旗,…"라 하고, 원주에 "金吾隊所執, 靑龍·白獸·麒麟·角端·赤熊等旗. 左·右衛隊所執, 鳳凰·飛黃·吉利·兕旗·太平等旗"라 하여 차이가 있다.

25) 좌·우위 소속의 親衛·勳衛·翊衛를 합하여 '三衛', 또는 '三府衛'라 한다. 통상 삼위는 諸衛의 익위와 率府의 친위·훈위·익위도 포함한다.(『역주당육전(상)』 권5, 상서병부, 491~492쪽)

26) 左右千牛衛와 左右監門衛를 제외한 12衛에는 절충부의 부병위사가 배치되며 이들은 각각 다른 명칭으로 불렸는데, 좌우위에 배치된 위사를 효기라 하였다.(『역주당육전(상)』 권5, 尙書兵部, 498쪽 참조)

27) 『新唐書』 권23상, 儀衛上, 481~482쪽: "凡朝會之仗, 三衛番上, 分爲五仗, 號衙內五衛. 一曰供奉仗, 以左右衛爲之. 二曰親仗, 以親衛爲之. 三曰勳仗, 以勳衛爲之. 四曰翊仗, 以翊衛爲之. 皆服鶡冠·緋衫裌. 五曰散手仗, 以親·勳·翊衛爲之, 服緋絁裲襠, 繡野馬. 皆帶刀捉仗, 列坐於東西廊下."

28) 『역주당육전(상)』 권5, 상서병부, 494쪽에는 供奉仗으로 되어 있다.

29) 협문대는 立門仗이라고도 한다. 『新唐書』 권23상, 儀衛上, 482쪽: "內外諸門以排道人帶刀捉仗而立, 號曰立門仗. 宣政左右門仗·內仗, 皆分三番而立, 號曰交番仗. 諸衛有挾門隊·長槍隊. 承天門內則左右衛挾門隊列東西廊下, 門外則左右驍衛挾門隊列東西廊下. 長樂·永安門內則左右威衛挾門隊列東西

서는 모두 대장군이 지킨다. (궁성의) 여러 문 및 내상에서 숙위하는 의장대에 장군이 없을 경우에는 중랑장 1인으로 임시로 그 직무를 대행한다. 만약 대가의 행행 때는 노부(鹵簿)의 법대로 하여 수행한다.

○ 長史各一人, 從六品上; 『晉職官志』云: "武帝置左、右衛, 各有長史、司馬員. 過江, 罷長史." 歷宋、齊、梁、陳、後魏、北齊, 唯有司馬, 無長史. 至隋, 左、右衛各置長史一人, 皇朝因之. **錄事參軍事各一人**, 正八品上; 晉元帝初爲鎭東大將軍, 置錄事參軍一人. 梁皇弟、皇子府有中錄事參軍及錄事參軍各一人. 後魏二大、二公府及第一、第二、第三品將軍府, 及始蕃王、二蕃王、三蕃王府各有錄事參軍員. 北齊因之. 隋左、右衛府各有錄事參軍一人, 皇朝因之. **倉曹參軍事各二人**, 正八品下; 晉元帝爲鎭東大將軍, 有倉曹參軍一人. 宋高祖相府亦置. 後魏與錄事參軍同置, 北齊因之. 隋左、右衛府各倉曹參軍一人, 皇朝因之, 置二人. **兵曹參軍事各二人**, 正八品下; 晉代與倉曹同置. **騎曹參軍事各一人**, 正八品下; 魏司馬景王爲大將軍, 有騎兵掾一人. 宋高祖有相府騎兵參軍一人. 隋左、右衛府有騎兵曹參軍一人, 皇朝因之, 其後改爲騎曹. **胄曹參軍事各一人**, 正八品下; 晉元帝爲鎭東大將軍, 有鎧曹參軍. 宋高祖爲相亦有之. 『齊職儀』云: "左、右鎧曹一人." 隋左、右衛府有鎧曹行參軍一人, 皇朝因之. 長安中改爲胄曹, 神龍初復爲鎧曹. 開元初復爲胄曹. **司階各二人**, 正六品上; **中候各三人**, 正七品下; **司戈各五人**, 正八品下; **執戟各五人**, 正九品下; **奉車都尉各五人**, 從五品下.

역문 장사는 각각 1인으로 종6품상이고, 『진서』 직관지에 "무제가

廊下, 門外則左右領軍衛挾門隊列東西廊下. 嘉德門內則左右武衛挾門隊列東西廊下. 車駕出皇城, 則挾門隊皆從. 長槍隊有漆槍・木槍・白檊槍・樸頭槍."

좌·우위를 설치하였고 각각 장사와 사마의 정원이 있었다. 동진 때에 장사(의 직)을 폐지하였다"라고[30] 하였다. 송·제·양·진·북위·북제를 거치면서 오직 사마만 있었고 장사는 없었다. 수에 이르러 좌·우위에 각각 장사 1인을 설치하였고 당은 이를 따랐다. **녹사참군사는 각각 1인으로 정8품상이다**. (동)진 원제가 (즉위 전) 처음 진동대장군이 되어 녹사참군 1인을 설치하였다.[31] 양에서는 황제(皇弟)·황자의 부에 중녹사참군과 녹사참군이 각각 1인씩 있었다. 북위에는 2대·2공부와[32] 제1·제2·제3품의 장군부 및 시번왕·2번왕·3번왕부에 각각 녹사참군의 정원이 있었다.[33] 북제는 이를 따랐다. 수에는 좌·우위부에 각각 녹사참군 1인이 있었고 당은 이를 따랐다. **창조참군사는 각각 2인으로 정8품하이고**, 진 원제가 진동대장군이 되었을 때 창조참군 1인이 있었다. 송 고조가 (즉위 이전에 열었던) 상부에서도 또한 (이를) 설치하였다.[34] 북위는 녹사참군과 함께 설치하였고 북제는 이를 따랐다. 수나라 좌·우위부에는 각각 창조참군 1인이 있었고 당은 이를 따랐는데 2인을 설치하였다. **병조참군사는 각각 2인으로 정8품하이며**, 진에서는 대대로 창조

---

30) 『晉書』 권24, 職官, 740쪽: "武帝受命, 分爲左右衛, 以羊琇爲左, 趙序爲右. 並置長史·司馬·功曹·主簿員, 江左罷長史."

31) 綠事參軍을 설치한 정확한 시점은 원제(司馬睿)가 鎭東大將軍이 되고 1년 뒤 丞相府를 열었을 때인 것으로 보인다. 당시 설치된 다른 諸曹參軍들도 함께 살펴보면 다음과 같다. 『宋書』 권39, 百官上, 1223쪽: "晉元帝鎭東丞相府有錄事·記室·東曹·西曹·度支·戶曹·法曹·金曹·倉曹·理曹·中兵·外兵·騎兵·典兵·兵曹·賊曹·運曹·禁防·典賓·鎧曹·田曹·士曹·騎士·車曹參軍."

32) 2大는 大司馬와 大將軍, 2公은 開國郡公과 開國縣公을 가리킨다.

33) 『魏書』 권113, 官氏志, 3001쪽에 의하면 제7품에 속한다.

34) 『宋書』 권39, 百官上, 1223쪽: "宋高祖爲相, 止置諮議參軍, 無定員. 今諸曹則有錄事·記室·戶曹·倉曹·中直兵·外兵·騎兵·長流賊曹·刑獄賊曹·城局賊曹·法曹·田曹·水曹·鎧曹·車曹·士曹·集·右戶·墨曹, 凡十八曹參軍. 參軍不署曹者, 無定員."

와 함께 설치하였다.[35] **기조참군사는 각각 1인으로 정8품하이고**, 위의 사마경왕이 대장군이 되었을 때 기병연 1인이 있었다.[36] 송 고조는 (즉위 이전의 재)상부에 기병참군 1인을 두었다. 수나라 좌·우위부에 기병조참군 1인이 있었고 당은 이를 따랐는데 그 후에 기조라고 고쳤다.[37] **주조참군사는 각각 1인으로 정8품하이다**. 진 원제가 진동대장군이었을 때 개조참군이 있었다. 송 고조가 재상이었을 때 또한 그것이 있었다. 『제직의』[38]에 "좌·우개조는 (각각) 1인이다"라고 하였다. 수는 좌·우위부에 (각각) 개조행참군 1인이 있었고 당은 이를 따랐다. 장안연간(701~704)에 주조라 고쳤고 신룡 초에 다시 개조로 하였다가 개원(713~741) 초에 다시 주조로 하였다.[39] **사계[40]는 각각 2인으로 정6품상이고 중후[41]는 각각 3인으로 정7품하이며, 사과[42]는 각각 5인으로 정8품하이고 집극[43]은 각각 5인**

35) 『通典』 권28, 職官10, 784쪽에는 "歷代皆與倉曹同置"라고 기재되어 있다.

36) 司馬景王은 司馬懿의 장자인 司馬師를 말한다. 『宋書』 권39, 百官上, 1221쪽: "及晉景帝爲大將軍, 置掾十人, 西曹·東曹·戶曹·倉曹·賊曹·金曹·水曹·兵曹·騎兵各一人, 則無屬矣."

37) 『新唐書』 권49상, 百官4上, 1280쪽: "開元初, 諸衛司倉·司兵·騎兵參軍, 改曰倉曹·兵曹·騎曹參軍事."

38) 『隋書』 권33, 經籍2, 968쪽에 따르면 모두 50권으로, 齊의 長水校尉였던 王珪之가 지었다.

39) 『通典』 권28, 職官10, 左右衛, 784쪽.

40) 궁전계단에서 仗을 갖추고 侍衛하는 임무를 담당한다. 武周 天授 2년(691)에 처음 설치되었고 아래 中候·司戈·執戟과 함께 4色官이라 부른다.

41) '候'는 본래 저급무관의 명칭으로 漢代 校尉의 속관 중에 후가 있었다. 『漢書』 권19상, 百官公卿表7, 737~738쪽: "城門校尉掌京師城門屯兵, 有司馬·十二城門候.… 戊己校尉, 元帝初元元年置, 有丞·司馬各一人, 候五人, 秩比六百石" : 『宋書』 권40, 百官下, 1247쪽: "領軍將軍, 一人. 掌內軍. 漢有南北軍, 衛京師. 武帝置中壘校尉, 掌北軍營. 光武省中壘校尉, 置北軍中候, 監五校營. 魏武爲丞相, 相府自置領軍, 非漢官也. 文帝卽魏王位, 魏始置領軍, 主五校·中壘·武衛三營. 晉武帝初省, 使中軍將軍羊祜統二衛前後左右驍騎七軍營兵, 卽領軍之任也. 祜遷罷, 復置北軍中候.北軍中候置丞一人. 懷帝永嘉中, 改曰中領軍. 元帝永昌元年, 復改曰北軍中候. 尋復爲領軍. 成帝世, 復以爲中候, 而陶回居之. 尋復爲領軍. 領軍今猶有南軍都督."

42) 궁전 내에서 '戈'를 들고 侍衛하는 임무를 담당한다.

으로 정9품하이며, 봉거도위[44]는 각각 5인으로 종5품하이다.

○ 長史掌判諸曹、親・勳・翊五府及武安・武成等五十府之事, 以閱兵仗、羽儀、車馬. 凡文簿典職, 廩料請給, 卒伍軍團之名數, 器械糧儲之主守, 大事則從其長, 小事則專達. 季秋, 則以庶官之狀贊大將軍考課而昇降焉. 錄事參軍掌印, 及受諸曹、五府及外府百司所由之事以發付, 勾檢稽失. 倉曹掌五府、外府之文官職員, 凡勳階、考課、假使、祿俸及公廨、財物、田園、食料之事, 皆掌制之. 兵曹掌五府、外府之武官職員, 凡番第上下, 簿書名數, 皆受而過大將軍以配焉. 騎曹掌外府馬及雜畜之簿帳. 凡府馬之外直者, 以近及遠, 分爲七番, 月一替. 凡左、右廂之使以奉敕出宮城外追事者, 皆給馬遣之. 胄曹掌其戎仗器械及公廨興造、決罰之事. 凡大朝會行從應諸黃質甲鎧、弓箭之屬, 則受之於衛尉. 事畢, 本而歸之; 若有不應歸者, 留貯於衛庫.

역문 장사는 각 조, 친・훈・익 오부 및 무안・무성 등 50부[45]의

---

43) 궁전 내에서 '戟'을 들고 侍衛하는 임무를 담당한다.

44) 漢 武帝 때 奉車・駙馬・騎, 3都尉를 설치하였는데, 秩은 모두 比二千石이었다. 봉거도위는 황제의 수레에 陪乘하는 무관직이다. 수나라 좌・우위부에 봉거도위 6인을 설치하였고 副車를 부리는 일을 관장하였고(『隋書』 권28, 百官下, 778쪽: "奉車都尉, 六人. 掌馭副車") 종5품상이었다. 당은 수를 따랐으나 5인으로 줄였다.

45) 당대에는 전국 10道에 대략 574~633개(『역주당육전(상)』 권5, 尙書兵部, 485쪽 주52)・54) 및 '兵部員外郞'조 참조)의 절충부가 설치되었다. 그 중 좌・우위에 예속된 것이 50개 혹은 60개(『新唐書』 권50, 兵, 1326쪽: "其隷於衛也, 左・右衛皆領六十府, 諸衛領五十至四十, 其餘以隷東宮六率") 정도였고, '武安'과 '武成'은 그 가운데 2개를 예시한 것이다. 50절충부의 명칭과 위치는 우선 『新唐書』 권37, 地理1, 961쪽에 京兆府의 131折衝府 중 眞化・匡道・水衡・仲山・新城・寶泉・善信・鳳神・安業・平香・太淸 11부의 명칭을 찾아볼 수 있다. 아울러 『二十五史補編』(中華書局) 제6책에는 勞經原・羅振玉・谷霽光이 각종 史書・地理書・墓誌銘 등에서 찾은 630여 개 折衝府의 명칭이 수록되어 있다.

사무를 판정하고 병장·깃발46)·거마를 검열하는 일을 관장한다. 무릇 문서·장부의 처리, 늠료의 신청과 공급47), 부대의48) 명칭과 인원수, 기계와 양식 저장의 관리에49) 대해 큰 사안이면 해당 장관(의 명령)을 따르고 작은 사안이면 직접 처리한다. 9월에 (좌·우위 소속) 관원의 근무 기록[狀]에 의거하여 대장군을 도와 (이들을) 고과하여 승진시키거나 좌천시킨다. 녹사참군은 인장과 각조, 오부 및 외부와50) 모든 관청 담당자들이 올린 문서를 받아 (관련 기관에) 발송하고 지체되거나 빠진 것을 구검하는 일을 관장한다.51) 창조는 오부·외부의 문관 직원을 관장하고 무릇 훈공의 등급·고과·휴가와 출장52), 녹봉 및 관청의 재물·전원·식료53)의 일에 대해 모두 관장하고 처리한다. 병조는 오부·외부의

46) 儀仗 중에 깃털로 장식된 깃발을 가리킨다.

47) 늠료란 공적인 급여나 양식으로 여기서는 주로 녹봉·군자금·군량 등을 말한다. 五府에 번상하는 三衛 군사와 절충부 驍騎에 필요한 늠료는 모두 좌·우위 長史가 戶部의 倉部郎中에 신청하여 공급한다.(『역주당육전[상]』 권3, 尙書戶部, 361쪽 참조)

48) 당대 折衝府의 조직은 上·中·下·特의 등급에 따라 각각 1200인·1000인·800인·1500인으로 구성되었고 그 밑에 200명(特은 300명)을 '團', 100명을 旅, 50명을 '隊, 10명을 '火'로 편제하였다.

49) 『新唐書』 권49上, 百官4上, 1280쪽에는 "器械糧儲之主守"가 "器械車馬之多少"로 기재되어 있다.

50) 左·右衛에 속한 절충부를 의미한다.

51) 『新唐書』 권49상, 百官4上, 1280쪽에는 이 부분이 "句稽抄目, 印給紙筆"로 되어 있다.

52) 假는 衛士가 例에 따라 휴가나 병 등의 이유로 휴가를 청하고 숙위를 중지하는 것을 말한다. 唐代 관인의 휴가에는 例假(旬假)·節假·事故假·婚假·喪假 등이 있었다. 例假는 10일에 1일씩 주어진 정기휴일과 같은 성격의 휴가로 旬假라고도 칭했다. 節假는 각종 節日이나 節期에 주어진 휴가를 말한다. 事故假는 事假·病假를 통칭한 것으로, 일반 관인은 매월 2~3일로 제한되었으며, 특별한 경우 3일을 초과할 수 있었으나 100일을 넘을 수 없었고, 100일이 넘으면 해직되었다. 婚假는 본인 및 친족의 혼인이나 冠禮에 주어진 휴가이고, 喪假는 五服親의 喪事에 그 친소관계의 원근에 따라 3년에서 수일까지 주어진 휴가이다.(『역주당육전[상]』 권2, 尙書吏部, 200쪽 주)173 참조) 假에 관한 규정을 위반했을 경우에는 『譯注 唐律疏議』 권7, 衛禁18, 2057~2059쪽: "諸宿衛人應上番不到及因假而違者, 一日笞四十, 三日加一等, 過杖一百, 五日加一等, 罪止徒二年.…番期有限, 限內有故須請假, 日滿卽須赴番, 違假不上, 準日科斷…" 참조.

무관 직원을 관장하고 무릇 (그들의) 번상과 번하의 순서, 그들의 이름과 인원수를 적은 명부를 모두 받아 대장군의 (심의를) 거쳐 배치한다. 기조는 외부 소속의 말과 여러 가축의 장부를 관장한다. 무릇 (외)부 소속의 말이 소속 밖에 할당될 경우[54] 가깝고 먼 곳까지 7번으로 나누어 매달 한 번씩 교체시킨다. 무릇 좌·우상의 사자가[55] 칙을 받들어 궁성 밖에 나가 일을 수행할 경우에는 모두 말을 공급하여 가게 한다. 주조는 그 병장과 기계 및 관청 건물의 수리, 형벌에 관한 일을 관장한다. 무릇 대조회와 황제의 외출에 수행할 때 마땅히 갖추어야 할 여러 황색 바탕의 갑옷·활·화살 따위는 위위시에서 수령한다. 일이 끝나면 원래대로 반납한다. 반납하지 않아야 할 것은 (좌우)위의 창고에 보관한다.

○ 親府、勳一府、勳二府、翊一府、翊二府等五府中郎將各一人, 正四品下: 秦、漢有五官中郎將、左·右中郎將, 並比二千石, 掌領三署郎侍衛也; 又有虎賁中郎將, 漢平帝置, 比二千石. 後漢因之. 建安十六年, 魏公子丕爲五官中郎將, 置官屬, 以副相國, 位在諸侯王上. 晉代不置. 宋、齊、梁、陳並有左、右中郎將; 後魏、北齊亦有之, 各五人. 隋氏左·右親衛、左·右勳衛、左·右翊衛各置開府一人以統之, 有長史、司馬、倉·兵·法等參軍員. 皇朝因之. 武德七年, 改開府, 各置中郎將一人、左·右郎將各一人, 謂之左、右親·勳·翊衛中郎將府. 左、右郎將各一人, 正五

53) 『新唐書』 권49상, 百官4上, 1280쪽에는 食料 다음에 醫藥·過所가 나열되어 있다.

54) 『新唐書』 권49, 百官4上, 1281쪽에는 "凡府馬承直, 以遠近分七番, 月一易之"라 했는데 承直은 當直·侍奉의 뜻이다.

55) 左·右 衛 가운데 承天·嘉德 두 문내의 左·右 廂에 숙위하는 무관은 궁성 밖 사자의 임무를 맡았다.

品上: 自漢以來並名曰中郎將. 至隋, 備身府置左、右郎將以統之, 又置左、右雄武府雄武郎將・武勇郎將以統之. 皇朝左、右親・勳・翊衛因其名置左、右郎將之職也. 兵曹參軍事各一人, 正九品上.

역문 **친부・훈1부・훈2부・익1부・익2부 등 오부 중랑장은 각각 1인으로 정4품하이고**, 진・한 때에 오관중랑장과 좌·우중랑장이 있었는데 (질은) 모두 비 2천 석이었으며[56] 삼서랑을 거느려 황제를 모시고 호위(侍衛)하는 일을 관장하였다.[57] 또한 호분중랑장[58]이 있었는데 (전)한 평제 때 설치하였고, (질은) 비 2천 석이었다. 후한은

---

56) 『漢書』 권19상, 百官公卿表, 727쪽: "郎中令, 秦官,…中郎有五官・左・右三將, 秩皆比二千石" : 『後漢書』 志第25, 百官2, 3574~3575쪽: "五官中郎將一人, 比二千石. 本注曰, 主五官郎. 五官中郎, 比六百石. 本注曰, 無員. 五官侍郎, 比四百石. 本注曰, 無員. 五官郎中, 比三百石. 本注曰, 無員. 凡郎官皆主更直執戟, 宿衛諸殿門, 出充車騎. 唯議郎不在直中. 左中郎將, 比二千石. 本注曰, 主左署郎. 中郎, 比六百石. 侍郎, 比四百石. 郎中, 比三百石. 本注曰, 皆無員. 右中郎將, 比二千石. 本注曰, 主右署郎. 中郎, 比六百石. 侍郎, 比四百石. 郎中, 比三百石. 本注曰, 皆無員" : 『通典』 권29, 職官11, 807쪽: "五官・左・右中郎將, 皆秦官, 漢因之, 並領三署郎從, 後漢之制, 郡國舉孝廉以補之." 좌·우중랑장의 직무의 차이에 대하여 『漢舊儀』에서는 "左中郎將, 秩比二千石, 主謁者. 右中郎將, 秩比二千石, 主常侍侍郎"이라 하였다.

57) 삼서랑은 五官署와 左・右署에 소속된 郞官을 말한다. 이에 관해서는 『역주당육전(상)』 권1, 三師三公尚書都省 '尚書都省郎中令'조, 130~133쪽 참조. 『漢官儀』에 "三署爲五官署也, 左・右署也, 各置中郎將以司之. 郡國舉孝廉以補三署郎, 年五十以上屬五官, 其次分在左・右署. 凡有中郎・議郎・侍郎・郎中四等, 無員"(『漢官六種』 130쪽)이라 하였다. 삼서랑의 직무는 ①황제의 좌우에서 近侍하며, 謀議에 참여한다. ②무기를 들고 궁정에서 숙위한다. ③황제의 명을 받들어 외부에 사신으로 나가는 일이었다.

58) 虎賁中郎將은 虎賁郎의 장관으로 虎賁郎은 원래 期門이었다. 『漢書』 권19상, 百官公卿表, 727쪽: "期門掌執兵送從, 武帝建元三年初置, 比郎, 無員, 多至千人, 有僕射, 秩比千石. 平帝元始元年更名爲虎賁郎, 置中郎將, 秩比二千石" : 『後漢書』 志第25, 百官2, 3575쪽: "虎賁中郎將, 比二千石. 本注曰, 主虎賁宿衛. 左右僕射・左右陛長各一人, 比六百石. 本注曰, 僕射, 主虎賁郎習射. 陛長, 主直虎賁, 朝會在殿中. 虎賁中郎, 比六百石. 虎賁侍郎, 比四百石. 虎賁郎中, 比三百石. 節從虎賁, 比二百石. 本注曰, 皆無員 掌宿衛侍從. 自節從虎賁久者轉遷, 才能差高至中郎" : 『通典』 권29, 職官11, 808쪽: "周官有虎賁氏, 掌領虎士八百人, 軍旅會同, 君宿於外, 則守王閑. 漢武帝建元三年, 初置期門, 比郎中, 蓋以微行出遊, 選材力之士, 執兵從送, 期之諸門, 故名期門. 無員, 多至千人. 平帝元始元年, 更名虎賁郎, 置中郎將領之, 故有虎賁中郎將, 主虎賁宿衛, 冠插兩鶡尾, 紗縠單衣・虎文綿袴, 餘郎亦然. 凡有虎賁中郎・虎賁侍郎・虎賁郎中・節從虎賁, 皆父死子繼. 若死王事, 亦如之. 前賢亦多爲者. 大唐無."

그것을 따랐다. 건안 16년(211)에 위공의 아들 (조)비(187~226: 재위 220~226)를 오관중랑장으로 삼아 관속을 두게 하였고 상국을 보좌하게 하였으며 그 지위는 제후왕의 위에 있게 하였다.[59] 진은 대대로 설치하지 않았다.[60] 송・제・양・진에는 모두 좌·우중랑장이 있었다. 북위와 북제에는 또한 그 관직이 있었고 각각 5인이었다. 수 때에는 좌·우친위, 좌·우훈위, 좌·우익위에 각각 개부 1인을 설치하여 통솔하게 하였는데[61] (속관으로) 장사・사마(와) 창조・병조・법조 등 참군의 정원이 있었고,[62] 당은 이를 따랐다. 무덕 7년(624)에 개부를 고쳐서 각각 중랑장 1인과 좌·우낭장 각각 1인을 설치하였고[63] 이를 좌・우 친위・훈위・익위 중랑장부라 하였다. **좌·우낭장은 각각 1인으로 정5품상이며**, 한 이래로 모두 그 명칭을 중랑장이라 하였다. 수 때에 이르러 비신부에 좌·우낭장을 설치하여 통솔하게 하였고,[64] 또한 좌·우웅무부에 웅무낭장과 무용낭장을 설치하여

---

59) 이 문장에는 두 가지 착오가 있는 듯하다. 첫째, 조비가 위공의 (세)자가 된 것은 건안 16년(211)이 아니라 18년(213)의 일이었다. 즉 조조는 건안 16년에 아직 승상에 있었고 위공에 책봉된 것은 건안 18년의 일로 이때 조비도 위공의 세자가 되었다.(『三國志』 권1, 魏書 武帝紀, 34쪽: "十六年春正月, 天子命公世子丕爲五官中郎將, 置官屬, 爲丞相副" : 37쪽: "十八年春正月,… 五月丙申, 天子使御史大夫郗慮持節策命公爲魏公曰…") 둘째, 지위가 제후왕의 위에 있게 된 주체는 조비가 아니라 위공으로 책봉된 조조였다.(『三國志』 권1, 魏書 武帝紀, 43쪽: "(建安19年) 三月, 天子使魏公位諸侯王上, 改授金璽・赤紱・遠遊冠")

60) 『通典』 권29, 職官11, 807쪽에 따르면 晉武帝 때에 좌·우중랑장을 폐지하였다가, 宋孝武帝 大明연간(457~464)에 다시 설치하였다.

61) 『隋書』 권28, 百官下, 778쪽: "左右衛,… 左右衛又各統親衛, 置開府. 注(左勳衛開府, 左翊一開府・二開府・三開府・四開府, 及武衛・武候・領軍・東宮領兵開府准此). 府置開府, 一人… 諸府皆領軍坊, 每坊置坊主, 一人, 佐, 二人. 每鄉團, 東宮鄉團准此, 置團主, 一人, 佐, 二人."

62) 그러나 『隋書』 권28, 百官下, 778쪽에는 "有長史, 司馬, 錄事, 及倉・兵等曹參軍, 法曹行參軍, 各一人, 行參軍, 三人"으로 기재되어 있다.

63) 『新唐書』 권49상, 百官4上, 1282쪽: "唐親衛・勳衛置驃騎將軍・車騎將軍, 翊衛置車騎將軍. 武德七年, 改驃騎將軍爲中郎將, 車騎將軍皆爲郎將, 分左右, 以親衛曰一府, 勳衛・翊衛曰二府, 謂之三府衛."

통솔하게 하였다.65) 당의 좌·우 친위·훈위·익위는 수 때의 명칭을 답습하였고 좌·우낭장의 관직을 설치하였다. 병조참군사는 각각 1인으로 정9품상이다.

中郎將掌領其府校尉、旅帥、親衛、勳衛、翊衛之屬以宿衛, 而總其府事; 左、右郎將貳焉. 若大朝會及巡幸, 則如鹵簿之法, 以領其儀仗. 凡五府之親、勳、翊衛應番上者, 則以其名簿上大將軍, 配于所職.

역문 중랑장은 해당 부의 교위·여수·친위·훈위·익위 등을 거느려 숙위하고 해당 부의 사무를 총괄하는 일을 관장한다. 좌·우낭장은 차관이 된다.66) 만약 대조회 및 (황제의) 순행시에는 노부의 법대로 하여 그 의장대를 통솔한다.67) 무릇 오부의 친위·훈위·익위에 번상해야 할 자는 (중랑장이) 그 명부를 대장군에게 올리고 해당 직무에 배치시킨다.

---

64) 隋 文帝 開皇 18년(598)에 備身府를 설치하였고 煬帝 大業 3년(607)에 左右備身을 左右騎衛로 고쳤다.(『隋書』, 권28, 百官下, 793쪽) 또한 左右領左右府를 左右備身府로 고치고, 각각 備身郎將 1인을 설치하였다.(『隋書』, 권28, 百官下, 800쪽)

65) 『隋書』 권28, 百官下, 800~801쪽: "左右領左右府, 改爲左右備身府, 各置備身郎將一人.… 有折衝郎將, 各三人, 正四品, 掌領驍果. 又各置果毅郎將三人以貳之, 從四品. 其驍果, 置左·右雄武府雄武郎將, 以領之. 以武勇郎將爲副員, 同鷹揚·鷹擊. 有司兵·司騎二局, 並置參軍事."

66) 『新唐書』 권49상, 百官4上, 1281~1282쪽: "每府, 中郎將一人, 正四品下; 左右郎將一人, 正五品下; 親衛, 正七品上; 勳衛, 從七品上; 翊衛, 正八品上. 總四千九百六十三人. 兵曹參軍事各一人, 正九品上; 校尉各五人, 正六品上. 每校尉有旅帥二人, 從六品上; 每旅帥各有隊正二十人, 正七品上, 副隊正二十人, 正七品下. 五府中郎將掌領校尉、旅帥、親衛、勳衛之屬宿衛者, 而總其府事; 左右郎將貳焉."

67) 『新唐書』 권23상, 儀衛上, 492쪽, 大駕鹵簿 중 諸衛의 中郎將과 郎將의 역할은 다음과 같다. "(諸衛將軍의 다음으로) 次左右廂, 諸衛中郎將主之, 執班劍·儀刀, 領親·勳·翊衛. 次左右衛郎將各一人, 皆領散手翊衛三十人, 佩橫刀, 騎, 居副仗矟翊衛內. 次左右驍衛郎將各一人, 各領翊衛二十八人, 甲騎具裝, 執副仗矟, 居散手衛外. 次左右衛供奉中郎將·郎將四人, 各領親·勳·翊衛四十八人, 帶橫刀, 騎, 分左右, 居三衛仗內."

◎ 左、右驍衛, 大將軍各一人, 正三品: 漢武帝以李廣爲驍騎將軍, 後省之. 光武改屯騎爲驍騎. 晉文帝置臺, 以爲宿衛之官. 歷宋、齊、梁、陳、後魏、北齊並有驍騎將軍之職. 後周有左、右驍騎率上士二人. 至隋煬帝, 改左、右備身爲左、右驍衛; 尋以左、右驍衛所領名豹騎, 而又別置備身. 皇朝置左、右驍衛府. 龍朔二年除府字. 光宅元年改爲左、右武威衛, 神龍元年復爲左、右驍衛. 將軍各二人, 從三品. 隋煬帝置, 皇朝因之.

역문 좌·우효위 대장군은 각각 1인으로 정3품이고, 한 무제는 이광을 효기장군으로 삼았으나[68] 이후에 그 (관직)을 없앴다. 광무제는 둔기를 고쳐 효기로 하였다.[69] 진 문제가 대(臺)를 설치하였고 (효기를) 숙위의 관으로 삼았다. 송·제·양·진·북위·북제를 거치면서 모두 효기장군의 관직이 있었다. 북주는 좌·우효기솔상사 2인이 있었다.[70] 수 양제 때에 이르러 좌·우비신을 고쳐 좌·우효위로 하였다가 얼마 후 좌·우효위가 거느리는 (위사를) 표기라 하였고 또한 별도로 비신을 설치하였다.[71] 당조는 좌·우효위부를 설치하였

68) 『漢書』 권54, 李廣傳, 2439~2450쪽 참조.

69) '屯騎'는 즉 屯騎校尉로 한대 8교위 가운데 하나이다. 전한 무제 때에 처음 설치하였는데, 질은 二千石이었고, 후한 때에는 比二千石이었으며, 騎士를 거느리고 궁정 숙위를 관장하였다. 『通典』 권28, 職官10, 785쪽에는 "漢有驍衛將軍, 謂之雜號將軍, 武帝以李廣爲之, 後省. 後漢初, 改屯衛爲驍騎"라 하여 '驍騎'를 '驍衛'로, '屯騎'를 '屯衛'로 기재되어 있다.

70) 『通典』 권28, 職官10, 786쪽: "後周有左右驍騎率上士" : 『隋書』 권12, 禮儀7, 282쪽에는 북주 좌·우효기의 의장에 관하여 "左右驍騎, 率掌驍騎之士, 器服皆黃, 以皓爲飾, 立於三仗第四行之南北. 其副率貳之"라 하였다.

71) 『隋書』 권28, 百官下, 793쪽에 "(煬帝大業三年)改左右衛爲左右翊衛, 左右備身爲左右騎衛"라 하였는데, '騎衛'는 『唐六典』 원문에 '驍衛'로 되어 있다. 驍衛는 본래 '驍騎'로 되어 있던 것을 진중부가 『職官分紀』 권35에 의거하여 驍衛로 고친 것이다. 또한 左右領左右府를 左右備身府로 고치고, 각각 備身郎將 1인을 설치하였다.(『隋書』, 권28, 百官下, 800쪽)

다. 용삭 2년(662)에 '부'자를 없앴다. 광택 원년(684)에 좌·우무위위로 고쳤고, 신룡 원년(705)에 다시 좌·우효위로 하였다.[72] 장군은 각각 2인으로 종3품이다. 수 양제 때에 설치하였고, 당조는 이를 따랐다.

左、右驍衛大將軍・將軍之職掌如左、右衛. 其異者, 大朝會建黃麾、鳳旗、飛黃旗、吉利旗、兕旗、太平旗. 親府之翊衛、外府之豹騎番上者, 則分配之. 左正殿之前, 則以胡祿隊坐於東、西廊下. 若御坐正殿, 則以隊仗次立于左、右衛下. 在正門之外, 則以挾門隊列於東、西廂. 凡分兵以守諸門, 則知左廂諸門之內事, 右廂諸門之外事. 若在皇城四面、宮城之內外, 則與左、右衛分知助鋪之職.

역문 좌·우효위대장군과 장군의 직임은 좌·우위 (경우)와 같다. 다른 것은 대조회 때에 황색의 깃발[73]・봉기・비황기・길리기・시기・태평기를 세운다. 익부[74]의 익위와 외부의 표기로 번상할 자는 (좌·우효위대장군과 장군이) 나누어 배치한다. 정전[75]의 앞에 있을 때는 호록대[76]로서 동・서 낭하에 위치한다. 만약 황제가

---

72) 본문과 달리 『通典』 권28, 職官10, 左右驍衛, 786쪽에는 "至隋開皇十八年, 置備身府. 煬帝卽位, 改左右備身府爲左右驍衛府, 所領軍士名曰豹騎, 其備身府又別置焉. 大唐因隋置左右驍衛府. 龍朔二年去府字. 光宅元年, 改爲左右驍衛爲左右武威, 神龍元年舊"라고 하여 備身府, 驍衛府 등으로 기재되어 있다.

73) 원문은 '黃麾'이다. 지휘자만이 사용할 수 있는 기로, 각 위의 장은 모두 각자 다른 색의 麾를 사용한다.

74) 원문의 親府는 마땅히 翊府로 고쳐 해석해야 할 것이다. 唐代에 諸衛의 좌·우위 외에는 모두 翊府만 설치되었기 때문이다. 『新唐書』 권49상, 百官4上, 1282쪽, '左右驍衛'조에도 "凡翊府之翊衛・外府豹騎番上者, 分配之"라고 기재되어 있다.

75) 장안의 경우 太極宮은 太極殿이 정전이고, 大明宮은 含元殿이 정전이 되며, 낙양의 경우 乾元殿(후에 含元殿으로 개칭)이 정전이다.

76) 『舊唐書』 권44, 職官3, 1899쪽에는 '胡祿隊' 위에 '黃旗隊及'의 네 자가 더 있다. 胡祿은 또한 胡簏・胡簶・胡韇이라고도 하며, 화살을 담아두는 기구이다.

정전에 앉아 계시면 의장대로서 좌·우위의 아래쪽에 차례로 선다. 정문[77] 밖에 있을 때는 협문대로서 동·서상에 도열한다. 무릇 병사를 나누어 (궁전의) 여러 문을 지킬 때는 좌상 각 문의 안쪽 경비와 우상 각 문의 바깥쪽 경비를 맡는다. 만약 황성의 사면과 궁성의 안팎에 있을 때는 좌·우위와 함께 초소(助鋪)[78]의 직무를 맡는다.

○ 長史各一人, 從六品上; 錄事參軍事各一人, 正八品上; 倉曹參軍事各二人, 正八品下; 兵曹參軍事各二人, 正八品下; 騎曹參軍事各一人, 正八品下; 冑曹參軍事各一人, 正八品下; 隋煬帝改置驍衛府, 有長史, 從五品; 有錄事參軍, 倉曹、兵曹、騎兵、鎧曹行參軍員. 皇朝降長史爲從六品, 改騎兵爲騎曹、鎧曹爲冑曹, 而衛除府字. 司階各三人, 正六品上; 中候各三人, 正七品下; 司戈各五人, 正八品下; 執戟各五人, 正九品下.

역문 장사는 각각 1인으로 종6품상이다. 녹사참군사는 각각 1인으로 정8품상이고, 창조참군사는 각각 2인으로 정8품하이고, 병조참군사는 각각 2인으로 정8품하이고, 기조참군사는 각각 1인으로 정8품하이고, 주조참군사는 각각 1인으로 정8품하이다. 수양제는 (비신부를) 바꾸어 효위부를 두었는데[79] 장사를 두었고 종

77) 장안의 경우 承天門, 낙양의 경우 應天門을 가리킨다.

78) 助鋪는 簡稱하여 '鋪'라 하며, 궁성 밖의 衛士가 주둔하는 초소이다. 『新唐書』 권49상, 百官四上, 1285~1286쪽에 "凡城門坊角, 有武候鋪, 衛士・彍騎分守, 大城門百人, 大鋪三十人, 小城門二十人, 小鋪五人, 日暮, 鼓八百聲而門閉"라 하였다. 아울러 관련 규정은 『譯註 唐律疏議』 80조, 衛禁23, 2066쪽 참조.

79) 『通典』 권28, 職官10, 左右驍衛, 786쪽: "至隋開皇十八年, 置備身府. 煬帝卽位, 改左右備身府爲左

5품이었다. (아울러) 녹사참군과 창조·병조·기병·개조행참군의 정원을 두었다. 당은 장사(의 품계를) 종6품으로 내렸고 기병은 기조로 개조는 주조로 바꾸고 위에 '부'자를 없앴다. 사계는 각각 3인으로[80] 정6품상이고, 중후는 각각 3인으로 정7품하이고, 사과는 각각 5인으로 정8품하이고, 집극은 각각 5인으로 정9품하이다.

長史掌判諸曹、翊府及永固等四十九府之事, 以閱兵仗、車馬; 餘如左、右衛. 錄事參軍、倉曹、兵曹、騎曹、胄曹所掌亦如之.

역문 장사는 각 조와 익부 및 영고 등 49부의 사무를 판정하여 병장·거마를 검열하는 일을 관장하고 나머지는 좌·우위와 같다. 녹사참군·창조·병조·기조·주조에서 관장하는 일도 또한 (좌·우위의 경우와) 같다.

○ 翊府中郎將各一人, 正四品下; 本隋翊衛開府, 皇朝武德七年改置中郎將. 左、右郎將各一人, 正五品上; 本隋備身府左、右郎將, 皇朝因之. 兵曹參軍事各一人, 正九品上.

역문 익부[81] 중랑장은 각각 1인으로 정4품하이고, 본래 수나라 익

右驍衛府, 所領軍士名曰豹騎, 其備身府又別置焉. 大唐因隋置左右驍衛府. 龍朔二年去府字. 光宅元年, 改爲左右驍衛爲左右武威, 神龍元年舊."

80) 司階의 인원수는 표목에 2인으로 되어 있고 다른 衛의 경우도 모두 2인이기 때문에 여기서도 2인으로 보아야 할 것이다.

81) 翊衛 앞에 '左·右'가 빠져 있으나, 표목에는 左·右 翊府라 되어 있다.

위의 개부였는데 당 무덕 7년(624) 이를 고쳐 중랑장을 설치하였다.[82] **좌·우낭장은 각각 1인으로 정5품상이며**, 본래 수나라 비신부의 좌·우낭장이었고 당은 이를 따랐다. **병조참군사는 각각 1인으로 정9품상이다.**

中郎將掌領其府校尉、旅帥、翊衛之屬以宿衛, 而總其府事; 餘如左、右衛.

역문 **중랑장은 해당 부의 교위·여수·익위 등을 거느려 숙위하고 해당 부의 사무를 총괄하는 일을 관장한다. 나머지는 좌·우위의 경우와 같다.**

◎ 左、右武衛, 大將軍各一人, 正三品; 魏武爲丞相, 有武衛營. 晉、宋、齊、梁、陳又有建武、奮武等將軍, 又有武烈、武毅等將軍. 至隋, 採諸武之名, 置左、右武衛府, 有大將軍一人、將軍二人. 皇朝因舊. 光宅元年改爲左、右鷹揚衛, 神龍元年復故. 將軍各二人, 從三品.

역문 **좌·우무위대장군은 각각 1인 으로 정3품이고**, 위 무제가 (추증 전) 승상이 되었을 때 무위영이 있었다.[83] 진·송·제·양·진에서는 또한 건무와 분무 등의 장군이 있었고, 또 무열과 무의 등의

---

82) 『通典』 권28, 職官10, 左右親衛, 785쪽에 親衛의 開府가 中郎將으로 바뀐 것과 동일할 것이다.

83) 武衛營은 武衛中郎將이 통솔하였다. 『宋書』 권40, 百官下, 1250쪽에 "武衛將軍, 無員. 初魏王始置武衛中郎將, 文帝踐阼, 改爲衛將軍, 主禁旅"라 하였고, 『通志』, 職官略5 武官第8上, 1137쪽에 "後漢末, 曹公爲丞相, 有武衛營, 及魏文帝, 乃置武衛將軍, 以主禁旅"라 하였다. 魏代에 曹洪·曹爽·曹訓 등이 무위장군을 역임하였다.

장군도 있었다.[84] 수대에 이르러 (전조의) 여러 '무'자가 들어가는 (장군의) 명칭을 따서 좌·우무위부를 설치하였는데,[85] (각각) 대장군 1인과 장군 2인이 있었다. 당조는 (수의) 구제를 따랐다.[86] 광택 원년(684)에 (좌·우무위를) 고쳐서 좌·우응양위로 하였다가 신룡 원년(705)에 다시 (좌·우무위로) 되돌렸다. 장군은 각각 2인으로 종3품이다.

左、右武衛大將軍·將軍之職掌如左、右衛. 其異者, 大朝會率其屬被白質鍪、甲、鎧, 執白弓箭、白楯、白矟, 建鵕麾、四色麾、五牛旗、飛麟旗、駃騠旗、鸞旗、犀牛旗、鵕鸃旗、騊駼旗. 蹕稱長唱警, 持鈒隊應蹕, 爲左、右廂儀仗. 凡翊府翊衛、外府熊渠番上, 則分配之. 在正殿前, 則以諸隊次立於驍衛下; 在嘉德門內, 則以挾門隊坐於東、西廊.

84) 건무와 분위장군 등은 사서에 후한 말부터 이미 보인다. 『三國志』 권1, 魏書 武帝紀, 6쪽: "(獻帝)初平元年春正月,… 太祖行奮武將軍" : 권9, 魏書 夏侯惇傳, 268쪽: "太祖自徐州還, 惇從征呂布, 爲流矢所中, 傷左目. 復領陳留·濟陰太守, 加建武將軍, 封高安鄕侯" : 권60, 吳書 賀齊傳, 1379쪽: "(獻帝 建安)十八年,… 還奮武將軍." 사서를 살펴보면 '武'자가 들어가는 명칭의 장군은 漢魏之間에 많이 설치되었다. 『宋書』 권39, 百官上, 1226쪽: "建武將軍, 魏置. 振武將軍, 前漢末 王況爲之. 奮武將軍, 後漢末, 呂布爲之. 揚武將軍, 光武建武中, 以馬成爲之. 廣武將軍, 晉江左置." 또한 雜號將軍의 명칭 중에 무열과 무의장군도 보인다.

85) 『隋書』 권28, 百官下, 777~778쪽: "左右武衛, 各大將軍(一人)·將軍(二人), 並有長史, 司馬, 錄事, 功·倉·兵·騎等曹參軍, 法曹·鎧曹行參軍(各一人), 行參軍(左右武衛各八人)等員.… 左右武衛府, 無直閤已下員, 但領外軍宿衛." 수대에 좌무위대장군은 郭衍 등이 역임하였고, 우무위대장군은 李景 등이 역임하였다.

86) 『唐六典』에서 唐朝가 前朝의 제도를 답습했을 때 보통 '皇朝因之'로 쓰나, 여기에서는 원문이 '皇朝因舊'로 되어 있어 내용상 수의 舊制로 번역했다. 唐代 좌·우무위대장군이 설치되어 있었던 것은 秦叔寶 등의 사례에서 확인할 수 있다. 『舊唐書』 권68, 秦叔寶傳, 2502쪽: "(貞觀 11年)六月四日, 從誅建成·元吉. 事寧, 拜左武衛大將軍, 食實封七百戶" : 『舊唐書』 권67, 李靖傳, 2482쪽: "靖弟客師, 貞觀中, 官至右武衛將軍, 以戰功累封丹陽郡公."

역문 좌·우무위대장군과 장군의 직임은 좌·우위 (경우)와 같다. 다른 것은 대조회 때 소속 인원을 통솔하여 백색 바탕의 투구와 갑옷을 입고 백색의 활과 화살, 백색의 방패, 백색의 작은 창을 잡으며 추휘87)·사색휘88)·오우기·비린기89)·결제기90)·난기·서우기·준의기91)·녹독기92)를 세운다. 황제의 행행을 벽제[蹕]할 때93), 칭장이 경계하는 소리를 외치면 창[鈒]을 든 의장대는 벽제에 호응하고94) 좌·우상의 의장을 담당한다. 무릇 익부의 익위와 외부의 웅거95)로 번상할 자는 (좌·우무위대장군과 장군이) 나누

---

87) 鶖鳥(무수리, 황새과에 속한 물새)가 수놓아져 있는 지휘자용 휘장이다. 『詩經』, 小雅 白華篇에 "有鶖在梁, 有鶴在林"이라 하였고, 毛傳에 "鶖, 禿鶖也"라 했다. 『本草綱目』, 禽1 鵚鶖篇에 "禿鶖, 水鳥之大者也, 出南方有大湖泊處. 其狀如鶴而大, 青蒼色, 張翼廣五六尺, 擧頭高六七尺, 長頸赤目, 頭項皆無毛, 其頂皮方二寸許, 紅色如鶴頂. 其喙深黃色而扁直, 長尺餘. 其嗉下亦有胡袋, 如鵜鶘狀. 其足爪如雞, 黑色. 性極貪惡, 能與人鬪, 好啖魚·蛇及鳥雛"라 하였다.

88) 紅·黃·青·黑色이 있는 지휘자만이 사용할 수 있는 旗이다.

89) '飛麟'은 전설 속의 神獸의 이름이다. 『說文解字』, 鹿部에 "麟, 大麚也. 如麕身牛尾, 狼額馬蹄, 五彩, 腹下黃, 高二丈"이라 하였다.

90) '駃騠'는 준마의 이름이다. 『史記』 권87, 李斯列傳, 2543쪽에 "駿良駃騠, 不實外廐"라 하였다.

91) 鵔鸃(꿩과 비슷한 새, 金鷄)가 수놓아져 있는 깃발이다. 『漢書』 권57上, 司馬相如傳, 2542~2543쪽에 "揜翡翠, 射鵔鸃"라 했고, 顔師古 注에 "鳥赤羽者曰翡, 青羽者曰翠. 鵔鸃, 鷩鳥也, 似山雞而小冠, 背毛黃, 腹下赤, 項緣色, 其尾毛紅赤, 光采鮮明, 今俗呼爲山雞, 其實非也"라 하였다.

92) '騼騳'은 일종의 야생마이다.

93) '蹕'은 존귀한 사람이 출타할 때 도로에서 물러나라고 외치며, 잡인의 통행을 금하는 것이다. 『周禮』, 夏官 隷僕에 "掌蹕宮中之事"라 하였고, 鄭玄 注에 "宮中有事則蹕"이라 하였으며, 鄭司農이 이르기를 "蹕謂止行者, 淸道若今時儆蹕"이라 하였다.

94) 『新唐書』 권23상, 儀衛上, 485~486쪽에 따르면 대조회와 御駕의 거동 때 좌우무위의 의장은 다음과 같다. "次左右武衛白旗仗, 居驍衛之次, 鍪·甲·弓·箭·刀·楯皆白, 主帥以下如左右衛. 第一五牛旗隊, 黃旗居內, 赤青居左, 白黑居右, 各八人執. 第二飛麟旗隊, 第三駃騠旗隊, 第四鸞旗隊, 果毅都尉各一人檢校. 第五犀牛旗隊, 第六鵔鸃旗隊, 第七騏驎旗隊, 第八騼騳旗隊, 折衝都尉各一人檢校. 持鈒隊, 果毅都尉各一人·校尉二人檢校. 前隊執銀裝長刀, 紫黃綬紛. 絳引旛一, 金節十二, 分左右. 次罕·畢·朱雀幢·叉, 青龍·白虎幢, 道蓋·叉, 各一. 自絳引旛以下, 執者服如黃麾. 執罕·畢及幢者, 平陵冠·朱衣·革帶. 左罕右畢, 左青龍右白虎. 稱長一人, 出則告警, 服如黃麾. 鈒·戟隊各一百四十四人, 分左右三行應蹕, 服如黃麾. 果毅執青龍等旗, 將軍各一人檢校. 旅帥二人銀裝長刀, 紫黃綬紛, 檢校後隊."

어 배치한다. 정전의 앞에 있을 때는 각 의장대를 (거느리고) 좌·우효위의 아래쪽에 차례로 선다. 가덕문 안에 있을 때는 협문대로서 동·서랑에 위치한다.

○ 長史各一人, 從六品上; 錄事參軍事各一人, 正八品上; 倉曹參軍事各二人, 正八品下; 兵曹參軍事各二人, 正八品下; 騎曹參軍事各一人, 正八品下; 冑曹參軍事各一人, 正八品下; 隋左、右武衛有長史一人, 煬帝升爲從五品. 又有錄事參軍; 倉曹參軍, 煬帝改爲司倉; 兵曹參軍, 煬帝改爲司兵. 皇朝改司倉爲倉曹, 司兵爲兵曹, 司騎爲騎曹, 司冑爲冑曹. 司階各二人, 正六品上; 中候各三人, 正七品下; 司戈各五人, 正八品下; 執戟各五人, 正九品下.

역문 장사는 각각 1인으로 종6품상이다. 녹사참군사는 각각 1인으로 정8품상이다. 창조참군사는 각각 2인으로 정8품하이고 병조참군사는 각각 2인으로 정8품하이며, 기조참군사는 각각 1인으로 정8품하이고 주조참군사는 각각 1인으로 정8품하이다. 수대 좌·우무위에 장사 1인이 있었는데, 양제는 (품질을) 올려 종5품으로 하였다. 또한 녹사참군이 있었다. 창조참군은 양제가 사창으로 고쳤고 병조참군은 양제가 사병으로 고쳤다. 당조는 사창을 고쳐 창조로 하였고 사병은 병조로 하였으며, 사기는 기조로 하였고 사주는 주조로 하였다. 사계는 각각 2인으로 정6품상이고 중후는 각각 3인으로 정7품하이며, 사과는 각각 5인으로 정8품하이고 집극은 각각

95) 左·右 千牛衛와 左·右 監門衛를 제외한 12衛에는 절충부의 부병위사가 배치되며 이들은 각각 다른 명칭으로 불렸는데, 좌·우무위에 배치된 위사를 웅거라 하였다.(『역주당육전(상)』 권5, 尙書兵部, 498쪽 참조)

5인으로 정9품하이다.

長史掌判諸曹、翊府及鳳亭等四十九府之貳. 餘皆如左、右衛.

역문 장사는 각 조와 익부 및 봉정 등 49부의 사무[96]를 판정하는 일을 관장한다. 나머지는 모두 좌·우위와 같다.

○ 翊府中郎將各一人, 正四品下; 左、右郎將各一人, 正五品上; 左、右郎將故事, 已詳於上. 兵曹參軍事各一人, 正九品上.

역문 익부[97]중랑장은 각각 1인으로 정4품하이고 좌·우낭장은 각각 1인으로 정5품상이며, 좌·우낭장의 연혁에 대한 것은 이미 위에서 자세히 밝혔다. 병조참군사는 각각 1인으로 정9품상이다.

中郎將掌領其府校尉、旅帥、翊衛之屬以宿衛, 而總其府事; 餘如左, 右衛.

역문 중랑장은 해당 부의 교위·여수·익위 등을[98] 거느려 숙위하고 해당 부의 사무를 총괄하는 일을 관장한다. 나머지는 좌·우위의 (경우와) 같다.

---

96) '貳'자는 '事'자의 오자로 생각된다. 『唐六典』 교감기 47번에 의거하여 '貳'를 '事'로 고쳐 해석하였다.

97) 翊府 앞에 '左·右'가 생략되어 있다.

98) 『新唐書』 권49상, 百官4上, 1281~1282쪽: "每府, 中郎將一人, 正四品下; 左右郎將一人, 正五品下; 親衛, 正七品上; 勳衛, 從七品上; 翊衛, 正八品上. 總四千九百六十三人. 兵曹參軍事各一人, 正九品上; 校尉各五人, 正六品上. 每校尉有旅帥二人, 從六品上; 每旅帥各有隊正二十人, 正七品上, 副隊正二十人, 正七品下. 五府中郎將掌領校尉、旅帥、親衛、勳衛之屬宿衛者, 而總其府事; 左右郎將貳焉."

◎ 左、右威衛, 大將軍各一人, 正三品; 隋初, 置左、右領軍府, 煬帝改爲左、右屯衛, 皇朝因之. 至龍朔二年, 改爲左、右威衛, 別置左、右屯營, 亦有大將軍等官. 光宅元年改爲左、右豹韜衛, 神龍元年復爲左、右威衛. 將軍各二人, 從三品. 隋煬帝改領軍爲屯衛府, 置將軍, 皇朝因之. 龍朔、光宅、神龍隨衛改復.

역문 좌·우위위대장군은 각각 1인으로 정3품이고, 수 초에 좌·우영군부를 설치하였는데[99], 양제가 고쳐서 좌·우둔위로 하였고[100] 당조는 이를 따랐다. 용삭 2년(662)에 이르러 (좌·우둔위를) 고쳐서 좌·우위위로 하였고,[101] 별도로 좌·우둔영을 설치하였는데,[102] 또

---

99) 『隋書』 권28, 百官下, 779쪽: "左右領軍府, 各掌十二軍籍帳、差科、辭訟之事. 不置將軍. 唯有長史, 司馬, 掾屬及錄事, 功、倉、戶、騎、兵等曹參軍, 法、鎧等曹行參軍, (各一人.) 行參軍 (十六人.) 等員. 又置明法, (四人.) 隸於法司, 掌律令輕重."

100) 『隋書』 권28, 百官下, 793쪽: "煬帝卽位, 多所改革. 三年定令,… 改領軍爲左右屯衛, 加置左右禦."

101) 『新唐書』 권49상, 百官4上, 1279~1280쪽 本注에 "武德五年, 改左右翊衛曰左右衛府, 左右驍騎衛曰左右驍騎府, 左右屯衛曰左右威衛,… 龍朔二年, 左右衛府·驍衛府·武衛府, 皆省'府'字, 左右威衛曰左右武威衛,…"라 하였는데, 『新唐書』에 따르면 좌우둔위를 좌우위위로 고친 것은 용삭 2년(662)이 아니라 그 보다 앞선 무덕 5년(622)의 일이었고, 용삭 2년에는 좌우위위를 좌우무위위로 고쳤다. 이는 程知節이 정관연간(627~649) 좌둔위대장군을 역임하였다는 기록(『舊唐書』 권68, 程知節傳)과 薛萬均이 좌둔위대장군에 이르렀다는 기록에서도(『舊唐書』 권69 薛萬均傳) 『唐六典』의 기사에 착오가 있는 듯하다.

102) 『通典』 권28, 職官10, 武官上, 786~787쪽. 그러나 『唐會要』 권72, 京城諸軍, 1529쪽: "(貞觀12年)十一月三日, 於玄武門置左·右屯營, 以諸衛將軍領之"에 따르면 좌·우둔영의 정확한 설치시점은 정관 12년(638)이다. 이는 『舊唐書』 권109, 阿史那社尒傳, 3289쪽에 "(貞觀)九年, 率衆內屬, 拜左騎衛大將軍. 歲餘, 令尙衡陽長公主, 授駙馬都尉, 典屯兵於苑內. 十四年, 授行軍總管, 以平高昌.… 軍還, 太宗美其廉愼, 以高昌所得寶刀幷雜綵千段賜之, 仍令檢校北門左屯營, 封畢國公"라고 한데서도 확인할 수 있다. 또한 『唐會要』 권72, 京城諸軍, 1531쪽: "開元十年九月二十七日敕: 駕在京, 左右屯營宜於順義·景風門內安置, 北衙亦著兩營, 大明北門安置一營, 大內北門安置一營. 駕在東都, 左右屯營於賓曜·右掖門內安置, 兼於玄武北門左右廂, 各據地界, 繞宮城分配宿衛"라 하였다.

한 대장군 등의 관직이 있었다. 광택 원년(684)에 (좌·우위위를) 고쳐서 좌·우표도위로 하였다가[103] 신룡 원년(705)에 다시 좌·우위위로 하였다.[104] **장군은 각각 2인으로 종3품이다.** 수 양제가 영군(부)를 고쳐서 둔위부로 하였을 때 장군을 설치하였고, 당조는 이를 따랐다. 용삭·광택·신룡 연간 위(의 명칭 변화)에 따라 고치고 복구하였다.

左、右威衛大將軍·將軍之職掌如左、右衛. 其異者, 大朝會則率其屬被黑質鍪、甲、鎧, 執黑弓箭、黑刀、黑穳, 建青麾、黑麾、黃龍負圖旗、黃鹿旗、騶牙旗、蒼烏旗, 爲左、右廂之儀仗, 次立武衛之下. 翊府翊衛、外府羽林番上者, 則分配之. 在正殿前, 則以諸隊立於階下; 在長樂、永安門內, 則以挾門隊列於兩廊. 凡分兵主守, 則知皇城東、西面之助鋪.

역문 **좌·우위위대장군과 장군의 직임은 좌·우위의 (경우)와 같다. 다른 것은 대조회 때에 소속 인원을 통솔하여 흑색 바탕의 투구와 갑옷을 입고 흑색의 활과 화살, 흑색 칼, 흑색의 작은 창을 잡으며, 청휘·흑휘·황룡부도기·황록기·추아기·창오기를 세우고 좌·우상의 의장이 되어 (좌·우)무위의 아래에 차례로 선다. 익부의 익위와 외부의 우림[105]으로 번상할 자는 (좌·우무위대장군과 장군이) 나**

103) 『新唐書』 권49상, 百官4上, 1280쪽. 本注에 "武后光宅元年, 改左右驍衛曰左右武威, 左右武衛曰左右鷹揚衛, 左右威衛曰左右豹韜衛, 左右領軍衛曰左右玉鈐衛"라 하였고, 『舊唐書』 권83, 郭孝恪傳에 따르면 次子인 郭待封이 좌표도위장군을 역임하였다.

104) 『唐會要』 권71, 十二衛, 1518~1519쪽: "神龍元年復改爲左右威衛. 其年七月又改爲左右屯衛, 景雲二年八月二十八日, 又改爲左右威衛."

105) 좌·우위위에 소속된 衛士를 羽林이라 한다.(『역주당육전(상)』 권5, 尚書兵部, 498쪽 참조)

누어 배치한다. 정전의 앞에 있을 때는 각 의장대를 (거느리고) 계단의 아래쪽에 서고, 장락문과 영안문 안에 있을 때는 협문대로서 양쪽 복도에 도열한다.106) 무릇 병사를 나누어 수비를 담당할 때는 황성 동·서쪽의 초소를 맡는다.

○ 長史各一人, 從六品上; 錄事參軍事各一人, 正八品上; 倉曹參軍事各二人, 正八品下; 兵曹參軍事各二人, 正八品下; 騎曹參軍事各一人, 正八品下; 胄曹參軍事各一人, 正八品下; 隋煬帝改領軍爲左、右屯衛, 有長史已下等員, 皇朝改之, 已具前說. 司階各二人, 正六品上; 中候各三人, 正七品下; 司戈各五人, 正八品下; 執戟各五人, 正九品下.

역문 장사는 각각 1인으로 종6품상이다. 녹사참군사는 각각 1인으로 정8품상이다. 창조참군사는 각각 2인으로 정8품하이고 병조참군사는 각각 2인으로 정8품하이며, 기조참군사는 각각 1인으로 정8품하이고 주조참군사는 각각 1인으로 정8품하이다. 수양제가 영군(부)를 고쳐서 좌·우둔위부로 하였을 때 장사 이하 등의 인원이 있었고, 당조가 이것을 고쳤는데 이미 앞에서 설명하였다. 사계는 각각 2인으로 정6품상이고 중후는 각각 3인으로 정7품하이며, 사과는 각각 5인으로 정8품하이고 집극은 각각 5인으

---

106) 『新唐書』 권23상, 儀衛上, 482쪽: "內外諸門以排道人帶刀捉仗而立, 號曰立門仗. 宣政左右門仗、內仗, 皆分三番而立, 號曰交番仗. 諸衛有挾門隊、長槍隊. 承天門內則左右衛挾門隊列東西廊下, 門外則左右驍衛挾門隊列東西廊下. 長樂、永安門內則左右威衛挾門隊列東西廊下, 門外則左右領軍衛挾門隊列東西廊下. 嘉德門內則左右武衛挾門隊列東西廊下. 車駕出皇城, 則挾門隊皆從. 長槍隊有漆槍、木槍、白檊槍、樸頭槍.

로 정9품하이다.

長史掌判諸曹之事, 以閱兵仗、羽儀、車馬, 及宜陽五十府; 餘如左、右衛. 凡飛騎宿衛者, 將軍已下不得使其出外. 若番上須兵士, 則簡同、華越騎充; 不足, 兼取諸州越騎.

역문 장사는 각 조의 사무를 판정하여 병장·우의·거마를 검열하고 아울러 의양 (등) 50부(의 사무)를 관장한다. 나머지는 좌·우위와 같다. 무릇 비기[107]로 숙위하는 자는 장군 이하 (무관이) 그들을 밖으로 내보낼 수 없다. 만약 번상할 병사가 필요하면 동주[108]와 화주[109]의 월기를[110] 뽑아 충당하고, 부족하면 각 주의 월기도 함께 뽑는다.

○ 翊府中郎將各一人, 正四品下; 左、右郎將各一人, 正五品上.

---

107) 『唐會要』 권72, 京城諸軍, 1529쪽에 "貞觀十二年十一月三日於玄武門置左·右屯營, 以諸衛將軍領之. 其兵名曰飛騎, 中簡才力驍健善騎射者, 號爲百騎. 上遊幸, 則衣五色袍, 乘六閑馬, 賜猛獸衣韉以從之"라 하였다.

108) 關內道에 속하는 지역으로서(『역주당육전(상)』 권3, 尙書戶部, 273쪽 참조) 치소는 馮翊이고, 지금의 陝西省 大荔縣이다. 『新唐書』 권37, 地理1, 965쪽에 따르면 동주에는 다음과 같이 26개의 절충부가 설치되어 있었다. "有府二十六, 曰 濟北·唐安·秦城·太州·大亭·河東·興德·連邑·伏龍·溫湯·安遠·業善·南鄕·臨高·濮陽·襄城·崇道·淅谷·吉安·長春·華池·永大·洪泉·善福·司禦·效誠."

109) 關內道에 속하는 지역으로서(『역주당육전(상)』 권3, 尙書戶部, 273쪽 참조) 치소는 鄭縣이고, 지금의 陝西省 華縣이다. 『新唐書』 권37, 地理1, 964쪽에 따르면 화주에는 다음과 같이 20개의 절충부가 설치되어 있었다. "有府二十六, 曰 普樂·豐原·義全·淸義·萬福·脩仁·神水·常興·義津·定城·延壽·羅文·鄭邑·宣義·相原·孝德·溫湯·宣化·懷德·懷仁."

110)각 절충부의 기병을 越騎라 한다. 『新唐書』 권50, 兵, 1325쪽: "凡民年二十爲兵, 六十而免. 其能騎而射者爲越騎, 其餘爲步兵·武騎·排䂍手·步射" : 『隋書』 권28, 百官下, 800쪽: "鷹揚每府置越騎校尉二人, 掌騎士."

역문 익부 중랑장은 각각 1인으로 정4품하이고, 좌·우낭장은 각각 1인으로 정5품상이다.

中郎將掌領其府校尉、旅帥、翊衛之屬以宿衛, 而總其府事; 餘如左、右衛.

역문 중랑장은 해당 부의 교위·여수·익위 등을 거느려 숙위하고 해당 부의 사무를 총괄하는 일을 관장한다. 나머지는 좌·우위의 경우와 같다.

◎ 左、右領軍衛, 大將軍各一人, 正三品: 漢建安十四年, 魏武爲丞相, 相府始置中領軍; 旣拔漢中, 還長安, 以曹休爲之, 主五校、中壘、武衛等營. 魏文帝爲魏王, 又置領軍, 而領軍差勝, 中領微劣. 晉因之, 領軍與中領三將軍並置, 領軍品第三, 金章、紫綬; 中領軍將軍第四品, 銀章、青綬, 武冠, 絳朝服, 佩水蒼玉. 太始元年, 武帝省領軍、北軍中候, 中軍將軍羊祜統二衛、前、後、左、右、驍騎等七軍營兵. 宋、齊領軍、中領軍將軍掌內禁兵, 大駕出則御軍在前, 住則守. 舊制: 輿駕出行, 則與護軍將軍更日直, 領隊於止車門內. 梁領軍、護軍與左、右衛、驍騎、游騎爲六軍將軍, 班第十五. 陳領軍將軍秩二千石. 後魏領軍、護軍第二品上, 太和二十三年降爲第三品. 北齊領軍府將軍一人, 掌禁衛宮掖, 朱華閣外, 凡禁衛皆主之; 中領軍亦同. 隋左、右領軍府各掌左、右十二軍籍帳、羽衛之事. 不置將軍, 唯有長史、司馬; 煬帝大業三年, 改左、右屯衛. 皇朝因隋屯衛名, 置大將軍、將軍, 後改爲威衛; 又採前代領軍名, 別置領軍衛, 置大將軍、將軍員. 龍朔二年改爲左、右戎衛, 咸亨元年復舊. 光宅元年改爲左、右玉鈐衛, 神龍元年復故. 將軍各二人, 從三品. 魏、晉已來並有領軍之職, 然則領軍如今領軍大將軍也, 中領軍如今領軍將軍也. 宋、齊、梁、陳、後魏、北齊有之. 隋領軍府有將軍員, 皇朝因置之也.

역문 좌·우령군위대장군은 각각 1인으로 정3품이고, (후)한 건안 14년(209) 위무제가 (추증 전) 승상이 되었을 때, 상부에 처음으로 중령군을 설치하였다.[111] 이미 한중을 점령하고 장안으로 돌아와 조휴(?~228)[112]에게 그것을 담당하게 하고, 오교[113]·중루[114]·무위 등의 (군)영을 주관하게 하였다.[115] 위문제가 (즉위 전) 위왕이 되었을 때 또한 영군을 설치하였는데, (품위는) 영군이 약간 높고 중령이 조금 낮았다.[116] 진은 위의 제도를 따라 영군과 중령군장군을 함께

---

111) 『三國志』 권1, 魏書 武帝紀, 30쪽에 "(建安) 十三年春正月, 公還鄴, 作玄武池以肄舟師. 漢罷三公官, 置丞相·御史大夫. 夏六月, 以公爲丞相"라 하였는바, 조조가 승상이 된 것은 건안 14년이 아니라 13년(208)의 일이다. 또한 중령군이 설치된 것도 건안 14년보다 이전으로 추측할 수 있다. 권9, 魏書 夏侯惇傳, 270쪽에 인용된 주에 "史渙字公劉. 少任俠, 有雄氣. 太祖初起, 以客從, 行中軍校尉, 從征伐, 常監諸將, 見親信, 轉拜中領軍. (建安)十四年薨. 子靜嗣"라 하였는바, 사환이 죽은 해가 건안 14년이므로 그가 중령군에 배수된 것은 그보다 이전이 되어야 한다. 중령군의 직무는 군중의 諸將을 감독하는 것으로 지금의 헌병과 비슷하며, 지위는 제장군의 상위에 있었다.

112) 字는 文烈이고, 沛國 譙縣사람이다. 조조의 族子로 10세 때 부친을 잃고 吳지역에서 살다가 조조가 거병하자 종군하여 虎豹騎를 거느리고 숙위를 담당하였다. 조조가 漢中을 점령하고 長安으로 돌아와서 그를 중령군에 拜受하였고, 조비가 魏王이 되자 領軍將軍이 되었다. 明帝(曹叡) 때 大司馬에 이르렀고, 吳정벌 중 病死하였다.(『三國志』 권9, 魏書 曹休傳, 279~280쪽 참조)

113) 五校는 五營을 말한다. 후한에서는 北軍中候를 설치하고, 그 관할 아래 屯騎校尉·越騎校尉·步兵校尉·長水校尉·射聲校尉 등 5교위를 두어 각각 둔영의 병사를 거느리고 京師에서 숙위하게 하였다.(『後漢書』 志第27, 百官4, 3612~3613쪽 참조) 魏에 이르러 5교는 하나의 營으로 통합되었고 둔영에서 숙위하는 병사의 통칭이 되었던 듯하다.

114) 전한에는 중루교위가 있었고(『漢書』 권19상, 百官公卿表, 737쪽: "中壘校尉掌北軍壘門內, 外掌西域"), 후한에서는 없앴다가(『後漢書』 志第27, 百官4, 3613쪽: "舊有中壘校尉, 領北軍營壘之事. 有胡騎·虎賁校尉, 皆武帝置. 中興省中壘, 但置中候, 以監五營"), 조조의 집정 때에 다시 설치하였다.

115) 漢中은 지금의 陝西省 漢中·南鄭·城固 등의 지역으로 후한 말에는 五斗米道의 수령인 張魯가 점령하고 있었던 것을 조조가 건안 20년(215)에 공격하여 점령하였다. 『三國志』 권9, 魏書 曹休傳, 279쪽에 "太祖拔漢中, 諸軍還長安, 拜休中領軍. 文帝卽王位, 爲領軍將軍, 錄前後功, 封東陽亭侯"라 하였다.

설치하였는데,[117] 영군은 제3품으로 금으로 만든 인장과 자색 인끈을 찼으며, 중령군장군은 제4품으로 은으로 만든 인장과 청색 인끈, 무관·강조복을 착용하고 수창옥을 찼다. (서진) 태시 원년(265)에 무제가 영군과 북군중후를 없애고, 중군장군 양호(221~278)[118]로 하여금 2위와 전·후·좌·우·효기 등 7군영의 병사를 통솔하게 하였다.[119] 송과 제의 영군·중령군 장군은 궁내의 금병을 관장하였는데,[120] 대가[121]가 출행하면 어군으로서 (대가의) 앞에 서고 머무르면 수비(를 담당)하였다. 구제에 (황제의) 여가가 출행하면 (영군장군

---

116) 『宋書』 권40, 百官下, 1247쪽에 "魏武爲丞相, 相府自置領軍, 非漢官也. 文帝卽魏王位, 魏始置領軍, 主五校·中壘·武衛三營"이라 하였다. 領軍의 지위가 中領보다 높았다는 것은 『三國志』 권9, 魏書 曹休傳, 279쪽에 "太祖拔漢中, 諸軍還長安, 拜休中領軍. 文帝卽王位, 爲領軍將軍, 錄前後功, 封東陽亭侯"라 하였는바, 조휴가 중령군에서 승진하여 영군장군이 되었다는 것에서 알 수 있다. 또한 『晉書』 권24, 職官, 740쪽에도 "資重者爲領軍·護軍, 資輕者爲中領軍·中護軍"이라 하였다. 한편 領軍 외에 行領軍도 있었다. 권9, 魏書 夏侯淵傳, 270쪽에 "(建安)十四年, 以淵爲行領軍"이라 하였다.

117) 『唐六典』 교감기 57번에 의거하면 '三'자는 '軍'자의 오자로 생각된다. 본문 아래 문장에도 영군과 중령군 장군의 品을 비교해 놓았다. 따라서 '三'을 '軍'으로 고쳐 해석하였다. 晉代 영군장군의 설치연혁에 대해서는 『宋書』 권50, 百官下, 1247쪽에 "晉武帝初省, 使中軍將軍羊祜統二衛前後左右驍騎七軍營兵, 卽領軍之任也. 祜遷罷, 復置北軍中候. 北軍中候置丞一人. 懷帝永嘉中, 改曰中領軍. 元帝永昌元年, 復改曰北軍中候. 尋復爲領軍. 成帝世, 復以爲中候, 而陶回居之. 尋復爲領軍"이라 하였다.

118) 字는 叔子이고, 泰山 南城사람이다. 후한 말의 명사인 蔡邕의 외손이고, 司馬師의 처남이다. 魏 말 相國從事郎中을 역임하였고, 사마씨가 魏를 찬탈하자 加散騎常侍·衛將軍·尙書左僕射를 역임하였다. 『晉書』 권34, 羊祜傳, 1013~1024쪽 참조.

119) 『晉書』 권3, 武帝紀, 52쪽: "(泰始元年12月戊辰)置中軍將軍, 以統宿衛七軍" : 『宋書』 권50, 百官下, 1247쪽: "晉武帝初省, 使中軍將軍羊祜統二衛前後左右驍騎七軍營兵, 卽領軍之任也. 祜遷罷, 復置北軍中候."

120) 『宋書』, 권44, 謝晦傳, 1348쪽: "(宋武帝永初3年) 領軍謝晦依晉中軍羊祜故事, 入直殿省, 總統宿衛" : 권46, 趙倫傳, 1390쪽: "(趙倫之子趙伯符)爲領軍將軍. 先是, 外監不隸領軍, 宜相統攝者, 自別有詔, 至此始統領焉" : 『南齊書』, 권35, 高祖十二王傳, 627쪽: "(齊武帝永明11年, 鄱陽王蕭鏘授領軍) 齊室諸王所未爲, (蕭)鏘在官理事無壅, 當時稱之. 車駕遊幸, 常甲仗衛從."

121) 大駕는 帝王의 출행시 車駕로 大駕·小駕·法駕의 구분이 있다. 蔡邕의 『獨斷』에 "大駕則公卿奉行, 大將軍參乘, 大僕御, 屬車八十一乘, 備千乘萬騎"라 하였다.

은) 호군장군[122]과 교대로 당직하고 수레를 두는 문 안에서 호위대를 통솔한다고 하였다. 양에서는 영군·호군과 좌우위·효기·유기를 6군장군이라 하였는데 제15반이었다. 진의 영군장군은 질 이천석이었다.[123] 북위의 영군과 호군은 제2품상이었는데, 태화 23년(499)에 제3품으로 내렸다. 북제의 영군부 장군은 1인으로 궁성을 금위하는 일을 관장하였는데,[124] 주화각 이외의 모든 금위관은 모두 주관하였다. 중령군(의 직장)도 또한 마찬가지였다.[125] 수의 좌·우영군부는 각각 좌·우12군의 적장과 의장대[羽衛]에 관한 사무를 관장하였다. 장군은 설치하지 않았고 오직 장사와 사마만 있었는데, 양제 대업 3년(607)에 고쳐서 좌·우둔위로 하였다.[126] 당은 수의 둔위

---

122) 전한에 호군도위가 있었지만(『漢書』 권19상, 百官公卿表, 737쪽: "護軍都尉, 秦官, 武帝元狩四年屬大司馬, 成帝綏和元年居大司馬府比司直, 哀帝元壽元年更名司寇, 平帝元始元年更名護軍") 常置職은 아니었다. 한편 『宋書』 권50, 百官下, 1247쪽에 호군장군의 연혁에 대하여 "秦時護軍都尉, 漢因之. 陳平爲護軍中尉, 盡護諸將. 然則復以都尉爲中尉矣. 武帝元狩四年, 以護軍都尉屬大司馬, 于時復爲都尉矣. 漢書李廣傳, 廣爲驍騎將軍, 屬護軍將軍. 蓋護軍護諸將軍. 哀帝元壽元年, 更名護軍都尉曰司寇. 平帝元始元年, 更名護軍都尉. 東京省, 班固爲大將軍中護軍, 隸將軍幕府, 非漢朝列職. 魏武爲相, 以韓浩爲護軍, 史奐爲領軍, 非漢官也. 建安十二年, 改護軍爲中護軍, 領軍爲中領軍, 置長史·司馬. 魏初因置護軍, 主武官選, 隸領軍, 晉世則不隸也. 晉元帝永昌元年, 省護軍幷領軍. 明帝太寧二年, 復置. 魏·晉江右領·護各領營兵, 江左以來, 領軍不復別置營, 總統二衛驍騎材官諸營, 護軍猶別有營也. 領·護資重者爲領軍·護軍將軍, 資輕者爲中領軍·中護軍. 官屬有長史·司馬·功曹·主簿·五官. 受命出征, 則置參軍"이라 하였다.

123) 『隋書』 권26, 百官上, 742쪽에 의하면 陳의 領·護軍과 中領·中護軍은 녹질이 中二千石이었다.

124) 『通典』 권28, 職官10, 788쪽: "北齊領軍府, 凡禁衛官皆主之, 以高歸彦爲領軍大將軍. 領軍加大自歸彦始."

125) 『隋書』 권27, 百官中, 758쪽: "(北齊)領軍府, 將軍一人, 掌禁衛宮掖. 朱華閣外, 凡禁衛官, 皆主之. 輿駕出入, 督攝仗衛. 中領軍亦同. 有長史·司馬·功曹·五官·主簿·錄事, 釐其府事. 又領左右衛·領左右等府."

126) 『隋書』 권28, 百官下, 779쪽: "左右領軍府, 各掌十二軍籍帳·差科·辭訟之事. 不置將軍. 唯有長史, 司馬, 掾屬及錄事, 功·倉·戶·騎·兵等參軍事, 法·鎧等曹行參軍(各一人), 行參軍(十六人)等員. 又置明法(四人), 隸於法司, 掌律令輕重."

명칭을 따라 대장군과 장군을 설치하였지만 후에 (이를) 고쳐서 위위라 하였다. 또한 전대의 영군이라는 명칭을 따서 별도로 영군위를 설치하고 대장군과 장군 (등)의 인원을 두었다.[127] 용삭 2년(662)에 고쳐서 좌·우융위로 하였다가 함형 원년(670)에 복구(復舊)하였다. 광택 원년(684)에 고쳐서 좌·우옥검위로 하였다가 신룡 원년(705)에 복고(復故)하였다. **장군은 각각 2인으로 종3품이다.** 위·진 이래 모두 영군의 직임이 있었으니, 그렇다면 영군은 지금의 영군대장군과 같고 중령군은 지금의 영군장군과 같다. 송·제·양·진·북위·북제에도 그것이 있었다. 수의 영군부에는 장군의 인원이 있었고,[128] 당조도 답습하여 그것을 설치하였다.

左、右領軍衛大將軍·將軍之職掌如左、右衛. 其異者, 大朝會則率其屬被青質鍪、甲、鎧, 執青弓箭、青刀、青楯、青矟, 建赤麾、應龍旗、玉馬旗、三角獸旗、白狼旗、龍馬旗、金牛旗, 爲左、右廂之儀仗, 以次立威衛下. 凡翊府翊衛、外府射聲應番上者, 則分配之. 在正殿前, 則以諸隊立於階下; 在長樂、永安門外, 則以挾門隊列於兩廊. 凡分兵主守, 則知皇城東、西面之助鋪及京城、苑城諸門之職.

역문 좌·우영군위대장군과 장군의 직임은 좌·우위 (경우)와 같다. 다른 것은 대조회 때에 소속(된 자들)을 통솔하여 청색 바탕의 투

---

127) 『新唐書』 권49상, 百官4上, 1279쪽에 "武德五年,… 左右禦衛曰左右領軍衛"라 하였다.

128) 『唐六典』 교감기 66번에 따르면 본문의 "隋領軍府有將軍員"은 "隋領軍府無將軍員"로 고쳐야 한다. 『隋書』에 영군부에 장군의 원이 없다고 하였고,(『隋書』 志第23, 百官下, 779쪽: "左右領軍府, 各掌十二軍籍帳·差科·辭訟之事. 不置將軍, 唯有長史, 司馬") 『唐六典』 본권 下文의 '胄曹參軍事'조의 原注에도 "隋領軍府無將軍, 有長史一人; 煬帝改置將軍"이라 하였다.

구와 갑옷을 입고, 청색의 활과 화살, 청색 칼, 청색 방패, 청색의 작은 창을 들며, 적휘·응룡기·옥마기[129]·삼각수기[130]·백랑기[131]·용마기·금우기를 세우고,[132] 좌·우상의 의장을 담당하며, (좌·우)위위의 아래쪽에 차례로 선다. 무릇 익부의 익위와 외부의 사성[133]으로 마땅히 번상해야 할 자는 (좌·우무위대장군과 장군이) 나누어 배치한다. 정전의 앞에 있을 때는 각 의장대를 (거느리고) 계단의 아래쪽에 서고, 장락문과 영안문 밖에 있을 때는 협문대로서 양쪽 복도에 도열한다. 무릇 병사를 나누어 (궁정의) 수비를 담당할 때는 황성 동·서쪽[134] 초소 및 경성과 금원 성곽 각 문[135]의 직무를 맡는다.

---

129) '玉馬'는 전설 속의 瑞物의 이름으로 賢臣을 상징한다. 『宋書』 권29, 符瑞下, 848쪽에 "玉馬, 王者精明, 尊賢者則出"이라 하였다.

130) '三角獸'는 전설 속의 神獸의 이름이다. 『宋書』 권28, 符瑞中, 807쪽에 "三角獸, 先王法度修則至"라 하였고, 『元史』, 輿服志2」: "三角獸旗, 赤質, 赤火焰脚, 繪獸, 其首類白澤, 綠髮, 三角, 青質, 白腹, 跋尾綠色"이라 하였다.

131) '白狼'은 전설 속의 瑞物의 이름이다. 『宋書』 권28, 符瑞中, 809쪽에 "白狼, 先王得之而犬戎服"이라 하였고, 『國語』, 周語上에 "王不聽, 遂征之, 得四白狼·四白鹿以歸"라 하였고, 韋昭의 注에 "白狼·白鹿, 犬戎所貢"이라 하였다.

132) 『新唐書』 권23상, 儀衛上, 482쪽: "次左右領軍衛青旗仗, 居威衛之次, 甕·甲·弓·箭·楯·矟皆青, 主帥以下如左右衛. 第一應龍旗隊, 第二玉馬旗隊, 第三三角獸旗隊, 果毅都尉各一人檢校, 第四白狼旗隊, 第五龍馬旗隊, 第六金牛旗隊, 折衝都尉各一人檢校."

133) 『역주당육전(상)』 권5, 尙書兵部, 498쪽 참조.

134) 『新唐書』 권49상, 百官4上, 1283쪽에는 "凡分兵主守, 則知皇城西面助鋪"라 하여 '東'자가 없다.

135) 원문의 '京城'은 장안 외성곽, '苑城'은 禁苑의 성곽을 가리키며, 금원은 경성의 북쪽에 있다. 경성과 금원에는 각각 2~3개의 문이 있는데, 그 이름은 아래와 같다.

	京城(장안 외곽성)의 문		禁苑의 문
동	春明·通化·延興	동	昭遠·光泰
서	金光·開遠·延平	서	延秋·玄武
남	明德·啓夏·安化	남	
북	景曜·芳林·光化	북	永泰·啓運·飮馬

○ 長史各一人, 從六品上; 錄事參軍事各一人, 正八品上; 倉曹參軍事各二人, 正八品下; 兵曹參軍事各二人, 正八品下; 騎曹參軍事各一人, 正八品下; 胄曹參軍事各一人, 正八品下; 齊職儀: 領軍將軍有長史, 品第六, 秩六百石. 梁、陳亦有之. 北齊領軍有長史、司馬. 隋領軍府無將軍, 有長史一人; 煬帝改置將軍, 長史判衛事, 又有錄事、倉曹、兵·騎·鎧曹等員. 皇朝因之. 司階各二人, 正六品上; 中候各三人, 正七品下; 司戈各五人, 正八品下; 執戟各五人, 正九品下.

역문 장사는 각각 1인으로 종6품상이고 녹사참군사는 각각 1인으로 정8품상이다. 창조참군사는 각각 2인으로 정8품하이고 병조참군사는 각각 2인으로 정8품하이다. 기조참군사는 각각 1인으로 정8품하이고 주조참군사는 각각 1인으로 정8품하이다. 『제직의』에 "영군장군(의 속관)에 장사가 있는데 제6품이고 질은 육백석이다"라고 하였다. 양·진에도 또한 그 (직이) 있었다. 북제의 영군에는 장사와 사마가 있었다. 수의 영군부에는 장군은 없고 장사 1인만 있었다. 양제가 고쳐서 장군을 설치하자[136] 장사는 본위의 사무를 판정하게 하였고 또한 녹사와 창조, 병·기·개조 등의 인원이 있었다. 당은 이를 따랐다. 사계는 각각 2인으로 정6품상이고 중후는 각각 3인으로 정7품하이다. 사과는 각각 5인으로 정8품하이고, 집극은 각각 5인으로 정9품하이다.

---

136) 『唐六典』 권24, '左右威衛大將軍'조와 『隋書』 권28, 百官下, 793쪽에 "煬帝即位, 多所改革. 三年定令,… 改領軍爲左右屯衛, 加置左右禦"라 하였는바, 양제의 개혁 당시 좌·우영군부는 이미 좌·우둔위로 고쳐져 있었다. 그러므로 장군이 설치된 것은 좌·우영군부가 아니라 좌·우둔위이다.

長史掌判諸曹、翊府及萬敵、萬年等六十府之貳; 餘同左、右衛.

역문 장사는 각 조와 익부 및 만적·만년 등 60부의 사무[137]를 판정하는 일을 관장한다. 나머지는 좌·우위와 같다.

○ 翊府中郎將各一人, 正四品下; 左、右郎將各一人, 正五品上. 中郎將掌領其府校尉、旅帥、翊衛之屬以宿衛, 而總其府事; 餘如左、右衛.

역문 익부 중랑장은 각각 1인으로 정4품하이고, 좌·우낭장은 각각 1인으로 정5품상이다. 중랑장은 해당 부의 교위·여수·익위 소속의 인원을 거느려 숙위하고 해당 부의 사무를 총괄하는 일을 관장한다. 나머지는 좌·우위의 경우와 같다.

137) '貳'자는 '事'자의 오자로 생각된다. 『唐六典』 교감기 47번에 의거하여 '貳'를 '事'로 고쳐 해석하였다.

『唐六典』

卷第二十五 諸衛府

御撰

集賢院學士兵部尚書兼中書令修國史上柱國開國公

臣 李林甫等奉敕注上

左右金吾衛

大將軍各一人　將軍二人　長史一人　錄事參軍事一人　錄事一人　史二人
倉曹參軍事二人　府二人　史四人　兵曹參軍事二人　府二人　史五人
騎曹參軍事一人　府二人　史四人　胄曹參軍事一人　府三人　史三人　亭長二人
掌固四人　司階二人　中候三人　司戈五人　執戟五人

左右翊中郎將府

中郎將各一人　左郎將一人　右郎將一人　錄事一人　兵曹參軍事一人　府一人
史二人　校尉五人　旅帥十人　隊正二十人　副隊正二十人　左右街使各一人
判官二人　典二人

左右監門衛

大將軍各一人　將軍二人　中郎將四人　長史一人　錄事參軍事一人　錄事一人
史二人　兵曹參軍事一人　府三人　史五人　胄曹參軍事一人　府三人　史四人
亭長二人　掌固二人　監門校尉二百二十人　直長六百八十人　長人長上二十人
直長長上二十人

左右千牛衛

大將軍各一人　將軍一人　中郎將二人　長史一人　錄事參軍事一人　錄事一人
史二人　兵曹參軍事一人　府一人　史二人　胄曹參軍事一人　府一人　史一人
亭長二人　掌固四人　千牛備身十二人　備身左右十二人　備身一百人
主仗一百五十人

左右羽林軍

大將軍各一人　將軍二人　長史一人　錄事參軍事一人　錄事一人　史二人
倉曹參軍事一人　府二人　史四人　兵曹參軍事一人　府二人　史四人
胄曹參軍事一人　府二人　史四人　亭長二人　掌固四人　司階二人　中候三人
司戈五人　執戟五人

左右翊中郎將府

中郎將各一人　左郎將一人　右郎將一人　錄事一人　兵曹參軍事一人　府一人
史二人　校尉五人　旅帥十人　隊正二十人　副隊正二十人

諸衛折衝都尉府

每府折衝都尉一人　左果毅都尉一人　右果毅都尉一人　別將一人　長史一人
錄事一人　史二人　兵曹參軍事一人　府二人　史三人　校尉五人　旅帥十人
隊正二十人　副隊正二十人

좌우금오위

대장군 각1인 장군 2인 장사 1인 녹사참군사 1인 녹사 1인 사 2인 창조참군사 2인 부 2인 사 4인 병조참군사 2인 부 2인[1] 사 5인 기조참군사 1인 부 2인 사 4인 주조참군사 1인 부 3인 사 3인 정장 2인 장고 4인 사계 2인 중후 3인 사과 5인 집극 5인

좌우익중랑장부

중랑장 각 1인 좌랑장 1인 우랑장 1인 녹사 1인 병조참군사 1인 부 1인 사 2인 교위 5인 여수 10인 대정 20인 부대정 20인 좌우가사 각1인 판관 2인 전 2인

좌우감문위

대장군 각1인 장군 2인 중랑장 4인 장사 1인 녹사참군사 1인 녹사 1인 사 2인 병조참군사 1인 부 3인 사 5인 주조참군사 1인 부 3인 사 4인 정장 2인 장고 2인 감문교위 220인[2] 직장 680인 장인장상 20인 직장장상 20인

좌우천우위

대장군 각1인 장군 1인 중랑장 2인 장사 1인 녹사참군사 1인 녹사 1인 사 2인 병조참군사 1인 부 1인 사 2인 주조참군사 1인 부 1인 사 1인 정장 2인 장고 4인 천우비신 12인 비신좌우 12인 비신 100인 주장 150인

좌우우림군

대장군 각1인 장군 2인 장사 1인 녹사참군사 1인 녹사 1인 사 2인 창조참군사 1인 부 2인 사 4인 병조참군사 1인 부 2인 사 4인 주조참군사 1인 부 2인 사 4인[3] 정장 2인 장고 4인 사계 2인 중후 3인 사과 5인 집극 5인

좌우익중랑장부

---

1) 『新唐書』 권49상, 百官4上, 1285쪽에는 3인으로 되어 있다.

2) 『舊唐書』 권44, 職官3, 1902쪽과 『新唐書』 권49상, 百官4上, 1286쪽에는 모두 330인으로 되어 있다.

3) 『新唐書』 권49상, 百官4上, 1289쪽에는 2인으로 되어 있다.

중랑장 각 1인 좌랑장 1인 우랑장 1인 녹사 1인 병조참군사 1인 부 1인 사 2인 교위 5인 여수 10인 대정 20인 부대정 20인

제위절충도위부

매부절충도위 1인 좌과의도위 1인 우과의도위 1인 별장 1인 장사 1인 녹사 1인[4] 사2인 병조참군사 1인 부 2인 사 3인 교위 5인 여수 10인 대정 20인 부대정 20인

4) 『新唐書』 권49상, 百官4上, 1288쪽에는 '府一人'이란 기록이 더 있다.

◎ 左、右金吾衛, 大將軍各一人, 正三品; 『漢書』百官表: "中尉, 秦官, 掌徼巡京師. 武帝太初元年更名執金吾, 秩中二千石, 有兩丞、候、司馬、千人. 屬官有中壘、寺互、武庫、都船四令·丞. 又式道左、右、中候及京、輔都尉皆屬焉." 又後漢掌宮外及京師盜賊、水火, 考按疑事; 衛尉巡行宮中, 執金吾徼巡宮外, 相爲表裏, 所以戒不虞也. 漢末, 魏武執政, 復爲中尉. 晉、宋、齊、梁、陳並不置. 後魏雖有中尉之職, 改御史中丞名之. 至後周, 置武環率、武候率, 各下大夫二人. 至隋, 置左、右武候府, 各大將軍一人、將軍三人, 掌車駕出入, 先驅後殿; 晝夜巡察, 執捕姦非; 烽候道路, 水草所宜. 巡狩師田, 掌其營禁. 大業三年, 改爲左、右候衛; 四年, 各增置察非掾二人, 專糾彈之事. 皇朝因之. 龍朔二年, 改爲左、右金吾衛. 將軍各二人, 從三品. 皇朝因隋置三人, 貞觀中減置二人.

역문 좌·우금오위대장군은 각각 1인으로 정3품이고, 『한서』 백관공경표에 "중위는 진나라의 관으로, 경사를 순찰하는 일을 관장하였다.[5] 무제 태초 원년(104 BC)에 집금오[6]로 이름을 고쳤고,[7] 질은 중

---

5) '徼巡'의 해석에 대하여 『漢書』 권19상, 百官公卿表, 733쪽, 如淳의 주에 "所謂遊徼, 徼循禁備盜賊也"라 하였고, 이어서 顔師古는 "徼謂遮繞也. 徼音工釣反"이라 하였다. '徼'와 '巡'은 모두 순찰·순라의 뜻이 있다.

6) 『漢官儀』 卷上, 145쪽: "執金吾, 車駕出, 從六百騎, 走六千二百人也."

7) 한대 집금오의 명칭에 대해서 應劭는 『史記』 권27상, 絳侯周勃世家, 2075쪽의 集解에서 "吾者, 禦也. 掌執金吾以禦非常"라 하였고, 顔師古는 "金吾, 鳥名, 主辟不祥. 天子出行, 職主先導, 以備非常, 故執此鳥之象, 因以名官也"라 하였으나, 兪樾은 『漢書補注』에서 "崔豹『古今注』: 金吾, 棒也, 以銅爲之, 黃金塗兩末. 御史大夫·司隷校尉亦得執焉. 御史·校尉·郡守·都尉·縣長之類, 皆以木爲吾. 據此,

이천석이었으며, 승 2명과 후·사마·천인이 있었다.[8] 속관으로 중루[9]·시호[10]·무고[11]·도선[12]의 4개 영과 승이 있었다.[13] 또 식도 좌·우·중후[14] 및 경·보 도위[15]도 모두 (중위에) 속하였다"고 했다.[16] 또 후한에서는 궁 밖 및 경사의 도적 (방비), 수재와 화재(의 예방), 의심스런 일을 조사(하는 일)을 관장하였다. 위위는 궁 안을 순행하고[17] 집금오는 궁 밖을 순찰하여 서로 표리를 이루어 생각지

漢制有金吾, 有木吾, 豈得以金吾爲鳥名乎! 吾, 實大棒之名, 以大棒可御非常, 故以吾名之. 執金吾者, 執此棒也. 應說參以崔注, 其義方盡"이라 하여 다른 설을 제기하였다. 『역주당육전(중)』 권16, 衛尉宗正寺, 461쪽 주39) 참조.

8) '丞'·'候'·'司馬'·'千人' 등은 모두 한대의 관명이다. 『漢書』 권19상, 百官公卿表, 733쪽에 인용된 顔師古의 주에 "候及司馬及千人皆官名也. 屬國都尉云有丞·候·千人. 西域都護云司馬·候·千人各二人. 凡此千人, 皆官名也"라 하였다.

9) 전한에는 중루교위가 있었고(『漢書』 권19상, 百官公卿表, 737쪽: "中壘校尉掌北軍壘門內, 外掌西域"), 후한에서는 없앴다가(『後漢書』 志第27, 百官4, 3613쪽: "舊有中壘校尉, 領北軍營壘之事. 有胡騎·虎賁校尉, 皆武帝置. 中興省中壘, 但置中候, 以監五營"), 曹操가 정권을 장악했을 때 다시 설치하였으며, 그 직임은 군의 중루문을 관장하는 것이었다.

10) '寺互'의 '互'자는 '枑'와 통하며, '行馬'를 만든다는 뜻이다. 『演繁露』에 "行馬者, 一木橫中, 兩木互穿以成四角, 施之于門, 以爲約禁也"라 하였고, 方以智의 『通雅』 宮室篇에는 "行馬, 宮府門設之, 古賜第亦門施行馬"라 하였다. 즉, 행마는 궁실과 관부의 출입문에 설치하여 사람과 말의 통행을 막는 것을 가리킨다. 이를 종합해 보면 시호는 출입문 경비에 관한 일을 관장한 것으로 보인다.

11) 『後漢書』 志第27, 百官4, 3606쪽: "武庫令一人, 六百石. 本注曰 : 主兵器. 丞一人."

12) 『漢書』 권19상, 百官公卿表, 733쪽, 如淳의 주에 "都船獄令, 治水官也"라 하였다.

13) 『漢舊儀』 補遺卷上, 91~92쪽: "中壘校尉主北門壘門內,… 寺互. 都船獄令, 主治水官也." 武庫에 대해서는 『漢官儀』 2권, 145쪽: "執金吾屬官府武庫令丞, 從騎二百人.…"

14) 『漢書』 권19상, 百官公卿表, 733쪽, 應劭의 주에 "式道凡三候, 車駕出還, 式道候持麾至宮門, 門乃開"라 하였고, 『後漢書』 志第27, 百官4, 3606쪽에 "本注曰 : 本有式道、左右中候三人, 六百石. 車駕出, 掌在前淸道, 還持麾至宮門, 宮門乃開. 中興但一人, 又不常置, 每出, 以郞兼式道候, 事已罷, 不復屬執金吾"라 하였다.

15) 『漢書』 권19상, 百官公卿表, 733쪽에 의하면, '左·右 京輔都尉'로 되어 있어, 즉 좌경보도위와 우경보도위로 보아야 할 것 같다. 한 무제 원정 4년(114 BC)에 2보도위를 설치하였는데, 이것이 좌·우경보도위이고, 삼보를 설치한 태초 원년(104 BC)의 10년 전의 일이다.

16) 『漢書』 권19상, 百官公卿表, 732쪽: "中尉, 秦官, 掌徼循京師, 有兩丞·候·司馬·千人. 武帝太初元年更名執金吾. 屬官有中壘·寺互·武庫·都船四令丞. 都船·武庫有三丞, 中壘兩尉. 又式道左右中候·候丞及左右京輔都尉·尉丞兵卒皆屬焉. 初, 寺互屬少府, 中屬主爵, 後屬中尉."

못한 일을 경계하기 위한 것이었다. (후)한 말 조조가 집정할 때 다시 중위라 하였다.[18] 진·송·제·양·진에서는 모두 (중위를) 설치하지 않았다. 북위에는 비록 중위의 직임은 있었으나, 어사중승을 고쳐 (중위로) 한 것이다.[19] 북주에 이르러 무환솔과 무후솔을 설치하고, 각각 하대부 2인을 두었다. 수에 이르러 다시 좌·우무후부를 설치하고, 각각 대장군 1인과 장군 3인을 두었는데,[20] 거가의 출입시 앞에서 이끌고 뒤에서 호위하고, 주야로 (경사를) 순찰하여 범죄자를 체포하고, 봉화대와 도로(를 점검하며), 수초가 적절하게 있는 지를 관장한다.[21] (황제의) 순수나[22] 친정[23] 및 사냥[24] 때는 그 군대 진영의 금령을 관장한다. 대업 3년(607) (좌·우무후부를) 고쳐서 좌·우후위라 하였고, (대업) 4년(608)에 각각 찰비연 2인을 증설하여 규찰과 탄핵에 관한 사무를 전담하게 하였다.[25] 당은 이를 따랐

17) 衛尉의 직장에 관해서는 『역주당육전[중]』 권16, 衛尉宗正寺 참조.

18) 조조 집정기는 후한 말 건안연간(196~220)으로 중위란 명칭은 『三國志』 권11, 魏書 涼茂傳, 338쪽: "魏國初建, 遷尙書僕射, 後爲中尉奉常" : 권20, 魏書 崔琰傳, 369쪽: "太祖貴其公亮, 喟然歎息, 遷中尉" : 권20, 魏書 徐奕傳, 378쪽: "太祖征漢中, 魏諷等謀反, 中尉楊俊左遷" 등에서 확인된다.

19) 『魏書』 권113, 官氏志, 2980쪽.

20) 『隋書』 권28, 百官下, 777쪽에는 장군 2인으로 되어 있으나("左右武候, 各大將軍, 一人. 將軍, 二人") 『通典』 권28, 직관10에는 장군 3인으로 되어 있다.

21) 『隋書』 권28, 百官下, 778쪽: "左右武候, 掌車駕出, 先驅後殿, 晝夜巡察, 執捕姦非, 烽候道路, 水草所置. 巡狩師田, 則掌其營禁."

22) 巡狩는 巡守와 통하며 천자가 출행하여 지방을 순시하는 것을 가리킨다. 『孟子注疏』 卷第2上, 梁惠王章句下, 34쪽: "天子往於諸侯, 謂之巡狩. 巡狩者, 謂巡諸侯爲天子所守土也. 如歲二月東巡狩, 五月南巡狩, 八月西巡狩, 十一月北巡狩, 是也."

23) 師는 천자가 거병하여 정벌하는 일을 뜻한다. 『周禮注疏』 권29, 夏官 大司馬, 839쪽에 "若大師則掌其戒令.…"이라 하였고, 鄭玄 注에 "大師, 王出征伐也"라 하였다. 한편 親征하지 않는 경우는 小師라 하여 『周禮注疏』 권35, 秋官 小司寇, 874쪽의 鄭玄 注에 "小師, 王不自出之師"라 되어 있다.

24) 田은 狩獵, 즉 천자의 사냥을 가리킨다.

25) 『隋書』 권28, 百官下, 800쪽: "左右候衛增置察非掾二人, 專糾彈之事."

다.[26] 용삭 2년(662)에 (좌·우후위를) 고쳐서 좌·우금오위라 하였다. **장군은 각각 2인으로 종3품이다.** 당은 수를 따라 3인을 설치하였는데, 정관(627~649) 중에 2인으로 줄였다.

左、右金吾衛大將軍·將軍之職, 掌宮中及京城晝夜巡警之法, 以執禦非違, 凡翊府及同軌等五十府皆屬焉. 凡車駕出入, 則率其屬以清遊隊建白澤旗、朱雀旗以先驅, 又以玄武隊建玄武旗以後殿, 餘依鹵簿之法以從. 若巡狩師田, 則執其左、右營衛之禁. 凡翊衛翊府、同軌·寶圖等五十府彍騎、衛士應番上者, 各配所職焉. 又置引駕三衛六十人, 並於左、右衛取明閑隊仗法用, 兼能糾彈事者充, 分爲五番上下; 仍於諸衛翊衛隊正內取五人爲主帥, 番別配一人檢校. 又置引駕佽飛六十六人, 於當衛簡取越騎射者充, 分爲六番上下, 番別置主帥一人.

역문 좌·우금오위대장군과 장군의 직임은 궁중 및 경성을 주야로 순찰·경계하는 법에 의거하여 잘못과 위반을 막는 일을 관장하는 것이다. 무릇 익부 및 동궤 등 50개의 절충부[27]가 모두 (여기에) 속한다. 무릇 거가가 출입할 때에는 속관을 통솔해서 청유대는 백택기[28]·주작기 등을 세워 선구가 되게 하고, 또 현무대는

---

26) 『新唐書』권49상, 百官4上, 1285쪽: "隋有察非掾, 至唐廢."

27) 『唐六典』 권5, 尙書兵部, 153쪽에 기록된 바에 의하면 개원시기 전국의 절충부는 총 594개이다. 이들은 대략 50개씩으로 나뉘어 중앙의 12衛 및 東宮6率에 분속되어 있었다. 분속된 군부의 수는 문헌마다 큰 차이가 있다. 본서 권24, 諸衛府 및 권28, 太子左右衛率及諸率府에는 좌·우위 각 50부, 좌·우효위 각 49부, 좌·우무위 각 49부, 좌·우위위 각 50부, 좌·우영군위 각 60부, 좌·우금오위 각 50부, 그리고 태자의 좌·우위솔은 각 5부, 좌·우사어솔은 각 3부, 좌·우청도솔부는 각 3부로 되어 있다. 그러나 『新唐書』 권50, 兵志, 1326쪽에는 좌·우위 모두 60부, 諸衛는 50~40부, 그리고 "其餘以隸東宮六率"이라 하였는데, 이는 『玉海』 권138, 鄴侯家傳에 근거를 둔 것이다. 본문의 同軌·寶圖는 50개 절충부 가운데 2개를 예시한 것으로 『新唐書』 권38, 地理2, 982쪽에 의하면 河南府에 속했으며, 그 遺址는 지금의 하남성 낙양시 주위에 해당한다.

현무기를 세워 뒤에서 호위하게 하며,[29] 나머지는 노부[30]의 법에 의거하여 (행렬을) 따른다.[31] 만약 (황제의) 순수나 친정 및 사냥이 있으면 (황제의) 좌·우영의 호위에 관한 금령을 집행한다. 무릇 (좌·우금오위 소속) 익위의 익부와 동궤·보도 등 50개 절충부의 확기[32]·위사로서 마땅히 번상해야 할 자는 (좌·우금오위대장

---

28) 전설상의 神獸인 '白澤'이 그려져 있는 깃발이다. 백택에 관하여 宋代 張君房이 지은 『雲笈七籤』에 의하면 "黃帝得白澤神獸, 通萬物之情, 因問鬼神之事一萬一千五百二十種, 帝乃令寫爲圖"라 하였다.

29) 『新唐書』 권23상, 儀衛上, 487~488쪽: "左右金吾衛辟邪旗隊, 折衝都尉各一人檢校. 又有淸游隊、朱雀隊、玄武隊. 淸游隊建白澤旗二, 各一人執, 帶橫刀; 二人引, 二人夾, 皆帶弓箭、橫刀. 左右金吾衛折衝都尉各一人, 帶弓箭、橫刀, 各領四十人, 皆帶橫刀, 二十人持矟, 四人持弩, 十六人帶弓箭. 朱雀隊建朱雀旗, 一人執, 引、夾皆二人, 金吾衛折衝都尉一人主之, 領四十人, 二十人持矟, 四人持弩, 十六人帶弓箭, 又二人持𥎊矟, 皆佩橫刀, 𥎊矟以黃金塗末. 龍旗十二, 執者戎服大袍, 副竿二, 各一人執, 戎服大袍, 分左右, 果毅都尉各一人主之. 大將軍各一人檢校二隊. 玄武隊建玄武旗, 一人執, 二人引, 二人夾, 平巾幘、黑褲褶、黑袴、大口袴, 左右金吾衛折衝都尉各一人主之, 各領五十人, 持矟二十五人, 持弩五人, 帶弓箭二十人, 又二人持𥎊矟. 諸衛挾門隊、長槍隊與諸隊相間." 이에 의하면 청유대 약 164명, 현무대는 약 100명이 동원되었음을 알 수 있다.

30) 『獨斷』 卷下: "天子出, 車駕次第謂之鹵簿." 『漢官儀』 2卷, 184~185쪽에는 "天子車駕次第謂之鹵簿. 有大駕·法駕·小駕. 大駕公卿奉引, 大將軍參乘, 太僕御, 屬車八十一乘, 備千乘萬騎, 侍御史在左駕馬, 詢問不法者.… 法駕儀, 公卿不在鹵簿中, 河南尹·執金吾·洛陽令·侍中參乘, 屬車三十六乘"라 되어 있다. 唐代 皇帝의 鹵簿에도 大駕·法駕·小駕의 3종류가 있었으며, 이에 관한 내용은 『大唐開元禮』 권2, 皇帝鹵簿 참조.

31) 『通典』 권107, 禮67, 2778~2783쪽의 大駕의 노부 행렬은 다음과 같다. "導駕, 先萬年縣令, 次京兆牧, 次太常卿, 次司徒, 次御史大夫, 次兵部尙書. 自縣令以下, 並正道威儀, 各乘輅. 其鹵簿, 各依本品給之. 次淸遊隊, 白澤旗二, 分左右, 各一人執, 二人引, 二人夾也. 金吾折衝二人, 各領四十騎, 戎服, 分左右. 次金吾大將軍二人, 分左右. 各二人執𥎊矟, 騎從, 自龍旗以前檢校. 次金吾果毅二人, 領虞候佽飛四十八騎, 夾道單行, 分左右, 引到黃麾仗也. 次外鐵甲佽飛二十四騎, 並行, 分左右廂, 各六重, 引到步甲隊. 次朱雀旗, 一騎執, 二騎引, 二騎夾. 金吾折衝都尉一人, 領四十人, 執橫刀𥎊矟弓箭騎從也, 次龍旗十二, 各一騎執, 並戎服, 被大袍, 橫行正道. 每一旗前, 二人, 騎, 爲二重, 引前; 每旗後, 亦二人, 護後. 副竿二, 分左右, 又金吾果毅二人騎領也. －제위의 기마대와 어가에 이어서 －次玄武隊, 玄武旗一人執, 二人引, 二人夾. 金吾折衝一人, 領五十騎, 分執矟弩." 이에 의하면 약 1만 4천여 명으로 구성된 총 22개 이상의 의장대로 구성되었으며, 이를 둘러싼 부병위사를 고려해 본다면 그 수는 더욱 늘어난다.

32) 『新唐書』 권50, 兵, 1326~1327쪽: "自高宗、武后時, 天下久不用兵, 府兵之法寖壞, 番役更代多不以時, 衛士稍稍亡匿, 至是益耗散, 宿衛不能給. 宰相張說乃請一切募士宿衛. 十一年, 取京兆、蒲、同、岐、華府兵及白丁, 而益以潞州長從兵, 共十二萬, 號'長從宿衛', 歲二番, 命尙書左丞蕭嵩與州吏共選之.

군과 장군이) 각각 정해진 직무에 배치한다. 또한 (좌·우금오위에) 인가삼위(引駕三衛)[33] 60인을 설치하는데, 모두 좌·우위에서 의장대 용법에 밝고 능란한 자를 취하고, 아울러 규찰과 탄핵에 능한 자로 충당하며, 5번으로 나누어 교대하게 한다. 이어 제위의 익위(소속) 대정 중에서 5인을 뽑아 주솔로 삼고, 매번마다 별도로 1인을 배치하여 검교토록 한다. 또 인가차비[34] 66인을 설치하는데,[35] 본 (금오)위에서 말타기와 활쏘기가 뛰어난 자를 가려뽑아 충당하고, 6번으로 나누어 교대하게 했으며, 매번마다 별도로 주수 1인을 두었다.

○ 長史各一人, 從六品上; 錄事參軍事各一人, 正八品上; 倉曹參軍

明年, 更號曰'彍騎'." 京兆 66,000, 華州 6,000, 同州 9,000, 蒲州 12,300, 絳州 3,600, 晉州 1,500, 岐州 6,000, 河南府 3,000, 陝·虢·汝·鄭·懷·汴 6주가 각각 600이며, 그 가운데 弩手가 6,000이었다. 선발의 기준은 下戶白丁·宗丁·品子로서 5척7촌 이상의 强壯을 취하였고 부족하면 8등호 5척 이상을 겸하였으며, 이들은 모두 征行과 賦役을 면제받았다고 한다. 한편 『唐會要』에 의하면 개원 13년 彍騎로 개칭하였고 12衛에 나누어 예속시켰으며, 羽林軍에 속하게 된 것은 개원 16년(728)의 일이었다.(『唐會要』 권72, 府兵, 1298~1299쪽)

33) 引駕는 어가를 인도하여 殿으로 올라가는 衛士이다. 그 직장에 대해서는 『新唐書』 권23상, 儀衛上, 482쪽에 "每月以四十六人立內廊閤外, 號曰內仗. 以左右金吾將軍當上, 中郎將一人押之, 有押官, 有知隊仗官. 朝堂置左右引駕三衛六十人, 以左右衛、三衛年長彊直能糾劾者爲之, 分五番"이라 하였다.

34) 좌·우금오위에 배속된 부병위사는 佽飛라 불리고, 이외 좌·우위는 驍騎, 좌·우효위는 豹騎, 좌·우무위는 熊渠, 좌·우위위는 羽林, 좌·우령군위는 射聲, 東宮 좌·우위솔부는 超乘, 좌·우사어솔부는 旅賁, 좌·우청도솔부는 直蕩이라 하였다.(『역주당육전(상)』 권5, 尙書兵部, 498쪽) 그리고 『新唐書』 권23상, 儀衛上, 482쪽: "有引駕佽飛六十六人, 以佽飛、越騎、步射爲之, 分六番, 每番皆有主帥一人. 坐日引駕升殿, 金吾大將軍各一人押之, 號曰押引駕官. 中郎將、郎將各一人, 檢校引駕事"에 의하면 인가차비는 좌·우금오위에 배속된 부병위사로 삼았음을 짐작할 수 있다.

35) 『新唐書』 권49상, 百官4上, 1285쪽에 의하면 "左右街典二人, 引駕仗三衛六十人, 引駕佽飛六十六人, 大角手六百人"라 하여 좌·우가전과 대각수가 더 있다.

事各二人, 正八品下; 兵曹參軍事各二人, 正八品下; 騎曹參軍事各一人, 正八品下; 冑曹參軍事各一人, 正八品下. 隋左、右武候府有長史、錄事·倉·兵·騎·鎧等曹, 皇朝因之. 諸曹已具上說. 司階各二人, 正六品上; 中候各三人, 正七品下; 司戈各五人, 正八品下; 執戟各五人, 正九品下.

역문 장사36)는 각각 1인으로 종6품상이다. 녹사참군사37)는 각각 1인으로 정8품상이고, 창조참군사38)는 각각 2인으로 정8품하이며, 병조참군사39)는 각각 2인으로 정8품하이고, 기조참군사40)는 각각 1인으로 정8품하이며, 주조참군사41)는 각각 1인으로 정8품

---

36) 長史는 戰國時代 秦에서 처음 설치하였고, 주로 고문과 참모직이었다. 『晉書』 권24, 職官, 740쪽에 의하면 "武帝受命, 分爲左右衛, 以羊琇爲左, 趙序爲右. 並置長史·司馬·功曹·主簿員, 江左罷長史"라 하였는데, 송·제·양·진·북위·북제를 거치면서 오직 사마의 직만 있고, 장사의 직은 없었다. 수에 이르러 좌·우위에 각각 장사 1인을 설치하였고, 당은 이를 따른 것이다. 隋唐의 王府·都督府·諸衛·率府 및 州에 모두 설치되었으며, 府僚와 屬吏의 장관으로 지위와 책임이 자못 무거웠다. 장사의 연혁에 대한 상세한 내용은 『唐六典』 권24, 左右衛大將軍 '長史'조를 참조하기 바란다.

37) 錄事參軍事는 왕부·군부 및 주의 佐吏로 晉代에 처음 설치하였다. 본래 公府의 관리로 諸曹의 공문서와 탄핵에 관한 일을 총괄하였다. 녹사참군사의 상세한 연혁에 대해서도 역시 『唐六典』 권24, 左右衛大將軍 '長史'조를 참조하기 바란다.

38) 倉曹參軍事는 군부의 佐吏로 晉代에 처음 설치하였고, 후대에는 왕공부·군부 및 주에 설치된 군부에도 창조참군사를 두었으며, 군수물자에 관한 일을 관장하였다. 창조참군사의 상세한 연혁에 대해서도 역시 『唐六典』 권24, 左右衛大將軍 '長史'조를 참조하기 바란다.

39) 兵曹參軍事는 군부의 佐吏로 晉代에 처음 설치하였고, 후대에는 군부 및 주에 설치된 군부에도 병조참군사를 두었으며, 武官의 선거 및 병장기 관리를 담당하였다. 병조참군사의 상세한 연혁에 대해서도 역시 『唐六典』 권24, 左右衛大將軍 '長史'조를 참조하기 바란다.

40) 騎曹參軍事는 군부의 佐吏로 晉代 이래 왕부·군부에 騎兵참군을 두었는데, 諸率府와 領軍府에서 기조참군으로 이름을 고치고부터 이후로는 기조참군사로 불렀다. 군대 관련 가축의 양육과 군마의 지급에 관한 일을 담당하였다. 기조참군사의 상세한 연혁에 대해서도 역시 『唐六典』 권24, 左右衛大將軍 '長史'조를 참조하기 바란다.

41) 冑曹參軍事는 군부의 佐吏로 晉代에 처음 설치하였으며, 병장기나 병기계의 관리 및 관청의 건축과 수리·군의 재판에 관한 일을 담당하였다. 주조참군사의 상세한 연혁에 대해서도 역시 『唐六典』 권24, 左右衛大將軍 '長史'조를 참조하기 바란다.

하이다. 수의 좌·우무후부에는 장사와 녹사, 창조·병조·기조·개조 등이 있었고, 당은 이를 따랐다. 이들 조에 대해서는 이미 앞에서 설명하였다.[42] 사계는 각각 2인으로 정6품상이고, 중후[43]는 각각 3인으로 정7품하이며, 사과[44]는 각각 5인으로 정8품하이고, 집극[45]은 각각 5인으로 정9품하이다.

長史掌判諸曹、翊府及同軌、寶圖等五十府之事, 閱其儀仗、兵馬; 凡文簿典職, 廩料請給, 番第上下, 皆審其事而總制之. 錄事參軍事掌所受翊府、外府及諸衛百司之事, 以發付勾檢. 倉曹掌翊府、外府文官職員. 兵曹掌翊府、外府武官職員. 騎曹掌外府兵馬雜畜簿帳及牧養之事. 凡諸衛馬承直配於金吾巡檢遊奕者, 每月四十有五匹, 皆季請其料, 隨以給之. 胄曹掌諸曹、翊府及外府軍戎器械, 及其公廨興造, 決罰之事. 凡大朝會行從, 給靑龍旗、六纛、豫矟之類於衛尉, 事畢, 本而歸之. 餘同左、右衛.

역문 장사는 각 조와 익부 및 동궤·보도 등 50(절충)부의 사무를 판정하고, 의장용 기물과 군마를 검열하는 일을 관장한다. 무릇 (장사는 해당 위의) 직무와 관련된 문서와 장부의 처리, 늠료의

---

42) 『唐六典』 권24, '左右衛大將軍'조 참조.

43) '候'는 본래 하급무관의 명칭으로 한대 城門校尉 아래 十二城門候가 있었다.(『漢書』 권19상, 百官公卿表7, 737~738쪽: "城門校尉掌京師城門屯兵, 有司馬·十二城門候.… 戊己校尉, 元帝初元元年置, 有丞·司馬各一人, 候五人, 秩比六百石") 후한 광무제가 北軍中候를 설치하여 五校營을 감독케 하였고, 晉武帝 역시 北軍中候를 설치하여 그 지위는 中領軍에 상당하였지만, 唐代에 들어와 중후는 侍衛武官으로 되었다.

44) 司戈는 궁전 안에서 '戈'를 들고 시위하는 임무를 담당한다. 과는 'ㄱ'자 모양이며, 쪼거나 걸어 넘어뜨리는 용도로 사용하는 자루가 긴 병기이다.

45) 執戟은 궁전 안에서 '戟'을 들고 시위하는 임무를 담당한다. 극은 戈에 矛를 합하여 만든 병기이다.

신청과 지급, 번상과 번하의 차례는 모두 그 사안을 심사하여 총괄 처리한다. 녹사참군사는 익부와 외부 및 제위 모든 관청의 문서를 받아 발송하고 (지체되거나 빠진 것을) 구검하는 일을 관장한다.[46] 창조(참군사)는 익부와 외부의 문관 직원을 관장한다. 병조(참군사)는 익부와 외부의 무관 직원을 관장한다. 기조(참군사)는 외부의 군마와 여러 가축에 관련된 장부 및 사육하는 일을 관장한다. 무릇 제위의 말이 금오위의 순검이나 순회에 당직하여 배치될 때는 매월 45필로 하고,[47] 모두 계절에 따라 그 사료를 청하여 그에 따라 공급한다.[48] 주조(참군사)는 제조와 익부 및 외부의 병장기와 병기계 및 (본위) 관청 건물의 건축과 수리, 형벌의 처결에 관한 일을 관장한다. 무릇 대조회와 (황제의 행행에) 따라갈 때는 청룡기 · 육독기 · 폭삭 따위[49]를 위위시에서 지급받고, 행사가 끝나면 본래대로 반납한다.[50] 나머지는 좌·우위(의 경우)와 같다.

---

46) 『唐六典』 권24의 좌·우위 녹사참군사조에 그 직임에 대하여 "錄事參軍掌印, 及受諸曹、五府及外府百司所由之事以發付, 勾檢稽失"라 하였고, 권24와 권25의 諸衛 소속 '참군사'조에는 대부분 "餘同左、右衛"라 하였다.

47) 『역주당육전(상)』 권5, 尙書兵部, 539쪽 참조.

48) 말을 먹이는 사료는 계절에 따라 차이가 있다. 이외 관련된 내용은 『역주당육전(중)』 권11, 殿中省, 224쪽 참조.

49) '靑龍旗'는 청룡이 그려진 旗幟로 청기라고도 하며, 좌·우금오위의 의장 가운데 용이 그려진 깃발은 모두 12개이다. '纛'은 의장대열 중의 큰 깃발이다. '稍稍'에 대해서는 후한 服虔의 『通俗文』에 따르면 矛의 길이가 1丈8尺인 것을 '矟', 또는 '槊'이라 했고, 남송 吳自牧의 『夢粱錄』 권5, '駕詣景靈宮儀仗'조에 의하면, "又有儀仗內名稍稍者, 按『開元禮記』, 金吾將軍執稍稍察去其非違, 形如劍而三刃, 以虎豹皮爲袋盛之, 其制始於秦漢"이라 되어 있다.

50) 衛尉寺의 衛尉卿과 衛尉少卿은 천하의 병기가 京師로 들어올 경우 그 명목과 숫자를 장부에 기록하여 보관해 두는 일을 관장한다. 또한 위위시의 武庫令은 천하의 병기와 기계를 관장하는 일을 맡고 있다. 이와 관련된 상세한 내용에 대해서는 『역주당육전(중)』 권16, 衛尉宗正寺, 458~464쪽 참조.

○ 翊府中郎將各一人, 正四品下; 左、右郎將各一人, 正五品上.

역문 익부 중랑장은 각각 1인으로 정4품하이고, 좌·우낭장은 각각 1인으로 정5품상이다.

中郎將掌領府屬, 以督京城內左、右六街晝夜巡警之事; 左、右郎將貳焉. 餘如左、右衛.

역문 중랑장은 해당부의 속료를 거느리고 경성내 좌·우 여섯 가(街)를[51] 주야로 순찰하는 일을 감독하는 것을 관장하며,[52] 좌·우낭장은 차관이 된다. 나머지는 좌·우위(의 경우)와 같다.

◎ 左、右監門衛, 大將軍各一人, 正三品; 【漢、魏以來城門校尉之職也. 隋置左、右監門府, 各將軍一人, 有郎將二人、校尉·直長各三十人. 煬帝改左、右監門衛將軍爲郎將. 皇朝置大將軍、郎將等員. 龍朔二年, 改府爲衛.】 將軍各二人, 從三品; 中郎將各四人, 正四品下. 隋左、右監門府郎將四人, 煬帝置二人, 皇朝置四人.

---

51) 『唐兩京城坊考』에 의하면 당의 수도인 장안 외곽성 내에는 북쪽에 황성을 두고, 가로 14가와 세로 11가가 있었다. 만약 성내를 황성 남문인 朱雀門과 장안성 남문인 明德門을 연결하는 大街를 축으로 좌·우로 분할하면 각각 5가가 된다. 따라서 본문에서 '좌·우 여섯 가'라고 한 것은 중앙의 주작문과 명덕문을 연결하는 큰 길은 공동으로 순찰했다고 생각된다.

52) 『新唐書』 권49상, 百官四上, 1285쪽: "左右翊中郎將府中郎將, 掌領府屬, 督京城左右六街鋪巡警, 以果毅二人助巡探. 入閤日, 中郎將一人升殿受狀, 衛士六百爲大角手, 六番閱習, 吹大角爲昏明之節, 諸營壘候以進退."

역문 **좌·우감문위대장군은 각각 1인으로 정3품이고**, 한과 위 이래로 성문교위의 직임이었다.[53] 수대에 좌·우감문부를 설치하였는데, 각각 장군 1인에 낭장 2인과 교위·직장이 각각 30인 있었다. 양제는 좌·우감문위장군을 낭장으로 바꾸었다. 당조는 대장군과 낭장 등의 관원을 두었다. 용삭 2년(662)에 부를 위로 바꾸었다.[54] **장군은 각각 2인으로 종3품이며, 중랑장은 각각 4인으로[55] 정4품하이다.** 수대에 좌·우감문부 낭장은 4인이었는데, 양제는 2인을 설치하였고, 당조는 4인을 설치하였다.

左、右監門衛大將軍·將軍之職, 掌諸門禁衛門籍之法. 凡京司應以籍入宮殿門者, 皆本司具其官爵、姓名, 以移牒其門. 若流外官承脚色, 並具其年紀、顔狀. 以門司送于監門, 勘同, 然後聽入. 凡財物器用應入宮者, 所由以籍傍取左監門將軍判, 門司檢以入之; 應出宮者, 所由亦以籍傍取右監門將軍判, 門司檢以出之. 其籍月一換. 若大駕行幸, 則依鹵簿之法, 率其屬於牙門之下以爲監守. 中郞將掌監諸門及巡警之法. 凡宮殿門及城門皆左入右出. 其監門官司檢校者, 聽從便門出入.

---

53) 『漢書』 권19상, 百官公卿表, 737쪽: "城門校尉掌京師城門屯兵, 有司馬·十二城門候"; 『後漢書』 志第27, 百官4, 3610쪽: "城門校尉一人, 比二千石. 本注曰: 掌雒陽城門十二所. 司馬一人, 千石. 本注曰: 主兵. 城門每門候一人, 六百石."

54) 【 】 안의 내용은 현존 『唐六典』에 없는 내용이지만, 底本의 편자가 『職官分紀』와 『通典』에 의거하여 덧보탠 내용이다.

55) 『舊唐書』, '좌·우감문위'조(『舊唐書』 권44, 職官三, 1902쪽: "大將軍各一員, (正三品). 將軍各二員, (從三品). 中郞將四人. (正四品下).… 中郞將, 掌監諸門, 檢校出入")에도 『唐六典』과 같이 중랑장이 좌·우감문위의 속장으로 되어 있어 諸衛와는 체제가 다르다. 그러나 『新唐書』 권49상, 百官四上, 1286쪽에는 "左·右翊中郞將府中郞將, 掌涖宮殿城門, 皆左入右出. 中郞將各四人, 長史各一人, 錄事參軍事各一人, 兵曹參軍事各一人, 胄曹參軍事各一人"처럼 좌·우감문위 속하의 좌·우익부중랑장으로 되어 있어 제위와 체제를 같이하고 있다.

역문 좌·우감문위대장군과 장군의 직임은 여러 문의 금위와 문적[56]에 관한 법을 관장하는 것이다. 무릇 경사 관원이 문적을 가지고 궁문과 전문에 들어갈 때에는 모두 소속 관사에서 관작과 성명을 갖추어 해당 문사에 이첩하고, 만약 유외관과 승각색(承脚色)[57]의 경우에는 모두 그 나이와 얼굴 모습을 (문적에) 갖춘다. 해당 문사는 감문(위의 장군·중랑장)에게 보내[58] 본인임을 확인한 후에 들어가는 것을 허락한다. 무릇 재물이나 기구·용품을 궁에 들여야 할 때는 들이는 자의 적방[59]으로 좌감문장군의 판정을 취하고 (해당) 문사가 검사한 뒤 그것을 들인다. 궁에서 내어야 할 때는 역시 내가는 자의 적방으로 우감문장군의 판정을 취하고 (해당) 문사가 검사한 뒤 그것을 내보낸다. 문적은 한 달에 한 번 갱신한다. 만약 대가의 행행 때에는 노부의 법에 따르고, 해당 속료를 거느려 황제(가 현재 거하는 곳의) 문 아래에서 살피고 지킨다.[60] 중랑장은 여러 문의 감독 및 순찰에 관한 법을 관장한다.

---

56) '門籍'은 궁문을 출입할 때 필요한 증명서이다. 『漢書』 권9, 元帝紀, 286쪽, 應劭의 주에 "籍者, 爲二尺竹牒, 記其年紀名字物色, 縣之宮門, 案省相應, 乃得入也"라 하였다. 당대에는 "首都의 관리로서 宮門·殿門에 들어가야 할 자는 모두 소속 관청에서 그 官爵·姓名을 갖추어 해당 관청에 이첩하고(流外官이면 이력서를 올리고 아울러 그 연령과 얼굴모습을 구비한다), 門司가 이를 監門에게 보내면, 감문은 본인임을 확인한 연후에 들어가는 것을 허락한다"라 하고 있다.(『唐令拾遺』, 宮衛令, 359쪽 참조)

57) 承脚色은 일반 서리와 궁내의 雜役人을 말한다.

58) 본문의 '門司'는 左·右 監門校尉 및 直長·長人長上·直長長上 등 궁문에서 당직하는 자이고, '監門'은 감문위의 장군이나 중랑장을 가리킨다.

59) 傍이란 공문서의 일종으로 牓·旁이라고도 하는데, 여기서는 신청하여 수령한 물품의 품명과 수량을 기록한 單子를 가리킨다. 이 양자를 합하여 籍傍이라 칭하며, 이 籍傍 위에 左藏庫署의 朱印을 찍어 監門을 나가는 증빙서류로 삼는다. 籍傍은 아울러 월말에 左藏庫의 출납 총량을 회계하고 검사하는 근거자료가 된다.(『역주당육전(중)』 권20, 太府寺, 661쪽 주114) 참조)

60) 唐制에 "天子居曰 '衙', 行曰 '駕'"라 하였는데, '衙'는 '牙'와 통한다. 좌·우감문위의 鹵簿之法은

무릇 궁문과 전문 및 성문은 모두 왼쪽으로 들어가고 오른쪽으로 나온다. 그런데 감문의 관원이 검교할 경우에는 편문[61]으로 출입하는 것을 허락한다.

○ 長史各一人, 從六品上; 錄事參軍事各一人, 正八品上; 兵曹參軍事各一人, 正八品下; 胄曹參軍事各一人, 正八品下. 隋左、右開府有長史、錄事、兵曹等員, 皇朝因之. 胄曹已具上注.

역문 장사는 각각 1인으로 종6품상이다. 녹사참군사는 각각 1인으로 정8품상이고, 병조참군사는 각각 1인으로 정8품하이며, 주조참군사는 각각 1인으로 정8품하이다. 수대의 좌·우개부에는 장사와 녹사, 병조 등의 관원이 있었고, 당은 이를 따랐다. 주조(에 대해서)는 이미 앞의 (좌·우위) 주에서 설명하였다.

長史掌判諸曹及諸禁門之事, 以省其出入巡檢, 而司其籍傍; 餘如左、右衛. 錄事參軍掌印發, 勾檢稽失. 諸司籍傍押於監門者, 印署而遣之. 兵曹掌本衛文、武官之職簿. 凡授上、解免、勳階、考課、假使、祿賜之事, 皆判而申牒之. 胄曹掌軍戎器械及承直馬、公廨興造、決罰; 餘同左、右衛.

역문 장사는 여러 조 및 (출입을) 통제하는 여러 문에 관한 사무를 판정하여 그 출입과 순검을 살피고, 적방을 관리하는 일을 관장한

『新唐書』 권23상, 儀衛上, 496쪽에 "凡衙門皆監門校尉六人, 分左右, 執銀裝長刀, 騎. 左右監門衛大將軍、將 軍、中 郎 將, 廂各巡行. 校尉二人, 往來檢校諸門. 中郎將各一人騎從"이라 하였다.

61) 정문 이외의 작은 문·곁문·측문 따위를 말한다.

다. 나머지는 좌·우위(의 경우)와 같다. 녹사참군사는 인장과 (문서를 접수하여) 개봉하고, 지체되거나 빠진 것을 구검하는 일을 관장한다. 여러 관사의 적방이 감문위에서 처리될 때 날인과 서명을 하고 그것을 보낸다. 병조(참군사)는 본위 문관과 무관의 직원 명부를 관장한다. 무릇 업무의 배분·해면, 훈공의 등급·고과·휴가와[62] 출장·급료와 하사품에 관한 사무는 (병조참군사가) 모두 판정하고 첩문을 갖추어 그것을 신청한다. 주조(참군사)는 병장기와 기계 및 당직하는 말〔承直馬〕,[63] (본위) 관청 건물의 건축과 수리, 형벌의 처결에 관한 일을 관장한다. 나머지는 좌·우위(의 경우)와 같다.

◎ 左、右千牛衛, 大將軍各一人, 正三品: 謝綽宋拾遺錄有千牛刀, 卽人主防身刀也. 後魏有千牛備身, 本掌乘輿御刀, 蓋取莊子: "庖丁爲文惠君解牛十九年, 所割者數千牛, 而刀刃若新發於硎石." 言此刀可以備身, 因以名官. 後魏書: "奚康生有勇力, 以其子難爲千牛備身." 又: "楊保, 弘農人, 爲千牛備身." 北齊領左右府有領左右將軍, 亦統千牛備身, 第六品下. 隋

62) 唐代 관인의 휴가에는 例假(旬假)·節假·事故假·婚假·喪假 등이 있었다. 例假는 10일에 1일씩 주어진 정기휴일과 같은 성격의 휴가로 旬假라고도 칭했다. 節假는 각종 節日이나 節期에 주어진 휴가를 말한다. 事故假는 事假·病假를 통칭한 것으로, 일반 관인은 매월 2~3일로 제한되었으며, 특별한 경우 3일을 초과할 수 있었으나 100일을 넘을 수 없었고, 100일이 넘으면 해직되었다. 婚假는 본인 및 친족의 혼인이나 冠禮에 주어진 휴가이고, 喪假는 五服親의 喪事에 그 친소관계의 원근에 따라 3년에서 수일까지 주어진 휴가이다.(『역주당육전〔상〕』 권2, 尙書吏部, 200쪽 주173) 참조)

63) 諸衛에는 매일 당직하는 말 80필이 배치되어 있었다.(『역주당육전〔상〕』 권5, 尙書兵部, 539쪽 참조)

左、右領左右府有大將軍一人、將軍二人, 掌侍衛左右, 供御兵仗. 領千牛備身十二人, 掌執千牛刀; 備身左右十二人, 掌供御弓箭; 備身十六人, 掌宿衛侍從. 煬帝改爲左、右備身郎將一人・直齋二人統之; 有千牛左右、司射左右各一十六人, 並正六品; 有長史、錄事參軍等員. 皇朝改爲左、右千牛府. 龍朔二年改爲左、右奉宸衛, 神龍元年尋改爲千牛衛. 將軍各一人, 從三品; 北齊領左右府有領左右將軍一人, 隋左、右領左右府有將軍二人, 皇朝減一人. 中郎將各二人, 正四品下. 北齊有左右備身正、副都督, 並四品上. 隋煬帝置備身郎將一人, 皇朝置中郎將各二人也.

역문 좌·우천우위대장군은 각각 1인으로 정3품이고, 사작의 『송습유록』[64]에 천우도가 나오는데, 곧 군주의 몸을 보호하는 칼이다. 북위에는 천우비신이 있었고, 본래 황제의 어도를 관장했으며, (천우라는 명칭은) 대개 『장자』의 "포정[65]이 (양(梁)나라) 문혜군을 위하여 19년 동안 소를 잡았는데, 도살한 소가 수천이었지만 칼날은 숫돌에 (방금) 새로 간 것 같았다"[66]는 데에서 취한 것이다. 말하자면 이 칼로 몸을 지킬 만하기 때문에 관직명으로 삼은 것이다. 『위서』에 이르기를 "해강생은 날쌔고 힘이 있었고, (원차가) 그 아들 해난을 천우비신으로 삼았다"고 하였다.[67] 또 "양보는 홍농사람으로 천우비

64) 『舊唐書』 권46, 經籍上, 1995쪽과 『新唐書』 권58, 藝文二, 1465쪽에 따르면 『宋拾遺錄』은 남조 宋의 謝綽이 지었고 10권이며, 雜史類로 분리되어 있다.

65) 庖丁은 푸줏간에서 일하는 백정, 또는 丁이란 이름을 가진 푸줏간 주인을 뜻한다.

66) 『莊子集釋』 권2上, 養生主: "庖丁爲文惠君解牛, 手之所觸, 肩之所倚, 足之所履, 膝之所踦, 砉然嚮然, 奏刀騞然, 莫不中音, 合於桑林之舞, 乃中經首之會. 文惠君曰: '譆, 善哉! 技蓋至此乎?' 庖丁釋刀對曰: '臣之所好者道也, 進乎技矣. 始臣之解牛之時, 所見無非全牛者. 三年之後, 未嘗見全牛也. 方今之時, 臣以神遇而不以目視, 官知止而神欲行. 依乎天理, 批大郤, 導大窾, 因其固然. 技經肯綮之未嘗, 而況大軱乎! 良庖歲更刀, 割也; 族庖月更刀, 折也. 今臣之刀十九年矣, 所解數千牛矣, 而刀刃若新發於硎. 彼節者有閒, 而刀刃者無厚; 以無厚入有閒, 恢恢乎其於遊刃必有餘地矣, 是以十九年而刀刃若新發於硎."

67) 해강생은 河南 洛陽人으로 선조는 代國人이었고, 대대로 部落의 大人이었다. 효문제 때 直閣將軍을 거쳐 宣武帝 때 군을 이끌고 蜀을 정벌하였으며, 孝明帝 때 領右衛將軍이 되었다. 元乂가

신이 되었다"고 하였다.[68] 북제의 영좌·우부에는 영좌·우 장군이 있었는데, 또한 천우비신을 거느렸고 제6품하였다.[69] 수의 좌·우령좌·우부에는 대장군 1인과 장군 2인이 있었는데, (황제의) 좌·우에서 시위하며 황제가 사용하는 병장기를 관장하였다. 천우비신 12인을 거느리고 천우도를 들고 있는 것을 관장하였고, 비신좌우 12인은 황제의 활과 화살을 관장하였으며, 비신 16인[70]은 숙위와 시종을 관장하였다. 양제는 (좌·우령좌우부를) 좌·우비신부로 바꾸고[71] 낭장 1인과 직재 2인으로 그것을 통할하게 하였으며, (속관으로) 천우좌우와 사사좌우 각각 16인이 있었는데 모두 정6품이었고, 장사와 녹사참군 등의 관원이 있었다. 당에서는 (좌우령좌우부를) 좌·우천우부로 바꾸었다.[72] 용삭 2년(662)에 (좌·우천우부를) 좌·우봉신위로 바꾸었고, 신룡 원년(705) 얼마 있다가 천우위로 바꾸었다.[73]

靈太后 폐위를 도모하면서 해강생의 아들 해난을 천우비신으로 삼았다.(『魏書』 권73, 奚康生傳, 1629~1633쪽)

68) 近衛本에서 '保'는 '侃'의 誤字인 것 같다고 하였으나,『魏書』와 『北史』 양간전에는 그가 천우비신을 지냈다는 기록이 없다. 다만 『魏書』 권31, 于栗磾傳, 746쪽에는 천우비신 楊保元이란 인물이 있다.

69) 『隋書』 권27, 百官中, 759쪽: "領左右府, 有領左右將軍、領千牛備身, 又有左右備身正副都督、左右備身五職、左右備身員. 又有刀劍備身正副都督、刀劍備身五職、刀劍備身員. 又有備身正副督、備身五職員."

70) 비신의 정원수에 대하여 『隋書』 권27, 百官中, 778쪽에는 60인이라 했고, 『通典』 권28, 職官10, 790쪽에는 16인이라 하였다.

71) 『隋書』 권27, 百官下, 800쪽: "左右領左右府, 改爲左右備身府, 各置備身郎將一人. 又各置直齋二人, 以貳之, 並正四品, 掌侍衛左右."

72) 『通典』 권28, 職官10, 790쪽: "大唐開元中, 復爲左右領左右府. 顯慶五年, 始置左右千牛府"라 하여 좌·우령 좌우부를 좌·우천우부로 바꾼 것으로 봐야 할 것이다.

73) 『唐會要』 권71, '12衛'조에는, "龍朔年改爲奉裕, 咸亨年復爲千牛, 光宅年又改爲奉裕, 神龍元年二月復爲千牛"라 하였고, 『通典』 권28, 職官10, 790쪽에는, "龍朔二年, 改左右千牛府爲左右奉宸衛, 後改爲左右千牛衛. 神龍二年, 各置大將軍一人…左右千牛備身各十二人, 〔龍朔中, 改爲左右奉裕. 咸亨初復舊. 垂拱二年, 又改爲奉裕. 神龍元年復舊〕"로 되어 있어, 천우비신의 명칭변경도 몇 번 있었다.

장군은 각각 1인으로 종3품이며. 북제의 영좌·우부에는 장군이 (각각) 1인 있었고, 수의 좌·우령좌우부에는 장군이 (각각) 2인 있었는데, 당은 1인을 줄였다. **중랑장은 각각 2인으로 정4품하이다.** 북제에는 좌·우비신 정·부 도독이 있었는데, 모두 4품상이었다.[74] 수 양제 때 (좌·우비신부에) 낭장 1인을 설치하였고, 당에서는 중랑장 각각 2인을 설치하였다.

左、右千牛衛大將軍·將軍之職, 掌宮殿侍衛及供御之儀仗, 而總其曹務. 凡千牛備身、備身左右執弓箭以宿衛, 主仗守戎服器物. 凡受朝之日, 則領備身左右昇殿, 而侍列於御座之左右. 若親射於射宮, 則大將軍、將軍率其屬以從. 凡千牛備身·備身左右考課賜會及祿秩之升降, 同京職事官之制. 中郞將掌供奉侍衛, 以貳將軍及諸曹之務. 凡千牛備身、備身左右以御刀仗昇殿供奉者, 皆大將軍、將軍率而領之, 而中郞將佐其職. 凡侍奉, 禁橫過座前者, 禁對語及傾身與階下人語者, 禁搖頭擧手以相招召者. 若有口勅, 通事舍人承受傳聲於階下不聞者, 則中郞將宣告之.

역문 **좌·우천우위대장군과 장군의 직임은 궁전의 시위 및 황제의 의장을 바치고 (본위) 해당 조의 사무를 총괄하는 일을 관장하는 것이다. 무릇 천우비신[75]과 비신좌우는[76] 활과 화살을 들고 숙위하며,[77] 주장은 군복과 기물을 지킨다. 무릇 (황제가) 조하를 받**

---

74) 『隋書』 권27, 百官中, 766쪽에 따르면 북제의 비신정도독은 종4품상, 부도독은 종5품상이다.

75) 『通典』 권28, 職官10, 790쪽: "左右千牛備身各十二人,… 〔皆以高蔭子弟年少姿容美麗者補之, 花鈿繡服, 衣綠執象, 爲貴胄起家之良選〕."

76) 천우비신·비신좌우 및 태자천우에 입위조건에 대한 상세한 기록은 『역주당육전(중)』 권5, 尙書兵部, 488쪽 참조.

77) 『舊唐書』 권44, 職官3과 『新唐書』 권49上, 百官4上에 의하면 천우비신은 御刀를, 비신좌우는 弓

는 날이면 (좌·우천우위대장군과 장군은) 비신좌우를 거느리고 전에 올라가서 어좌의 좌우에 모시고 늘어선다. 만약 황제가 사례를 행하는 곳〔射宮〕에서 친히 (활을) 쏠 때는 대장군과 장군이 해당 속료를 거느리고 따라간다.78) 무릇 천우비신과 비신좌우의 고과, 조회 때의 하사품 및 녹봉과 품질의 승강은 경사 직사관(에게 시행하는) 제도와 같게 한다.79) 중랑장은 공봉하고 시위함으로써 장군을 돕고 여러 조의 사무를 관장한다.80) 무릇 천우비신과 비신좌우가 어도장으로 전에 올라 공봉하는 경우 모두 대장군과 장군이 인솔하여 그들을 거느리고, 중랑장은 그 직무를 보좌한다. 무릇 시봉할 때는 어좌 앞을 가로질러 지나가서는 안되고, 서로 대화하거나 몸을 기울여 섬돌 아래에 있는 사람과 말해서는 안되며, 머리를 흔들거나 손을 들어서 서로 손짓하고 불러서도 안된다. 만약 (황제가) 구두로 칙을 내리면 통사사인이 받들어서 섬돌 아래에 소리쳐 전달하고, 들리지 않는 경우에는 중랑장이 그것을 알린다.81)

箭을 들고 숙위한다.

78) 唐制에는 매년 음력 3월 3일과 9월 9일에 射禮를 거행하였다. 정관에서 인덕연간까지(627~664) 꾸준히 거행되다가 후에 중지되었는데, 예종 경운 2년(711)에 다시 거행하였다. 또 개원 8년(720)과 22년(734) 전후 두 차례에 걸쳐 이루어졌다. 사례 거행중 좌·우천우위와 관련된 기록을 살펴보면 『通典』 권133, 禮93, 3407쪽에 "千牛郎將一人奉決拾以笥, 千牛將軍奉弓, 千牛郎將奉矢, 進立於御榻東, 少南, 西面. 郎將跪奠笥於御榻前少東, 拂以巾, 取決興, 贊設決訖, 千牛郎將又跪取拾興, 贊設, 以笥退, 奠於坫上, 復位. 千牛將軍北面張弓, 以袂順左右隈, 上再下一, 弓左右隈. 謂弓上面下面. 以衣袂摩拭上面再度. 下面一度也. 西面, 左執弣, 右執簫以進御訖, 退立於御榻東少後. 千牛郎將以巾拂矢進, 一一供御. 御欲射, 協律郎擧麾, 先奏鼓吹及樂騶虞五節, 御乃射, 第一矢與第六節相應, 第二矢與第七節相應, 以至九節. 協律郎偃麾, 樂止. 千牛將軍以矢行奏, 中曰 '獲', 下曰 '留', 上曰 '揚', 左曰 '左 方', 右曰 '右方' 留, 矢短不及侯. 揚謂矢過侯. 左右謂矢偏不正也. 御射訖, 千牛將軍於御座東, 西面受弓, 退付千牛於東階上. 千牛郎將以笥受決、拾, 退奠於坫上, 復位"라 하였다.

79) 考課와 簡選에 대한 내용은 『역주당육전〔중〕』 권5, 尙書兵部, 488~489쪽 참조.

80) 『舊唐書』 권44, 職官3, 1902쪽: "中郎將昇殿侍奉."

81) 『舊唐書』 권44, 職官3, 1902~1903쪽: "若有口勅, 通事舍人承受傳聲階下而不聞者, 中郎將宣之"이

○ 長史各一人, 從六品上; 錄事參軍事各一人, 正八品上; 兵曹參軍事各一人, 正八品下; 冑曹參軍事各一人, 正八品下; 隋左、右領左右府有長史以下等員, 煬帝以兵曹爲司兵、冑曹爲司鎧, 皇朝改之. 千牛備身各十二人; 備身左右各十二人; 備身一百人; 主仗一百五十人. 大唐改千牛左右曰千牛備身, 初置備身、主仗.

역문 장사는 각각 1인으로 종6품상이다. 녹사참군사는 각각 1인으로 정8품상이고, 병조참군사는 각각 1인으로 정8품하이며, 주조참군사는 각각 1인으로 정8품하이다. 수의 좌·우령좌우부에는 장사 이하 여러 직원이 있었는데, 양제 때 병조를 사병으로 하고, 주조를 사개로 하였으며, 당은 그것을 (병조와 주조로) 고쳤다. 천우비신은 각각 12인이며, 비신 좌우는 각각 12인이고, 비신은 100인이며, 주장은 150인이다. 당에서는 천우 좌우를 바꾸어 천우비신이라 하였고, 처음으로 비신과 주장을 두었다.82)

長史掌判諸曹官吏之衆務事. 錄事參軍掌印發, 勾檢稽失. 餘如左、右衛. 兵曹掌文、武官及千牛備身、備身左右之簿書, 及其勳階、考課、假使、祿俸事. 冑曹掌甲仗之事. 凡御仗之物二百一十有九, 羽儀之物三百, 自千牛以下各分而典掌之. 其當上日, 執御刀、御弓矢之外, 仍量備弓箭以入宿. 每月, 主仗當上, 則配其所職. 若在行從, 則兼騎曹之任. 餘同左、右衛.

고, 『新唐書』 권49上, 百官4上, 1287쪽: "有口勅, 通事舍人承傳, 聲不下聞者, 中郎將宣告"로 되어 있다. 본문해석은 진중부 표점본을 따르지 않고 『新唐書』와 『舊唐書』를 참조하여 해석하였다.

82) 『新唐書』 권49上, 百官4上, 1287쪽: "千牛備身十二人, 備身左右十二人, 備身一百人, 主仗一百五十人. 千牛備身掌執御刀, 服花鈿繡衣綠, 執象笏, 宿衛侍從. 備身左右掌執御弓矢, 宿衛侍從. 備身, 掌宿衛侍從. 主仗, 掌守供御兵仗."

역문 장사는 각 조 관리의 여러 사무를 판정하는 일을 관장한다. 녹사참군은 인장과 (문서를 접수하여) 개봉하고, 지체되거나 빠진 것을 구검하는 일을 관장한다. 나머지는 좌·우위(의 경우)와 같다. 병조(참군)은 (좌·우천우위 소속) 문관·무관 및 천우비신과 비신 좌·우의 명부, 그리고 훈공의 등급·고과·휴가와 출장·녹봉(에 관련된) 일을 관장한다. 주조(참군)은 갑옷과 병장기에 관한 일을 관장한다. 무릇 (황제의) 의장병기 등의 물품은 219종, 깃발 등의 물품은 300종으로, 천우(비신)부터 이하가 각자 나누어 맡아 그것을 관장한다. 근무하는 날에는 어도·어궁·어시를 받드는 외에, 또한 (필요한 만큼의) 활과 화살을 헤아려 갖추고 숙위하러 들어간다. 매달 주장의 근무는 (주조참군이) 해당 직무를 분배한다. 만약 (어가의) 행행에 따라 갈 때에는 (주조참군이) 기조(참군)의 직임을 겸한다. 나머지는 좌·우위(의 경우)와 같다.

◎ 左、右羽林軍衛, 大將軍各一人, 正三品; 漢置南、北軍, 掌衛京師. 南軍, 若今諸衛也; 北軍, 若今左、右羽林也. 呂后崩, 周勃以北軍兵誅諸呂. 至武帝, 置羽林, 掌送從, 以次期門, 名曰建章營騎, 屬光祿勳, 置令、丞以領之. 後更名羽林騎, 兼象天有羽林星主車騎也; 又云"爲國羽翼, 如林之盛." 以隴西、漢陽、安定、北地、西河、上郡良家子便弓馬者爲之. 取從軍死事之子孫養羽林, 官敎以五兵, 號爲"羽林孤兒". 宣帝令中郎將、騎都尉監羽林, 秩比二千石. 光武以征伐之任勞苦者及五郡良家子以充之, 父死, 子代之; 又簡五營高手, 別爲左、右監, 秩比六百石. 魏羽林監品第五. 晉光祿勳屬官有羽林郎將、羽林左、右監, 品第五, 銅印、墨綬, 武冠, 絳朝服; 其侍陛殿, 著鶡尾冠, 紗縠單衣. 哀帝時, 桓溫執政, 省羽林中郎將, 唯置一監; 宋高祖復置. 初, 江右領營兵; 及過江, 無復營兵. 齊、梁、陳並有羽林監. 後魏羽林監第六品下. 北齊羽林監十五人, 品同後魏. 後周有左、右羽林率, 各上士二人、中士二人, 掌羽林之士. 隋煬帝改左、右領軍爲左、右屯衛, 所領兵爲羽林. 皇朝名武衛所領兵爲羽林; 又別置左、右屯營, 各有大將軍、將軍等員, 龍朔二年改爲左、右羽林軍, 其名則歷代之羽林也. 將軍各二人, 從三品.

역문 좌·우우림군위83)대장군은 각각 1인으로 정3품이고, 한대에 남군과 북군을 설치하였는데, 경사의 방위를 관장하였다.84) 남군은 지금의 제위와 같고, 북군은 지금의 좌·우우림군과 같다.85) 여후가 붕어했을 때 주발이 북군 병력으로 여씨일족을 주살하였다.86) 무제에 이르러 우림87)을 설치하여, (황제를) 호위하고 따르는 일을 관장

---

83) 좌·우우림군위라는 명칭은 『唐六典』에만 보인다. 용삭 2년(662) 좌·우우림군이라 한 후, 天授 연간(690~691)에 軍을 衛로 바꿨다는 기록이 있는데(『通典』 권28, 職官10, 792쪽: "天授中, 改軍爲衛"), 이에 따른다 해도 좌·우우림위여야 하기 때문에 여전히 의문이 남는다.

84) 『漢書』 권23, 刑法志, 1090쪽에 "天下旣定, 踵秦而置材官於郡國, 京師有南北軍之屯"이라 하여, 남군과 북군이 당시 경사에 주둔하는 군대이긴 하지만 모두 경사를 수비하는 구체적 직능에 대한 규정은 없다. 문제가 즉위한 지 2년째 되는 해(178 BC) 宋昌을 衛將軍으로 삼고, 남군과 북군을 모두 거느리게 하였다. 그런데 같은 해 다시 위장군을 폐지함으로써 사실상 남군과 북군도 폐지된 것이다. 따라서 남군과 북군은 高祖로부터 文帝 초에 이르는 총 28년 동안만 존재한 셈이다. 이후 武帝 초에 다시 북군을 설치하여 "中壘校尉掌北軍壘門內, 外掌西域"(『漢書』 권19상, 百官公卿表, 737쪽)하게 하였으나, 이 때에는 오직 북군만 있었고 남군은 설치하지 않았다. 북군은 경사에 주둔하며 수시로 출정을 준비하던 野戰軍이었다. 한 무제 이후로 후한대까지 북군만 있었고, 남군과 같은 군사조직은 없었다.

85) 『新唐書』 권50, 兵志, 1330쪽: "夫所謂天子禁軍者, 南、北衙兵也. 南衙, 諸衛兵是也; 北衙者, 禁軍也."

86) 『史記』 권9, 呂太后本紀, 406~412쪽 참조.

87) 한 무제 태초 원년(104 BC)에 처음 설치되었다. 우림의 명칭에 대해서는 『漢書』 권8, 宣帝紀, 261쪽, 應劭 주에 "天有羽林大將軍之星. 林, 喻若林木之盛. 羽, 羽翼鷙擊之意. 故以名武官焉"이라 하였고, 『漢書』 권19상, 百官公卿表, 728쪽, 顔師古 주에 "羽林, 亦宿衛之官, 言其如羽之疾, 如林之多也. 一說羽所以爲王者羽翼也"라 하였으며, 『後漢書』 志第25, 百官2, 3576쪽, 羽林郎 본주에 "無員. 掌宿衛侍從. 常選漢陽、隴西、安定、北地、上郡、西河凡六郡良家補. 本武帝以便馬從獵, 還宿殿陛巖下

하였는데, (지위는) 기문의 다음이었고,[88] 건장영기라 불렀으며, 광록훈에 속하였고,[89] 영과 승을 두어 거느리게 하였다. 후에 우림기로 이름을 바꾸었는데, 하늘에 우림성이[90] 있어 수레와 기병을 주관하는 것을 본떴다. 또 이르기를 "나라의 날개가 되어 수풀처럼 무성하라"고 하였다. 농서·한양·안정·북지·서하·상군의 양가 자제 중에 활쏘기와 말타기에 능한 자를 (우림기로) 삼았다.[91] 전쟁터에서 사망한 자의 자손을 거두어 우림으로 양성하고, 관원(을 두어) 다섯 가지 병장기[五兵][92] (사용법)을 가르쳤으며, '우림고아'라 불렀다.[93] 선제 때 중랑장과 기도위로 하여금 우림을 감독하게 하였는

室中, 故號巖郎"이라 하였다.

88) 期門에 대해서는 『漢書』 권19상, 百官公卿表, 727쪽에 "期門掌執兵送從, 武帝建元三年初置, 比郎, 無員, 多至千人, 有僕射, 秩比千石. 平帝元始元年更名虎賁郎, 置中郎將, 秩比二千石"이라 하였다. '기문'이라는 명칭은 무제 때 처음 생긴 것으로 보이는데, 『漢書』 권65, 東方朔傳, 2847쪽에 "建元三年, 微行始出, 北至池陽, 西至黃山, 南獵長楊, 東游宜春. 微行常用飮酎已. 八九月中, 與侍中常侍武騎及待詔, 隴西·北地良家子能騎射者, 期諸殿門, 故有'期門'之號自此始"라 하였고, 衛宏의 『漢官舊儀』에는 "期門騎者, 隴西工射獵人及能用五兵材力三百人, 行出會期門下, 從射獵, 無員, 秩比郎從官, 名曰期門騎. 置僕射一人, 秩六百石. 騎持五旗別外內. 王莽更名虎賁郎, 遷補吏署"(『漢官六種』 34쪽)라 하였다. 기문의 지위는 우림보다 높았는데, 예를 들어 『漢書』 권70, 傅常鄭甘陳段傳, 3007쪽에 "甘延壽字君況, 北地郁郅人也. 少以良家子善騎射爲羽林, 投石拔距絶於等倫, 嘗超踰羽林亭樓, 由是遷爲郎. 試弁, 爲期門, 以材力愛幸"이라 하였다.

89) 『通典』 권28, 職官10, 791쪽: "二漢幷屬光祿勳."

90) 『史記』 권27, 天官書, 1308~1309쪽: "北宮玄武, 虛·危. 危爲蓋屋; 虛爲哭泣之事. 其南有衆星, 曰羽林天軍" : 『晉書』 권11, 天文上, 305쪽: "羽林四十五星, 在營室南, 一曰天軍, 主軍騎, 又主翼王也. 壘壁陣十二星, 在羽林北, 羽林之垣壘也, 主軍衛爲營壅也."

91) 『漢書』 권28下, 地理志, 1644쪽: "天水·隴西, 山多林木, 民以板爲室屋. 及安定·北地·上郡·西河, 皆迫近戎狄, 修習戰備, 高上氣力, 以射獵爲先.… 漢興, 六郡良家子選給羽林·期門, 以材力爲官, 名將多出焉" : 『漢書』 권69, 趙充國辛慶忌傳, 2998~2999쪽: "贊曰: 秦漢已來, 山東出相, 山西出將. 秦將軍白起, 郿人; 王翦, 頻陽人. 漢興, 郁郅王圍·甘延壽, 義渠公孫賀·傅介子, 成紀李廣·李蔡, 杜陵蘇建·蘇武, 上邽上官桀·趙充國, 襄武廉褒, 狄道辛武賢·慶忌, 皆以勇武顯聞. 蘇·辛父子著節, 此其可稱列者也, 其餘不可勝數. 何則? 山西天水·隴西·安定·北地處勢迫近羌胡, 民俗修習戰備, 高上勇力鞍馬騎射. 故秦詩曰: '王于興師, 修我甲兵, 與子皆行.' 其風聲氣俗自古而然, 今之歌謠慷慨, 風流猶存耳."

92) 『漢書』 권19상, 百官公卿表, 728쪽, 顔師古의 주에 "五兵謂弓矢·殳·矛·戈·戟也"라 하였다.

데,[94] (중랑장과 기도위의) 질은 비이천석이었다. 광무제는 정벌의 임무에서 공을 쌓은 자 및 5군[95]의 양가 자제로 우림을 충당하였는데, 아버지가 죽으면 아들이 그것을 잇게 하였다. 또 (북군) 5영에서 뛰어난 자를 뽑아 별도로 좌·우감을 삼았는데, (좌·우감의) 질은 비육백석이었다.[96] 위의 우림감은 제5품이었다. 진은 광록훈의 속관으로 우림낭장과 우림 좌·우감이 있었는데, 제5품이었고, 동으로 만든 인장과 검은색 인끈·무관과 강조복을 착용하였다. (황제를) 모시고 전에 오를 때는 갈미관[97]과 사곡단의를 착용하였다. (동진) 애제 때 환온이 집정하면서 우림중랑장을 없애고, 오직 (우림)감 하나만 설치하였다가,[98] 송 고조 때에 다시 (우림중랑장을) 설치하였다. 일찍이 서진에서는 (우림중랑장이) 둔영병을 거느렸으나, 동진 때는 다시 둔영병을 (거느리지) 않았다. 제·양·진에는 모두 우림감이 있었다. 북위의 우림감은 제6품하였다. 북제의 우림감은 15인이었고, 품은 북위(의 우림감)과 같았다. 북주에는 좌·우우림솔이 있

---

93) 『漢官舊儀』에는 "孤兒無數, 父死子代, 皆武帝時從軍死, 子孤不能自活, 養羽林, 官比郎從官, 從車駕, 不得冠, 置令一人, 名曰羽林騎孤兒"(『漢官六種』 35쪽).

94) 『通典』 권28, 職官10, 791쪽: "宣帝令中郎將、騎都尉監羽林, 謂之羽林中郎將, 令郎百人, 謂之羽林郎."

95) 『職官分紀』 권35에 인용된 『唐六典』 원주에는 "六郡良家子"로 되어 있고, 바로 앞에서 隴西·漢陽·安定·北地·西河·上郡의 6군을 열거하고 있으므로 5군은 誤記인 것 같다.

96) 5영은 북군중후에 소속된 둔기·월기·보병·장수·사성을 가리키며, 각각 교위 1인을 두어 거느리게 하였다. 『後漢書』 志第25, 百官2, 3576쪽: "羽林左監一人, 六百石. 本注曰: 主羽林左騎. 丞一人. 羽林右監一人, 六百石. 本注曰: 主羽林右騎. 丞一人"이라 한 것처럼 우림감의 질은 6백석으로 되어 있다.

97) 『通典』 권28, 職官10, 791쪽: "江左不復著鶡冠, 齊因之"

98) 『通典』 권28, 職官10, 791쪽: "晉罷羽林中郎將, 又省一監, 置一監而已." 또 『宋書』 권40, 百官下, 1249쪽에 "晉罷羽林中郎將, 又省一監, 置一監而已. 自虎賁至羽林, 是爲三將. 哀帝省"이라 하였다. 그런데 『晉書』 권24, 職官, 736쪽: "光祿勳, 統武賁中郎將、羽林郎將、冗從僕射、羽林左監…"으로 되어 있어 우림감 가운데 우림좌감 하나만 설치했음을 알 수 있다.

었고, 각각 상사 2인과 중사 2인이 있었는데, 우림의 병사를 관장하였다. 수 양제 때 좌·우령군을 고쳐서 좌·우둔위로 하고, 거느리는 병사를 우림이라 하였다. 당조는 무위가 거느리는 병사를 이름하여 우림이라 하였다. 또 별도로 좌·우둔영을 설치하고, 각각 대장군과 장군 등의 관원을 두었으며,[99] 용삭 2년(662)에 좌·우우림군이라 바꾸었는데,[100] 그 명칭은 곧 역대의 우림에서 따온 것이다.[101] 장군은 각각 2인으로 종3품이다.

左、右羽林軍大將軍・將軍之職, 掌統領北衙禁兵之法令, 而督攝左、右廂飛騎之儀仗, 以統諸曹之職. 若大朝會, 則率其儀仗以周衛階陛. 若大駕行幸, 則夾馳道而爲內仗. 羽林禁兵旗幟、名數, 秘莫得知, 略之. 凡飛騎每月番上者, 皆據其名歷而配于所職. 其飛騎仗或有敕上南衙者, 則大將軍、將軍承墨敕白移於金吾引駕仗, 引駕仗官與監門奏覆, 又降墨敕, 後得入.

역문 좌·우우림군대장군과 장군의 직임은 북아 금병[102]에 관한 법

---

99) 『唐會要』 권72와 『通典』 권28의 기록에 의하면 좌·우둔영의 설치는 정관 12년으로 모두 제위장군이 통할한 것으로 되어 있다. 다만 『唐六典』 권24, 諸衛府, 620쪽에 "左右威衛,… 至龍朔二年, 改爲左、右威衛, 別置左、右屯營, 亦有大將軍等官"로 되어 있을 뿐이다.

100) 『舊唐書』 권44, 職官3, 1903쪽: "龍朔二年, 置左右羽林軍" : 『通典』 권28, 職官10, 791쪽: "龍朔二年, 改左右屯營爲左右羽林軍" : 『唐會要』 권72, 京城諸軍, "垂拱元年五月十七日, 置左右羽林軍, 領羽林郎六千人, 至天授二年二月三十日, 改爲左右羽林衛, 以武攸寧爲大將軍. 神龍元年二月四日, 又改爲左右羽林軍."

101) 唐代 좌·우우림군의 연혁에 관해서는 『역주당육전(상)』 권5, 尚書兵部, 503~504쪽 주107) 참고.

102) 궁정 북쪽의 현무문에 주둔하는 좌·우우림군 비기 및 만기의 좌·우령을 가리키며, 그 직임은 궁정을 수위하는 것이다. 『唐會要』 권72, 京城諸軍條에 "開元十年九月二十七日敕: 駕在京, 左、右屯營宜於順義、景風門內安置, 北衙亦著兩營, 大明北門安置一營, 大內北門安置一營. 駕在東都, 左、右屯營於賓曜、右掖門內安置, 兼於玄武門左右廂, 各據地界, 繞宮城分配宿衛"라 하였다.

령을 통령하고, 좌·우상(에 위치하는) 비기[103]의 의장대를 감독하고 거느리며, 여러 조의 직무를 통괄하는 일을 관장한다. 만약 대조회가 있으면 그 의장대를 거느리고 섬돌을 둘러 호위한다. 만약 대가[104] 행행 때에는 어도를 끼고 (양쪽에 서서) 안쪽의 의장을 담당한다. 우림 금병이 갖추어야 하는 기치, (인원의) 명칭과 수는 비밀이어서 알아서는 안되므로 생략한다.[105] 무릇 비기가 매월 번상할 경우에는 모두 그 명부에 근거하여 해당 직무에 배치시킨다. 그런데 비기의장대가 만약 남아로 가(서 근무하)라는 칙이 있으면, (우림군) 대장군과 장군은 묵칙을[106] 받아 금오위 인가장[107]에게 보내어 알리고, 인가장의 관원과 감문위가 복주하여 다시 묵칙을 내린 후에야 들어갈 수 있다.

○ 長史各一人, 從六品上; 錄事參軍事各一人, 正八品上; 倉曹參軍事各一人, 正八品下; 兵曹參軍事各一人, 正八品下; 胄曹參軍事各一人, 正八品下; 隋有左、右屯衛, 有長史已下等員, 皇朝因之, 爲屯營.

---

103) 좌·우둔영의 병사를 '飛騎'라 부른다. 『唐會要』 권72에 "貞觀十二年十一月三日, 於玄武門置左·右屯營, 以諸衛將軍領之. 其兵名曰飛騎, 中簡才力驍健善騎射者, 號爲百騎. 上遊幸則衣五色袍, 乘六閑馬, 賜猛獸衣韉以從之"라 하였다.

104) 『通典』 권107, 禮67, 2778~2783쪽의 大駕의 노부 행렬 참조. 한편 『역주당육전(중)』 권14, 太常寺, 391~396쪽에는 鼓吹署에서 관장하는 각각의 노부에 따른 악단의 규모가 기록되어 있고, 권17, 太僕寺, 527~528쪽에는 乘黃署에서 관장하는 각각의 노부에 따른 수레의 규모가 상세히 나와 있다.

105) 『唐會要』 권72, 京城諸軍: "(天寶)七載七月二十日勅, 左右羽林軍飛騎, 請準後加數, 通舊一萬五千人爲定額."

106) 墨勅은 황제의 친필 조서로서 일반적인 절차를 거치지 않고 직접 하달된다.

107) 引駕仗은 삼위 60명이 맡는다.(『新唐書』 권49상, 百官4上, 1285쪽) 상세한 내용은 앞의 좌우금오위 참조.

官名改更具上. 司階各二人, 正六品上; 中候各三人, 正七品下; 司戈各五人, 正八品下; 執戟各五人, 正九品下.

역문 장사는 각각 1인으로 종6품상이다. 녹사참군사는 각각 1인으로 정8품상이고, 창조참군사는 각각 1인으로 정8품하이며, 병조참군사는 각각 1인으로 정8품하이고, 주조참군사는 각각 1인으로 정8품하이다. 수에서는 좌·우둔위가 있어 장사 이하의 여러 관원이 있었고, 당은 이를 따랐는데 둔영이라 하였다. 관명의 개칭과 변경(에 대해서)는 앞에 갖추어 (설명해) 놓았다. 사계는 각각 2인으로 정6품상이고, 중후는 각각 3인으로 정7품하이며, 사과는 각각 5인으로 정8품하이고, 집극은 각각 5인으로 정9품하이다.

長史掌判諸曹事. 錄事參軍已下, 職如左、右衛. 凡飛騎宿衛, 將軍已下不得使其出外. 若番上須兵士, 則簡同、華越騎充; 不足, 取步騎; 步騎不足, 兼取諸州越騎.

역문 장사는 여러 조의 사무를 판정하는 일을 관장한다. 녹사참군 이하의 직장은 좌·우위(의 경우)와 같다. 무릇 비기가 숙위할 때에는 장군 이하 (관원 모두) 그들을 (근무지) 밖으로 내보낼 수 없다. 만약 번상할 병사가 필요하면 동주[108]와 화주[109]의 월기[110]

---

108) 關內道에 속하는 지역으로서(『역주당육전(상)』 권3, 尙書戶部, 273쪽 참조) 치소는 馮翊이고, 지금의 陝西省 大荔縣이다. 『新唐書』 권38, 地理1, 965쪽: "有府二十六, 曰 濟北·唐安·秦城·太州·大亭·河東·興德·連邑·伏龍·溫湯·安遠·業善·南鄕·臨高·瀵陽·襄城·崇道·淅谷·吉安·長春·華池·永大·洪泉·善福·司禦·效誠"과 같이 동주에는 이상 26개의 절충부가 설치되어 있었다.

109) 關內道에 속하는 지역으로서(『역주당육전(상)』 권3, 尙書戶部, 273쪽 참조) 치소는 鄭縣이고, 지금의 陝西省 華縣이다. 『新唐書』 권38, 地理1, 964쪽: "有府二十六, 曰 普樂·豐原·義全·淸

중에서 선발하여 충당하고, 부족하면 (두 주의) 보기[111]에서 취하며, 보기에서도 부족하면 여러 주의 월기 중에서 같이 뽑는다.

○ 翊府中郎將各一人, 正四品下; 左、右郎將各一人, 正五品上.

역문 익부 중랑장은 각각 1인으로 정4품하이고, 좌·우낭장은 각각 1인으로 정5품상이다.

中郎將之職, 掌領翊衛之屬, 以總北軍宿衛之事; 左、右郎將貳焉. 餘務同左、右衛.

역문 중랑장의 직임은 익위의 병사를 거느려 북군 숙위의 사무를 총괄하여 관장하는 것이며, 좌·우낭장은 차관이다. 나머지 직무는 좌·우위(의 경우)와 같다.

◎ 諸府, 折衝都尉各一人, 上府正四品上, 中府從四品下, 下府正五品下. 周按井田之法而備軍政. 至秦, 廢井田, 置郡縣, 尉爲太守之貳而主兵. 至漢,

---

義·萬福·脩仁·神水·常興·義津·定城·延壽·羅文·鄭邑·宣義·相原·孝德·溫湯·宣化·懷德·懷仁"과 같이 화주에는 이상 20개의 절충부가 설치되어 있었다.

110) 절충부의 위사 가운데 말 잘 타고, 활 잘 쏘는 자를 越騎라 하고, 그밖에 보병·무기·배찬수·보사가 있다.(『新唐書』 권50, 兵, 1325쪽: "凡民年二十爲兵, 六十而免. 其能騎而射者爲越騎, 其餘爲步兵·武騎·排穳手·步射") 『舊唐書』 권44, 職官3, 1906쪽에서는 "凡衛士, 三百人爲一團, 以校尉領之, 以便習騎射者爲越騎, 餘爲步兵"과 같이 월기 외에 보병만을 언급하고 있다.

111) 앞의 주에서 보듯 부병 위사 가운데 步騎라는 명칭은 없으나, 步兵과 武騎를 지칭하는 것인지도 모르겠다.

改曰都尉. 凡武職多以尉爲補. 後漢省都尉. 至隋, 左・右衛、左・右武衛、左・右武候各領軍坊、鄉團, 以統戎卒. 開皇初, 又置驃騎將軍府, 每府有驃騎將軍、車騎將軍. 大業三年, 改置鷹揚府, 每府改驃騎爲鷹揚郎將, 車騎爲鷹揚副郎將; 五年, 又以鷹揚副郎將爲鷹擊郎將. 皇朝武德初, 因隋鷹揚府, 依開皇舊名置.

역문 여러 (절충)부 절충도위는 각각 1인이고, 상부(의 절충도위)는 정4품상이고, 중부(의 절충도위)는 종4품하이며, 하부(의 절충도위)는 정5품하이다.112) 주에서는 정전법에 따라 군정을 갖추었다. 진에 이르러서 정전을 폐지하고 군현을 설치하였는데, (군)위는 태수의 차관으로 군정을 주관하였다.113) 한에 이르러 (군위를) 도위로 바꾸었고,114) 일반적으로 무직은 대부분 위라는 이름을 붙였다. 후한에서는 도위를 없앴다.115) 수에 이르러 좌·우위, 좌·우무위, 좌·우무후가 각각 영군방과 향단을 거느리고 병졸들을 통솔하였다. 개황 초에 또 표기장군부를 설치하였는데, 매 부마다 표기장군과 거기장

---

112) 唐代 절충부는 兵員數에 따라 각 부를 상・중・하 3등으로 나누었다.(『新唐書』 권49上, 百官4上, 1288쪽: "武后垂拱中, 以千二百人爲上府, 千人爲中府, 八百人爲下府, 赤縣爲赤府, 畿縣爲畿府")

113) 『史記』 권6, 秦始皇本紀, 239쪽: "分天下以爲三十六郡, 郡置守・尉・監"이라 하였고, 군위의 직임에 관해서는 『漢書』 권19상, 百官公卿表, 742쪽에 "郡尉, 秦官, 掌佐守典武職甲卒, 秩比二千石. 有丞, 秩皆六百石"라 하였다.

114) 郡尉를 都尉로 바꾼 시기에 대해 『漢書』 권19상, 百官公卿表, 742쪽에 "景帝中二年更名都尉"라 하였다. 또 도위와 군수의 관계에 대해서는 『文獻通考』 권62에 "郡官有守・有尉・有丞. 然考之西漢百官表稱: 郡守掌治郡, 秩二千石, 有丞, 秩六百石; 郡尉掌佐守典武職, 秩比二千石, 有丞, 秩亦六百石. 是守・尉皆二千石, 而俱有丞以佐之, 尉之尊, 蓋與守等, 非丞掾以下可擬也, 酷吏傳言周陽由爲守, 視都尉如縣令, 爲都尉, 陵太守, 奪之治. 明守不可卑視尉也"라 하였다.

115) 『後漢書』 志第28, 百官5, 3621쪽에 "中興建武六年, 省諸郡都尉, 幷職太守, 無都試之役. 省關都尉, 唯邊郡往往置都尉及屬國都尉, 稍有分縣, 治民比郡. 安帝以羌犯法, 三輔有陵園之守, 乃復置右扶風都尉, 京兆虎牙都尉"라 하였고, 應劭의 주에 "每有劇賊, 郡臨時置都尉, 事訖罷之"라 하였다. 따라서 후한 광무제 때 각 군의 도위를 폐지했지만, 이후 필요에 따라 설치되거나 폐지되기도 했던 것 같다.

군이 있었다.[116] 대업 3년(607)에 응양부로 바꾸어 설치하고, 매 부의 표기(장군)을 응양낭장으로 바꾸었으며, 거기(장군)을 응양부낭장으로 바꾸었다.[117] (대업) 5년(609)에 다시 응양부낭장을 응격낭장이라 하였다. 당은 무덕 초에 수의 응양부를 따라 개황연간의 옛 명칭대로 설치하였다.[118]

○【左、右果毅都尉一人. 上府從五品下, 中府正六品上, 下府從六品下. 貞觀十年, 因隋果毅郞將之名, 改爲果毅都尉.

역문 【좌·우과의도위는 1인이다. 상부(의 좌·우과의도의)는 종5품하이고, 중부(의 좌·우과의도의)는 정6품상이며, 하부(의 좌·우과의도의)는 종6품하이다. 정관 10년(636)에 수의 과의낭장의 명칭을 따라 과의도위로 바꾸었다.[119]

---

116) 『新唐書』 권50, 兵, 1324쪽: "府兵之制, 起自西魏、後周, 而備於隋, 唐興因之. 隋制十二衛, 曰翊衛, 曰驍騎衛, 曰武衛, 曰屯衛, 曰禦衛, 曰候衛, 爲左右, 皆有將軍以分統諸府之兵. 府有郞將、副郞將、坊主、團主, 以相統治. 又有驃騎、車騎二府, 皆有將軍."

117) 『新唐書』 권50, 兵, 1324쪽: "後更驃騎曰鷹揚郞將, 車騎曰副郞將. 別置折衝、果毅" : 『隋書』 권28, 百官下, 800쪽: "十二衛, 各置大將軍一人, 將軍二人, 總府事, 幷統諸鷹揚府. 改驃騎爲鷹揚郞將, 正五品; 車騎爲鷹揚副郞將, 從五品."

118) 『唐會要』 권72, 府兵條에 "武德元年五月, 改隋鷹揚郞將爲軍頭. 六月十九日, 改軍頭爲驃騎將軍, 副爲車騎將軍. 六年五月十六日, 車騎將軍府隷驃騎府. 七年三月六日, 改驃騎將軍爲統軍, 車騎爲副統軍. 至貞觀十年改統軍爲折衝都尉, 副爲果毅都尉"라 하였고, 『新唐書』 권50, 兵, 1324~1325쪽에 "武德初, 始置軍府, 以驃騎、車騎兩將軍府領之. 析關中爲十二道, 曰 : 萬年道、長安道、富平道、醴泉道、同州道、華州道、寧州道、岐州道、豳州道、西麟州道、涇州道、宜州道, 皆置府. 三年, 更以萬年道爲參旗軍, 長安道爲鼓旗軍, 富平道爲玄戈軍, 醴泉道爲井鉞軍, 同州道爲羽林軍, 華州道爲騎官軍, 寧州道爲折威軍, 岐州道爲平道軍, 豳州道爲招搖軍, 西麟州道爲苑游軍, 涇州道爲天紀軍, 宜州道爲天節軍 ; 軍置將、副各一人, 以督耕戰, 以車騎府統之. 六年, 以天下既定, 遂廢十二軍, 改驃騎曰統軍, 車騎曰別將. 居歲餘, 十二軍復, 而軍置將軍一人, 軍有坊, 置主一人, 以檢察戶口, 勸課農桑"이라 하였다.

119) 『隋書』 권28, 百官下, 800쪽: "有折衝郞將, 各三人, 正四品, 掌領驍果. 又各置果毅郞將三人以貳之, 從四品" : 『通典』 권29, 職官11, 809~810쪽에 "大唐武德初, 猶有驃騎府及驃騎、車騎將軍之制. 武

諸府折衝都尉之職, 掌領五校之屬, 以備宿衛, 以從師役, 總其戎具、資糧、差點、教習之法令. 凡衛士三百人爲一團, 以校尉領之, 以便習騎射者爲越騎, 餘爲步兵. 其團十人爲火, 火備六馱之馬. 初置爲八, 後改爲六. 每歲十一月, 以衛士帳上尚書, 天下兵馬之數以省聞. 凡兵馬在府, 每歲季冬, 折衝都尉率五校之屬以教其軍陣戰鬪之法. 捉捕持更者, 晨夜有行人必問, 不應, 則彈弓而嚮之; 復不應, 則旁射; 又不應, 則射之. 晝以排門人遠望, 暮以持更人遠聽, 有衆而囂, 則告主帥. 垂拱中, 以千二百人爲上府, 千人爲中府, 八百人爲下府, 赤縣爲赤府, 畿縣爲畿府.

역문 각 절충부 절충도위의 직임은 다섯 교위[120]의 병력을 거느려서 숙위에 대비하고 전쟁에 나가며, 그 병기와 장비, 물자와 양식,[121] 차출과 간점, (군사 기술을) 배우고 익히는 것에 관한 법령을 관장한다. 무릇 위사 300인을 1단(團)으로 하고, 교위로써 그들을 거느리게 하며, 말 위에서 활쏘는 데 익숙한 자를 월기로 하고, 나머지는 보병으로 한다.[122] 단은 10인을 (기초 단위인) 화(火)라 하고, 화마다 6필의 짐 싣는 말을 갖춘다.[123] 처음에는 8필을 두었

德七年, 乃改驃騎爲統軍, 車騎爲別將. 貞觀十年, 復採隋折衝、果毅郎將之名, 改統軍爲折衝都尉, 別將爲果毅都尉"라 하고, 그 주에 "魏有折衝將軍, 後周有成議別將官, 其名因此也"라 하여 절충이란 명칭은 이미 위나라에 있었음을 알 수 있다.

120) 본권 맨앞의 관명과 인원수를 열거해 놓은 것에서 알 수 있듯이 校尉 5인을 가리킨다. 당의 부병제도는 300인을 1團으로 하고, 단마다 교위 1인을 두었는데, 지위는 都尉의 다음이었고, 종7품하였다. 통상 하나의 절충부는 5단으로 구성되었으므로 5교라 한 것이다. 그러나 때로는 4단이나 3단으로 구성된 절충부도 있었다.(『譯註 唐律疏議』, 各則(上) 권16, 천흥6, 2351쪽 참조)

121) 당대 부병이 갖추어야 할 병장기와 군량에 대하여 『新唐書』 권50, 兵, 1325쪽에 "人具弓一, 矢三十, 胡祿、橫刀、礪石、大觿、氈帽、氈裝、行縢皆一, 麥飯九斗, 米二斗, 皆自備, 幷其介胄、戎具藏於庫. 有所征行, 則視其入而出給之. 其番上宿衛者, 惟給弓矢、橫刀而已"라 하였다.

122) 『新唐書』 권50, 兵, 1325, "凡民年二十爲兵, 六十而免. 其能騎而射者爲越騎, 其餘爲步兵・武騎・排䂍手・步射."

으나, 후에 6필로 바꾸었다. 매년 11월에 위사의 장부를 상서성에 올려 천하의 병사와 군마의 숫자를 보고한다.[124] 무릇 절충부에 있는 병사와 군마는 매년 11월에 절충도위가 다섯 교위의 병력을 거느리고 군진과 전투하는 방법을 가르친다.[125] 초소를[126] 지키면서 야간에 근무하는 자는 새벽과 밤에 행인이 있으면 반드시 신문하고, 응답하지 않으면 활시위를 당겨 소리를 내어 불응자를 겨누며, 그래도 응답하지 않으면 (불응자의) 옆을 (향해) 쏘며, 그래도 응답하지 않으면 불응자를 (향해) 쏜다. 낮에 문을 지키는 사람은 멀리 바라보(며 경계하)고, 밤에 근무하는 자는 먼 (곳의) 소리를 듣(고 경계하)며, 무리가 있어 소란스러우면 주솔[127]에게 보고한다. 수공연간(685~688)에는 (절충부 위사수) 1,200인을 상부로 하고,

---

123) 1火가 갖추어야 할 장비에 대해서 『新唐書』 권50, 兵, 1325쪽에 "士以三百人爲團, 團有校尉; 五十人爲隊, 隊有正; 十人爲火, 火有長. 火備六馱馬. 凡火具烏布幕、鐵馬盂、布槽、鍤、钁、鑿、碓、筐、斧、鉗、鋸皆一, 甲牀二, 鎌二. 隊具火鑽一, 胸馬繩一, 首羈、足絆皆三"라 하였다.

124) 『舊唐書』 권44, 職官3, 1906쪽에는 "每歲十一月, 以衛士帳上尙書省, 天下兵馬之數以聞"이라 하여 '省'자가 尙書 뒤에 있다. 상서성으로 보아야 자연스러운 것 같아 본문 번역은 『新唐書』를 따랐다. 위사의 名簿에 관한 내용은 『역주당육전(상)』 권5, 尙書兵部, 500~501쪽 참조.

125) 『新唐書』 권50, 兵, 1325~1326쪽에 "每歲季冬, 折衝都尉率五校兵馬之在府者, 置左右二校尉, 位相距百步. 每校爲步隊十, 騎隊一, 皆卷稍幡, 展刃旗, 散立以俟. 角手吹大角一通, 諸校皆斂人騎爲隊; 二通, 偃旗稍, 解幡; 三通, 旗稍擧. 左右校擊鼓, 二校之人合譟而進. 右校擊鉦, 隊少卻, 左校進逐至右校立所; 左校擊鉦, 少卻, 右校進逐至左校立所; 右校復擊鉦, 隊還, 左校復薄戰; 皆擊鉦, 隊各還. 大角復鳴一通, 皆卷幡、攝矢、弛弓、匣刃; 二通, 旗稍擧, 隊皆進; 三通, 左右校皆引還. 是日也, 因縱獵, 獲各入其人"이라 하여 "敎其軍陣戰鬪"의 구체적인 방법을 설명하고 있다.

126) 『新唐書』 권49上, 百官4上, 1288쪽: "捉鋪持更者,…"에 의하면 '捉'자는 '鋪'자로 되어 있다. 해석도 鋪로 해야 자연스러울 것 같아 『신당서』를 따랐다. 또한 『新唐書』 권49上, 百官4上, 1285~1286쪽: "凡城門坊角, 有武候鋪, 衛士、彍騎分守, 大城門百人, 大鋪三十人, 小城門二十人, 小鋪五人, 日暮, 鼓八百聲而門閉; 乙夜, 街使以騎卒循行叫譟, 武官暗探; 五更二點, 鼓自內發, 諸街鼓承振, 坊市門皆啓, 鼓三千撾, 辨色而止"에서 볼 수 있듯이 당대 장안성에는 대포·소포와 같은 초소가 설치되어 있었음을 확인할 수 있다.

127) 主帥는 일반적으로 부대의 지휘관으로서, 折衝府의 경우에는 校尉·旅帥·隊正·隊副를 총칭하기도 한다.(『譯註 唐律疏議』, 各則(上), 衛禁1, 2020쪽)

1천 인을 중부로 하였으며, 800인을 하부로 하였고, 적현(의 절충부)를 적부라 하고, 기현(의 절충부)를 기부라 하였다.[128)]

左、右果毅都尉掌貳都尉.

역문 좌·우과의도위는 (절충)도위의 차관(의 일)을 관장한다.

○ 別將一人, 上府正七品下, 中府從七品上, 下府從七品下. 長史一人, 上府正七品下, 中府從七品上, 下府從七品下, 兵曹參軍事一人. 上府從八品下, 中府正九品上, 下府從九品下.】 材老弱少壯, 各爲之簿, 以進退爲. 長史掌判兵事、倉儲、車馬、介冑之事, 及其簿書、會要之法. 兵曹掌兵吏糧倉、公廨財物、田園課稅之事, 與其出入勾檢之法. 每月, 簿番上衛士之數以上衛. 每歲, 簿錄事及府、史、捉、囗、品于補上年月、姓名, 以上于州, 申考功、兵部.

역문 (각 절충부의) 별장은 1인이고,[129)] 상부(의 별장)은 정7품하이고, 중부(의 별장)은 종7품상이며, 하부(의 별장)은 종7품하이다. 장사는 1인이며, 상부(의 장사)는 정7품하이고, 중부(의 장사)는 종7품상이며, 하부(의 장사)는 종7품하이다. 병조참군사는 1인이다. 상부(의 병조참군사)는 종8품하이고, 중부(의 병조참군사)는 정9품상이며, 하부(의 병조참군사)는 종9품하이다.】[130)] 자질의 늙고, 약하

---

128) 경성 내에 있는 것을 赤縣이라 하고, 경성 밖에 있는 것을 畿縣이라 하였다. 즉 京兆府 소속의 12현과 경성 내의 萬年·長安 2현은 적현이고, 그 나머지는 기현이다.

129) 『通典』 권29, 職官11, 810쪽: "別將一人, 不判府事. 若無兵曹以上, 即知府事. 初別將既改爲果毅, 而府中有長史員. 聖曆三年, 廢長史, 置別將一員. 後又兼置長史."

130) 【 】 안의 내용은 현존 『唐六典』에 없는 내용이지만, 본 역주서가 底本으로 삼은 『唐六典』의

고, 젊고, 튼튼함(에 따라) 각각 (위사의) 명부를 만들어 (명부에) 올리거나 올리지 않는 (근거)로 삼는다.131) 장사는 병사 사무·창고의 보관·수레와 군마·갑옷과 관련된 사무 및 그 장부와 모아 놓은 문서에 관한 법령을 관장한다.132) 병조(참군사)는 병리의 군량 창고·관청의 재물·토지와 채마밭의 과세에 관한 사무와 더불어 출납시 구검에 관한 법령을 관령장한다.133) 매달 번상하는 위사의 수는 장부에 기록하여 (해당) 위에 보고한다.134) 매년 녹사 및 부·사·착전품자135)(의 고과 정황)과 보충되어 번상(한 자)의 날짜와 성명을 장부에 기록하여 주에 올리고, (조집사를 통하여 상서이부의) 고공(낭중)과 (상서병부의) 병부(낭중)에게 보고한다.

편자 陳仲夫가 廣雅本를 참조하여 보충한 것이다.

131) 본권에 대한 『唐六典』 교감기(71)에 의하면 文尾의 '爲'자는 '焉'의 오자로 추측된다고 했다.

132) 『通典』 권29, 職官11, 810쪽: "長史一人, 通判. 載初元年置."

133) 『通典』 권29, 職官11, 810쪽: "兵曹一人, 判府事, 付事句稽, 監印, 給紙筆."

134) 『역주당육전[상]』 권5, 尙書兵部, 500~501쪽 참조.

135) 『新唐書』 권45, 選擧下, 1174쪽의 "凡捉錢品子, 無違負滿二百日, 本屬以簿附朝集使, 上于考功、兵部. 滿十歲, 量文武授散官"에 근거하여 본문의 결자는 '錢'으로, '于'자는 '子'로 해석하였다. 아울러 저본의 표점을 무시하고, 『新唐書』의 표점대로 번역하였다. 捉錢은 관부에서 公款을 투입하여 상행위를 하거나 市肆에 자금을 빌려주는 일종의 고리대업인데, 절충부에서도 착전을 시행하였다.(『新唐書』 권55, 食貨5, 1397쪽: "天下置公廨本錢, 以典史主之, 收贏十之七, 以供佐史以下不賦粟者常食, 餘爲百官俸料. 京兆、河南府錢三百八十萬, 太原及四大都督府二百七十五萬, 中都督府、上州二百四十二萬, 下都督、中州一百五十四萬, 下州八十八萬; 京兆、河南府京縣一百四十三萬, 太原府京縣九十一萬三千, 京兆、河南府畿縣八十二萬五千, 太原府畿縣、諸州上縣七十七萬, 中縣五十五萬, 中下縣、下縣三十八萬五千; 折衝上府二十萬, 中府減四之一, 下府十萬")

『唐六典』

卷第二十六
太子三師三少詹事府左右春坊

御撰

集賢院學士兵部尙書兼中書令修國史上柱國開國公

臣 李林甫等奉敕注上

太子三師

太子太師一人　太子太傅一人　太子太保一人

太子三少

太子少師一人　太子少傅一人　太子少保一人

太子賓客四人

太子詹事府

詹事一人　少詹事一人　丞二人　主簿一人　錄事二人　令史九人　書令史十八人

太子司直二人

令史一人　書令史二人　亭長四人　掌固六人

太子左春坊

左庶子二人　中允二人　司議郎四人　錄事二人　主事二人　令史七人　書令史十四人

太子左諭德一人

左贊善大夫五人　傳令四人　掌儀二人　贊者四人　亭長四人　掌固十三人

崇文館

學士無員數　學生二十人　校書二人　令史二人　典書二人　搨書手二人　書手十人　熟紙匠三人　裝潢匠五人　筆匠三人

司經局

洗馬二人　文學三人　書令史二人　書吏四人　校書四人　正字二人　典書四人　楷書二十五人　掌固六人

典膳局

典膳郎丞各二人　書令史二人　書吏四人　主食六人　典食二百人　掌固四人

藥藏局

藥藏郎丞各二人　書令史一人　書吏二人　侍醫四人　典藥九人　掌固六人　藥僮十八人

內直局

內直郎丞各二人　書令史二人　書吏四人　典服三十人　典扇典翰各十五人　掌固六人

典設局

典設郎四人　書令史二人　書吏四人　幕士六百人　掌固十二人

宮門局

宮門郎丞各二人　書令史二人　書吏四人　門僕一百三十三人　掌固四人

太子右春坊

右庶子二人　中舍人二人　錄事一人　主事二人　令史九人　書令史十八人

太子右諭德一人

右贊善大夫五人　傳令四人　太子通事舍人八人　典謁二十一人　亭長六人
掌固十二人

太子內坊

典內二人　丞二人　錄事二人　令史三人　書令史五人　典直四人　導客舍人六人
閤帥六人　內閽八人　內給使無員數　內廐二人　典事二人　駕士三十人　亭長二人
掌固四人

太子內官

良娣二人　良媛六人　承徽十人　昭訓十六人　儀二十四人　司閨二人　掌正三人
女史三人　掌書三人　女史三人　掌筵三人　女史三人　司則二人　掌嚴三人　女史三人
掌縫三人　女史三人　掌藏三人　女史三人　司饌二人　女史四人　掌食三人　女史四人
掌醫三人　女史二人　掌園三人　女史二人

태자삼사

태자태사 1인　태자태부 1인　태자태보 1인

태자삼소

태자소사 1인　태자소부 1인　태자소보 1인　태자빈객 4인

태자첨사부

첨사 1인　소첨사 1인　승 2인　주부 1인[1)]　녹사 2인　영사 9인
서령사 18인

태자사직 2인

영사 1인　서령사 2인　정장 4인　장고 6인

---

1) 『冊府元龜』 권708, 宮臣部總序, 8426쪽하에는 開元 25년의 제도에 따른 主簿의 정원이 2인으로 되어 있다. "(開元)二十五年, 始總定官數, 裁爲典制. 詹事府有丞、主簿、司直各二人." 그러나 『通典』 권30, 職官12, 東宮官 太子詹事府條, 824쪽 : 『舊唐書』 권44, 職官3, 1907쪽 및 『新唐書』 권49상, 百官4상, 1292쪽에는 모두 1인으로 되어 있다.

태자좌춘방

좌서자 2인 중윤 2인 사의랑 4인 녹사 2인 주사 2인[2] 영사 7인[3] 서령사 14인[4]

태자좌유덕 1인

좌찬선대부 5인 전령 4인 장의 2인 찬자 4인[5] 정장 4인[6] 장고 13인[7]

숭문관

학사 정원 없음 학생 20인[8] 교서 2인 영사 2인 전서 2인 탑서수 2인 서수 10인[9] 숙지장 3인 장황장 5인 필장 3인

사경국

세마 2인 문학 3인 서령사 2인 서리 4인[10] 교서 4인 정자 2인 전서 4인 해서 25인[11] 장고 6인

전선국

전선랑승 각2인[12] 서령사 2인 서리 4인 주식 6인 전식 200인 장고 4인

약장국

---

2) 『新唐書』 권49上, 百官4上, 1293쪽에는 主事의 정원이 3인, 품계는 종9품하로 되어 있다.
3) 『新唐書』 권49上, 百官4上, 1294쪽에는 令史의 정원이 6인으로 되어 있다.
4) 『新唐書』 권49上, 百官4上, 1294쪽에는 書令史의 정원이 12인으로 되어 있다.
5) 『新唐書』 권49上, 百官4上, 1294쪽에는 贊者의 정원이 3인으로 되어 있다.
6) 『新唐書』 권49上, 百官4上, 1294쪽에는 亭長의 정원이 3인으로 되어 있다.
7) 『新唐書』 권49上, 百官4上, 1294쪽에는 掌固의 정원이 10인으로 되어 있다.
8) 『冊府元龜』 권708, 宮臣部總序, 8426쪽하에는 開元 25년의 제도에 따른 학생의 정원이 30인으로 되어 있다. 『新唐書』 권49상, 百官4상, 1294쪽에는 15인으로 되어 있다. 『舊唐書』 권44, 職官3, 1908쪽은 『唐六典』과 같다.
9) 『新唐書』 권49上, 百官4上, 1294쪽에는 書手의 앞에 楷字가 있다.
10) 『新唐書』 권49上, 百官4上, 1295쪽에는 書吏의 정원이 2인으로 되어 있다.
11) 『舊唐書』 권44, 職官3, 1908쪽에는 楷書手의 정원이 25인으로 되어 있다.
12) 『冊府元龜』 권708, 宮臣部總序, 8426쪽하에는 낭 1인, 승 2인으로 되어 있다. 『通典』 권30, 職官12 東宮官 典膳郎條, 830쪽, 『舊唐書』 권44, 職官4, 1908쪽 및 『新唐書』 권49상, 百官4상, 1295쪽은 『唐六典』과 같다.

약장랑승 각2인[13] 서령사 1인 서리 2인 시의 4인 전약 9인[14]
장고 6인 약동 18인[15]

내직국

내직랑승 각2인[16] 서령사 2인[17] 서리 4인[18] 전복 30인[19]
전선·전한 각15인[20] 장고 6인

전설국

전설랑 4인[21] 서령사 2인 서리 4인 막사 600인[22] 장고 12인

궁문국

궁문랑승 각2인[23] 서령사 2인[24] 서리 4인[25] 문복 133인[26]

---

13) 『冊府元龜』 권708, 宮臣部總序, 8426쪽하에는 낭 1인, 승 2인으로 되어 있다. 『通典』 권30, 職官12 東宮官 藥藏郎條, 830쪽 : 『舊唐書』 권44, 職官4, 1908쪽 및 『新唐書』 권49상, 百官4상, 1295쪽은 『唐六典』과 같다.

14) 『舊唐書』 권44, 職官3, 1908쪽에는 "侍醫典藥九人"으로 되어 있다. 『新唐書』 권49上, 百官4上, 1295쪽에는 典藥의 정원이 2인으로 되어 있다.

15) 『新唐書』 권49上, 百官4上, 1295쪽 藥童의 정원이 6인으로 되어 있다. 『冊府元龜』 권708, 宮臣部總序, 8427쪽상)에는 9인으로 되어 있다.

16) 『冊府元龜』 권708, 宮臣部總序, 8426쪽하에는 낭 1인, 승 2인으로 되어 있다. 『通典』 권30, 職官12, 東宮官 內直郎條, 830쪽 : 『舊唐書』 권44, 職官4, 1908쪽 및 『新唐書』 권49상, 百官4상, 1295쪽은 『唐六典』과 같다.

17) 『新唐書』 권49上, 百官4上, 1295쪽에는 令史의 정원이 1인으로 되어 있다.

18) 『新唐書』 권49上, 百官4上, 1295쪽에는 書吏의 정원이 3인으로 되어 있다.

19) 『新唐書』 권49上, 百官4上, 1295쪽에는 典服의 정원이 12인으로 되어 있다.

20) 『新唐書』 권49上, 百官4上, 1295쪽에는 典扇과 典翰의 정원이 각각 8인으로 되어 있다.

21) 『冊府元龜』 권708, 宮臣部總序, 8426쪽에는 낭 1인, 승 2인으로 되어 있다. 『通典』 권30, 職官12 東宮官 典膳郎條, 830쪽과 『舊唐書』 권44, 職官4, 1908쪽 및 『新唐書』 권49상, 百官4상, 1295쪽은 『唐六典』과 같다.

22) 『新唐書』 권49上, 百官4上, 1296쪽에는 幕士의 정원이 245인으로 되어 있다.

23) 『冊府元龜』 권708, 宮臣部總序, 8426쪽하에는 낭 1인, 승 2인으로 되어 있다. 『通典』 권30, 職官12 東宮官 宮門郎條, 831쪽 : 『舊唐書』 권44, 職官4, 1908쪽 및 『新唐書』 권49상, 百官4상, 1296쪽은 『唐六典』과 같다.

24) 『新唐書』 권49上, 百官4上, 1296쪽에는 書令史의 정원이 1인으로 되어 있다.

25) 『新唐書』 권49上, 百官4上, 1296쪽에는 書吏의 정원이 2인으로 되어 있다.

26) 『舊唐書』 권44, 職官3, 1908쪽에는 門僕의 정원이 130인으로 되어 있고, 『新唐書』 권49上, 百官4上, 1296쪽에는 100인으로 되어 있다.

장고 4인

태자우춘방

우서자 2인 중사인 2인 녹사 1인[27] 주사 2인 영사 9인 서령사 18인

태자우유덕 1인

우찬선대부 5인 전령 4인 태자통사사인 8인 전알 21인[28] 정장 6인 장고 12인[29]

태자내방

전내 2인 승 2인 녹사 2인[30] 영사 3인 서령사 5인 전직 4인 도객사인 6인 합수 6인 내혼 8인 내급사 정원 없음 내구 2인[31] 전사 2인 가사 30인 정장 2인 장고 4인

태자내관

양제 2인 양원 6인 승휘 10인 소훈 16인 의 24인 사규 2인 장정 3인 여사 3인 장서 3인 여사 3인 장연 3인 여사 3인 사칙 2인[32] 장엄 3인 여사 3인 장봉 3인 여사 3인 장장 3인 여사 3인 사찬 2인 여사 4인 장식 3인 여사 4인 장의 3인 여사 2인 장원 3인 여사 2인

---

27) 『舊唐書』 권44, 職官3, 1909쪽에 "太子右春坊: 右庶子二人, 中舍人二人, 舍人四人, 正六品上. 錄事一人, 從八品下"라고 되어 있다. 이로 보면 녹사 위에 사인 4인이 빠져 있다.

28) 『舊唐書』 권44, 職官3, 1909쪽에는 典謁의 정원이 20인으로 되어 있고, 『新唐書』 권49上, 百官4上, 1296쪽에는 4인으로 되어 있다.

29) 『新唐書』 권49上, 百官4上, 1296쪽에는 掌固의 정원이 10인으로 되어 있다.

30) 『舊唐書』 권44, 職官3, 1909쪽에는 錄事의 정원이 1인으로 되어 있다.

31) 『舊唐書』 권44, 職官3, 1909쪽에는 內廐의 정원이 20인으로 되어 있다.

32) 『舊唐書』 권44, 職官3, 1910쪽에는 '司則'이 '司禮'로 되어 있다. "司禮二人, 從六品. 掌禮儀參見, 以總掌嚴、掌縫、掌藏, 而領其事."

◎ 太子太師一人, 太傅一人, 太保一人, 並從一品. 『禮記』曰: "三王之敎太子, 入則有保, 出則有師." 『史記』: "秦孝公使商鞅設法, 而黥太子師、傅." 則秦有其職也. 漢氏唯置太傅, 秩二千石, 屬官有太子門大夫、庶子、洗馬、舍人. 至後漢, 太子太傅秩中二千石, 掌輔導太子, 禮如師, 不領官屬. 至魏, 太子太傅爲第三品. 漢、魏故事: 皇太子於二傅執弟子禮, 皆爲'書', 不曰'令'; 太傅於太子不稱臣. 晉初, 東宮不置詹事, 事由二傅, 少傅立草, 太傅書眞. 武帝後以爲儲副體尊, 遂命諸公居之, 而本司位重, 或行或領也. 咸寧中, 備六傅之職; 朗陵公何劭爲太子太師, 避景帝諱, 改爲帥; 安豐侯王戎爲太傅; 武陵侯楊濟爲太保. 其後或置或省. 懷帝爲太弟, 又備六傅. 東晉明帝在儲宮, 置保、傅之位, 而無二帥. 『晉令』: "太子太保品第三, 進賢兩梁冠, 絳朝服, 佩水蒼玉, 銀章、靑綬." 宋、齊、梁並不置. 後魏、北齊置之, 正第二品, 號'東宮三太.' 後周不置. 隋氏置之, 正第二品, 皇朝因之, 而加其秩. 太子出, 則乘輅備儀.

역문 태자태사는 1인이고, (태자)태부는 1인이며, (태자)태보는 1인으로 모두 종1품이다. 『예기』에 이르기를 "삼왕(三王)[33]이 태자를 가르침에, 들어옴에 보(保)를 두고, 나감에 사(師)를 두었다"[34]라고

---

33) 周의 王季·文王·武王을 가리킨다. 『禮記』 권20, 文王世子에는 周公이 成王을 세자에 比하여 가르친 다음과 같은 이야기가 전한다. 무왕이 죽고 성왕이 대를 이었으나 어려서 군주의 일을 행할 수 없었다. 이에 주공은 相이 되어 섭정하면서 자신의 아들 伯禽에게 世子法을 적용하여 성왕으로 하여금 부자·군신·장유의 도리를 알게 하고자 하였다. 성왕에게 과오가 있으면 백금을 매질하였는데, 이는 성왕에게 세자의 도리를 보여주기 위함이었다.

하였다. 『사기』에 이르기를 "진효공이 상앙에게 법을 제정하게 하자, (상앙은 법을 어긴 태자 대신) 태자의 사(師)와 부(傅)를 경형(黥刑)에 처하였다"[35]고 하였으니, 이미 (전국시대) 진(秦) 때 그 직임이 있었다. 한나라는 오직 (태자)태부만을 두었는데 질은 2천 석이었고, 속관으로 태자문대부·서자·세마[36]·사인이 있었다.[37] 후한에 이르러 태자태부의 질은 중 2천 석이었고 태자를 보도(輔導)하는 일을 관장하였는데, (태자의 태부에 대한) 예는 스승과 같게 하였으나 속관을 거느리지는 않았다.[38] 위(魏)에 이르러 태자태부는 제3품이

---

34) 『禮記』 권20, 文王世子: "凡三王敎世子 必以禮樂. 樂, 所以脩內也, 禮所以脩外也. 禮樂交錯於中, 發形於外, 是故其成也懌, 恭敬而溫文. 立大傅、少傅以養之, 欲其知父子君臣之道也. 大傅審父子君臣之道以示之, 少傅奉世子以觀大傅之德行而審喩之. 大傅在前, 少傅在後, 入則有保, 出則有師, 是以敎喩而德成也. 師也者, 敎之以事而喩諸德者也. 保也者, 愼其身以輔翼之而歸諸道者也. 記曰, '虞、夏、商、周有師、保, 有疑、丞, 設四輔及三公, 不必備, 唯其人.' 語使能也."

35) 상앙이 법을 시행한 지 1년이 되자 법이 불편하다고 호소하는 사람들이 많았다. 이 때 태자가 법을 범했다. 상앙은 법이 행해지지 않는 것은 위에서 법을 지키지 않기 때문이라고 생각하고 태자에게 형벌을 과하고자 했다. 그러나 태자는 군주의 뒤를 이을 자로 형을 과할 수 없었으므로, 대신 태자의 師와 傅에게 교육 부실의 책임을 물어 형벌을 과했다. 『唐六典』의 본 기사는 師와 傅 둘 다 黥刑에 처한 것처럼 되어 있는데, 『史記』에는 傅인 公子虔은 刑에 처하고 師인 公孫賈는 경형에 처한 것으로 되어 있다. 刑은 肉刑일 것이나 그 중 어느 형인지는 알 수 없다. 태자의 師와 傅가 형을 받게 되자 진나라 사람들이 모두 법을 따랐다. 법을 행한 지 10년이 되자 진나라 사람들이 모두 기뻐했고, 길에 떨어진 물건을 줍지 않고 산에는 도적이 없었으며 집집마다 풍족하였다. 『史記』 권68, 商君列傳, 2231쪽: "令行於民朞年, 秦民之國都言初令之不便者以千數. 於是太子犯法. 衛鞅曰: '法之不行, 自上犯之.' 將法太子. 太子, 君嗣也, 不可施刑, 刑其傅公子虔, 黥其師公孫賈. 明日, 秦人皆趨令. 行之十年, 秦民大說, 道不拾遺, 山無盜賊, 家給人足."

36) 『漢書』 권19上, 百官公卿表, 733쪽에는 '洗馬'가 '先馬'로 되어 있다. "太子太傅少傅, 古官. 屬官有太子門大夫庶子·先馬·舍人." 그 주에 "張晏曰, 先馬員十六人, 秩比謁者. 如淳曰, 前驅也. 國語曰, 句踐親爲夫差先馬. 先或作洗也"라고 하였다. 南宋 吳仁杰의 『兩漢刊誤補遺』 권7에 따르면 "百官表의 太子先馬는 대개 前驅를 칭한 것으로, 或은 洗馬라고 하였는데 그 잘못이 지금에까지 이르렀다"고 하였다.

37) 『漢書』 권19上, 百官公卿表, 733쪽: "太子太傅少傅, 古官. 屬官有太子門大夫庶子·先馬·舍人."

38) 『後漢書』 志27, 百官4, 太子太傅, 3606쪽: "太子太傅一人, 中二千石. 本注曰 : 職掌輔導太子. 禮如師, 不領官屬."

었다.[39] 한·위의 고사에 황태자는 (태자태부·소부) 두 부(傅)에게 제자의 예를 행하여 (그들에게 문서를 보낼 때) '서(書)'라고 하고 '영(令)'이라 하지 않았으며,[40] 태부는 태자에게 (자신을) 신(臣)이라고 칭하지 않았다. 진(晉) 초에는 동궁에 첨사를 두지 않았으므로 (동궁의) 문서〔事〕는 모두 (태자태부·소부) 두 부(傅)에게서 나왔는데, 소부가 초안을 작성하고 태부가 완성하였다.[41] (진) 무제 이후 태자가 존귀하다고 여겨 마침내 여러 공(公)들에게 그 직임을 맡게 하였으나, 본직이 더 무거웠으므로 (태부로) 취임하기도〔行〕 하고 (다른 관직을 가지고) 겸직하기도〔領〕 하였다.[42] 함녕(275~279) 연간에 6부(傅)[43]의 관직을 완비하고, 낭릉공 하소를 태자태사로 삼았는데 진 경제의 이름[44]을 피하여 (태사를) 태수(太帥)로 고쳤고, 안풍후 왕융

39) 『三國志』 권12 魏書, 何夔傳, 381쪽: "文帝爲太子, 以涼茂爲太傅, 夔爲少傅; 特命二傅與尙書東曹並選太子諸侯官屬. 茂卒, 以夔代茂. 每月朔, 太傅入見太子, 太子正法服而禮焉; 他日無會儀."

40) 唐의 제도에서 위에서 아래로 내리는 문서는 制·敕·冊·令·敎·符의 여섯 가지가 있었다. 이 가운데 천자가 내리는 것을 制·敕·冊이라 하고, 황태자가 내리는 것을 令이라 하며, 친왕과 공주가 내리는 것을 敎라 하고, 상서성에서 州로 내리고 州에서 縣으로 내리며 현에서 향으로 내리는 것은 모두 符라 하였다.(『역주당육전〔상〕』 권1, 삼사삼공상서도성, 138쪽)

41) 『晉書』 권24, 職官志, 742쪽: "泰始三年武帝始建官, 各置一人, 尙未置詹事, 宮事無大小, 皆由二傅, 並有功曹、主簿、五官. 太傅中二千石, 少傅二千石. 其訓導者, 太傅在前, 少傅在後. 皇太子先拜諸傅, 然後答之." 『太平御覽』 권244에는 "晉起居注曰, 武帝太始三年, 始置太子二傅. 是時, 官事大小, 皆由二傅, 太傅立草, 少傅寫之"라고 되어 있다. 『北堂書鈔』(1973, 臺北 宏業書局本) 권65에는 "晉起居注云, 武帝太始三年, 始置太子二傅. 是時宮事大小, 皆由二傅, 立草少傅寫之"로 되어 있다.

42) 『晉書』 권24, 職官志, 742쪽: "武帝後以儲副體尊, 遂命諸公居之; 以本位重, 故或行或領."

43) 6傅는 太子太師·太傅·太保와 太子少師·少傅·少保를 가리킨다. 『資治通鑑』 권82, 晉紀4, 2603쪽: "(惠帝 永熙元年), 秋, 八月, 壬午, 立廣陵王遹爲皇太子. 以中書監何劭爲太子太師, 衛尉裴楷爲少師, 吏部尙書王戎爲太傅, 前太常張華爲少傅, 衛將軍楊濟爲太保, 尙書和嶠爲少保." 이에 대해 胡三省은 "晉의 東宮 6傅는 오직 이 때만 여섯을 다 갖추었다(晉東宮六傅, 惟此時具官)"고 주석을 달았다. 『晉書』 권24, 職官志, 742쪽: "愍、懷建官, 乃置六傅, 三太、三少, 以景帝諱師, 故改太師爲太保, 通省尙書事, 詹事文書關由六傅."

44) 景帝는 이름이 司馬師이고, 司馬懿의 長子이다.(『晉書』 권2, 景帝紀, 25쪽) 景帝는 晉 건국 후 추존된 시호이다.(『晉書』 권3, 武帝紀, 52쪽)

을 태부로, 무릉후 양제를 태보로 삼았다.[45] 그 후 설치하기도 하고 폐지하기도 하였다. (진) 회제가 태제(太弟)가 되어 다시 6부를 갖추었다. 동진 명제가 태자였을 때 태보·태부의 직위를 두었으나 태사·소사는 없었다. 『진령』[46]에 "태자태보는 (관품이) 3품으로 진현양량관과 강조복을 착용하고, 수창옥과 은으로 만든 인장에 청색 인끈을 패용한다"라고 하였다. 송·제·양은 모두 설치하지 않았다.[47] 북위·북제는 이를 설치하고 (관품은) 정2품으로 하였으며, '동궁삼태'라 불렀다.[48] 북주는 설치하지 않았다. 수는 이를 설치하고 정2품으로 하였으며, 당은 이를 따랐으나 그 질은 더하였다.[49] 태자가 출행할 경우 (태자삼사는) 노거(輅車)[50]를 타고 위의(威儀)를 갖춘다.

太子三師, 以道德輔教太子者也, 至於動靜起居, 言語視聽, 皆有以師焉.

---

45) 『晉書』 권4, 惠帝紀, 89쪽: "秋八月壬午, 立廣陵王遹爲皇太子, 以中書監何劭爲太子太師, 吏部尙書王戎爲太子太傅, 衛將軍楊濟爲太子太保."

46) 『晉令』은 40권이며, 西晉의 賈充 등이 편찬했다.(『舊唐書』 권46, 經籍上, 2009쪽)

47) 다른 사서의 기록에 따르면, 송과 제에도 태자태부와 태자소부가 설치되어 있었다. 『通典』 권30, 職官12, 東宮官, 821쪽: "宋有太傅、少傅, 各兼丞一人. 其保傅並銀章靑綬. 齊與宋同. 武帝時以王儉爲少傅. 舊太子敬二傅同, 至是, 朝議接少傅以賓友之禮. 梁太傅位視尙書令, 少傅視左僕射. 陳因之. 自宋以下, 唯有傅而無師、保" : 『宋書』 권40, 百官下, 1252쪽: "太子太傅, 一人. 丞一人. 太子少傅, 一人. 丞一人" : 『南齊書』 권16, 百官志, 326쪽: "太子太傅. 少傅. 府置丞、功曹、五官、主簿" : 『隋書』 권26, 百官上, 726쪽: "太子太傅一人, 位視尙書令. 少傅一人, 位視左僕射."

48) 『魏書』 권113, 官氏志, 2978쪽 : 『隋書』 권27, 百官志中, 759쪽 : 『通典』 권30, 職官12, 東宮官 太子六傅, 821쪽에 의하면 '東宮三太'는 '東宮三師'로 고쳐야 한다.

49) 『舊唐書』 권44, 職官3, 1906쪽: "太子太師、太傅、太保各一員. 並從一品. 師傅, 宮官, 南朝不置. 後魏、北齊, 師傅品第二, 號東宮三太. 隋品亦第二. 武德定令, 加從一品也."

50) 太子三師가 타는 輅車는 革輅이다. 革輅의 제도에 대해서는 『唐六典』 권17, 太僕寺 車府署條를 참조하시오.(『역주당육전[중]』 권17, 태복시 거부서, 535~536쪽)

역문 **태자삼사는 도덕으로 태자를 보도(輔導)하고 가르치는 (직무를) 가진 자이므로, 행동거지와 말하고 보고 듣는 것 모두 모범을 보여야 한다.**

◎ 太子少師一人, 少傅一人, 少保一人, 並正二品. 『禮記』云: "三王教太子, 立太傅、少傅以養之, 太傅在前, 少傅在後." 秦、漢因之. 『百官表』: "太子少傅秩二千石." 後漢秩二千石, 總領東宮官屬. 魏故事: 太傅於太子不稱臣, 少傅稱臣. 晉咸寧中備六傅之職, 始置少師、少保, 以臨海侯裴楷爲少師, 以上蔡伯和嶠爲少保. 其後或置或廢. 至晉懷帝爲太弟, 又備六傅之職. 東晉明帝在儲宮, 置保傅之位, 而無師. 歷宋、齊、梁、陳並不置. 後魏、北齊皆置之, 號'東宮三少'. 隋氏降太師一等, 皇朝因之. 太子出入, 則乘輅備儀, 以爲後從.

역문 **태자소사는 1인이고, (태자)소부는 1인이며, (태자)소보는 1인으로 모두 정2품이다.**[51] 『예기』에 이르기를 "삼왕(三王)이 태자를 가르침에 태부·소부를 세워 태자를 가르치니 태부는 앞에 있고 소부는 뒤에 있다"[52]고 하였다. 진·한은 이를 따랐다. 『한서』 백관공경표에 "태자소부는 질이 2천석이다"[53]라고 하였다. 후한의 (태자소부는) 질이 2천 석으로 동궁 관속을 총령하였다.[54] 위(魏)의 고사에

---

51) 『舊唐書』 권42, 職官1, 1791쪽 : 『新唐書』 권49상, 百官4, 1291쪽 : 『通典』 권40, 職官22, 大唐官品, 1094쪽에는 모두 종2품으로 되어 있고, 오직 『舊唐書』 권44, 職官3, 太子三少員品條, 1906쪽에만 정2품으로 되어 있다.

52) 주34 참조.

53) 『漢書』 권19上, 百官公卿表, 737쪽: "太子太傅至右扶風, 皆秩二千石."

54) 『後漢書』 志27, 百官4, 3608쪽: "太子少傅, 二千石. 本注曰 : 亦以輔導爲職, 悉主太子官屬."

따르면, 태부는 태자에게 자신을 신(臣)이라 칭하지 않지만 소부는 신이라 칭하였다. 진 함녕(275~279) 연간에 6부(傅)[55]의 관직을 갖추고 비로소 소사·소보를 설치하였는데, 임해후 배해를 소사로 삼고 상채백 화교를 소보로 삼았다. 그 후 설치하기도 하고 폐지하기도 하였다. 진 회제가 태제(太弟)가 됨에 이르러 다시 6부를 갖추었다. 동진 명제가 황태자였을 때 (소)보·(소)부의 직위를 두었으나 (소)사는 없었다. 송·제·양·진은 모두 설치하지 않았다. 북위·북제는 모두 이를 설치하고 '동궁삼소'라 불렀다.[56] 수는 (태자삼소의 품질을) 태자삼사에 비해 한 등급 낮추었고,[57] 당은 이를 따랐다. 태자가 출입할 때 (태자삼소는) 노거(輅車)[58]를 타고 위의를 갖추어 뒤를 따른다.

太子三少掌奉皇太子以觀三師之道德而教諭焉.

역문 태자삼소는 삼사의 도덕을 살펴서 황태자를 받들어 가르치고 깨우치는 것을 관장한다.

凡三師、三少官不必備, 唯其人; 無其人則闕之.

역문 무릇 삼사·삼소의 관은 반드시 갖추어야 하는 것은 아니고,

---

55) 6傅에 대해서는 주43 참조.

56) 『魏書』 권113, 官氏志, 2978쪽.

57) 隋의 제도에서 太子三師는 정2품, 太子三少는 정3품이다.(『隋書』 권28, 百官下, 785쪽) 본문의 '太'는 마땅히 '三'이어야 한다.(近衛本)

58) 太子三少의 輅車도 太子三師와 마찬가지로 革輅이다.(『역주당육전(중)』 권17, 태복시 거부서, 535~536쪽)

오직 적합한 인물이 (있을 때만 둔다). 적합한 인물이 없으면 비워둔다.

◎ 太子賓客四人, 正三品. 『漢書』: "高祖欲廢太子, 呂氏用張良計, 致商山四皓, 以爲賓客." 又: "孝武帝爲太子立博望苑, 使通賓客." 則其義也. 若有宴賜諸司長官, 太子賓客則皆預焉.

역문 태자빈객은 4인으로 정3품이다. 『한서』에 이르기를 "한 고조가 태자를 폐하려고 하자 여후가 장량의 계책을 써서 상산사호(商山四皓)를 초빙하여 빈객으로 삼았다"[59]고 하였다. 또 "한 무제가 태자를 위해 박망원을 세우고 빈객과 교류하게 하였다"[60]는 것이 바로 (태자빈객을 설치한) 의의이다. 만약 (태자가) 여러 관사의 장관에게 연회를 베풀어 사여할 경우 태자빈객은 모두 참여한다.

太子賓客掌侍從規諫, 贊相禮儀, 而先後焉. 凡皇太子有賓客宴會, 則爲之上齒.

---

59) 『漢書』 권40, 張良傳, 2033~2036쪽. 高祖가 태자를 폐하고 戚夫人의 소생 趙王 如意를 세우려고 했다. 大臣들이 쟁론을 벌였으나 결론이 나지 않았고, 呂后는 어찌할 바를 몰랐다. 누군가가 여후에게 말하기를 "장량[留侯]은 계책을 잘 세우므로 (황제가) 신용하고 있다"고 말했다. 여후가 문의하자 장량은 商山四皓를 빈객으로 삼으면 도움이 될 것이라고 계책을 말했다. 당시 상산사호는 고조가 士를 업신여긴다고 여겨 산으로 숨어 한의 신하가 되기를 거부하였다. 여후는 4인을 맞아들여 건성후의 처소에 객으로 머물게 했다. 고조가 태자를 바꾸려고 하자 장량 등이 반대하면서 상산사호를 불러들였고, 상산사호가 태자를 칭찬하자 태자 교체를 단념했다. "師古曰, 四人, 謂園公、綺里季、夏黃公、甪里先生, 所謂商山四皓也."

60) 『漢書』 권63, 戾太子傳, 2741쪽: "戾太子據, 元狩元年立爲皇太子, 年七歲矣. 初, 上年二十九乃得太子, 甚喜, 爲立禖, 使東方朔枚皋作禖祝. 少壯, 詔受公羊春秋, 又從瑕丘江公受穀梁. 及冠就宮, 上爲立博望苑, 使通賓客, 從其所好, 故多以異端進者."

역문 태자빈객은 시종하면서 규간[61]하고 예식의례를 도와 (태자를) 보좌하는 것을 관장한다. 무릇 황태자는 빈객과의 연회에서 그들을 연장자로 존경하여 윗자리에 앉힌다.

◎ 太子詹事府: 詹事一人, 正三品; 『漢書』百官表: "詹事, 秦官, 掌皇后、皇太子家, 秩二千石." 應劭云: "詹, 省也, 給也." 言給事太子. 漢東宮屬官太子門大夫、庶子、洗馬、舍人屬二傅; 率更、家令・丞, 僕, 中盾, 衛率, 廚、廐長・丞屬詹事. 成帝省詹事, 後漢因之, 其太子官悉屬少傅, 而太傅不領官屬. 魏復置詹事, 品第三, 掌東宮內外衆務. 晉初不置詹事, 東宮諸署悉隷二傅. 後以保、傅位尊, 不宜親務, 武帝咸寧初, 用黃門侍郞楊珧爲詹事, 掌東宮之任. 珧遷爲少傅, 復省. 惠帝元康中復置. 永康中, 齊王冏輔政, 復省. 太安中復置, 懷帝又省, 江左復置. 『晉令』: "詹事, 品第三, 銀章、青綬, 絳朝服, 兩梁冠. 局事擬尙書令, 位視領・護將軍・中書令. 長三令、四率、中庶子、庶子、洗馬、舍人." 其後用人漸重, 或以令、僕射領之. 宋、齊品秩、儀服略同於晉. 梁秩中二千石, 品第三; 後定十八班, 班第十四. 陳因之. 後魏太子詹事左、右置二人, 其後唯置一人; 初第二品下, 太和末, 降爲第三品. 北齊品同魏氏, 總東宮內外衆務, 事無大小皆統之; 領家令、率更、僕三寺, 左、右衛二坊. 後周置太子宮正、宮尹. 隋開皇元年更置詹事, 二年罷之, 皇朝復置. 龍朔二年改爲端尹, 咸亨元年復舊. 天授中改爲宮尹, 神龍元年復舊. 少詹事一人, 正四品上. 皇朝置. 龍朔二年改爲少尹, 咸亨元年復舊. 天授中復爲少尹, 神龍元年復舊.

역문 태자첨사부: 첨사는 1인으로 정3품이고, 『한서』 백관공경표

61) 規諫은 "사물의 법도를 진술하여 일을 바로잡는 것을 말한다"라고 정의된다. 그러나 간언의 범칭으로도 쓰인다.(『역주당육전[중]』 권8, 문하성 간의대부, 46~47쪽)

에 이르길 "첨사는 진의 관직으로 황후·황태자의 가사(家事)를 관장하며[62] 질은 2천 석이다"라고 하였다. 응소는 "첨은 살피다 또는 받들다의 뜻이다"라고 주를 달았으니, 태자를 섬겨 (태자의 가사를) 담당하는 것을 말한다. 한나라 동궁의 속관 중 태자문대부·서자·세마·사인은 태부·소부(二傅)에 속하였고, 솔경령·(솔경)승, 가령·(가)승, 복, 중순, 위솔, 주장·(주)승과 구장·(구)승은 첨사에 속하였다. 성제 때 첨사를 폐지하였고, 후한은 이를 따랐다. 그런데 태자관속은 모두 소부(少傅)에게 속하여, 태부는 관속을 거느리지 않았다. 위는 다시 첨사를 설치하였는데 품질은 제3품이었으며 동궁 내외의 여러 업무들을 관장하였다. 진(晉) 초에는 첨사를 두지 않고 동궁 여러 관서는 모두 태자태부·소부(二傅)에 예속시켰다.[63] 이후 태자태보·태자태부의 지위가 높으므로 친히 직무를 맡는 것이 마

---

62) 秦代에 첨사는 황후궁·황태자궁에 모두 설치되었다. 전한 때에는 황태후·황후·태자가 거처하는 궁에 모두 설치되었다. 황태후궁에 설치된 첨사는 궁명을 붙여 長信詹事라 불렀고 지위는 九卿의 위였으며 궁내의 대소 사무를 관장하였다. 그 직장이 조정의 少府와 서로 비슷하기 때문에 경제 중 6년에 소부로 개칭하여 황태후궁은 장신소부로 불렸다. 황후궁에 설치된 첨사도 소부로 고치고 中少府라 칭하여 大長秋와 나누어 후궁 관속을 관할하고 궁내의 供御·시봉 사무를 담당하게 하였다. 태자궁에 설치된 첨사는 개칭하지 않았지만 그 직장도 거의 같았고 警衛·刑獄·食邑·車馬 등의 일을 겸하였다. 『漢書』 권19上, 百官公卿表, 734쪽: "詹事, 秦官, (應劭曰: 詹, 省也, 給也. 臣瓚曰: 『茂陵書』詹事秩眞二千石. 掌皇后、太子家, 有丞. 師古曰: 皇后、太子各置詹事, 隨其所在以名官.) 屬官有太子率更、家令·丞、僕、中盾、衛率、廚、廐長··丞, (張晏曰: 太子稱家, 故曰家令. 臣瓚曰: 『茂陵中書』太子家令秩八百石. 應劭曰: 中盾主周衛徼道, 秩四百石. 如淳曰: 漢儀注衛率主門衛, 秩千石. 師古曰: 掌知漏刻, 故曰率更. 自此以上, 太子之官也.) 又中長秋、私府、永巷、倉、廐、祠祀、食官令·長·丞. 諸宦官皆屬焉. (師古曰: 自此以上, 皆皇后之官.) 成帝鴻嘉三年省詹事官, 并屬大長秋. (師古曰: 省皇后詹事, 總屬長秋也.) 長信詹事掌皇太后宮, 景帝中六年更名長信少府, (張晏曰: 以太后所居宮爲名也. 居長信宮則曰長信少府, 居長樂宮則曰長樂少府也.) 平帝元始四年更名長樂少府."

63) 『晉書』 권24, 職官志, 742쪽: "太子太傅、少傅, 皆古官也. 泰始三年, 武帝始建官, 各置一人, 尙未置詹事, 官事無大小, 皆由二傅, 並有功曹、主簿、五官."

땅하지 않다고 여겨 (진) 무제 함녕 초(275)에 황문시랑 양요를 첨사로 삼아 동궁의 사무를 관장하게 했다.[64] 양요가 소부(少傅)로 되면서 다시 (첨사를) 폐지하였다. 진 혜제 원강(291~299)연간에 다시 설치하였다. 영강(300)연간에 제왕 경이 보정(輔政)하며 다시 폐지하였다. 태안(302~303)연간에 다시 설치했으나 진 회제(307~312) 때 또 폐지되었고, 동진에서 다시 설치되었다. 『진령』에 이르기를 "첨사는 제3품으로 은 도장에 청색 인끈을 차고 강조복에 양량관을 착용한다. (동궁 내의) 사무를 처리하는 직권은 (조정의) 상서령에 상당하고, 위차는 영군·호군장군 및 중서령에 비견된다. 식관령·솔경령·가령의 3령(三令)과 좌·우·전·후의 4솔 및 중서자·서자·세마·사인을 거느린다"고 하였다. 그 후 점차 (첨사를) 등용하는 일이 중시되어 때때로 상서령·(상서)복야가 겸령하기도 하였다. 송·제에서 (첨사의) 품질과 의복(儀服)은 대략 진과 같았다.[65] 양에서 질은 중 2천 석, 품은 제3이었고 후에 18반을 정할 때는 제14반이었다.[66] 진(陳)은 이를 따랐다.[67] 북위는 먼저 태자좌·우첨사를 각 1인씩 두었다가 뒤에 첨사 1인만을 두었다. (첨사의 관품은) 처음에는 2품하였으나 태화(477~498) 연간 말에 3품으로 내렸다.[68] 북제의 태

---

64) 『晉書』 권24, 職官志, 742쪽: "咸寧元年, 以給事黃門侍郎楊珧爲詹事, 掌宮事, 二傅不復領官屬."

65) 『宋書』 권40, 百官下, 1253쪽: "太子詹事, 一人. 丞一人. 職比臺尚書令、領軍將軍." 다만 이 기사만으로 보면 太子詹事의 職이 尙書令、領軍將軍과 비견되는 것처럼 보인다. 그렇지만 晉令에 "局事擬尙書令, 位視領·護將軍·中書令"라고 되어 있으므로 『宋書』의 기사도 領軍將軍 앞에 '位視'가 빠진 것으로 보아야 한다.

66) 『隋書』 권26, 百官上, 726쪽: "詹事, 位視中護軍, 任總宮朝. 二傅及詹事, 各置丞、功曹、主簿. 五官、家令、率更令、僕各一人."

67) 『隋書』 권26, 百官上, 742쪽.

68) 『魏書』 권113, 官氏志, 2978·2995쪽.

자첨사는 관품이 북위와 같았다. (태자첨사는) 동궁 내외의 여러 업무를 총람하여 크고 작은 사안 모두를 관할하였으며, 가령시·솔경시·복시의 3시와 좌·우위 2방을 통령하였다.[69] 북주는 태자궁정·궁윤을 설치하였다.[70] 수 개황 원년(581)에 다시 첨사를 설치하였다가 개황 2년에 폐지하였으나,[71] 당에서 다시 설치하였다. (고종) 용삭 2년(662)에 단윤으로 고쳤으나 함형 원년(670)에 복구하였다. 천수(690~691) 연간에 궁윤으로 고쳤으나 신룡 원년(705)에 복구하였다. **소첨사는 1인으로 정4품상이다.** 당에서 설치하였다. 용삭 2년에 소윤으로 고쳤으나 함형 원년에 복구하였다. 천수 연간에 다시 소윤으로 고쳤으나 신룡 원년에 복구하였다.

太子詹事之職, 統東宮三寺、十率府之政令, 擧其綱紀, 而修其職務; 少詹事爲之貳. 凡天子六官之典制, 皆視其事而承受焉.

역문 **태자첨사의 직장은 동궁 3시[72]·10솔부[73]의 정령을 통령하**

---

69)『隋書』권27, 百官中, 759~760쪽: "詹事, 總東宮內外衆務, 事無大小, 皆統之. 府置丞、功曹、五官、主簿、錄事員. 領家令, 率更令、僕等三寺, 左右衛二坊. 三寺各置丞, 二坊各置司馬, 俱有功曹、主簿, 以承其事. 家令, 領食官、典倉、司藏等署令、丞. 又領內坊令、丞. 掌知閤內諸事. 其食官, 又別領器局、酒局二丞, 典倉又別領園丞, 司藏又別領仗庫、典作二局丞. 率更領中盾署令、丞各一人. 掌周圍禁防, 漏刻鍾鼓. 僕寺領廐牧署令、丞, 署又別有車輿局丞. 左右衛坊率, 各領騎官備身正副都督、騎官備身五職、騎官備身員. 又有內直備身正副都督、內直備身五職、內直備身員. 又有備身正副都督、備身五職員. 又有直閤、直前、直後員. 又有旅騎、屯衛、典軍等校尉各二人, 騎尉三十人. 門下坊, 中庶子、中舍人、通事守舍人、主事守舍人, 各四人. 又領殿內、典膳、藥藏、齋帥等局. 殿內局有內直監二人, 副直監四人. 典膳、藥藏局, 監、丞各二人. 藥藏又有侍醫四人. 齋帥局, 齋帥、內閤帥各二人. 典書坊, 庶子四人, 舍人二十八人. 又領典經坊, 洗馬八人, 守舍人二人, 門大夫、坊門大夫、主簿各一人. 幷統伶官西涼二部、伶官淸商二部."

70)『通典』권30, 職官12, 東宮官 太子詹事, 823쪽: "後魏有太子左右詹事. … 後周置太子宮正、宮尹." 그러나 『周書』권40, 尉遲運傳, 710쪽, 宇文孝伯傳, 717쪽에 의하면 좌·우궁정도 있었다.

71)『隋書』권28, 百官下, 779쪽.

고 법과 기강을 들어 각자의 임무에 힘쓰게 한다. 소첨사는 차관이 된다. 무릇 천자 육관〔상서도성과 6부〕의 제도에 견주어 직무를 받든다.[74)]

○ 丞二人, 正六品上; 漢因秦置詹事丞, 秩六百石. 東漢省. 至魏、晉, 皆隨詹事置省. 永康中, 省詹事, 置丞一人, 文書關六傅. 『晉令』: "詹事丞一人, 品第七., 銅印、墨綬, 進賢一梁冠, 皀朝服; 局擬尙書左、右丞." 過江, 多用員外郎及博士爲之, 遷爲尙書郎. 宋、齊品服同晉氏. 梁、陳品第八. 後魏初, 從五品中; 太和末, 第七品下. 北齊第七品下. 隋初置一人, 皇朝加至二人. 龍朔二年改爲端尹丞, 咸亨元年復故. 天授中又改爲宮尹丞, 神龍元年復故. 主簿一人, 從七品上; 晉始置主簿, 史闕其員品. 歷宋、齊、梁、陳、後魏、北齊、隋, 詹事府皆有五官、功曹、主簿, 亦史闕其員品. 皇朝置一人. 龍朔、咸亨、天授、神龍並隨府改復. 錄事二人, 正九品下.

역문 승은 2인으로 정6품상이고, 한은 진을 따라 첨사승을 두었고 질은 6백 석이었다.[75)] 동한은 폐지하였다. 위·진에 이르러 모두 첨

---

72) 東宮三寺는 太子家令寺, 太子率更寺, 太子僕寺를 가리킨다.(『唐六典』 권27, 家令率更僕寺)

73) 十率府는 太子左右衛率府, 太子左右司禦率府, 太子左右淸道率府, 太子左右監門率府, 太子左右內率府를 가리킨다. 태자와 동궁의 호위기구이다.(『唐六典』 권28, 太子左右衛及諸率府)

74) 太子詹事府는 朝廷의 尙書省에 상당한다. 상서성의 장관은 원래의 尙書令이었으나 일찍이 태종이 취임한 바 있어 이후 당 일대에 걸쳐 임명된 예가 없고, 尙書左·右丞相(또는 尙書左·右僕射)이 장관이었다. 따라서 태자첨사부의 장관 太子詹事는 상서 좌·우승상에 비견된다. 상서성은 尙書都省과 吏·戶·禮·兵·刑·工의 6部로 구성된 방대한 기구이다. 상서성의 직무는 크게 둘로 나눌 수 있다. 그 하나는 문하성으로부터 하달된 국가의 모든 정령을 집행하는 것이고, 다른 하나는 국가의 모든 문서를 수발하는 것이다.(『역주당육전(상)』 권1, 삼사삼공상서도성, 114~142쪽) 태자첨사부도 조정의 상서성에서 하달된 황제의 명령과 동궁의 좌·우춘방부에서 하달된 황태자의 명령을 집행하고, 아울러 그 문서를 수발한다.

75) 『漢書』 권19上, 百官公卿表, 734쪽, 737쪽.

사의 설치와 폐지에 따라 (첨사승도) 설치하거나 생략하였다. (서진) 영강(300)연간에 첨사를 폐지하고 승 1인을 두었으며 (동궁에 관련된) 문서는 모두 6부(傅)에게 보냈다[闕]. 『진령』에 이르기를 "첨사승은 1인이고 품은 제7품이다. 구리도장에 검은 인끈을 차고 진현일량관과 조조복을 착용하며,[76] (동궁의) 사무에 관한 직권은 (조정의) 상서성 좌·우승에 상당한다"고 하였다. 동진은 자주 원외산기시랑이나 박사를 등용하여 첨사승으로 삼았는데, (첨사승은 임기를 마치면) 상서랑으로 승진하였다.[77] 송·제 때 (첨사승의) 품질과 관복은 진(晉) 때와 같았고, 양·진(陳) 때는 8품이었다. 북위 초에 (첨사승은) 종5품중이었으나[78] 태화(477~498) 말에는 7품하였다.[79] 북제 때는 제7품하였다. 수 초에 1인을 두었고, 당은 2인으로 늘렸다. (고종) 용삭 2년(662)에 단윤승으로 개칭하였으나, 함형 원년(670)에 복구하였다. 천수 연간에 다시 궁윤승으로 개칭하였으나, 신룡 원년(705)에 복구하였다. **주부는 1인으로 종7품상이고**, 진(晉) 때에 처음으로 주부를 설치하였으나 사서에 정원과 품질이 누락되어 있다.[80] 송·제·양·진·북위·북제·수에 이르기까지 첨사부에 오관·공

---

76) 『宋書』 권18, 禮志5, 513쪽: "江左太子保傅卿尹詹事丞, 皁朝服."

77) 이에 대해 『晉書』에는 직접적인 기록이 없다. 다만 『宋書』 권92, 良吏 江秉之傳, 2269쪽에 "宋受禪, 隨例爲員外散騎侍郎, 補太子詹事丞. 少帝卽位, 入爲尙書都官郎, 出爲永世、烏程令, 以善政著名東土"라는 기록이 있다. 송 초기의 이 제도는 동진의 고사를 연용한 것으로 볼 수 있다.

78) 이는 太和 前制를 가리킨다. 『魏書』 官氏志에 따르면 북위 효문제 태화 17년(493)에 직원령을 반포하였고 태자첨사승은 종제5품중이었다.(『魏書』 권113, 官氏志, 2986쪽)

79) 이는 太和 後制를 가리킨다. 『魏書』 官氏志에 따르면 북위 효문제 태화 23년(499)에 다시 직령을 반포하였고 태자첨사승은 제7품하이었다.(『魏書』 권113, 官氏志, 3000쪽.)

80) 『晉書』 권24, 職官志, 742쪽: "置丞一人, 秩千石; 主簿、五官掾、功曹史、主記門下史、錄事、戶曹法曹倉曹賊曹功曹書佐、門下亭長、門下書佐、省事各一人." 정원은 기록되어 있지만 품질에 대해서는 언급이 없다.

조・주부가 설치되었으나 역시 사서에 정원과 품질이 누락되어 있다.[81] 당은 1인을 두었다. 용삭・함형・천수・신룡 연간에 모두 첨사부의 명칭 변화에 따라 개명되고 회복되었다. 녹사는 2인으로 정9품하이다.

丞掌判府事. 凡勅令及尙書省、二坊符・牒下於東宮諸司者, 皆發之; 若東宮諸司之申上者, 亦如之. 主簿掌付所受諸司之移、判及彈頭之事而勾會之. 凡三寺、十率府文符之隱漏, 程限稽失, 大事啓文, 小事下率更以繩之; 及掌印, 勾檢稽失. 錄事掌受事發辰.

역문 승은 첨사부의 사무에 대한 판정을 주관한다. 무릇 칙령 및 상서성・2방[태자좌・우춘방]의 부・첩으로 동궁의 여러 관서로 하달되는 것은 모두 (승이) 개봉[發]하여 (확인하며), 동궁의 여러 관서에서 상신하는 문서 또한 이와 같다.[82] 주부는 각 관서에서 (동궁으로) 보낸 이・판・탄두[83] 등의 문서를 (해당 관서로) 보내고 구검한다. 무릇 3시・10솔부에서 문서를 은닉 탈루하거나[84] 기한을

81) 남북조시대 각 왕조의 詹事府 主簿의 설치 연혁에 대해서는 기록이 있는 것도 있고 없는 것도 있다. 송・제는 주부 이하 여러 관원에 대한 기록을 찾아볼 수 없다. 『隋書』 권26, 百官上, 726쪽에는 梁代의 첨사부에 승・공조・주부 등 속관이 기재되어 있으나 주부의 정원과 품질에 관한 기록은 없다. 陳은 양의 제도를 연용하였다. 북위의 첨사주부는 태화 17년의 직원령에 따르면 종6품상이었다.(『魏書』 권113, 官氏志, 2998쪽) 북제에서는 승・공조・오관・주부・녹사가 설치되었고,(『隋書』 권27, 百官중, 759쪽) 공조・오관은 종9품이었으나 주부는 알 수 없다.(『隋書』 권27, 百官中, 770쪽) 수에서는 첨사부가 개황 원년에 설치되었다가 다음해에 폐지되었고.(『隋書』 권27, 百官下, 779쪽) 주부에 대한 기록은 없다.

82) 太子詹事丞의 직능은 尙書都省 左・右 司郎中員外郎의 그것과 같다.(『역주당육전(상)』 권1, 삼사삼공상서도성 승 좌우사낭중 원외랑, 118~142쪽)

83) 모두 문서의 명칭이다. 移는 서로 통속관계가 없는 관서 사이에 오가는 문서이다. 判은 判文으로 안건에 대한 판결문이다. 騈文으로 된 것이 많다. 彈頭는 彈文으로 관원의 잘못을 탄핵하는 奏疏이다.

어기거나 착오가 있는 경우 대사는 황태자에게 아뢰고[85] 소사는 솔경시로 내려보내 처리케 한다. 아울러 관인을 관리하고 기한을 어긴 것이나 과실을 구검한다. 녹사는 수사 발신을 관장한다.

◎ 太子司直二人, 正七品上. 皇朝龍朔三年置桂坊, 比御史臺. 置令一人, 比御史大夫; 司直二人, 比侍御史. 職在彈劾, 以肅宮僚. 其後廢桂坊, 以司直隸詹事府.

역문 태자사직은 2인으로 정7품상이다. 당 용삭 3년(663) 계방을 설치하였는데 (조정의) 어사대에 상당한다.[86] (계방)령 1인을 두었는데 (조정의) 어사대부에 상당하고,[87] 사직 2인은 (조정의) 시어사에 상당한다.[88] 직장은 동궁의 관료들을 탄핵하여 숙정하는 것이다. 그 후 계방을 폐지하고 사직은 첨사부에 예속시켰다.

司直掌彈劾宮寮, 糺擧職事. 凡皇太子朝宮臣, 則分知東西班. 凡諸

---

84) 당의 공문서 제도에서는 문서 왕래에 漏洩·稽緩·違失·忘誤의 네 가지 금기사항이 있었고, (『역주당육전(중)』 권9, 중서성 중서사인, 109쪽) 위반자는 각각 책임정도에 따라 죄를 받았다. 漏泄罪는 職制律 19조, 稽緩罪는 職制律 21조, 違失罪는 職制律10조, 忘誤罪는 職制律 23조에 규정되어 있다.

85) 陳仲夫 점교본에서는 원문의 '文'을 '聞'으로 고쳐야 한다고 보고 있다.

86) 『舊唐書』 권4, 高宗本紀上, 84쪽: "(龍朔三年二月)癸巳, 置太子左右諭德及桂坊大夫等官員, 改司經局爲桂坊館."

87) 御史大夫의 정원은 1인이고 품은 종3품이다. 어사대부는 국가의 刑法·典章의 政令을 관장하여 조정 列臣의 기강을 숙정하는 것을 관장한다.(『역주당육전(중)』 권13, 어사대 어사대부, 303~313쪽)

88) 御史臺 侍御史의 정원은 4인이고 품은 종6품하이다. 시어사는 백관을 감찰·탄핵하고 옥안과 송사를 추국하는 일을 관장한다.(『역주당육전(중)』 권13, 어사대 시어사, 313~323쪽)

司文武應參官, 每月皆具在否, 以判正焉; 凡諸率府配兵於諸職掌者, 亦如之; 皆受而檢察, 其過犯者, 隨以彈啓. 若皇太子監國, 詹事及左、右庶子爲三司使, 則司直一人與司議郎、舍人分日受啓狀, 詳其可否, 以申理之. 若皇太子出, 則於鹵簿內分以糺察.

역문 사직은 동궁 관료를 탄핵하고 직무 (위반을) 규찰하여 적발하는 것을 관장한다. 무릇 황태자가 동궁 신료의 조하를 받을 때는 동서반으로 나누어 (숙정을) 담당한다.89) 무릇 (동궁) 각 관서의 조회 참여에 해당하는 문무관은 매월 출석할 수 있는지 여부를 갖추어[具] (명단을) 정한다.90) 무릇 여러 태자솔부에서 해당 직장에 위병을 배치하는 경우도 또한 같다. 모두 (명단을) 받아 검찰하며, (그 결과) 과오를 범한 자가 있으면 그에 따라 탄핵한다. 만약 황태자가 감국할 때는91) 태자첨사 및 좌·우서자는 삼사사가 되는데,92) (이 경우) 사직 1인과 사의랑 · 사인은 날을 나눠 (황태

---

89) 황태자가 동궁에서 宮臣의 朝賀를 받는 의례는 5일에 1번 조참하는 常參과 매월 朔望의 조참 두 종류가 있다. 『大唐開元禮』 권112, 皇太子元正冬至受群臣賀에 따르면 동궁 조회시 황태자의 자리는 동궁의 정전인 嘉德殿에 설치하는데 그 좌석은 東序西向이다. 동궁 정문인 重明門 밖에 궁신의 版位를 설치하고 문관은 동쪽, 무관은 서쪽에 모두 두 줄로 마주보게 하며, 북쪽을 상석으로 한다.

90) 당의 제도에서 동궁의 5품 이상 관리는 매 5일마다와 삭망일에 황태자에게 조하하였다. 즉 여기서 조하해야 할 관리는 5품 이상을 가리킨다. 그 가운데 휴가 또는 하번 등의 사유가 있는 경우 출석하지 않아도 된다. 『唐會要』 권26, 皇太子見三師禮條: "開成三年四月勅: 宣令師保、賓客、詹事、左右春坊五品以上官, 每至朔望日, 仗門下, 與前件官, 詣崇明門謁見皇太子, 其官二員者, 任分番. 如遇陰雨、休假, 其輟朝、放朝並權停."

91) 황제가 출행하는 경우 태자가 남아 국사를 대신 관장하는 것을 감국이라고 한다. 예를 들면 당 태종이 요동에 친정하였을 때 태자가 定州에서 감국하였다. 『舊唐書』 권3, 太宗本紀下, 57쪽: "十九年春二月庚戌, 上親統六軍發洛陽. 乙卯, 詔皇太子留定州監國; 開府儀同三司、申國公高士廉攝太子太傅, 與侍中劉洎、中書令馬周、太子少詹事張行成、太子右庶子高季輔五人同掌機務."

92) 三司使는 조정의 중서성·문하성·어사대 혹은 중서령·문하시중·어사대부를 가리키는 말이다. 큰 사안은 반드시 삼사사가 상의하고 결정하며, 형벌이 부당하거나 형량이 바르지 않으면 삼

자에게 올리는) 문서〔啓狀〕를 접수하고93) 가부를 상세히 살펴 처리한다. 만약 황태자가 출행하면 노부 안에서 (노부 행렬을) 나누어 규찰한다.94)

◎ 太子左春坊: 左庶子二人, 正四品上; 『禮記』曰: "古者, 周天子有庶子之官, 職諸侯、卿大夫之庶子, 掌其戒令與其敎理, 別其等, 正其位. 國有大事, 則率國子而致於太子, 唯所用之. 若有甲兵之事, 則授之車甲, 合其卒伍, 置其有司, 以軍法理之, 司馬弗征." 至秦因之, 置中庶子員. 漢太子太傅

사가 모여 심의한 후 법례에 의거하여 형부나 대리시로 되돌려 보내 재심하게 한다.(『역주당육전(중)』, 어사대, 312쪽. 주51)·52) 참조)

93) 三司使가 안건을 수리할 때, 御史臺의 侍御史와 門下省의 給事中과 中書省의 中書舍人이 번갈아 입직하고, 한 명이 正이 되어 사안을 받고 다른 두 명이 副가 되어 수결한다. 이를 번갈아가며 하고, 鞫聽 때에도 이와 같다. 황태자 감국 시에는 상술한 3개 관직과 첨사부 사직·좌춘방 사의랑·우춘방 사인이 대응된다.

94) 『新唐書』 권23下, 儀衛志下, 499~500쪽: "皇太子出, 則鹵簿陳於重明門外. 其日三刻, 宮臣皆集於次, 左庶子版奏「請中嚴」. 典謁引宮臣就位, 侍衛官服其器服, 左庶子負璽詣閤奉迎, 僕進車若輦於西閤外, 南嚮, 內率一人執刀立車前, 北嚮, 中允一人立侍臣之前, 贊者二人立中允之前. 前二刻, 諸衛之官詣閤奉迎, 宮臣應從者各出次, 立於門外, 文東武西, 重行北嚮北上." 이상은 출행 전의 의식이다. 황태자가 수레에 오르기를 기다려 僕은 즉시 수레 손잡이 끈을 넘겨주고〔授綏〕, 左庶子 이하는 夾侍한다. 中允이 '請發'을 상주하면 수레가 이에 움직인다. 이 때에 악기가 연주되고 대규모 의장대가 家令의 선도로 움직이고 차례대로 率更令·詹事·太傅·太師 모두가 軺車를 탄다. 그 뒤로 우선 淸游隊·率更寺의 鼓吹와 左·右 翊府의 郎將과 衛士가 따르고, 뒤에 通事舍人·司直·文學·洗馬가 따른다. 司議郎은 왼편에 위치하고 太子舍人은 오른편에 위치하며 중윤은 왼편에 위치하고 中舍人은 오른편에 위치하고 左·右 諭德, 左·右 庶子가 위치한다. 그 뒤에 左·右 衛率府의 副率 2인과 親·勳·翊 3衛의 위사가 따른다. 이상이 前列이다. 중간에는 황태자의 수레〔金路〕가 있는데 4필의 말이 끌고 駕士가 23인이고 僕寺에서 말을 어거하는 책임을 진다. 左·右 率府의 率 2인이 儀刀를 잡고 陪乘한다. 좌·우위솔부의 솔 2인이 금로를 협시하고 각 1인이 공봉관의 뒤에서 쫓는다. 이 뒤는 동궁 諸率府의 위사이며 연달아 副路와 軺車·四望車 등이 따른다. 그 뒤는 左·右 廂步隊·儀仗과 左·右 廂馬隊이며 마지막은 後拒隊이다. 만약 常行·常朝에 속한 경우에는 의장의 1/3을 감하고 馬隊와 鼓吹 및 金路·四望車 등을 설비하지 않는다. 황태자는 軺車를 타고 二傅는 犢車를 탄다.

屬官有庶子, 王莽改曰中尙翼子. 後漢太子少傅屬官有太子中庶子, 員五人, 秩六百石, 職如侍中; 庶子, 無員數, 秩四百石. 庶子職如三署郎. 『環濟要畧』曰: "庶子主宮中並諸吏之適子及支庶版籍." 魏因之. 晉太子詹事有中庶子、庶子各四人, 局擬散騎常侍, 品第五; 班同三令、四率, 次中書侍郎下; 絳朝服, 武冠, 平巾幘. 高功中庶子與高功中舍人共掌禁令, 糺正違闕, 侍從左右, 儐相威儀, 盡規獻納, 奏事文書皆典綜之. 釋奠, 中庶子扶左, 庶子扶右. 宋文帝元嘉初, 詔中庶子隨太子入直上宮; 十四年, 又詔還直東宮. 梁中庶子、庶子各四人, 中庶子功高者一人爲祭酒, 行則負璽, 前、後部護駕, 與高功中舍人一人共掌其坊之禁令, 班第十一, 從四品; 庶子班第九, 從五品. 陳因之. 後魏有太子中庶子、庶子員. 北齊有門下坊, 中庶子四人領之; 有典書坊, 庶子四人領之. 中庶子第四品上. 隋門下坊置左庶子二人領之, 典書坊置右庶子二人領之, 至是始改爲左、右矣. 左庶子正四品上, 右庶子四品下. 皇朝因之. 龍朔二年, 改門下坊爲左春坊, 左庶子爲太子左中護; 咸亨元年復故. 左庶子在東宮, 職擬侍中. **太子中允二人, 正五品下.** 後漢太子官屬有中允, 在中庶子下、洗馬上. 此後無聞. 皇朝貞觀初, 改太子中舍人爲中允, 位右庶子下, 而中舍人復置. 龍朔二年改曰太子左贊善大夫, 咸亨元年復爲太子中允, 而左贊善大夫仍置. 太子中允職擬黃門侍郎.

역문 **태자좌춘방: 좌서자는 2인으로 정4품상이고,** 『예기』에 이르기를 "옛날 주 천자에게는 서자라는 관직이 있어 제후·경대부의 (장자 이외의) 여러 아들들을 관리하였는데, 그들에 대한 규율〔戒令〕[95]과 아울러 교학을 관장하고, 그들의 (신분) 등급을 구별하여 (연회 때) 위치를 바로 하였다. 나라에 대사[96]가 있으면 공경대부의

95) 『禮記』 권62, 燕義: "古者, 周天子之官有庶子官, 庶子官職諸侯、卿、大夫、士之庶子之卒, 掌其戒令, 與其敎治, 別其等, 正其位." 戒令은 『禮記』 陳澔 注에 의하면 "謂任之征役也"로 제후와 공경대부의 자제가 應召하여 宮에서 태자를 시위할 때의 관계법령을 가리킨다.

96) 大事는 大祭祀·大喪事·大賓客·大燕享 따위를 가리킨다. 『周禮』 권31, 諸子에 다음과 같이 대

자제를 이끌고 태자에게 나아가 오직 (태자의 명을 받아) 부린다. 만약 전쟁이 있으면 그들에게 전차와 갑주를 주어 대오로 편제하고 전담관을 두어 군법에 따라 다스렸으며, 사마는 (그들로부터 부역을) 징수할 수 없었다[97]"고 하였다.[98] 진(秦)에 이르러 이를 따라 중서자의 (관)원을 두었다. (전)한은 태자태부의 속관에 서자를 두었고[99] 왕망은 이를 중상익자로 개칭하였다.[100] 후한은 태자소부 속관으로 태자중서자를 두었는데 정원은 5인이고 질은 6백 석이며 직무는 (조정의) 시중과 같았다. 서자는 정원은 없고 질은 4백 석이었다. 서자의 직무는 (조정의) 삼서랑과 같았다.[101] 『환제요략』에 이르길 "서자는 동궁의 모든 관리들의 적자 및 서자의 판적(版籍)을 주관한다"고 하였다.[102] 위는 이를 따랐다.[103] 진에서는 태자첨사 (밑에)

응되는 사안이 기재되어 있다. "大祭祀. 正六牲之體. 凡樂事. 正舞位. 授舞器. 大喪. 正群子之服位. 會同賓客. 作群子從."

97) 司馬는 周代에 군대와 軍賦를 징수하는 것을 관장하는 관직으로 六卿 중 하나이었다. "司馬弗征" 이후에 『周禮』에는 "凡國征弗及" 구절이 있는데, 이는 국가에서 규정된 賦稅와 力役이 면제된 것을 의미한다.

98) 『禮記』 권62, 燕義: "古者, 周天子之官有庶子官. 庶子官職諸侯、卿、大夫、士之庶子之卒, 掌其戒令, 與其敎治, 別其等, 正其位.. 國有大事. 則率國子而致於大子. 唯所用之. 若有甲兵之事. 則授之以車甲. 合其卒伍. 置其有司. 以軍法治之. 司馬弗正." 庶子는 『周禮』에 나오는 諸子와 같다. 『周禮』, 夏官司馬, 諸子: "諸子掌國子之倅. 掌其戒令. 與其敎治. 辨其等. 正其位. 國有大事. 則帥國子而致於大子. 惟所用之. 若有兵甲之事. 則授之車甲. 合其卒伍. 置其有司. 以軍法治之. 司馬弗正." 그 밑에는 下大夫 2인이 설치되었고 관속으로 中士 4인, 府 2인, 史 2인, 胥 2인이 있었다.

99) 『通典』 권30, 職官12, 東宮官, 太子庶子, 824 ~825쪽: "古者, 天子有庶子之官, 周官謂之諸子. 職諸侯卿大夫之庶子, 掌其戒令與其敎理, 有大事則帥國子而致於太子, 唯所用之. 秦因之, 置中庶子、庶子員. 漢因之, 有庶子, 員五人. 史丹、王商、歐陽地餘並爲中庶子." 진과 한은 모두 중서자와 서자를 두었다. 중서자의 직임은 조정의 侍中과 같아 황태자 좌우의 가까운 인물이었다. 상술한 인물들 외에 馮野王이 있으며 이들은 元帝가 태자 때에 중서자였다.

100) 『通典』 권30, 職官12, 東宮官 太子庶子, 825쪽.

101) 三署郎은 光祿勳 속관인 五官中郎將·左中郎將·右中郎將 휘하의 郎官을 말한다. 그 안에 中郎·議郎·侍郎·郎中의 구별이 있었으며 정원이 없어 많을 때는 천명에 이르렀고 戟을 잡고 궁전을 守衛하였다.

중서자·서자 각각 4인을 두었는데, 직권은 (조정의) 산기상시에 상당하였고[104] 제5품이었으며, 반은 3령·4솔과 같아 중서시랑의 아래였고,[105] 강조복과 무관과 평건책을 착용하였다. 중서자와 중사인[106] 가운데 각각 (연)공이 높은 1인이 함께 금령을 관장하고 기율 위반과 착오를 규정하였으며 태자 좌우에서 시종하며 위의를 돕고 간언을 헌납하며 태자에게 올리는 모든 문서를 관할하였다. 석전[107] 때 중서자는 태자 왼편에서 부축하고 서자는 오른편에서 부축하였다. 송 문제 원가 연간 초(424) 중서자는 태자를 따라 황궁에서 입직하도록 조서를 내렸고, 원가 14년 다시 동궁으로 돌아가 입직하도록 조서를 내렸다.[108] 양의 중서자·서자는 각 4인으로 중서자 중

---

102) 『藝文類聚』 권49, 職官部5, 太子中庶子: "『環濟要略』曰. 庶子. 謂宮中諸吏之適子及支庶在版籍者也. 行其秩叙. 作其徒役. 授八次八舍之職. 以微候." 이는 『禮記』 燕義나 『周禮』 諸子에는 보이지 않는 내용이다. 다만 『周禮』의 다른 부분에 비슷한 기록이 있다. 『周禮』 天官冢宰, 宮伯: "宮伯掌王宮之士庶子. 凡在版者. 掌其政令. 行其秩序. 作其徒役之事. 授八次八舍之職事."

103) 위에서 鮑勛·司馬孚가 태자중서자를 역임하였다. 『三國志』 魏書 권12, 鮑勛傳, 384쪽. 『晉書』 권37, 安平獻王孚傳, 1082쪽. 같은 시기 오와 촉에도 중서자가 있었다. 『三國志』 吳書 권59, 孫登傳, 1363쪽 : 『三國志』 蜀書 권41, 霍峻傳, 1007쪽.

104) 『晉書』 권24, 職官志, 742~743쪽: "中庶子四人, 職如侍中.… 庶子四人, 職比散騎常侍、中書監令" : 『通典』 권30, 職官12, 東宮官 太子庶子, 825쪽: "晉中庶子、庶子各四員, 職比侍中、散騎常侍及中書監令."

105) 『晉書』 권24, 職官志, 743쪽. 3령은 食官令·家令·率更令으로 첨사부 속관이다. 후에 식관령은 가령에 병합되었고 太子僕을 넣어 三更이라 하였다. 진 무제가 동궁을 세울 때 衛率을 두었는데 泰始 5년(269)에 左·右로 나누어 각기 1군을 거느리게 하였고, 회제 시기 愍懷太子가 동궁에 있을 때 前·後의 2솔을 더하였다. 따라서 4솔은 좌·우·전·후의 4위솔로 동궁의 금위를 관장한다.

106) 『晉書』 권24, 職官志, 743쪽: "中舍人四人, 咸寧四年置, 以舍人才學美者爲之, 與中庶子共掌文翰, 職如黃門侍郎, 在中庶子下, 洗馬上."

107) 『禮記』 권20, 文王世子: "凡學春官釋奠于其先師. 秋冬亦如之. 凡始立學者. 必釋奠于先聖先師"鄭玄 注: "釋奠者, 設薦饌酌奠而已."

108) 『通典』 권30, 職官12, 東宮官 太子庶子, 825쪽: "宋與晉同. 武冠, 平巾幘, 絳朝服. 元嘉初, 詔二率、中庶子隨太子入直上宮. 十四年, 又詔還直東宮." 송 문제는 원가 6년(429) 만 3세인 劉劭를 태

(연)공이 높은 한 사람이 좨주가 되어 태자가 출행하면 도장[璽]을 짊어지고 전·후부로 나누어 태자[駕]를 호위하고, (연)공이 높은 중사인 한 사람과 함께 그 관청[坊]의 금령을 관장하였다.[109] (중서자는) 제11반으로 종4품이었고, 서자는 제9반으로 종5품이었다. 진(陳)은 이를 따랐다. 북위는 태자중서자·서자의 (관)원이 있었다. 북제 때는 문하방이 있어 중서자 4인이 통령하였고, 전서방이 있어 서자 4인이 통령하였다. 중서자는 제4품상이었다.[110] 수는 문하방에 좌서자 2인을 두어 통령하게 했고, 전서방에 우서자 2인을 두어 통령하게 했으니, 이 때에 이르러 좌·우서자로 나누어졌다.[111] 좌서자

자로 세우고 궁중에서 양육하였다. 그래서 중서자를 황궁에 입직하도록 한 것이다. 원가 14년에 태자의 나이 11세가 되어 동궁으로 나갔으므로 동궁에서 입직하도록 한 것이다.

109) 『通典』 권30, 職官12, 東宮官 太子庶子, 825쪽: "至齊, 其庶子用人卑雜. 梁天監七年詔革選. 其年, 以太子中舍人、司徒從事中郎爲之. 凡中庶子四人, 以功高者一人爲祭酒, 行則負璽, 前後部護駕, 與功高中舍人一人共掌其坊之禁令. 庶子四人, 掌侍從左右, 獻納得失, 功高者一人與功高舍人一人共掌其坊之禁令. 冠服並同前代. 陳因梁制" ; 『隋書』 권26, 百官志上, 727쪽: "中庶子四人, 功高者一人爲祭酒. 行則負璽, 前後部護駕. 中舍人四人, 功高者一人, 與中庶子祭酒共掌其坊之禁令.… 庶子四人, 掌侍從左右, 獻納得失. 高功者一人, 與高功舍人共掌其坊之禁令. 舍人十六人, 掌文記." 제·양 시기 동궁에는 중서자와 중사인이 하나의 坊, 서자와 사인이 각각 하나의 坊으로 되어 있었다. 따라서 중서자 좨주와 연공이 높은 중사인, 연공이 높은 서자와 연공이 높은 사인이 각자 소재한 방의 금령을 관장하였다. 이는 중서자·중사인과 서자·사인이 첨사부 내에서 분리·독립하는 추세를 보여줌과 동시에 조정의 문하·중서가 중요한 기구로 발전해 나가는 것을 반영하고 있다.

110) 『隋書』 권27, 百官志中, 北齊官制, 760쪽: "門下坊, 中庶子、中舍人、通事守舍人、主事守舍人, 各四人. 又領殿內、典膳、藥藏、齋帥等局: 殿內局有內直監二人, 副直監四人. 典膳、藥藏局, 監、丞各二人. 藥藏又有侍醫四人. 齋帥局, 齋帥、內閣帥各二人. 典書坊, 庶子四人, 舍人二十八人. 又領典經坊, 洗馬八人, 守舍人二人, 門大夫、坊門大夫、主簿各一人."

111) 『隋書』 권28, 百官志下, 隋高祖時官制, 779쪽: "門下坊, 置左庶子二人, 內舍人四人, 錄事二人, 主事令史四人. 統司經、宮門、內直、典膳、藥藏、齋帥等六局. 司經置洗馬四人, 校書六人, 正字二人. 宮門置大夫二人. 內直置監、副監各二人, 監殿舍人四人. 典膳、藥藏, 並置監、丞各二人. 藥藏又有侍醫四人. 齋帥置四人. 典書坊, 右庶子二人, 舍人、通事舍人各八人, 錄事二人, 主事令史四人, 內坊典內及丞各二人, 丞直四人, 錄事一人. 內廄置尉二人, 掌內車輿之事."

는 정4품상이고 우서자는 정4품하였다.[112] 당은 이를 따랐다. 용삭 2년(662) 문하방을 좌춘방으로, 좌서자를 태자좌중호로 삼았으나, 함형 원년(670) 복구하였다.[113] 동궁에서 좌서자는 그 직임이 (조정의 문하)시중에 상당한다.[114] **태자중윤은 2인으로 정5품하이다.** 후한의 태자 속관에는 중윤이 있었는데 (직위는) 중서자의 아래 세마의 위였다.[115] 그 후에는 기록이 없다. 당은 정관연간 초(627)에 태자중사인을 중윤으로 고치고 지위를 우서자의 아래로 하였지만 중사인을 다시 설치하였다.[116] 용삭 2년 태자좌찬선대부로 개칭하였으나 함형 원년 태자중윤으로 복구하였고 좌찬선대부도 여전히 설치되었다. 태자중윤의 직무는 (조정의) 황문시랑에 상당한다.[117]

---

112) 『隋書』 권28, 百官下, 785쪽.

113) 『唐會要』 권67. "左春坊本門下坊, 龍朔二年改爲左春坊, 咸亨元年復爲門下坊, 景雲二年八月二十五日, 改爲左春坊" : "左右庶子, 龍朔二年改爲左右中護, 咸亨元年復爲庶子."

114) 門下省 侍中의 정원은 2인이고 관품은 정3품이다. 문하시중은 황제의 조명을 출납하여 대도를 빛나게 하고, 관리의 직무를 총괄하며, 의례의 진행을 도움으로써 만방을 협화하고 군주의 여러 일을 보필하는 것이니, 이른바 황제를 보좌하여 대정의 방략을 통섭하는 직위이다. 군국의 중요한 일은 모두 중서령과 함께 총람하며, 서로 일을 논의하고 시행토록 하니 이른바 재상의 직임이다.(『역주당육전(중)』 권8, 문하성 시중, 15~24쪽.) 그러나 唐 일대에 걸쳐 문하시중이 임명되어 재상의 직임을 수행한 때는 많지 않았다. 太宗 때부터 他官에게 '參議得失'·'參知政事'·'同中書門下三品'·'平章事' 등의 직함을 주어 재상의 역할을 담당케 함으로써 3성의 장관을 재상으로 삼는 제도적 원칙이 지켜지지 않게 되었다.(『역주당육전(상)』, 解題, 35~38쪽)

115) 『通典』 권30, 職官12, 東宮官 太子庶子 中允, 826쪽: "後漢太子官屬有之, 職在中庶子下, 洗馬上. 漢制, 太子五日一朝, 其非朝日, 卽使僕及中允朝, 朝請問起居. 其後無聞. 宋、齊有中舍人, 是其職也." 中允은 中盾이라고도 하였다. 『漢書』 권100上 敍傳, 4203쪽. "成帝季年, 立定陶王爲太子, 數遣中盾請問近臣. 師古曰:'盾讀曰允. 百官表云詹事之屬官也. 漢舊儀云秩四百石, 主徼巡宮中'."

116) 중윤의 명칭 변경시기에 대해 사서에 기재된 바는 조금씩 차이가 있다. 『通典』 권30, 職官12, 826쪽과 『新唐書』 권49上, 百官4, 1293쪽은 『唐六典』과 같으나 『唐會要』와 『舊唐書』는 고조 무덕연간의 일로 기재하였다. 『唐會要』 권67: "中允, 武德初爲內允, 三年三月十日改中允, 又隸門下坊: 永徽三年八月二十日, 又避皇太子諱, 改爲內允, 中舍人改爲內舍人" : 『舊唐書』 권70, 王珪傳, 2527쪽: "高祖入關, 及東宮建, 除太子中舍人, 尋轉中允, 甚爲太子所禮."

左庶子之職, 掌侍從, 贊相禮儀, 駁正啓奏, 監省封題., 中允爲之貳. 凡皇太子從大祀及朝會, 出則版奏外辦中嚴, 入則解嚴焉. 凡令書下於左春坊, 則與中允、司議郎等覆啓以畫諾., 及覆下, 以皇太子所畫者留爲按, 更寫令書, 印署, 注令諾, 送詹事府. 若皇太子監國, 事在尙書者, 如令書之法.

역문 좌서자의 직무는 (태자를) 시종하고 예식의례를 도우며, (황태자에게 올리는) 상주문[啓奏]을 박정하고 문서의 봉인과 제서를 감독하고 살펴보는 것이다. 중윤은 차관이 된다. 무릇 황태자가 (황제를 따라) 대제사와 대조회에 참예하기 위해 (동궁을) 나설 때는 홀을 들고 외판·중엄을 상주하며 태자가 돌아오면 해엄을 선포한다.[118] 무릇 (태자의) 명령서[令書]가 좌춘방에 하달되면 중윤·사의랑 등과 함께 (심의한 뒤) 다시 올려 재가를 받으며, 다시 내려오면 황태자가 재가한 문서는 남겨 문서철에 넣고, 다시 영서를 베껴 날인·서명하고 '황태자가 재가했음[令諾]'이라고 주기하여 첨사부로 보낸다. 황태자가 감국할 때는 상서성에서 시행하는 문서[事]도 영서(令書)의 법과 같게 한다.

---

117) 門下省 黃門侍郞의 정원은 2인이고 품은 정4품상이다. 황문시랑은 시중을 보필하는 직위로 문하성의 차관이다. 정치의 완급을 조정하고, 상과 벌을 논의하는 데 모두 참여한다. (『역주당육전(중)』 권8, 문하성 황문시랑, 29~32쪽)

118) 『大唐開元禮』에 의하면 출행당일 重明門 밖에 鹵簿를 펼치고 동궁 신료들이 집합한다. 좌서자가 차례대로 중엄·외판을 판주한다. 황제의 의례에서 '中嚴'이란 中庭을 戒備한다는 뜻이고 '外辦'이란 宮禁을 警衛한다는 뜻이다. 황태자가 元旦朝會나 郊祀 등 대의식에 참여하기 위해 출행할 때에는 내용이 조금 달라진다. 중엄은 황태자가 궁 밖으로 나가려 하니 모두 정숙하게 하고 연도를 계엄하라는 것을 표시한다. 외판을 상주하면 정식으로 출행한다. 태자가 회궁하여 해엄이 선포되면 연도는 정상통행이 회복된다. 이 직장 역시 문하성 시중의 그것에 상당한다.

○ 太子司議郎四人，正六品上：貞觀十八年置，龍朔二年改爲太子左司議郎，咸亨元年復舊．職擬給事中．錄事二人，從八品下；主事三人，從九品下．

역문 **태자사의랑은 4인으로 정6품상이고**, 정관 18년(644)에 설치되었고,[119] **용삭 2년**(662) **태자좌사의랑으로 고쳤으나 함형 원년**(670)에 복구되었다. 직장은 (조정의) 급사중에 상당한다.[120] **녹사는 2인으로 종8품하이고, 주사는 3인**[121]**으로 종9품하이다.**

司議郎掌侍從規諫，駁正啓奏，以佐庶子、中允之闕．凡皇太子之出入朝謁、從享，及釋奠於先聖先師，講學、臨冑，撫軍、監國之命可傳於史冊者，並錄爲記注．若宮坊之內祥瑞、災眚，及伶官之改變音律、新曲調，宮臣之宮長除拜、薨卒，亦皆記焉．每歲終，則送之於史館．

역문 사의랑은 (황태자를) 시종하며 규간하고 (황태자에게 올리

---

119) 『舊唐書』 권3, 太宗本紀下, 貞觀十八年條, 56쪽: "冬十月辛丑朔, 日有蝕之. 甲辰, 初置太子司議郎官員."

120) 門下省 給事中의 정원은 4인이고 품은 정5품상이다. 급사중은 황제의 좌우에서 시봉하면서 문하성의 일을 나누어 재결하는 일을 맡는다. 각 관사에서 올린 주초는 모두 시중이 심사하는데 급사중이 먼저 읽고 서명하며, 과실을 논박하여 바로잡는다. 국가의 중대 옥사는 三司에서 상세히 판결하는데 만약 刑名이 부당하거나 형의 경중에 불합리함이 있으면 급사중이 법례에 따라 원안을 물리치고 재결한다. 역마를 이용해 사신을 파견할 때는 그것이 규정에 맞는지 심사하여 황문시랑과 함께 역마이용권을 발급하는데, 급하지 않은 경우 傳을 발급하고, 발급해서는 안되는 경우 청구를 취소한다. 무릇 문·무 6품 이하의 관직을 수여할 때 담당관서인 이부와 병부에서 수관 예정자 명단을 올리면, 급사중이 그 관직 경력의 기간과 고과 평정의 우열을 확인하고 그 덕행을 조사하고 재능을 헤아리되, 만약 예정자가 해당 관직에 합당하지 않고 직책이 적합하지 않다면 시중에게 보고하고 이를 이부와 병부에 되돌려 다시 헤아리게 한다.(『역주당육전(중)』 권8, 문하성 급사중, 33~38쪽)

121) 『舊唐書』 권44, 職官3, 1907쪽에는 2인으로 되어 있다.

는) 상주문[啓奏]를 박정하며 서자·중윤이 빠뜨린 점을 보좌한다. 무릇 황태자가 황제를 알현하고 황제를 따라 제향에 참석하기 위하여 (동궁을) 출입하거나, 선성선사에 대한 석전의 예나 강학·임주[122]의 예를 행한 것, 무군[123]과 감국으로 명을 내린 것으로 사서에 전할 만한 것은 모두 기록하여 기주(記注)[124]로 편성한다. 만약 동궁과 좌·우춘방 내에 상서·재이가 있거나 악관[伶官]이 음률을 개변하고 곡조를 갱신한 일, 동궁 신료 중 (각 관청의) 장관[125]의 관직수여·사망 등의 일 모두를 기록한다. 매해 말에 사관(史館)으로 송부한다.

◎ 太子左諭德一人, 正四品下; 龍朔三年置. 職擬左散騎常侍. 太子左贊善大夫五人, 正五品上. 龍朔二年改太子中允爲之, 咸亨元年復置中允,

---

122) 황태자가 齒胄之禮를 행하는 것을 가리키며 入學의 禮를 말하는 것이다. 齒胄의 원뜻은 公卿의 자식이 입학할 때 부친의 身分高下가 아닌 각자의 나이에 따라 순서를 잡는 것이다. 당 현종 개원 7년에 황태자가 國學에 들어갈 때 치주지례를 행하였다. 先聖先師를 배알하며 태자가 初獻을 드리고 여러 귀족 자제들[胄子]이 亞獻·終獻을 드렸다. 國子司業이 『孝經』 및 『禮記』 文王世子를 강론하였다.

123) 撫軍은 황태자가 종군하거나 병사를 거느리고 출정하는 것을 가리킨다. 『左傳』 閔公二年: "大子奉冢祀社稷之粢盛, 以朝夕視君膳者也, 故曰冢子. 君行則守, 有守則從, 從曰撫軍, 守曰監國, 古之制也."

124) 記注는 편년실록으로 起居注이다. 『資治通鑑』 권246, 唐 文宗 開成 4년 冬十月 乙卯조 "上就起居舍人魏謩取記注觀之"라고 한 기사에서 記注에 대하여 胡三省은 "記注卽起居注"라고 주석하였다.

125) 近衛本에서 "宮臣之宮長除拜"에 대해 "한 저본에서 '宮長'이 官長으로 되어 있으므로 '宮'자는 오류이다"라고 되어 있다. 진중부는 正德本과 嘉靖本에도 모두 '궁장'으로 되어 있어 근위본에서 근거로 삼은 저본이 무엇인지 알 수 없다고 하였다. 『太平御覽』 권246, 太子司議郎條에는 『唐六典』을 인용하여 '궁장'으로 되어 있지만 '宮臣之'의 세 글자가 없다. 『舊唐書』 권44, 職官3, 1907쪽에도 '궁장'으로 되어 있다. 오직 『新唐書』 권49上, 百官4上, 1293쪽에만 관장으로 되어 있다. 그러나 宮長으로는 뜻이 통하지 않으므로 번역문에서는 官長으로 새긴다.

而贊善大夫不廢, 又加置五人. 職擬諫議大夫.

역문 **태자좌유덕은 1인으로 정4품하이고**, 용삭 3년(663) 설치하였다.[126] 직장은 (조정의) 좌산기상시[127]에 비견된다. **태자좌찬선대부는 5인으로 정5품상이다**. 용삭 2년(662)에 태자중윤을 고쳐 만들었다. 함형 원년(670) 다시 중윤을 설치하였으나 찬선대부는 폐하지 않았다. 또 정원을 늘려 5인으로 하였다.[128] 직장은 (조정의) 간의대부[129]에 비견된다.

左諭德掌諭太子以道德也. 皇太子朝宮臣, 則列侍於左階; 出入, 則騎從於正道之左. 其內外庶政有可爲規諷者, 隨事而贊諭焉. 左贊善掌翊贊太子以規諷也. 皇太子出入動靜, 苟非其德義, 則必陳古以箴焉.

역문 **좌유덕은 태자를 도덕으로 교유(敎諭)하는 일을 관장한다. 황태자가 동궁 신료의 조하을 받을 때는 왼편 계단에서 시립〔列侍〕하며, (태자가) 출입할 때는 말을 타고 정도의 왼편에서 따른다. 동**

---

126) 『舊唐書』 권4, 高宗本紀上, 84쪽: "(龍朔三年二月)癸巳, 置太子左右諭德及桂坊大夫等官員." 『通典』 권30, 職官12, 828쪽 및 『通志』 職官略 권55, 職官5, 685쪽상 역시 용삭 3년으로 기재되어 있다. 그러나 『新唐書』 권49上, 百官4, 1293~1294쪽 및 『唐會要』 권67에는 용삭 2년의 일로 기록되어 있다.

127) 문하성 좌산기상서의 정원은 2인이고 관품은 종2품이다. 좌산기상시는 황제를 시봉하고, 규간과 풍간을 올리며, 황제의 자문에 응대하는 일을 맡는다.(『역주당육전〔중〕』 권8, 40~45쪽)

128) 『通典』 권30, 職官12, 東宮官 太子庶子 贊善, 828쪽: "左右贊善大夫 : 龍朔二年初置左贊善大夫, 替中允 ; 置右贊善大夫, 替中舍人. 咸亨元年, 中允、舍人復舊, 而贊善大夫別自爲官, 左右各五人" : 『唐會要』 권67, 左春坊條: "儀鳳四年, 別置左右贊善大夫各十員, 以授諸王之子. 景雲二年二月五日, 始兼用庶姓, 開元七年各省五員."

129) 문하성 간의대부의 정원은 4인이고 품은 정5품상이다. 간의대부는 황제를 시종하면서 보좌하고, 규간하고 풍간하는 일을 맡는다.(『역주당육전〔중〕』 권8, 문하성 간의대부, 45~47쪽)

궁 내외의 각종 정사에 사리를 따져 간언할〔規諫〕 만한 것이 있거나 슬며시 돌려서 깨우쳐 줄 만한 것〔諷諭〕이 있으면 사안에 따라 말씀드려 깨우쳐 드린다. 좌찬선대부는 규간(規諫)하고 풍유(諷諭)함으로써 태자를 보좌하는 것을 관장한다.130) 황태자의 출입과 언행에 도덕과 의리에 어긋나는 것이 있으면 반드시 고례(古例)를 들어 경계한다.

○ 崇文館: 學士: 魏文帝招文儒之士, 始置崇文館, 王肅以散騎常侍領崇文館祭酒. 自後無聞. 貞觀中, 崇文館有學士、直學士員, 不常置. 掌教授學生等業. 校書二人, 從九品下. 本置讎校, 開元七年改爲校書.

역문 숭문관: 학사: 위 문제는 문학과 유학을 겸비한 인사를 초빙하여 처음으로 숭문관을 설치하였는데,131) 왕숙은 산기상시로서 숭문관좨주를 겸했다.132) 이후에 대해서는 (사서에) 전하는 바가 없다. 당 정관 연간에 다시 숭문관을 설치하고, 학사·직학사의 정원을 두었으나133) 항상 설치한 것은 아니었다. 학생을 가르치는 등의 일을

---

130) 간언에는 모두 5가지가 있다. 넌지시 빗대서 말하는 諷諫. 옳지 않은 일에 대해 군주의 뜻을 거스르지 않으면서 조금씩 그 마음을 움직이게 하는 順諫. 사물의 법도를 진술하여 일을 바로잡는 規諫. 구체적인 사례를 들어 간언의 뜻을 밝히는 致諫. 군주의 과실을 직언하는 直諫이 있다.(『역주당육전〔중〕』 권8, 문하성 간의대부, 46~47쪽 참조)

131) 魏 文帝 曹丕는 漢 建安 16년(211)에 五官中郎將이 되어 文學의 관직을 두었다. 이 때 徐幹·應瑒 등이 五官文學을 역임하였다. 『通典』 권30, 職官12, 東宮官 太子庶子 崇文館學士, 828쪽: "崇文館學士 : 魏文帝始置崇文觀, 以王肅爲祭酒." 그러나 『三國志』 권3, 明帝本紀, 107쪽에는 "(靑龍四年)夏四月, 置崇文觀, 徵善屬文者以充之"라고 하여, 위 명제 시기의 일로 기재하였다. 숭문관의 표기도 『唐六典』과는 다르다.

132) 『三國志』 권13, 魏書 王肅傳, 416쪽: "後肅以常侍領祕書監, 兼崇文觀祭酒."

133) 『新唐書』 권49上, 百官4上, 崇文館, 1294쪽: "貞觀十三年置崇賢館. 顯慶元年, 置學生二十人. 上元二年, 避太子名, 改曰崇文館. 有學士、直學士及讎校, 皆無常員, 無其人則庶子領館事" : 『通典』 권30,

관장하였다.[134] 교서는 2인으로 종9품하이다. 원래는 수교(讎校)를 설치하였으나 개원 7년(719)에 교서라고 고쳤다.[135]

崇文館學士掌刊正經籍圖書, 以敎授諸生. 其課試、擧送如弘文館. 校書掌校理四庫書籍, 正其訛謬.

역문 숭문관 학사는 경적·도서의 교정과 여러 학생을 가르치는 일을 관장한다. 그 시험을 부과하고, (예부시(禮部試)에) 천거하는 방법은 홍문관과 같다.[136] 교서는 4고(庫)의 서적을 교감하여 오류를 바로잡는 일을 관장한다.

○ 司經局: 洗馬二人, 從五品下;『國語』云: "勾踐爲夫差洗馬." 漢太子少傅屬官有太子洗馬. 後漢員十六人, 秩比六百石, 職如謁者. 太子出, 則當直者一人在前導威儀, 蓋洗馬之義也. 魏因之. 晉太子詹事屬官太子洗馬八人, 掌皇太子圖籍經書; 職如謁者, 局準秘書郎; 品第七; 班同舍人, 次中舍人下; 絳朝服, 進賢一梁冠, 黑介幘. 宋祖[137]置八人. 齊太子洗馬一人. 梁典

職官12, 東宮官 太子庶子 崇文館學士, 828쪽: "貞觀中, 置崇賢館, 有學士、直學士員, 掌經籍圖書, 敎授諸生, 屬左春坊. 龍朔二年, 改司經局爲桂坊, 管崇賢館, 而罷隷左春坊, 兼置文學四員、司直二員. 司直正七品上, 職爲東宮之憲司. 府門北向, 以象御史臺也. 其後省桂坊. 而崇賢又屬左春坊. 後沛王賢爲皇太子, 避其名改爲崇文館."

134) 숭문관 생도의 정원은 『唐會要』 권64, 崇文館條에 다음과 같이 기록되어 있다. "顯慶元年三月十六日, 皇太子宏請於崇賢館置學士, 幷置生徒, 詔許之. 始置二十員. 其東宮三師、三少、賓客、詹事、左右庶子、左右衛率及崇賢館三品學士子孫, 亦宜通取."

135) 『唐會要』 권64, 宏文館條: "十二月三日, 省宏文、崇文讎校, 置宏文館校書四員, 崇文館檢書兩員."

136) 『唐六典』 권8, 弘文館學士條에 "(홍문관의) 학생을 가르치고 시험하는 것은 국자감 학생의 제도와 같다"(『역주당육전(중)』 권8, 문하성 홍문관, 85쪽)고 했으므로, 실제로 홍문관·숭문관의 제도는 국자감(『唐六典』, 권21, 國子監)의 제도와 같다.

137) 『職官分紀』 권28, 559쪽上, 司經局洗馬員品條 注에는 "宋祖置八人"의 '祖'가 '亦'으로 되어 있다.

經局有太子洗馬八人, 統典經守舍人、典事守舍人員, 班第六, 正七品. 陳因之. 北齊典書坊有太子洗馬二人, 從五品上. 隋門下坊司經局置洗馬舍人, 從五品上. 至大業中, 減二人. 皇朝因之. 龍朔二年改爲太子司經大夫, 咸亨元年復舊. **文學三人, 正六品下**: 魏置太子文學. 魏武爲丞相, 命司馬宣王爲文學掾, 甚爲世子所信, 與吳質、朱鑠、陳羣號爲太子四友. 自晉之後不置. 至後周建德三年, 置太子文學十人, 後廢. 皇朝顯慶中始置. **校書四人, 正九品下**: 宋孝建中, 太子洗馬有校書吏四人. 此後無聞. 至北齊, 有太子校書郞, 從九品上. 隋司經局置校書六人, 從九品上. 皇朝減置四人. **正字二人, 從九品上**. 隋司經局置正字二人, 從九品下. 煬帝改爲正書, 皇朝復爲正字.

역문 **사경국: 세마는 2인으로 종5품하이고,** 『국어』에 이르길 "구천은 부차의 세마가 되었다"라고 하였다.[138] 한은 태자소부의 속관에 태자세마를 두었다.[139] 후한의 (태자세마는) 정원이 16인이었고 질은 비 6백 석이었으며 직권은 (조정의) 알자와 같았다. 태자가 출행할 때는 당직하는 세마 1인이 앞에서 의장대[威儀]를 인도하였으니[140] (이것이) 대개 세마의 뜻이다. 위는 이를 따랐다. 진은 태자첨사의 속관에 태자세마 8인을 두어 황태자의 도적·경서를 관장케 하였는데, 직위는 (조정의) 알자와 같고 직무는 (조정의) 비서랑에 상당하였다.[141] 제7품이었고, 반열은 사인과 같이 중사인의 아래였

『職官分紀』 쪽이 옳을 듯하다.

138) 『國語』는 周·魯·楚·齊·晉·鄭·吳·越 8국의 역사서이다. 예전에는 이 책을 『左傳』을 만들고 남은 사료를 엮어 만든 것이라고 여겨 『春秋外傳』이라고도 하였다. 句踐의 일은 권20 越語上 「句踐滅吳」에 보인다. "然後卑事夫差, 宦士三百人于吳, 其身親爲夫差前馬."

139) 『漢書』 권19上, 百官公卿表上, 733쪽: "太子太傅少傅, 古官. 屬官有太子門大夫庶子先馬舍人" : 원주: "張晏曰 : '先馬, 員十六人, 秩比謁者.' 如淳曰: '前驅也. 國語曰句踐親爲夫差先馬. 先或作洗也'."

140) 『後漢書』 志27, 百官4, 3609쪽: "太子洗馬, 比六百石. 本注曰, 舊注云員十六人, 職如謁者. 太子出, 則當直者在前導威儀."

다. 강조복과 진현일량관·흑개책을 착용하였다. 송은 8인을 두었다.[142] 제는 태자세마 1인을 두었다.[143] 양은 전경국에 태자세마 8인을 두어서 전경수사인·전사수사인의 관원을 통령하였고 제6반에 정7품이었다. 진(陳)은 이를 따랐다. 북제는 전서방에 태자세마 2인을 두었고 종5품상이었다. 수는 문하방 사경국에 세마 4인이 두었고 종5품상이었다. 대업 연간에 이르러 2인으로 줄였다.[144] 당은 이를 따랐다. 용삭 2년에 태자사경대부로 개칭하였고 함형 원년에 복구하였다. **문학은 3인으로 정6품하이고**, 위는 태자문학을 설치하였다. 위 무제가 승상이었을 때 사마선왕[145]을 문학연으로 임명하였는데, 태자의 깊은 신임을 얻어 오질[146]·주삭·진군과 함께 태자 4우로 불렸다. 진(晉) 이후로 설치되지 않았다. 북주 건덕 3년(573)에 태자문학 10인이 설치되었으나 뒤에 폐지되었다. 당은 현경 연간에 처음 설치하였다. **교서는 4인으로 정9품하이고**, 송 효건(효무제 454~456) 연간에 태자세마 밑에 교서리 4인을 두었다. 이후는 (사서에) 전하는 바가 없다. 북제에 이르러 태자교서랑이 있었고 종9품상이

---

141) 원문 "職如謁者, 局準秘書郞" 부분이 『宋書』 권40, 百官하, 1254쪽에는 "職如謁者、秘書郎也"로, 『晉書』 권24, 職官, 743쪽에는 "職如謁者、秘書"로, 『通典』 권30, 직관12, 829쪽에는 "職如謁者, 準秘書郞"로 되어 있다.

142) 원문 "宋祖八人"은 『職官分紀』 권28, 司經局洗馬員品條 注에 기재된 바의 "宋亦置八人"으로 바꾸어 번역한다.

143) 『通典』 권30, 職官12, 東宮官 太子庶子 洗馬, 828~829쪽: "齊置一人." 그러나 『南齊書』 권16, 百官志, 327쪽에는 정원이 기재되어 있지 않다.

144) 수 양제 대업 3년의 일이다. 『隋書』 28, 百官下, 801쪽: "門下坊減內舍人、洗馬員, 各置二人."

145) 司馬懿이다. 그의 아들 司馬昭가 264년 晉王으로 봉해지자 宣王으로 추존되었고, 다음 해 손자 司馬炎이 魏의 선양을 받아 황제가 되었을 때 高祖 宣皇帝의 존호를 올렸기 때문에 사마선왕 혹은 진의 고조 선제라고 불렀다.

146) 吳質은 文才가 있어 위 문제에게 중용되었다. 그는 孔融·陳琳·王粲·徐幹·阮瑀·應瑒과 함께 建安七子 중 한 명이다.

었다. 수는 사경국에 교서 6인을 두었고 종9품상이었다.[147] 당은 4인으로 줄였다. 정자는 2인으로 종9품상이다. 수에서는 사경국에 정자 2인을 두었고 종9품하이었다.[148] 수 양제는 고쳐서 정서라 하였다.[149] 당은 정자로 복구하였다.

洗馬掌經、史、子、集四庫圖書刊緝之事, 立正本、副本, 貯本以備供進.[150] 凡天下之圖書上於東宮者, 皆受而藏之. 文學掌分知經籍, 侍奉文章, 總緝經籍; 繕寫裝染之功, 筆札給用之數, 皆料度之. 校書、正字掌校理刊正經、史、子、集四庫之書.

역문 세마는 경·사·자·집 4고 도서의 교정과 편집 등의 일을 관장하고 정·부본과 저본(貯本)을 만들어 황태자에게 올리는 것에 대비한다. 무릇 천하의 도서 중 동궁에 올리는 것은 모두 받아서 보관한다. 문학은 경적을 나누어 담당하고 문장을 짓는 일을 시봉하며 경적을 편집하는 일을 관장한다. 책을 엮고 장정하는 일과 공급하는 붓과 종이의 수량을 모두 재고 헤아린다. 교서·정자는 경·사·자·집 4고의 도서를 교정하여 바로잡는 일을 관장한다.

○ 典膳局: 典膳郎二人, 正六品上; 自漢以來並有太子食官. 北齊門下坊始別置典膳局, 有監、丞各二人; 監六品下. 隋改爲正七品下. 皇朝因之.

---

147) 『隋書』 권28, 百官下, 779쪽.
148) 『隋書』 권28, 百官下, 779쪽.
149) 『隋書』 권28, 百官下, 801쪽.
150) 원문 "立正本、副本, 貯本以備供進" 부분은 표점에 문제가 있어 보인다. 『唐六典』 권10, 비서성 비서감 직장의 주에는 "凡四部之書 必立三本 曰正本·副本·貯本 以供進內及賜人"으로 표점되어 있다.

龍朔二年改爲太子典膳郎. 丞二人, 正八品上. 北齊典膳局有丞二人, 正八品下. 隋正九品下, 皇朝復爲八品上.

역문 전선국: 전선랑은 2인으로 정6품상이고, 한 이래로 모두 태자식관이 있었다.[151] 북제는 문하방에 처음으로 전선국을 따로 설치하고 감·승 각 2인을 두었는데,[152] 감은 6품하였다. 수는 정7품하로 고쳤다. 당은 이를 따랐다. 용삭 2년에 태자전선랑으로 고쳤다. 승은 2인으로 정8품상이다. 북제는 전선국에 승 2인을 두었고 정8품하였다. 수에서는 정9품하였고, 당은 다시 정8품상으로 하였다.

典膳郎掌進膳嘗食之事; 丞爲之貳. 每夕, 局官於廚更直.

역문 전선랑은 음식을 바치고 미리 맛보는 일을 관장한다. 승은 그 차관이 된다. 매일 저녁 전선국의 관리는 주방에서 번갈아 숙직한다.

○ 藥藏局: 藥藏郎二人, 正六品上; 北齊門下坊領藥藏局, 有監、丞各二人, 正六品下; 侍藥四人, 正七品下. 隋門下坊領藥藏局監、丞二人, 侍藥四人; 監, 正七品下. 皇朝改監爲太子藥藏郎. 丞二人, 正八品上. 北齊藥藏局有丞二人, 正八品下. 隋正九品下, 皇朝因之.

역문 약장국: 약장랑은 2인으로 정6품상이고, 북제에서는 문하방

151) 『漢書』 권19上, 百官公卿表, 734쪽 : 『後漢書』 志27, 百官志4, 3609쪽 : 『晉書』 권24, 職官志, 743쪽 : 『宋書』 권40, 百官志下, 1254쪽 : 『南齊書』 권16, 百官志, 328쪽.

152) 『隋書』 권27, 百官中, 760쪽: "典膳、藥藏局, 監、丞各二人."

이 약장국을 거느렸는데, (약장국에는) 감·승 각 2인이 있었고[153] (감은) 정6품하였으며, 시약은 4인[154]으로 정7품하였다. 수에서는 문하방이 약장국의 감·승 각 2인과 시약 4인을 거느렸으며,[155] 감은 정7품하였다. 당은 감을 태자약장랑으로 고쳤다. 승은 2인으로 정8품상이다. 북제의 약장국에는 승 2인이 있었으며, 정8품하였다. 수에서는 정9품하였고, 당은 이를 따랐다.

藥藏郎掌和齊醫藥之事; 丞爲之貳. 凡皇太子有疾, 命侍醫入診候以議方藥. 應進藥, 命藥僮擣篩之, 侍醫和成之; 將進, 宮臣監嘗, 如尙藥局之職.

역문 약장랑은 의술과 약제를 조화롭게 다스리는 일을 관장하며, 승은 그 차관이 된다. 무릇 황태자가 병에 걸리면 시의에게 들어가 진맥하여 병세를 살피고 약의 처방을 논의하도록 명한다. 약을 올려야 할 경우 약동에게 (약재를) 빻아 체로 치게 하고 시의에게 조제하도록 명하며, 올릴 때는 동궁 신료[156]가 감독하고 먼저 맛을 보는데 (그 절차는 전중성) 상약국의 직임과 같다.[157]

---

153) 『隋書』 권27, 百官中, 760쪽: "典膳、藥藏局, 監、丞各二人."

154) 『通典』 권30, 職官12, 東宮官, 830쪽에는 『唐六典』과 侍藥이 4인으로 되어 있으나, 『隋書』 권27, 百官中, 760쪽에는 "藥藏又有侍醫四人"라고 되어 있다.

155) 『隋書』 권28, 百官上, 779쪽: "典膳、藥藏局, 竝置監、丞各二人."

156) 황태자의 약을 조제하여 바칠 때 감독하는 동궁 신료는 황제의 약을 조제하여 바치는 절차[아래 주 참조]로 미루어 보면 태자 좌·우서자 가운데 1인과 당직하는 率府 率(정4품상) 1인이다.

157) 황제의 약을 조제하여 바치는 절차는 殿中省 尙藥局에 기재되어 있다.(『역주당육전[중]』 권11, 201~202쪽) 먼저 尙藥奉御의 職掌에 대하여 "전중감과 함께 그 분량과 약의 형태[劑]를 살피고 약이 완성되면 먼저 맛보고 바친다"라고 하고서, 아래와 같이 注文을 덧붙였다. "약을 조제하여 황제에게 바칠 때에는 문하·중서 각 성마다 장관 1인과 아울러 각 위마다 당

○ 內直局: 內直郎二人, 從六品下; 『齊職儀』: "太子有內直兵局內直兵史二人, 五品勳位." 梁有齋內、主璽、主衣、扶持等局, 各置有司, 以承其事. 陳因之. 北齊門下坊領殿內局, 有內直監二人, 正六品下. 隋門下坊領內直局, 置內直監二人, 品同北齊. 皇朝因之, 職擬尙輦奉御. 龍朔二年改曰太子內直郎. 丞二人, 正八品下. 北齊殿內局有副直監四人, 從六品下. 隋內直局有副監二人, 品同北齊. 皇朝因改爲丞.

역문 **내직국: 내직랑은 2인으로 종6품하이고,** 『제직의』에 이르기를 "태자(궁의) 내직병국에는 내직병사 2인이 있으니 5품훈위이다"라고 하였다. 양은 재내·주새·주의·부지 등의 국을 설치하고 각각 담당관을 두어 관련 사무를 담당케 하였다. 진(陳)은 이를 따랐다. 북제는 문하방으로 하여금 전내국을 통령케 하고, (전내국에는) 내직감 2인을 두었으며,[158] 정6품하였다.[159] 수는 문하방이 내직국을 통령하였고, (내직국에는) 내직감 2인을 두었으며,[160] 품질은 북제와 같았다.[161] 당은 이를 따랐다. (내직감의) 직무는 (조정의) 상련봉어[162]에 상당한다. 용삭 2년에 태자내직랑으로 고쳤다. **승은 2인으로 정8품하이다.** 북제는 전내국에 부직감 4인이 두었고[163] 종6품

직인 대장군 1인이 전중감·상약봉어 등과 함께 감시한다. 약이 완성되면 의좌 이상이 먼저 맛본 연후에 봉인한다. 본래의 처방을 쓰고 처방 뒷면에 연·월·일을 갖추어 기록하고, 약을 감시한 자가 두루 서명하여 함께 올린다. (황제가) 약을 드시는 날 상약봉어가 먼저 맛보고 다음에 전중감이 맛보며 그 다음 황태자가 맛보고 난 뒤에 바친다."

158) 『隋書』 권27, 百官中, 760쪽.

159) 『隋書』 권27, 百官中, 767쪽.

160) 『隋書』 권27, 百官下, 779쪽.

161) 『隋書』 권27, 百官下, 786쪽.

162) 殿中省 尙輦奉御의 정원은 2인이고 품은 종5품상이며, 황제의 가마·일산·부채 등을 관장한다.(『역주당육전(중)』 권11, 226~231쪽)

하였다.[164] 수는 내직국에 부감 2인을 두었고,[165] 품질은 북제와 같았다.[166] 당은 이를 이어받았으나 승으로 개칭하였다.

內直郎掌符璽、繖扇、几案、衣服之事; 丞爲之貳.

역문 **내직랑은 부신(符信)·인장[167], 일산·부채[168], 안석·책상, 의복 등에 관한 직무를 관장한다. 승은 그 차관이 된다.**

凡皇太子之服:

袞冕, 垂白珠九旒, 以組爲纓, 色如其綬; 青纊充耳; 犀簪導; 玄衣、纁裳, 九章, 每章一行, 重以爲等, 每行九; 五章在衣: 山、龍、華蟲、火、宗彝; 四章在裳: 藻、粉米、黼、黻. 織成爲之. 白紗中單, 黼領, 青褾、襈、裾; 革帶, 金鉤䚢, 大帶; 素帶不朱裏, 亦紕以朱綠, 紐約用組. 韍: 隨裳色, 火、山二章. 玉具劒, 金寶飾. 玉鏢首; 瑜玉雙佩; 朱組雙大綬, 四綵: 赤、白、縹、紺, 純朱質, 長一丈八尺, 三百二十首, 廣九寸; 小雙綬長二尺六寸, 色同大綬, 而首半之, 間施二玉環. 朱韈, 赤舄; 加金飾. 侍從皇帝祭祀及謁廟、加元服、納妃則服之.

---

163) 『隋書』 권27, 百官中, 760쪽.
164) 『隋書』 권27, 百官中, 768쪽.
165) 『隋書』 권27, 百官下, 779쪽.
166) 『隋書』 권27, 百官下, 786쪽.
167) 당의 제도에서 황태자가 감국할 때 雙龍符를 주는데 좌우 각 10개로 왼쪽 것은 궁내에 들이고 오른쪽 것은 외부에 나눠줬다.(『역주당육전(중)』 권8, 문하성 부보랑, 79쪽) 황태자의 인장은 금으로 만들며 거두어 두고 사용하지 않았다. 동궁 내 문서는 좌춘방의 인장을 썼다.(『新唐書』 권24, 車服志, 524쪽.)
168) 繖은 傘으로 일명 華蓋라고도 한다. 扇은 공작 꼬리 깃으로 만든 것은 孔雀扇, 꿩 깃으로 된 것은 翟扇이라 한다. 開元 시기에 공작선은 공작 깃 대신에 공작을 수놓았다.(『역주당육전(중)』 권11, 殿中省 尙輦局, 230쪽)

역문 무릇 황태자의 복제는 다음과 같다.

곤면[169]은 앞뒤로 하얀 구슬을 꿴 9류(旒)[170]를 늘어뜨리고, 색실로 꼰 끈(組)으로 갓끈을 만들며, 색깔은 인끈과 같게 한다. 청광으로 귀를 막는다. 무소뿔의 잠도(를 꽂는다).[171] 검은 웃옷, 분홍 하의에 9장(章)으로, 장마다 1행씩이고 같은 무늬가 차례로 배열되어 있으며 행마다 (무늬는) 9개씩이다. 5장은 웃옷에 있으며 산·용·꿩(華蟲)·불·제사용 그릇(宗彝)이고, 4장은 하의에 있으며 수초(藻)·쌀가루(粉米)·도끼(黼)·'아(亞)'자 무늬(黻)이다.[172] 모두 (무늬를) 짜서 넣는다. 하얀 깁으로 된 옷을 속(에 입고) 도끼 무늬를 넣은 목둘레, 청색의 소맷부리·옷단·옷자락, 혁대·금구철[173]과 대대,[174] (대대는) 흰색 띠로 하되 안은 주홍색으로 하지 않으며,

---

169) 袞服과 冕旒冠을 지칭한다. 고대 제왕·태자 및 제후들이 천지와 선왕에게 제사를 지내는 등 중요한 예식에서 입었던 예복이다.(『역주당육전(중)』 권11, 殿中省 尙衣局, 207~208쪽 주162)

170) 1旒는 12개의 옥으로 되어 있고 옥 하나 사이의 간격은 1촌이다. 9류는 冕의 앞과 뒤에 각각 9개의 旒가 있는 것이다.(『역주당육전(중)』 권11, 殿中省, 208쪽 주162)

171) 冕의 형태는 겉은 검고 속은 붉으며 꼭대기에는 綖이 있는데 즉 면류관을 덮는 판이다. 판의 앞뒤 끝에 구슬을 꿴 旒를 매달아 蔽明의 뜻을 상징한다. 旒의 수는 신분에 따라 차이를 두었기에 천자는 12류이나 태자는 9류이다. 組는 문양을 짜서 넣은 띠이다. 관의 테두리 양 끝에서 각각 끈을 하나씩 내려서 턱 밑에서 묶으니 이를 纓이라 하였다. 充耳란 관면의 양측에서 늘어뜨려 귓가까지 오는 장식물로 귀를 막아 소리를 듣지 않는다는 뜻을 가진다. 즉 푸른색의 솜뭉치(纊)를 충이로 삼는다는 뜻이다.

172) 山은 사방을 鎭重하고 安靜시킬 수 있음을 보여주며, 龍은 王者의 상징이며, 꿩(華蟲)은 文德을 나타내고, 제기(宗彝)는 용맹·지혜를 나타내며, 수초(藻)는 청정함을, 쌀가루(粉米)는 결백과 사람을 양육함을, 도끼(黼)는 흰 날에 검은 도끼구멍을 가지며 맺고 끊는 뜻을, 자(黻)는 君臣이 서로 돕는 뜻을 상징한다. 그러나 이와는 다른 설명도 있다.(『역주당육전(중)』 권11, 殿中省, 208쪽, 주164

173) 鉤觻은 혁대의 두 끝을 서로 끼워 맞추게 하는 자물단추를 말한다.(『역주당육전(중)』 권11, 殿中省, 206쪽 주154)

174) 대대는 혁대위에 착용한다.(『역주당육전(중)』 권11, 殿中省, 206쪽 주155)

주홍색과 녹색으로 바깥 가장자리를 두르고[175] 매듭은 꼰 실을 사용한다. 폐슬(을 갖춘다).[176] (폐슬은) 하의의 색을 따르며, 불과 산 2장의 무늬가 있다. 옥구검은 금으로 장식한다. (칼집은) 옥표수[177]로 장식한다. 유옥쌍패[178]를 차는데 주홍색 꼰 실로 된 쌍대수는 4종류의 문양이 있는데, (4문양은) 붉은색·흰색·옥색·감색이며, 바탕은 순수한 주홍색이고 길이는 1장8척에 320수(首)로 짜고 넓이는 9촌이다. 소쌍수는 길이가 2척6촌이며 색깔은 대수와 같으나 수는 (대수의) 반이고 사이에 2개의 옥환을 단다. 주홍색 버선에 붉은색 신발[179]을 신는다. 금장식을 한다. 황제를 시종하여 제사를 지내거나 종묘에 배알할 때, 관례를 행할 때나 태자비를 맞을 때 입는다.

具服遠遊三梁冠, 加金附蟬九首, 施珠翠; 黑介幘, 髮纓翠緌, 犀簪導; 絳紗袍; 白紗中單, 皀領、褾、襈、裾; 白裙襦; 白假帶; 方心曲領; 絳紗蔽膝; 其革帶、劍、珮、綬與上同. 白韈、黑舃; 未冠則雙童髻, 空頂黑介幘, 雙玉導, 加寶飾; 謁廟還宮, 元日、冬至、朔日入朝, 釋奠則服之. 其朔、望日入朝通服袴褶, 五日常朝亦準此.

역문 구복은 원유삼량관[180]을 쓰고, (관에) 금으로 된 매미 9수를

---

175) 이 구절은 천자의 대대를 염두에 둔 설명이다. 천자의 대대는 안이 주홍색이다. 그리고 바깥 가장자리에 선을 두르는데 위는 주홍색이고 아래는 녹색이다.(『역주당육전(중)』 권11, 殿中省, 206쪽)

176) 폐슬은 朝服이나 祭服에 딸려 무릎 앞을 가리는 앞치마를 말한다.

177) 鏢는 칼집 끝의 장식이다. 즉 옥으로 鏢首를 장식하였다는 뜻이다.

178) 瑜玉은 옥돌의 이름이며 천자가 사용하는 白玉보다는 아래이다.

179) 舃이란 나무로 밑을 댄 신발이다. 석은 붉은색·검은색·흰색의 세 종류가 있으며 붉은색이 가장 존귀하다.

붙이고,[181] 진주와 비취를 단다. 흑개책[182](을 하고) 비취색 갓끈을 늘어뜨리며,[183] 무소뿔(로 만든) 잠도(를 꽂는다). 강사포(를 걸치고), 하얀 깁으로 된 옷을 속(에 입으며) 목둘레·소맷부리·옷단·옷자락은 검은 색으로 한다. 하얀색 하의와 저고리에 하얀색 가대[184]를 차고 방심곡령[185](을 갖춘다). 강사로 만든 폐슬(을 하고), 혁대·검·패옥·인끈은 위의 (곤면과) 같다. 하얀 버선과 검은색 신발을 (신는다). 만약 관례를 올리지 않았으면 쌍동계(로 머리를 땋고)[186], 위가 뚫린 흑개책(을 쓰고) 옥으로 된 두 개의 잠도(를 꽂으며) 보석장식을 보탠다. 종묘에 배알하고 환궁할 때, 원정·동지·삭일에 입조할 때, 석전의 예를 행할 때 착용한다. 삭망일에 입조할 때는 바지〔袴〕와 덧옷〔褶〕[187]을 입고, 5일에 한 번 상조할 때도 역시 이에 준한다.

公服遠遊冠, 簪導以上並同前. 絳紗單衣; 白裙襦; 革帶, 金鉤艓, 假

---

180) 태자와 제후왕이 쓰는 관으로 그 모양은 天子의 通天冠과 같다. 한나라 때 천자는 五梁이었고 태자는 三梁이었다.

181) 관에 매미를 다는 것은 한나라 때부터 비롯되었고, 이는 매미가 이슬만을 먹기 때문에 고결함을 상징하기 위함이다.(『역주당육전〔중〕』 권11, 殿中省, 211쪽 주179)

182) 幘은 상투를 덮어씌우는 두건으로 이마까지 덮으며, 책 위에 관을 쓴다. 介幘은 뒤에 두 개의 長耳가 달린 것으로 한나라부터 시작되어 문관이 착용했다. 색이 검기에 흑개책이라 한다.

183) 영은 갓끈 혹은 장식용 술이며, 유는 관이나 깃발의 늘어진 장식을 가리킨다.(『역주당육전〔중〕』 권11, 殿中省, 211쪽 주180)

184) 假는 大이다. 즉 假帶는 大帶를 가리킨다.

185) 방심곡령은 가슴 부분에는 네모난 모양, 목둘레는 둥근 모양으로 되어 있다.(『역주당육전〔중〕』 권11, 殿中省, 211쪽 주183) 이는 方領으로 한나라 때 儒者의 복장이었다.

186) 아동의 머리모양으로 머리 좌우 양측에 상투를 하나씩 트는 것이다.

187) 고는 가랑이가 있는 아랫도리옷이고, 습은 말을 탈 때에 두 다리를 가리던 아랫도리옷으로, 고를 먼저 입은 후 습을 입는다.(『역주당육전〔중〕』 권11, 殿中省, 213쪽 주200)

帶; 瑜玉隻佩; 方心; 紛; 鞶囊; 長六尺四寸, 廣二寸四分, 色同大綬. 白襪, 烏皮履; 五日常朝、元日·冬至受朝則服之.

역문 공복은 원유관을 쓰고, 잠도 이상은 앞의 것과 같다. 강사로 된 옷을 속(에 입으며) 하얀 하의와 저고리(를 입고) 금구철과 가대·유옥척패(를 한다). 방심(을 갖추고) 표대(飄帶)와 반낭[188](을 찬다). 길이는 6척4촌이고 넓이는 2촌4푼이며 색은 대수와 같다. 하얀 버선에 검은 가죽신[189](을 신는다). 황태자가 동궁에서 5일에 한 번 상조를 받을 때와 원정·동지에 조하를 받을 때 착용한다.

〔烏紗帽, 白裙襦, 白襪, 烏皮履; 視事及宴見賓客則服之.〕[190]

역문 〔오사모[191]는 하얀색 하의와 저고리, 하얀 버선, 검은 가죽신(을 착용한다). 정사를 보거나 빈객과 연회할 때 착용한다.〕

弁服, 弁以鹿皮爲之. 犀簪導, 組纓, 玉璂九; 絳紗衣, 素裳; 革帶; 鞶囊; 小綬, 隻佩; 白襪, 烏皮履; 朔、望及視事則兼服之.

역문 변복은, 변은 사슴가죽으로 만든다. 무소뿔로 만든 잠도(를

188) 표대는 길게 늘어진 장식리본을 말한다. 반낭은 가죽주머니이다.

189) 舃은 바닥이 겹으로, 履는 홑으로 되어 있다.(『역주당육전(중)』 권11, 殿中省, 212쪽 주196)

190) 〔 〕를 친 것은 원래 판본 및 기타 여러 판본에는 없고, 다만 近衛가 明本을 교감하면서 『舊唐書』 권45, 輿服志, 1941쪽에 근거하여 보충한 것을 저본을 교감한 陳仲夫가 취한 것을 가리킨다.

191) 오사모는 삼국시대 조조가 처음 만든 帢帽가 전해져 온 것으로 색깔로 귀천을 구별했다. 晉에서 유행하였고 남조 송에서 烏紗를 이용하여 만들게 된 후 수당에 이르기까지 그 유행이 쇠퇴하지 않았다. 그 모양은 앞이 낮고 뒤가 높으며 양 측면에 날개가 하나씩 달려 있다.

꽂고) 꼰실[組]로 만든 갓끈(을 하며), 변을 꾸미는 옥[192]은 9개이다. 강사로 된 옷과 흰 하의(를 입고), 혁대·반낭·소수·척패[193](를 차고), 흰 버선에 검은 가죽신(을 신는다). 삭망일 및 정사를 볼 때 겸해서 착용한다.

平巾幘, 金飾. 犀簪導; 紫褶, 白袴; 玉梁珠寶鈿帶; 著鞾; 乘馬則服之.

역문 평건책[194]은 금으로 장식한다. 무소뿔로 된 잠도(를 꽂고), 자주색 덧옷(을 걸치고), 하얀색 바지(를 입고), 옥량주보전대[195](를 차고), 가죽신을 신는다. 말을 탈 때 착용한다.

進德冠, 九璂, 加金飾, 其常服及白練裙襦通著之; 若服袴褶, 則與平巾幘通著.

역문 진덕관은 9개의 옥을 달고, 금장식을 더하며, 상복[196] 및 하얀색 비단[197] 하의, 하얀색 비단 저고리와 통용하여 착용한다. 고습[198]을 입을 때면 평건책과 통용하여 착용한다.

---

192) 기는 皮弁을 꾸미는 옥장식으로 변의 솔기에 꿰매넣는다.

193) 『新唐書』 권24, 車服志, 518쪽과 『大唐開元禮』 권3, 序例下)에는 雙佩로 되어 있다.

194) 平上幘이라고도 한다. 한나라 때 쓰기 시작하여 수·당 시기에 무관의 公事 복장이 되었으며, 정수리가 평평한 두건이었다.

195) 옥으로 大帶의 梁을 만들고 둘레를 주보로 만든 꽃장식으로 둘러싼 띠이다. 鈿이란 꽃모양의 장식이다.

196) 讌服이라고도 한다. 수·당 시기 황제 및 백관의 평상복이었다.(『역주당육전[중]』 권11, 殿中省, 214쪽 주202)

197) 練은 生絲를 삶아 부드럽고 희게 한 비단이다.(『역주당육전[중]』 권11, 殿中省, 214쪽 주203)

○ **典設局: 典設郎四人, 從六品下.** 南齊有齋居局齋居庫丞一人. 梁有齋內局, 各置有司, 以承其事. 陳因之. 北齊門下坊有齋帥局, 有太子齋帥、內閤帥各二人; 太子齋帥, 正八品下. 隋門下坊領齋帥局, 有齋帥四人, 正七品下. 皇朝因之. 龍朔二年, 改太子齋帥爲太子典設郎.

역문 **전설국: 전설랑은 4인이고 종6품하이다.** 남제는 재거국에 재거고승 1인을 두었다. 양은 재내국을 설치하고, 각각 담당관을 두어 (황태자의 재계〈齋戒〉[199]와 관련된) 직무를 담당케 하였다.[200] 진은 양의 제도를 따랐다. 북제는 문하방에 재수국을 설치하고, 태자재수·내합수 각 2인을 두었다.[201] 태자재수는 정8품하였다. 수에서는 문하방이 재수국을 통솔하였으며,[202] 재수 4인은 정7품하였다. 당은 이를 따랐다. 용삭 2년(662)에 태자재수를 태자전설랑으로 개칭하였다.[203]

---

198) 정관 22년(648)부터 삭망일 복식에 관인들에게 고습을 착용하도록 하였다. 고습으로 정한 까닭은 선비족이 즐겨입는 복식이었기 때문이다. 남북조부터 성행하기 시작하여 수·당대에 고정화되었다. 덕종 정원 15년(799) 고습을 폐지하기까지 151년간 존속하였다.(『역주당육전〔중〕』 권11, 殿中省, 214쪽 주205)

199) 제사를 올리기 전에 심신을 깨끗이 하고 禁忌를 범하지 않도록 하는 일로, 潔齋라고도 한다. 齋는 淸淨, 戒는 청정하게 하는 규범이란 뜻이다. 제사를 받들기에 앞서 경계를 게을리하지 않고 심신을 정결하게 하며 근신하는 것을 주안점으로 한다. 재계에는 散齋와 致齋의 구별이 있다.

200) 『隋書』 권26, 百官上, 727쪽에는 齋內局이 설치되어 있었다는 기사는 있으나 직장에 대해서는 기재된 바가 없다.

201) 『隋書』 권27, 百官中, 760쪽.

202) 『隋書』 권28, 百官下, 779쪽.

203) 『新唐書』 권49上, 百官4上, 1295쪽: "龍朔二年, 改齋帥局曰典設局, 齋帥曰郎." 그러나 『唐會要』 권67, 左春坊條, "典設局: 武德令爲濟司局, 典設郎爲太子齋郎"으로 되어 있어 차이가 있다.

典設郎掌湯沐、灑掃、鋪陳之事. 凡大祭祀, 皇太子散齋三日於別殿, 致齋二日於正殿. 前一日, 設幄坐於正殿東序及室內, 俱西向, 又張帷於前楹下; 殿若無室, 則張帷. 若大禮應供者亦如之.

역문 전설랑은 목욕과 청소, 자리 설치의 일을 관장한다. 무릇 대제사 때 황태자는 별전에서 3일간 산재하고 정전에서 2일간 치재한다.[204] 재계 하루 전에 정전의 동쪽 상방(廂房)과 실내에 휘장을 설치하며 모두 서쪽을 향하도록 한다. 또한 (전각) 앞 편 기둥 아래에 휘장을 펼친다. 전각에 방이 없으면 휘장을 설치한다. 또 대례가 있어 (전설랑이) 마땅히 (휘장을) 공급해야 할 경우 또한 이와 같이 한다.

○ 宮門局: 宮門郎二人, 從六品下; 漢太子太傅屬官有太子門大夫. 後漢置二人, 秩六百石, 職比郎將. 魏因之. 晉太子門大夫局准公車令, 班同中舍人; 主通遠近牋表, 宮門禁防. 宋品第六, 秩六百石, 從駕在詹事後. 齊、梁、陳因之, 皆置一人. 北齊門大夫坊置門大夫、主簿各一人, 門大夫從六品上, 幷統伶官西涼二部、伶官淸商二部. 隋曰宮門局, 置大夫二人, 從六品上. 煬帝改爲宮門監, 皇朝復爲宮門大夫. 龍朔二年改爲宮門郎, 職比城門郎. 丞二人, 正八品下. 皇朝置.

역문 궁문국: 궁문랑은 2인으로 종6품하이고, 한은 태자태부의 속관으로 태자문대부를 두었다.[205] 후한은 2인을 두었고 질은 6백 석

204) 『禮記』 권47, 祭義: "致齊於內, 散齊於外, 齊之日, 思其居處, 思其笑語, 思其志意, 思其所樂, 思其所嗜. 齊三日, 乃見其所爲齊者. 注: 致齊思此五者也. 散齊七日, 不御, 不樂, 不弔耳. 見所爲齊者, 思之熟也. 所嗜, 素所欲飮食也."

205) 『漢書』 권19上, 百官公卿表7上, 733쪽: "太子太傅少傅, 古官. 屬官有太子門大夫. 應劭曰: 員五

이었다. 직임은 (조정의) 낭장에 상당하였다.[206] 위는 이를 따랐다. 진의 태자문대부의 직장(局)은 (조정의) 공거령에 상당하고,[207] 반은 중사인[208]과 같았다. 원근에서 보낸 문서(牋表)를 올리는 일과 궁문의 방비(禁防)를 주관하였다. 송의 태자문대부는 제6품이고 질이 6백 석이었다. (황태자의) 거가(車駕)를 따를 때는 첨사의 뒤에 위치하였다. 제·양·진은 이를 따랐고 모두 1인을 두었다.[209] 북제 문대부방에는 문대부·주부 각각 1인을 두었다.[210] 문대부는 종6품상이었고, 아울러 서량·청상[211] 악관(樂官) 각 2부를 통령하였다. 수는 궁문국이라 하고 문대부 2인을 두었고 종6품상이었다. 양제 때 궁문감으

人, 秩六百石": 『通典』 권30, 職官12, 東宮官, 831쪽: "宮門郞 : 秦有太子門大夫, 漢因之, 員二人, 『漢官儀』 曰 : '門大夫選四府掾屬.' 職比郞將."

206) 『後漢書』 志27, 百官4, 3609쪽: "太子門大夫, 六百石. 本注曰 : 舊注云職比郞將. 舊有左右戶將, 別主左右戶直郞, 建武以來省之."

207) 『通典』 권30, 職官12, 東宮官, 831쪽: "晉太子門大夫准公車令, 掌通牋表及宮門禁防." 공거령은 秦 衛尉의 속관으로 일찍이 趙高가 역임하였다. 전한 때 未央宮의 公車司馬門에서 章奏를 받았기 때문에 그 장관을 공거사마령이라 하고 간단히 공거령이라 불렀으며 張釋之가 이를 역임했다. 후한 때 공거사마령이 궁의 남쪽 문에 거처하였고 吏民의 上書와 四方의 貢獻을 관장하였다. 동진 이후 공거령이라 칭하였다.

208) 『晉書』 권24, 職官, 743쪽: "中舍人四人, 咸寧四年置, 以舍人才學美者爲之, 與中庶子共掌文翰, 職如黃門侍郞, 在中庶子下, 洗馬上."

209) 『南齊書』 권16, 百官志, 326쪽 : 『隋書』 권26, 百官上, 731쪽 : 『隋書』 권26, 百官上, 744쪽.

210) 이 구절이 원본에는 문하방으로 나와 있지만, 진중부는 이를 『隋書』에 의거하여 문대부방의 오기로 보고 고쳤다고 설명하였다. 그러나 중화서국에서 발행한 『隋書』를 보면 표점에 陳仲夫의 설명과 차이가 있다. 『隋書』 권27, 百官中, 760쪽: "典書坊, 庶子四人, 舍人二十八人. 又領典經坊, 洗馬八人, 守舍人二人, 門大夫、坊門大夫、主簿各一人." 또한 『通典』에는 북제에 문대부방이 있다는 기록이 있다. 『通典』 권30, 職官12, 東宮官, 831쪽: "北齊謂之門大夫坊, 幷統伶官." 대만에서 출간된 『신역당육전』에서는 이를 방문대부의 오기로 보고 있다.

211) 서량과 청상은 모두 樂曲名이다. 서량은 하서회랑에서 유입된 악곡이고 청상은 宋·齊 지방의 옛 악곡이다. 『隋書』 권15, 音樂下, 378쪽: "西涼者, 起苻氏之末, 呂光、沮渠蒙遜等, 據有涼州, 變龜玆聲爲之, 號爲秦漢伎. 魏太武旣平河西得之, 謂之西涼樂. 至魏、周之際, 遂謂之國伎." 청상은 한 이래의 옛 악곡으로 악기와 곡의 형식이 한의 제도를 연용하였다. 가사는 古辭를 채택하였고 조조 부자의 작품도 있다.

로 개칭하였다. 당에서는 다시 궁문대부로 하였으나, 용삭 2년에 궁문랑으로 개칭하였고,[212] 직임은 (문하성) 성문랑에 상당한다.[213] 승은 2인으로 정8품하이다. 당에서 두었다.

宮門郎掌內外宮門管鑰之事. 凡宮殿門, 夜漏盡, 擊漏鼓, 開; 夜漏上水一刻, 擊漏鼓, 閉. 每歲終行儺, 應經所由門, 並先一刻早開. 若皇太子不在, 則閉東宮正門, 其宮城門使、宿衛人應入宮殿者, 各於左、右廂便門出入; 至皇太子還仗, 乃開. 凡宮中漏刻晝夜惟唱時, 不復擊鼓; 若開、閉門及每夜一更盡, 依法擊鐘鼓.s

역문 궁문랑은 (동궁) 내외 궁문의 열쇠에 관한 일을 관장한다. 무릇 궁전의 문은 야루[214]가 다하면 누고를 쳐서 열고, 야루가 1각[215]을 가리키면 누고를 쳐서 닫는다. 매년 연말에 대나[216]를 거행할 때는 통과할 문을 1각 전에 열어둔다. 만약 황태자가 동궁에 없을 때는 동궁의 정문을 닫아걸고, 궁성문사나 숙위인과 같이 마

---

212) 용삭 2년에 궁문랑으로 개칭한 것이 아님을 보여주는 기록은 다음과 같다. 『新唐書』 권49上, 百官4上, 1296쪽: "龍朔三年, 改宮門監曰宮門郎" ; 『舊唐書』 권89, 姚璹傳, 2902쪽: "永徽中明經擢第, 累補太子宮門郎" ; 『舊唐書』 권106, 張暐傳, 3247~3248쪽: "唐隆元年六月, 王淸內難, 升爲皇太子, 召暐拜宮門大夫."

213) 門下省 城門郎의 정원은 4인이고 품은 종6품상이다. 京城·皇城·宮殿의 문들의 개폐를 절차와 열쇠의 출납을 관장한다.(『역주당육전(중)』 권8, 門下省, 58~59쪽)

214) 刻漏 혹은 漏刻이라고도 하는 물시계는 晝漏와 夜漏로 나눈다. 주루는 물시계의 눈금이 주간을 가리키는 경우, 야루는 물시계의 눈금이 야간을 가리키는 경우이다. 주루가 다하면 夜가 되고 야루가 다하면 晝가 된다.(『역주당육전(중)』 권8, 門下省 城門郎, 60쪽 주149)

215) 하루의 낮과 밤은 1백 刻으로 나눈다. 동지는 낮 40각·밤 60각, 하지는 낮 60각·밤 40각, 춘분·추분은 낮과 밤을 각각 50각으로 하여 9일마다 1각씩 더하거나 혹은 덜어서 조정하였다.(『역주당육전(중)』 권8, 門下省 城門郎, 59쪽 주147)

216) 儺禮는 마귀와 邪神을 쫓아낸다는 뜻으로 베푸는 의식이다. 1년 중 몇 차례 거행하나 연말의 것이 가장 성대하여 大儺라고도 한다.

땅히 궁전으로 들어와야 할 사람은 좌·우상방의 편문으로 출입한다. 황태자가 환궁하면〔還仗〕[217] 정문을 연다. 동궁에서 물시계에 의거하여 시각을 알릴 때는 주야 모두 오직 (목소리로) 시각을 외치기만 하고 다시 북을 치지는 않는다.[218] 그러나 궁문을 열 때와 닫을 때 및 야간에 매 1경이 끝날 때는 규정에 의거하여 종과 북을 친다.

◎ 太子右春坊: 右庶子二人, 正四品下; 其說已具於左庶子. 隋門下坊置左庶子二人以領之, 典書坊以右庶子二人領之; 右庶子正四品下. 皇朝因之. 至龍朔二年, 始改典書坊爲右春坊, 右庶子爲太子右中護. 咸亨元年復爲右庶子. 在東宮, 職擬中書令. 太子中舍人二人, 正五品下. 太子中舍人, 本漢、魏太子舍人也. 晉惠帝在儲宮, 以舍人四人有文學才美者, 與中庶子共理文書; 至咸寧二年, 齊王攸爲太傅, 遂加名爲中舍人, 位敍同尙書郎. 其後資漸高, 擬黃門侍郎, 班同門大夫, 次尙書郎下. 高功中舍人與高功中庶子共掌禁令, 糺正違闕, 侍從左右, 儐相威儀, 盡規獻納, 奏事文書, 皆典給之, 監合嘗藥. 大、小會, 二官擧案正直, 從大、小駕, 一人前部護駕, 一人後部護駕, 同中庶子. 月檢奏直臣名, 更直五日, 典文疏, 如中書郎. 宋有四人, 齊有一人. 梁有四人, 高功一人與中庶子祭酒共掌其坊之禁令, 班第八, 正六品. 陳因之. 後魏第五品上. 北齊門下坊有四人, 品同後魏. 隋改爲太子內舍人四人, 正五品上; 煬帝減二人. 皇朝復爲中舍人, 職擬中書侍郎. 右庶子

217) 『唐會要』 권65, 閑廄使條에 "萬歲通天元年五月, 置仗內閑廄, 令殿中丞袁懷哲檢校, 未置使, 至聖曆三年二月, 改殿中少監, 充閑廄使"라고 한 것으로 보듯이 仗內는 궁내와 뜻이 같다. 궁은 장위로 호위로 하기 때문에 이같이 쓴 것으로 보인다.

218) 야간에 시간을 알릴 때에는 夜를 5更으로 나누고 1경을 5點으로 나눠 경은 북을 쳐서 알리고 점은 종을 쳐서 알렸다.(『역주당육전〔중〕』 권10, 비서성 설호정, 181쪽)

之職, 掌侍從左右, 獻納啓奏, 宣傳令言; 中舍人爲之貳. 凡皇太子監國, 於宮內下令書, 太子親畵日至春坊, 則宣傳之.

역문 **태자우춘방: 우서자는 2인으로 정4품하이고,** (서자에) 관한 설명은 좌서자 쪽에 갖추어 두었다. 수는 문하방에 좌서자 2인을 두어 (문하방을) 통솔하게 하였고 전서방에 우서자 2인을 두어 (전서방을) 통솔하게 하였다.[219] 우서자는 정4품하였다.[220] 당은 이를 따랐다. 용삭 2년(662)에 비로소 전서방을 우춘방으로 고치고 우서자를 태자우중호로 바꾸었다. 함형 원년(670)에 우서자로 복구하였다.[221] 동궁에서 (우서자의) 직임은 (조정의) 중서령에 상당한다.[222] **태자중사인은 2인으로 정5품하이다.** 태자중사인은 본래 한·위의 태자사인이다.[223] 진 혜제가 동궁에 있을 때 문장과 학술이 뛰어난 사인 4명으로 하여금 중서자와 함께 문서를 담당하게 하였다.[224] 함녕 2년(276)에 제왕 유[225]를 태자태부로 삼고 중사인의 관함을 더하

---

219) 『通典』 권30, 職官12, 東宮官, 825쪽: "隋分爲左右庶子各二人, 分統門下、典書二坊事."

220) 『隋書』 권28, 百官下, 785쪽.

221) 시기를 달리 기재한 기사도 있다. 『唐會要』 권67, 右春坊條. "咸亨元年又改典書坊, 景龍元年改爲右春坊."

222) 중서령의 정원은 2인이고 품은 정3품으로 중서성의 장관이다. 중서령의 직무는 군국의 정령을 관장하여 황제의 사업을 밝히고 천·인을 아울러 조화롭게 하며, 들어가서는 이 일을 아뢰고 나와서는 이 일을 받들어 행하여, 만방을 다스리고 온갖 정무를 살피는 것으로, 중서령은 대개 천자를 도와 대정을 집행하는 직위이다.(『역주당육전[중]』 권9, 중서성 중서령, 89~94쪽)

223) 내용이 다른 기사도 있다. 『宋書』 권40, 百官下, 1254쪽: "中舍人, 四人. 漢東京太子官屬有中允之職, 在中庶子下, 洗馬上, 疑若今中書舍人矣. 中舍人, 晉初置, 職如黃門侍郎."

224) 『晉書』 권24, 職官志, 743쪽: "中舍人四人, 咸寧四年置, 以舍人才學美者爲之, 與中庶子共掌文翰, 職如黃門侍郎, 在中庶子下, 洗馬上."

225) 진 무제 司馬炎의 아우인 司馬攸를 말한다. 백부인 사마사가 아들이 없어 그 후사를 이었다. 『晉書』 권38, 本傳에 의하면 太康연간에 태자태부를 제수받았고 그 후 사공·시중을 역임했으나 태자태부의 직을 여전히 가지고 있었다.

였는데 위계는 상서랑과 같았다. 그 후 자품이 점점 높아져 황문시랑에 비견되고 반열은 문대부와 같고 상서랑의 아래였다.[226] 연공이 높은 중사인과 연공이 높은 중서자가 함께 금령을 관장하여 위반사항을 밝혀 바로잡고, (황태자) 좌우에서 시종하여 위의를 돕고, 규간을 모두 갖추어 (황태자에게) 헌납하며, (황태자에게) 아뢰는 사안의 문서를 주관하며, 약을 조제하고 맛보는 것을 감독하였다. 대소 조회[227]에 2관은 문방 도구를 가지고 입회하며, (태자의) 대·소가를 따를 경우 (중사인) 1인은 의장대의 전부에서 거가를 호위하고 1인은 후부에서 호위하는 것을 중서자와 같이 하였다. 매달 동궁에서 당직하는 신료의 명단을 검사하여 상주하고, 5일마다 당직하며, (동궁의) 문서와 상소의 왕래를 관장하니 (직무는 조정의) 중서랑에 상당하였다.[228] 송은 4인을 두었고,[229] 남제는 1인을 두었다.[230] 양은 4인을 두어 연공이 높은 1인이 중서자좨주와 함께 관청[坊]의 금령을 관장하였고,[231] 제8반[232]에 정6품이었다. 진(陳)은 이를 따랐다. 북위는 5품상이었다.[233] 북제는 문하방에 (태자중사인) 4인을

226) 점점 높아져 상서랑의 아래가 되는 까닭을 알 수 없다.

227) 조정과 동궁의 조회를 가리킨다. 동궁 관원들은 태자를 따라 조정의 5일 常朝와 朔望朝에 참석해야 했고, 이어서 태자가 주관하는 동궁의 조회에 참석해야 했다. 大會는 전자를 가리키고 小會는 후자를 가리킨다.

228) 中書郞은 中書侍郞으로 고쳐야 할 것으로 보인다. 晉代 中書監·令의 차관은 중서시랑이었다.(『晉書』 권24, 職官志, 743쪽.)

229) 『宋書』 권40, 百官下, 1254쪽.

230) 『南齊書』 권16, 百官志, 327쪽.

231) 『隋書』 권26, 百官上, 727쪽.

232) 『隋書』 권26, 百官上, 730쪽.

233) 이는 太和 23년의 제도에 따른 것이다.(『魏書』 권113, 官氏志, 2997쪽.) 太和 18년의 제도에서는 4품중이었다.(『魏書』 권113, 官氏志, 2982쪽.)

두었고,[234] 품계는 북위와 같이 (5품상이었다).[235] 수는 (명칭을) 고쳐서 태자내사인[236] 4인을 두었는데,[237] 정5품상이었다.[238] 양제는 2인을 감하였다.[239] 당은 다시 중사인이라 하였는데,[240] 직무는 (조정의) 중서시랑에 상당한다.[241] **우서자의 직장은 (황태자) 좌우에서 시종하고 (황태자에게 올리는) 문서[啓]와 말[奏]을 헌납하며 (황태자가 내리는) 문서[令]와 말씀[言]을 선전하는 것을 관장한다. 중사인은 차관이 된다. 무릇 황태자가 감국할 때 동궁 내에서 영서(令書)가 내리고 (좌춘방에서 복계한 영서에) 황태자가 서명하고 그 날 우춘방에 도착하면 이를 선전한다.**

太子舍人四人, 正六品上: 漢成帝時, 太學弟子三千人. 王莽秉政, 歲課一科二十人爲太子舍人. 晉十六人, 品第七, 班同食官令, 在洗馬下, 掌表、啓、牋、疏. 高功一人, 與高功庶子共掌一坊禁令, 糾諸逋違. 從駕, 則正直從, 次直守; 妃出, 則次直從. 宋四人, 齊一人. 梁庶子下有太子舍人十六人, 職如晉氏, 班第三, 從八品. 陳因之. 後魏有太子舍人員. 北齊二十人, 從第六品, 隋八人, 皇朝四人. 龍朔二年改爲太子右司議郞, 咸亨元年復爲太子舍

---

234) 『隋書』 권27, 百官中, 760쪽.

235) 『隋書』 권27, 百官中, 766쪽.

236) 太子中舍人을 太子內舍人으로 고친 것은 文帝 楊堅의 아버지의 이름 '忠'을 피한 것이다.

237) 『隋書』 권28, 百官下, 779쪽.

238) 『隋書』 권28, 百官下, 786쪽.

239) 『隋書』 권28, 百官下, 801쪽.

240) 『新唐書』 권49上, 百官4上, 1296쪽: "隋內舍人隸典書坊. 武德初改曰中舍人, 管記舍人曰太子舍人. 永徽元年, 避太子名, 復改中舍人曰內舍人. 龍朔二年, 改典書坊曰右春坊, 右庶子曰右中護, 中舍人曰右贊善大夫."

241) 中書侍郞의 정원은 2인이고 품은 정4품상이다. 中書省의 차관으로 중서령의 직무를 돕는 일을 관장하여, 무릇 나라의 일반 업무와 조정의 대정에 모두 참의한다.(『역주당육전(중)』 권9, 중서성 중서시랑, 101~104쪽)

人. 太子舍人掌侍從, 行令書、令旨及表、啓之事. 皇太子通表如諸臣之禮. 諸臣及宮臣上皇太子, 大事以牋, 小事以啓, 其封題皆曰"上於右春坊," 通事舍人開封以進. 其事可施行者, 皆下於舍人, 與庶子參詳之, 然後進; 不可者則否.

역문 **태자사인은 4인으로 정6품상이다.** 한 성제 때 태학의 학생이 3천명이었다. 왕망이 정권을 잡고, 매 해 시험을 보아 일과(一科) (합격자) 20인을 태자사인으로 삼았다.[242] 진에서 (태자사인의) 정원은 16인이며 제7품이었고 반은 식관령과 같아 세마의 아래였으며, 표・계・전・소[243]를 관장하였다. (연)공이 높은 1인이 (연)공이 높은 서자와 함께 관청[坊]의 금령을 관장하고 위법행위를 규찰하였다. (황태자의) 출행 때 정직(正直)은 따르고 차직은 (관청을) 지키며, 황태자비가 출행할 때는 차직이 따른다. 송은 4인이고[244] 남제

242) 『漢書』 권88, 儒林傳, 3596쪽에 유사한 내용을 전하는 기사가 있다. 그러나 내용에는 약간 차이가 있다. 『唐六典』의 본 기사는 "一科二十人爲太子舍人"이라고 한 데 비하여 『漢書』의 다음 기사에는 "乙科二十人爲太子舍人"라고 되어 있다. "成帝末, 或言孔子布衣養徒三千人, 今天子太學弟子少, 於是增弟子員三千人. 歲餘, 復如故. 平帝時王莽秉政, 增元士之子得受業如弟子, 勿以爲員, 歲課甲科四十人爲郎中, 乙科二十人爲太子舍人, 丙科四十人補文學掌故云."

243) 이 4종의 공문서는 모두 아래에서 위로 올리는 문서이다. 表는 『釋名』 釋書契에서 "下言于上曰表, 思之于內, 表施于外也"라고 하였다. 채옹의 『獨斷』에는 "表者不需頭, 上言'臣某言', 下言'誠惶誠恐, 稽首頓首, 死罪死罪', 左下方附曰, '某官臣甲乙上'"이라고 되어 있다. 그 내용에 따라 謝表・賀表・陳情表 등의 구분이 있다. 유명한 것은 『三國志』 중 제갈량의 「出師表」나 『文選』 중 李密의 「陳情事表」 등이 있다. 啓는 『文心雕龍』 奏啓에 "啓者開也. 高宗云, 啓乃心, 沃朕心, 取其義也. 孝景諱啓, 故兩漢無稱. 至魏國箋記, 始云啓聞. 奏事之末, 或云謹啓. 自晉來盛啓, 用兼表奏. 陳政言事, 既奏之異條; 讓爵謝恩, 亦表之別幹. 必斂徹入規, 促其音節, 辨要輕淸, 文而不侈, 亦啓之大略也"로 되어 있다. 계는 그 함의가 넓어 관리 간에 왕래한 문서도 포함하였다. 牋은 황후와 태자・諸王에게 올리는 문서에 많이 쓰인 형식이다. 『文選』 중 吳質의 「答魏太子牋」을 예로 들어 그 형식을 보면, "二月八日, 庚寅, 質言"과 같이 처음에 날짜와 자신의 이름을 적었다. 그 이하에 본문을 적고 말미에 "質死罪死罪"라고 적었다. 疏는 奏疏라고도 불리며 황제에게 의견을 진술할 때 많이 사용되었다.

244) 『宋書』에는 정원이 16인으로 되어 있다. 『宋書』 권40, 百官下, 1254쪽: "舍人, 十六人. 職如散

는 1인이었다. 양은 서자 아래에 태자사인 16인을 두었고 그 직임은 진(晉)과 같았으며, 제3반에 종8품이었다. 진(陳)은 이를 따랐다. 북위에서는 태자사인의 정원이 있었다.[245] 북제에서는 20인으로 종6품이었으며,[246] 수에서는 8인이었고,[247] 당은 4인이다. 용삭 2년에 태자우사의랑으로 고쳤고, 함형 원년에 태자사인으로 복구하였다. **태자사인은 (황태자를) 시종하고 황태자가 내리는 문서〔令書〕와 명령〔令旨〕의 반행 및 (황태자가 황제에게 올리는) 문서〔表〕와 (궁신들이 황태자에게 올리는) 문서〔啓〕에 관한 일을 관장한다. 황태자가 (황제에게) 표를 올리는 예는 여러 신하의 예와 동일하다.**[248] 여러

騎、中書侍郎. 晉制也. 二漢無員, 掌宿衛如三署中郎."

245) 『魏書』 권113, 官氏志에 의하면 태화 17년 직원령에 의해 태자사인은 제5품중이었고, 태화 23년에는 종6품이 되었다.

246) 『隋書』에 기록된 北齊의 관제와는 다르다. 『隋書』 권27, 百官中, 760쪽: "典書坊, 庶子四人, 舍人二十八人" : 『隋書』 권27, 百官中, 768쪽: "太子舍人, 三寺丞, 太子直前, 太子副直監, 太子諸隊主, 爲從第六品."

247) 『隋書』 권28, 百官下, 801쪽: "典書坊改太子舍人爲管記舍人, 減置四人."

248) 신하가 황제에게 문서를 올리는 예는 『唐六典』 門下省 侍中條에 기재되어 있다.(『역주당육전〔중〕』 권8, 문하성 시중, 20~24쪽) 신하가 황제에게 문서를 올리는 형식에는 6가지가 있다. 첫째 奏抄, 제사, 국가의 재정지출, 6품 이하 관직의 수여, 유형 이상의 죄를 판결하거나 제명·면관·관당해야 하는 경우에 올리는 문서 형식을 말한다. 둘째 奏彈, 어사가 백관의 불법을 탄핵하는 것을 말한다. 셋째 露布, 군대가 적을 파하여 병부에 보고하면 이를 상주하는 것을 말한다. 넷째 議, 조정회의에서 결론짓지 못한 일을 공경들의 논의에 부쳐 의견에 차이가 있으면 상주하여 재가를 받는 것을 말한다. 다섯째 表, 여섯째 狀이다. 蔡邕의 『獨斷』에 "무릇 신하가 천자에게 글을 올리는 양식에는 4가지가 있다. 첫째 章, 둘째 奏, 셋째 表, 넷째 駁議이다. 章은 '머리를 조아려 아룁니다(稽首上以聞)'로 시작하며, 은혜에 감사하거나 사실을 진술하는 내용으로 궁문에 이르러 전하는 것이다. 奏는 처음에 '머리를 조아려 말씀드립니다(稽首言)'로 시작하고 '머리를 조아려 아뢰었습니다(稽首以聞)'로 끝맺으며, 그 사이에 청하는 내용을 적는다. 관원의 불법을 탄핵하는 안건은 승상부〔公府〕를 거쳐 어사대로 보내고, 公卿과 校尉의 奏文은 謁者臺로 보내 군주에게 전한다. 表는 '신 아무개 말씀드립니다(臣某言)'로 시작하고 '신 아무개 진실로 황공하옵게 머리를 땅에 조아리며 죽을죄를 지었나이다(臣某 誠惶誠恐 頓首頓首 死罪死罪)'로 끝맺는데, 왼쪽 아래에 '모관 아무개 올림(某官 某甲上)'이라 표기하여 상서에 가서 전하는 것이다. 공경·교위·장군은 성을 말하지 않고, 대부 이하는 모두 성을 적는다. 장에

신하 및 동궁 신료가 황태자에게 문서를 올릴 때 큰일은 전(의 형식)을 사용하며 작은 일은 계(의 형식)를 사용하고, 그 봉함에 "우춘방에 올림"이라고 쓰며, 통사사인이 개봉하여 (황태자에게) 드린다. 그 문서가 시행할 만하면 모두 태자사인에게 내리며, (태자사인은) 태자서자와 상의한 후에 다시 올린다. 시행이 불가한 것은 그렇지 않다.

○ 太子右諭德一人, 正四品下: 龍朔二年置, 職擬右散騎常侍. 太子右贊善大夫五人, 正五品上. 龍朔二年改太子中允爲右贊善大夫, 咸亨元年復爲中允, 而贊善大夫不廢, 又加置五人. 職比諫議大夫.

역문 **태자우유덕은 1인으로 정4품하이고**, 용삭 2년(662)에 설치하였으며,[249] 직무는 (조정의) 우산기상시에 상당한다.[250] **태자우찬선**

회답할 때는 '들었다(聞)', 주문에 회답할 때는 '可', 표문에 회답할 때는 상서가 담당 관원에게 답하되 '적은 대로 아뢰었다(已奏如書)'라고 적는다. 무릇 장과 표는 봉함을 연 채로, 비밀의 일이라면 검은 비단주머니에 넣어 올린다. 결말짓지 못한 문제로 공경백관이 회의를 할 때 다른 의견을 주장하는 것을 '박의'라 하며, '아무개 갑은 논의하기를 이와 같이 생각합니다(某主甲議以爲如是)'라 적고 '저의 어리석은 이견입니다(愚戇議異)'로 끝맺는다. 회의의 결론이 천자의 뜻과 일치하면 '모관 아무개의 논의는 가(某官某甲議可)'라 적어 회답한다. 한은 진의 법식을 이어 신하가 글을 올릴 때 모두 '죽기를 무릅쓰고 말씀드립니다(昧死言)'라 칭하였다. 왕망은 옛 제도를 사모하여 '죽기를 무릅쓰고(昧死)'를 '머리를 조아려(稽首)'로 고쳤다. 광무제는 이를 따르고 고치지 않았다"고 하였다. 장·표 제도는 한 때 이후 대부분 답습되었다. 『隋令』에는 주초·주탄·노포 등이 있으며 당은 이를 따랐다. 박의·표·장 등은 지금도 일반적으로 쓰인다. 주초와 노포는 시중이 심의하고 나머지는 심의하지 않는다. 시중은 이러한 문안을 모두 심의하고 서명하여 복주한 다음 시행한다. 복주한 문안에 황제가 '可'라고 쓰면 문하성에 두고 본안으로 삼는다. 다시 한 통을 베껴 시중이 '制可'라고 주기한 뒤 봉인을 찍고 서명하여 상서성에 보내 시행토록 한다.

249) 『舊唐書』 권4, 高宗本紀上, 84쪽에는 左右諭德의 설치가 용삭 3년의 일로 되어 있다. "(龍朔三年二月)癸巳, 置太子左右諭德及桂坊大夫等官員, 改司經局爲桂坊館, 崇賢館罷隸左春坊." 또 앞서 나온 左諭德條에도 左諭德의 설치가 용삭 3년에 이루어졌다고 하였다.

대부는 5인으로 정5품상이다. 용삭 2년에 태자중윤을 우찬선대부로 고쳤다가 함형 원년(670)에 중윤으로 복구하였지만 찬선대부를 폐지하지 않고 5인으로 늘렸다. 직무는 (조정의) 간의대부에 상당한다.[251]

右諭德掌如其左. 皇太子朝宮臣, 則列侍於右階之下; 出入, 則騎於正道之右. 右贊善大夫掌如其左. 凡皇太子朝宮臣, 則列於右階之下.

역문 우유덕의 직장은 좌유덕과 같다. 황태자가 동궁 신료의 조하를 받을 때 오른쪽 계단 아래에 열 지어 서서 시종하며, (황태자가) 출입할 때는 정도의 오른편에서 말을 타고 따른다. 우찬선대부의 직장은 좌찬선대부와 같다. 무릇 황태자가 동궁 신료의 조하를 받을 때 오른쪽 계단 아래에 열지어 선다.

○ 太子通事舍人八人, 正七品下. 『齊職儀』: "中庶子下有門下通事守舍人四人, 三品勳祿敍, 武冠, 朱服." 又: "庶子下有內典書通事舍人二人, 品服同舍人, 擬中書通事舍人, 掌宣傳令書, 內外啓奏." 梁中庶子有通事舍人; 又, 庶子下通事舍人二人, 視南臺御史, 並一班, 從九品. 陳因之. 北齊門下坊有通事守舍人四人. 隋典書坊有通事舍人八人, 正七品下. 煬帝改太子通事舍人爲宣令舍人, 皇朝復爲通事舍人.

역문 태자통사사인은 8인으로 정7품하이다. 『제직의』에 이르길

---

250) 中書省 右散騎常侍의 정원은 2인이고 품은 종3품이다. 門下省 左散騎常侍(『역주당육전(중)』 권8, 문하성 좌산기상시, 40~45쪽)와 마찬가지로 황제를 시봉하고 規諫과 諷諫을 맡으며 자문에 응대하는 일을 맡았다.(『역주당육전(중)』 권9, 중서성 우산기상시, 114~115쪽)

251) 門下省 諫議大夫의 정원은 4인이고 품은 정5품상이다. 간의대부는 황제를 시봉하면서 보좌하고 規諫하고 諷諫하는 있을 맡았다.(『역주당육전(중)』 권8, 문하성 간의대부, 45~47쪽)

"중서자 아래에 문하통사수사인 4인이 있는데 3품훈위[252]의 녹질(祿秩)을 받고 무관[253]에 주복을 착용하였다"라고 하였다. 또 "서자 아래에 내전서통사사인 2인이 있는데 품계와 복식은 사인과 같고 직무는 중서성 통사사인과 비슷하니 태자가 내리는 글[令書]를 선전하고 내외에서 태자에게 올리는 글과 말[啓奏]에 관한 일을 관장하였다"라고 하였다. 양은 중서자 (아래에) 통사사인을 두었다.[254] 또 서자 아래의 통사사인 2인은 남대어사[255]와 비견되며 모두 1반으로 종9품이었다. 진은 이를 따랐다. 북제의 문하방에는 통사수사인 4인이 있었다.[256] 수의 전서방에는 통사사인 8인이 있었고,[257] 정7품하이었다.[258] 수 양제는 태자통사사인을 고쳐 선령사인이라 하였는데,[259] 당은 통사사인으로 복구하였다.

通事舍人掌導引東宮諸臣辭見之禮, 及承令勞問之事: 凡大朝謁及正、冬, 百官與諸方之使者參見東宮, 亦如之. 若皇太子行, 先一日,

---

252) 3품훈위는 流外官에 속한다. 魏晉의 九品官人法에 의하면 鄕品 2품 이상은 上品에 속하였고 향품 2품 이하는 下品에 속하였고 대개 향품 2품 이상에 오르지 못한 이는 寒門에 속하였다. 향품 2품 이상은 入流하여 구품에 포함되었고 향품 2품 이하는 入流가 불가능하여 流外胥吏에 속했다. 梁이 18班制를 정할 때 향품 2품 이하를 流外 7班에 속하게 하고, 지위가 더 낮은 寒門을 별도의 3品蘊位와 3품훈위에 속하게 하였다. 南齊는 梁의 제도를 연용하였다.

253) 『後漢書』 志30, 輿服下, 3668쪽: "武冠, 一曰武弁大冠, 諸武官冠之. 侍中、中常侍加黃金璫, 附蟬爲文, 貂尾爲飾, 謂之'趙惠文冠'. 胡廣說曰 : '趙武靈王效胡服, 以金璫飾首, 前插貂尾, 爲貴職. 秦滅趙, 以其君冠賜近臣'."

254) 『隋書』에는 통사수사인으로 되어 있다. 『隋書』 권26, 百官上, 727쪽: "又有通事守舍人、典事守舍人、典法守舍人員."

255) 御史臺의 御史이다. 南北朝 시기 어사대가 궁정 남쪽에 위치하였기에 이런 명칭이 있었다.

256) 『隋書』 권27, 百官中, 760쪽.

257) 『隋書』 권28, 百官下, 780쪽.

258) 『隋書』 권28, 百官下, 787쪽.

259) 『隋書』 권28, 百官下, 801쪽.

京文武官職事九品已上奉辭; 及還宮之明日, 參見亦如之.

역문 통사사인은 동궁의 여러 신하가 태자에게 고별과 알현의 예를 행할 때 인도하는 일 및 (황태자의) 영을 받아 신하를 위문하는 일을 관장한다. 무릇 대조회 및 원정·동지에 백관과 모든 지방의 조집사(使)가 태자를 알현할 때도 이와 같다. 황태자의 출행에 하루 앞서 경사의 9품 이상의 문무 직사관원이 (황태자에게) 전별의 예를 올릴 때나, 태자가 환궁한 다음날 백관이 알현할 때도 이와 같다.

◎ 太子內坊: 典內二人, 從五品下; 晉有太子寺人監員. 又, 『齊職儀』: "太子三卿、校, 各有寺人二人." 隋文帝始置太子內坊, 有典內等員, 皇朝因之. 丞二人, 從七品下; 隋文帝置內坊丞二人, 皇朝因之. 典直四人, 正九品下. 隋內坊置丞直四人, 皇朝改爲典直.

역문 태자내방: 전내는 2인으로 종5품하이고, 진(晉)에는 태자시인감의 관원이 있었다. 또 『제직의』에 이르길 "태자삼경·삼교[260]에는 각각 시인 2인이 있다"라고 하였다. 수 문제 때 처음으로 태자내방을 설치하고 전내[261] 등의 관원을 두었으며, 당은 이를 따랐다.[262] 승은 2인으로 종7품하이고, 수 문제 때 내방승 2인을 두었고,[263]

260) 태자삼경은 太子家令·率更·僕을 가리킨다. 삼교는 太子翊軍·步兵·屯騎의 세 校尉를 가리킨다. 『宋書』 권40, 百官下, 1254쪽 ; 『南齊書』 권16, 百官志, 327쪽.

261) 『隋書』 권28, 百官下, 786쪽. 태자전내는 종6품하이다.

262) 『舊唐書』 권42, 職官1, 1795쪽: "太子典內、舊正六品上, 開元令改. (從第五品下階)."

263) 『隋書』 권28, 百官下, 787쪽. 태자내방승은 정8품이다.

당은 이를 따랐다.[264] 전직은 4인으로 정9품하이다. 수의 내방에는 승직 4인을 설치하였고,[265] 당은 전직으로 고쳤다.

典內掌東宮閤內之禁令, 及宮人糧廩賜與之出入; 丞爲之貳. 凡任典直以儀式, 導客主之儐序, 任閤帥以門戶, 任內閽以出入, 任給使以繖扇, 任內廐以車轝, 任典事以牛馬; 典內統而監主之. 凡皇太子妃之親、內命婦之母并郡主合乘車出入者, 亦監之. 凡宮人、命婦亡葬之制, 皆率其屬而供其職.

역문 전내는 동궁 내정(內廷)의 금령 및 궁인의 의식(衣食)[266]과 사여(물품의) 출납을 관장한다. 승은 차관이 된다. 무릇 전직에게 의식(儀式)을 맡기고, 도객[267]에게 빈객을 자리로 (인도하는 것을) 주관케 하고, 합수[268]에게 문호를 맡기고, 내혼[269]에게 (동궁의 후궁) 출입을 맡기고, 급사[270]에게 일산(日傘)과 부채를 맡기고, 내구[271]에게 수레와 가마를 맡기고, 전사에게 소와 말을 맡기며, 전내는 이들을 통솔하여 시행을 감독한다. 무릇 황태자비의 친속, 내명부[272]의 모친 및 군주(郡主)[273]가 수레를 타고 출입하는 경우

---

264) 『舊唐書』 권42, 職官1, 1799쪽: "太子內坊丞、舊正八品上, 開元初改. (從第七品下階)."
265) 『隋書』 권28, 百官下, 789쪽. 태자내방승은 종9품이다.
266) 『舊唐書』에는 "宮人糧廩"의 '糧'이 '衣'로 되어 있다. 『舊唐書』 권44, 職官3, 1909쪽: "典內掌東宮閤門之禁令, 及宮人衣廩賜與之出入."
267) 본권의 標目에는 '導客舍人六人'으로 되어 있다.
268) 본권의 標目에는 '閤帥六人'으로 되어 있다.
269) 본권의 標目에는 '內閽八人'으로 되어 있다.
270) 본권의 標目에는 '內給使無員數'로 되어 있다.
271) 본권의 標目에는 '內廐二人'으로 되어 있다.
272) 天子의 三夫人 이하 妃嬪 및 궁중 女官을 내명부라 하였다. 당에서는 황제의 妃嬪 이하 및 태자 良娣 이하를 내명부라 하였다. 公主 및 王妃 이하는 외명부이다.(『역주당육전(상)』 권2,

이를 감독한다. 무릇 (동궁의) 궁인과 명부의 장례에는 모두 그 속료를 거느리고 각자의 직무를 수행한다.[274)]

○ 太子內官: 〔皇太子良娣二員, 正三品; 良媛六員, 正四品; 承徽十員, 正五品; 昭訓十六員, 正七品; 奉儀二十四員, 正九品〕[275)] 『漢書』曰: "太子有妃, 有良娣, 有孺子, 妻妾凡三等." 歷代因之. 至宋明帝, 更爲太子置內職二等, 有寶林、良娣. 齊建元中, 太子宮置三內職: 良娣比關內侯, 寶林比五等侯, 才人比駙馬都尉. 隋初始定制, 皇朝因之.

역문 태자내관: 〔황태자의 양제는 2인으로 정3품이고, 양원은 6인으로 정4품이며, 승휘는 10인으로 정5품이고, 소훈은 정원 16인으로 정7품이며, 봉의는 정원 24인으로 정9품이다.〕[276)] 『한서』에 이르기를 "태자에게는 비가 있고, 양제가 있고, 유자가 있으니 (태자의) 처첩은 3등으로 나뉜다"[277)]라고 하였다. 역대 왕조는 이를 따랐다. 송 명제 때에 이르러 태자를 위한 내직을 2등으로 고쳐 설치하였던바, 보림과 양제가 있었다.[278)] (남)제 건원(479~482) 연간에 태자궁에

상서이부 사봉랑중, 225~231쪽)

273) 황태자의 딸은 郡主로 봉한다.(『역주당육전[중]』 권2, 상서이부 사봉랑중, 230쪽)

274) 궁인·명부의 장례의식에 관하여서는 『역주당육전[중]』 권12, 내관궁관내시성 해관국, 290~291쪽을 참조.

275) 여러 판본과 陳仲夫 교감본 모두 이 구절이 없다. 『唐六典』 尙書吏部 司封郎中條의 기사에는 본문에 상당하는 구절과 이에 대한 주문이 기재되어 있고, 본권의 標目에도 태자내관의 원액이 기재되어 있다. 본권에 본문은 없고 주문만 있는 것은 『唐六典』의 체제와 부합되지 않는다. 이런 까닭에 역자가 사봉랑중조와 표목을 근거로 이 구절을 보충하였다.

276) 『唐令拾遺』 內外命婦職員令, 제2조(開7), 156쪽: "太子內官, 良娣二人(正三品), 良媛六人(正四品), 承徽十人(正五品), 昭訓十六人(正七品), 奉儀二十四人(正九品)."

277) 『漢書』 권97上, 外戚傳, 3961쪽: "衛太子史良娣, 宣帝祖母也. 太子有妃, 有良娣, 有孺子, 妻妾凡三等, 子皆稱皇孫. 史良娣家本魯國, 有母貞君, 兄恭."

3내직을 설치하였던바, 양제는 관내후에 비견하고 보림은 5등후에 비견하고 재인은 부마도위에 비견하였다.[279] 수 초기에 처음으로 제도를 정하였고, 당은 이를 따랐다.[280]

司閨, 從六品. 掌導引妃及宮人名簿, 以總掌正、掌書、掌筵, 知三司出納.

역문 사규는 종6품이다. 태자비의 인도와 궁인의 명부를 관장하여 장정·장서·장연을 총괄하고, (태자궁관) 3사[281]의 출납을 관장한다.

掌正, 從八品. 掌文書出入, 錄目爲記; 幷閨閤管鑰, 糾察推罰. 女史, 流外三品. 掌典文簿而執行焉. 餘女史視此.

역문 장정은 종8품이다. 문서의 수발과 목록 기록을 관장하고, 아울러 내정 문(閨閤)의 열쇠를 관리하며 잘못의 규찰과 처벌을 담당한다.[282] 여사는 유외3품이다. 문서를 관리하고 집행을 관장한다.

---

278) 『宋書』 권41, 后妃傳, 1293쪽: "前廢帝何皇后諱令婉, 廬江灊人也. 孝建三年, 納爲皇太子妃, 大明五年, 薨于東宮徽光殿, 時年十七. 葬□□, 謚曰獻妃. 上更爲太子置內職二等, 曰保林, 曰良娣. 納南中郎長史太山羊瞻女爲良娣, 宜都太守袁僧惠女爲保林." 孝建 3년(456)과 大明 5년(461)은 孝武帝의 연호이므로 이 일은 명제 때가 아닌 효무제 시기의 일로 보인다.

279) 『南齊書』 권20, 皇后傳, 389쪽: "建元三年, 太子宮置三內職, 良娣比開國侯, 保林比五等侯, 才人比駙馬都尉." 즉 南齊 高帝 건원 3년(481)의 일이다.

280) 『新唐書』 권47, 百官2, 1231쪽: "良娣二人, 正三品; 良媛六人, 正四品; 承徽十人, 正五品; 昭訓十六人, 正七品; 奉儀二十四人, 正九品."

281) 이 三司는 司閨·司則·司饌을 가리킨다. 본문에 司閨 이하가 太子內官 아래에 있기 때문에 내관으로 오해할 수 있으나, 황제의 宮官(『역주당육전(중)』 권12, 내관 궁관내시성, 244~270쪽)과 비교해 보면 역시 궁관임을 알 수 있다.

282) 『역주당육전(중)』 권12, 內官宮官內侍省 宮正, 270쪽 참조.

나머지 여사도 이와 같다.

掌書, 從八品. 掌寶及符契、經籍, 宣傳、啓奏, 教學、廩賜, 及紙筆、監印.

역문 장서는 종8품이다. (태자의) 인장과 부계(符契)·경적, (태자의 내관·궁관에 대한) 명령〔敎令〕의 선전(宣傳)과 (내관·궁관이 황태자에게 올리는) 글과 말〔啓奏〕, 교학(敎學)과 늠식(廩食)과 사여 및 종이·붓의 공급과 도장의 감독에 관한 일을 관장한다.

掌筵, 從八品, 掌帷幄、牀褥, 几案、擧繖扇, 灑掃、鋪設及賓客.

역문 장연은 종8품이다. 장막·휘장과 침상·이불, 책상과 일산·부채,[283] 청소와 자리 설치에 관한 일을 관장한다.[284]

司則, 從六品. 掌禮儀參見, 以總掌嚴、掌縫、掌藏, 而領其事.

역문 사칙[285]은 종6품이다. (동궁의) 의례와 (황태자나 태자비를) 참견하는 (예를) 관장하고, 장엄·장봉·장장을 총괄하여 그 직무를 통솔하는 것을 관장한다.

---

283) 『唐六典』의 "几案、擧繖扇"에 대해 『舊唐書』 권44, 職官3, 1910쪽에는 "几案、繖扇"으로 되어 있고, 『新唐書』 권47, 百官2, 1231쪽에는 "几案、輿繖"으로 되어 있다.

284) 『舊唐書』 권44, 職官3, 1910쪽: "掌筵三人, 從八品. 掌帷幄、牀褥、几案、繖扇、洒掃、鋪設之事." 『新唐書』 권47, 百官2, 1231쪽: "掌筵三人, 掌幄帟、牀褥、几案、輿繖、汛掃、鋪設." 이에 의거하여 빈객은 해석하지 않았다.

285) 『舊唐書』 권44, 職官3, 1910쪽에는 司禮로 되어 있다. "司禮二人, 從六品. 掌禮儀參見, 以總掌嚴、掌縫、掌藏, 而領其事."

掌嚴, 從八品. 掌首飾、衣服, 巾櫛、膏沐, 服玩、仗衛.

역문 장엄은 종8품이다. 머리장식·의복·수건·빗·머릿기름·완상물품·의장을 관장한다.

掌縫, 從八品. 掌裁縫衣服、織績.

역문 장봉은 종8품이다. 의복을 재봉하고 실을 자아 천을 짜는 일을 관장한다.

掌藏, 從八品. 掌金玉、珠寶、財貨、綿繒、縑綵出入.

역문 장장은 종8품이다. 황금과 옥·구슬·보석·재화·면·명주·비단의 출납을 관장한다.

司饌, 從六品. 掌膳羞, 進食先嘗, 以總掌食、掌醫、掌園, 而領其事.

역문 사찬은 종6품이다. 음식을 만들어 올리고 먼저 맛보는 것을 관장하고, 장식·장의·장원을 총괄하여 그 직무를 통솔하는 것을 관장한다.

掌食, 從八品. 掌膳羞、酒醴, 燈燭、柴炭, 及宮人食料、器皿.

역문 장식은 종8품이다. 음식·술·단술, 등잔·촛불·땔감·숯 및 궁인의 식료·그릇을 관장한다.

掌醫, 從八品. 掌醫藥、伎樂.

역문 장의는 종8품이다. 의약과 가무음악을 관장한다.

掌園, 從八品. 掌園苑, 種植蔬果

역문 장원은 종8품이다. 밭과 뜰을 관리하고 채소와 과수를 심는 것을 관장한다.

『唐六典』

卷第二十七 家令率更僕寺

御撰

集賢院學士兵部尚書兼中書令修國史上柱國開國公

臣 李林甫等奉敕注上

太子家令寺

家令一人　丞二人　主簿一人　錄事一人　府十人　史二十人　亭長四人　掌固六人

食官署

令一人　丞二人　府二人　史四人　掌膳十二人　供膳四百人　奉觶三十人　掌固四人

典倉署

令一人　丞二人　府三人　史五人　掌固四人　園丞二人　史二人　典事六人

司藏署

令一人　丞二人　府三人　史五人　典事四人　掌固四人

太子率更寺

令一人　丞一人　主簿一人　錄事一人　府三人　史四人　伶官師二人　漏刻博士二人　掌漏六人　漏童六十人　典鼓二十四人　亭長四人　掌固四人

太子僕寺

僕一人　丞一人　主簿一人　錄事一人　府三人　史五人　亭長四人　掌固四人

廐牧署

令一人　丞二人　府三人　史五人　典乘四人　典事六人　牧長四人　翼馭十五人　駕士三十人　獸醫二十人　掌固四人

태자가령시

가령 1인　승 2인　주부 1인　녹사 1인　부 10인　사 20인　정장 4인　장고 6인1)

식관서

영 1인　승 2인2)　부 2인　사 4인　장선 12인3)　공선 400인4)

---

1) 『冊府元龜』 권708, 宮臣部總序, 8427쪽上과 『新唐書』 권49上, 百官4上, 1297쪽에는 掌固의 정원이 모두 4인으로 되어 있다. 『舊唐書』 권44, 職官3, 1910쪽에는 掌固가 기재되어 있지 않다.

2) 『冊府元龜』 권708, 宮臣部總序, 8427쪽상)에는 開元 25년의 제도에 따른 食官丞 정원이 1인으로 되어 있다. 『通典』 권30, 職官12, 東宮官 太子家令食官署令條, 832쪽에는 "隋家令寺統食官令丞, 令一人, 丞二人. 大唐因之"로 되어 있다. 『舊唐書』 권44, 職官3, 1910쪽과 『新唐書』 권49上, 百官4上, 1297쪽은 『唐六典』과 같다.

3) 『新唐書』 권49上, 百官4上, 1297쪽에는 4인으로 되어 있다. 『冊府元龜』 권708, 宮臣部總序, 8427

봉치 30인 장고 4인

전창서

영 1인 승 2인[5] 부 3인 사 5인 장고 4인 원승 2인 사 2인
전사 6인

사장서

영 1인 승 2인[6] 부 3인 사 5인[7] 전사 4인 장고 4인

태자솔경시

영 1인 승 1인 주부 1인 녹사 1인 부 3인 사 4인 영관사 2인
누각박사 2인 장루 6인 누동 60인[8] 전고 24인[9] 정장 4인
장고 4인

태자복시

쪽상)에는 開元 25년의 제도에 따른 掌膳의 정원이 12인으로 되어 있다. 『舊唐書』 권44, 職官3, 1910쪽은 『唐六典』과 같다.

4) 『新唐書』 권49上, 百官4上, 1297쪽에는 140인으로 되어 있다. 『冊府元龜』 권708, 宮臣部總序, 8427쪽上에는 開元 25년의 제도에 따른 掌膳의 정원이 400인으로 되어 있다. 『舊唐書』 권44, 職官3, 1910쪽에는 掌膳이 기재되어 있지 않다.

5) 『冊府元龜』 권708, 宮臣部總序, 8427쪽上에는 開元 25년의 제도에 따른 典倉丞의 정원이 1인으로 되어 있다. 『通典』 권30, 職官12, 東宮官 太子家令典倉署令條, 832쪽에는 "隋家令寺統典倉令丞, 令一人, 丞二人. 大唐因之"로 되어 있다. 『舊唐書』 권44, 職官3, 1910쪽과 『新唐書』 권49上, 百官4上, 1297쪽은 『唐六典』과 같다.

6) 『冊府元龜』 권708, 宮臣部總序, 8427쪽上에는 開元 25년의 제도에 따른 司藏丞의 정원이 1인으로 되어 있다. 『通典』 권30, 職官12, 東宮官 太子家令司藏典令條, 833쪽에는 "隋家令寺統司藏令丞, 令一人, 丞二人. 大唐因之"로 되어 있다. 『舊唐書』 권44, 職官3, 1911쪽과 『新唐書』 권49上, 百官4上, 1298쪽은 『唐六典』과 같다.

7) 『新唐書』 권49上, 百官4上, 1298쪽에는 史 4인 외에 計史 1인이 있다. 『舊唐書』 권44, 職官3, 1910쪽에는 史가 기재되어 있지 않다.

8) 『新唐書』 권49上, 百官4上, 1298쪽에는 漏童의 정원이 20인으로 되어 있다. 『冊府元龜』 권708, 宮臣部總序, 8427쪽上에는 開元 25년의 제도에 따른 漏童의 정원이 6인으로 되어 있다. 『舊唐書』 권44, 職官3, 1911쪽은 『唐六典』과 같다.

9) 『新唐書』 권49上, 百官4上, 1298쪽에는 "典鐘、典鼓各十二人"으로 되어 있다. 『冊府元龜』 권708, 宮臣部總序, 8427쪽上, 開元 25년의 제도에 따른 典鼓의 정원과 『舊唐書』 권44, 職官3, 1911쪽은 『唐六典』과 같다.

복 1인 승 1인 주부 1인 녹사 1인 부 3인 사 5인 정장 4인[10)]
장고 4인[11)]

구목서

영 1인 승 2인 부 3인 사 5인[12)] 전승 4인 전사 6인 목장 4인
익어 15인[13)] 가사 30인[14)] 수의 20인 장고 4인

---

10) 『新唐書』 권49上, 百官4上, 1299쪽에는 亭長의 정원이 3인으로 되어 있다. 『舊唐書』 권44, 職官3, 1911쪽에는 亭長이 기재되어 있지 않다.

11) 『新唐書』 권49上, 百官4上, 1299쪽에는 掌固의 정원이 3인으로 되어 있다. 『舊唐書』 권44, 職官3, 1911쪽에는 掌固가 기재되어 있지 않다.

12) 『新唐書』 권49上, 百官4上, 1299쪽에는 史의 정원이 3인으로 되어 있다. 『舊唐書』 권44, 職官3, 1911쪽에는 史가 기재되어 있지 않다.

13) 『新唐書』 권49上, 百官4上, 1299쪽에는 翼馭의 정원이 10인으로 되어 있다.

14) 『新唐書』 권49上, 百官4上, 1299쪽에는 駕士의 정원이 15인으로 되어 있고, 그 아래에 "掌閑 600인, 獸醫 10인, 主酪 30인"이 있다.

◎ 太子家令寺: **家令一人, 從四品上**: 秦、漢詹事屬官有太子家令、丞. 張晏云: "太子稱家, 故曰家令." 又『茂陵中書』: "太子家令, 秩八百石." 後漢太子少傅屬官有太子家令, 秩一千石, 主倉穀、飮食, 又領食官令、丞. 魏因之. 晉家令品第五, 銅印、墨綬, 進賢兩梁冠, 絳朝服, 比司農、少府. 晉太康八年, 詔曰: "太子家令、率更令、僕, 東宮之達官也, 宜進品第五, 與中庶子、二率同." 宋太子家令主內茵蓐、牀几諸供中之物, 又知官奴婢月用錢、內庫米鹽、車牛、刑獄. 齊因之. 自宋、齊已來, 清流者不爲之. 梁天監六年, 武帝以三卿陵替, 乃詔革選, 家令視通直常侍, 率更、僕視黃門. 陳因之. 後魏太子三卿從三品上, 太和二十二年降爲從四品上. 北齊詹事領家令, 有丞、功曹、主簿, 領食官、典倉、司藏等三署令、丞, 又領內坊令、丞. 隋家令寺掌刑法、食膳、倉庫等事, 領食官、典倉、司藏三署令、丞. 煬帝改爲司府令, 皇朝復爲家令. 龍朔二年改爲宮府寺大夫, 咸亨元年復舊. **丞二人, 從七品上**: 漢家令有丞. 後漢、魏無聞. 『宋書』云: "家令丞一人, 晉代置." 宋、齊因之. 梁、陳家令丞一人: 位不登十八班者別爲七班, 家令丞七班. 後魏太和二十二年, 太子三卿丞第九品下. 北齊家令丞一人. 隋家令丞二人, 皇朝因之. 龍朔二年改爲宮府丞, 咸亨元年復舊. **主簿一人, 正九品下**. 晉家令置主簿, 宋、齊因之. 『齊職儀』: "家令主簿一人, 四品勳位, 掌總署諸曹事." 梁、陳、後魏無聞. 北齊家令有主簿員. 隋家令主簿一人, 皇朝因之.

역문 **태자가령시: 가령은 1인으로 종4품상이다**. 진·한은 첨사의 속관으로 태자가령·(태자가)승이 있었다. 장안은 "태자를 가(家)라

고 칭하므로 가령이라고 부른다"고 하였다.[15] 『무릉중서』에 "태자가령은 질 6백 석이다"라고 되어 있다.[16] 후한은 태자소부의 속관으로 태자가령이 있었는데 질은 1천 석이었고 창곡(倉穀)과 음식을 주관하였으며,[17] 또한 식관령·(식관)승을 통령하였다.[18] 위는 이를 따랐다. 진(晉)에서 가령은 제5품이었고 구리 도장에 검은 인끈을 차고 진현양량관과 강조복을 착용하였으며[19] (조정의) 사농·소부에 비견되었다.[20] 진 무제 태강 8년(287)의 조서에 "태자가령·솔경령·복은 동궁의 현귀한 관직이니 마땅히 제5품으로 높이어 중서자, 좌·우위솔과 동등하게 하여야 한다"라고 하였다.[21] 송에서 태자가령은 (동궁) 내 자리와 이불·침상과 안석(案席) 등 각종 궁중에서 쓰이는 물품 공급을 주관하였고, 또 관노비에게 매달 지출되는 돈, 동궁 내고(內庫)의 쌀과 소금, 수레와 소, 형벌과 옥안(獄案)을 담당하였다.

---

15) 張晏은 자가 子博으로 中山 사람이다.(『漢書』 권19상, 百官公卿表, 734쪽)

16) 『漢書』 권19上, 百官公卿表, 734쪽의 주에는 "臣瓚曰, '『茂陵中書』太子家令, 秩八百石'"이라고 되어 있다. 『茂陵中書』는 책 이름이다.

17) 『後漢書』 志27, 百官4, 太子少傅, 3608쪽: "太子家令一人, 千石. 本注曰 : 主倉穀飮食, 職似司農、少府" : 『宋書』 권40, 百官하, 1253쪽: "漢世太子食湯沐邑十縣, 家令主之. 又主刑獄飮食, 職比廷尉、司農、少府. 漢東京主食官令" : 『通典』 권30, 職官12, 東宮官, 太子家令, 831쪽: "漢代太子食湯沐邑十縣, 家令主之. 後漢則屬少傅, 主倉穀飮食." 衛宏은 『漢官舊儀』에서 "家令, 秩千石, 主倉獄. 亡新改爲中更"이라고 하였다.(『漢官六種』〔中華書局, 1990〕, 78쪽)

18) 『後漢書』 志27, 百官4, 太子少傅, 3609쪽에는 식관령 예하에 승의 존재가 기록되어 있지 않다. 또 식관령 외에 太子倉令 1인이 존재하였다.

19) 銅印·墨綬는 구리로 된 인장과 검은 인끈을 말한다. 晉의 제도에 相國 이하는 銀章이나 銅印을 갖고 靑綬 혹은 묵수를 하였다. 진현관은 옛 儒者의 복장으로 5梁·3梁·2梁·1梁의 구별이 있으며 梁이 많을수록 귀하게 여겼다. 강조복은 강의조복이다. 『晉書』 권25, 輿服志, 772쪽에 "魏祕書監秦靜曰, '漢氏承秦, 改六冕之制, 但玄冠絳衣而已.' 魏已來名爲五時朝服, 又有四時朝服, 又有朝服"이라고 하였다. 오시·사시 조복은 郊祀시 각 方色과 같게 하여 입는 옷을 가리킨다. 강의조복은 平時의 常服으로 絳衣라 약칭한다.

20) 『晉書』 권24, 職官志, 743쪽: "家令, 主刑獄、穀貨、飮食, 職比司農、少府."

21) 『通典』 권37, 職官19, 晉官品 第五品, 1004쪽: "太子中庶子、庶子、家令、率更令、僕、衛率."

제는 이를 따랐다.[22] 송·제 이래 청류 출신은 이 관직을 담임하지 않았다. 양 천감 6년(507) 무제는 태자삼경[23]의 지위가 낮아졌다고 여겨 조서를 내려 선발제도를 개혁하여 태자가령을 통직산기상시[24]에 비견되게 하고 솔경·복은 급사황문시랑[25]에 비견되게 하였다.[26] 진(陳)은 이를 따랐다.[27] 북위에서 태자삼경은 종3품상이었다가 태화 22년(498)의 (제도에서) 종4품상으로 내렸다.[28] 북제는 첨사가 가령을 통령하였으며 (그 아래) 승·공조·주부를 두었고,[29] (가령이) 식관·전창·사장 등 3서령·(3서)승을 통령하고, 또한 내방령·(내방)승을 통령하였다.[30] 수에서 가령시는 형법·음식·창고 등의 일을 관장하고 식관·전창·사장의 3서령·(3서)승을 통령하였다.[31] 양제는 사부령으로 고쳤으나,[32] 당은 다시 가령이라 하

---

22) 『南齊書』 권16, 百官志, 327쪽.

23) 太子三卿은 家令·率更·僕射의 장관을 일컫는다.(『宋書』 권40, 百官下, 1253쪽)

24) 『隋書』 권26, 百官上, 南朝梁官制, 722~723쪽: "散騎常侍、通直散騎常侍、員外散騎常侍, 舊並爲顯職, 與侍中通官. 宋代以來, 或輕或雜, 其官漸替. 天監六年革選, 詔曰: '在昔晉初, 仰惟盛化, 常侍、侍中, 並奏帷幄, 員外常侍, 特爲淸顯. 陵始名公之胤, 位居納言, 曲蒙優禮, 方有斯授. 可分門下二局, 委散騎常侍尙書案奏, 分曹入集書. 通直常侍, 本爲顯爵, 員外之選, 宜參舊准人數, 依正員格.' 自是散騎視侍中, 通直視中丞, 員外視黃門郎." 양의 통직산기상시는 제11반이었다.

25) 『隋書』 권26, 百官上, 南朝梁官制, 722쪽: "門下省置侍中、給事黃門侍郎各四人, 掌侍從左右, 擯相威儀, 盡規獻納, 糾正違闕." 양의 급사황문시랑은 황문랑이라 약칭하며 제10반이었다. 솔경령과 복 역시 10반이었다.

26) 『隋書』 권26, 百官上, 南朝梁官制, 726쪽: "天監六年, 帝以三卿陵替, 乃詔革選. 家令視通直常侍, 率更、僕視黃門三等, 皆置丞." 또 천감 7년에는 18반제를 제정했는데, 태자가령은 제10반으로 하였다.(『隋書』 권26, 百官上, 南朝梁官制, 730쪽)

27) 陳에서는 太子三卿이 通直散騎常時 등과 같이 제4품이었으나 질은 천석이었다.(『隋書』 권26, 百官上, 南朝陳官制, 743쪽)

28) 『魏書』 권113, 官氏志, 2981쪽 : 『魏書』 권113, 官氏志, 2997쪽.

29) 『隋書』 권27, 百官中, 北齊官制, 759쪽: "詹事, 總東宮內外衆務, 事無大小, 皆統之. 府置丞、功曹、五官、主簿、錄事員. 領家令, 率更令、僕等三寺, 左右衛二坊."

30) 『隋書』 권27, 百官中, 北齊官制, 759쪽: "家令, 領食官、典倉、司藏等署令、丞. 又領內坊令、丞." 또한 북제의 태자삼경은 모두 종4품상이었다.

였다. 용삭 2년(662) 궁부시대부로 고쳤으나 함형 원년(670)에 복구하였다.[33] **승은 2인으로 종7품상이고**, 한은 가령 예하에 승을 두었다.[34] 후한·위는 기록이 보이지 않는다. 『송서』에 "가령승은 1인으로 진나라 때에 설치되었다"고 하였다.[35] 송·제는 이를 따랐다.[36] 양·진의 가령승은 1인이었고, 관품이 18반에 오르지 못하는 자는 따로 7반을 만들었는데 가령승은 제7반이었다.[37] 북위 태화 22년의 (제도에서) 태자삼경승은 제9품하였다.[38] 북제는 가령승이 1인이었다.[39] 수는 가령승이 2인이었고,[40] 당은 이를 따랐다.[41] 용삭 2년에 궁부승으로 고쳤다가 함형 원년에 복구하였다. **주부는 1인으로 정9품하이다**. 진(晉)은 가령 예하에 주부를 두었고, 송·제는 이를 따랐다. 『제직의』에 "가령주부는 1인으로 4품훈위이며 제조(諸曹)의 문서에 서명하고 안배하는 일을 모두 관장한다"라고 하였다.[42]

---

31) 『隋書』 권28, 百官下, 隋高祖時官制, 780쪽: "家令、掌刑法、食膳、倉庫、什物、奴婢等事. … 家令領食官、典倉、司藏三署令、各一人."

32) 수 양제 大業 3년(583)의 일이다.(『隋書』 권28, 百官下, 隋煬帝官制, 801쪽.)

33) 『通典』 권30, 職官12, 東宮官, 太子家令, 831쪽: "大唐復爲家令寺, 置家令一人, 唯不主刑法, 餘與隋同. 龍朔二年, 改家令寺爲宮府寺, 家令爲宮府大夫. 咸亨初復舊."

34) 『漢書』 권19上, 百官公卿表, 734쪽.

35) 『宋書』 권40, 百官下, 1253쪽.

36) 『宋書』 권40, 百官下, 1253쪽 : 『南齊書』 권16, 百官志, 327쪽.

37) 鄕品이 2품 이상인 자는 上品이라고 하여 入流가 가능하고, 양나라 제도에서는 18班 내에 들 수 있었다. 향품이 2품 이하인 자는 하품이라고 하며 入流가 불가하고 18반 이외의 7반에 속했다. 이러한 流外 7반에서 태자가령승은 최고의 지위였다. 한문서족 출신자는 7반 이외에 3品蘊位·3品勳位가 따로 설치되어 卑官濁職을 받았고 18반 내에 들어가는 관직에 임명되는 기회를 갖기 어려웠다. 진은 양의 제도를 따랐다.

38) 『魏書』 권113, 官氏志, 3002쪽.

39) 『隋書』 권27, 百官中, 北齊官制, 759쪽. 그 품계는 제9품하였다.

40) 『隋書』 권28, 百官下, 隋高祖時官制, 780쪽. 그 품계는 종8품하였다.

41) 『舊唐書』 권44, 職官3, 1910쪽: "太子家令寺 : 令一人, 從四品上. 丞二人, 從七品上."

42) 書名. 齊 長水校尉 王珪之 撰. 50卷. 『南齊書』 권52, 文學列傳, 王逡之, 從弟珪之, 903쪽: "從弟珪

양·진·북위는 기록이 보이지 않는다. 북제는 가령 예하에 주부의 정원이 있었다. 수는 가령주부가 1인이었고,[43] 당은 이를 따랐다.

家令之職, 掌皇太子之飮膳、倉儲、庫藏之政令, 總食官、典倉、司藏三署之官屬. 凡皇太子備禮出入, 則乘軺車, 具威儀, 先諸臣以導引. 若祭祀、賓客, 則供酒食, 以爲獻主. 若進獻、賜與, 則奉金玉、貨幣, 而以法式贊之. 凡宮坊府署廨宇及牀几、茵蓐席、器物不供於將作、少府者, 皆供之. 丞掌判寺事. 凡食官、典倉、司藏之出納, 籍其名數, 以時刺于詹事. 凡莊宅、田園, 必審其頃畝, 分其疆界, 寘于籍書; 若租稅, 隨其良瘠而爲收斂之數, 以時入之, 禁其逋違者. 若宮、朝、坊、府有土木營繕, 則下於司藏, 命典事以受之. 主簿掌印及勾檢稽失. 凡寺、署之出入財物, 役使工徒, 則刺詹事, 上于尙書; 有所隱漏, 言于司直; 事若重者, 擧咨家令, 以啓聞.

역문 가령의 직임은 황태자의 음식·창고·저장의 정령을 관장하고 식관·전창·사장 3서의 관속을 거느리는 것이다. 무릇 황태자가 예의를 갖추어 출입할 때 (가령은) 초거[44]를 타고 의장을 구비하여 앞에서 여러 동궁 신료를 인도한다. 만약 제사를 지내거나

之, 有史學, 撰齊職儀. 永明九年, 其子中軍參軍顥上啓曰 '臣亡父故長水校尉珪之, 藉素爲基, 依儒習性. 以宋元徽二年, 被敕使纂集古設官歷代分職, 凡在墳策, 必盡詳究. 是以等級掌司, 咸加編錄. 黜陟遷補, 悉該硏記. 述章服之差, 兼冠佩之飾. 屬値啓運, 軌度惟新. 故太宰臣淵奉宣敕旨, 使速洗正. 刊定未畢, 臣私門凶禍. 不揆庸微, 謹冒啓上, 凡五十卷, 謂之齊職儀. 仰希永升天閣, 長銘祕府.' 詔付祕閣."

43) 수에서는 가령 예하에 녹사 2인을 두었을 뿐 주부에 대한 기록이 없다.(『隋書』 권28, 百官下, 隋高祖時官制, 780쪽)

44) 간단히 軺라고도 하며 고대의 간편한 마차의 한 종류이다. 사면이 탁 트여 멀리 바라볼 수 있어, 遙車라고도 한다.(『역주당육전(중)』 권17, 태복시, 523쪽 주210) 한대 畫像石에서 보이듯 굽은 끌채[輈]와 얕은 車箱을 가지며 가운데 수레지붕을 세우고 대개 말 한두 마리가 끌었다.

빈객과 연회할 때에는 술과 음식을 공급하며 (제사·연회 진행의) 주재자가 된다. 만약 (신료가 황태자에게) 진헌하거나 (황태자가) 사여할 때 금과 옥·재물과 비단을 받들고 법식에 따라 (황태자를) 돕는다. 무릇 (동궁의) 궁전, 좌·우춘방, 첨사부와 소속부서의 건물 및 침상과 안석·자리와 이불·기물 중 장작감·소부감에서 공급하지 않는 것은 모두 공급한다. 승은 가령시의 사무를 판정한다. 무릇 식관·전창·사장서에서 (재물을) 출납할 때 물목과 수량을 기록하여 시기에 맞추어 첨사부에 문서[刺]로 통지한다.[45)] 무릇 장원·경작지는 반드시 그 면적을 조사하여 경계를 획정하고 부책에 등재한다.[46)] 만약 조세를 (징수할 때는) 그 토지의 비옥도에 따라 거두는 액수를 확정하고 시기에 맞추어 수납하며, 위법행위를 금한다. 만약 (동궁의) 궁전과 조당, 좌·우춘방, 첨사부에 토목공사가 있는 경우 사장서에 하달하여 전사가 업무를 전담하도록 명한다.[47)] 주부는 인장과 구검계실을 관장한다. 무릇 가령시와 소속 각 서(署)에서 재물을 출입할 때와 일꾼을 사역할 때 첨사부에 문서[刺]로 통지하고 상서성에 보고한다. 만약 숨기거나 탈루한 사실이 있으면 태자사직에 통보하고, 사안이 중하면 가령에게 자문하고 황태자에게 아뢴다.

---

45) 刺는 당대 여러 관사 간에 서로 문의하는 문서양식 중 하나이다. 자는 그 사안을 지적해 드러냄을 일컫는다.(『역주당육전[상]』 권1, 三師三公尚書都省, 136~139쪽 참조)

46) 동궁에 소속된 토지의 규모에 대해서는 사서에 그 상세한 기록이 없다. 唐 中宗이 황태자였던 시기 崔融으로 하여금 작성하여 올린 표문에서 "臣家令寺有地九百餘頃, 特請廻授關中貧下等色(『全唐文』 권280)"이라고 하였다. 추정해 보면 당시 동궁 소유 토지는 9백 경을 훨씬 상회하였을 것이다.

47) 건설에 필요한 노동력은 匠戶 혹은 刑部 都官郎中이 관장하는 관노비 및 番戶·雜戶를 사용하거나 혹은 사농시의 戶를 할당받았다.(『역주당육전[상]』 권6, 상서형부 도관낭중, 619~624쪽)

○ **食官署**: 令一人, 從八品下; 漢詹事屬官有食官令、長、丞. 後漢太子少傅屬官有太子食官令一人, 秩六百石, 主飮食. 晉太子食官令職如太官令. 宋中庶子屬官有食官令. 齊詹事屬官有太子食官令. 『齊職儀』: "食官令一人, 三品勳位, 掌廚膳之事." 梁庶子有食官局, 陳因之. 後魏太子食官令五品上. 北齊食官令、丞又別領器局、酒局二丞, 隋家令寺統食官令、丞, 皇朝因之. 丞二人, 從九品下. 兩漢食官皆有丞, 魏、晉、宋無聞. 齊建元中, 置食官丞四人. 『梁選簿』有東宮食官丞, 爲三品蘊位. 後魏、北齊太子食官丞一人. 隋食官丞二人, 皇朝因之.

역문 **식관서: 영은 1인으로 종8품하이고**, 한은 첨사의 속관으로 식관령·(식관)장·(식관)승이 있었다.48) 후한은 태자소부의 속관으로 태자식관령 1인이 있었는데 질은 6백 석이며 음식을 주관하였다.49) 진에서 태자식관령의 직임은 (조정의) 태관령과 같다.50) 송은 중서자의 속관으로 식관령이 있었고,51) 제는 첨사의 속관으로 태자식관령이 있었다. 『제직의』에 "식관령은 1인으로 3품훈위이며 주방의 음식에 관한 업무를 관장한다"라고 하였다. 양은 서자 예하에 식관국이 있었고,52) 진은 이를 따랐다. 북위의 태자식관령은 정5품상이었다.53) 북제는 식관령·(식관)승이 있고, (식관령이) 따로 기국·주국 2승을 관장하였다.54) 수는 가령시가 식관령·(식관)승

48) 『漢書』 권19上, 百官公卿表, 743쪽.
49) 『後漢書』 志27, 百官4, 3609쪽.
50) 『晉書』 권24, 職官志, 743쪽.
51) 『宋書』 권40, 百官下, 1254쪽.
52) 『隋書』에는 동궁식관승이 3품온위였다는 기록이 있다.(『隋書』 권26, 百官上, 南朝梁官制, 735쪽)
53) 『魏書』 권113, 官氏志, 2985쪽.
54) 『隋書』 권27, 百官中, 北齊官制, 759쪽.

을 통령하였고,[55] 당은 이를 따랐다. 승은 2인으로 종9품하이다. 전한·후한의 식관에는 모두 승이 있었다.[56] 위·진·송은 기록이 보이지 않는다. 제는 고제(高帝) 건원(479~482) 연간에 식관승 4인을 설치하였다. 『양선부』[57]에는 동궁식관승이 있는데 그 품계는 3품온위인 (것으로 기록되어 있다.) 북위·북제는 태자식관승 1인이 있었다. 수는 식관승이 2인이었고, 당은 이를 따랐다.

食官令掌飲膳之事; 丞爲之貳. 凡爲酒醴, 必辨其麴蘖、黍秫、秔稻之宜, 陶器、水火之用, 以成乎沉浮、清濁之良; 凡爲膳羞, 必辨其牲牢、禽獸之名物, 割烹、煎和之制度, 以協乎五味、五香之正, 然後可以供其享獻焉. 凡四時之令節, 供進及設食, 得專營造, 不用啓聞. 其六品已下官於家令廚食者, 元正、冬至、寒食亦供焉. 左、右廂牙前坐日, 職事官三品以上供十盤; 宮臣六參日二十五盤; 其食有餘, 賜左·右春坊供奉官、詹事司直. 若非坐日, 供三盤. 丞判署事.

역문 식관령은 음료와 식사에 관한 업무를 관장한다. 승은 차관이 된다. 무릇 술과 감주를 빚을 때에는 반드시 누룩과 기장·차조·쌀·메벼의 적합성, 양조기구와 물과 불의 쓰임을 판별하여 (술지게미가) 뜨고 가라앉은 정도와 맑고 흐린 정도를 달리 하는 정품(精品)을 만들어야 한다.[58] 무릇 희생의 고기와 맛있는 음식을 만

55) 『隋書』 권28, 百官下, 隋高祖時官制, 780쪽.
56) 『後漢書』에는 태자식관승에 대한 기록이 없다.
57) 書名. 『舊唐書』 권33, 經籍2, 968쪽: "梁選簿三卷, 徐勉撰."
58) 술 빚는 법과 술의 종류에 관해서는 『역주당육전(중)』 권15, 光祿寺 良醞署, 446~450쪽을 참조. 또한 『呂氏春秋』 仲冬편에서는 '六必'이라 하여 "秫稻必齊, 麴蘖必時, 湛饎必潔, 水泉必香, 陶器必良, 火齊必得, 兼用六物, 大酋監之, 無有差忒"이라고 하였다.

드는 때는 반드시 희생물[59]과 금수의 종류·수량 및 자르고 삶고 지지고 섞는 등 각종 조리법[60]을 판별해서 정순한 5미[61]와 5향[62]의 양념을 사용한 연후에 제사와 연회에 올린다. 사계의 각 절일[63]에 올리도록 규정된 음식과 동궁 관료에게 공급하는 음식은 식관서에서 결정해서 만들고 황태자에게 아뢸 필요는 없다.[64] 동궁의 6품 이하 관원으로 가령시의 주방에서 식사를 제공해야 할 자는 원정·동지·한식 때에도 음식을 공급받는다. 동궁 정전의 좌·우상에서 당직을 설 때 3품 이상의 직사관들은 10 소반[盤]의 음식을 제공한다. 궁신들은 5일마다 조회하는 날[六參日]에 25 소반을 제공한다. 그 음식에 남는 것이 있으면 좌·우춘방의 공봉관[65]과 첨사·사직에게 사여한다. 만약 당직일이 아니면 3소반을 공급한다. 승은 식관서의 사무를 판정한다.

---

59) 『詩經』 小雅, 瓠葉序: "上棄禮而不能行, 雖有牲牢饔餼, 不肯用也" : 鄭玄箋: "牛羊豕爲牲, 繫養者曰牢."

60) 『周禮』 天官, 內饔: "內饔掌王及后世子膳羞之割烹煎和之事" : 鄭玄注: "割, 肆解肉也. 烹, 著也. 煎和, 齊以五味." 肆解는 희생의 몸을 양분하는 것으로 右胖과 左胖으로 나뉘며, 右胖을 귀히 여겼다. 이후 다시 희생을 左肱·右臂·左股·右肱·右肋·右股·脊의 7 조각으로 나누었다.

61) 『禮記』 禮運, 鄭玄注. "五味, 酸、苦、辛、鹹、甘也."

62) 茴香·山椒·八角·桂皮·丁香을 가리킨다.

63) 원정과 동지를 제외하고 元宵節(정월 15일)·淸明·寒食·上巳節(3월 3일)·端午·七夕·重陽節 및 夏至·立冬·臘日 등이다.

64) 사계절일에 공급하는 음식에 관해서는 『唐六典』을 참조할 수 있다. 『역주당육전(중)』 권15, 光祿寺 太官署令, 443쪽: "겨울철에는 湯餠 및 黍臛을 더 만들어주고, 여름에는 冷淘粉竹을 추가하며, 정월 15일·晦日에는 餻糜를 추가하고 5월 5일에는 粽䊦을 추가하고, 7월 7일에는 斫餠을 추가하고, 9월 9일에는 餻를 추가하고, 10월 1일에는 黍臛을 추가하는데 모두 상식 이외에 더 추가한 것이다."

65) 조정의 供奉官은 侍中·中書令·左·右散騎常侍·黃門·中書侍郎·諫議大夫·給事中·中書舍人·起居郎·起居舍人·通事舍人·左·右補闕·拾遺·御使大夫·御史中丞·侍御史·殿中侍御史 등이다.(『역주당육전(상)』 권2, 상서이부, 196쪽) 이에 상당하는 동궁의 공봉관은 左庶子·右庶子·中允·中舍人·左右諭德·左右贊善大夫·太子司議郎·太子舍人·太子通事舍人 등이다.

○ 典倉署: 令一人, 從八品下; 後漢太子少傅屬官有太子倉令一人, 秩六百石, 主倉穀. 魏、晉已下無聞. 後魏有太子倉令, 第五品中. 北齊家令寺領典倉署令、丞, 典倉署又別領園丞. 隋家令寺統典倉令、丞, 皇朝因之. 丞二人, 從九品下. 隋典倉丞二人, 皇朝因之.

역문 **전창서: 영은 1인으로 종8품하이고**, 후한은 태자소부의 속관으로 태자창령 1인이 있었다. 질은 6백 석이었으며, 창고의 곡식을 주관했다.66) 위·진 이후로는 기록이 보이지 않는다. 북위는 태자창령이 있었고, 제5품중이었다.67) 북제는 가령시가 전창서령·(전창서)승을 거느렸으며, 전창서는 또한 별도로 원승을 거느렸다. 수의 가령시는 전창령·(전창)승을 거느렸고, 당은 이를 따랐다. **승은 2인으로 종9품하이다**. 수는 전창승이 2인이었고, 당은 이를 따랐다.

典倉署令掌九穀入藏之數, 及醯醢、庶羞、器皿、燈燭之事, 擧其名數, 而司其出納; 丞爲之貳. 凡諸園圃樹藝者, 皆受令焉. 每月籍其出納之數, 以上于寺, 歲終則申詹事府. 凡戶奴婢及番戶、雜戶皆給其資糧及春、冬衣服等, 數如司農給付之法; 若本司用不足者, 則官給. 丞判署事.

역문 **전창서령은 9곡68)의 창고 납입 수량 및 혜해,69) 여러 맛있는**

---

66) 『後漢書』 志27, 百官4, 太子少傅, 3609쪽.

67) 『魏書』 권113, 官氏志, 2984쪽.

68) 본래는 9종류의 곡식이나 여기에서는 곡식의 범칭으로 쓰였다. 『周禮』 권2, 大宰: "萬民一日三農生九穀" : 鄭司農注: "三農, 平地山澤也. 九穀, 黍、稷、秫、稻、麻、大小豆、大小麥" : 鄭玄注: "三農, 原隰及平地. 九穀, 無秫大麥而有粱苽." 또한 司農寺에 導官署가 있어 도정과 9곡의 쓰임을 관장하였다.(『역주당육전[중]』 권19, 사농시 도관서, 618~629쪽 참조)

음식[70]과 그릇 등과 초에 관한 업무를 관장하여 그 종류와 수량을 낱낱이 들어 출납을 주관한다. 승은 차관이 된다. 모든 소속 원포에서 수목(樹木)과 채소를 키우는 자는 모두 (전창령의) 영을 받든다. 매월 그 출납한 수량을 부책에 기록하여 가령시에 보고하고 연말에는 첨사부에 보고한다. 무릇 (동궁에서 관할하는) 관노비〔戶奴婢〕 및 번호·잡호에 대하여 재물과 양식 및 봄·겨울 옷 등을 공급하는데, 그 수량은 사농시의 지급 기준과 같다.[71] 만약 전창서의 물자로 부족할 때에는 관부에서 공급한다. 승은 전창서의 사무를 판정한다.

○ 司藏署: 令一人, 從八品下; 晉家令有主物吏四人. 梁庶子屬官有錫庫局丞; 又有東宮衛庫丞, 爲三品勳位. 北齊家令寺領司藏署令、丞, 司藏又別領仗庫、典作二局丞. 隋家令寺統司藏署令、丞, 皇朝因之. 丞二人, 從九品下. 隋有司藏丞二人, 皇朝因之.

역문 사장서: 영은 1인으로 종8품하이고, 진(晉)은 가령의 예하에 주물리 4인이 있었다. 양은 서자의 속관으로 석고국승이 있었다.[72] 또한 동궁위고승이 있었으며 3품훈위였다. 북제는 가령시가 사장서

---

69) 소금에 절여 만드는 음식의 총칭이다. 醯는 醋를 말하고 醢는 肉醬 등을 가리킨다. 이를 만들 때 주로 조미료로 초를 사용했기에 혜해라 合稱하였다. 光祿寺의 掌醢署에서 鹿醢·兎醢 등의 음식을 만들어서 제사와 연회에 공급하였다.(『역주당육전(중)』 권15, 광록시 장해서, 450~451쪽 참조)

70) 庶羞로는 육지에서 나는 개암·밤·말린고기 등이 있고 물에서 나는 물고기·소금·마름·가시연 등이 있다.(『역주당육전(중)』 권15, 광록시 진수서, 445쪽 참조)

71) 『역주당육전(상)』 권6, 상서형부 도관낭중, 619~624쪽 참조.

72) 『隋書』 권26, 百官上, 南朝梁官制, 727쪽.

령·(사장서)승을 거느렸고, 사장서는 또한 따로 장고·전작 2국의 승을 거느렸다.[73] 수는 가령시가 사장령·(사장)승을 거느렸고, 당은 이를 따랐다. 승은 2인으로 종9품하이다. 수는 사장승 2인이 있었고,[74] 당은 이를 따랐다.

司藏令掌庫藏財貨出納、營繕之法式. 凡諸司應納財物者, 皆受而藏之; 應出給者, 則監而付之. 其財物之出於庫藏, 無衆寡, 皆具其給賜之名數, 每月上寺, 歲終則以貨幣出入之數會之. 丞判署事.

역문 사장령은 고장(庫藏)의 재화 출납과 조영(造營)의 법식을 관장한다. 무릇 여러 관서에서 마땅히 납부하여야 할 재물은 모두 거두어 보관한다. 마땅히 내주어야 할 재물은 감독하여 지급한다. 창고에서 나오는 재물은 그 양의 다소를 막론하고 모두 사여하고 지급한 종류와 수량을 기록하여 매월 가령시에 보고하고 연말에 재물의 출입수량을 회계한다. 승은 사장서의 사무를 판정한다.

◎ 太子率更寺: 令一人, 從四品上; 漢詹事府屬官有太子率更令、丞. 後漢太子少傅屬官有太子率更令, 秩千石, 主庶子、舍人更直, 職似光祿勳. 魏因之. 晉詹事屬官有太子率更令一人, 銅印、墨綬, 進賢兩梁冠, 絳朝服; 掌宮殿門戶之禁, 郎將屯衛之士; 局擬光祿勳、衛尉. 太康八年, 進品第五. 宋、齊因之. 梁率更令視黃門, 陳因之. 後魏太和二十二年爲從四品上. 北齊

---

73) 『隋書』 권27, 百官中, 北齊官制, 759쪽.

74) 『隋書』에는 사장승 3인으로 되어 있다. 『隋書』 권28, 百官下, 隋高祖時官制, 780쪽: "家令領食官、典倉、司藏三署令、各一人. 丞. 食官二人, 典倉一人, 司藏三人."

詹事率更令有丞、功曹、主簿, 領中盾署令、丞各一人, 掌周衛禁防, 漏刻鐘鼓. 隋率更寺令一人, 皇朝因之. 龍朔二年改爲司更大夫, 咸亨元年復舊. 丞一人, 從七品上; 後漢率更丞一人, 秩四百石. 魏、晉、宋、齊、梁、陳皆一人. 後魏太子三卿丞第九品下. 北齊、隋皆一人, 皇朝因之. 主簿一人, 正九品下. 晉率更令置主簿一人, 宋代無聞. 『齊職儀』: "太子率更令主簿, 四品勳位." 梁、陳、後魏無聞. 北齊、隋太子率更寺主簿一人, 皇朝因之.

역문 **태자솔경시: 영은 1인으로 종4품상이고**, 한의 첨사부 속관으로 태자솔경령·(태자솔경)승이 있었다.75) 후한은 태자소부의 속관으로 태자솔경령이 있었으며, 질은 1천 석으로 서자·사인의 입직 순번을 주관하였고, 직임은 (조정의)광록훈과 같았다.76) 위는 이를 따랐다. 진은 첨사의 속관으로 태자솔경령 1인이 있었고 구리 도장에 검은 인끈을 차고 진현양량관과 강조복을 착용하였다. 궁전 문호(門戶)의 금령과 낭장·둔위 사졸을 관장하였다. 직임은 광록훈·위위에 비견되었다.77) 진 무제 태강 8년(287) 제5품으로 승급하였다.78) 송·제는 이를 따랐다.79) 양에서 솔경령은 (조정의)황문(시랑)에 비견되었다.80) 진은 이를 따랐다. 북위는 태화 22년(498)의

---

75) 『漢書』 권17上, 百官公卿表에 첨사 속관으로 태자솔경의 기록이 있다. 顔師古 注에 "掌知漏刻, 故曰率更"이라 하였다. 『漢官舊儀』에서는 "率更令, 秩千石, 主庶子、舍人更直. 亡新改爲中更. 丞一人, 秩四百石"이라 하였다. 『太平御覽』 職官部45, 太子率更令: "太子率更令, 秩千石, 主庶子、舍人更直, 職似光祿勳. 掌宮殿門戶之禁, 郎將屯衛之士."

76) 『後漢書』 志27, 百官4, 太子少傅, 3608쪽.

77) 『晉書』 권24, 職官, 743쪽.

78) 『太平御覽』 職官部45, 太子率更令: "太子家令、率更令、僕, 東宮之達官也, 宜進品第五, 與中庶子、二率同."

79) 『宋書』 권40, 百官下, 1253쪽: "率更令, 一人. 主宮殿門戶及賞罰事, 職如光祿勳、衛尉. 漢東京掌庶子、舍人, 晉世則不也. 自漢至晉, 家令在率更下; 宋則居上": 『南齊書』 권16, 百官, 327쪽.

80) 『隋書』 권26, 百官上, 南朝梁官制, 726쪽.

(제도에서) 종4품상이 되었다. 북제는 첨사가 솔경령을 (거느렸고, 솔경령 예하에) 승·공조·주부를 두었으며, 중순서령·(중순서)승 각 1인을 거느렸다. (솔경령은 동궁 궁성) 주변에 대한 호위, 물시계 및 (시간을 알리는) 종과 북을 관장하였다.[81] 수는 솔경시령이 1인이었고, 당은 이를 따랐다. 용삭 2년(662)에 사경대부로 고쳤다가, 함형 원년(670)에 복구하였다. **승은 1인으로 종7품상이며**, 후한의 솔경승은 1인으로 질은 4백 석이었다.[82] 위·진·송·제·양·진은 모두 1인이었다. 북위 태자삼경승은 제9품하였다. 북제·수는 모두 1인이었고, 당은 이를 따랐다. **주부는 1인으로 정9품하이다**. 진은 솔경령 아래에 주부 1인을 두었고, 송은 그 기록이 보이지 않는다. 『제직의』에 "태자솔경령주부는 4품훈위이다"라고 하였다. 양·진·북위는 기록이 보이지 않는다. 북제·수의 태자솔경시주부는 1인이었고,[83] 당은 이를 따랐다.

率更令之職, 掌宗族次序, 禮樂、刑罰及漏刻之政令. 凡皇太子釋奠於先聖先師, 講學齒冑, 皆總其儀注, 而爲之導引. 若皇太子備禮出入, 則乘軺車, 位亞家令焉.

역문 솔경령의 직임은 (의례에서) 종족의 차서[84]와 예악·형벌

---

81) 당대 하루는 100刻으로 1각은 현재의 14.4분에 해당한다. 밤은 5更으로 나누고 1경은 5點으로 나누었다. 경이 되면 북을 치고 점이 되면 종을 쳐서 시간을 알렸다.

82) 『後漢書』 百官志에는 솔경시에 승을 설치한 기록이 없다. 다만 『漢官舊儀』(『漢官六種』, 中華書局, 1990), 78쪽에서는 "率更令, 秩千石, 主庶子、舍人更直. 亡新改爲中更. 丞一人, 秩四百石"라고 하였다.

83) 북제에서는 솔경시에 功曹와 主簿가 설치되었으나 수에서는 錄事만이 있고 主簿의 설치가 기록되어 있지 않다.(『隋書』 권27, 百官中, 北齊官制, 759쪽 : 『隋書』 권28, 百官下, 隋高祖時官制, 780쪽)

및 물시계의 정령을 관장하는 것이다. 무릇 황태자가 선성선사에게 석전의 예를 거행할 때와 강학치주의 예를 거행할 때는 모두 그 의례 순서에 의거하여 황태자를 인도한다.[85] 만약 황태자가 예를 갖추어 출입할 때는 초거를 타고 가령의 뒤에 위치하여 (인도한다.)

○ 凡張樂, 軒縣之制: 鎛鐘之簴三, 編鐘之簴三, 編磬之簴三, 凡九簴. 每位各建鼓凡三人, 柷敔二人: 鐘、磬, 簴各一人. 每編鐘下笙、竽、笛、箎、塤各一人. 每編磬下歌二人, 琴、瑟、箏、筑各一人. 文、武二舞各六佾. 其簨、簴皆金三博山, 飾以崇牙、流蘇、樹羽. 其樂器應漆者, 皆朱漆之: 鐃鼓、節鼓朱漆畫, 加五綵重蓋; 大鼓、小鼓及餘鼓吹並朱漆, 羽葆鼓飾以羽葆. 長鳴、中鳴、大·小橫吹五綵衣幡, 緋掌, 畫蹲豹五綵脚; 大角幡亦如之. 其大鼓、長鳴、大橫吹、節鼓及橫吹後笛、簫、篳篥、笳等工人皆服緋地苣文袍、袴及帽. 金鉦、掆鼓皆加六角紫繖. 小鼓、中鳴等, 小橫吹及鐃, 及橫吹後笛、簫、篳篥、笳等工人皆服靑地苣文袍、袴及帽. 鐃鼓及簫、笳工人服並武弁、朱褠衣、革帶. 大角工人平巾幘、緋衫、白布大口袴.

역문 무릇 (황태자를 위한) 악(樂)을 진설할 때 (사용하는) 헌현의 제도는 다음과 같다.[86] 박종 3틀[簴], 편종[87] 3틀[88], 편경 3틀로

---

84) 昭穆次序에 따라 자리를 배치하는 것을 가리킨다. 원래 昭穆이란 종묘에 배치하는 位牌의 순서를 말한다. 예컨대 始祖는 廟의 중간에 있고 그 아래의 父子는 번갈아가며 昭穆이 된다. 이 때 왼쪽이 昭이고, 오른쪽이 穆이다. 즉 父는 昭가 되고 子는 穆이 된다.

85) 先聖先師에 대한 釋奠과 講學齒胄는 황태자가 仲春과 仲秋에 國子監 孔廟에 가서 행하는 제례와 황태자의 入學典禮를 가리킨다. 齒의 의미는 황태자가 입학할 때 신분의 尊卑가 아닌 年齒에 의해서 순서가 정해지는 것을 말한다.

모두 9틀이다. (동·서·북쪽의 세 방위에) 건고[89]를 설치하고 고수 총 3인을 두고 (그 왼편에) 축을, (오른편에) 어를 설치하고 (합쳐서) 2인을 둔다.[90] **편종·편경 틀에는 각 1인을 둔다. 매 편종마다 아래에 생황·우·적·호·질나팔 (악공을) 각 1인씩 둔다. 매 편경마다 아래에 가수 2인**[91]**을 두고 금·슬·쟁·축**[92] **(악공을) 각**

---

86) 『周禮』 권23, 春官 小胥: "正樂縣之位, 王宮縣, 諸侯軒縣, 卿大夫判縣, 士特縣" : 『新唐書』 권21, 禮樂11, 462~463쪽: "樂縣之制. 宮縣四面, 天子用之. 若祭祀, 則前祀二日, 太樂令設縣於壇南內壝之外, 北嚮.… 軒縣三面, 皇太子用之. 若釋奠于文宣王、武成王, 亦用之. 其制, 去宮縣之南面. 判縣二面, 唐之舊禮, 祭風伯、雨師、五嶽、四瀆用之. 其制, 去軒縣之北面. 皆植建鼓於東北、西北二隅. 特縣, 去判縣之西面, 或陳於階間, 有其制而無所用."

87) 박종과 편종은 모두 청동제의 대형·소형의 종이다.(『舊唐書』 권29, 音樂2, 八音之屬, 1077쪽: "鐘, 黃帝之工垂所造. 鐘, 種也, 立秋之音, 萬物種成也. 大曰鎛, 鎛亦大鐘也, 爾雅謂之鏞. 小而編之曰編鐘, 中曰剽, 小曰棧") 당대의 편종은 16枚의 小鐘이 1組로 상하의 두 가로대에 나뉘어 매달려 12律4淸聲에 응하였다.

88) 簴는 편종과 편경을 매다는 목제 틀인데, 틀 양쪽 세로의 지지대를 簴라 하고 가로의 지지대를 簨(=筍·笋)이라 한다. 수 이전의 궁현은 20簴였지만, 수가 진의 고사를 채용하여 36簴로 되었다. 당초에도 이를 따랐고 고종 시기에는 72簴로 증가되었다가 개원 시기에 다시 20簴로 되었다.(『新唐書』 권21, 禮樂11, 463쪽)

89) 북의 한 가지. 꼭대기에 새를 장식한 화개가 있고 받침대 밑에는 네 사자를 조각하였다. 『舊唐書』 권29, 音樂2, 八音之屬, 1078쪽: "鼓, 動也, 冬至之音, 萬物皆含陽氣而動. 雷鼓八面以祀天, 靈鼓六面以祀地, 路鼓四面以祀鬼神. 夏后加之以足, 謂之足鼓；殷人貫之以柱, 謂之楹鼓；周人縣之, 謂之縣鼓；後世從殷制建之, 謂之建鼓."

90) 둘 다 타악기로 주로 雅樂의 시작과 끝에 사용한다. 『舊唐書』 권29, 音樂2, 八音之屬, 1075쪽: "柷, 衆也. 立夏之音, 萬物衆皆成也. 方面各二尺餘, 傍開員孔, 內手於中, 擊之以擧樂" : 『尙書』 益稷, 鄭玄注: "柷, 狀如漆桶而有椎. 合樂之時, 投椎其中而撞之" : "敔, 如伏虎, 背皆擊之以擧樂" : 『尙書』 益稷: "合止柷敔" : 孔穎達疏云: "樂之初, 擊柷以作之, 樂之將末, 戛敔以止之."

91) 登歌를 唱하는 사람을 가리킨다. 登歌는 중국 고대에 祭典·大朝會 거행시 樂師가 堂에 오르며 연주하던 음악과 노래이다.(『初學記』 권14: "堂上奏樂而歌, 曰登歌") 그러나 漢代에는 반주 없이 노래하는 것을 가리켰다.(『漢書』 권22, 禮樂, 1043쪽: "乾豆上, 奏登歌, 獨上歌, 不以筦弦亂人聲, 欲在位者徧聞之, 猶古淸廟之歌也") 魏晉 이후 登歌는 대개 반주를 사용하였다.

92) 琴은 7弦으로 나무로 된 길고 좁은 울림통을 가진다. 瑟은 금과 비슷한 모양이며 통상 25현으로 현마다 1柱가 있다. 슬은 보통 금과 함께 합주한다. 箏은 장방형의 울림통에 윗면에 현을 매고 현 밑에는 柱가 있다. 柱를 좌우로 이동하여 音의 高低를 조정하며 鹿骨로 된 한 치 길이의 술대로 현을 튕겨서 연주한다. 唐·宋 시기 敎坊은 13현의 쟁을 사용하였고 오직 淸樂에서만 12현을 이용하였다. 筑은 쟁과 모양이 비슷하고 13현이 있고 현 밑에 柱를 설치하였다. 연주할

1인씩 둔다. 문무 2무[93]는 각 6일(佾)이다. 그 순·거는 3개의 금색 박산을 (설치하고) 숭아·유소·수우로 장식한다.[94] 악기 중 옻칠을 해야 하는 것은 모두 붉은 칠[朱漆]을 한다. 요고[95]·절고[96]는 붉은 칠을 하고 그림을 넣으며, 오채중개를 더한다. 대고·소고 및 기타 악기는 모두 붉은 칠을 하며 우보고에는 우보[97]로 장식한다.[98] 장명·중명·대소횡취는 모두 오채로 된 번(幡)을 거는데 번장(幡掌)은 붉은 색[緋]이고 오채로 된 번각(幡脚)에는 엎드린 표범을 그린다. 대각에 걸린 번 역시 이와 같다. 대고·장명·대횡취·절고 및 횡취 뒤의 적·퉁소·필률[99]·가 등의 악공은 모두 붉은 색[緋] 바탕에 횃불 문양이 든 포(袍)와 바지 및 모자를 (착용한다). 금정[100]·강고[101]의 (악공은) 모두 육각형의 자색 양산을 더한다.

때는 왼손으로 현의 끝부분을 누르고 오른손으로 竹尺을 잡고 현을 쳐서 소리를 내었다. 전국시대 말 高漸離가 易水에서 荊軻를 송별할 때 사용한 악기이다.

93) 제사시에 初獻에는 문무를 추고 亞獻·終獻에는 무무를 춘다. 『新唐書』 권21, 禮樂11, 466쪽: "初, 隋有文舞、武舞, 至祖孝孫定樂, 更文舞曰治康, 武舞曰凱安, 舞者各六十四人. 文舞 : 左籥右翟, 與執纛而引者二人, 皆委貌冠, 黑素, 絳領, 廣袖, 白袴, 革帶, 烏皮履. 武舞 : 左干右戚, 執旌居前者二人, 執鼗執鐸皆二人, 金錞二, 輿者四人, 奏者二人, 執鐃二人, 執相在左, 執雅在右, 皆二人夾導, 服平冕, 餘同文舞. 朝會則武弁, 平巾幘, 廣袖, 金甲, 豹文袴, 烏皮鞾. 執干戚夾導, 皆同郊廟. 凡初獻, 作文舞之舞 ; 亞獻、終獻, 作武舞之舞."

94) 博山은 금선으로 산의 모양을 그려놓은 장식으로 신분에 따라 그 개수가 달랐다. 崇牙는 가로대 상부 테두리에 톱니형상으로 조각한 장식물을 말한다. 流蘇는 아래로 드리운 장식물이고 樹羽는 五色의 羽毛를 꽂아 놓은 장식이다.

95) 타악기로 腰鼓와 모양이 비슷하다. 본래 중국 서남부 소수민족이 사용하였고 唐代 大駕 출행시 鹵簿의 鼓吹로 사용하였다.

96) 『舊唐書』 권29, 音樂2, 八音之屬, 1079쪽: "節鼓, 狀如博局, 中間員孔, 適容其鼓, 擊之節樂也."

97) 깃털로 만든 장식을 단 華蓋를 가리킨다.

98) 皇太子 鼓吹에 관하여서는 『역주당육전[중]』 권14, 太常寺 鼓吹署, 391~395쪽을 참조.

99) 『舊唐書』 권29, 音樂2, 八音之屬, 1075쪽: "篳篥, 本名悲篥, 出於胡中, 其聲悲. 亦云 : 胡人吹之以驚中國馬云."

100) 타악기이다. 종과 비슷하나 좁고 길다. 손잡이가 있어 잡고 망치로 쳐서 소리를 낸다. 隋唐 때는 의장 중에 포함시켰고 또한 군에서도 도입하여 군대를 멈출 때 사용했다.

소고·중명 등과 소횡취와 요 및 횡취 뒤의 적·퉁소·필률·가 등의 악공은 푸른 색 바탕에 횃불 문양이 든 포(袍)와 바지 및 모자를 (착용한다). 요고 및 퉁소·가의 악공은 모두 무변·주구의·혁대를 (착용한다).[102] 대각의 악공은 평건책·비삼·백포대구고를 (착용한다).

凡鐘、鼓新成, 並以羊、豕各一釁之. 若皇太子親戎, 則以猳、豚以釁鼓.

역문 무릇 종과 북이 새로 만들어지면 모두 양과 돼지 각 한 마리를 죽여 그 피를 바른다.[103] 만약 황태자가 친히 출정하면 수퇘지를 죽여 그 피를 북에 바른다.

教樂, 淫聲、過聲、凶聲、慢聲皆禁之.

역문 음악을 교습시킬 때 음성·과성·흉성·만성은 모두 금지한다.[104]

凡漏刻, 令博士以教之; 掌漏以典之; 漏童司刻, 分時以唱之. 晝夜之刻百: 冬至則晝四十, 夜六十; 夏至則晝六十, 夜四十; 春、秋分

---

101) 덮개가 있는 小鼓이다. 연주시에 먼저 이를 쳐서 대고를 이끌었다.

102) 『新唐書』 권24, 車服志, 520쪽: "武弁者, 武官朝參、殿庭武舞郎、堂下鼓人、鼓吹桉工之服也. 有平巾幘, 武舞緋絲布大袖, 白練襠, 螣蛇起梁帶, 豹文大口絝, 烏皮鞾. 鼓人朱褠衣, 革帶, 烏皮履. 鼓吹桉工加白練(衣+盍)襠."

103) 『孟子』 梁惠王上: "將以釁鐘" : 趙岐注: "新鑄鐘, 殺牲以血塗其釁郄, 因以祭之曰釁."

104) 淫靡하거나 혹은 亡國의 음악들을 말하거나, 哀樂의 절도를 상실하고 공손치 못한 것을 가리킨다.(『역주당육전(중)』 권14, 태상시 협률랑, 363쪽)

則晝、夜五十.

역문 무릇 물시계에 (관한 업무는) 누각박사로 하여금 교육하도록 하고, 장루로 하여금 물시계를 주관하도록 하며, 누동으로 하여금 시각을 관찰하고 시간을 분별해서 소리쳐 알리도록 한다. 낮과 밤은 합쳐서 100각이다. 동지에는 낮이 40각이고 밤이 60각이다. 하지에는 낮이 60각이고 밤이 40각이다. 춘(분)·추분에는 낮과 밤이 50각씩이다.

凡諸坊、寺、府之有犯者, 令其主司定罪, 庶人杖已下決之, 官吏杖已下皆送於大理. 若皇太子未立及未卽東宮, 其宮、坊、寺、府之犯罪者, 皆斷於大理.

역문 무릇 (동궁 내) 각 방·시·부에 범법자가 있으면 그 장관으로 하여금 죄를 정하도록 하고, 서인이 장형 이하의 (죄를 범한) 경우 직접 처벌하고, 관리가 장형 이하의 (죄를 범한) 경우는 대리시로 송부한다. 만약 황태자가 책립되지 않았거나 아직 동궁에 들어가지 않았을 경우, (동궁 내) 각 궁·방·시·부의 범죄자는 모두 대리시에서 단죄한다.

丞掌判禮樂、刑獄之事. 凡宮臣有犯理于率更者, 皆親問之, 乃斷其罪, 而上於詹事. 主簿掌印及勾檢稽失. 凡宗族不序, 禮儀不節, 音律不諧, 漏刻不審, 刑名不法, 皆擧而正之. 若所司決囚, 與其丞同監之.

역문 승은 예악·형옥의 사무를 판정한다. 무릇 동궁 신하로 죄를 범해 솔경시에서 심리하여야 하는 경우 모두 친히 심문하여 그 죄를 처단하고 첨사에게 보고한다. 주부는 인장 및 구검계실을 관장한다. 무릇 (담당 관원이 의례에서) 종족의 차서를 바로하지 못했거나, 예의를 절도에 따라 하지 않았거나, 음률을 고르지 못하게 했거나, 시간을 잘 살피지 못했거나, 형벌을 법대로 하지 않은 경우 모두 지적하여 바로잡는다. 만약 동궁 각 부서에서 죄인을 처벌하는 경우 그 부서의 승과 함께 옥사를 감독한다.

◎ 太子僕寺: 僕一人, 從四品上; 漢詹事屬官有太子僕、長、丞. 後漢太子少傅屬官有太子僕一人, 秩千石, 主車馬, 職如太僕. 太子五日一朝; 非入朝日, 遣僕及中允朝朝入, 請問起居. 魏因之. 晉詹事屬官有太子僕, 銅印、墨綬, 進賢兩梁冠, 絳朝服; 主輿馬、親族, 局擬太僕、宗正; 太康八年, 進品第五. 宋、齊品秩·冠服同家令寺; 從駕乘安車, 次家令. 梁太子僕視黃門, 陳因之. 後魏品同家令. 北齊詹事領太子僕; 僕寺置丞、功曹、主簿, 領廐牧署令、丞, 又別有車輿局丞. 隋僕寺僕一人, 掌宗族親疎, 車輿騎乘; 領廐牧署令、丞. 皇朝因之. 龍朔二年改爲馭僕大夫, 咸亨元年復舊. 丞一人, 從七品上; 梁太子僕有丞, 陳因之. 後魏太子三卿丞第九品下. 北齊、隋太子僕丞一人, 皇朝因之. 主簿一人, 正九品下. 晉太子僕置主簿, 宋無聞. 『齊職儀』: "太子僕主簿, 四品勳位." 梁、陳、後魏無聞. 北齊、隋有太子僕主簿一人, 皇朝因之.

역문 태자복시: 복은 1인으로 종4품상이고, 한은 첨사의 속관으로 태자복·(태자복)장·(태자복)승이 있었다.[105] 후한은 태자소부의

속관으로 태자복 1인이 있어 질은 1천 석이었고 수레와 말을 주관하여 직임은 (조정의) 태복과 같았다. 태자는 5일마다 입조하는데, 입조하지 않는 날에는 매일 아침 복 및 중윤을 보내어 (황제의) 문후를 여쭈었다.106) 위는 이를 따랐다. 진(晉)은 첨사 속관으로 태자복이 있어 구리 도장에 검은 인끈을 차고, 진현양량관과 강조복을 착용하고, 수레·말과 친족을 주관하여 직임은 (조정의) 태복·종정과 같았으며,107) 태강 8년(287) 관품을 5품으로 올렸다. 송·제는 (태자복의) 품질·관복이 가령과 같았고,108) (황제의) 대가를 따를 때 (태자복은 태자의) 안거109)를 몰고 가령의 뒤에 위치했다. 양의 태자복은 (조정의) 황문(시랑)에 상당하였고, 진은 이를 따랐다. 북위의 (태자복의) 품계는 가령과 같았다. 북제는 첨사가 태자복을 거느렸고, 복시에 승·공조·주부를 설치하였으며 (태자복이) 구목서령·(구목

---

105) 『漢書』 권19上, 百官公卿表上, 734쪽: "詹事, 秦官, 掌皇后、太子家, 有丞. 屬官有太子率更、家令丞, 僕、中盾、衛率、廚廐長."

106) 『後漢書』 권40上, 班彪傳, 1328~1329쪽: "又舊制, 太子食湯沐十縣, 設周衛交戟, 五日一朝, 因坐東箱, 省視膳食, 其非朝日, 使僕、中允旦旦請問而已, 明不媟黷, 廣其敬也" : 〔原注〕: "『漢官儀』曰: '皇太子五日一至臺, 因坐東箱, 省視膳食, 以法制勅太官尚食宰吏, 其非朝日, 使僕、中允旦旦請問, 明不媟黷, 所以廣敬也.'" 이 구절은 『唐六典』의 본문과 거의 같지만 그 중 '旦旦'이 '朝朝'로 바뀌어 있는데 이는 唐 睿宗 李旦의 이름을 피한 것이다.

107) 『晉書』 권24, 職官, 743쪽: "僕, 主車馬親族職如太僕、宗正."

108) 『唐六典』의 원문은 "宋、齊品秩·冠服同家令寺"이고 저본의 교감자인 陳仲夫도 이에 대해 언급이 없다. 그러나 '家令寺'는 관청명이고 관명이 아니어서 뜻이 통하지 않으므로 '寺'자는 연문으로 보는 것이 옳을 듯하다. 『宋書』 권18, 禮5, 513쪽: "太子率更、家令、僕, 銅印, 墨綬. 給五時朝服, 進賢兩梁冠."

109) 중국 고대에는 서서 타는 수레가 많았는데 안거는 앉아서 타는 수레이다. 손잡이가 낮아서 편안히 앉을 수 있기 때문에 안거라고 불렸다. 『晉書』 권25, 輿服, 754쪽: "車, 坐乘者謂之安車, 倚乘者謂之立車, 亦謂之高車. 案 『周禮』, 惟王后有安車也, 王亦無之. 自漢以來制乘輿, 乃有之" : 761쪽: "皇太子安車, 駕三, 左右騑. 朱班輪, 倚獸較, 伏鹿軾. 九旒, 畫降龍. 靑蓋, 金華蚤二十八枚. 黑櫄文畫幡, 文輈, 黃金塗五采. 亦謂之鸞路. 非法駕則乘畫輪車, 上開四望, 綠油幢, 朱絲繩絡, 兩箱裏飾以金錦, 黃金塗五采. 其副車三乘, 形制如所乘, 但不畫輪耳."

서)승을 거느렸고, 또한 별도로 거여국승이 있었다.[110] 수는 복시에 복 1인이 있어 종족의 친소와 수레·기마(騎馬)에 관한 업무를 관장하였고, 구목서령·(구목서)승을 거느렸다. 당은 이를 따랐다. 용삭 2년(662)에 어복대부로 바꾸었다가 함형 원년(670)에 복구하였다. **승은 1인으로 종7품상이며**, 양은 태자복 밑에 승이 있었고, 진은 이를 따랐다. 북위 태자삼경승은 9품하였다. 북제·수는 태자복승 1인이 있었고, 당은 이를 따랐다. **주부는 1인으로 정9품하이다**. 진(晉)은 태자복 밑에 주부를 설치하였고, 송은 기록이 없다. 『제직의』에 "태자복주부는 4품훈위이다"라고 하였다. 양·진·북위는 기록이 없다. 북제·수는 태자복주부 1인이 있었고,[111] 당은 이를 따랐다.

太子僕之職, 掌車輿、騎乘、儀仗之政令及喪葬之禮物, 辨其次敍與其出入, 而供給之.

역문 **태자복의 직임은 수레·기마(騎馬)·의장의 정령과 상사(喪事)·장례의 예물을 관장하고, (종족에 따라 예물의) 차서와 출입을 변별하여 공급하는 것이다.**

皇太子之車輅三, 一曰金輅, 二曰軺車, 三曰四望車. 金輅: 赤質, 金飾諸末, 重較箱, 畫苣文鳥獸, 黃屋, 伏鹿軾, 龍輈, 金鳳一在軾; 前設障塵, 朱蓋黃裏; 畫輪朱牙; 左建旂九旒, 右載闟戟; 旂首金龍頭, 銜結綬及鈴綏; 駕赤騮四; 八鑾在衡, 二鈴在軾; 金鑁·方釳, 翟尾

110) 『隋書』 권27, 百官中, 北齊官制, 760쪽.
111) 『隋書』 권27, 百官中, 759쪽과 『隋書』 권28, 百官下, 780쪽에 의하면 북제는 주부 1인이 있었으나, 수는 녹사 1인이 있었다.

五焦; 鏤錫, 鞶纓九就; 從祀享、正・冬大朝、納妃則供之. 軺車: 金飾諸末; 紫油通幰, 紫油纁朱裏; 駕一馬; 五日常朝及朝饗宮臣出入行道則供之. 四望車: 金飾諸末; 紫油通幰, 紫油纁朱裏; 朱絲絡網; 駕一馬; 弔臨則供之. 凡皇太子備禮而出, 則率廄牧令進輅, 僕親馭焉.

역문 황태자의 수레는 3종류이다. 첫째는 금로이고 둘째는 초거이고 셋째는 사망거이다. 금로는 붉은 바탕에 금으로 끝부분을 장식하며, 중교[112]를 설치한 수레 몸체에 목거문[113]과 조수(鳥獸)의 도안이 그려져 있으며 황옥[114]・복록식[115]・용머리를 조각한 끌채〔輈〕를 (설치하고) 금으로 된 봉황 하나가 식(軾)에 있다. 앞에는 먼지막이를 설치하고 붉은 덮개의 안은 황색이다. 문양을 넣은 바퀴에 붉은 바퀴 테이다. 왼쪽에는 9류의 기[116]를 세우고 오른쪽에

---

112) 較는 較라고도 하며 수레에 서서 타는 사람을 위하여 설치한 좌우 손잡이의 가름대를 말한다. 『論語』 鄕黨, 黃侃疏: "古人乘路車, 皆於車中倚立, 倚立難久, 故於車箱上安一橫木, 以手隱憑之, 謂之爲較." 重較는 즉 교가 두 개임을 가리킨다. 周의 제도에는 士이상은 單較이고 卿大夫 이상은 重較였다.

113) '苣'자는 『新唐書』 권24, 車服, 511쪽에는 『唐六典』과 같이 '苣'자로 되어 있다. 그러나 『舊唐書』 권45, 輿服, 1932쪽에는 '簴'로 되어 있고 『通典』 권64, 嘉禮9, 五輅, 1974쪽에는 '木虡'로 되어 있다. 원래 '虡'는 쇠북을 거는 틀의 의미가 있고 '簴'는 악기를 다는 틀의 의미가 있다. 『後漢書』 권72, 董卓傳, 2326쪽에 인용된 『前書音義』에 '虡, 鹿頭龍身, 神獸也'라 하였고, 同書 권29, 輿服上, 3644쪽과 『晉書』 권25, 輿服, 752쪽에 모두 5輅의 무늬로 '木虡文'을 언급하고 있다. 따라서 『唐六典』의 원문도 '木虡文'으로 보는 것이 옳을 듯하다.(『역주당육전[중]』 권17, 태복시, 512쪽 주114 참조)

114) 수레 덮개로 翠羽로 덮개를 만들고 황색 비단을 안감으로 하였다. 『後漢書』 志29, 輿服上, 3645쪽: "徐廣曰, '翠羽蓋黃裏, 所謂黃屋車也.'"

115) 軾은 수레 앞턱에 설치한 가로대로 3面을 가진 틀 모양이다. 복록은 식 위의 장식물이다. 천자의 5輅에는 文虎(무늬가 있는 호랑이 모양의 기물)를 장식하였다. 『宋書』 권18, 禮5, 494쪽: "文虎伏軾, 龍首銜軛."

116) 일반적으로 交龍을 그리고 방울을 단 붉은 기를 가리킨다.(『역주당육전[중]』 권17, 태복시, 513쪽 주127 참조)

는 흡극[117]을 싣는데, 깃대 끝의 금으로 만든 용머리가 매듭진 인끈(綬)과 방울 끈을 문다. 붉은색의 좋은 말 4마리가 끈다. 8개의 방울[118]이 형[119]에 있고 2개의 방울은 식에 있다. 금종의 방흘에 꿩의 꼬리 깃 5개를 끼워넣는다.[120] 누석[121]의 장식에 말의 뱃대끈·가슴걸이[122]는 9줄을 두른다. 황태자가 황제를 따라 제사와 연회에 참석할 때와 원정·동지의 대조회 및 태자비를 맞을 때 제공한다. 초거는 금으로 끝부분을 장식하며 자주색 유포(油布)로 된 수레포장은 그 안이 검붉은 색이며 말 1마리가 끈다. 5일마다 열리는 상조 때나 궁신들에게 조회·연향을 베풀기 위해 들고나는 길에 제공한다. 사망거는 금으로 끝부분을 장식하며 자주색 유포(油布)로 된 수레포장은 그 안이 검붉은 색이며 붉은 실의 줄과 망으로 장식한다. 말 1마리가 끈다. 황태자가 조문하러 갈 때 제공한다. 무릇 황태자가 예를 갖춰나갈 때는 (태자복이) 구목령을 이끌어 수레를 바치게 하고, 태자복이 손수 수레를 몬다.

---

117) 闟은 수레를 호위할 때 쓰는 작은 창을 가리키고 戟은 끝이 좌우로 가닥난 창을 가리킨다.(『역주당육전(중)』 권17, 태복시, 513쪽 주128 참조)

118) 鑾은 鸞과 통한다. 鸞은 神鳥로 천하의 安寧함을 상징한다. 여기에서는 鸞鈴을 말하는데 원래 鸞鳥를 본떠 만들어졌기 때문에 그런 이름이 붙었다.

119) 마차의 채 끝에 댄 橫木.(『역주당육전(중)』 권17, 태복시, 512쪽 주119 참조)

120) 金鍐은 말머리에 씌우는 冠이고 방흘은 그에 붙여 꿩의 꼬리를 끼워 넣은 것으로 5寸의 철로 만들고 가운데가 높고 양끝이 낮아 산 모양과 같다.(『역주당육전(중)』 권17, 태복시, 513쪽 주131·132 참조)

121) 말머리 장식으로 이마 부위에 달며 當顱·當盧라고도 한다. 그 모양은 반월형에 銅鏤를 사용하여 조각하여 만드는데 대개 짐승의 얼굴 모습이다.

122) 鞶纓은 樊纓·繁纓이라고도 한다.

丞掌判寺事. 凡車輿、儀仗有虧闕, 則移於主司, 以修補之. 凡馬及雜畜之料應供於外司者, 每歲季夏, 上于詹事. 芻粟貯掌於廐所者, 以時出入之, 而節其數. 主簿掌印及勾檢稽失. 凡廐牧之畜養, 車騎之駕馭, 儀仗之付受, 喪葬之供給, 各有其程, 違則糾正之.

역문 승은 복시의 사무를 판정하는 것을 관장한다. 무릇 수레·가마와 의장물품 중에 부서지거나 빠진 것이 있으면 담당 관사에 통지하여 수리하거나 보충하도록 한다. 무릇 말 및 여러 가축의 사료로서 마땅히 다른 관사에서 공급받아야 하는 것은 매해 6월에 첨사에게 보고한다. 구목서에서 저장하여 관리하는 사료는 때에 맞추어 출입하고 그 수량을 조절한다. 주부는 인장과 구검계실을 관장한다. 무릇 구목서에서 가축을 사육하는 것, 수레·기마를 모는 것, 의장 물품의 지급과 수납, 장례 물품의 공급에는 각각 그에 관한 규정이 있으니, 위반사항이 발생하면 바로잡는다.

○ 廐牧署: 令一人, 從八品下; 漢詹事屬官有太子廐長、丞. 後漢太子少傅屬官有太子廐長一人, 秩四百石, 主車馬. 魏、晉因之. 『齊職儀』云: "東宮屬官有內廐局、外廐局." 梁、陳因之. 後魏有太子廐長, 從九品上. 隋太子僕寺統廐牧署令、丞, 皇朝因之. 丞二人, 從九品下. 漢有太子廐丞, 自後闕文. 齊置太子內廐、外廐丞各一人, 梁、陳因之. 北齊有太子廐牧署丞、車輿局丞. 隋太子僕寺統廐牧丞二人, 皇朝因之.

역문 구목서: 영은 1인으로 종8품하이고, 한은 첨사 속관으로 태자구장·(태자구)승이 있었다.[123] 후한은 태자소부 속관으로 태자구

123) 『漢書』 권19上, 百官公卿表上, 734쪽: "詹事, 秦官, 掌皇后、太子家, 有丞. 屬官有太子率更、家令

장 1인이 있었는데, 질은 4백 석이었고 수레와 말을 주관하였다.124) 위·진은 이를 따랐다. 『제직의』에 "동궁 속관으로 내구국·외구국이 있었다"라고 하였다. 양·진은 이를 따랐다. 북위에서는 태자구장이 있어 종9품상이었다. 수에서는 태자복시가 구목서령·(구목서)승을 거느렸다.125) 당은 이를 따랐다. 승은 2인으로 종9품하이다. 한에서는 태자구승이 있었으나 이후로는 기록이 없다. 제에서는 태자내구·외구승 각 1인을 설치하였고,126) 양·진은 이를 따랐다. 북제에서는 태자구목서승·거여국승이 있었다.127) 수에서는 태자복시가 구목승 2인을 거느렸고,128) 당은 이를 따랐다.

廐牧署令、丞掌車馬、閑廐、牧畜之事. 凡皇太子將備禮而出, 則率典乘先期調習輅馬, 率駕士駕馭車乘. 及出, 則進輅或軺車於西閤門外, 南向以候皇太子之升. 禮畢, 皇太子降輅, 則自西閤之外以輅及軺歸於署. 其隴右羣牧隷於東宮者, 皆受其政令焉.

역문 구목서령·(구목서)승은 수레와 기마·마구간·목축에 관한 사무를 관장한다. 무릇 황태자가 장차 예를 갖추어 나가려고 하면 먼저 전승을 거느리고 수레 끌 말을 조련하고, 가사를 이끌고 수

丞, 僕、中盾、衛率、廚廐長."

124) 『後漢書』 志27, 百官4, 太子少傅, 3608쪽.

125) 『隋書』 권28, 百官下, 780쪽에는 典書坊條에 "內廐置尉二人, 掌內車輿之事"라고 기재되어 있고, 또 "僕寺領廐牧令一人, 員"이라고 되어 있는 것을 보면 隋의 동궁에는 車輿를 관리하는 기구가 두 개 있었음을 알 수 있다. 唐은 隋의 제도를 이어 받았으나 內廐는 설치하지 않고 太子內坊에 內廐와 典事를 두어 車輿와 牛馬를 담당케 하였다.

126) 太子內廐와 外廐는 『唐六典』의 본 기사 외에는 달리 기재된 바가 없다.

127) 『隋書』 권27, 百官中, 760쪽.

128) 『隋書』 권28, 百官下, 780쪽에는 丞의 설치에 대해서 기재된 것이 없다.

레를 몬다. 황태자가 나가면 금로나 초거를 서합문[129] 밖에 내고, 남향하여 황태자가 오르는 것을 기다린다. 예식이 끝나 황태자가 수레에서 내리면 서합문 밖에서 금로나 초거를 구목서에 들여놓는다. 농우의 여러 목(牧) 중 동궁에게 예속되어 있는 곳은 모두 구목서의 정령을 받는다.

---

129) 閤門이란 동궁 嘉德殿 東西側의 小門을 가리킨다.

『唐六典』

卷第二十八 太子左右衛及諸率府

御撰

集賢院學士兵部尚書兼中書令修國史上柱國開國公

臣 李林甫等奉敕注上

太子左右衛率府

率各一人　副率二人　長史一人　錄事參軍事一人　錄事一人　史二人
倉曹參軍事一人　府一人　史二人　兵曹參軍事一人　府二人　史三人
胄曹參軍事一人　府二人　史二人　亭長二人　掌固二人　司階一人　中候二人
司戈二人　執戟三人

左右率府親府勳府翊府

中郎將各一人　左郎將一人　右郎將一人　錄事一人　兵曹參軍事一人　府一人
史二人　校尉五人　旅帥十人　隊正二十人　副隊正二十人

太子左右司禦率府

率各一人　副率二人　長史一人　錄事參軍事一人　錄事一人　史二人
倉曹參軍事一人　府一人　史二人　兵曹參軍事一人　府二人　史三人　胄曹參軍事一人　府二人　史三人　亭長二人　掌固二人　司階一人　中候二人　司戈二人　執戟三人

太子左右淸道率府

率各一人　副率二人　長史一人　錄事參軍事一人　錄事一人　史二人
倉曹參軍事一人　府一人　史二人　兵曹參軍事一人　府二人　史三人
胄曹參軍事一人　府二人　史二人　亭長二人　掌固二人　司階一人　中候二人
司戈二人　執戟三人

太子左右監門率府

率各一人　副率二人　長史一人　錄事參軍事一人　錄事一人　史二人
兵曹參軍事一人　府二人　史二人　胄曹參軍事一人　府二人　史二人
亭長二人　掌固二人　監門直長七十八人

太子左右內率府

率各一人　副率一人　長史一人　錄事參軍事一人　錄事一人　史二人
兵曹參軍事一人　府一人　史二人　胄曹參軍事一人　府一人　史一人　亭長二人
掌固二人　千牛十六人　備身二十八人　主仗六十人

태자좌우위솔부

솔 각1인　부솔 2인　장사 1인　녹사참군사 1인　녹사 1인　사 2인
창조참군사 1인　부 1인　사 2인　병조참군사 1인　부 2인　사 3인
주조참군사 1인　부 2인　사 2인　정장 2인　장고 2인　사계 1인
중후 2인　사과 2인　집극 3인

좌우솔부친부훈부익부

중랑장 각1인 좌랑장 1인 우랑장 1인 녹사 1인 병조참군사 1인 부 1인 사 2인 교위 5인 여수 10인 대정 20인 부대정 20인

태자좌우사어솔부

솔 각1인 부솔 2인 장사 1인 녹사참군사 1인 녹사 1인 사 2인 창조참군사 1인 부 1인 사 2인 병조참군사 1인 부 2인 사 3인 주조참군사 1인 부 2인 사 3인 정장 2인 장고 2인 사계 1인 중후 2인 사과 2인 집극 3인

태자좌우청도솔부

솔 각1인 부솔 2인 장사 1인 녹사참군사 1인 녹사 1인 사 2인 창조참군사 1인 부 1인 사 2인 병조참군사 1인 부 2인 사 3인 주조참군사 1인 부 2인 사 2인 정장 2인 장고 2인 사계 1인 중후 2인 사과 2인 집극 3인

태자좌우감문솔부

솔 각1인 부솔 2인 장사 1인 녹사참군사 1인 녹사 1인 사 2인 병조참군사 1인 부 2인 사 2인 주조참군사 1인 부 2인 사 2인 정장 2인 장고 2인 감문직장 78인

태자좌우내솔부

솔 각1인 부솔 1인 장사 1인 녹사참군사 1인 녹사 1인 사 2인 병조참군사 1인 부 1인 사 2인 주조참군사 1인 부 1인 사 1인 정장 2인 장고 2인 천우 16인 비신 28인 주장 60인

권제28 태자좌우위급제솔부

◎ **太子左右衛率府，率各一人，正四品上**：秦、漢詹事屬官有太子衛率．後漢爲少傅屬官，秩四百石，主門衛士．魏因之．晉初爲中衛率，太始五年，分爲左、右二率．惠帝爲太子，加置前衛率；愍懷在東宮，又加後衛率．故元康之中凡四衛率．成都王穎爲太弟，又置中衛率，是爲五率．凡太子出，前衛率導，在前黃麾外；左、右二率從，俠導輿車；後衛率從，在烏皮外；並載戟執刀．四率各丞一人．服視左、右衛將軍，品第五，位同中庶子．過江，省前、後率，至孝武帝復置，宋又省．齊左、右衛率武冠，絳朝服，品第五，秩千石．梁位視御史中丞，左衛率領果毅、統遠、立忠、建寧、陵鋒、夷寇、祚德等七營，右衛率領崇榮、永吉、崇和、細射等四營．陳因之．後魏太和二十二年，太子左、右衛率從第三品．北齊有太子左、右衛坊率．後周東宮官員有司戎、司武、司衛之類．至隋文帝，始分置左・右衛率、左・右宗衛率、左・右虞候開府、左・右內率、左・右監門率，凡十府，以備儲闈武衛之職． 煬帝改左、右衛率爲左、右侍率． 皇朝復爲左、右衛． 龍朔二年改左、右衛府爲左、右典戎衛，咸亨如故．**副率各二人，從四品上**．隋文帝置，煬帝改爲左、右侍副率，皇朝復爲左、右衛副率．龍朔、咸亨隨衛改復．

역문 **태자좌·우위솔부의 솔은 각 1인으로 정4품상이고**. 진과 한에서는 첨사의 속관으로 태자위솔이 있었다.[1] 후한에서는 (태자위솔이) 소부의 속관이었으며, 질은 사백석이었고, 동궁문의 위사들을 주관하였

---

1) 『漢書』 권19上, 百官公卿表7上, 733쪽의 詹事屬官 가운데 '衛率'이 있으며 如淳의 注에는 "衛率主門衛, 秩千石"이라고 하였다. 『漢舊儀』에는 "衛率, 秩比千石, 丞一人, 主門衛"라고 되어 있다.

다.[2] 위는 이를 따랐다. 서진 초에 중위솔이라 하였는데, (이를) 태시 5년(269) 좌·우 2솔로 나누었다.[3] 혜제가 태자를 삼으면서 전위솔을 더 두었고, 후에 민회태자가 동궁에 있을 때 다시 후위솔을 더하였다.[4] 그리하여 원강연간(291~299)에 (동궁에는 전·후·좌·우의) 모두 4위솔이 었다. 성도왕 영이[5] 태제가 되었을 때 다시 중위솔을 두어 이로써 5솔이 되었다. 무릇 태자가 출행하면 전위솔이 인도하고 황휘장의 바깥쪽 앞에 위치하며, 좌·우위솔은 태자의 수레를 끼고 나갔으며, 후위솔은 오피 바깥쪽에서 따랐는데 모두 창을 들고 칼을 찼다.[6] (좌·우·전·후) 4솔에는 각각 승1인이 있었다. 복식은 좌·우위 장군에 비견되었으며 제5품으로 지위는 중서자와 같았다. 동진에서는 전·후솔을 없앴다가 효무제에 이르러 다시 두었는데 송에서 다시 없앴다.[7] 제에서 좌·우위솔은 무관과 강조복을 착용하였으며 제5품으로 질은 1천 석이었다.[8] 양에서는 지위가 어사중승에 비견되었고,[9] 좌위솔은 과의·통원·입

---

2) 『後漢書』 志27, 百官4, 3609쪽: "太子衛率一人, 四百石. 本注曰… 主門衛士"라고 하였다.

3) 『晉書』 권24, 職官, 743쪽: "左右衛率, 案武帝建東宮, 置衛率, 初曰中衛率. 泰始五年, 分爲左右, 各領一軍."

4) 『晉書』 권24, 職官, 743쪽과 『宋書』 권24, 百官下, 1250쪽에는 "惠帝時, 愍懷太子在東宮, 加置前後二率"이라 하여 전위솔과 후위솔을 동시에 설치한 것으로 되어 있다.

5) 성도왕 영은 晉武帝의 16번째 아들로서, 惠帝 永興 원년(304) 성도왕으로써 승상이 되었다가 태자 司馬覃이 폐위되자 皇太弟가 되었다. 후에 河間王 司馬顒에 의해 폐립되었다.

6) 『通典』 권30, 職官12, 東宮官이나 『太平御覽』 권247의 左衛率條에서 인용한 『晉書』에서 '載'는 '帶'로 되어 있다.

7) 『宋書』 권24, 百官下, 1254쪽: "太子左衛率, 七人. 太子右衛率, 二人. 二率職如二衛. 秦時直云衛率, 漢因之, 主門衛. 晉初曰中衛率, 泰始分爲左右, 各領一軍. 惠帝時, 愍懷太子在東宮, 加置前後二率. 成都王穎爲太弟, 又置中衛, 是爲五率. 江左初, 省前後二率. 孝武太元中又置. 皆有丞, 晉初置. 宋世止置左右二率. 秩舊四百石"

8) 『南齊書』의 崔慧景·呂安國·劉悛 등의 열전을 보면 당시 좌·우위솔은 겸직이었던 경우가 많았다.

9) 『隋書』 권26, 百官上, 727쪽: "左右衛率各一人, 位視御史中丞." 양에서 어사중승은 11반이었는데

충·건녕·능봉·이구·작덕 등의 7영을 통령하였으며, 우위솔은 숭영·영길·숭화·세야 등의 4영을 통령하였다.[10] 진은 이를 따랐다. 북위 태화 22년에 태자좌·우위솔은 종3품이었다.[11] 북제에는 태자좌·우위방솔이 있었다.[12] 북주의 동궁관원에는 사융[13]·사무·사위 등이 있었다. 수 문제 때에 처음으로 좌·우위솔, 좌·우종위솔, 좌·우우후개부, 좌·우내솔과 좌·우감문솔의[14] 모두 10부로 나누어 두고, 동궁의 궁문을 호위하는 직무를 갖추어 두었다. 양제는 좌·우위솔을 좌·우시솔로 고쳤는데[15] 당에서 다시 좌·우위라 하였다.[16] 용삭 2년(662) 좌·우위부를 좌·우전융위로 고쳤다가 함형 연간(670~673)에 예전과 같이 하였다. **부솔은 각 2인으로 종4품상이다.** 수 문제 때 두었으며 양제 때에 좌·우시부솔로 고쳤는데, 당에서는 다시 좌·우위부솔로[17] 고쳤다. 용삭·함

좌·우위솔도 그와 같았다. 한편 양에서도 좌·우위솔은 대체로 겸직이었다.

10) 『隋書』 권26, 百官上, 727쪽: "左、右衛率各一人, 位視御史中丞. 各有丞. 左率領果毅、統遠、立忠、建寧、陵鋒、夷寇、祚德等七營, 右率領崇榮、永吉、崇和、細射等四營. 二率各置殿中將軍十人, 員外將軍十人, 正員司馬四人. 又有員外司馬督官. 其屯騎、步兵、翊軍三校尉各一人, 謂之三校. 旅賁中郎將、冗從僕射各一人, 謂之二將. 左、右積弩將軍各一人. 門大夫一人, 視謁者僕射."

11) 『魏書』 권113, 官氏志, 2976쪽.

12) 『隋書』 권27, 百官中, 765쪽: "國子祭酒、御史中丞、中侍中、長秋卿、將作大匠、冠軍將軍、太尉長史、領左右將軍、武衛將軍、太子左右衛率、輔國將軍、四護校尉、太中大夫、龍驤將軍、三等上郡太守、散縣伯, 爲從第三品."

13) 저본의 교감기에서 陳仲夫는 定德本 이하의 여러 판본과 『通典』 등의 기록을 참고하여 '司戍'을 '司戎'으로 고쳤다고 밝혔다. 하지만 司戍에 임명하였다는 기록이 여럿 있고 북주에서 司戍中大夫와 司戍下大夫를 두었다는 내용이 있으므로 재고의 여지가 있다.(『北史』 권75, 張煚傳, 2580쪽 : 『北齊書』 권43, 源彪傳, 578쪽)

14) 『隋書』 권28, 百官下, 785쪽.

15) 『隋書』 권28, 百官下, 812쪽.

16) 바로 다음 구절에 "龍朔二年改左、右衛府爲左、右典戎衛, 咸亨如故"와 같이 '좌·우위부'라 불리고 있으며, 『通典』 권30, 職官12, 835쪽: "大唐爲左右爲率府"에 의하면, 좌·우위 솔부로 지칭하고 있다. 『唐六典』 권28 卷目에는 太子左右衛라고 되어 있기 때문에, 당시 태자나 솔부를 생략하고 불렸을 가능성이 있다. 하지만 16衛 가운데 左·右衛와는 당연 구별되어야 한다.

17) 본문 첫머리에 太子左右衛率府라 하였으므로 좌·우위 솔부의 副率이어야 한다.

형연간에 위의 명칭 변화에 따라 고치고 복구하였다.

左、右衛率掌東宮兵仗羽衛之政令, 以總諸曹之事, 凡親、勳、翊府及廣濟等五府屬焉; 副率爲之貳. 凡元正、冬至, 皇太子朝宮臣及諸方使, 則率衛府之屬以儀仗爲左、右廂之周衛. 若皇太子備禮出入, 則如鹵簿之法以從. 每月, 親、勳、翊三府之衛及廣濟等五府之超乘應番上者, 配于所職.

역문 좌·우위솔은 동궁의 병장기·의장과 호위에 관한 정령을 관장하여 여러 조의 일을 총괄한다. 무릇 (동궁에 속하는) 친부·훈부·익부 및 광제 등 다섯 절충부가 이에 속한다. 부솔은 그 차관이다. 무릇 원정·동지에 황태자가 동궁관리 및 조집사의 조하를 받을 때는 솔이 위부에 속한 병력을 거느리고 의장을 담당하여 좌·우상 주위를 호위한다. 황태자가 예를 갖추어 출입할 때에는 노부(鹵簿)의 법에 따른다. 매월 친부·훈부·익부 3부의 삼위와 광제 등 다섯 절충부의 초승[18]으로 마땅히 번상해야 할 위사들을 정해진 직무에 따라 배치시킨다.[19]

○ 長史各一人, 正七品上; 隋置, 皇朝因之. 錄事參軍事各一人, 從八品上; 隋置, 皇朝因之. 倉曹參軍事各一人, 從八品下; 隋置, 皇朝因之.

---

18) 12衛와 太子率府에 번상하는 절충부 衛士의 명칭은 『역주당육전(상)』 권5, 尙書兵部, 498쪽 참조.

19) 『唐律疏義』 衛禁律13, 已配仗衛廻改: "[疏]議曰 依式, 衛士以上, 應當番宿衛者, 皆當衛見在長官, 割配於職掌之所, 各依仗衛次第坐立. 此卽職掌已定. 若官司無故輒廻改者, 合杖一百. 應須廻改者, 不坐. 若不依職掌次第而擅配隸, 乖於式文及將別處驅使者, 亦各杖一百. 其有私使, 計庸重者, 從重論."

兵曹參軍事各一人, 從八品下; 隋置, 皇朝因之. 冑曹參軍事各一人, 從八品下; 隋置, 爲鎧曹, 皇朝因之. 長安中改爲冑曹參軍, 神龍初復爲鎧曹, 太極中又爲冑曹. 司階各一人, 從六品上; 中候各二人, 從七品下; 司戈各二人, 從八品下; 執戟各三人, 從九品下.

역문 장사는 각 1인으로 정7품상이고, 수에서 두었으며, 당은 이를 따랐다. 녹사참군사는 각1인으로 종8품상이며, 수에서 두었으며, 당은 이를 따랐다. 창조참군사는 각1인으로 종8품하이고, 수에서 두었으며, 당은 이를 따랐다. 병조참군사는 각 1인으로 종8품하이며, 수에서 두었으며, 당은 이를 따랐다. 주조참군사는 각1인으로 종8품하이다. 수에서는 개조를 두었으며, 당은 이를 따랐다. 장안연간(701~704)에 주조참군으로 고쳤다가 신룡 초에 개조로 복구하였으며, 태극연간(712)에 다시 주조라 하였다. 사계는 각1인으로 종6품상이고, 중후는 각2인으로 종7품하이며, 사과는 각2인으로 종8품하이고 집극은 각3인으로 종9품하이다.

長史掌判諸曹及三府、五府之事. 凡府事, 大事則從其長, 小事則專達. 季秋, 以其屬官之狀上於率, 而爲之考課. 錄事參軍事掌監印、發付、勾稽. 倉曹掌親・勳・翊三府、廣濟等五府文官之簿書, 凡勳階、考課、假使、祿賜, 及公廨、財物、田園、食料皆典之. 兵曹掌親・勳・翊三府、廣濟等五府武官, 親・勳・翊衛衛士之名簿, 及其番上、差遣之法式. 凡上番者, 皆受其名簿, 而咨配于率. 兼知公、私馬及雜畜之簿帳. 冑曹掌親・勳・翊三府、廣濟等五府器械, 諸公廨繕造之物事. 凡大朝會, 行從應請戎仗者, 則具其名數, 受之於主司, 旣事而歸之.

역문 장사는 여러 조 및 (친・훈・익) 3부와 (광제 등) 5부의 사무를 판정하는 일을 한다.[20] 무릇 (좌·우위솔)부의 일 가운데 큰일은 장관의 결정에 따르고 작은 일은 직접 처리한다. 매년 9월 속관의 근무기록을 솔에 보고하여, 고과의 자료로 제공한다. 녹사참군사는 인장을 관리하고, (문서를) 받아 발송하고, 지체 여부를 점검하는 일을 관장한다. 창조(참군사)는 친부·훈부·익부의 3부와 광제 등 5부의 문관의 명부를 관장한다. 무릇 훈공의 등급·고과· 휴가와 출장·녹봉과 사여품 및 관청·재물·공해전·식료 등에 관한 일을 관장한다. 병조(참군사)는 친부·훈부·익부 3부와 광제 등 5부의 무관과 친(위)·훈(위)·익위와 위사의 명부를 관리하며 번상과 차견의 법식을 관리한다. 무릇 상번할 경우에는 모두 그 명부를 받아서 (명부에) 근거하여 솔부에 배치시킨다. 아울러 공사의 말과 여러 가축의 장부도 맡는다. 주조(참군사)는 친부·훈부·익부 3부와 광제 등 5부의 기계와 여러 관청의 건축과 수선에 관계된 물품들을 관장한다. 무릇 대조회나 (어가의) 행행과 (태자의) 출행에 마땅히 병장기와 의장 물품을 청할 때는 (필요한) 품목과 수량을 갖추어 주관하는 곳에 (제출하고) 수령하며 일을 마친 후에는 반납한다.

左、右率府親府·勳府·翊府中郎將各一人, 從四品上; 中郎將之說, 已具上左、右衛. 梁左衛率領七營, 右衛率領四營. 二率各領殿中將軍十人、員外將軍十人. 又有正員司馬、員外司馬; 屯騎、步兵、翊軍三校尉, 謂之三校; 旅賁中郎將、冗從僕射, 謂之二將. 又有左、右積弩將軍各一人. 北齊太子

---

20) 陳仲夫 교감본은 이미 左右武衛와 左右領軍衛 長史條에서 '貳'자는 '事'자의 誤記라고 지적하였으나, 太子率府에서는 교감주를 달지 않았다. 하지만 역시 제위부 장사조에 비추어 문맥상 事가 되어야 한다. 본문의 해석은 '貳'를 '事'로 하였다.

左、右衛坊率各領騎官備身員, 又有內直備身、備身正・副都督, 備身五職等員, 又有直閤、直前、直後員, 又有旅騎、屯衛、典軍等校尉各二人, 騎尉三十人. 隋左、右衛率下有直閤四人、直寢八人、職齊、直後各十人. 皇朝左、右衛率各置親、勳、翊三府, 每府中郎將一人、郎將二人, 掌其府校尉、旅帥及親、勳、翊衛之屬以宿衛. 左、右郎將各一人, 正五品下. 皇朝置.

역문 좌·우솔부의 친부·훈부·익부 중랑장은 각 1인으로 종4품상이고, 중랑장에 관한 설명은 앞의 좌·우위 조목에서 설명하였다. 양에서 좌위솔은 7영을 통령하였으며, 우위솔은 4영을 통령하였다.[21] (좌·우) 두 솔은 각각 전중장군 10인과 원외장군 10인을 거느렸다. 또한 정원사마와 원외사마가 있었고,[22] 둔기·보병·익군 3교위를 일컬어 3교라 하였으며 여유중랑장과 용종복야를 2장이라 하였다. 또한 좌·우적노장군 각 1인이 있었다.[23] 북제에서 태자좌·우위방솔은 기관비신 등을 거느렸으며 내직비신, 비신정·부도독과 비신오직 등의 관원이 있었다. 또한 직합·직전·직후 등의 관원이 있었으며 여기·둔위·전군 등의 교위 각 2인이 있었으며 기위 30인이 있었다.[24] 수에서는 좌·우위솔 아래에 직합 4인, 직침 8인, 직

---

21) 앞의 태자 좌·우 위솔 주문에서 "左衛率領果毅、統遠、立忠、建寧、陵鋒、夷寇、祚德等七營, 右衛率領崇榮、永吉、崇和、細射等四營"라 하였다.

22) 『隋書』 권26, 百官上, 727쪽: "二率各置殿中將軍十人, 員外將軍十人, 正員司馬四人. 又有員外司馬督官."

23) 『隋書』 권26, 百官上, 727쪽: "左、右衛率各一人, 位視御史中丞. 各有丞. 左率領果毅、統遠、立忠、建寧、陵鋒、夷寇、祚德等七營, 右率領崇榮、永吉、崇和、細射等四營. 二率各置殿中將軍十人, 員外將軍十人, 正員司馬四人. 又有員外司馬督官. 其屯騎、步兵、翊軍三校尉各一人, 謂之三校. 旅賁中郎將、冗從僕射各一人, 謂之二將. 左、右積弩將軍各一人. 門大夫一人, 視謁者僕射."

24) 『隋書』 권27, 百官中, 760쪽: "左右衛坊率, 各領騎官備身正副都督、騎官備身五職、騎官備身員. 又有內直備身正副都督、內直備身五職、內直備身員. 又有備身正副都督、備身五職員. 又有直閣、直前、直後員. 又有旅騎、屯衛、典軍等校尉各二人, 騎尉三十人."

제·직후 각 10인이 있었다.[25] 당은 좌·우위솔에 각각 친·훈·익 3부를 두었는데, 매 부에는 중랑장 1인과 낭장 2인이 있었으며 그 부의 교위·여수 및 친위·훈위·익위 따위를 관장하여 숙위하였다.[26] 좌·우낭장은 각 1인으로 정5품하이다. 당에서 두었다.

中郎將、郎將掌其府校尉、旅帥及親、勳、翊尉之屬以宿衛, 而總其府事. 兵曹掌判勾. 若大朝會及皇太子備禮出入, 則從鹵簿之法, 而監其羽儀.

역문 중랑장·낭장은 해당 부의 교위·여수 및 친위·훈위·익위 따위를 관장하여 숙위하고, 해당 부의 사무를 총괄한다. 병조는 부의 일을 판정하고 구검의 일을 관장한다. 만약 대조회 때 및 황태자가 예를 갖추어 출행할 때에는 노부의 법식에 따르고, 깃발에 관한 일을 감독한다.

◎ 太子左、右司禦率府, 率各一人, 正四品上: 隋文帝置左、右宗衛率各一人, 副率二人, 掌領宗人侍衛, 職擬左、右領軍將軍, 加置行參軍二人. 煬帝改爲右、右武侍率, 皇朝復爲左、右宗衛. 龍朔二年改爲左、右司禦衛率府, 神龍初又爲宗衛, 開元初復爲左、右司禦率府. 副率各二人, 從四品上. 隋文帝置, 皇朝因之. 其後改復, 皆隨於府.

---

25) 『隋書』 권28, 百官下, 780쪽: "左右衛, 各置率一人, 副率二人, 掌宮中禁衛. 各置長史, 司馬及錄事, 功、倉、兵、騎兵等曹參軍事, 法曹、鎧曹行參軍, 各一人, 行參軍四人. 又各有直閤四人, 直寢八人, 直齋、直後各十人."

26) 『新唐書』 권49上, 百官4上, 1300쪽: "親府、勳府、翊府三府 每府中郎將各一人, 從四品上; 左右郎將各一人, 正五品下. 中郎將、郎將, 掌其府校尉、旅帥及親、勳、翊衛之屬宿衛, 而總其事."

역문 **태자좌·우사어솔부의 솔은 각각 1인으로 정4품상이고**, 수 문제 때 좌·우종위솔 각 1인, 부솔 2인을 두었고,[27] 종친을 거느리고 호위하는 일을 관장하였으며,[28] 직임은 좌·우령군 장군의 (직임과) 비슷하였고,[29] 행참군 2인을 더 두었다. 양제 때 좌·우무시솔로 바꾸었는데,[30] 당이 다시 좌·우종위로 하였다. 용삭 2년(662) 좌·우사어위솔부로 바꾸었다가 신룡초 또 (좌·우)종위로 하였으며, 개원 초 다시 좌·우사어솔부로 하였다. **부솔은 각각 2인으로 종4품상이다.** 수 문제 때 두었으며, 당은 이를 따랐다. 그 후 고치고 복구된 것은 모두 부의 (명칭 변경에) 따랐다.

左、右司禦率府率掌同左、右衛率; 副率爲之貳. 郟城等三府之旅賁應番上者, 各配于所職.

역문 **좌·우사어솔부의 솔이 관장하는 일은 (좌·우위솔부)의 좌·우위솔과 같다. 부솔은 차관이다. 교성 등 3부의 여분으로 마땅히 번상해야 할 자는 각각 정해진 직무에 배치시킨다.**

---

27) 『隋書』 권45, 房陵王勇傳: "高祖令選宗衛侍官, 以入上臺宿衛. 高熲奏稱 : 若盡取强者, 恐東宮宿衛太劣. 高祖作色曰:我有時行動, 宿衛須得雄毅, 太子毓德東宮, 左右何須强武? 此極敝法, 甚非我意. 如我商量, 恒於交番之日, 分向東宮上下, 團伍不別, 豈非好事? 我熟見前代, 公不須仍踵舊風"이라 하여 당시 태자였던 楊勇이 文帝의 신임을 잃게 되자, 동궁의 숙위를 약화시키고 있음을 알 수 있다. 또한 『隋書』 권37, 李渾傳, 1120쪽에는 "拜左武衛將軍, 領太子宗衛率"이라 하여 인수연간에는 12위 대장군 가운데 하나가 동궁숙위관을 통솔하고 있었다.

28) 『隋書』 권28, 百官下, 780쪽: "左右宗衛, 制官如左右衛, 各掌以宗人侍衛."

29) 『隋書』 권28, 百官下, 779쪽: "左領軍府, 各掌十二軍籍帳・差科・辭訟之事. 不置將軍. 唯有長史, 司馬"라 하여 본래 領軍將軍은 없었는데, 양제 때 두었던 것으로 보인다.(『唐六典』 권24, 胄曹參軍事條의 原注에 "隋領軍府無將軍, 有長史一人;煬帝改置將軍")

30) 陳仲夫 교감본에는 右·右武侍率라 되어 있는데 誤字이므로, 번역은 좌·우무시솔로 하였다.

長史各一人，正七品上；錄事參軍事各一人，從八品上；倉曹參軍事各一人，從八品下；兵曹參軍事各一人，從八品下；胄曹參軍事各一人，從八品下；隋置左、右虞候開府，初無錄事，有長史及四曹參軍；至煬帝改爲率府，始置錄事，皇朝因之。餘具上說。司階各一人，從六品上；中候各二人，從七品下；司戈各二人，從八品下；執戟各三人，從九品下。

역문 장사는 각각 1인으로 정7품상이고, 녹사참군사는 각각 1인으로 종8품상이며, 창조참군사는 각각 1인으로 종8품하이고, 병조참군사는 각각 1인으로 종8품하이며, 주조참군사는 각각 1인으로 종8품하이다. 수에서 좌·우우후개부를 두었는데 처음에는 녹사가 없었고 장사와 (공조·창조·병조·기조의) 4조참군이 있었다.[31] 양제 때 이르러 솔부로 고치고 처음으로 녹사를 두었으며, 당은 이를 따랐다. 나머지는 앞의 설명에 갖추어 두었다. 사계는 각각 1인으로 종6품상이고, 중후는 각각 2인으로 종7품하이며, 사과는 각각 2인으로 종8품하이고, 집극은 각각 3인으로 종9품하이다.

長史掌判諸曹及郊城等三府之貳，餘皆如左、右率府。

역문 장사는 여러 조 및 교성 등 3부의 일을 판정하는 일을 관장하고,[32] 나머지 (속관의 직무는) 모두 좌·우솔부와 같다.

31) 『隋書』 권28, 百官下, 780쪽: "左右虞候，各置開府一人，掌斥候伺非。長史已下如左右衛而無錄事參軍員，減行參軍一人."

32) 앞의 太子左右衛率府 長史條 각주에 설명한 바와 같이 '貳'를 '事'로 해석하였다.

◎ 太子左、右淸道率府, 率各一人, 正四品上: 隋文帝置左、右虞候, 各開府一人, 掌斥候非違, 職擬左、右金吾將軍; 煬帝改爲左、右虞後率, 又各置副率二人. 皇朝因之. 龍朔二年改爲左、右淸道衛, 神龍初又爲虞候率府, 開元初復爲淸道率府. **副率各二人, 從四品上**: 隋煬帝置, 皇朝因之. 龍朔、神龍、開元隨府改復.

역문 **태자좌·우청도솔부의 솔은 각각 1인으로 정4품상이고**, 수 문제가 좌·우우후를 설치하였고, 각각의 개부 1인은 잘못과 위반을 살피는 일을 관장하였는데,[33] 직임이 좌·우금오장군과 유사했다.[34] 양제는 좌·우우후솔로 바꾸었고, 또한 각각 부솔 2인을 두었다.[35] 당은 이를 따랐다. 용삭 2년(662) 좌·우청도위로 바꾸었다가, 신룡 초 다시 우후솔부로 하였고, 개원 초 청도솔부로 복구하였다. **부솔은 각각 2인으로 종4품상이다**. 수 양제가 설치하였으며, 당은 이를 따랐다. 용삭·신룡·개원(연간) 부의 (명칭 변경에) 따라 고치고 복구하였다.

左、右淸道率府率掌東宮內外晝夜巡警之法, 以戒不虞, 凡絳邑等三府皆屬焉; 副率爲之貳. 凡皇太子出入, 則領其屬以淸游隊爲之先, 以後拒隊爲之殿, 其餘依鹵簿之法以從. 凡仗衛之出入, 置細引以導之, 兼爲之糾正. 凡五十人, 用左、右率之親、勳、翊衛爲之, 分爲五

33) 『隋書』 권28, 百官下, 780쪽: "左右虞候, 各置開府一人, 掌斥候伺非" ; 『舊唐書』 권44, 職官3, 1913쪽: "隋文置左、右虞候府, 各開府一人, 掌斥候."

34) 唐代 左右金吾衛 장군의 직임은 "左、右金吾衛大將軍·將軍之職, 掌宮中及京城晝夜巡警之法, 以執禦非違, …"(『唐六典』 권25, 諸衛府 참조)라 하였다.

35) 『隋書』 권28, 百官下, 801쪽: "左右虞候開府改爲左右虞候率, 正四品, 并置副率."

番, 每番有主帥及中郎或左、右郎將一人領焉. 每月, 絳邑等三府之直盪應番上者, 配于所職.

역문 좌·우청도솔부의 솔은 동궁 안팎을 주야로 순경하는 법을 관장하여 예기치 못한 일을 경계하며, 무릇 강읍[36] 등 3부 모두가 이에 속한다. 부솔은 차관이 된다. 무릇 황태자가 (의장대를 갖추어) 들어오거나 나갈 때면 그 속관을 통솔해서 청유대로 앞에 서게 하고,[37] 후거대로 뒤에서 호위하며,[38] 그 나머지는 노부의 법에 의거해서 (행렬을) 따른다.[39] 무릇 의장대의 출입에는 세인(細引)[40]을 두어 이를 이끌게 하고, 규찰하는 일을 겸하도록 한다. 무릇 (세인은) 50인으로 좌·우솔의 친위·훈위·익위를 (세인으로) 삼고, 5번으로 나누는데, 번마다 주수 및 중랑장 혹은 좌·우낭장 1인이 통솔한다. 매월 강읍 등 3부의 직탕으로[41] 마땅히 번상해야 할 자들은 정해진 직무에 배속시킨다.

長史各一人, 正七品上; 錄事參軍事各一人, 從八品上; 倉曹參軍事

---

36) 『新唐書』 권39, 地理3, 1001쪽에 의하면, 절충부 絳邑은 絳州(지금의 山西省 絳縣)에 있다.
37) 『新唐書』 권23하, 儀衛下, 500쪽: "出延喜門, 家令先導, 次率更令、詹事、太保、太傅、太師, 皆軺車, 備鹵簿. 次淸游隊, 旗一, 執者一人, 佩橫刀, 引、夾皆二人, 亦佩弓箭、橫刀, 騎. 次淸道率府折衝都尉一人,…"
38) 『新唐書』 권23하, 儀衛下, 503쪽: "次左右廂馬隊,…次後拒隊, 旗一, 執者佩橫刀, 引、夾路各二人, 佩弓箭、橫刀."
39) 『新唐書』 권23하, 儀衛下, 499~504쪽 참조.
40) 『역주당육전(상)』 권5, 尙書兵部, 467쪽에 의하면, 좌·우위 및 좌·우솔부의 三衛로서 3考 이상을 거친 자는 引駕·細引에 보임할 수 있다고 하였다. 引駕는 좌·우위에 속한 3위 가운데 연장자로서 강직하여 糾核할 수 있는 자 60명을 차출하여 구성하였다. 그러므로 細引은 좌·우솔부 3위 중 역시 引駕와 비슷한 자격을 갖는 자들을 뽑았을 것이라 추측된다.
41) 太子率府에 번상하는 절충부 衛士의 명칭은 『역주당육전(상)』 권5, 尙書兵部, 498쪽 참조.

各一人，從八品下；兵曹參軍事各一人，從八品下；冑曹參軍事各一人，從八品下；司階各一人，從六品上；中候各二人，從七品下；司戈各二人，從八品下；執戟各三人，從九品下.

역문 장사는 각각 1인으로 정7품상이고, 녹사참군사는 각각 1인으로 종8품상이며, 창조참군사는 각각 1인으로 종8품하이고, 병조참군사는 각각 1인으로 종8품하이며, 주조참군사는 각각 1인으로 종8품하이다. 사계는 각각 1인으로 종6품상이고, 중후는 각각 2인으로 종7품하이며, 사과는 각각 2인으로 종8품하이고, 집극은 각각 3인으로 종9품하이다.

長史掌判諸曹及絳邑等三府之貳，餘如左、右率府.

역문 장사는 여러 조 및 강읍 등 3부의 일[42]을 판정하는 (일을) 관장하고, 나머지 (속관의 직무)는 좌·우솔부와 같다.

◎ 太子左、右監門率府，率各一人，正四品上；隋文帝置左、右監門率各一人、副率各二人，掌諸門禁，職擬左、右監門將軍，各有直長十人. 煬帝改爲左、右宮門將，降爲正五品. 皇朝復改爲監門率. 龍朔二年改爲左、右崇掖衛，咸亨復舊. 垂拱中改爲鶴禁衛，神龍初復舊. 副率各二人，從四品上. 隋文帝置，正五品；皇朝因之. 龍朔、開元隨府改復.

역문 태자좌·우감문솔부의 솔은 각각 1인으로 정4품상이고, 수 문

42) 앞의 '太子左右衛率府 長史條 注'에서 설명한 바와 같이 '貳'를 '事'로 해석하였다.

제가 좌·우감문솔 각각 1인과 부솔 각각 2인을 두었고, 여러 (동궁) 문의 금위를 관장하여 직임은 좌·우감문장군과 비슷했으며, 각각 직장 10인이 있었다. 양제는 좌·우궁문장으로 바꾸었으며, 정5품으로 내렸다. 당은 다시 감문솔로 바꾸었다. 용삭 2년(662) 좌·우숭액위로 바꾸었다가 함형연간에 복구하였다. 수공연간 학금위로 바꾸었다가 신룡 초에 복구하였다. **부솔은 각각 2인으로 종4품상이다.** 수 문제가 두었으며 정5품이었다. 당은 이를 따랐다. 용삭·개원 연간 부(의 명칭 변경)에 따라 개칭하고 복구하였다.

左、右監門率府率掌東宮諸門禁衛之法; 副率爲之貳. 凡東宮諸司應以籍入于宮殿者, 皆本司具其官爵、姓名以牒門司, 門司送于監門, 監門之主與判曹印署, 復送于門司, 門司會之, 同則聽入. 凡東宮內、外門之守者, 並司其出入. 凡財物、器用之出入於宮禁者, 皆以籍傍爲據, 左、右監門以出入之. 若皇太子出入, 則依鹵簿之法, 率其屬於牙門之左右, 以爲捍守.

역문 **좌·우감문솔부의 솔은 동궁 여러 문의 금위에 관한 법령을 관장하고, 부솔은 차관이다. 무릇 동궁 여러 관사(의 관원이) 문적을[43] 가지고 궁문과 전문에 들어갈 경우에는 모두 소속 관사에서 관작과 성명을 갖추어 문사에 이첩하고, 문사는 감문(솔부)에 보내며, 감문의 장관이 (본사 관원들)과 판정하여 (관련) 관사[曹]의 도장과 서명을 받아 다시 문사에 보내고, 문사가 그것들을 모**

43) 『漢書』 권9, 元帝紀, 286쪽: "令從官給事宮司馬中者, 得爲大父母、父母、兄弟通籍.… 應劭曰, 從官, 謂宦者及虎賁、羽林、太醫、太官是也. 司馬中者, 宮內門也.… 籍者, 爲二尺竹牒, 記其年紀、名子、物色, 縣之宮門, 案省相應, 乃得入也"라 하여 한대에는 門籍을 궁문에 매달아 놓았음을 알 수 있다.

아서 대조하여 같으면 들어가는 것을 허락한다.[44] 무릇 동궁 안과 밖의 문을 지키는 자들은 모두 그 출입을 관리한다. 무릇 재물이나 기구·용품을 궁에 내거나 들일 때는 모두 적방을 근거로 삼아[45] 좌·우감문(솔부)가 그것을 내고 들인다. 만약 황태자가 출입할 때면 노부의 법에 따르고, 해당 속료를 거느려 (황태자가 현재 거처하는 곳의) 문 좌·우에서 막고 지킨다.

長史各一人, 從七品上; 錄事參軍事各一人, 正九品上; 兵曹參軍事各一人, 正九品下; 冑曹參軍事各一人, 正九品下. 隋置左、右監門率, 有長史以下等員, 無倉曹, 以兵曹兼掌其事, 皇朝因之.

역문 장사는 각각 1인으로 종7품상이고, 녹사참군사는 각각 1인으로 정9품상이며, 병조참군사는 각각 1인으로 정9품하이고, 주조참군사는 각각 1인으로 정9품하이다. 수는 좌·우감문솔을 두고 장사 이하 여러 관원이 있었으나 창조가 없어 병조로써 그 일을 겸하여 관장하도록 했고, 당은 이를 따랐다.

長史掌判諸門禁衛之貳. 錄事參軍事掌印, 兼勾稽失. 兵曹兼倉曹之職, 餘皆如左、右率府. 其諸司籍傍判於監門者, 檢其官爵、姓名、年貌, 監其器物, 檢其名數; 月終, 諸門之籍傍歸於府者, 則會其出入之數. 冑曹掌器械及公私馬、驢、雜畜, 土木繕造之事. 凡諸府直馬配於左、右監門

---

44) 궁문 출입에 관해서는 『唐六典』 권25, 諸衛府, 左右監門衛條 참조.

45) 傍이란 공문서의 일종으로 牓·旁이라고도 하는데, 여기서는 신청하여 수령한 물품의 품명과 수량을 기록한 單子를 가리킨다. 이 양자를 합하여 籍傍이라 칭하며, 이 籍傍 위에 左藏庫署의 朱印을 찍어 監門을 나가는 증빙서류로 삼는다. 籍傍은 아울러 월말에 左藏庫의 출납 총량을 회계하고 검사하는 근거자료가 된다.(『역주당육전(중)』 권20, 太府寺, 661쪽, 주114) 참조)

之巡探者, 則請其料, 歸於馬主, 禁其隱沒棄遺者.

역문 장사는 여러 문의 금위에 관한 일[46]을 판정하는 것을 관장한다. 녹사참군사는 인장을 관장하고, (문서가) 지체되거나 빠진 것을 구검하는 일을 겸한다. 병조(참군사)는 창조(참군사)의 직임을 겸하고, 나머지는 모두 좌·우솔부와 같다. 여러 관사의 적방이 감문(솔부)에서 판정될 때는 그 관작·성명·나이와 용모를 검사하고, 그 기물을 살필 때는 품명과 수량을 검사한다. 매달 말에 여러 (동궁)문의 적방이 (감문솔)부에 돌아오면, 그 나가고 들어온 수량을 회계한다. 주조(참군사)는 병장기와 기계 및 공사의 말·나귀, 여러 가축과 토목 건축의 일을 관장한다. 무릇 여러 (절충)부의 당직하는 말이 좌·우감문(솔부)의 순찰하는 자에게 배속되면,[47] 그 사료를 청하여 말의 주인에게 돌려주고,[48] 숨기거나 속이거나 버리거나 잃어버리는 (일이 발생하지 않도록) 삼가한다.

◎ 太子左、右內率府, 率各一人, 正四品上; 隋文帝置左、右內率・副率, 領東宮千牛、備身侍奉之事, 職擬千牛將軍. 其備身有: 千牛備身八人, 掌執千牛刀; 備身左右十六人, 掌供奉弓箭; 備身二十人, 掌宿衛侍從. 煬帝

---

46) 앞의 '太子左右衛率府 長史條 注'에서 설명한 바와 같이 '貳'를 '事'로 해석하였다.

47) 『역주당육전(상)』 권5, 尙書兵部, 506쪽에 의하면 중앙의 諸衛에는 당직하는 말 80필이 있다.

48) 『新唐書』 권50, 兵志, 1326쪽: "凡發府兵,… 當給馬者, 官予其直市之, 每匹予錢二萬五千. 刺史、折衝、果毅歲閱不任戰事鬻之, 以其錢更市, 不足則一府共足之."

降內率爲正五品, 皇朝因加至四品上. 龍朔二年改爲左、右奉裕率, 神龍初復舊. 副率各一人, 從四品上. 隋置, 皇朝因之. 龍朔、神龍隨府改復.

역문 **태자좌·우내솔부의 솔은 각각 1인으로 정4품상이고**, 수 문제가 좌·우내솔과 부솔을 두어 동궁천우와 동궁비신을 거느리고 시봉하는 일을 (관장하도록 하였으며), 직임은 천우장군과 비슷하였다.[49] 그 비신에는 천우비신 8인이 있어 천우도를 들고 있는 것을 관장하였고, 비신좌우 16인은[50] 활과 화살을 공봉하는 일을 관장하였으며, 비신 20인은 숙위하며 시종하는 일을 관장하였다. 양제는 내솔(의 품계를) 정5품으로 내렸고, 당은 (품계를) 더하여 (정)4품상에 이르렀다. 용삭 2년(662) 좌·우봉유솔로 바꾸었다가 신룡 초에 복구하였다.[51] **부솔은 각각 1인으로 종4품상이다**. 수에서 두었으며 당은 이를 따랐다. 용삭·신룡 연간 부(의 명칭 변경)에 따라 바꾸고 복구하였다.

左、右內率府率之職, 掌東宮千牛、備身侍奉之事, 而主其兵仗, 總其府事; 而副率爲之貳. 以千牛執細刀、弓箭, 以備身宿衛、侍從, 以主仗守戎服、器物. 凡皇太子坐朝, 則領千牛、備身之屬升殿. 若射于射宮, 則率領其屬以從, 位定, 千牛、備身奉細弓及矢, 立於東階上, 西面; 率奉弓, 副率奉矢及決拾, 北面張弓, 左執弣, 右執簫以

49) 『舊唐書』 권44, 職官3, 1913쪽: "隋初置內率府, 擬上臺千牛衛."

50) 『隋書』 권28, 百官下, 801쪽: "千牛備身改爲司仗左右, 備身左右改爲主射左右. 各員八人"으로 되어 있다.

51) 『通典』 권30, 職官12, 838쪽: "龍朔二年, 改太子左右千牛備身爲太子左右奉裕, 尋復舊"에 의하면 좌·우내솔부의 명칭변경에 따라 태자 좌·우천우비신의 명칭도 태자 좌·우봉유로 바뀌었다가 복구되었음을 알 수 있다.

進, 副率以巾拂矢而進, 進訖, 各退立於位. 及射, 左、右內率啓其矢中及不中; 旣事, 受亦如之.

역문 좌·우내솔부의 솔의 직임은 동궁천우와 동궁비신이 시봉하는 일을 관장하고, 그 병장기를 관리하며, 부의 일을 총괄한다. 부솔은 차관이다. 천우로 하여금 세도(細刀)와 활·화살을 들게 하고,[52] 비신으로 하여금 숙위하고 시종케 하며, 주장으로써 군복과 기물을 지키게 한다. 무릇 황태자가 조회하는 날이면[53] 천우와 비신 따위의 속료를 거느리고 전에 오른다.[54] 만약 (황태자가) 활 쏘는 의례를 행하는 곳[射宮]에서 (활을) 쏠 때면,[55] (좌·우내)솔은 그 속료를 거느리고 따르며, (각자) 위치가 정해지면 천우와 비신은 세궁[56] 및 화살을 바치고, 동쪽 계단 위에 서서 서쪽을 향한다. (좌·우내)솔은 활을 받들고, 부솔은 화살 및 결습을[57] 받들어 (황태자를 향해) 북면하여 활(시위를) 얹는데, 왼손으로는 활의 가운데 부분을 잡고, 오른손으로는 활의 끝부분을 잡아서 바친다. 부솔은 헝겊으로 화살을 닦아서 바치고, (활과 화살) 바치는 일이 끝나면 각각 물러나 (원래) 위치에 선다. (황태자가 화살을) 쏘면 좌·우내솔은 그 화살이 (과녁을) 맞추었는지 또는 맞추지 못했는

52) 『新唐書』 권23하, 儀衛下, 501쪽: "次左右內率府率二人, 副率二人, 領細刀、弓箭, 皆一人從. 次千牛, 騎, 執細刀、弓箭."

53) 황태자의 조회의례는 元正과 冬至에 동궁관료의 朝賀가 있다.(『通典』 권128, 嘉禮7, 3273~3277쪽 참조)

54) 『新唐書』 권49상, 百官4上, 1302쪽: "皇太子坐日, 領千牛升殿."

55) 射于射宮 즉 활 쏘는 궁에서 활을 쏘는 의례인 射禮에 관해서는 『大唐開元禮』 권86, 皇帝射于射宮와 『通典』 권133, 禮93, 開元禮纂類28 모두 황제의 사례에 대해서만 기록되어 있다.

56) 細弓은 황태자가 사용하는 활을 가리킨다.

57) 決拾은 깍지와 팔찌로 모두 활을 쏠 때 쓰는 기구이다.

지를 알린다. 활 쏘는 의례가 끝나고 (물건들을) 거두어들이는 것 역시 (바칠 때)와 같이 한다.

長史各一人, 從七品上; 錄事參軍事各一人, 從九品上; 兵曹參軍事各一人, 正九品下; 胄曹參軍事各一人, 正九品下. 隋置右、右內率, 有長史以下等員, 無兵曹, 皇朝置之.

역문 장사는 각각 1인으로 종7품상이고, 녹사참군사는 각각 1인으로 종9품상이며, 병조참군사는 각각 1인으로 정9품하이고, 주조참군사는 각각 1인으로 정9품하이다. 수는 좌·우내솔을 두고,[58] 장사 이하 여러 관원이 있었으며, 병조는 없었으나 당은 (병조를) 두었다.

長史掌判諸曹官吏及千牛、備身之貳, 餘如左、右率府. 錄事參軍事掌印, 兼勾簿書及其勳階、考課稽失. 兵曹掌文武官及千牛、備身之簿書, 及其勳階、考課、假使、祿俸之事. 胄曹掌細引仗及羽儀之物, 自千牛以下各分而典之.

역문 장사는 여러 조의 관리 및 천우·비신의 일[59]을 판정하는 일을 관장하며, 나머지 (직무는) 좌·우솔부와 같다. 녹사참군사는 인장을 관장하고 명부 및 훈공의 등급, 고과의 지체되거나 빠진 것을 구검하는 일을 겸한다. 병조(참군사)는 문무 관원 및 (동궁) 천우와 (동궁)비신의 명부, 그리고 그 훈공의 등급, 고과, 휴가와

58) 본 역주서가 底本으로 삼은 『唐六典』 陳仲夫 교감본에는 '右、右內率'이라 되어 있는데, 이는 명백히 誤字이다. 따라서 번역은 좌·우내솔로 하였다.
59) 앞의 '太子左右衛率府 長史條 注'에서 설명한 바와 같이 '貳'를 '事'로 해석하였다.

출장, 녹봉의 일을 관장한다. 주조(참군사)는 세인장(細引仗)[60] 및 깃발 따위의 물품을 관장하여, 천우 이하부터 각각 나누어 그것을 관리한다.

60) 細引仗은 황태자의 儀仗隊로서 千牛備身·備身左右 등이 담당하는 左右千牛衛의 千牛仗에 비견된다.

『唐六典』

卷第二十九 諸王府公主邑司

御撰

集賢院學士兵部尚書兼中書令修國史上柱國開國公

臣 李林甫等奉敕注上

親王府

傅一人　諮議參軍事一人　友一人　文學二人　東閤祭酒一人　西閤祭酒一人
長史一人　司馬一人　掾一人　屬一人　主簿一人　史二人　記室參軍事二人　史二人
錄事參軍事一人　錄事一人　府一人　史二人　功曹參軍事一人　府一人　史二人
倉曹參軍事一人　府一人　史二人　戶曹參軍事一人　府一人　史二人
兵曹參軍事一人　府一人　史二人　騎曹參軍事一人　府一人　史二人
法曹參軍事一人　府一人　史二人　士曹參軍事一人　府一人　史二人　參軍事二人
行參軍四人　典籤二人

親事府

典軍二人　副典軍二人　府一人　史二人　執仗親事十六人　執乘親事十六人
親事三百三十三人　校尉旅帥隊正隊副準人部領

帳內府

典軍二人　副典軍二人　府一人　史二人　帳內六百六十七人
校尉旅帥隊正隊副準人部領

親王國

國令一人　大農二人　尉二人　丞一人　錄事一人　府五人　史十人　典衛八人
舍人四人　學官長食官長丞各一人　廐牧長丞典府長丞各二人

公主邑司

令一人　丞一人　錄事一人　史八人　主簿二人　謁者二人　舍人二人　家吏二人

친왕부

부 1인　자의참군사 1인　우 1인　문학 2인　동합좨주 1인
서합좨주 1인　장사 1인　사마 1인　연 1인　속 1인　주부 1인　사 2인
기실참군사 2인　사 2인　녹사참군사 1인　녹사 1인　부 1인　사 3인
공조참군사 1인　부 1인　사 2인　창조참군사 1인　부 1인　사 2인
호조참군사 1인　부 1인　사 2인　병조참군사 1인　부 1인　사 2인
기조참군사 1인　부 1인　사 2인　법조참군사 1인　부 1인　사 2인
사조참군사 1인　부 1인　사 2인　참군사 2인　행참군 4인　전첨 2인

친사부

전군 2인　부전군 2인　부 1인　사 2인　집장친사 16인　집승친사 16인

친사 333인

교위・여수・대정・대부가 인원수를 기준해서 나누어 거느린다

장내부

전군 2인 부전군 2인 부 1인 사 2인 장내 667인

교위・여수・대정・대부가 인원수에 기준해서 나누어 거느린다

친왕국

국령 1인 대농 2인 위 2인 승 1인 녹사 1인 부 5인 사 10인

전위 8인 사인 4인 학관장・승 식관장・승 각 1인

구목장・승 전부장・승 각 2인

공주읍사

영 1인 승 1인 녹사 1인 사 8인 주부 2인 알자 2인 사인 2인

가리 2인

◎ **親王府: 傅一人, 從三品**; 漢高祖初置諸侯王, 有太傅, 輔導王. 後漢曰傅, 秩二千石. 魏、晉因之. 宋、齊、梁、陳皆爲師, 後魏始蕃王、二蕃王、三蕃王各有師、傅, 北齊唯置師. 隋皇伯叔、昆弟、皇子爲親王者, 置師. 皇朝因之. 開元初, 改爲傅. **諮議參軍事一人, 正五品上**; 晉氏公府置諮議參軍事, 蓋取諮詢謀議軍事也. 宋、齊因之. 梁、陳諸王・公府及位從公開府者, 及皇弟、皇子、皇弟・皇子之庶子府各有諮議參軍員. 隋三公府及諸王府各有諮議參軍, 正五品上, 皇朝因之. **友一人, 從五品下**; 後漢東平憲王爲驃騎將軍, 辟杜撫以爲西曹掾, 尋以爲師友. 魏、晉諸王置友一人, 宋、齊因之, 品第六, 進賢一梁冠, 絳朝服. 梁皇弟、皇子府友各一人, 班第八, 正六品. 陳因之. 後魏諸王友從四品下. 北齊皇子置友一人, 第五品上. 隋爲從五品下, 皇朝因之. **文學二人, 從六品上**; 漢氏公府、州郡並有文學, 魏氏諸王始有文學員, 晉、宋、齊、梁、陳皆因之. 梁班第五, 從七品. 後魏太和末, 六品上. 北齊因之. 隋親王府有文學二人, 從六品上, 皇朝因之. **東閤祭酒、西閤祭酒各一人, 從七品上**. 晉初, 位從公以上並置東閤、西閤祭酒, 宋、齊、梁、陳、後魏、北齊皆相因. 親王府及嗣王、上柱國府各有東、西閤祭酒, 從七品上, 皇朝因之.

역문 **친왕부: 부는 1인으로 종3품이고**, 전한 고조 때 처음으로 제후왕을 설치했는데,[1] 태부를 두어 왕을 도와서 인도케 하였다.[2] 후

---

1) 고조 유방 이래 한 초 諸侯王의 설치는 異姓諸侯王과 同姓諸侯王으로 나누어 살펴볼 수 있다. 異姓諸侯王은 실제 기원전 206년 항우가 진을 멸망시킨 후 서초패왕으로서 18명의 왕들을 천

한 때는 부라고 했으며 질은 2천 석이었다.[3] 위·진은 이를 따랐다.[4] 송·제·양·진에서는 모두 사라고 하였는데,[5] 북위 때 비로소

하에 분봉했던 것에서 유래한다고 볼 수 있다. 이 18왕들은 5년 동안의 楚漢戰을 거치면서 대부분 몰락한다. 이어서 기원전 202년 항우를 패사시키고 황제가 된 유방이 다시 공적이 컸던 한신·팽월·경포·장차·오예·장이·노관·한왕 신 등 8명을 이성제후왕으로 임명하는데 장사왕 오예를 제외하고는 대부분 유방에 의해 제거되었다. 여기에 다시 혜제가 죽은 뒤 여후가 집정하면서 여산·여록 등 여씨 일족을 제후왕으로 분봉했는데 역시 여후가 사망하면서 바로 주살되었다. 이처럼 3차례에 걸친 이성제후왕의 분봉은 정치상황의 격변에 따라 심한 부침을 겪으며 비교적 짧은 시간에 대부분 몰락하지만 예외적인 존재가 장사왕 오예이다. 오예는 百越을 이끌고 진을 멸망시키는데 참전한 공로로 일찍이 항우의 18왕 중 형산왕으로 세워졌다가 다시 한 건국 후 장사왕으로 분봉되었는데 文帝 後7年(157 BC)까지 5대에 걸쳐 계속되었다. 한 초 이성제후왕의 역사는 문제 때 장사국의 폐절로 막을 내리게 된다.(『漢書』 권13, 異姓諸侯王表, 363~387 참고)

반면 동성제후왕은 이성제후왕을 점차 대체하면서 분봉되었는데, 고조 이래 문제 때까지 전후해서 모두 8국(초·대·제·오·연·조·회남·양)의 동성제후왕이 있었다. 본문에서 한 고조가 제후왕을 설치했다는 내용은 이성제후왕들을 제거한 후 고조 말년에 아들들을 일제히 조왕·대왕·양왕·연왕·회양왕·회남왕 등 제후왕으로 분봉했던 사실을 가리키는 것으로 보인다.(『漢書』 권14, 諸侯王表, 391~423쪽 참고)

2) 한 초 제후왕의 太傅 설치에 관한 기사는 다음과 같다. 『漢書』 권19상, 百官公卿表, 741쪽: "諸侯王, 高帝初置, 金璽盭綬, 掌治其國. 有太傅輔王." 제후왕의 太傅는 劉氏宗室의 제후왕들이 나이가 어리고 경험이 적었기 때문에 옆에서 보좌하고 지도하는 역할로 설치된 것인데, 申公·轅固生·韓嬰·賈誼 등 유가들이 다수 임명되었다. 太傅는 제후왕의 잘못을 보면 바로 간쟁하거나 조정에 보고하였으며(『漢書』 권36, 楚元王傳, 1924쪽: "二十一年春, 景帝之三年也, 削書到, 遂應吳王反. 其相張尙·太傅趙夷吾諫, 不聽. 遂殺尙·夷吾"), 만약 제후왕의 불법행위가 있으면 보좌를 제대로 하지 못한 죄로 처벌받기도 하였다.(『漢書』 권47, 文三王傳, 2218쪽: "傅·相·中尉皆以輔正爲職, '虎兕出於匣, 龜玉毀於匱中, 是誰之過也?' 書到, 明以誼曉王. 敢復懷詐, 罪過益深, 傅·相以下, 不能輔導, 有正法")

3) 『後漢書』 권28, 百官五, 3627쪽: "皇子封王, 其郡爲國, 每置傅一人, 相一人, 皆二千石. 本注曰: 傅主導王以善, 禮如師, 不臣也. 相如太守. 有長史, 如郡丞."

4) 삼국시대 魏는 후한을 따라서 傅를 두었고 吳도 역시 傅를 두었다. (『三國志』 권20, 魏書20, 587쪽: "嘉平元年, 兗州刺史令狐愚與太尉王淩謀迎彪都許昌. 語在淩傳. 乃遣傅及侍御史就國案驗, 收治諸相連及者" : 『三國志』 권62, 吳書, 1412쪽: "爲傅盡忠, 動輒規諫.") 晉은 처음에 師를 두었다가 景帝 司馬師의 이름을 피휘하여 傅로 바꾸었다.(『晉書』 권24, 職官志, 743쪽: "王置師·友·文學各一人, 景帝諱, 故改師爲傅.")

5) 『宋書』 권40, 百官志, 1259쪽: "晉武帝初置師·友·文學各一人. 師卽傅也, 景帝諱師, 改爲傅. 宋世復改曰師" : 『南齊書』 권16, 百官志, 330쪽: "諸王師·友·文學各一人." 『隋書』 百官志에 의하면 梁은 皇帝·皇子府에 師를 두었고 11班이었다. 陳은 諸王師가 제4품의 질 천석이었다.

번왕·2번왕·3번왕에게 각각 사와 부가 있었으며,[6] 북제는 오직 사만을 두었다.[7] 수에서는 황백숙·황제(皇弟)·황자로 친왕이 된 경우 사를 두었다.[8] 당은 이를 따랐다. 개원 초 부로 개칭하였다.[9]

자의참군사는 1인으로 정5품상이며, 진에서는 공부[10]에 자의참군사를 두었는데,[11] 대개 군사에 관한 자문과 모의를 한 데에서 이름을 취한 것이다. 송·제는 이를 따랐다.[12] 양·진에서는 왕들과 공부 및 지위가 삼공에 준하여 개부를 할 수 있는 자와 황제(皇弟)·황자 및 황제(皇弟)·황자의 서자부에 각각 자의참군의 정원이 있었다.[13] 수에서는 삼공부 및 제왕부에 각각 자의참군이 있었는데 정5

---

6) 陳仲夫는 『魏書』 官氏志와 『通典』 職官13, 歷代王侯封爵」을 보면 모두 諸王의 師는 있으나 傅는 없다고 교감하고 있다. 실제로 『魏書』 官氏志를 보면 諸王師가 太和 17년 '職員令'에 제3품상이었고, 太和 23년 '職員令'에는 제3품으로 師는 있지만 傅는 없다. 한편 『通典』 권31, 職官13, 865쪽: "諸王侯亦各有師·友·文學·侍郞·掾屬·舍人等官"이라고 해서 역시 師는 있지만 傅는 없다. 반면 『魏書』 高祐傳의 "轉宋王劉昶傅"와 『魏書』 邢祐傳의 "領樂浪王傅"라는 부분을 보면 師와 傅가 모두 있었다는 것도 한편 근거가 있어 보인다.

7) 『隋書』 권27, 百官志, 760쪽: "王, 位列大司馬上. 非親王則位在三公下. 置師一人, 餘官大抵與梁制不異."

8) 『隋書』 권27, 百官志, 781쪽: "皇伯叔·昆弟·皇子爲親王, 置師·友各二人, 文學二人. 嗣王則無師友."

9) 師를 傅로 개칭한 시기는 『舊唐書』 睿宗紀에 景雲 2년(711) 11월의 일로 나오며, 『新唐書』 百官志는 "景雲二年, 改師曰傅, 開元二年廢, 尋復置"라고 하고 있다. 또 『舊唐書』 玄宗紀의 "開元二年七月, 諸王傅並停"과 『唐會要』 권7 "開元二年七月六日省, 已後復置"라는 기사도 참고하면, 師에서 傅로 처음 개칭한 것은 睿宗 景雲 2년(711)이고 玄宗 開元 2년(714)에 잠시 폐지했다가 다시 설치한 것으로 이해할 수 있다.

10) 公府는 太尉·司徒·司空 三公의 開府를 말한다.

11) 『宋書』 권39, 百官志, 1223쪽: "晉元帝爲鎭東大將軍及丞相, 置從事中郞, 無定員, 分掌諸曹, 有錄事中郞·度支中郞·三兵中郞. 其參軍則有諮議參軍二人, 主諷議事. 晉江左初置, 因軍諮祭酒也."

12) 『宋書』 권39, 百官志, 1223쪽: "宋高祖爲相, 止置諮議參軍" : 『南齊書』 권38, 蕭景先傳, 664쪽: "子毅, 以勳戚子, 少歷淸官. 太子舍人, 洗馬, 隨王友, 永嘉太守, 大司馬諮議參軍, 南康太守, 中書郞."

13) 梁과 陳에서는 諮議參軍의 官署를 두었다는 말이다. 諸王은 皇弟·皇子開府者이다. 公府及位從公開府者는 丞相·太宰·太傅·太保·大將軍·大司馬·太尉·司徒·司空·開府儀同三司 등의 관리를 말한다. 梁에서 諸府의 諮議參軍은 品秩이 각각 차이가 있었다. 皇弟·皇子府는 제9班, 嗣王

품상이었고,[14] 당은 이를 따랐다. 우는 1인으로 종5품하이고, 후한 때 동평헌왕이 표기장군이 되어,[15] 두무[16]를 벽소하여 서조연으로 임명했다가 얼마 후 사우로 삼았다. 위·진의 왕들은 우 1인을 두었고,[17] 송·제는 이를 따랐는데 6품이었고[18] 진현일량관[19]을 썼으며 강조복을 입었다. 양의 황제(皇弟)·황자부의 우는 각각 1인으로 제8반이었으며 정6품이었다.[20] 진은 이를 따랐다. 북위에서 제왕의 우는 종4품하였다.[21] 북제의 황자는 우 1인을 두었는데 5품상이었다.[22] 수에서는 종5품하가 되었고[23] 당은 이를 따랐다. 문학은 2인

庶姓公府는 제8班, 皇帝·皇子의 庶子府 및 蕃王府는 제7班이었다.

14) 『隋書』 권28, 百官志, 773쪽에 "三公, 參議國之大事, 依後齊置府僚. 無其人則闕"라고 해서 隋의 三公府는 北齊의 제도를 따른 것이었다. 北齊의 三公府에 諮議參軍는 종4품상으로 또 北魏의 제도를 따랐다. 北魏는 『魏書』 官氏志에 따르면 太和 전에는 三公府 諮議參軍은 종4품상이었고, 太和 이후에는 二大(大司馬·大將軍)와 二公(太尉·司徒)의 諮議參軍도 모두 종4품상이었다. 반면에 親王府의 諮議參軍은 정5품상이었다. 北齊에서 諸府의 諮議參軍은 모두 종4품하였다. 北魏의 경우 太和 전에는 諸開府에서의 諮議參軍은 5품상이었고 太和 후 처음으로 蕃王府를 두면서 5품하였고 2蕃王府에서는 종5품상이었으며 3蕃王에서는 6품상이었다.

15) 東平憲王은 劉蒼으로 光武帝의 아들로, 建武 15년에 東平公에 봉해졌으며 17년 王이 되었다. (『後漢書』 권42, 光武十王列傳, 1433쪽: "蒼少好經書, 雅有智思, 爲人美須髥, 要帶八圍, 顯宗甚愛重之. 及卽位, 拜爲驃騎將軍, 置長史掾史員四十人, 位在三公上.") 『唐六典』 원문은 驃驃將軍이라고 잘못 쓰여 있는데, 『後漢書』에 따라서 驃騎將軍으로 고쳤다.

16) 『後漢書』 권79하, 儒林列傳, 2573쪽: "杜撫字叔和, 犍爲武陽人也. 少有高才. 受業於薛漢, 定韓詩章句. 後歸鄕里敎授. 沈靜樂道, 擧動必以禮. 弟子千餘人. 後爲驃騎將軍東平王蒼所辟, 及蒼就國, 掾史悉補王官屬, 未滿歲, 皆自劾歸. 時撫爲大夫, 不忍去, 蒼聞, 賜車馬財物遣之."

17) 『晉書』 권24, 職官志, 743쪽: "王置師·友·文學各一人."

18) 『宋書』 권40, 百官下, 1263쪽: "王國公三卿, 師·友·文學, 第六品."

19) 進賢冠은 儒者가 입는 복식으로, 앞은 높이가 7寸이며 뒤는 높이가 3寸으로 길이는 8寸이다. 5梁·3梁·2梁·1梁의 구별이 있었는데 6백 석 이하는 1梁冠을 썼다.

20) 梁에서 皇弟·皇子의 友는 第8班이었는데 정6품에 상당한다.

21) 『魏書』 권113, 官氏志, 2983쪽: "諸王友, 從第四品下."

22) 『隋書』 권27, 百官中, 767쪽: "皇子友, 已前上階, 爲第五品."

23) 『隋書』 권28, 百官下, 781쪽: "皇伯叔昆弟·皇子爲親王. 置師·友各二人, 文學二人. 嗣王則無師友." ; 『隋書』 권28, 百官下, 786쪽: "親王友, 爲從五品."

으로 **종6품상이며**, 한에서는 공부와 주·군에 모두 문학이 있었고,[24] 위에서 처음으로 왕들에게 문학의 정원이 있었는데, 진·송·제·양·진은 모두 이를 따랐다. 양에서는 제5반에 종7품이었다. 북위 태화 말에는 6품상이었다.[25] 북제는 이를 따랐다.[26] 수의 친왕부에는 문학 2인[27]이 있었고 종6품상이었으며[28] 당은 이를 따랐다.

동합좨주와 서합좨주는 각 1인으로 종7품상이다. 진(晉) 초 지위가 삼공에 준하는 이상이면 모두 동합·서합 좨주를 두었다.[29] 송·제·양·진·북위·북제는 모두 그대로 따랐다.[30] (수의) 친왕부 및 사왕부와 상주국부는 각각 동·서합 좨주가 있었으며 종7품상이었

24) 文學은 文學掾 또는 文學史의 간칭이다.(『漢書』 권77, 鄭崇傳, 3254쪽: "崇, 少爲郡文學史" : 『後漢書』 권97상, 揚倫傳, 2564쪽: "爲郡文學掾" : 『後漢書』 권82상, 揚由傳, 2716쪽: "爲郡文學掾.") 漢代 郡에 설치된 諸曹는 보통 公府와 대응되었으므로, 郡에 설치된 文學掾 또는 文學史 역시 公府에도 이에 상응하는 曹가 있었다. 郡의 文學은 지방 교육을 담당하며 그 정원은 다른 曹掾·史보다 많았고 지위도 대략 높았다. 그들은 교육 이외에도 敎化와 禮儀 등의 사무를 담당하였다.

25) 『魏書』 권113, 官氏志, 2993·2998쪽: "太和二十三年, 高祖復次職令, 及帝崩, 世宗初班行之, 以爲永制" : 2998쪽: "皇子文學, 第六品上."

26) 『隋書』 권27, 百官中, 767쪽: "皇子文學, 已前上階, 爲第六品."

27) 『隋書』 권28, 百官下, 781쪽: "置師·友各二人, 文學二人."

28) 『隋書』 권28, 百官下, 786쪽: "親王文學, 已前上階, 爲從六品."

29) 『晉書』 권24, 職官, 726쪽: "諸公及開府位從公者, 品秩第一, 食奉日五斛.… 置長史一人, 秩一千石. 西東閤祭酒, 各一人." 『晉書』 권24, 職官, 725~726쪽의 해당 기사를 참고하면, '位從公以上者'는 太宰·太傅·太保의 三公, 太尉·司徒·司空의 三公, 大司馬와 각 大將軍, 光祿大夫 등의 관리로 각각 文官公과 武官公으로 구분되면서 開府를 할 수 있었고 품질은 제1이고 매일 5斛의 식봉을 받았다. 東·西 閤은 漢代부터 부르기 시작한 것이다. 閤은 바로 閣으로 즉 官署를 가리킨다. 漢代 公府 및 州郡의 官署에는 대부분 閤室이 있어서 幕僚와 吏員들이 거하였다. 閤은 동서로 나누어져 있었기 때문에 그 장관을 東閤·西閤 祭酒라 한 것이다.

30) 宋·齊·梁·陳 중 오직 齊의 기록만 있다. 『南齊書』 권16, 百官, 314쪽: "凡公督府置佐. 長史·司馬各一人, 諮議參軍二人. 諸曹有錄事, 功曹, 記室, 戶曹, 倉曹, 中·直兵, 外兵, 騎兵, 長流, 賊曹, 城局, 法曹, 田曹, 水曹, 鎧曹, 集曹, 右戶, 十八曹. 城局曹以上署正參軍, 法曹以下署行參軍, 各一人. 其行參軍無署者, 爲長兼員. 其府佐史則從事中郎二人, 倉曹掾·戶曹屬·東西閤祭酒各一人."

고,[31] 당은 이를 따랐다.

王傅掌傅相訓導, 而匡其過失. 諮議掌訏謀左右, 參議庶事. 友掌陪侍遊居, 規諷道義. 文學掌讎校典籍, 侍從文章. 祭酒掌接對賢良, 導引賓客.

역문 왕부는 왕을 돕고 이끌면서 그 과실을 바로잡는 일을 관장한다.[32] 자의참군사는 왕의 신변에서 좋은 계책을 내고 (친왕부의) 제반사에 참여하여 의론하는 일을 관장한다.[33] 우는 왕이 교유하거나 기거할 때 옆에서 수행하면서 도의에 맞게 규간·풍간하는 일을 관장한다. 문학은 (친왕부의) 전적을 교정하고 문장에 관한 일로 시종하는 것을 관장한다. 좨주는 현량을 접대하고 빈객을 맞이하여 안내하는 일을 관장한다.

長史一人, 從四品上: 漢相國、丞相有兩長史, 秩千石. 後漢三公府各有長史員, 魏太祖、吳長沙桓王府因之. 宋、齊諸王領鎭者有長史, 品第六, 秩千石, 銅印、墨綬, 進賢兩梁冠, 絳朝服. 梁、陳公府並有長史, 後魏、北齊亦同. 隋親王、嗣王、郡王各有長史, 皇朝因之, 嗣王、郡王則不置. 司馬一人, 從四品下: 司馬, 古主兵之官也. 宋、齊諸王領鎭者各有司馬. 梁、陳、後魏、北齊、隋並與長史同置, 皇朝因之. 掾一人, 正六品上: 漢氏三公、大將軍、御史大夫並有掾、屬員. 西漢辟召皆上言之, 故東、西曹掾比

---

31) 正德本에 의하면 '親王府' 앞에 '隋'자가 빠진 것으로 보고 있다. 『隋書』 권28, 百官下, 781쪽을 보면 皇伯叔·昆弟·皇子로 親王이 된 자는 모두 東西閤祭酒 각 1인이 있지만, 上柱國·嗣王·郡王은 東西閤祭酒의 인원이 없다고 되어 있어 본문의 '及嗣王·上柱國'은 잘못 된 것으로 생각된다.

32) 『舊唐書』 권44, 職官三, 1914쪽에는 "傅相訓導"가 "傅相贊導"로 되어 있다.

33) '訏'는 '大'로 訏謀는 '宏謨'의 의미이다. 『詩經』 大雅 抑에 "訏謨定命"이라는 구절이 나온다.

四百石, 餘曹比三百石, 其屬並二百石. 後漢皆自辟除, 不復上言, 故通降爲百石. 品秩雖下, 優禮甚弘. 三公蓋天子之股肱, 掾、屬則三公之喉舌, 故三府掾乃言行之本, 禍福之主; 及其遷除, 或周月而長州郡, 或數年而至公卿. 魏、晉皆相因置, 多者或至數十人. 江左以來, 諸公置掾二人, 其加崇者置四人. 掾、屬常敦明敎義, 肅淸風俗, 非禮不言, 非法不行, 以訓羣吏. 宋、齊、梁、陳、後魏、北齊公府皆有掾、屬. 隋氏三師、三公不開府, 國王、嗣王、郡王府有掾、屬各一人, 皇朝因之. **屬一人**, 正六品上; 漢、魏已來, 與掾同置. 過江之後, 則爲曹名, 諸公置戶曹屬一人, 其加崇者置倉曹屬一人. 梁、陳諸公、皇子、皇弟府並有屬, 後魏、北齊三師・三公府各有屬, 隋親王府有屬一人, 皇朝因之.

역문 **장사는 1인으로 종4품상이고**, 전한의 상국・승상은 장사 2인을 두었는데 질 1천 석이었다.34) 후한의 삼공부35)는 각각 장사의 정원이 있었는데,36) 위 태조37)와 오 장사환왕38)의 부는 이를 따랐다. 송・제의 왕들 중에 진(鎭)을 통령하는 경우 장사를 두었는데, 제6품이고 질은 1천 석이었으며 동인・묵수에 진현양량관을 쓰고 강조복을 착용하였다. 양과 진은 공부에 모두 장사를 두었으며39)

34) 『漢書』 권19상, 百官公卿表, 724쪽: "相國・丞相, 皆秦官, 金印紫綬, 掌丞天子助理萬機. 秦有左右, 高帝卽位, 置一丞相, 十一年更名相國, 綠綬. 孝惠・高后置左右丞相, 文帝二年復置一丞相. 有兩長史, 秩千石."

35) 後漢의 三公府는 太尉・司徒・司空을 가리킨다.

36) 『後漢書』 권34, 梁統列傳, 1179쪽: "『漢官儀』, 三公府有長史一人, 司徒府掾屬三十一人, 令史及御屬三十六人也."

37) 魏 太祖는 魏 武帝 曹操이다. 曹操는 獻帝 建安 13년 三公을 폐지하고 丞相과 御史大夫를 두면서 스스로 丞相이 되었는데, 丞相府에 長史와 掾屬을 두었다.(『三國志』 권12, 魏書・徐奕傳, 377쪽: "太祖爲司空, 辟爲掾屬, 從西征馬超. 超破, 軍還. 時關中新服, 未甚安, 留奕爲丞相長史, 鎭撫西京, 西京稱其威信.")

38) 長沙桓王은 바로 吳 孫權이 稱帝할 때 추존했던 孫策을 말한다. 손책 때부터 손오정권의 장사는 張昭가 맡아보았다.(『三國志』 권52, 吳書・張昭列傳, 1220쪽: "然後衆心知有所歸, 昭復爲權長史, 授任如前.")

북위와 북제도 동일하였다.[40] 수는 친왕·사왕·군왕이 각각 장사가 있었으며,[41] 당은 이를 따랐지만 사왕과 군왕은 (장사를) 두지 않았다.[42] **사마는 1인으로 종4품하이며**, 사마는 고래로 군사를 주관하는 관리였다.[43] 송과 제는 제왕이 진을 통령하는 경우 각각 사마가 있었다. 양·진·북위·북제·수는 모두 장사와 더불어 같이 설치하였고, 당은 이를 따랐다. **연은 1인으로 정6품상이고**, 한에서는 삼공·대장군·어사대부 모두 연·속의 정원이 있었다.[44] 전한에서는 (연·속을) 벽소하면 모두 황제에게 보고하였으므로, 동·서조의 연은 질이 비 4백 석이었고 나머지 조의 연은 질이 비 3백 석이었으며 속은 모두 2백 석이었다. 후한에서는 (연·속을) 직접 임명하고 황제에게 다시 보고하지 않았으므로 지위가 낮아져 모두 질

---

39) 『隋書』 권26, 百官上을 보면, 梁의 경우 "諸公及位從公開府者"는 관속 중에 長史를 두었고, 皇弟·皇子府의 長史는 제10班이었고 嗣王府 長史는 제9班, 皇弟·皇子庶子府 및 蕃王府 長史는 제8班이었다. 陳은 梁의 제도를 따랐는데, 皇弟·皇子府 長史는 第五品에 秩은 1천 석이었고 皇弟·皇子庶子府의 長史는 第五品, 秩은 800석이었으며 庶姓公府의 長史는 第六品, 秩은 800석이었다. 蕃王府의 長史는 第七品, 秩은 600석이었다.

40) 『魏書』 권113, 官氏志를 보면 太和 17년 '職員令'에 公府의 長史는 제4품상이었고 諸開府의 長史는 종제4품상이었으며 中軍·鎭軍·撫軍의 長史는 제5품상이었다. 太和 23년의 '職員令'에서는 2大(大司馬·大將軍)와 2公(太尉·司徒)의 長史는 종제3품이었고, 司空의 장사는 皇子의 長史와 더불어 제4품상이며, 始蕃王·二蕃王·三蕃王의 長史는 각각 종4품상·5품상·종5품상이었다.

41) 『隋書』 권28, 百官下를 보면 隋의 親王은 師·友·文學·長史 등을 두었는데, 장사는 1인으로 종4품상이었다. 嗣王과 郡王은 師·友가 없고 단지 長史만 있었는데, 종6품에 비견되었다.

42) 新·舊『唐書』의 職官志는 모두 親王府에 長史 1인이 있고 종4품상이라고 하지만, 嗣王·郡王의 경우는 나오지 않는다.

43) 『周禮』 夏官에 따르면, 司馬는 6卿 중 하나로 軍政 및 軍賦를 관장하였다. 춘추전국시대에도 각국의 司馬는 모두 軍職이었다. 『左傳』 권28, 成公 16년, 473쪽: "楚子救鄭, 司馬將中軍, 令尹將左, 右尹子辛將右"라고 해서 楚의 司馬는 中軍을 통솔하는 將領이었다. 漢代 司馬는 大將軍·將軍·校尉 등에 예속된 武官이었다. 『漢書』 권19상, 百官公卿表, 732쪽: "中尉, 秦官, 掌徼循京師, 有兩丞·候·司馬·千人."

44) 漢代 掾·屬은 丞相府 혹은 三公府의 佐屬官吏의 통칭이다. 직무가 분화되어 여러 曹가 있었는데 掾은 각 曹의 長이었기 때문에 曹掾이라 하였고, 正이 掾, 副가 屬이었다.

1백 석이었다. 품질은 비록 낮아졌지만 두터운 예우는 더욱 많아졌다. 대저 삼공은 천자의 고굉지신이고 연·속은 삼공을 대변하는 후설관이므로, 삼공부의 연은 언행의 근본이자 화복의 주관자였다. 연·속이 다른 자리로 임명받게 되면, 혹 한 달 만에 주·군의 장관이 되거나 몇 년 만에 공경에 이르기도 하였다. 위와 진은 모두 그대로 따라서 (연·속을) 두었는데, 많은 경우 수십 명에 이르렀다. 동진 이래 공들은 연을 2인 두었고, 특별히 예우를 두터이 할 경우(加崇者) 4인을 두었다.[45] 연·속은 항상 교의를 돈독히 밝히고 풍속을 맑게 하여, 예가 아니면 말하지 않으며 법이 아니면 행하지 않는 것으로 뭇 좌리들을 훈도한다. 송·제·양·진·북위·북제의 공부에는 모두 연·속이 있었다. 수에서는 삼사와 삼공이 개부하지 않았고 국왕·사왕·군왕부에 연·속 각 1인이 있었는데,[46] 당은 이를 따랐다. **속은 1인으로 정6품상이며**, 한·위 이래 연과 같이 설치하였다. 동진 이후로 조의 명칭을 이름으로 삼아서 공들은 호조속 1인을 두었고 그 중 특별히 예우를 두터이 한 경우(加崇者)는 창조속 1인을 더 두었다.[47] 양과 진에서 제공·황자·황제(皇弟)부는 모두 속이 있었고,[48] 북위·북제는 삼사와 삼공부에 각각 속이 있었으며,[49]

---

45) 『宋書』 권39, 百官志, 1222쪽: "江左以來, 諸公置長史·倉曹掾·戶曹屬·東西閤祭酒各一人, 主簿·舍人二人, 御屬二人, 令史無定員. 領兵者置司馬一人, 從事中郎二人, 參軍無定員. 加崇者置左右長史·司馬·從事中郎四人, 掾·屬四人, 則倉曹增置屬, 戶曹置掾, 江左加崇, 極於此也." 여기서 '加崇'이란 權臣에게 본래보다도 더 지위와 예우를 더해 주는 것을 뜻한다.

46) 隋에서 三師는 太師·太傅·太保로 지위만 높을 뿐 실제 사무가 없어서 府僚를 두지 않았다. 三公은 太尉·司徒·司空으로 지위가 공허하여 역시 府僚가 없었다. 隋의 國王·嗣王·郡王府에는 長史·司馬·諮議參軍과 掾·屬이 각 1인이 있었다. 친왕부의 掾屬은 정5품상이었다.

47) 『宋書』 권39, 百官志에 "諸公置長史·倉曹掾·戶曹屬"이라 하면서 "加崇者置左右長史·司馬·從事中郎四人, 掾·屬四人, 則倉曹增置屬, 戶曹置掾"라고 하였다. 즉 東晉에서는 일반적으로 戶曹屬 1인을 두었지만 加崇者는 倉曹에 屬 1인을 증가시켜 掾屬 각 2인으로 모두 4인인 것이다.

수는 친왕부에 속 1인이 있었는데, 당은 이를 따랐다.

主簿一人, 從六品上; 漢三公府有黃閤主簿, 省錄衆事. 魏、晉已下皆有. 梁、陳諸公、皇弟、皇子府各有主簿. 後魏皇子主簿從六品. 北齊諸王皆有主簿, 隋親王府二人, 皇朝置一人. **史二人**; 皇朝因隋置, 餘史並同. **記室參軍事二人, 從六品上**; 漢三公及大將軍皆有記室令史, 主上章表, 奏報書記. 魏太祖輔漢, 以陳琳、阮瑀管記室, 軍國書檄, 多二人所作. 晉氏諸公及位從公以上並有記室員. 宋諸公府有記室參軍事, 梁、陳公府及王府皆有記室參軍, 北齊因之. 隋親王府及嗣王府有記室參軍, 皇朝因之. **錄事參軍事一人, 從六品上**; 晉元帝初爲鎭東大將軍, 有錄事參軍一人. 梁、陳王府有中錄事參軍及錄事參軍各一人, 後魏亦同, 北齊因之. 隋親王、嗣王府有錄事參軍一人, 皇朝因之. **錄事一人, 從九品下**; **功曹參軍事一人, 正七品上**; 漢、魏、晉、宋、齊、梁、陳、後周, 州、郡、縣並有功曹員. 後魏太和末, 諸王府並有功曹員. 隋氏親王、嗣王府有功曹參軍, 煬帝改爲功曹書佐, 皇朝復爲功曹參軍. **倉曹參軍事一人, 正七品上**; 後魏諸王府有倉曹參軍. 隋親王、嗣王府有倉曹參軍, 煬帝改爲倉曹書佐, 皇朝復爲倉曹參軍. **戶曹參軍事一人, 正七品上**; 後魏、隋氏並與倉曹同置. **兵曹參軍事一人, 正七品上**; 梁、陳王府有中兵曹參軍、中直兵曹參軍各一人. 後魏有皇子府中兵參軍, 始蕃王、二蕃王有兵曹參軍. 北齊皇子府有中兵、外兵參軍. 隋親王、嗣王府有兵曹參軍, 煬帝改爲兵曹書佐, 皇朝復爲兵曹參軍. **騎曹參軍事一人, 正七品上**; 隋親王、嗣王府有騎曹參軍一人, 煬帝改爲騎曹

48) 『隋書』 권28, 百官志에 따르면 梁은 諸公府에 掾·屬이 있었으며 皇弟·皇子 및 嗣王의 開府 또한 掾·屬이 있었는데, 司徒·皇弟·皇子公府의 屬과 같이 제8반이었고 嗣庶姓公府는 제6班이었다.

49) 『通典』 권20, 職官2, 524쪽: "後魏三師無官屬"라고 하지만 다른 기록을 보면, "後又置太宰, 以元天穆爲之, 增置佐吏. 三公及二大並有長史·司馬·諮議參軍·從事中郎·掾·屬"라고 해서 차이가 있다. 또 北齊의 경우도 『通典』 권20, 職官2, 524쪽: "北齊三師·二大·三公各置長史·司馬·諮議參軍·從事中郎·掾·屬"라고 되어 있다.

書佐, 皇朝復故. **法曹參軍事一人, 正七品上**; 梁、陳、後魏諸王府, 隋親王、嗣王府, 並有法曹行參軍; 煬帝改曰法曹行書佐, 皇朝復舊. **士曹參軍事一人, 正七品上**; 後魏諸王府、隋親王府皆有士曹行參軍, 煬帝改爲士曹行書佐, 皇朝復舊. **參軍事二人, 正八品下**; 後漢末, 三公府有參軍事, 如孫堅參車騎軍事, 荀彧參丞相軍事是也. 魏武帝征荊州, 請邯鄲淳參軍事. 自晉、宋已來, 代有其任. 『梁選簿』: "皇弟、皇子府有正參軍." 後魏有皇子參軍, 北齊因之. 隋親王、嗣王府有參軍六人, 長兼行參軍八人, 問事十二人、白直二十四人. **行參軍四人, 從八品上**; 晉氏加置行參軍, 以自辟召, 故曰「行」也. 宋、齊、梁、陳皆有之. 『梁選簿』: "嗣王府行參軍降正王府一階." 隋親王、嗣王府並有長兼行參軍, 煬帝改爲長兼行書佐, 皇朝改爲行參軍. **典籤二人, 從八品下**. 『齊職儀』云: "諸公領兵, 局有典籤二人." 隋親王府、嗣王府、上柱國·柱國府、上大將軍·大將軍府各有二人, 皇朝因之.

역문 **주부는 1인으로 종6품상이고**, 한의 삼공부에는 황합주부[50]가 있어서 (부내의) 모든 문서를 살펴서 목록을 작성했다. 위·진 이래로 모두 있었다. 양·진은 제공(부)·황제(皇弟)(부)·황자부에 각각 주부가 있었다. 북위의 황자주부는 종6품이었다.[51] 북제는 왕들이 모두 주부가 있었고, 수는 친왕부에 (주부) 2인이 있었으며,[52] 당은 1인을 두었다. **사는 2인이며**,[53] 당은 수를 따라서 설치하였고,

---

50) 漢代 丞相府의 건물이 주로 황색으로 칠해져 있었기 때문에 黃閤主簿라고 부른 것이다.

51) 『魏書』 권113, 官氏志에 따르면 太和 17년 '職員令'에 公府主簿는 제5품중이었고 諸開府主簿는 종5품하였는데, 太和 23년의 '職員令'에 따라 皇子主簿는 종6품하로 변경되었다. 따라서 '從六品' 아래 '下'자가 보충되어야 한다. 이밖에 北魏의 2大·2公 主簿와 司空主簿는 모두 제6품상이었고, 始蕃王·二蕃王의 主簿는 모두 제7품하였으며 三蕃王의 主簿는 종제7품상이었다.

52) 『隋書』 권28, 百官志에 따르면, 皇伯叔·昆弟·皇子로 親王된 경우 그 官屬 중 主簿는 2인이며 종6품상이었다.

53) 여기의 史는 主簿의 佐吏이다. 史와 府는 竝稱된다. 이하의 記室 및 諸曹參軍事는 모두 佐吏로

나머지 사도 모두 동일하다. **기실참군사는 2인으로 종6품상이고,** 한의 삼공 및 대장군은 모두 기실령사가 있어서 장·표를 올리고 아래에서 올라온 문서에 보고하고 회답하는 일을 주관하였다. 위 태조가 한(헌제)을 보좌하면서 진림과 완우에게 기실을 관장하게 했는데, 군국의 문서와 격문이 대부분 이 두 사람에 의해 만들어졌다.[54] 진에서는 제공 및 지위가 삼공에 준하는 이상이면 모두 기실의 정원이 있었다. 송은 제공부에 기실참군사가 있었고, 양과 진의 공부 및 왕부는 모두 기실참군이 있었으며, 북제는 이를 따랐다. 수의 친왕부 및 사왕부는 기실참군이 있었으며, 당은 이를 따랐다. **녹사참군사는 1인으로 종6품상이며,** 진은 원제가 일찍이 진동대장군이 되었을 때 녹사참군 1인을 두었다.[55] 양과 진은 왕부에 중녹사참군 및 녹사참군 각 1인이 있었는데, 북위도 동일했으며 북제는 이를 따랐다. 수는 친왕(부)·사왕부에 녹사참군 1인이 있었고,[56] 당은

史와 府가 있다. 史와 府는 옛 부터 있었던 관직이다. 『周禮』에 따르면 六官의 屬吏에는 府·史·胥·徒가 있었다. 府는 庫藏을 담당하였고 史는 文書를 관장하였으며 모두 장관이 직접 임명하였다. 秦漢이래로 府와 史는 점점 관부의 문서를 관장하는 관리의 통칭이 되어 가면서 令史와 혼용되었다.(『隋書』 권75, 劉炫傳, 1721쪽: "弘嘗從容問炫曰, '案『周禮』士多而府史少, 今令史百倍於前, 判官減則不濟, 其故何也?' 炫對曰, '古人委任責成, 歲終考其殿最, 案不重校, 文不繁悉, 府史之任, 掌要目而已. 今之文簿, 恒慮覆治, 鍛鍊若其不密, 萬里追證百年舊案, 故諺云, 老吏抱案死.'") 『唐六典』에서 府와 史는 지위에 구분이 있는데 府가 史의 상위였다. 또한 隋唐 때 中央臺省의 佐史는 令史라 칭하였고 九寺·五監 및 諸衛府의 佐史는 府史라고 하였다.

54) 陳琳은 字는 孔章으로 光陵人이다. 후한 말 원래 何進의 主簿였다가 難을 피하여 冀州로 가서 袁紹의 예하에서 文章을 관장하였다. 袁紹가 패하자 曹操에게 귀의하여 司空軍謀祭酒가 되어 記室을 관장하였다. 阮瑀는 字가 元楡이고 陳留人이다. 어려서 蔡邕에게서 수학하였다. 후에 倉曹掾屬이 되었다.

55) 『宋書』 권39, 百官志에 따르면, 東晉 초 晉 元帝(司馬睿)가 진동대장군이었을 때 錄事參軍을 설치하였다.

56) 『隋書』 권29, 百官上, 1223쪽에 의하면 親王府에는 錄事參軍 1인을 두었고 종6품하였다. 그러나 嗣王 이하는 녹사참군이 있었는지 알 수가 없다. 煬帝 때 參軍은 모두 書佐로 개칭하였다.

이를 따랐다.[57] **녹사는 1인으로 종9품하이고, 공조참군사는 1인으로 정7품상이며**, 한·위·진·송·제·양·진·후주는 주·군·현에 모두 공조의 정원이 있었다. 북위는 태화 말에 제왕부 모두 공조의 정원이 있었다. 수에서는 친왕(부)·사왕부에 모두 공조참군이 있었으며 양제 때 공조서좌로 개칭하였다가, 당에서 다시 공조참군으로 복구하였다. **창조참군사는 1인으로 정7품상이고**, 북위는 제왕부에 창조참군이 있었다.[58] 수의 친왕(부)·사왕부는 창조참군이 있었는데, 양제 때 창조서좌로 개칭하였다가, 당에서 다시 창조참군으로 복구하였다. **호조참군사는 1인으로 정7품상이며**, 북위와 수에서는 모두 창조와 같이 설치하였다.[59] **병조참군사는 1인으로 정7품상이고**, 양·진은 왕부에 중병조참군·중직병조참군 각 1인이 있었다.[60] 북위는 황자부에 중병참군이 있었고, 시번왕·이번왕에 병조참군이 있었다.[61] 북제는 황자부에 중병·외병참군이 있었다.

---

57) 唐 초 武德연간에 書佐를 다시 參軍으로 개칭하였다. 『武德令』에 정6품하였으며, 開元 초 종6품상이 되었다.

58) 倉曹라는 이름은 北魏에서 처음 시작된 것이 아니다. 前漢 丞相府에 이미 있었으며 後漢 三公府에도 있었는데 倉穀事를 주관하고 그 掾은 秩이 比300석이었고 屬은 比200석이었다. 郡에도 설치하였는데 掾은 秩이 100석이었다. 北魏의 2大·2公·司徒·皇子와 始蕃王·二蕃王·三蕃王은 모두 倉曹參軍을 두었다.

59) 戶曹參軍事는 西晉 말 이전에 있었으며, 東晉 元帝가 진동대장군이 되었을 때 이미 屬官으로 두었다. 후에 王公府·軍府 및 州軍府에 모두 두었고 北魏는 이를 따른 것이다. 隋에서는 開皇연간에 親王府·嗣王府 屬官에 戶曹가 있었는데 倉曹와 합병하여 倉戶曹參軍事로 칭하였고 종6품하였다.

60) 兵曹參軍의 설치는 梁·陳 때보다 이르다. 東晉 元帝가 진동대장군이 되었을 때 이미 中兵·外兵·兵曹參軍의 屬官이 있었다. 宋 武帝가 丞相으로 있으면서 中兵과 直兵을 합하여 하나의 參軍으로 만들면서 曹는 두 개가 되었는데 軍府 및 州軍府·王公府에 모두 두었다. 南齊는 宋을 따라 中兵·直兵·外兵·騎兵諸曹參軍이 있었다.

61) 『魏書』 官氏志를 보면, 始蕃王·二蕃王·三蕃王에 각각 中兵參軍이 있었고 兵曹參軍은 설치되지 않았으므로 이 기록은 잘못된 것이다. 中兵參軍은 諸公과 皇子府는 제6품상, 始蕃王·二蕃王은

수는 친왕(부)·사왕부에 병조참군이 있었으며 양제 때 병조서좌로 개칭하였다가,[62] 당에서 병조참군으로 복구하였다. **기조참군사는 1인으로 정7품상이며**, 수는 친왕(부)·사왕부에 기조참군 1인이 있었으며,[63] 양제 때 기조서좌로 개칭하였다가 당에서 예전대로 복구하였다. **법조참군사는 1인으로 정7품상이고**, 양·진·북위의 제왕부와 수의 친왕부·사왕부에 모두 법조행참군이 있었다.[64] 양제가 법조행서좌로 개칭하였는데, 당은 이를 예전대로 복구하였다. **사조참군사는 1인으로 정7품상이며**, 북위의 제왕부와 수의 친왕부 모두 사조행참군이 있었다.[65] 양제가 사조행서좌로 개칭하였는데 당은 이를 예전대로 복구하였다.[66] **참군사는 2인으로 정8품하이고**, 후한 말 삼공부에는 참군사가 있었는데,[67] 손견이 참거기군사였으

종제6품하였으며 三蕃王은 제7품하였다.

62) 『隋書』 百官志에 의하면 皇伯叔·昆弟·皇子의 親王은 모두 兵曹參軍事 1인이 있었고, 嗣王 역시 1인이 있었다. 親王府의 兵曹參軍事은 정7품상이었다. 煬帝 때 兵曹參軍은 兵曹書佐로 개칭하였다.

63) 騎曹는 삼국시대 魏에서 시작되었다. 諸公府에 騎兵曹를 설치하였다. 晉 이래 諸公府·王府에 다수의 騎兵參軍이 설치되었다. 隋에서는 騎曹參軍으로 개칭하였는데, 親王·嗣王府에 각 1인을 두었으며 정7품상이었다.

64) 法曹參軍事의 설치는 梁·陳 때보다 이르다. 이미 西晉 말 元帝가 開府하면서 屬官으로 두었고, 宋 武帝가 丞相이 되어 法曹相과 더불어 설치하여 刑獄을 주관하게 하였는데 刑獄賊曹·長流賊曹·城局賊曹 등이 있어서 모두 參軍을 두었다. 齊에서도 설치하여 三公府 法曹 이하 田曹·水曹·鎧曹·集曹·右戶 諸曹는 行參軍이 각 1인이 있었다. 梁·陳·北魏는 이를 따라서 설치하였는데 陳에서는 法曹參軍과 더불어 刑獄參軍도 설치하였다. 隋는 親王府에 法曹行參軍과 刑獄參軍이 모두 설치되었는데 諸曹行參軍은 종7품하였다. 한편 北齊에 대해서는 언급하지 않고 있는데, 北齊도 三公府에 法曹行參軍事·刑獄參軍事가 모두 설치되었다.

65) 士曹行參軍은 晉 元帝와 宋 武帝 때 이미 설치되었으며 北魏는 이를 따랐다. 수는 親王府와 嗣王府에 각각 士曹行參軍 1인이 있었고 종7품하였다.

66) 煬帝 때 參軍을 書佐로 개칭했다가 武德연간에 복구했는데 『武德令』에 따르면 정7품하였다.

67) 後漢 말 將軍·三公府에서 병력을 통솔하여 출정할 때 軍府의 일에 간여하는 관리를 參軍事·參軍이라 하였다. 그 지위와 임무가 자못 중요했지만 아직 정식 관명은 아니었다.

며, 순욱이 참승상군사였던 것이 그것이다. 위 무제가 형주를 정벌했을 때 한단순을 청하여 참군사로 삼았다.68) 진·송 이래부터 계속해서 그 직임이 이어졌다.69) 『양선부』에는 "황제(皇弟)·황자부에 정참군이 있다"라고 했다.70) 북위는 황자참군이 있었고,71) 북제는 이를 따랐다.72) 수는 친왕(부)·사왕부에 참군 6인이 있었고 장겸행참군 8인이 있었는데, 양제 때 행서좌로 개칭하였다.73) 당에서는 참군으로 복구하여 4인을 두었으며 개원 연간에 2인을 감하였다. 6조 이하 관리는 삼부와 모두 동일하다.74) 그 잡역으로 집도(執刀) 15인, 전옥(典獄) 18인, 문사(問事) 12인, 백직(白直) 24인이 있었다.75) **행참군은 4인으로 종8품상이며**, 진은 행참군을 더 두었는데, (왕부에

---

68) 邯鄲淳은 일명 竺이라고 하며 字는 子叔, 潁川人이다. 博學하며 文才가 있었다. 初平연간 三輔에서 荊州로 갔는데, 曹操가 그를 보고 기이하다고 해서 博士·給事中으로 삼고 曹植과 교류하게 하였다.

69) 晉은 魏의 제도를 따라 三公府에 모두 參軍이 있었다. 魏 元帝 때 司馬紹가 相國이 되어 參軍 22인을 두었고 趙王 倫이 相國이 되었을 때 參軍 20인을 두었다. 晉 元帝시 錄事·記室 등 18曹를 두고 모두 參軍이 사무를 담당하였으며, 참군이 담당하지 않는 曹는 따로 정원이 없이 다른 관원이 겸직하였다..

70) 梁에서는 황제·황자부에 正參軍·行參軍·長兼行參軍 등의 정원이 있었다. 皇弟·皇子府의 正參軍은 제4班이었다.

71) 北魏는 司空 및 皇子府에 參軍을 두었는데, 職員令에 따르면 제7품상이었다.

72) 北齊는 三公府의 參軍事가 제7품상이었다.

73) 煬帝시에 參軍을 書佐로 개칭하였고 武德 중에 參軍으로 복구하였으며 종7품하였다가, 開元시에 정8품하로 개정하였다.

74) 6曹는 倉曹·戶曹·兵曹·騎曹·法曹·士曹를 가리킨다. 3府는 親王府·親事府·帳內府를 가리킨다. 따라서 6曹와 3府는 모두 府가 1인, 史가 2인이라는 의미이다.

75) 雜使는 執刀 등 王府에서 雜役을 행하는 인원들의 총칭으로 대다수가 官衙에서 복역하는 자로 충원된다. 執刀는 親王의 좌우에서 持刀侍衛를 주관한다. 典獄은 王府의 監獄卒吏를 관리한다. 親王은 開府시 地方刺史도 겸하였기에 監獄을 설치하였다. 問事는 관부의 卒吏이다. 唐의 제도에 따르면 京府·都督府 및 州縣 모두 問事가 있었다. 白直은 低級侍衛의 임무를 수행하였다. 南朝의 경우 白直에 番上服役者를 제외하고는 納資의 代役자로 충원하기도 하였다. 唐은 南朝의 제도를 따라서 대역이 가능하였다.

서) 직접 벽소할 수 있어 '행'이라고 하였다.[76] 송·제·양·진은 모두 행참군이 있었다. 『양선부』에는 "사왕부의 행참군은 왕부의 참군보다 한 단계 낮다"고 했다. 수의 친왕(부)·사왕부는 모두 장겸행참군이 있었다.[77] 양제 때 장겸행서좌로 개칭하였다가, 당에서 행참군으로 다시 개칭하였다. **전첨은 2인으로 종8품하이다.** 『제직의』에는 "공들이 병력을 거느리면 관서에 전첨 2인을 두었다"고 했다.[78] 수의 친왕부·사왕부·상주국·주국부·상대장군·대장군부에 각각 2인이 있었으며,[79] 당은 이를 따랐다.

長史、司馬掌統理府寮, 紀綱職務. 掾掌通判功曹、戶曹、倉曹事. 屬掌通判兵曹、騎曹、法曹、士曹事. 主簿掌覆省王教. 記室掌表、啓、書、疏. 錄事參軍事掌付事勾稽, 省署鈔目. 錄事掌受事發辰, 兼勾稽失. 功曹掌文官簿書、考課、陳設、儀式等事. 倉曹掌廩祿請給, 財物市易等事. 戶曹掌封戶、田宅、僮僕、弋獵等事. 兵曹掌武官簿書、考課、儀衛、假使等事. 騎曹掌廐牧、騎乘、文物、器械等事. 法曹掌推按欺隱, 決罰刑獄等事. 士曹掌公廨舍宇, 繕造工徒等事. 參軍事掌出使及雜檢校事. 典籤掌宣傳教令事.

역문 장사·사마는 친왕부의 속료들을 통령하고 직무에 기강을

---

76) 『宋書』 권39, 百官志, 1223쪽: "蜀丞相諸葛亮府有行參軍, 晉太傅司馬越府又有行參軍·兼行參軍, 後漸加長兼字, 除拜則爲參軍事, 府板則爲行參軍." 府板은 王府에서 임명하는 것으로 '行'을 관명에 더하였다.

77) 親王·嗣王府에는 각각 長兼行參軍 8인으로 종8품하였다.

78) 『齊職儀』에서 '兵'자 다음에 '職'자가 빠진 것으로 보인다. 職局은 軍府 소속의 官署이다. 諸公이 병력을 통령하면서 將軍號를 더한 후 職局에 佐吏를 설치하였다. 典籤은 籤帥·主帥라고도 하였으며 南北朝 때 처음 설치되었는데, 본래 문서를 관리하던 佐吏였다.

79) 『隋書』 권28, 百官下, 781쪽에는 親王府·嗣王府·上柱國·嗣王·郡王·柱國·上大將軍·大將軍府·上開府에 모두 典籤 2인이 있다. 그러므로 여기서 郡王과 上開府가 빠져 있는 것이다.

세우는 일을 관장한다. 연은 공조·호조·창조의 사무를 통판하는 일을 관장한다. 속은 병조·기조·법조·사조의 사무를 통판하는 일을 관장한다. 주부는 왕의 교령을 다시 살펴보는 일을 관장한다.[80] 기실참군사는 표·계·서·소[81]를 관장한다. 녹사참군사는 문서를 (담당관에게) 교부하고 일정 지체와 위반 사실을 검사하며 문서의 목록을 작성하는 일을 관장한다. 녹사는 문서의 접수와 개봉을 담당하면서 문서의 지체되거나 빠진 것을 구검하는 일을 겸한다. 공조참군사는 문관의 명부·고과·진설·의식 등에 관한 일을 관장한다.[82] 창조참군사는 양식과 녹봉을 신청하고 지급하며, 재물과 교역에 관한 등의 일을 관장한다.[83] 호조참군사는 봉호·전택·동복·사냥 등의 일을 관장한다.[84] 병조참군사는 무관

---

80) '敎'는 공문서의 종류 중 하나이다. 여기서는 친왕이 하달하여 배포하는 文告로 하달하기 전 주부가 책임을 지고 점검한다는 의미이다.

81) 表·啓·書·疏는 모두 공문서의 종류로 상행 문서이다. 여기서는 친왕이 황제에게 올리는 각종 문서는 모두 記室參軍事가 초안을 작성한다는 의미이다. 당대 각종 공문서의 형식과 시행 방법 등에 대해서는 『역주당육전(상)』 권1, 尙書都省, 136~142쪽 참조.

82) 簿書는 親王府 문관의 이력(공과와 징계상황 등)을 기록한 것으로 이를 기본으로 정기적으로 고과를 실시한다. 陳設·儀式은 왕부에 중대한 의례 활동이 있으면 功曹에서 책임을 지고 기물을 벌려놓고 의식을 진행하는 것이다.

83) '廩祿請給'은 王府官屬의 祿米와 廩料를 倉曹가 尙書省 戶部에 향하여 보고하여 司農寺의 太倉署로부터 수령한다. '財物市易'은 왕부에서 필요로 하는 일용품을 倉曹參軍事가 시장에서 구입하는 것을 말한다.

84) 封戶은 諸王의 食實封이다. 唐에서는 戶數를 기준으로 그 租調를 諸王의 수입으로 하였다. 대체로 封戶의 징수는 州縣의 관리가 대신하여 王府로 보낸다. 封戶數의 제한은 다음과 같다. 親王은 800호였다가, 貞觀 말에 증가되어 1천호에 이르렀다. 武則天 시에 相王·太平公主는 3천호에 달하였고 中宗 新龍 초에는 5천 호에까지 이르렀다. 開元 초 寧王은 최고 5천5백호에 이르렀다. 岐王·薛王 역시 5천 호에 달하였다. 食封者는 모두 子孫에게 전해 주었는데 中宗 景龍 2년 제후왕의 食封邑은 모두 140여 家가 되었고 그 封戶의 분포는 54州에 있었다. 田宅은 친왕이 授受하는 田宅이다. 당의 제도에 따르면 친왕의 永業田은 100頃이었다. 이밖에 王府 관원은 品秩에 의거하여 受田하였다. 예를 들면 典軍은 5頃50畝이고 副典軍은 4頃이었다. 僮僕은 제도에 의하여 제공되는 제왕이 부리는 노비를 말한다.

의 명부·고과·의장과 호위·휴가와 출장 등의 일을 관장한다. 기조참군사는 구목(廐牧)·기승·문물·기계 등의 일[85]을 관장한다. 법조참군사는 속이고 감추는 것을 추안하고 형옥과 태장을 집행하는 등의 일[86]을 관장한다. 사조참군사는 관서의 건물을 건축하고 공도를 관리하는 등의 일을 관장한다. 참군사는 출사와 여러 검교의 일을 관장한다. 전첨은 친왕의 교령을 전달해서 선포하는 일을 관장한다.

○ 親王親事府, 典軍二人, 正五品上; 『齊職儀』: "諸公領兵職, 局有庫典軍七職二人、倉典軍七職二人, 又有船官典軍、茭箬典軍、樵炭典軍等員." 皇朝因其名而置, 多以武官及流外爲之. 副典軍二人, 從五品上; 執仗親事十六人, 正八品上; 執乘親事十六人, 正八品上. 已上並皇朝置.

역문 친왕친사부의 전군은 2인으로 정5품상이고, 『제직의』에는 "공들이 병력을 거느리게 되면 관서에 고전군을 7직 2인, 창전군을 7직 2인 두고,[87] 또한 선관전군·교약전군·초탄전군[88] 등의 정원

---

85) 廐牧과 騎乘은 왕부의 마구간·목장을 관리하고 승마하는 일들을 가리킨다. 文物과 器械는 친왕이 출행하거나 사냥 할 때 제공되는 器物로서 羽儀·節鉞·金鼓·帷幕 및 兵器·旗幟류 등이다.

86) 親王은 王府 내의 관원에 대한 사법심리권을 가지는데, 구체적으로는 法曹參軍事가 담당하였다. '推按欺隱'은 안건에 대하여 조사하고 심리하여 진상을 드러내는 것이고, '決罰刑獄'은 범죄행위에 대하여 판결하여 그에 상응하는 처벌을 행하는 것이다. 王府의 雜使인 典獄·問事은 안건에 대해 심리하고 심판하는 과정에서 직접적으로 집행하는 差使이다.

87) 職局이란 諸公들이 병력을 지휘하기 위해 설치한 官署로 행정기구이다. 그러므로 "諸公領兵職局"으로 보아야 한다. 庫典軍·倉典軍은 모두 官名이다. 庫와 倉을 나누어 관리하는 典軍을 말한다. 예전에는 庫와 倉의 구별이 있었는데 倉은 곡물을 쌓아두는 곳으로 둥근 것은 囷이라 하고 각진 것은 倉이라 하였다. 庫는 재물을 들이는 곳이다. 七職은 그 의미가 분명하지

이 있다"라고 되어 있다. 당에서는 그 이름을 따라서 설치하였는데, 대부분 무관 및 유외관으로 전군을 임명하였다. **부전군은 2인으로 종5품상이며, 집장친사는 16인으로 정8품상이고, 집승친사는 16인으로 정8품상이다.** 이상은 모두 당에서 설치하였다.[89]

○ 親王帳內府, 典軍二人, 正五品上; 『齊職儀』: "諸公領兵職, 局有車廐典軍五品二人, 馬典軍五品二人, 又有釀倉典軍、炭屯典軍、樵屯典軍." 皇朝因其名而置. 副典軍二人, 從五品上; 府一人; 史一人; 帳內六百六十七人. 並皇朝置.

역문 **친왕장내부의 전군은 2인으로 정5품상이고,** 『제직의』에는 "공들이 병력을 거느리게 되면 관서에 거구전군 5품 2인, 마전군 5품 2인을 두고,[90] 또한 양창전군·탄둔전군·초둔전군이 있다"라고 되어 있다.[91] 당에서는 그 이름을 따라서 설치하였다. **부전군은 2인으로 종5품상이며, 부는 1인이고, 사는 1인이며,[92] 장내는 667인이다.** 모두 당에서 설치하였다.

않지만, 관할 범위를 가리키거나 衍文일 가능성이 있다.

88) 茭箬은 가축을 먹이는 여물이다. 樵炭은 땔나무와 목탄이다.

89) 아래의 "帳內六百六十七人"과 비교해 볼 때 마땅히 親事의 인원이 들어가야 한다. 본권 목록에는"親事三百三十三人"으로 되어 있다.

90) '五品'은 衍文일 가능성이 있다. 車廐典軍과 馬典軍은 東宮 太子僕寺의 廏牧署에 상당하며 수레와 말을 관리한다.

91) 釀倉典軍은 식초·젓갈을 관장한다. 炭屯典軍과 樵屯典軍은 목탄과 땔나무를 나누어 담당한다.

92) 권 목록에 2인으로 되어 있고, 『新唐書』 권49, 百官四, 1307쪽: "親事府有府一人, 史二人"에도 2인으로 나오므로 역문은 2인으로 고쳤다.

親事府典軍、副典軍掌領校尉已下守衛陪從事. 執仗掌執弓仗. 執乘掌供騎乘. 親事掌儀衛事. 校尉、旅帥、隊正、隊副掌領親事陪從事.

역문 친사부 전군과 부전군은 교위 이하를 거느리고, (왕부를) 수위하며 (친왕을) 배종하는 일을 관장한다. 집장은 활과 병장기를 드는 일을 담당한다. 집승은 기승을 제공하는 일을 담당한다. 친사는 의장과 호위하는 일을 담당한다. 교위·여수·대정·대부는 친사를 거느리고 (친왕을) 배종하는 일을 담당한다.93)

帳內府典軍、副典軍掌領校尉已下儀衛陪從事. 帳內掌儀衛事. 校尉、旅帥、隊正、隊副掌領帳內陪從事.

역문 장내부 전군과 부전군은 교위 이하를 거느리고, (친왕의) 의장과 호위하고 배종하는 일을 관장한다. 장내는 의식에서 호위하는 일을 담당한다. 교위·여수·대정·대부는 장내를 거느리고 (친왕을) 배종하는 일을 담당한다.

◎ 親王國: 國令一人, 從七品下; 隋置, 皇朝因之. 大農二人, 從八品

93) 校尉·旅帥·隊正·隊副는 親事의 각급 장교이다. 『新唐書』 권49, 百官四, 1307쪽에 의하면 校尉는 종7품하이고, 旅帥는 종8품상이며, 隊正은 정9품하이고, 副隊正은 종9품하이다. 校尉·旅帥·隊正의 명칭은 수에서 시작되었다. 隋의 武官으로 大都督·帥都督·都督은 모두 散官이었는데 煬帝가 大都督은 校尉로 帥都督은 旅帥로 都督은 隊正으로 개칭하였다. 唐의 諸衛左右翊中郎將府 및 折衝都尉府는 모두 이러한 관직이 있었으며 또한 親王親事府에도 설치하여 親事를 통령하였다. 唐制에 따르면 親事는 6품·7품의 子로 충임하여 親王府에서 복역하였다. 그 정원은 본권 목록에 333인으로 되어 있다. 50인이 1隊로 편성되었고 隊正·隊副는 각 1인이고 2隊는 旅帥 1인을 두었으며 2旅는 교위 1인을 두었고 1團이라 하였다.

下; 漢諸侯王國, 置大司農. 晉諸王國置大農, 與郎中令、中尉爲三卿. 宋、齊、梁、陳、北齊王國並有大農, 隋置一人, 皇朝因之. **尉二人, 正九品下**; 漢諸王國有王尉, 魏、晉、宋、齊、梁、陳、北齊並有中尉, 隋因爲尉, 皇朝因之. **丞一人, 從九品下**; **錄事一人**; **府五人**; **史十人**; 已上並皇朝置. **典衛八人**; 漢諸王國有衛士長, 主衛士侍衛. 晉諸王國有典衛令, 宋、齊、梁、陳、北齊並有. 隋王國有典衛八人, 皇朝因之. **舍人四人**; 陳、北齊王國皆有舍人, 隋王國有舍人四人, 皇朝因之. **學官長一人**; 晉、宋、齊、梁、陳王國並有學官令, 隋有學官長, 皇朝因之. **食官長一人, 丞一人**; 宋、齊、梁、陳、北齊王國並有食官長, 隋親王國有食官長、丞各一人, 皇朝因之. **廄牧長二人, 丞二人**; 漢諸侯王國有太僕, 武帝改曰僕. 晉、宋王國置牧長, 南齊、北齊爲廄牧長, 隋置長、丞各一人, 皇朝因之. **典府長二人, 丞二人**. 晉氏王國有典府丞, 梁、陳、北齊亦因之. 隋置長、丞各一人, 皇朝因之.

역문 **친왕국: 국령은 1인으로 종7품하이고**, 수에서 설치하였고 당은 이를 따랐다.94) **대농은 2인으로 종8품하이며**, 한에서는 제후왕국에 대사농을 두었다. 진의 왕국들은 대농을 설치했는데, 낭중령·중위와 함께 3경이 되었다.95) 송·제·양·진·북제의 왕국은 모두

---

94) 國令은 新·舊『唐書』에 모두 '令'으로 되어 있다. 한편 隋에서는 두 칭호가 모두 있었다. 『隋書』 권28, 百官下, 802쪽: "改國令爲家令. 自餘以國爲名者, 皆去之." 이를 통해 볼 때 隋 후기에는 令으로만 불렀음을 알 수 있다. 이 관직의 연원을 보면 漢代의 郎中令으로 볼 수 있다. 郎中令은 원래 秦官으로 宮廷郎中의 長이었는데, 漢은 이를 따랐고 王國들에도 설치했다. 王國의 郎中令은 侍衛近臣으로 큰일이 있을 경우 王과 더불어 상의하였다. 『漢書』 권4, 文帝紀, 105쪽: "大臣遂使人迎代王, 郎中令張武等議": 『漢書』 권38, 高五王傳, 1993쪽: "齊王聞此計, 與其舅駟鈞·郎中令祝午·中尉魏勃陰謀發兵." 武帝 때 郎中令을 光祿勳으로 개칭하였지만 왕국은 그대로 郎中令이라 하였는데 秩은 1천 석으로 줄었고 후에 다시 600석으로 줄었다. 그 속관에는 大夫·郎·謁者 등이 있었다. 後漢에서도 王國에 郎中令 1인을 두었다. 晉에서 郎中令은 中尉·大農과 함께 3卿이라 불렀고 王國 관원들의 長官이었다. 宋에서도 역시 3卿 중 1인으로 제5품이었으며 梁에서는 제5班이었다. 北魏에서는 7품상이고 北齊도 동일했다. 隋에서는 종6품이었고 唐에서는 종7품하였다.

대농이 있었으며,[96] 수는 1인을 두었고 당은 이를 따랐다. **위는 2인으로 정9품하이고**, 한의 제후왕국들에는 왕위(王尉)가 있었고,[97] 위·진·송·제·양·진·북제는 모두 중위가 있었다. 수는 이를 따라 위를 두었고, 당은 이를 따랐다. **승은 1인으로 종9품하이며**, **녹사는 1인이고**, **부는 5인이며**, **사는 10인이고**, 이상은 모두 당에서 두었다. **전위는 8인이며**, 한의 왕국들은 위사장이 있었는데, 위사의 시위를 주관하였다.[98] 진의 왕국들에는 전위령이 있었고, 송·제·양·진·북제도 모두 있었다. 수에서는 왕국에 전위 8인이 있었고, 당은 이를 따랐다. **사인은 4인이고**, 진·북제의 왕국은 모두 사인이 있었으며, 수는 왕국에 사인이 4인 있었고, 당은 이를 따랐다. **학관장은 1인이고**, 진·송·제·양·진의 왕국은 모두 학관령이 있었으며, 수에는 학관장이 있었고 당은 이를 따랐다. **식관장은 1인이고**, **승은 1인이며**, 송·제·양·진·북제의 왕국은 모두 식관장이

---

95) 『晉書』 권24, 職官, 743쪽: "有郎中令·中尉·大農爲三卿." 後漢 때 王國의 3卿이 中尉·郎中令·僕이었던 데에 비해, 晉은 다소 차이가 있어서 僕을 대신해서 大農을 두어서 3卿으로 삼았다. 『後漢書』 권28, 百官五, 3629쪽: "中尉一人, 比二千石. 本注曰: 職如郡都尉, 主盜賊. 郎中令一人, 僕一人, 皆千石. 本注曰, 郎中令掌王大夫·郎中宿衛, 官如光祿勳. 自省少府, 職皆幷焉. 僕主車及馭, 如太僕. 本注曰, 太僕, 比二千石, 武帝改, 但曰僕, 又皆減其秩."

96) 正德本은 '陳' 아래에 '後魏'가 빠져 있는 것으로 본다. 宋은 王國들에 모두 3卿을 두어서 大農은 3卿중 1인으로 6품이었다. 齊는 王國의 관원들 중 郎中令·中尉·大農이 3卿이었다. 梁에서는 皇弟·皇子의 大農은 제4반, 嗣王國의 大農은 제3반이었다. 陳의 皇弟·皇子國의 郎中令·大農·中尉는 모두 秩이 600석이었고 8품이었다. 北魏의 皇子國 大農은 종6품상이었고 王公國의 大農은 종7품상이었다.

97) 『漢書』 권19, 百官公卿表, 741쪽에 의하면 '王尉'는 '中尉'로 고쳐야 한다. 前漢 諸侯王國에는 모두 中尉를 두었는데 처음에는 王國에서 임명하였으나 景帝 이후 조정에서 임명하는 것으로 변하였다. 그리고 잠깐 폐지되었다가 다시 복구되었다. 前漢에서 中尉는 傅·相과 같이 秩 2천 석이었다. 漢 武帝시 중앙조정의 中尉를 執金吾로 개칭하면서 제후왕국의 中尉는 그대로 두었다.

98) 『後漢書』 권28, 百官五, 3659쪽: "衛士長. 本注曰, 主衛士."

있었으며,[99] 수는 친왕국에 식관장·(식관)승이 각각 1인이 있었고 당은 이를 따랐다. 구목장은 2인이고, 승은 2인이며, 한의 제후왕국에는 태복이 있었는데, 무제 때 복으로 개칭하였다.[100] 진·송의 왕국은 목장(牧長)을 두었고 남제·북제는 구목장이었다. 수는 구목장·(구목)승 각 1인을 두었고 당은 이를 따랐다. 전부장은 2인이고, 승은 2인이다. 진의 왕국에는 전부승이 있었고, 양·진·북제 또한 이를 따랐다. 수에서는 전부장·승 각각 1인을 두었고 당은 이를 따랐다.

國令、大農掌通判國司事. 國尉掌分判國司事. 國丞掌付事勾稽, 省署鈔目, 監印, 給紙筆事. 典衛掌守衛居宅事. 舍人掌供引納驅策事. 學官掌教授內人事. 食官掌營造膳食事. 廐牧掌知畜牧牛馬事. 典府掌知府內雜事.

역문 국령과 대농은 왕국 각 관사의 일을 통판하는 것을 관장한다. 국위는 왕국 각 관사의 일을 나누어서 판정하는 일을 관장한다. 국승은 문서를 (담당관에게) 교부하고, 일정 지체와 빠진 것을 검사하며, 문서의 목록을 작성하고, 인장을 보관 감독하며, 종이와 필기구를 지급하는 일을 관장한다. 전위는 거주하는 건물을 수위하는 일을 담당한다. 사인은 (왕국에서 일하는) 사람을 공급하고 부리는 일을 담당한다. 학관장은 왕국 내의 사람에게 가르치

---

99) '宋'은 잘못 들어간 것이다. 『宋書』 권40, 百官下를 보면 宋의 王國에는 '食官長'이 나오지 않는다. 『南齊書』 권16, 百官, 330쪽에서 王國 관리 중 食官長과 廐牧長이 나오고 있으므로 齊에서부터 설치했음을 알 수 있다.

100) 『漢書』 권19, 百官公卿表, 741쪽: "武帝改太僕曰僕, 秩亦千石" : 『後漢書』 권28, 百官五, 3629쪽: "僕主車及馭, 如太僕. 本曰太僕, 比二千石, 武帝改, 但曰僕, 又皆減其秩."

는 일을 관장한다. 식관장은 음식 만드는 일을 관장한다. 구목장은 소와 말을 기르고 관리하는 일을 관장한다. 전부는 친왕부 내 잡다한 일들을 관장한다.

◎ 公主邑司, 令一人, 從七品下; 『漢書』 百官表: "宗正屬官有公主家令." 公主所食曰「邑」. 晉太康中, 爲長山長公主置家令一人. 宋、齊已後, 時有其職. 隋氏復置, 皇朝因之. 神龍初, 公主府並同王府置官屬. 景雲初, 罷之. 丞一人, 從八品下; 『晉起居注』 云: "太康十一年, 詔曰, 南郡公主家令丞缺, 何以不補?" 隋有其職, 皇朝因之. 錄事一人, 從九品下. 皇朝因隋置.

역문 **공주읍사의 영은 1인으로 종7품하이고,** 『한서』 백관공경표에 "종정의 속관으로 공주가령이 있다"[101]고 하였다. 공주의 식봉지를 '읍'이라고 하였다.[102] 진 태강 연간에 장산장공주를 위하여 가령 1인을 두었다. 송·제 이후 때때로 이 관직이 있었다. 수에서 다시 설치하였고,[103] 당은 이를 따랐다. 신룡 초 공주부는 모두 왕부와 같이 관속을 설치했지만, 경운 초에 이를 폐지하였다. **승은 1인으로 종8품하이며,** 『진기거주(晉起居注)』에 "태강 11년[104] 조서에 이르기를 '남군공주의 가령승이 비었는데, 어째서 임명하지 않는가?'"라

101) 『漢書』 권19, 百官公卿表, 730쪽: "宗正,… 屬官有,… 又諸公主家令."
102) 『漢書』 권19, 百官公卿表, 742쪽: "列侯所食縣曰國, 皇太后・皇后・公主所食曰邑."
103) 『隋書』 권28, 百官下, 782쪽: "大長公主・長公主・公主, 並置家令・丞各一人, 主簿謁者・舍人各二人等員, 郡主唯減主簿員."
104) 太康은 晉 武帝 司馬炎의 연호이지만, 太康 11년(290) 4월 武帝가 죽고 惠帝가 뒤를 이으면서 永熙로 개원하였다.

고 하였다. 수는 그 관직이 있었고, 당은 이를 따랐다. 녹사는 1인으로 종9품하이다. 당은 수를 따라서 설치하였다.

公主邑司官各掌主家財貨出入、田園徵封之事. 其制度皆隷宗正焉.

역문 공주읍사의 관속들은 각각 공주가의 재화 출입과 전원에서 봉호의 조세를 징수하는 일을 관장한다.[105] 그 제도의 운영은 모두 종정시의 관할에 속한다.[106]

105) 公主邑司官은 邑司의 令·丞·錄事를 말한다. 公主邑司의 관원은 公主家 재화의 출입을 관장하였다. 封邑의 戶數를 보면 초기에는 제한이 있었으나 차츰 시간이 흐르면서 절제가 없어지게 되었다. 예를 들면 高宗 때 공주의 식읍은 3백 호를 넘지 않았지만, 太平公主가 무측천에게 총애를 받으면서 비약적으로 증가하여 中宗연간에는 1만 호에 이르렀다. 이밖에 新都·安定·安樂公主 등의 公主들도 수천 호의 식읍을 가지고 있었다.

106) 邑司의 行事는 모두 宗正寺의 관할이었다.(『唐會要』 권6: "大中五年八月, 勅公主邑司, 擅行文牒, 恐多影占, 有紊朝章. 今後公主除緣徵封外, 不得令邑司行文書, 牒府縣. 如緣公事, 令邑司申宗正寺, 與酌量事體施行.")

『唐六典』

卷第三十 三府督護州縣官吏

御撰

集賢院學士兵部尚書兼中書令修國史上柱國開國公

臣 李林甫等奉敕注上

京兆・河南・太原三府官吏

大都督府・中都督(府)・下都督(府)官吏

上州・中州・下州官吏

京縣・畿縣・天下諸縣官吏

大都護(府)・上都護府官吏

鎭・戍・嶽・瀆・關・津官吏

경조・하남・태원 삼부 관리

대도독부・중도독(부)・하도독(부) 관리

상주・중주・하주 관리

경현・기현・천하 각 현 관리

대도호(부)・상도호부 관리

진・수・악・독・관・진 관리

◎ 京兆、河南、太原府 : 牧各一人, 從二品. 昔舜分九州爲十二州, 始置十二牧. 大禹鑄鼎, 貢金九牧.『周禮』八命作牧. 秦分天下爲三十六郡, 京爲內史, 漢武帝改爲京兆尹, 秩二千石. 後漢都洛陽, 爲河南尹, 魏、晉因之. 歷代所都皆爲尹: 江左爲丹陽尹, 北齊爲清都尹, 後周及隋復爲京兆尹. 始秦分天下, 令御史監郡, 漢省之, 丞相遣史分刺諸州. 武帝初置部刺史十三人, 掌奉詔條察州, 秩六百石, 類今之十道使也; 又置司隸校尉, 部三輔、三河、弘農, 類今之京畿按察使也. 成帝更名刺史爲牧, 秩二千石. 後漢復爲刺史, 後復爲牧. 魏、晉已下皆爲刺史. 晉武帝罷司隸校尉, 置司州牧. 江左爲揚州刺史, 後魏、北齊皆爲司州牧. 後周置雍州牧, 隋因之. 大業三年, 罷州置郡, 京兆、河南皆爲尹, 則兼牧之任矣. 皇朝又置雍州牧. 洛州初爲都督府, 及置都, 亦爲牧. 開元初, 復爲京兆、河南尹. 尹一人, 從三品 ; 漢京兆尹有都尉、丞, 皆詔除. 都尉比二千石, 典武職; 丞秩六百石. 後漢省都尉, 州又置別駕、治中, 皆刺史自辟除. 魏、晉已下皆因之. 隋文帝罷郡, 以州統縣, 改別駕、治中爲長史、司馬. 煬帝罷州置郡, 罷長史、司馬, 置贊治, 後改爲丞; 又置通守以貳太守, 京兆、河南等爲內史. 皇朝置雍州別駕, 永徽中, 改爲長史, 正四品下. 開元初, 改長史爲尹, 從三品. 然親王爲牧, 皆不知事, 職務總歸於尹, 亦漢氏京尹之任也. 少尹二人 從四品下. 魏、晉已下有治中, 隋文帝改爲司馬, 煬帝改爲贊治, 後改爲丞. 皇朝復曰治中, 後避高宗諱, 改曰司馬. 開元初, 改爲少尹, 置二員.

역문 경조·하남·태원부의 목은 각각 1인으로 종2품이고, 옛날에

순이 9주[1]를 나누어 12주로 만들었으며,[2] 처음으로 12(주의) 목을 두었다.[3] 대우는 정을 주조하였는데[4] 9목에게서 (주조에 필요한) 구리를 공물로 받았다. 『주례』에 의하면 팔명은 목에 임명되었다.[5] 진은 (통일 후) 천하를 36군으로 나누고[6] 수도에 내사를 두었다.[7] 한 무제 때 경조윤으로 개칭하였고[8] 질은 이천석이었다.[9] 후한은 낙양에 도읍하고 하남윤을 두었으며,[10] 위와 진은 이를 따랐다. 역

---

1) '9주'에 대해서는 문헌마다 기록에 상당한 차이를 보이고 있다. 『尙書』 夏書 禹貢에는 冀州·兗州·靑州·徐州·揚州·荊州·豫州·梁州·雍州로, 『周禮』 夏官司馬에는 揚州·荊州·豫州·靑州·兗州·雍州·幽州·冀州·幷州로, 『呂氏春秋』 有始覽에는 豫州·冀州·兗州·靑州·徐州·揚州·荊州·雍州·幽州로 나온다.

2) 冀州에서 幽州와 幷州 2주가 나뉘고 靑州에서 營州가 나뉘어 총 12주가 되었다고 하나, 시대를 거슬러 올라간다는 점에서 부자연스럽다.

3) 『尙書』 虞書 舜典: "肇十有二州": "咨, 十有二牧, 曰食哉惟時, 柔遠能邇, 惇德允元, 而難任人, 蠻夷率服."

4) 우는 9정을 주조하여 9주를 상징하였다고 하는데, 제왕의 권력이 천명에 의한 것임을 상징하기에 이르렀다. 夏 이후 역대 왕조에 전해져, 商의 湯王은 9정을 商邑에 두었고, 周의 武王은 洛邑에 두었으며, 秦이 小西周를 멸하고 9정을 취하였으나 하나는 泗水에 가라앉았고 나머지는 알 수가 없다고 전한다.

5) 『周禮注疏』 권18, 大宗伯: "以九儀之命, 正邦國之位. 壹命受職, 再命受服, 三命受位, 四命受器, 五命賜則, 六命賜官, 七命賜國, 八命作牧, 九命作伯": 『通典』 권36, 職官18, 981쪽: "周官有九儀之命, 正邦國之位. 九命作伯, 八命作牧, 七命賜國, 六命賜官, 五命賜則, 四命受器, 三命受位, 再命受服, 一命受職."

6) 진시황 26년(221 BC)에 전국을 36군으로 나누고 각 군마다 郡守·郡尉·軍監을 두었다. 36군의 명칭은 『史記集解』에 따르면 三川·河東·南陽·南郡·九江·鄣郡·會稽·潁川·碭郡·泗水·薛郡·東郡·琅邪·齊郡·上谷·漁陽·右北平·遼西·遼東·代郡·鉅鹿·邯鄲·上黨·太原·雲中·九原·鴈門·上郡·隴西·北地·漢中·巴郡·蜀郡·黔中·長沙 등의 35군과 內史이다.

7) 『漢書』 권19上, 百官公卿表上, 736쪽: "內史, 周官, 秦因之, 掌治京師."

8) 『漢書』 권19上, 百官公卿表上, 736쪽: "景帝二年分置左、右內史, 右內史, 武帝太初元年更名京兆尹. [張晏曰, 地絶高曰京. 左傳曰, 莫之與京. 十億曰兆, 尹, 正也. (顔)師古曰, 京, 大也, 兆者, 衆數. 言大衆所在, 故云京兆也]."

9) 『漢書』 권19上, 百官公卿表上, 737쪽에는 左馮翊·右扶風과 더불어 모두 二千石이라고 하였고, 『後漢書』 권37, 百官4, 3614쪽에는 "京兆尹, 左馮翊, 右扶風三人, 漢初都長安, 皆秩中二千石, 謂之三輔"라 하여 中二千石이라고 하였다.

10) 『漢官儀』(淸孫星衍等輯, 周天游點校, 『漢官之種』, 中華書局,1990), 卷上, 149쪽: "河南尹所治周地也. 洛陽本周城, 周之衰微, 分爲(東)西周, 秦兼天下, 置三川守河洛伊也. 漢更名河南, 孝武皇帝增曰太

대 왕조에서 수도로 삼은 곳에는 모두 윤을 두었다. 동진은 단양윤11)을 두었고, 북제는 청도윤12)을 두었으며, 북주와 수는 다시 경조윤13)을 두었다. 처음 진에서는 천하를 (36군으로) 나누고 어사로 하여금 군을 감독하게 하였는데, 한에서는 이를 폐지하고 승상이 사를 파견하여 여러 주를 나누어 감독하게 하였다.14) (전한) 무제 때 처음으로 부자사 13인15)을 두고 조를 받들어 (6)조16)에 따라 주의 업무를 감찰하는 일을 관장하게 하였으며 질은 육백석이었는데,17) 당대 10도의 사와 유사하다.18) 또 사예교위19)를 두어 삼

守. 世祖中興, 徙都洛陽, 改號爲尹. 尹, 正也."

11) 東晉의 수도가 建業이었고, 건업이 丹陽郡에 속하였으므로 郡守를 丹陽尹이라 하였다. 南朝의 경우도 마찬가지였다.

12) 北齊의 수도가 鄴이었고, 鄴이 淸都郡에 속하였으므로 淸都尹이라 하였다. 『隋書』 권37, 百官中, 761쪽: "淸都郡, 置尹, 丞, 中正, 功曹, 主簿, 督郵, 五官, 門下督, 錄事, 主記, 議生, 及功曹·記室·戶·田·金·租·兵·騎·賊·法等曹掾, 中部掾等員."

13) 『北周書』 권4, 明帝紀, 761쪽: "二年三月甲午, 齊北豫州刺史司馬消難擧州來附, 遣柱國·高陽公達奚武與大將軍楊忠率衆迎之. 改雍州刺史爲雍州牧, 京兆郡守爲京兆尹": 『隋書』 권38, 百官下, 783쪽: "京兆郡, 置尹, 丞, 正, 功曹, 主簿, 金·戶·兵·法·士等曹佐等員, 并佐史, 合二百四十四人."

14) 『通典』 권32, 職官14, 884쪽: "秦置監察御史, 漢興省之. 至惠帝三年, 又遣御史監三輔郡, 察詞訟, 所察之事凡九條, 監者二歲更之. 常以十月奏事, 十二月還監. 其後諸州復置監察御史. 文帝十三年, 以御史不奉法, 下失其職, 乃遣丞相史出刺, 并督監察御史."

15) 13部州는 豫州·冀州·兗州·徐州·靑州·荊州·揚州·益州·凉州·朔州·幷州·幽州·交州이다.

16) 한대에 감찰은 조정에서 규정한 지방행정법규라고 볼 수 있는 몇몇 條文에 의거하여 실시되었다. 惠帝 때에는 御使를 파견하여 三輔의 불법을 감찰할 때 9條에 따랐고(『唐六典』 권13, 御史臺, 379쪽: "惠帝三年, 相國奏遣御史監三輔不法事, 有辭訟者, 盜賊者, 鑄僞錢者, 獄不直者, 繇賦不平者, 吏不廉者, 吏苛刻者, 踰侈及弩力十石以上者, 非所當服者, 凡九條"), 武帝 때에는 6條에 의하여 州를 감찰하였다.(『漢書』 권19上, 百官公卿表上, 742쪽: 師古注 "漢官典職儀云, 刺史班宣, 周行郡國, 省察治狀, 黜陟能否, 斷治冤獄, 以六條問事, 非條所問, 卽不省. 一條, 强宗豪右田宅踰制, 以强淩弱, 以衆暴寡. 二條, 二千石不奉詔書遵承典制, 倍公向私, 旁詔守利, 侵漁百姓, 聚斂爲姦. 三條, 二千石不卹疑獄, 風厲殺人, 怒則任刑, 喜則淫賞, 煩擾刻暴, 剝截黎元, 爲百姓所疾, 山崩石裂, 祆祥訛言. 四條, 二千石選署不平, 苟阿所愛, 蔽賢寵頑. 五條, 二千石子弟恃怙榮勢, 請託所監. 六條, 二千石違公下比, 阿附豪强, 通行貨賂, 割損正令也") 9조에서 6조로 바뀌는 과정에서 드러나는 특징은 官·民의 범죄에 대한 감찰을 아울러 중시하는 것에서 地方豪强과 二千石에 대한 감찰을 중시하는 것으로 바뀌었다는 점이다.

보[20]・삼하[21]・홍농[22]을 감독하고 관할하였는데, 당대의 경기안찰사와 유사하다.[23] 성제 때에 자사를 목으로 개칭하였고, 질은 이천석이었다.[24] 후한에서 다시 자사라고 하였다가 후에 (또)다시 목이라고 하였다.[25] 위・진 이래로 모두 자사라고 하였다.[26] 진 무제 때

---

17) 『漢書』 권19上, 百官公卿表上, 741쪽: "武帝元封五年, 初置部刺史, 掌奉詔條察州, 秩六百石, 員十三人."

18) 貞觀 원년(627) 전국을 關內・河南・河東・河北・山南・隴右・淮南・江南・劍南・嶺南의 10도로 나누고, 각 도에 簡點使를 파견하여 徵簡兵壯하였다. 그 후 각 도에 觀風俗使・巡察使・按察使・巡撫使 등을 파견하였는데 실제로는 대부분 지방의 감찰을 맡은 使職이었다. 모든 使는 3월 이후에 수도를 출발하고 11월 말에 돌아와 보고하였다. 감찰 조목은 처음엔 한의 6조를 따랐으나 이후 갈수록 세분되면서 도리어 형식화되었다. 『唐會要』 권77, 諸使上, 巡察按察巡撫等使, 1672쪽: "(萬歲通天元年, 有鳳閣舍人李嶠上疏云) 竊見垂拱二年, 諸道巡察使科目, 凡四十四件, 至于別作格勅令訪察者, 又有三十餘條. 而巡察使率是三月之後出都, 十一月終奏事, 時限迫促, 簿書委積, 晝夜奔逐, 以赴限期, 而每道所察文武官, 多至二千餘人, 少尙一千已下, 皆須品量才行, 褒貶得失, 欲令曲盡行能, 則皆所不暇, 此非敢惰于職而慢于官也, 實才有限而力不及耳."

19) 『漢書』 권19上, 百官公卿表上, 737쪽: "司隸校尉, 周官. 武帝征和四年初置, 持節從中都官徒千二百人, 捕巫蠱, 督大姦猾. 後罷其兵, 察三輔・三河・弘農."

20) 三輔란 京兆・右扶風・左馮翊을 가리킨다.

21) 三河란 河南・河內・河東 3郡을 가리킨다.

22) 弘農은 弘農郡을 가리키며 京兆와 河南郡 사이에 위치하였다.

23) 『新唐書』 권37, 地理1, 960쪽: "開元二十一年, 又因十道分山南・江南爲東西道, 增置黔中道及京畿・都畿, 置十五採訪使, 檢察如漢刺史之職."

24) 『漢書』 권19上, 百官公卿表上, 741쪽: "成帝綏和元年, 更名牧, 秩二千石. 哀帝建平二年, 復爲刺史, 元壽二年, 復爲牧."

25) 『後漢書』 권37, 百官5, 3617쪽: "建武十八年, 復爲刺史, 十二人各主一州, 其一州屬司隸校尉. 諸州常以八月巡行所部郡國, 錄囚徒, 考殿最, 初歲盡詣京都奏事, 中興但因計吏": 권8, 靈帝紀, 357쪽: "改刺史, 新置牧." 司隸校尉의 연혁에 대해서는 『漢書』 권19上, 百官公卿表上, 737쪽: "元帝初元四年去節. 成帝元延四年省. 綏和二年哀帝復置, 但爲司隸, 冠進賢冠, 屬大司空, 比司直": 『後漢書』 권57, 宣秉傳, 927쪽: "建武元年拜御史中丞, 光武特詔, 御史中丞與司隸校尉・尙書令會同並專席而坐, 故京師號曰三獨坐. 明年遷司隸校尉, 務擧大綱, 簡略苛細, 百僚敬之": 권9, 獻帝記, 387쪽: "(注)省司隸校尉及涼州, 以其郡國幷爲雍州" 등 참조.

26) 『通典』 권32, 職官14, 886쪽: "魏晉爲刺史, 任重者爲使持節都督, 輕者爲持節, 皆銅印墨綬, 進賢兩梁冠, 絳朝服, 領兵者武冠." 宋・梁, 北魏・北齊도 자사를 두었다. 『通典』 권32, 職官14, 887쪽: "後魏天賜二年, 又制, 諸州置三刺史, 皇室一人, 異姓二人, 比古之上中下三士也.… 自後魏・北齊, 則司州曰牧."

에 사예교위를 폐지하고 사주목을 두었다.[27] 동진에서는 양주자사를 두었고,[28] 북위·북제에서는 모두 사주목을 두었다.[29] 북주는 옹주목을 두었고,[30] 수는 이를 따랐다.[31] 대업 3년(607)에 주를 폐지하고 군을 설치하였으며,[32] 경조·하남(부)에 모두 윤을 두어 목의 임무를 겸하게 하였다. 당에서는 다시 옹주목을 두었다.[33] 낙주는 처음에 도독부였는데, (동)도를 설치하기에 이르러 역시 목을 두었다.[34] 개원(713~741) 초에 다시 경조윤·하남윤으로 하였다.[35] 윤은 1인으로 **종3품이며**, 한의 경조윤에는 도위와 승이 있었고, 모두 조서를 내려 임명하였다. 도위는 비이천석이었고 무직을 관장하였으며, 승의 질은 육백석이었다.[36] 후한에서는 도위를 폐지하였고,[37]

---

27) 『通典』 권32, 職官14, 883쪽: "初以司隷官屬制置如州儀, 而俗稱之司州. 及魏晉, 乃以京輔所部定名, 置司州, 以司隷校尉統之."

28) 『通典』 권32, 職官14, 883쪽: "及東晉渡江, 罷司隷校尉官, 變其職爲揚州刺史."

29) 『通典』 권32, 職官14, 883쪽: "後魏、北齊爲司州牧."

30) 『周書』 권4, 明帝紀, 54쪽: "二年三月, 改雍州刺史爲雍州牧."

31) 『通典』 권32, 職官14, 883쪽: "隋初有雍州牧. 後煬帝置司隷臺, 有大夫一人, 掌諸巡察. 薛道衡爲司隷大夫, 別駕二人, 分察畿內, 一人按東都, 一人按京師, 後又罷司隷臺."

32) 『隋書』 권28, 百官下, 792쪽에 의하면, 開皇 3년(583)에 "罷郡, 以州統縣"이라고 하여 이미 지방행정제도가 주·군·현 3급제에서 주·현 2급제로 바뀌고 군이 폐지되었음을 알 수 있다. 따라서 여기서의 "罷州置郡"이란 開皇의 주·현 2급제가 실시되던 상황에서 주가 군으로 바뀌어 군·현 2급제가 되었음을 가리킨다.

33) 『通典』 권32, 職官14, 888쪽: "大唐武德元年, 罷郡置州, 改太守爲刺史, 而雍州置牧."

34) 洛州는 隋에서는 東都였는데 당에 들어와 명칭이 빈번히 바뀌었다. 武德 4년(621) 王世充 평정 후 東都를 폐지하고 總管府를 두었고 洛州大行臺를 설치하였다. 오래 지나지 않아 다시 東都로 개칭하였다가, 武德 6년(623)에 또다시 洛州로 개칭하였다. 무덕 9년(626)에 行臺를 폐지하고 都督府를 두었으며, 貞觀 17년(643) 都督府를 폐지하고 낙양주로 개칭하였다. 顯慶 2년(657) 말 낙양주를 東都로 바꾸고 주현의 官品階는 雍州에 준하였다. 光宅 원년(684) 神州郡으로 개칭하고, 新龍 원년(705) 다시 東都라 하고 洛州牧을 두었다.

35) 『唐會要』 권67, 京兆尹, 1402쪽 및 같은 책, 권68, 河南尹, 1407쪽에 따르면 開元 원년(713) 12월 雍州를 京兆府라 고치고 처음으로 京兆長史를 두었다. 얼마 후에 京兆尹으로 개칭하고, 동시에 洛州도 河南府라 고치고 尹을 두었다.

주에는 또한 별가와 치중을 두었으며,[38] 모두 자사가 직접 선임(벽제)하였다. 위·진 이후로 모두 이를 따랐다.[39] 수 문제 때에 군을 폐지하고 주가 현을 통할(하게) 하였으며[40] 별가와 치중을 장사와 사마로 개칭하였다.[41] 양제 때에 주를 폐지하고 군을 두었으며 장

---

36) 『漢書』 권19上, 百官公卿表上, 742쪽: "郡尉, 秦官, 掌佐守典武職甲卒, 秩比二千石. 有丞, 秩皆六百石. 景帝中二年更名都尉."

37) 『後漢書』 권38, 百官5, 3621쪽: "中興建武六年, 省諸郡都尉, 幷職太守, 無都試之役. 省關都尉, 唯邊郡往往置都尉及屬國都尉, 稍有分縣, 治民比郡. 安帝以羌犯法, 三輔有陵園之守, 乃復置右扶風都尉, 京兆虎牙都尉. 皆置諸曹掾史."

38) 別駕와 治中은 別駕從事와 治中從事를 가리키며, 모두 刺史의 속관이다. 州刺史가 속관을 설치한 것은 대략 전한 후기부터이다.(『漢官儀』 卷上, 150쪽: "元帝時, 丞相于定國條州大小爲設吏員, 有治中·別駕, 諸部從事, 秩皆百石, 同諸郡從事") 漢에서는 州刺史의 屬官으로 從事史와 假佐가 있었는데 從事史를 從事라 약칭하였다. 從事는 別駕從事·治中從事·簿曹從事·兵曹從事 등의 명칭에서 보듯이 담당 업무나 소속 관사를 구체적인 직명으로 삼았다. 그 중 別駕從事와 治中從事가 속리의 우두머리였다. 別駕從事는 外事를 주관하고, 治中從史는 內事를 주관하였던바, 別駕從事는 刺史를 따라 部에 출행하여 기록을 담당하고 업무를 총괄하였고, 治中從事는 안에 있으면서 각 曹의 문서를 담당하였다.(『宋書』 권40, 百官下, 1256쪽: "官屬有別駕從事史一人, 從刺史行部, 治中從事史一人, 主財穀簿書, 兵曹從事史一人, 主兵事, 部從事史每郡各一人, 主察非法, 主簿一人, 錄閤下衆事, 省署文書, 門亭長一人, 主州正門, 功曹書佐一人, 主選用. 孝經師一人, 主試經, 月令師一人, 主時節祠祀, 律令師一人, 平律, 簿曹書佐一人, 主簿書, 典郡書佐每郡各一人, 主一郡文書, 漢制也")

39) 『通典』 권32, 職官15, 889쪽: "自魏晉以後, 刺史多帶將軍開府, 則州與府各置僚屬. 州官理民, 府官理戎": 『通志』 권56, 職官略6, 總論州佐, 691쪽上: "自魏晉已後, 刺史多帶將軍開府, 則州與府各置僚屬, 州官理民, 府官理戎. 後魏舊以州牧親民, 班九條之制, 使前政通吏, 以待後人. 獻文帝革制, 刺史·守宰到官之日, 仰自擧擇, 以爲選官, 若簡任失所, 以罔上論. 自孝明·孝昌以後, 四方多難, 刺史·太守皆爲當部都督, 雖無兵事, 皆立僚佐, 頗爲煩擾. 高隆之乃表請, 自非實在邊要, 見有兵馬者, 悉皆斷之. 北齊上上州刺史屬官佐吏合三百九十三人, 以下州遞減十人. 其州郡佐吏, 皆州府辟除. 及後主失政, 賜諸佞幸賣官, 分州郡, 下逮鄕官, 多降中旨, 故有勅用州主簿·郡功曹者. 後周刺史府官則命於天朝, 其州吏以下, 並牧守自置."

40) 『隋書』 권46, 揚尙希傳, 1253쪽: "尙希時見天下州郡過多, 上表曰, 自秦幷天下, 罷侯置守, 漢·魏及晉, 邦邑屢改. 竊見當今郡縣, 倍多於古, 或地無百里, 數縣並置, 或戶不滿千, 二郡分領. 具僚以衆, 資費日多, 吏卒人倍, 租調歲減. 淸幹良才, 百分無一, 動須數萬, 如何可覓. 所謂民少官多, 十羊九牧. 琴有更張之義, 瑟無膠柱之理. 今存要去閑, 倂小爲大, 國家則不虧粟帛, 選擧則易得賢才. 敢陳管見, 伏聽裁處. 帝覽而嘉之, 於是遂罷天下諸郡."

41) 『隋書』 권28, 百官下, 792쪽에는 "是年(開皇3年), 罷郡, 以州統縣, 改別駕·贊務, 以爲長史·司馬"라 하여 治中을 贊務라고 하였는데, 수 문제의 父名이 忠이라 忠과 中을 모두 피휘하였기 때문

사·사마를 폐지하고 찬치를 두었다가 후에 승으로 개칭하였다.[42] 또 (군에) 통수를 두어 태수의 차관으로 하였고, 경조·하남(부) 등에서는 내사라고 하였다.[43] 당에서는 옹주별가를 두었고,[44] (고종) 영휘(650~655) 연간에 장사로 개칭하였으며 정4품하였다.[45] 개원 초에 장사를 윤으로 개칭하였고 종3품이었다.[46] 그러나 친왕이 옹주목에 임명되면 모두 임무를 맡지 않아 직무가 다 윤에게 돌아갔는데, 역시 한대 경조윤의 임무였다. 소윤은 2인으로 종4품하이다. 위·진 이후로 치중을 두었다. 수 문제 때에 사마로 개칭하였고, 양제 때 찬치로 개칭하였다가 후에 승으로 개칭하였다. 당에서는 다시 치중이라 하였고,[47] 후에 고종의 휘를 피하여 사마로 개칭하였다가 개원 초에 소윤으로 개칭하였으며, 정원 2인을 두었다.[48]

이다.

42) 『隋書』 권28, 百官下, 802쪽: "罷州置郡, 郡置太守. 上郡從三品, 中郡正四品, 下郡從四品. 京兆·河南則俱爲尹, 並正三品. 罷長史·司馬, 置贊務一人以貳之."

43) 『隋書』 권28, 百官下, 802쪽: "其後諸郡各加置通守一人, 位次太守, 京兆·河南則謂之內史. 又改郡贊務爲丞, 位在通守下."

44) 『唐會要』 권67, 京兆尹, 1402쪽: "義寧元年五月十五日, 改隋京兆郡爲雍州, 以別駕領州事, 以韋讓爲之. 貞觀二十三年七月三日, 改別駕爲長史, 領州事, 以高履行爲之."

45) 別駕를 長史로 개칭한 시기는 『唐會要』(주44) 참조)와 『舊唐書』에서 貞觀 23년(649)이라고 하였다. 『舊唐書』 권4, 高宗本紀, 66~67쪽에 의하면, 정관 23년 5월 太宗이 세상을 떠나고 6월 皇太子 李治가 즉위하였으며, 7월에 "有司請改治書侍御史爲御史中丞, 諸州治中爲司馬, 別駕爲長史, 治禮郎爲奉禮郎, 以避上名. 以貞觀時不諱先帝二字, 不許. 有司奏曰, 先帝二名, 禮不偏諱. 上旣單名, 臣子不合指斥. 上乃從之" 하였다. 그리고 다음해에 永徽로 改元하였다. 그렇다면 각 州의 別駕를 長史로 개칭한 시기는 정관 23년이며 '永徽中'이 아니다.

46) 『新唐書』 권49下, 百官4下, 1311쪽: "開元元年, 改京兆·河南府長史復爲尹, 通判府務, 牧缺則行其事. 十一年, 太原府亦置尹及少尹. 以尹爲留守, 少尹爲副留守, 謂之三都留守."

47) 『唐會要』 권67, 京兆尹, 1402쪽: "武德元年改隋京兆郡丞爲治中. 以襄邑玉神符爲之."

48) 『通典』 권33, 職官15, 912쪽: "貞觀二十三年, 高宗卽位, 遂改諸州治中並爲司馬" : 『唐會要』 권67, 京兆尹, 1403쪽: "開元元年, 改爲少尹. 以韋維爲之. 本一員. 大足元年七月二十日, 加一員, 分左右司馬, 舊爲左, 新爲右. 以楊宏胄爲之" : 권68, 河南尹, 1408쪽: "顯慶二年, 置司馬, 以許力士爲之. 大足元年加一員, 分爲左右司馬, 以孟詵爲之. 開元元年改爲少尹, 以劉岑爲之" : 권68, 諸府尹, 1409쪽: "開

司錄參軍事二人, 正七品上 : 漢、魏已來及江左, 郡有督郵、主簿, 蓋錄事參軍之任也, 皆太守自辟除. 後魏、北齊、後周、隋氏, 州皆有錄事參軍. 及罷郡, 以州統縣, 皆吏部選除. 煬帝罷州置郡, 有東、西曹掾及主簿. 皇朝省掾、主簿, 置錄事參軍. 開元初改爲司錄參軍. **錄事四人**, 從九品上 ; 隋置京兆錄事四人, 皇朝因之. **府、史各二人. 功曹參軍事二人**, 正七品下 ; 漢、魏已下, 司隷校尉及州、郡皆有功曹、戶曹、賊曹、兵曹等員. 北齊諸州有功曹、倉曹、中兵、外兵、甲曹、士曹、左戶等參軍事. 隋諸州有功曹、戶曹、兵曹等參軍事, 法曹、士曹行參軍 ; 郡有西曹、金曹、戶曹、兵曹、法曹、士曹等. 及罷郡置州, 以曹爲名者, 改曰司. 煬帝罷州置郡, 改司功、司倉、司戶、司兵、司法、司士等爲書佐. 皇朝因其六司, 而改書佐爲參軍事. 開元初, 爲功曹參軍. **府六人 ; 史十二人. 倉曹參軍事二人**, 正七品下 ; 北齊諸州有倉曹參軍事, 隋文帝改爲司倉參軍, 煬帝改爲司倉書佐, 皇朝復爲倉曹參軍. **府八人, 史十六人. 戶曹參軍謝事二人**, 正七品下 ; 漢、魏已來, 州、郡皆有戶曹掾, 或爲左戶. 隋有戶曹參軍, 文帝改爲司戶參軍, 煬帝爲司戶書佐, 皇朝因爲司戶參軍. 開元初, 爲戶曹參軍. **府十一人 ; 史二十二人 ; 帳史一人**. 景雲初置. **兵曹參軍事二人**, 正七品下 ; 漢、魏已下, 諸州皆有兵曹, 或爲中兵、外兵、騎兵. 北齊已下, 改復並與功曹同. **府九人 ; 四十八人. 法曹參軍事二人**, 正七品下 ; 漢、魏已下, 州郡有賊曹、決曹掾, 或法曹, 或墨曹, 自隋已下, 改復並與上同. **府九人 ; 四十八人. 士曹參軍事二人**, 正七品下 ; 北齊諸州有士曹行參軍. 已下改復, 並與上同. **府七人 ; 史十四人. 參軍事六人**, 正八品下. 注見王府參軍文下. **執刀十五人. 典獄十八人. 問事十二人. 白直二十四人. 經學博士一人**, 從八品上 ; **助教二人** ; 魏、晉已下, 郡、國並有文學, 卽博士、助教之任. 並皇朝置. **學生八十人**. 皇朝置. **醫學博士一人 ; 助教一人** ; 開元初置. **醫學生二十人**. 貞觀初置.

元已前爲司馬, 與諸府同. 開元十一年正月, 改爲少尹, 以游子騫爲之."

역문 사록참군사는 2인으로 정7품상이고, 한·위 이후 동진에 이르기까지 군에는 독우[49]와 주부[50]가 있었는데, 대체로 녹사참군의 직임에 해당하며 모두 태수가 직접 선임하였다. 북위·북제·북주·수에서는 주에 모두 녹사참군이 있었다.[51] 군을 폐지하고 주가 현을 통괄하게 되면서 모두 이부에서 선임하였다.[52] 양제 때에 주를 폐지하고 군을 설치하였는데 (군에) 동·서조연과 주부가 있었다.[53] 당은 연과 주부를 폐지하고 녹사참군을 두었다. 개원(713~741) 초에 사록참군으로 개칭하였다.[54] 녹사[55]는 4인으로 종9품상이

---

49) 督郵는 郡의 屬官이다. 漢 중엽 이후 督郵掾(督郵라고 간칭)을 설치하여 우편물 발송을 주관하게 하였는데, 점차 속현을 감독하고 敎令을 선포하며 위법을 조사하고 사안을 신문하는 등 권한과 임무가 크게 확대되었다. 『後漢書』 권38, 百官5, 3621쪽에 "其監屬縣, 有五部督郵"라 하였는데, 5部란 東·西·南·北·中의 5部를 말하지만 실제로는 郡內의 지리 상황이나 인구분포 상황에 따라 구역을 나누어 監臨하였다.(『漢書』 권76, 尹翁歸傳, 3207쪽: "河東二十八縣, 分爲兩部, 閎孺部汾北, 翁歸部汾南, 所擧應法, 得其罪辜") 魏·晉 이후 南朝에서 모두 독우를 두었으며, 그 정원은 수시로 증감하여 많을 때는 수십 인에 이르렀다.

50) 한대 公府와 州郡에 모두 설치하였다. 『後漢書』 권34, 百官1, 3559쪽에 따르면 公府의 속관에 黃閣主簿가 있어 簿書의 省署와 門下衆事의 기록을 관장하였다. 전한에서는 主簿의 지위가 낮았지만, 후한에 이르러서는 吏職 중 主府와 가장 가까워져 날로 중시되었고 관장하는 일도 簿書에 한하지 않고 匡輔拾遺·出宣敎令·奉送要函·接引賓客 등으로 확대되어 府主의 吏職 가운데 가장 높은 지위가 되었다. 동진과 남조는 한·위의 제도를 계승하여 주군에 역시 주부를 두었다.

51) 『通典』 권32, 職官15, 889쪽: "自魏晉以後, 刺史多帶將軍開府, 則州與府各置僚屬. 州官理民, 府官理戎." 主簿는 州官에 속하고 錄事參軍은 府官에 속했으며 양자는 흔히 병치되었다.

52) 『隋書』 권28, 百官下, 792~793쪽: "(開皇三年)罷郡, 以州統縣, 改別駕·贊務, 以爲長史·司馬. 舊周·齊州郡縣職, 自州都·郡縣正已下, 皆州郡將縣令至而調用, 理時事. 至是不知時事, 直謂之鄕官. 別置品官, 皆吏部除授, 每歲考殿最. 刺史·縣令, 三年一遷, 佐官四年一遷. 佐官以曹爲名者, 並改爲司.… 十五年, 罷州縣鄕官"이라 하여, 개황 3년(583)에 前朝의 舊官을 정리하는 개혁을 시작하고, 개황 15년(595) 마침내 향관 폐지를 단행하였다.

53) 『隋書』 권28, 百官下, 802쪽: "(大業三年)罷州置郡, 郡置太守. 上郡從三品, 中郡正四品, 下郡從四品. 京兆·河南則俱爲尹, 並正三品. 罷長史·司馬, 置贊務一人, 以貳之. 次置東西曹掾, 主簿, 司功·倉·戶·兵·法·士曹等書佐, 各因郡之大小而爲增減.… 其後諸郡各加置通守一人, 位次太守, 京兆·河南, 則謂之內史, 又改郡贊務爲丞, 位在通守下"

54) 『新唐書』 권49下, 百官4下, 1312쪽: "武德初, 改州主簿曰錄事參軍事, 開元元年, 改曰司錄, 有史十人." 역대 主簿와 錄事參軍事의 개칭 과정에 대해서는 『通典』 권33, 職官15, 912쪽: "自後漢有郡主

며, 수에서는 경조녹사 4인을 두었고, 당은 이를 따랐다. 부와 사는 각각 2인이다. 공조참군사는 2인으로 정7품하이고, 한·위 이후로 사예교위와 주·군에 모두 공조·호조·적조·병조 등의 정원이 있었다.56) 북제의 각 주에는 공조·창조·중병·외병·갑조·법조·사조·좌호 등의 참군사가 있었다.57) 수의 각 주에는 공조·호조·병조 등의 참군사와 법조·사조행참군이 있었다. 군에는 서조·금조·

簿, 官職與州主簿同. 隋初以錄事參軍爲郡官, 則併州郡主簿之職矣. 煬帝又置主簿. 大唐武德元年, 復爲錄事參軍, 開元初, 改京兆尹屬官曰司錄參軍, 掌府事句稽, 省署鈔目, 糾彈部內非違, 監印, 給紙筆之事. 乾元元年加進一品, 仍升一資" 참조.

55) 錄事는 司錄參軍 아래의 屬官으로 府內에서 일상적인 규정에 따라 처리하는 공무를 담당하였다. 『舊唐書』 권88, 陸元方, 府子陸象先傳, 2876쪽: "嘗有小吏犯罪, 但示語而遣之. 錄事白曰, 此例當合與杖. 象先曰, 人情相去不遠, 此豈不解吾言. 若必須行杖, 卽當自汝爲始. 錄事慚懼而退."

56) 한대 司隷校尉의 속관으로 從事와 假佐가 있었다. 『後漢書』 권37, 百官4, 3613쪽: "從事史十二人. 本注曰, 都官從事, 主察擧百官犯法者. 功曹從事, 主州選署及衆事. 別駕從事, 校尉行部則奉引錄衆事. 簿曹從事, 主財穀簿書. 其有軍事, 則置兵曹從事, 主兵事. 其餘部郡國從事, 每郡國各一人, 主督促文書, 察擧非法, 皆州自辟除, 故通爲百石云. 假佐二十五人. 本注曰, 主簿錄閤下事, 省文書. 門亭長, 主州正. 門功曹書佐, 主選用. 孝經師, 主監試經. 月令師, 主時節祠祀. 律令師, 主平法律. 簿曹書佐, 主簿書. 其餘都官書佐及每郡國, 各有典郡書佐一人, 各主一郡文書, 以郡吏補, 歲滿一更. 司隷所部郡七." 州와 郡 역시 從事와 假佐를 두었는데, 州의 경우는 같은 책, 3619쪽: "皆有從事史·假佐. 本注曰, 員職略與司隷同, 無都官從事, 其功曹從事爲治中從事", 郡의 경우는 같은 책, 3621쪽: "皆置諸曹掾史. 本注曰, 諸曹略如公府曹, 無東西曹. 有功曹史, 主選署功勞. 有五官掾, 署功曹及諸曹事. 其監屬縣, 有五部督郵, 曹掾一人. 正門有亭長一人, 主記室史, 主錄記書, 催期會. 無令史. 閤下及諸曹各有書佐, 幹主文書" 참조. 漢·魏 이후로 州郡의 佐官 설치는 대체로 漢制를 따랐다.

57) 북제의 각 주의 佐屬은 州官과 府官 두 종류로 나뉘는데, 州官은 別駕從事史나 治中從事史 등과 같이 民政을 담당하고, 府官은 長史나 司馬 등과 같이 軍政을 담당하였다. 위에서 열거한 曹 가운데 左戶만이 州官이고 나머지는 모두 府官이다. 그 중 甲曹는 鎧曹라고도 하였다.(『隋書』 권27, 百官中, 761~762쪽: "上上州刺史, 置府, 屬官, 有長史, 司馬, 錄事, 功曹·倉曹·中兵等參軍事及掾史, 主簿及掾, 記室掾史, 外兵·騎兵·長流·城局·刑獄等參軍事及掾史, 參軍事及法·墨·田·鎧·集·士等曹行參軍及掾史, 右戶掾史, 行參軍, 長兼行參軍, 督護, 統府錄事, 統府直兵, 箱錄事等員. 州屬官, 有別駕從事史, 治中從事史, 州都光迎主簿, 主簿, 西曹書佐, 市令及史, 祭酒從事史, 部郡從事, 皁服從事, 典籤及史, 門下督, 省事, 都錄事及史, 箱錄事及史, 朝直·刺姦·記室掾, 戶曹·田曹·金曹·租曹·兵曹·左戶等掾史等員") 북제 上上州 속관의 정원은 393인이었고 모두 州府에서 직접 선임하였다.

호조·병조·법조·사조 등이 있었다.[58] 군을 폐지하고 주를 설치하면서 (그 때까지) '조'라고 하던 (속관의) 명칭을 '사'로 개칭하였다.[59] 양제 때에 주를 폐지하고 군을 설치하면서 사공·사창·사호·사병·사법·사사 등을 서좌로 개칭하였다.[60] 당에서는 수의 6사를 따랐으나 서좌를 참군사로 개칭하였고,[61] 개원 초에 (사공참군을) 공조참군으로 개칭하였다.[62] **부는 6인이며, 사는 12인이다.**[63] **창조참군사는 2인으로 정7품하이고,** 북제에서는 각 주에 창조참군사가 있었다.[64] 수 문제 때에 사창참군으로 개칭하였고,[65] 양제 때에 사창서좌로 개칭하였다. 당에서는 다시 창조참군이라고 하였다. **부는 8인이며, 사는 16인이다.**[66] **호조참군사는 2인으로 정7품하이고,** 한·위 이래로 주와 군에는 모두 호조연이 있었고, 혹

---

58) 『隋書』 권28, 百官下, 783쪽: "上上州, 置刺史, 長史, 司馬, 錄事參軍事, 功曹, 戶·兵等曹參軍事, 法·士曹等行參軍, 行參軍, 典籤, 州都光初主簿, 郡正, 主簿, 西曹書佐, 祭酒從事, 部郡從事, 倉督, 市令·丞等員. 郡, 置太守, 丞, 尉, 正, 光初功曹, 光初主簿, 縣正, 功曹, 主簿, 西曹, 金·戶·兵·法·士等曹, 市令等員."

59) 郡을 폐지하고 州를 설치한 開皇 3年에 '某曹'라고 부르던 佐官의 명칭을 '司某'로 개칭하였다. 예컨대 功曹·倉曹參軍事를 司功·司倉參軍事라고 하였다.

60) 州를 폐지하고 郡을 설치한 大業 3年(607)에 개칭하였다. 『隋書』 권28, 百官下, 802쪽: "次置東西曹掾, 主簿, 司功·倉·戶·兵·法·士曹等書佐, 各因郡之大小而爲增減. 改行參軍爲行書佐." 대업 3년(607)에 설치한 "司功·倉·戶·兵·法·士曹等書佐"는 이후 州郡 6曹의 전형이 되었다.

61) 『新唐書』 권49下, 百官4下, 1312쪽 注文, "武德初, 司功·司倉·司戶·司兵·司法·司士書佐, 皆爲司功等參軍事."

62) 『通典』 권33, 職官15, 913쪽: "大唐改曰司功參軍, 開元初, 京尹屬官及諸都督府並曰功曹參軍, 而列郡則曰司功參軍."

63) 『新唐書』 권49下, 百官4下, 1312쪽 注文에는 "府四人, 史十人"으로 되어 있다.

64) 『隋書』 권27, 百官中, 761쪽에 의하면, 北齊는 각 州에 府를 두었는데 그 속관에 倉曹參軍事가 있었다.

65) 『隋書』 권28, 百官下, 792쪽에 "(開皇三年)佐官以曹爲名者, 並改爲司"로 되어 있으나 隋 초 각 주의 佐吏 중에 倉曹參軍事의 기록이 보이지 않는다.

66) 『新唐書』 권49下, 百官4下, 1312쪽 注文에는 "府五人, 史十三人"으로 되어 있다.

은 좌호(조연)[67]이 있었다. 수[68]에는 호조참군이 있었는데, 문제 때 사호참군으로 개칭하였고 양제 때는 사호서좌라고 하였다. 당에서는 (수 문제 때의 명칭을) 따라 사호참군이라 하였고, 개원 초에 호조참군이라 하였다. **부는 11인이며, 사는 22인이고,**[69] **장사는 1인이다.**[70] (예종) 경운(710~711) 초에 설치하였다. **병조참군사는 2인으로 정7품하이고,** 한·위 이후로 각 주에는 모두 병조가 있었고, 혹은 중병·외병·기병이 있었다.[71] 북제 이후의 명칭 변경과 회복은 모두 공조와 같다. **부는 9인이며, 사는 18인이다.**[72] **법조참군사는 2인으로 정7품하이고,** 한·위 이후로 각 주와 군에는 적조연·결조연이 있었고, 혹은 법조 혹은 묵조가 있었다.[73] 수 이후의 명칭

67) 兩漢의 각 군과 北齊의 각 주에는 모두 左·右戶를 두었으므로, 이곳의 '左戶'를 '左右戶'로 보아야 할지도 모르겠다. 『兩漢金石記』 竹葉碑에 "左·右戶曹史"라고 되어 있어, 한에서는 각 군의 戶曹가 左·右로 나누어 있었음을 알 수 있다. 『後漢書』 권34, 百官1, 3559쪽에 의하면, 한에서는 公府에 戶曹를 두어 民戶·祠祀·農桑를 주관하였고, 郡府의 戶曹도 民戶를 주관하면서 아울러 獄訟과 祠社 등의 일도 주관하였다. 위·진 이후로 모두 한의 제도를 따랐다. 북제에서는 각 군의 속관 중에 戶曹가 있었고, 각 州府의 속관 중에 右戶掾史(府屬官)와 左戶掾史(州屬官)가 있었는데(주57) 참조), 이는 度支尙書의 左戶·右戶郎中과 서로 대응하였다.

68) 近衛本(正德本)은 '隋'자 아래에 '初'자가 빠졌을 것으로 보았다.

69) 『新唐書』 권49下, 百官4下, 1313쪽에는 "府八人, 史十六人"으로 되어 있다.

70) 『新唐書』 권49下, 百官4下, 1313쪽에는 "帳史二人, 知籍, 按帳目捉錢."으로 되어 있다.

71) 『後漢書』 百官志에 따르면 漢은 公府에 兵曹를 두어 兵事를 주관하였고 秩은 比三百石이었다. 郡의 각 曹도 대략 公府의 曹와 같아 역시 兵曹를 두었고 秩은 百石이었다. 『巴郡太守張納碑』에 兵曹掾과 右兵曹史 각 1인이 있다고 하였는데, 이를 통해 左兵曹史도 있었을 것으로 짐작된다. 晉 초에도 開府한 諸公의 兵曹가 좌우로 나뉘어 있었다. 『宋書』 百官志에 따르면, 東晉 元帝 司馬睿의 鎭東丞相府에 中兵·外兵·騎兵·典兵·兵曹 등의 曹가 있었고, 南朝 宋에는 中直兵·外兵·騎兵 등의 曹가 있었다.

72) 『新唐書』 권49下, 百官4下, 1313쪽에는 "府六人, 史十四人"으로 되어 있다.

73) 『後漢書』 百官志에 따르면 漢의 公府에는 法曹·賊曹·決曹가 있었다. 法曹는 郵驛의 규정에 관한 일을, 賊曹는 盜賊에 관한 일을, 決曹는 罪法에 관한 일을 각각 주관하였다. 郡의 각 曹는 대략 公府의 각 曹와 같았고, 담당 업무 역시 대체로 같았다. 『宋書』 百官志에 따르면, 東晉 元帝 司馬睿의 鎭東丞相府에 賊曹·法曹·墨曹 등이 있었다. 郡官에 설치된 각 曹도 公府와 대략 같았

변경과 회복은 모두 위(의 공조)와 같다. **부는 9인이며, 사는 18인이다.**[74] **사조참군사는 2인으로 정7품하이고**, 북제의 각 주에 사조행참군이 있었다. (북제) 이후의 명칭 변경과 회복은 모두 위(의 공조)와 같다. **부는 7인이며, 사는 14인이다.**[75] **참군사는 6인으로 정8품하이다.** (참군사에 관한) 주는 (친)왕부 참군(사의 주)에 보인다.[76] **집도는 15인이다.**[77] **전옥은 18인이다.**[78] **문사는 12인이다. 백직은 24인이다.**[79] **경학박사는 1인으로 종8품상이고, 조교는 2인이며.** 위·진 이후로 군·국에는 모두 문학이 있었는데, 바로 박사·조교의 직임이다.[80] 모두 당에서(도) 설치하였다. **학생은 80인이다.** 당에서 설치하였다. **의학박사는 1인이고,**[81] **조교는 1인이**

다. 남조의 송·제 이후 모두 동진의 舊制를 따랐다. 북제의 上上州 刺史는 府를 설치하였고 그 屬官으로 長流·成局·刑獄等參軍事가 있었고 法·墨等曹行參軍·掾史가 있었다.

74) 『新唐書』 권49下, 百官4下, 1313쪽에는 "府六人, 史十四人"으로 되어 있다.

75) 『新唐書』 권49下, 百官4下, 1313쪽에는 "府五人, 史十一人"으로 되어 있다.

76) 『唐六典』 권29, 諸王府公主邑司, 731쪽, 親王府, 參軍事, 原注 참조.

77) 執刀는 칼을 지니고 侍衛하는 자이다. 남조의 제·양에서는 御刀·促刀라고 하였다. 州郡의 衙門에서 노역하는 백성 중에서 충당하였다.

78) 典獄은 監獄을 관리하는 이졸로, 노역하는 백성 중에서 충당하였다. 『舊唐書』 권44, 職官3, 1916쪽에는 11인으로 되어 있다.

79) 白直은 公廨 및 문무관원에게 지급된 노동력으로, 노역하는 백성 중에서 충당하였다. 대부분 侍衛하였으며 농경이나 기타 잡역에도 종사하였다. 이들은 納資(매월 208文)하고 역을 대신할 수도 있었는데, 그것은 이들이 섬기던 관원의 봉록 수입이 되었다.

80) 文學은 위·진 이전에 설치되었다. 漢의 郡國에 학교를 설치하였는데, 문학은 바로 군국의 學官이었으며 郡文學이라고도 불리었다.(『漢書』 권67, 韓延壽傳, 2917쪽: "少爲郡文學") 문학의 정식 관명은 文學掾 또는 文學史였고, 문학은 그 약칭이었다. 문학의 예를 들어보면 다음과 같다. 『漢書』 권77, 鄭崇傳, 3254쪽: "崇, 少爲郡文學史" : 『後漢書』 권97上, 揚倫傳, 2564쪽: "爲郡文學掾" : 권82上, 揚由傳, 2716쪽: "爲郡文學掾" : 『三國志』 권29, 魏書, 818쪽: "清河太守華表, 召輅爲文學掾. 裴松之注, 輅別傳曰, 輅爲華清河所召, 爲北黌文學, 一時士友無不歎慕" : 812쪽: "來至官舍讀書, 始讀詩·論語及易本, 便開淵布筆, 辭義斐然. 於時黌上有遠方及國內諸生四百餘人, 皆服其才也." 위·진 이후 군국의 학교 설치는 모두 漢의 제도를 따랐다.

81) 『通典』 권23, 職官15, 915쪽: "醫博士, 一人, 大唐開元十一年七月制置, 階品同錄事. 每州寫本草·

며, 개원 초에 두었다. **의학생은 20인이다**. 정관(627~649) 초에 두었다.

◎ **大都督府: 都督一人, 從二品**. 魏黃初二年, 始置都督諸州軍事, 或領鎭戍、總夷校尉; 三年, 上軍大將軍曹眞都督中外諸軍事. 司馬宣王征蜀, 加號大都督. 自此之後, 歷代皆有. 至隋, 改爲總管府. 皇朝武德四年, 又改爲都督府. 貞觀中, 始改爲上、中、下都督府. **長史一人, 從三品**; 秦、漢邊郡有長史. 魏、晉已來, 諸州皆有別駕、治中. 至北齊, 八命、七命、六命州刺史各有長史, 隋九等州亦有長史. 開皇三年, 改雍州別駕爲長史; 煬帝罷州置郡, 又改爲別駕, 唯都督府則置長史. 永徽中, 始改別駕爲長史, 大都督府長史仍舊正四品下, 開元初始增其秩. **司馬二人, 從四品下**. 北齊及隋九等州各有司馬. 開皇三年, 改雍州贊治爲司馬. 皇朝改郡爲州, 各置治中一人, 其都督府則置司馬. 永徽中, 改治中爲司馬. **錄事參軍事二人, 正七品上; 錄事二人, 從九品上; 史四人. 功曹參軍事一人, 正七品下; 府四人; 史六人. 倉曹參軍事二人, 正七品下; 府四人; 史八人. 戶曹參軍事二人, 正七品下; 府五人; 史十人; 帳史一人. 兵曹參軍事二人, 正八品下; 府四人; 史八人. 法曹參軍事二人, 正七品下; 府四人; 史八人. 士曹參軍事一人, 正七品下; 府四人; 史八人; 參軍事五人, 正八品下. 執刀十五人. 典獄十六人. 問事十人. 白直二十二人. 市令一人, 從九品上**; 漢代諸郡、國皆有市長, 晉、宋已後皆因之. 隋氏始有市令. 皇朝初, 又加市丞. 戶四萬已上者, 省補市令. **丞一人; 佐一人; 史二人; 帥三人; 倉督二人, 史四人**. 北齊九等州、縣各有倉督員,

百一集驗方, 與經史同貯. 其年九月, 御撰廣濟方五卷頒天下. 貞元十二年二月, 御撰廣利方五卷頒天下. 自今以後, 諸州府應闕醫博士, 宜令長史各自訪求選試, 取人藝業優長堪效用者, 具以名聞. 已出身人及前資官便與正授. 其未出身且令權知. 四考後, 州司奏與正授. 餘準恆式, 吏部更不須選集."

隋因之. 經學博士一人, 從八品上; 助教二人; 學生六十人. 醫學博士一人, 從八品下; 助教一人; 學生十五人. 若中、下都督府戶滿四萬已上者, 官員同此, 唯減司馬一人.

역문 대도독부의 도독은 1인으로 종2품이다. 위 (문제) 황초 2년(222)에 처음으로 도독제주군사를 두었는데 진융교위·총이교위를 통령하기도 했으며,[82] 3년(223)에 상군대장군 조진이 도독중외제군사가 되었다.[83] 사마선왕이 촉을 정벌할 때 대도독의 칭호를 더하였다.[84] 이후부터 역대 왕조에 모두 (대도독이) 있었다. 수에 이르러 (도독부를) 총관부로 개칭하였다.[85] 당에서는 무덕 4년(621)에 다

---

82) 鎭戎과 總夷는 그 지역의 戎夷, 즉 소수민족을 관할한다는 의미이다. 校尉라고 한 것은 이 기구들이 모두 군사적 성격을 띠고 있었기 때문이다. 西夷校尉는 서진 초에 처음으로 설치되었으며 節을 지니고(持節) 병사를 거느리고서 益州의 諸夷에 관한 업무를 담당하였다. 이러한 기구는 종종 그곳의 都督이 兼領하였다.

83) 曹眞은 字가 子丹으로 어려서 고아가 되었는데 曹操가 거두어 길렀다. 그는 曹丕(文帝)와 진퇴를 같이 하면서 점차 공을 세워 大將軍·大司馬가 되었다. 魏 文帝는 즉위 후 曹眞을 鎭西將軍, 假節都督雍涼諸軍事에 임명하여 長安을 수비하게 하였다. 당시 魏는 荊·揚·徐·幽·幷·雍·涼 등 諸州에 모두 都督을 두었는데, 대부분 변방지역에 위치하였기 때문에 그 지역의 鎭戎·西夷校尉를 통령하는 자도 있었다. 黃初 3년에 都督雍涼州諸軍事인 曹眞이 수도로 복귀하자, 문제는 그를 上軍大將軍, 都督中外諸軍事에 임명하고 假節鉞하였는데 그 지위가 변방의 都督諸州諸軍事보다 높았다.

84) 이것이 大都督에 관한 최초의 기록이다. 司馬宣王은 司馬懿로 字는 仲達, 河內 溫縣 사람이다. 魏 明帝 太和 4년(230) 大將軍에 임명하고 大都督을 더하였으며 黃鉞을 수여하였다. 그리고 大司馬 曹眞과 더불어 蜀을 정벌하였는데, 曹眞이 얼마 후 병으로 인해 회군하고 다음해에 사망하자, 서부 지역의 軍事는 司馬懿 1인이 담당하게 되었다. 甘露 원년(256) 司馬懿의 次子 司馬昭에게 역시 大都督을 더하고 奏事할 때 이름을 말하지 않도록 하였으며, 이후 斧鉞을 더하고 칼을 차고 신을 신고 殿에 올라갈 수 있도록 하였다. 이후로 大都督은 종종 역대 權臣의 칭호가 되었다.

85) 北周 明帝 武成 원년(559)에 도독부를 총관부로 개칭하였으며(『通典』 권33, 職官14, 894쪽: "後周改都督諸軍爲總管, 則總管爲都督之任矣"), 각 총관부가 관할하는 州가 적게는 3~4주, 많으면 10~30주에 달했다. 총관부의 속관으로는 長史·司馬·司錄治中·中郎·列曹參軍·防主 등이 있었다. 隋는 북주의 軍州 제도를 이어받아 역시 總管을 두었다.(『通典』 권32, 職官14, 894쪽: "隋文帝以幷·益·荊·揚四州置大總管, 其餘總管府置於諸州, 列爲上·中·下三等, 加使持節. 煬帝悉罷之")

시 도독부로 개칭하였다.86) 정관(627~649) 연간에 처음으로 상·중·하도독부로 (나누어) 고쳤다.87) 장사는 1인으로 종3품이고, 진·한에는 변군에 장사가 있었다.88) 위·진 이래로 각 주에 모두 별가·

수 문제는 여러 아들들을 大總管에 임명하였다. 楊廣은 차례로 幷·揚 2州 大總管에 임명되었고, 秦王 楊俊은 秦州總管이 되어 隴右의 諸州를 관할하였으며, 蜀王 楊秀는 益州總管에 임명되어 24州諸軍事를 관할하였고, 漢王 楊諒은 幷州總管이 되어 黃河 이북, 太行山 이동의 52주를 관할하였다.

86) 唐에서는 武德(618~626) 초에 먼저 隋 開皇(581~600) 연간에 설치했던 總管府를 회복하였다.(『唐會要』 권68, 諸府尹, 1408쪽: "武德元年五月二十六日, 幷州置總管府, 以竇靜爲長史" : 1410쪽: "武德二年, 置總管府, 以襄陵王深爲之" : 1411쪽: "武德元年六月十九日, 置總管府, 以李安遠爲之") 무덕 4년(621)에 도독부로 개칭하였다는 것에 대해서는 검토의 여지가 있다. 무덕 4년에 王世充·竇建德을 평정하고 洛州都督府를 설치하였으나 곧 폐지하고 洛州大行臺를 설치하였고, 같은 해에 江陵에 大總管을 설치하고 趙郡王 孝恭를 임명하였다는 기록이 있으며, 이후에도 大總管府 중에 都督府로 개칭되지 않은 것이 여전히 있었다.(『舊唐書』 권1, 高祖本紀, 13쪽: "(武德五年)八月辛亥, 以洛·荊·幷·幽·交五州爲大總管府") 『唐會要』 권68, 都督府, 1411쪽에 의하면 大總管府를 大都督府로 개칭된 최초 사례는 武德 7년(624) 2월 12일이다. 이후 각 대총관부가 잇따라 대도독부로 개칭되었는데(幷州府는 2월 17일, 河中·江陵 2府는 2월 18일, 興元府는 2월 28일), 개칭 시기에 차이가 나는 것은 制文이 도착한 시기의 선후와 관련이 있을 것이다. 太極(712) 초에 幷·益·荊·揚을 4大都督府라 하였고, 開元 17년(729)에 潞州를 더하여 5大都督府라 하였다.(『通典』 권32, 職官14, 894쪽 참조) 『新唐書』 地理志에 열거된 대도독부로는 靈州·陝州·魏州·鎭州·幽州가 있다. 당은 비록 總管府를 都督府로 개칭했지만 전시에는 여전히 行軍總管을 두었다.(『舊唐書』 권3, 太宗本紀, 53쪽: "兵部尙書李勣爲朔方行軍總管, 右衛大將軍李大亮爲靈州道行軍總管, 凉州都督李襲譽爲凉州道行軍總管, 分道以禦之")

87) 도독부는 정치군사적 중요성과 관할 州數 및 戶數의 다소에 따라 대·상·중·하도독부로 구분하였다.(『唐會要』 권68, 都督府, 1411쪽: "武德七年二月十二日, 改大總管府爲大都督府, 管十州已上爲上都督府, 不滿十州只爲都督府. 至開元元年著令, 戶滿二萬已上爲中都督府, 不滿二萬爲下都督府" : 『通典』 권32, 職官14, 894쪽: "太極初, 以幷·益·荊·揚爲四大都督府, 開元十七年加潞州爲五焉. 其餘都督定爲上中下等. 〔本注, 上都督府五, 中都督府十三, 下都督府十六〕, 前後制置, 改易不恒, 難可備叙") 『唐六典』 권3, 尙書戶部, 72~73쪽에 의하면, 전국의 행정단위를 315州府, 800羈縻州, 京兆·河南·太原 3都, 5대도독부, 3대도호부, 3상도호부, 15중도독부, 20하도독부, 4輔州, 6雄州, 10望州, 50邊州, 상주(4만 호 이상), 중주(3만 호 이상), 하주(3만 호 미만), 3도의 현(성내를 京縣, 성외를 畿縣), 85望縣, 상현(6천 호 이상), 중현(2천 호 이상), 중하현(1천 호 이상), 하현(1천 호 미만)으로 구분하고 있다. 『舊唐書』 地理志에 따르면 10道에 54도독부가 있었는데, 7대도독부·3상도독부·22중도독부·22하도독부였다. 내지에 설치된 중도독부는 일반적으로 2만 호 이상을 관할하였지만, 변방지역의 경우는 호수에 따라 등급을 정하지 않고 주로 군사적 필요에 따라 정하였다.

치중이 있었다. 북제에 이르러 팔명·칠명·육명자사에게는 각각 장사가 있었고,[89] 수의 9등주에도 역시 장사가 있었다.[90] 개황 3년(583)에 옹주 별가를 장사로 개칭하였다. 양제 때 주를 폐지하고 군을 설치하면서 다시 별가로 개칭하였고 단지 도독부에만 장사를 두었다.[91] 영휘(650~655) 연간에 처음으로 별가를 장사로 개칭하였으

---

88) 秦은 郡에 丞을 두어 民을 관장하게 하였고, 邊郡에는 또한 長史를 두어 병마를 관장하게 하였다. 전한은 이를 따랐다.(『漢書』 권19上, 百官公卿表上, 742쪽: "郡守, 秦官, 掌治其郡, 秩二千石. 有丞, 邊郡又有長史, 掌兵馬, 秩皆六百石" : 『漢舊儀』, "邊郡置長史一人, 治兵馬, 丞一人, 治民, 當兵行, 長史領") 후한의 邊郡에서는 長史가 丞을 대신하였다.(『後漢書』, 권38, 百官5, 3621쪽: "郡當邊戍者丞爲長史. 古今注, '建武十四年罷邊郡太守丞, 長史領丞職'")

89) 正德本 및 陳仲夫는 "至北齊, 八命、七命、六命州刺史各有長史"의 '北齊'와 '八命' 사이에 "九等州各有長史, 後周"가 누락되었다고 보았다. 이를 보충하면 "至北齊九等州各有長史, 後周八命·七命·六命州刺史各有長史"가 된다. 북제는 州府의 등급을 上上州에서 下下州까지 모두 9등급으로 나누었다. 上上州의 속관은 393인이었고 차례로 체감하여 下下州는 232인이었다. 9등주에는 모두 長史를 두었다. 북주의 品秩은 正九命이 가장 높았고, 차례로 九命·正八命·八命이었으며 최하는 正一命·一命이었다. 주자사는 관할 호수의 다소에 따라 등급이 나뉘었는데, 3만 호 이상은 正八命, 2만 호 이상은 八命, 1만 호 이상은 正七命, 5천 호 이상은 七命, 5천 호가 안되면 正六命이었다. 따라서 주자사는 正八命부터 正六命까지 5등급으로 나뉘었다. 자사의 등급에 따라 그 長史의 品秩도 각각 달라, 正八命州의 장사는 六命, 八命州는 正五命, 正七命州는 五命, 七命州는 正四命, 正六命州는 四命이었다.

90) 『隋書』 권28, 百官下, 783~784쪽에 의하면, 수에서는 州를 上上州에서 下下州까지 모두 9등급으로 나누었다. 上上州의 속관은 323인이었고 차례로 체감하여 下下州는 165인이었으며, 각 주에 모두 長史를 두었다. 總管이 설치된 주는 상·중·하 3등급으로 나누었으며, 總管府에도 長史를 두었다.

91) 이 구문에서 "煬帝罷州置郡"의 뒤에 이어지는 "又改爲別駕, 唯都督府則置長史"는 당대의 일로, 중간에 누락된 부분이 있는 듯하다. 『隋書』 百官志에 따르면 양제가 州를 폐지하고 郡을 설치한 것은 大業 3년(607)이지만, 이보다 앞서 開皇 3년(583)에 郡을 폐지하여 주현 2급제로 지방행정제도를 개혁하였고 또한 別駕·贊務를 長史·司馬로 개칭하였다. 양제의 '罷州置郡'은 사실상 州를 郡으로 개칭하여 군현 2급제로 한 것이며, 또한 長史·司馬를 폐지하고 贊務 1인을 두어 차관으로 하였다. 그 후 각 군에 通守 1인을 두었는데 지위는 태수 다음이었으며, 또한 군의 贊務를 丞으로 개칭하였는데 지위는 통수 아래였다. 본문에서 別駕로 개칭하였다는 것은 長史를 別駕로 개칭하였음을 가리키는데, 이는 양제 때의 일이 아니고 唐 武德(618~626) 초의 일이다. 『舊唐書』 권42, 職官1, 1794쪽에 의하면 上州別駕는 종4품하인데, 注에 인용된 武德令에 '上州別駕正五品下'라고 하여 武德令에서 이미 別駕라고 불렀음을 알 수 있고, 『新唐書』 권49下, 百官4下, 1317쪽에도 "武德元年, 改太守曰刺史, 加使持節, 丞曰別駕"라고 하였다. 都督府에 長史를 둔 것

며,[92] 대도독부 장사는 예전대로 정4품하이었는데 개원(713~741) 초에 처음으로 그 질을 (종3품으로) 올렸다.[93] **사마는 2인으로 종4품하이다.** 북제와 수의 9등주에는 각각 사마가 있었다.[94] 개황 3년(583)에 옹주 찬치를 사마로 개칭하였다.[95] 당에서는 군을 주로 개칭하고 각각 치중 1인을 두었으며,[96] 도독부에는 사마를 두었다.[97] 영휘 연간에 치중을 사마로 개칭하였다.[98] **녹사참군사는 2인**[99]**으로 정7품상이고,**[100] **녹사는 2인으로 종9품상이며, 사는 4인이다. 공조참군사는 1인으로 정7품하이고, 부는 4인이며, 사는 6인이**

도 양제 때의 일이 아니라 唐 武德 때의 일이다. 北周와 隋는 都督府를 總管府로 개칭하였고, 大都督·帥都督·都督은 모두 散官으로 하였다. 양제 때에 大都督을 校尉로, 師都督을 旅帥로, 都督을 隊正으로 개칭하였다. 唐 초에 각 주에는 여전히 總管府가 있었고, 武德 7년(587)에 이르러 비로소 總管府를 都督府로 개칭하였으며(주86) 참조), 都督府에는 長史를 두었다. 이상을 종합하여 누락 부분을 보충해 보면 "煬帝罷州置郡, 罷長史, 置贊務, 後又加置通守, 改贊務爲丞. 皇朝武德初, 又改爲別駕, 唯都督府則置長史"가 된다.

92) 개칭 시기는 영휘 연간이 아니라 정관 23년(649)이다.(주44)·45) 참조)

93) 秩을 종3품으로 올린 시기는 『舊唐書』 권42, 職官1, 1791쪽: "舊從四品上, 景雲二年加秩爲從三品也" ; 『舊唐書』 권7, 睿宗本紀, 157쪽: "(景雲二年)秋七月, 新置都督府並停. 唯雍·洛州長史, 揚·益·荊·幷四大都督府長史階爲三品"에 의하면 景雲 2년(711)이다.

94) 북제의 각 주는 上上州부터 下下州까지 총 9등급으로 나뉘었고, 각 주 자사는 府를 설치하였는데 그 속관에 司馬가 있었다. 品秩은 上州(상상·상중·상하)의 경우 종4품상, 中州(중상·중중·중하)는 5품상, 下州(하상·하중·하하)는 종5품상이었다. 수에서는 북제를 따라 각 주를 9등급으로 나누었고, 각 주 자사의 속관에 역시 司馬가 있었다. 品秩은 上州(상상·상중·상하)의 경우 5품하, 中州(중상·중중·중하)는 종5품하, 下州(하상·하중·하하)는 정6품상이었다.

95) 『隋書』 권28, 百官下, 792쪽: "罷郡, 以州統縣, 改別駕·贊務, 以爲長史·司馬"라 하였으니, 雍州만 개칭된 것이 아니다.

96) 『唐會要』 권68, 刺史上, 1416쪽: "武德元年六月十九日, 改郡爲州, 置刺史·別駕·治中各一人."

97) 당 초에는 수를 따라 여전히 도독부를 總管府라 하였고 司馬도 總管府司馬라 하였다. 武德 7년(624) 總管府를 都督府로 개칭하였고(주86) 참조), 이후 都督府司馬가 임명되었다.(『舊唐書』 권77, 韋挺之子韋待價傳, 2672쪽: "吐蕃屢爲邊患, 高宗以沛王賢爲涼州大都督, 以待價爲司馬")

98) 治中을 司馬로 개칭한 것은 고종의 이름이 李治였기 때문에 피휘한 것인데, 그 시기는 영휘 연간이 아니라 개원 23년(649)이다.(개칭 시기에 대해서는 주44)·45) 참조)

99) 『新唐書』 권49下, 百官4下, 1314쪽에는 1인으로 되어 있다.

100) 錄事參軍史 이하 속관들은 京兆·河南·太原府의 속관 참조.

다. 창조참군사는 2인으로[101] 정7품하이고, 부는 4인이며, 사는 8인이다. 호조참군사는 2인으로 정7품하이고, 부는 5인이며, 사는 10인이고, 장사는 1인이다. 병조참군사는 2인으로 정7품하이고, 부는 4인이며, 사는 8인이다. 법조참군사는 2인으로 정7품하이고, 부는 4인이며, 사는 8인이다. 사조참군사는 1인으로 정7품하이고, 부는 4인이며, 사는 8인이다. 참군사는 5인으로 정8품하이다. 집도는 15인이다. 전옥은 16인이다. 문사는 10인이다. 백직은 22인이다.[102] 시령은 1인으로 종9품상이고, 한대의 각 군·국에는 모두 시장이 있었고,[103] 진·송 이후는 모두 이를 따랐다. 수대에 처음으로 시령이 있었다.[104] 당 초에 또 시승을 더 두었다. 호수가 4만 이상인 주는[105] 상서성 (이부)에서 시령을 보임하였다.[106] 승은 1인이며, 좌는 1인이고, 사는 2인이며, 수는 3인이고, 창독은 2인이

---

101) 『新唐書』 권49下, 百官4下, 1314쪽에는 각 조의 참군사가 모두 1인으로 되어 있다.

102) 『舊唐書』 권44, 職官3, 1916쪽에는 24인으로 되어 있다.

103) 전한의 長安에는 東·西 2市가 있어 市令을 두었고, 洛陽·邯鄲·臨淄·宛·成都 등의 대도시에는 市長을 두었다.(『漢書』 권24, 食貨志, 1180쪽: "於長安及五都立五均官, 更名長安東西市令及洛陽·邯鄲·臨淄·宛·成都市長皆爲五均市師. (長安)東市稱京, 西市稱畿, 洛陽稱中, 餘四都各用東·西·南·北爲稱, 皆置交易丞五人, 錢府丞一人") 후한에서는 諸市의 令·長을 郡國에 예속시켰고 秩은 사백석이었으며, 아래에 丞과 屬吏들이 있었다. 나머지 각 市에는 市掾을 두었다.

104) 한대에 이미 市令이 있었고, 그보다 앞서 춘추시대 楚國에도 市令이 있었으므로, 수대에 처음으로 市令을 둔 것이 아니다. 『隋書』 권27, 百官中, 762쪽에 따르면 北齊 각 주의 속관에 市令 및 史가 있었고 각 군에 市長이 있었다. 隋는 이를 따라 州屬官으로 市令 및 丞을 두었고 郡과 縣에도 모두 市令이 있었다.

105) 4만 호 이상은 上州, 2만 호 이상은 中州, 2만 호 미만은 下州였다.(주132) 참조)

106) 『職官分紀』에는 이 注文 다음에 "貞觀十七年廢, 垂拱元年復"이라는 11자가 더 있다. 『舊』, 『唐』 職官志, 『新唐書』 百官志에 따르면 大都督府와 上州에는 市令·丞이 있었다. 『唐會要』 권86, 市, 1873쪽에는 "(貞觀)七年七月二十三日, 廢州縣市印": "垂拱二年十二月勅, 三輔及四大都督, 并衝要當路, 及四萬戶已上州市令, 并赤縣錄事, 並宜省補"라 하였고, 『唐會要』 권86, 市, 1876쪽에 "(大中)五年八月, 州縣職員令, 大都督府市令一人, 掌市內交易, 禁察非僞, 通判市事, 丞一人, 掌判事, 佐一人, 史一人, 師三人.〔掌分行檢察. 州縣市各令準比〕"라 하였다.

며 (그) 사는 4인이다.[107] 북제의 9등주·현에는 각각 창독의 정원이 있었고, 수는 이를 따랐다.[108] **경학박사는 1인으로 종8품상이고,**[109] **조교는 2인이며, 학생은 60인이다. 의학박사는 1인으로 종8품하이고,**[110] **조교는 1인이며, 학생은 15인이다.** 만약 중·하도독부로 호수가 4만 이상인 경우에는[111] 관원의 정원이 이와 같았고 사마만 1인을 감하였다.

○ 中都督府: **都督一人, 正三品. 別駕一人, 正四品下**; 漢司隷校尉有別駕從事, 校尉一人行部則奉引, 主錄衆事. 舊解以爲別乘傳車, 故曰別駕. 諸州刺史亦有之. 元帝時, 條州大小, 爲設吏員, 別駕、治中、諸部從事秩皆百石. 後漢改曰別駕從事史, 三國因之. 晉代諸州各置別駕、治中從事史一人, 宋、齊、梁、陳、後魏、周、隋因而不改, 皇朝因之. 永徽中, 改別駕爲長史. 垂拱初, 又置別駕員, 多以皇家宗枝爲之. 神龍初罷, 開元初復置, 始通用庶姓焉. **長史一人, 正五品上**; **司馬一人, 正五品下. 錄事參軍事一人, 正七品下**; **錄事二人, 從九品上**; **史四人. 功曹參軍事一人, 從七品上**; **府三人**; **史六人. 倉曹參軍事一人, 從七品上**; 涼州加一人, 仍加府一人、史二人. **府三人**; **史六人. 戶曹參軍事一人, 從七品上**; **府四人**; **史七人**; **帳史一人. 兵曹參軍事二人, 從七品上**; **府四人**;

---

107) 倉督은 市易倉庫의 출납을 전담하였다. 『新唐書』 권49下, 百官4下, 1314쪽에는 '史二人'으로 되어 있다.

108) 『隋書』 百官志에 따르면 북제는 9등군에만 倉督 등을 두었고 주·현에는 두지 않았다. 수초에 州의 속관으로 倉督이 있었고, 군·현의 경우는 관련 기록이 없다.

109) 『新唐書』 권49下, 百官4下, 1314쪽에는 "文學一人, 正八品下"로 되어 있다.

110) 『新唐書』 권49下, 百官4下, 1315쪽에는 종8품상으로 되어 있다.

111) 『唐會要』 권68, 都督府, 1411쪽: "武德七年二月十二日, 改大總管府爲大都督府, 管十州已上爲上都督府, 不滿十州只爲都督府. 至開元元年著令, 戶滿二萬已上爲中都督府, 不滿二萬爲下都督府."

史八人. 若管內無軍團, 雖有軍團唯管三州已下者, 省兵曹一人. 法曹參軍事一人, 從七品上; 府四人; 史八人. 士曹參軍事一人, 從七品上; 府三人; 史六人. 參軍事四人, 從八品上. 執刀十五人. 典獄十四人. 問事八人; 白直二十人. 市令一人, 從九品上; 丞一人; 佐一人; 史二人; 帥三人; 倉督二人, 史四人. 經學博士一人, 從八品下; 助教二人; 學生六十人. 醫學博士一人, 正九品下; 助教一人; 學生十五人. 下都督府戶滿二萬已上者, 官員亦準此.

역문 **중도독부의 도독은 1인으로 정3품이다. 별가는 1인으로 정4품하이고**, 한의 사예교위(의 속관)에 별가종사가 있어, 교위 1인[112]이 부에 출행하면 (수행하면서) 받들어 인도하고 각종 사무를 총괄하였다.[113] 예전 해석에 의하면 (교위를 수행할 때) 따로 수레에 탔기 때문에 별가라 하였다고 한다.[114] 각 주 자사(의 속관)에도 별가가 있었다. 원제 때 주의 대소를 하나하나 구분하여 하급관리를 두었는데, 별가종사·치중종사와 각 부 종사의 질은 백석이었다.[115] 후한에서는 별가종사사로 개칭하였고,[116] 삼국은 이를 따랐다. 진의 각 주에는 각각 별가종사사·치중종사사 1인을 두었고,[117] 송·제·

112) 近衛本에서는 '一人'이 '從事' 다음에 위치("漢司隸校尉別駕從事一人, 校尉行部則奉引, 主錄衆事")해야 한다고 하였다.

113) 『漢書』 권19上, 百官公卿表上, 737쪽: "司隸校尉, 周官. 武帝征和四年初置, 持節從中都官徒千二百人, 捕巫蠱, 督大姦猾. 後罷其兵, 察三輔·三河·弘農" ; 『後漢書』 권37, 百官4, 3613쪽: "別駕從事, 校尉行部則奉引錄衆事."

114) '舊解'란 漢代의 해석을 가리킨다. 『太平御覽』 권263, 職官部61, 別駕, 1231쪽下에 "庾亮集答郭遜書曰, 別駕舊與刺史別乘, 周流宣化於萬里者, 其任居刺史之半, 安可任非其人"이라 하였다.

115) 『漢官儀』(卷上, 150쪽: "元帝時, 丞相于定國條州大小, 爲設吏員, 有治中·別駕·諸部從事, 秩皆百石, 同諸郡從事."

116) 『後漢書』 권37, 百官4, 3613~3614쪽에 의하면 司隸校尉의 속관으로 從事史 12인이 있었으며 별가종사사는 그 중 1인이었다.

117) 『晉書』 권24, 職官志, 745쪽: "州置刺史·別駕·治中從事·諸曹從事等員."

양·진·북위·북주·수는 이를 따르고 고치지 않았으며,[118] 당도 이를 따랐다.[119] 영휘(650~655)연간에 별가를 장사로 개칭하였다.[120] 수공(685~688) 초에 다시 별가의 정원을 두었는데 대부분 황가의 종친을 임명하였다.[121] 신룡(705~706) 초에 폐지하였다가 개원(713~741) 초에 다시 두었으며 (이 때) 처음으로 (황성인 이성(李姓) 이외의) 타성을 두루 임용하였다.[122] **장사는 1인으로 정5품상이고, 사마는 1인으로 정5품하이다.**[123] **녹사참군사는 1인으로 정7품하이고,**[124] **녹사는 2인으로 종9품상이며, 사는 4인이다. 공조참군사는 1인으로 종7품상이고, 부는 3인이며, 사는 6인이다. 창조참군사는 1인으로 종7품상이고,** 양주에는 (창조참군사) 1인을 더 두었고, **부 1**

---

118) 宋의 경우는 『宋書』 권40, 百官下, 1257쪽: "有別駕從事史·治中從事史·主簿·西曹書佐·祭酒從事史·議曹從事史·部郡從事史, 自主簿以下, 置人多少, 各隨州, 舊無定制也." 南齊의 경우는 『南齊書』 권16, 百官志, 328쪽: "州朝置別駕·治中·議曹·文學祭酒·諸曹部從事史." 梁의 경우는 『隋書』 권26, 百官上, 729쪽: "州置別駕·治中從事各一人, 主簿·西曹·議曹從事, 祭酒從事, 文學從事, 各因其州之大小而置員." 陳은 梁을 따랐다. 北魏의 경우는 『魏書』 官氏志에 따르면 太和 이전에 司州別駕는 列第四品中이었고 太和 이후에 司州別駕從事史는 列從第四品上이었다. 위에는 北齊가 누락되어 있지만, 『隋書』 百官志에 따르면 북제는 각 州에 別駕從事史·治中從事史 등을 두었다. 北周의 경우는 각 주에 모두 別駕를 두었다. 隋는 雍州에 牧을 두었고 屬官으로 別駕가 있었다.

119) 『唐會要』 권69, 別駕, 1437쪽: "武德元年六月, 置別駕."

120) 개칭 시기는 영휘 연간이 아니라 정관 23년(649)이다.(주44)·45) 참조)

121) 『唐會要』 권69, 別駕, 1437~1438쪽: "上元二年十月十日, 又置別駕, 其長史如故. 上州從四品, 中州五品, 下州從五品. 止以諸王子爲之. 至永隆元年又廢. 至永淳元年七月八日, 復置別駕官."

122) 이 기사는 『唐會要』에도 실려 있는데, 다소간 시간 차이가 있다. 『唐會要』 권69, 別駕, 1438쪽: "至景雲元年, 始用庶姓爲之. 至開元六年二月十二日勅, 舊例, 別駕皆是諸親, 比年已來, 頗多諸色, 先授者未能頓輟, 已後者自循舊章. 去冬有因計入朝, 不可更令却往, 宜並量材受用用. 至天寶八載八月二十六日勅, 諸郡各置三官(長史·司馬·別駕), 別駕不煩更置. 政存省要, 豈在多員, 其別駕隨缺便停, 下州置長史一員.… (文宗)大和元年正月, 宰相常處厚奏, 請復置六雄·十望·十緊·三十四州別駕. 先是貞元中, 宰相齊抗奏減冗員, 罷諸州別駕, 其京百官合入別駕, 多處之朝列. 及元和已後, 兩河用兵, 偏裨立功者, 率以儲寀王官雜補之. 處厚乃復請置別駕以處焉."

123) 長史와 司馬의 변화 과정은 大都督府 長史와 司馬 참조.

124) 錄事參軍事 및 諸曹參軍事의 변화 과정은 京兆·河南·太原府 屬官 참조.

인, 사 2인을 더 두었다. 부는 3인이며, 사는 6인이다. 호조참군사는 1인으로 종7품상이고, 부는 4인이며, 사는 7인이고, 장사는 1인이다. 병조참군사는 2인으로 종7품상이고, 부는 4인이며, 사는 8인이다. 만약 (도독부) 관할구역 내에 군단이 없거나, 비록 군단이 있다고 하더라도 3주 이하를 관할하고 있다면, 병조참군사 1인을 줄인다.[125] 법조참군사는 1인으로 종7품상이고, 부는 4인이며, 사는 8인이다. 사조참군사는 1인으로 종7품상이고, 부는 3인이며, 사는 6인이다. 참군사는 4인으로 종8품상이다. 집도는 15인이다. 전옥은 14인이다. 문사는 8인이다. 백직은 20인이다. 시령은 1인으로 종9품상이고, 승은 1인이며, 좌는 1인이고, 사는 2인이며, 수는 3인이고, 창독은 2인이며 (그) 사는 3인이다. 경학박사는 1인으로 종8품하[126]이고, 조교는 2인이며, 학생은 60인이다. 의학박사는 1인으로 정9품하[127]이고, 조교는 1인이며, 학생은 15인이다.[128] 하도독부 가운데 호수 2만 이상인 경우[129]의 속관 정원도 이에 준한다.

○ 下都督府: 都督一人, 從三品. 戶不滿二萬爲下都督. 別駕一人, 從四品下; 長史一人, 從五品上; 司馬一人, 從五品下. 錄事參軍事一

---

125) 軍團이란 경내에 주둔하며 변방을 지키는 군대를 가리킨다. 당 초에는 대규모의 것으로 軍, 소규모의 것으로 守捉, 城, 鎭이 있었으며, 都督府는 부근의 여러 주 군대를 관할하였다.

126) 『新唐書』 권49下, 百官4下, 1315쪽에는 종8품상으로 되어 있다.

127) 『新唐書』 권49下, 百官4下, 1315쪽에는 정9품상으로 되어 있다.

128) 『舊唐書』 권44, 職官3, 1917쪽에는 경학생은 50명, 의학생은 12명으로 되어 있다.

129) 『唐會要』 권68, 都督府, 1411쪽: "至開元元年著令, 戶滿二萬以上, 爲中都督府, 不滿二萬爲下都督府."

人, 從七品上; 錄事二人, 從九品上; 史三人. 功曹參軍事一人, 從九品下; 府二人; 史二人. 州管戶不滿一萬者, 不置功曹, 其事隸入倉曹. 倉曹參軍事一人, 從七品下; 府三人; 史六人. 戶曹參軍事一人, 從七品下; 府四人; 史七人; 帳史一人. 兵曹參軍事一人, 從七品下; 府三人; 史六人. 法曹參軍事一人, 從七品下; 兼掌士曹事. 府三人, 史六人. 參軍事三人, 從八品下. 管戶不滿一萬者, 省一人. 執刀十五人. 典獄十二人. 問事六人. 白直十六人, 市令一人, 從九品上; 丞一人; 佐一人; 史二人; 帥二人; 倉督二人, 史三人. 經學博士一人, 從八品下; 助教一人; 學生五十人. 若邊遠僻小州不滿五千戶者, 四分減一. 醫學博士一人; 助教一人; 學生十二人.

역문 하도독부의 도독은 1인으로 종3품이다. 호 2만이 되지 않으면 하도독부로 하였다.[130] 별가는 1인으로 종4품하이고, 장사는 1인으로 종5품상이며, 사마는 1인으로 종5품하이다. 녹사참군사는 1인으로 종7품상이고, 녹사는 2인으로 종9품상[131]이며, 사는 3인이다. 공조참군사는 1인으로 종7품하이고, 부는 2인이며, 사는 2인이다. 1만 미만의 호를 관할하는 주에는 공조(참군사)를 두지 않고, 그 사무는 창조(참군사)에 예속시킨다. 창조참군사는 1인으로 종7품하이고, 부는 3인이며, 사는 6인이다. 호조참군사는 1인으로 종7품하이고, 부는 4인이며, 사는 7인이고, 장사는 1인이다. 병조참군사는 1인으로 종7품하이고, 부는 3인이며, 사는 6인이다. 법조참군사는 1인으로 종7품하이고, 사조(참군사)의 일을 겸하여 관장한다. 부는 3인이며, 사는 6인이다. 참군사는 3인으로

130) 주129) 참조

131) 『舊唐書』 권44, 職官3, 1917쪽에는 종9품하로 되어 있다.

종8품하이다. 1만 미만의 호를 관할하고 있으면 1인을 줄인다. 집도는 15인이다. 전옥은 12인이다. 문사는 6인이다. 백직은 16인이다. 시령은 1인으로 종9품상이고, 승은 1인이며, 좌는 1인이고, 사는 2인이며, 수는 2인이고, 창독은 2인이며 (그) 사는 3인이다. 경학박사는 1인으로 종8품하이고, 조교는 1인이며, 학생은 15인이다. 만약 호 5천 미만인, 중앙에서 멀리 떨어진 변경 벽지의 조그마한 주라면 4분의 1을 감한다. 의학박사는 1인이고, 조교는 1인이며, 학생은 12인이다.

◎ 上州, 凡戶滿四萬已上爲上州. 刺史一人, 從三品. 秦置御史監郡, 漢初省之, 丞相遣史分刺諸州, 亦不常置. 至武帝元封五年, 初置部刺史十三人, 掌奉詔條察諸州, 秋、冬入奏, 居無常所. 後漢則皆有定所. 屬官有別駕・治中・主簿・功曹從事、諸曹掾等員, 皆自辟除; 以刺衆官及萬人非違, 故謂之刺史. 自漢、魏已來, 或爲牧, 或爲刺史, 皆管郡. 隋初, 上州有刺史、長史、司馬、錄事參軍、功曹・戶曹・兵曹等參軍事、法曹・士曹等行參軍、典籤、州都、光初主簿、郡正主簿、西曹書佐、祭酒從事、部郡從事、倉督、市令・丞等員幷佐史等; 郡置太守、丞、尉、正、光初功曹、光初主簿、縣正功曹、主簿、西曹、金・戶・兵・法・士等曹、市令等幷佐史員; 州、郡皆爲九等. 三年, 罷郡, 以州統縣, 改別駕、贊治爲長史、司馬. 舊周、齊州郡縣職, 自州都、縣正已下皆自調用以理事, 至是不知事, 直謂之鄕官, 別置品官, 皆吏部選除; 佐官以曹爲名者, 皆改爲司. 十四年, 改九等州、縣爲四等. 十五年, 罷鄕官. 煬帝三年, 罷州置郡, 置太守, 罷長史、司馬、置贊治以貳之. 後又置通守, 改贊治爲丞. 錄事已下, 並見於上. 別駕一人, 從四品下; 長史一人, 從五品上; 司馬一人, 從五品下. 錄事參軍事一人, 從七品上; 錄事二人, 從九品上; 史三人. 司功參軍事一人, 從七品下; 佐三人; 史六人. 司倉參軍事一人, 從七品下; 佐三人; 史六人. 司戶參軍事二人, 從七品下; 佐三人; 史七人; 帳史一人. 司兵參軍事一人, 從七品下; 佐三人; 史六人. 司法參軍事二人, 從七品下; 佐四人; 史八人. 司士參軍事一人, 從七品下; 佐三人; 史六人. 參軍事四人. 執刀十五人. 典獄十四人. 問事八人. 白直二十人. 市令一人, 從九品上; 丞一人; 佐一人; 史二人; 帥三人; 倉督二人, 史四人. 經學博士一人, 從八品下; 助敎二人, 學生六十人. 醫學博士一人, 正九品下; 助敎一人; 學生十五人.

역문 상주: 무릇 호수가 4만 이상이면 상주로 한다.[132] 자사[133]는 1인으로 종3품이다. 진에서는 어사를 두어 군을 감독하였고, 한 초에는 어사를 폐지하고 승상이 사를 파견하여 각 주를 나누어 감찰하게 하였으나 항상적으로 설치한 것은 아니었다.[134] 무제 원봉 5년(기원전 106)에 이르러 처음으로 부자사 13인을 두고, 조를 받들어 (6)조

---

132) 上州의 기준이 武德令에서는 3만 호 이상, 永徽令에서는 2만 호 이상, 顯慶 원년(656) 勅에서는 3만 호 이상이었는데, 개원 18년(730) 勅에 의해 4만 호 이상으로 규정되었다. 호수의 다소에 따른 주 등급에 대해서는 『唐會要』 권70, 量戶口定州縣等第例, 1457쪽: "武德令, 三萬戶以上爲上州. 永徽令, 二萬戶以上爲上州. 至顯慶元年九月十二日勅, 戶滿三萬以上爲上州, 二萬以上爲中州, 先已定爲中州下州者, 仍舊. 至開元十八年三月十七日勅, 太平時久, 戶口日殷, 宜以四萬戶以上爲上州, 二萬五千戶爲中州, 不滿二萬戶爲下州. 其六雄·十望州·三輔等, 及別勅同上州都督及畿內州, 並同上州. 緣邊州三萬戶以上爲上州, 二萬戶以上爲中州. 其親王任中州下州刺史者, 亦爲上州, 王去任後, 仍舊" ; 『通典』 권33, 職官15, 州郡下, 郡太守, 909쪽: "亦有不約戶口以別勅爲上州者. 又謂近畿者爲畿內州, 戶數不滿四萬, 亦爲上州" 참조. 참고로 이 기사들에 따르면 2만 호~2만5천 호의 주는 어느 주에도 속하지 않는다는 문제가 남는다.

133) 刺史는 唐에서 명칭이 여러 차례 바뀌었다. 『唐會要』 권68, 刺史上, 1416쪽: "武德元年六月十九日, 改郡爲州, 置刺史·別駕·治中各一人. 天寶元年正月二十日, 改州爲郡, 改刺史爲太守. 至德二年十二月十五日, 又改郡爲州, 太守爲刺史."

134) 『通典』 권32, 職官14, 884쪽: "秦置監察御史, 漢興省之. 至惠帝三年, 又遣御史監三輔郡, 察詞訟, 所察之事凡九條, 監者二歲更之. 常以十月奏事, 十二月還監. 其後諸州復置監察御史. 文帝十三年, 以御史不奉法, 下失其職, 乃遣丞相史出刺, 幷督監察御史. 武帝元封元年, 御史止不復監."

에 따라 여러 주를 감찰하고 가을·겨울에 (경사에) 들어와 보고하는 일을 맡게 하였는데, 상설의 치소가 없었다. 후한에서는 모두 고정된 치소가 있었다.135) 속관으로는 별가종사·치중종사·주부종사·공조종사와 각 조의 연 등의 정원이 있었는데 모두 (자사가) 직접 선임하였으며, 여러 관원과 백성의 위법행위를 감찰했기 때문에 자사라고 하였다.136) 한·위 이래로 때로는 목이라 하고 때로는 자사라고 하였는데137) 모두 군을 관할하였다.138) 수 초에 상주에는 자

---

135) 『三國志』 권9, 魏書, 夏候玄傳, 298쪽: "故刺史稱傳車, 其吏言從事, 居無常治" : 『宋書』 권40, 百官下, 1256쪽: "刺史乘傳周行郡國, 無適所治. 後漢世, 所治始有定處" : 『通典』 권32, 職官14, 885쪽: "漢刺史乘傳周行郡國, 無適所治, 中興, 所治有定處."

136) 『通典』 권32, 職官14, 885쪽: "後漢光武建武十八年, 復爲刺史, 外十二州各一人, 其一州屬司隸校尉. 漢刺史乘傳周行郡國, 無適所治, 中興, 所治有定處. 舊常以八月巡行所部, 錄囚徒, 考殿最, 初歲盡詣京都奏事. 中興但因計吏, 不復自詣京師. 雖父母之喪, 不得去職. 或謂州府爲外臺. 靈帝中平五年, 改刺史, 唯置牧. 是時天下方亂, 豪傑各欲據有州郡, 而劉焉·劉虞並自九卿出領州牧, 州牧之任, 自此重矣. 舊制, 州牧奏二千石長吏不任位者, 事皆先下三公, 三公遣掾史按驗, 然後黜退. 光武即位, 用法明察, 不復委三府, 故權歸舉刺之吏." 위 『통전』 기사에 따르면, 후한에 와서 자사에 다음과 같은 변화가 보인다. 첫째 전한과 달리 자사에게 고정적인 治所가 생겼고, 둘째 자사가 직접 상경하여 보고하는 대신 上計吏가 보고하였으며, 셋째 질이 6백 석에서 2천 석으로 올라가 지위가 9경 다음이었고, 넷째 속관이 있었을 뿐만 아니라 자사 자신이 직접 선임하였다. 이러한 변화와 더불어 후한의 자사는 조정의 감찰관이면서 또한 지방의 행정장관이 되었다.

137) 刺史를 牧으로 개칭한 것은 후한 靈帝 때 시작되었다. 『通典』 권32, 職官14, 885쪽: "靈帝中平五年, 改刺史, 唯置牧" : 『後漢書』 권75, 劉焉袁術呂布列傳, 2431쪽: "時靈帝政化衰缺, 四方兵寇, 焉以爲刺史威輕, 既不能禁, 且用非其人, 輒增暴亂, 乃建議改置牧伯, 鎭安方夏, 淸選重臣, 以居其任.… 出焉爲監軍使者, 領益州牧, 太僕黃琬爲豫州牧, 宗正劉虞爲幽州牧, 皆以本秩居職. 州任之重, 自此而始."

138) 州가 郡을 관할한다는 것은 州가 郡의 상급 지방행정기구였음을 뜻한다. 『漢書』 地理志는 당시 지방행정기구를 군·현 2급제로 기록하였고, 『後漢書』 郡國志는 후한의 지리를 서술하면서 몇몇의 군현을 기록하고 뒷부분에 '右某州刺史部'라고 하였으며, 『晉書』 地理志는 군현의 상위 범주로 州를 언급하였지만 州의 治所는 기록하지 않았는데 아마도 아직 州를 정식 행정구역으로 볼 수 없었기 때문이었을 것이다. 그러나 『宋書』 州郡志와 『南齊書』 州郡志에서는 州가 군현을 통할하고 있음을 명확히 드러냈고, 『魏書』 地形志에서도 州가 군현을 통할하는 것으로 하였다. 『宋書』 州郡志, 『南齊書』 州郡志, 『魏書』 地形志에서는 州를 기록할 때 모두 먼저 治所를 언급하고, 이어 관할 군현과 호구수를 언급하였는데, 이는 州가 사실상 감찰구역의 성격에서 벗어나 일반 행정구역이 되었음을 반영할 뿐 아니라 당시 사람들도 이를 보편적으로 인식하고 있

사, 장사, 사마, 녹사참군, 공조·호조·병조 등의 참군사, 법조·사조 등의 행참군, 전첨, 주도[139], 광초주부[140], 군정주부, 서조서좌[141], 좨주종사[142], 부군종사[143], 창독, 시령, (시)승 등의 정원과 좌사[144] 등을 두었다. 군에는 태수, 승, 위, 정[145], 광초공조, 광초주부, 현

었음을 말해준다. 주·군·현 3급 지방행정기구가 확립됨에 따라 주·군·현의 수도 크게 증가하였다. 『通典』 권171, 州郡1, 序目上, 4461~4464쪽에 의하면, 宋은 22주 238군 1,179현, 齊는 23주 395군 1,474현, 梁은 23주 350군 1,025현, 陳은 42주 109군 438현이었고, 『魏書』 地形志에 의하면 北魏는 108주 497군 1127현이었다. 남북조 시기 각 왕조의 영역이나 인구는 중국 전체의 반 정도에 지나지 않았지만 郡 수는 秦의 40군이나 漢의 103군국에 비해 몇 배에 달하였다. 사실상 이 시기의 州는 한대의 郡에 상당하였다. 그 가운데 어떤 것은 僑州郡이었고, 어떤 것은 지방 豪强을 현지의 刺史·太守·令長에 임명하거나 將軍·校尉 등의 명호만 지급한 것으로, 관할 지역이나 호구수로 보건대 주군을 설치하기에 모두 부적절하였다.

139) 州都는 州大中正이다. 『通典』 권32, 職官14, 891~892쪽: "魏司空陳羣以天臺選用, 不盡人才, 擇州之才優有昭鑒者, 除爲中正, 自拔人才, 銓定九品, 州郡皆置. 晃有大公平, 亦其任也. 晉宣帝加置大中正, 故有大小中正, 其用人甚重, 齊梁亦重焉. 後魏有之. 北齊郡縣皆有, 其本州中正以京官爲之. 隋有州都, 其任亦重." 역대 왕조에서 州都를 역임한 자들은 보면, 西晉의 劉毅는 淸州大中正을, 東晉의 溫雅·羊晫 등은 任州大中正을, 梁의 沈約은 揚州大中正을, 北魏의 崔浩는 冀州大中正을 각각 역임하였고, 北齊의 邢劭와 許惇은 本州 大中正이 되었다.

140) 北齊에서는 光初主簿를 光迎主簿라고 하였다. 신임 州長官을 영접하는 일을 전담하였는데 지위는 동급의 主簿보다 높았으며 때때로 우선적으로 입사할 수 있었다. 이 관직의 임명은 신구 자사의 교체시기에 이루어지기 때문에 항상 大中正에 의해 결정되었다.

141) 西曹書佐는 漢 公府에 두었던 西曹掾屬으로 功曹書佐에 상당하며 府吏의 배치를 주관하였다. 晉 이후 州에는 西曹書佐를 두었는데 西曹從事라고도 불렀으며 지위는 諸曹從事보다 높았고 主簿와 같았다.

142) 한 말에 각 주에는 從事祭酒가 있었는데 尊老禮賢의 散職이었다. 양진·남조에서는 祭酒從事라 하였고 줄여서 祭酒라 하였다. 북조에서도 설치하였다.

143) 部郡從事는 한대에 각 주자사의 속관으로 군마다 1인이 있었고 질은 백석, 지위는 별가·치중보다 낮았다. 郡國文書의 독촉과 非法의 감찰을 담당하였고, 자사는 대부분 이에 의지하여 지방을 감찰하였다. 후대에 각 주마다 설치되었으며, 남조의 제·양에서는 部傳從事라 하였다. 북위·북제에서도 모두 설치하였다.

144) 한에서 佐史는 주로 지방관부의 속리를 가리켰으며, 書佐·假佐와 같은 것이 그것이다. 군현 속리 가운데 질 백석 이하의 것으로 斗食·佐史의 秩이 있었다.(『漢書』 권19上, 百官公卿表上, 742쪽: "百石以下有斗食·佐史之秩, 是謂小吏") 남조의 제에서 佐史는 公府 僚屬의 범칭이었고, 수에서는 주군현 하급관원의 범칭이었다.

145) 正은 郡 中正으로, 隋 文帝의 父 楊忠을 피휘하여 正이라 약칭하였다. 州에는 大中正이 있었

정[146], 공조, 주부, 서조, 금·호·병·법·사 등의 조, 시령 등과 좌사의 정원을 두었다.[147] 주와 군은 모두 9등급으로 나누었다.[148] (개황) 3년(583)에 군을 폐지하고 주가 현을 통할하였으며 별가와 찬치를 장사와 사마로 개칭하였다. 이전 북주·북제의 주·군·현의 속관직 중 주도·현정 이하는 모두 (그 장관이) 직접 선발하고 임용하여 업무를 처리하(게 하)였는데, 이 때에 이르러 업무를 맡지 않게 되면서 단지 향관이라고만 불렀고, 별도로 품관을 두고 모두 (상서성) 이부에서 선임하였으며, 좌관은 (그 때까지) '조'라고 하던 명칭을 모두 '사'로 개칭하였다.[149] (개황) 14년(594)에 9등 주·현을 4등(주·현)으로 고쳤다.[150] 15년(595)에 향관을 폐지하였다.[151] 양제(대업) 3년(607)에 주를 폐지하고 군을 설치하고서 태수를 두었으며,[152] 장사·사마를 폐지하고 찬치를 두어 태수의 차관으로 하였

고 州都라고도 불렀다. 郡 中正은 小中正이라 하였고, 大中正은 小中正을 천거할 수 있었다. 光初主簿와 더불어 신임 장관의 영접을 맡았다.

146) 縣正은 縣中正의 약칭으로 郡守 관할이었다.

147) 위·진 이후로 자사는 대부분 장군(호)을 겸대하고 開府하였기 때문에 두 부류의 속관, 즉 민정을 담당한 州官과 군정을 담당한 府官이 있었다. 隋는 北齊의 제도를 계승하였는데, 『隋書』 권27, 百官中, 761~762쪽에 의하면 북제 때 上上州의 州官과 府官의 속관을 합하면 393인에 달하였다. 수 초에 府官과 州官을 통합하고 적정 인원으로 감축하였는데, 『隋書』 권27, 百官中, 783쪽에 따르면 上上州의 정원은 323인으로, 北齊에 비해 70인이 줄었다. 그 관직의 명칭은 대부분 양한·양진의 것을 계승하였지만, 남북조 때 처음 생긴 것도 있다.

148) 수 초에 주군의 등급은 모두 북제의 제도를 따랐다. 북제는 郡을 上上郡부터 下下郡까지 9등급으로 나누었다. 북주는 호수의 다소에 따라 品命을 정하였는데 正八命부터 正六命까지 5등급으로 나누었다. 호수가 3만 이상이면 正八命이었고, 차례로 체감하여 호수 5천이 되지 않으면 正六命이었다.

149) 功曹·倉曹·戶曹 등의 명칭을 司功·司倉·司戶 등으로 개칭하였다.

150) 『隋書』 권28, 百官下, 793쪽: "十四年, 諸省各置主事令史員, 改九等州縣爲上·中·中下·下, 凡四等."

151) 『隋書』 권28, 百官下, 792쪽.(주52) 참조)

152) 大業 3년 州를 폐지하고 郡을 두면서 郡을 상·중·하 3등급으로 나누고 그 장관에 太守를

다. 후에 또 통수를 두었고 찬치를 승으로 개칭하였다. 녹사(참군) 이하는 모두 위에서 설명하였다. 별가[153]는 1인으로 종4품하이고, 장사[154]는 1인으로 종5품상이며, 사마[155]는 1인으로 종5품하이다. 녹사참군사[156]는 1인으로 종7품상이고, 녹사는 2인[157]으로 종9품상이며,[158] 사는 3인이다. 사공참군사는 1인[159]으로 종7품하이고, 좌는 3인이며, 사는 6인이다. 사창참군사는 1인으로 종7품하이

두었는데 上郡은 종3품, 中郡은 정4품, 下郡은 종4품이었다.

153) 武德(618~626) 연간 郡을 州로 개칭할 때 太守를 刺史라 개칭하고, 丞은 둘로 나누어 別駕와 司馬를 두었다. 別駕의 연혁은 다음과 같다. 『唐會要』 권69, 別駕, 1437~1438쪽: "武德元年六月, 置別駕, 貞觀二十三年七月五日, 改別駕爲長史. 上元二年十月十日, 又置別駕, 其長史如故. 上州從四品, 中州五品, 下州從五品, 止以諸王子爲之. 至永隆元年又廢, 至永淳元年七月八日復置別駕官. 至景雲元年始用庶姓爲之. 至開元六年二月十二日敕, 舊例, 別駕皆是諸親, 近年已來頗多諸色, 先授者未能頓黜, 已後者自循舊章. 去冬, 有因計入朝, 不可更令却往, 宜並量材敍用. 至天寶八載八月二十六日敕, 諸郡各置三官(別駕・長史・司馬), 別駕不煩更置, 政存省要, 豈在多員, 其別駕隨缺便停. 下州置長史一員. 上元二年九月二十一日赦文, 其別駕依卻置. 六年四月敕, 別駕錄事叅軍事有犯贓者, 禁身推問. 疾患者准式. 不稱所職者, 戶口流散者, 並委本處聞奏. 老耄暗弱, 才不稱職者, 量資考改, 與員外官.… (文宗)大和元年正月, 宰相常處厚奏, 請復置六雄・十望・十緊・三十四州別駕. 先是貞元中, 宰相齊抗奏減冗員, 罷諸州別駕, 其京百官合入別駕, 多處之朝列. 及元和已後, 兩河用兵, 偏裨立功者, 率以儲宗王官雜補之, 處厚乃復請置別駕以處焉." 이처럼 설치와 폐지를 되풀이함에 따라 別駕는 閒官이 되어 갔다.

154) 貞觀 23년(649) 別駕를 長史로 개칭하였다. 上元 2년(675) 다시 別駕를 설치하고 長史는 예전 그대로 두었으며, 그 후로 양자를 병치하였다.(주165) 참조)

155) 『唐會要』 권68, 刺史上, 1416쪽: "武德元年六月十九日, 改郡爲州, 置刺史・別駕・治中各一人." 貞觀 23년(649) 高宗이 즉위하면서 고종의 이름(李治)을 피휘하여 治中을 司馬로 개칭하였다. 長安 원년(701) 洛・雍・幷・荊・揚・益 6주에 左・右司馬 각 1인을 두었고, 후에 다시 예전대로 左・右 구분 없이 각 1인을 두었다. 太極 원년(712) 4大都督府에 다시 左・右司馬 각 1인을 두었다. 司馬는 別駕와 마찬가지로 優祿閒職이 되어 늘 貶退된 大臣이나 宗室을 안치시키는 데 이용되었다. 중종 때 張柬之・敬暉 등 5王이 좌천되어 外州司馬로 나가고, 헌종 때 劉禹錫・柳宗元 등 8인이 좌천되어 邊州司馬로 나가게 되었던 것이 그 예이다.

156) 錄事參軍事 및 諸司參軍事의 변화 과정은 京兆・河南・太原府 司錄參軍事 및 諸曹參軍事 참조.

157) 『舊唐書』 권44, 職官3, 1916쪽에는 3인으로 되어 있다.

158) 『新唐書』 권49下, 百官4下, 1317쪽에는 종9품하로 되어 있다.

159) 『舊唐書』 권44, 職官3, 1916쪽에는 司功・司倉・司戶・司兵・司法・司士參軍事가 모두 2인으로 되어 있다.

고, 좌는 3인이며, 사는 6인이다. 사호참군사는 2인으로 종7품하이고, 좌는 3인이며, 사는 7인이고, 장사(帳史)는 1인이다. 사병참군사는 1인으로 종7품하이고, 좌는 3인이며, 사는 6인이다. 사법참군사는 2인으로 종7품하이고, 좌는 4인이며, 사는 8인이다. 사사참군사는 1인으로 종7품하이고, 좌는 3인이며, 사는 6인이다. 참군사는 4인이다. 집도는 15인이다. 전옥은 14인이다. 문사는 8인이다. 백직은 20인이다.[160] 시령은 1인으로 종9품상이고, 승은 1인이며, 좌는 1인이고, 사는 2인이며, 수는 3인이고, 창독은 2인이며 (그) 사는 4인이다.[161] 경학박사는 1인으로 종8품하이고, 조교는 2인이며, 학생은 60인이다. 의학박사는 1인으로 정9품하이고, 조교는 1인이며, 학생은 15인이다.

○ 中州, 戶二萬已上. 刺史一人, 從四品上. 別駕一人, 正五品下; 長史一人, 正六品上; 司馬一人, 正六品下. 錄事參軍事一人, 正八品上; 錄事一人, 從九品下; 史二人. 司功參軍事一人, 正八品下; 佐二人; 史四人. 司倉參軍事一人, 正八品下; 佐二人; 史四人. 司戶參軍事一人, 正八品下; 佐三人; 史五人; 帳史一人. 司兵參軍事一人, 正八品下; 佐三人; 史四人. 司法參軍事一人, 正八品下; 兼掌司士事. 佐三人; 史六人. 參軍事三人, 正九品下. 執刀十人. 典獄十二人. 問事六人. 白直十六人. 市令一人; 丞一人; 佐一人; 史二人; 帥二人; 倉督二人; 史三人. 經學博士一人, 正九品上; 助教一人; 學生五十人. 醫學博士一人, 從九品下; 助教一人; 學生十二人.

---

160) 『舊唐書』 권44, 職官3, 1918쪽에는 白直 24인으로 되어 있다.

161) 『舊唐書』 권44, 職官3, 1918쪽에는 倉督은 2인이고 史는 없다.

역문 중주: 호수가 2만 이상이(면 중주로 한)다.[162] 자사는 1인으로 정4품상이다.[163] 별가는 1인으로 정5품하이고, 장사는 1인으로 정6품상이며, 사마는 1인으로 정6품하이다.[164] 녹사참군사는 1인으로 정8품상이고, 녹사는 1인으로 종9품하이며,[165] 사는 2인이다. 사공참군사는 1인으로 정8품하이고, 좌는 2인이며, 사는 4인이다. 사창참군사는 1인으로 정8품하이고, 좌는 2인이며, 사는 4인이다. 사호참군사는 1인으로 정8품하이고, 좌는 3인이며, 사는 5인이고, 장사(帳史)는 1인이다. 사병참군사는 1인으로 정8품하이고, 좌는 3인이며, 사는 4인이다. 사법참군사는 1인으로 정8품하이고, 사사(참군사)의 일을 겸하여 관장한다. 좌는 3인이며, 사는 6인이다. 참군사는 3인으로 정9품하이다.[166] 집도는 10인이다. 전옥은 12인이다. 문사는 6인이다. 백직은 16인이다. 시령은 1인이고, 승은 1인이며, 좌는 1인이고, 사는 2인이며, 수는 2인이고, 창독은 2인이며 (그) 사는 3인이다. 경학박사는 1인으로 정9품상이고, 조교는 1인이며, 학생은 50인이다. 의학박사는 1인으로 종9품하이고, 조교는 1인이며, 학생은 12인이다.

---

162) 주132) 참조.

163) 『新唐書』 권49下, 百官4下, 1318쪽에는 정4품하로 되어 있다.

164) 『舊唐書』 권44, 職官3, 1918쪽에는 '6품상'으로 되어 있다.

165) 『舊唐書』 권44, 職官3, 1918쪽과 『新唐書』 권49下, 百官4下, 1318쪽에는 종9품상으로 되어 있다.

166) 『舊唐書』 권44, 職官3, 1918쪽에는 정9품상으로 되어 있다.

○ 下州, 戶不滿二萬者爲下州. 刺史一人, 正四品下. 別駕一人, 從五品上; 司馬一人, 從六品上. 錄事參軍事一人, 從八品上; 錄事一人, 從九品下; 史二人. 司倉參軍事一人, 從八品下; 兼掌司功事. 佐二人; 史四人. 司戶參軍事一人, 從八品下; 兼掌司兵事. 佐三人; 史五人; 帳史一人. 司法參軍事一人, 從八品下; 兼掌司士事. 佐二人; 史四人. 參軍事二人, 從九品下. 執刀十人. 典獄八人. 問事四人. 白直十六人. 市令一人; 佐一人; 史一人; 帥二人; 倉督一人, 史二人. 經學博士一人, 正九品下; 助教一人; 學生四十人. 醫學博士一人, 從九品下; 學生一十人.

역문 하주: 호수가 2만이 되지 않으면 하주로 한다.[167] 자사는 1인으로 정4품하이다. 별가는 1인으로 종5품상이고, 사마는 1인으로 종6품상이다.[168] 녹사참군사는 1인으로 종8품상이고, 녹사는 1인으로 종9품하이며, 사는 2인이다. 사창참군사는 1인으로 종8품하이고, 사공(참군사)의 일을 겸하여 관장한다. 좌는 2인이며, 사는 4인이다. 사호참군사는 1인으로 종8품하이고, 사병(참군사)의 일을 겸하여 관장한다. 좌는 3인이며, 사는 5인이고, 장사는 1인이다. 사법참군사는 1인으로 종8품하이고, 사사(참군사)의 일을 겸하여 관장한다. 좌는 2인이며, 사는 4인이다. 참군사는 2인으로[169] 종9품하이다. 집도는 10인이다. 전옥은 8인이다. 문사는 4인이다. 백직은 16인이다. 시령은 1인이고, 좌는 1인, 사는 1인, 수는 2인, 창독은 1인, 사는 2인이다. 경학박사는 1인으로 정9품하이고, 조

167) 주132) 참조.

168) 『舊唐書』 권44, 職官3, 1918쪽에는 종6품하로 되어 있다.

169) 『舊唐書』 권44, 職官3, 1919쪽에는 참군사 1인으로 되어 있다.

교는 1인이며, 학생은 40인이다. 의학박사는 1인으로 종9품하이고, 학생은 10인이다.

○ 京兆、河南、太原牧及都督、刺史掌淸肅邦畿, 考覈官吏, 宣布德化, 撫和齊人, 勸課農桑, 敦諭五教. 每歲一巡屬縣, 觀風俗, 問百姓, 錄囚徒, 恤鰥寡, 閱丁口, 務知百姓之疾苦. 部內有篤學異能聞於鄕閭者, 擧而進之; 有不孝悌, 悖禮亂常, 不率法令者, 糾而繩之. 其吏在官公廉正己淸直守節者, 必察之; 其貪穢諂諛求名徇私者, 亦謹而察之, 皆附于考課, 以爲褒貶. 若善惡殊尤者, 隨卽奏聞. 若獄訟之枉疑, 兵甲之徵遣, 興造之便宜, 符瑞之尤異, 亦以上聞. 其常則申於尙書省而已. 若孝子順孫, 義夫節婦, 志行聞於鄕閭者, 亦隨實申奏, 表其門閭; 若精誠感通, 則加優賞. 其孝悌力田者, 考使集日, 具以名聞. 其所部有須改更, 得以便宜從事. 若親王典州及邊州都督、刺史不可離州局者, 應巡屬縣, 皆委上佐行焉.

역문 경조・하남・태원목과 도독・자사는 천자의 통치 영역(방기)[170]의 질서를 바로잡고, 관리의 근무 성적을 고과하며, 황제의 덕과 교화를 널리 선양하고, 일반 백성[171]을 어루만져 안정시키며, 농경과 잠업을 권장하고,[172] 오교[173]를 돈독하게 가르치는 일

---

170) 邦畿는 상고시대 국도를 중심으로 사방 천리의 천자의 직할 구역을 가리켰다.(『詩經』 商頌, 玄鳥, "邦畿千里") 여기서는 당의 통치 영역을 가리킨다고 보면 될 것이다.

171) 齊人이란 齊民, 즉 일반 백성을 가리킨다. 『漢書』 권24, 食貨志, 1171쪽: "亂齊民. 如淳注, 齊, 等也. 無有貴賤, 謂之齊民, 若今言平民矣." '人'이라 한 것은 태종 李世民을 피휘한 것으로 보인다.

172) 農桑의 勸課와 관련한 당대 지방관원의 고과 규정을 보면 다음과 같다. 『通典』 권15, 選擧3, 371쪽: "其勸課農田, 能使豐殖者, 亦準見地爲十分論, 每加二分, 各進考一等. 其有不加勸課, 以致減損者, 每損一分, 降考一等" : 『唐律疏議』 권13, 戶婚律, 部內田疇荒蕪條, 248쪽: "諸部內田疇荒蕪者, 以十分論, 一分笞三十, 一分加一等, 罪止徒一年. 里正一人受罰, 州縣以長官爲首罪, 佐職官吏爲從罪, 減一等處罰."

을 관장한다. 매년 1회 속현을 순시하여 풍속을 관찰하고, 백성의 실정을 물어보며,[174] 죄수에 대한 판결을 점검하고,[175] 홀아비와 과부 같은 어려운 사람을 구휼하며, 호구수를 점검하여, 힘써 백성의 고통과 어려움을 파악한다. 관할구역 내에서 돈독한 학문과 뛰어난 재능으로 향리에 널리 알려진 자가 있으면 천거하여 관직에 나아가게 하고, 효성스럽지 못하고 공손하지 못하며 예를 어그러뜨리고 상도를 어지럽히며 법령을 따르지 않는 자가 있으면 규찰하여 제재를 가한다. 그 관리 가운데 공평하고 청렴하여 자신을 바르게 하고, 깨끗하고 곧아 절조를 굳게 지키는 자가 있으면 반드시 (신중하게) 살피고,[176] 탐욕스럽고 비루하여 아첨을 잘 하고, 공명을 추구하여 사사로움을 좇는 자가 있으면 역시 신중하게 살펴서, 모두 고과에 부쳐 올려주거나 깎아내린다. 만약 선정이나 악정으로 특별히 두드러진 자(가 있으)면 그때그때 바로 아뢴다. 만약 법을 왜곡 적용한 옥사나 혐의가 있지만 시비가 분명치 않은 옥사,[177] 병장기의 징발과 조달[178], 편의에 따라 일으킨 공사,[179]

---

173) 五敎는 父義·母慈·兄友·弟恭·子孝이다. 『尙書』 虞書, 舜典: "帝曰, 契, 百姓不親, 五品不遜, 汝作司徒, 敬敷五敎, 在寬" : 『左傳』 文公 18년: "擧八元, 使布五敎于四方, 父義, 母慈, 兄友, 弟恭, 子孝, 內平外成."

174) 問이란 백성의 疾苦·豊儉·水旱 따위를 묻는다는 것이다.(『唐律疏議』 권25, 詐僞律, 對制上書不以實條, 459쪽: "(注)無罪名謂之問, 謂問百姓疾苦, 豊儉水旱之類")

175) 冤獄이나 오판이 없는지 조사하는 것이다. 『漢書』 권71, 雋不疑傳, 3036~3037쪽: "(雋爲靑州刺史)每行縣錄囚徒還, 其母輒問不疑, 有所平反, 活幾何人. 師古曰, 省錄之, 知其情狀有冤滯與不也. 今云慮囚."

176) 『舊唐書』 권44, 職官3, 1919쪽에는 "必謹而察之"로 되어 있다.

177) 疑란 혐의를 부정 혹은 긍정하는 증인수가 같거나, 혐의가 있으나 증인이 없는 경우, 또는 증인이 있으나 혐의를 두기 어려운 경우 등을 말한다. 『唐律疏議』 권30, 斷獄律, 疑罪條, 575쪽: "(注)疑, 謂虛實之證等, 謂八品以下及庶人, 一人證虛, 一人證實, 二人以上, 虛實之證其數各等. 或七品以上, 各據衆証定罪, 亦各虛實之數等. 是非之理均, 謂有是處, 亦有非處, 其理各均. 或事涉疑似, 謂贓

특별히 기이한 상서로운 징조(가 있으면)[180] 또한 황제께 아뢴다. 평범한 것이라면 상서성에 보고할 뿐이다. 효자와 순손, 의로운 남편과 절개있는 부인, 지조와 덕행으로 향리에 알려진 자(가 있으)면 또한 바로 사실대로 조정에 보고하고, (조정에서는) 그 마을 입구에 (정표〔旌表〕를 세워) 드러내며,[181] 만약 그 정성이 지극

狀涉於疑似, 傍無證見之人. 或傍有聞見之人, 其事全非疑似."

178) 당대에 병사의 징발에는 엄격한 규정이 있었다.(『新唐書』 권50, 兵志, 1326쪽: "凡發府兵, 皆下符契, 州刺史與折衝勘契乃發") 만약 갑작스러운 外侵 등 긴급 상황이 발생했을 경우 편의에 따른 징발이 허용되지만 반드시 위에 보고해야 했고, 이를 어긴 자는 처벌을 받았다.(『唐律疏議』 권16, 擅興律, 擅發兵條, 298쪽: "疏議曰, 依令, 差兵十人以上, 竝須銅魚敕書勘同, 始合差發. 若急需兵處, 準程不得奏聞者, 聽便差發, 卽須言上. 若無警急, 又不先言上, 輒擅發, 十人以上, 九十九人以下, 徒一年, 滿百人, 徒一年半, 百人加一等, 七百人以上流三千里, 千人絞")

179) 便宜란 '適宜'·'事宜'·'便於公宜於民'의 의미이다.(『南齊書』 권46, 顧憲之傳, 808쪽: "愚又以便宜者, 蓋爲便於公, 宜於民也")

180) 符瑞는 符應·符命·祥瑞라고도 하며, 이상한 자연현상이나 사회현상을 가리킨다. 각 왕조는 자신들에게 천명이 주어졌다고 생각했기 때문에 왕조가 세워진 후 발생한 특이한 자연현상이나 사회현상들은 吉祥의 징조, 즉 祥瑞로 해석하였고, 이밖에 다른 符命說에 대해서는 '祆言祆書'라고 하여 엄히 처벌하였다.(『唐律疏議』 권18, 盜賊律, 造祆書祆言條, 345쪽: "疏議曰, 造祆書及祆言者, 謂構成怪力之書, 詐爲鬼神之語. 休, 謂妄說佗人及己身有休徵, 咎, 謂妄言國家有咎惡, 觀天畫地, 詭說災祥, 妄陳吉凶, 竝涉於不順者絞") 『唐六典』 권4, 禮部郎中, 114~115쪽에 따르면, 당에서는 祥瑞를 크게 大瑞·上瑞·中瑞·下瑞 4등급으로 나누었다. 각지에 大瑞가 있을 경우 지방관은 황제에게 보고해야 했다. 鳥·獸類 중에 산채로 잡은 것은 각각 그 습성에 따라 原野에 놓아주고, 잡을 수 없는 木連理 같은 것은 해당 지역에서 조사하여 허위가 아니라면 圖畵를 첨부하여 올렸다. 지방관이 大瑞를 보고하면 京師의 文武百官들은 闕에 나아가 奉賀하였다. 지방관이 거짓으로 祥瑞를 보고하면 論罪되었다.(『唐律疏議』 권25, 詐僞律, 詐僞瑞應條, 469쪽: "疏議曰, 瑞應者, 陸賈云, 瑞者寶也, 信也, 天以寶爲信. 應人之德, 故曰瑞. 其瑞應條流具在禮部之式. 有大瑞·上·中·下瑞. 今云詐爲瑞應, 卽明不限大小, 但詐爲者卽徒二年. 若詐言麟·鳳·龜·龍無可案驗者, 從上書詐不以實, 亦徒二年. 若災祥之類, 災謂祲沴, 祥爲休徵. 史官不以實對者, 謂應凶言吉, 應吉言凶, 加二等. 徒三年. 稱之類者, 此外有善惡之事, 勅問而史官不以實對者, 亦加二等")

181) 당대에 지방관이 관할지역의 孝子·順孫·義夫·節婦를 조정에 보고하여 표창하는 것도 일상적인 政績의 하나가 되었다. 孝子順孫을 표창한 경우로는 다음 예가 있다. 『舊唐書』 권193, 列女, 夏侯氏傳, 5143쪽: "劉寂妻夏侯氏, 滑州胙城人, 字碎金. 父長雲, 爲鹽城縣丞, 因疾喪明. 碎金乃求離其夫, 以終侍養. 經十五年, 兼事後母, 以至孝聞. 及父卒, 毁瘠殆不勝喪, 被髮徒跣, 負土成墳, 廬於墓側, 每日一食, 如此者積年. 貞觀中, 有制表其門閭, 賜以粟帛." 義夫節婦를 표창한 경우로는 다음의 예가 있다. 『舊唐書』 권193, 列女, 竇氏二女傳, 5147쪽: "奉天縣竇氏二女伯娘·仲娘, 雖長於村野,

하여 감응이 있다면 후하게 상을 더한다. 효제역전(孝悌力田)으로 천거된 자는[182] 고사가 모이는 날 (형식을) 갖추어 이름을 황제께 아뢴다.[183] (위의 규정은) 관할 구역에서 모름지기 변경해야 할 필요가 있을 경우 상황의 편의에 따라 처리할 수 있다. 만약 친왕이 맡은 주의 경우[184] 및 변주의 도독과 자사로서 주의 관할 구역(州局)을 벗어나서는 안되는 경우는 속현을 순시해야 할 때 모두 상좌[185]에게 맡겨 순행하게 한다.

而幼有志操, 住與邠州接界. 永泰中, 草賊數千人, 持兵刃入其村落行剽劫, 聞二女有容色, 姊年十九, 妹年十六, 藏於岩窟間. 賊徒擬爲逼辱, 乃先曳伯娘出, 行數十步, 又曳仲娘出, 賊相顧自慰. 行臨深谷, 伯娘曰, 我豈受賊汚辱. 乃投之於谷. 賊方驚駭, 仲娘又投於谷. 谷深數百尺, 姊尋卒, 仲娘脚折面破, 血流被體, 氣絶良久而蘇, 賊義之而去. 京兆尹第五琦感其貞烈, 奏之, 詔旌表門閭, 長免丁役, 二女葬事官給. 京兆戶曹陸海著賦以美之."

182) 『舊唐書』 권44, 職官3, 1919쪽에는 '孝悌力田' 다음에 '頗有詞學'의 4자가 있다. 孝悌力田은 개원(713~741) 연간에 鄕貢 과목이 되었는데, 貢擧 조건은 正直淸修·名行孝義·旌表門閭·勘里時務였다.(『唐會要』 권76, 貢擧中, 制科擧, 1649쪽: "(開元)二十六年正月勅, 孝弟力田, 風化之本, 比來將同擧人考試辭策. 今後兩事兼著, 狀迹殊尤者, 委所由長官特以名薦, 更不須隨考便例申送" : 孝廉擧, 1652~1653쪽: "(報應二年) 七月二十六日, 禮部侍郞楊綰奏貢擧條目曰,… 孝弟力田, 但能熟讀一經, 言音典切, 即令所司擧送, 試通, 使與出身")

183) 考使란 尙書省 吏部 考功司의 고과를 담당한 考官을 가리킨다. 고공사의 고과는 校考使의 교정(지위와 명망이 높은 중앙관 2인이 校考使가 되어 각각 중앙관과 지방관의 고과를 교정), 監考使의 감독(給事中과 中書舍人이 監考使가 되어 각각 중앙관과 지방관의 고과를 감독), 知考使(判考使)의 판정(考功郞中과 考功員外郞이 知考使가 되어 각각 중앙관과 지방관의 고과를 판정)을 거쳐 이루어졌다. 당대 각 부주에서는 매해 연말 上佐를 朝集使로 올려 보내 지방관의 고과를 보고하고, 貢品을 진헌하였으며 아울러 각지의 鄕貢도 천거(貢)하였다. 이것이 이른바 '隨物入貢'이다. 조집사는 모두 10월 25일까지 입경해야 했고, 11월 1일 戶部에서 이들을 引見하였다. 따라서 향공도 그 기일에 맞추어 입경하여 먼저 이름을 보고하고 元日 조회에 참가하였다. 공인·공물 제도와 관련하여 武周 長壽 2년(693) 左拾遺 劉承慶의 상소가 흥미롭다.(『唐會要』 권76, 貢擧中, 緣擧雜錄, 1638쪽: "伏見比年以來, 天下諸州所貢物, 至元日, 皆陳在御前, 唯貢人獨於朝堂拜列, 但孝廉秀異, 旣充歲貢, 宜列王庭, 豈得金帛羽毛, 升於王階之下, 賢良文學棄彼金門之外, 恐所謂貴財而賤義, 重物而輕人. 伏請貢人至元日引見, 列在萬物之前, 以備充庭之禮")

184) 『新唐書』 권49下, 百官4下, 1310쪽: "京兆·河南牧, 大都督, 大都護, 皆親王遙領."

185) 『通典』 권33, 職官5, 總論郡佐, 910쪽: "大唐州府佐吏與隋制同. 有別駕長史司馬一人.〔… 凡別駕長史司馬, 通謂之上佐〕."

○ 尹、少尹、別駕、長史、司馬掌貳府、州之事, 以紀綱衆務, 通判列曹; 歲終則更入奏計.

역문 윤·소윤·별가·장사·사마는 부와 주의 차관186)으로서 모든 사무를 관리하고 각 조를 통판187)하는 일을 관장하며, 연말에 번갈아가며 입경하여 (회계와 고과를) 보고한다.188)

○ 司錄、錄事參軍掌付事勾稽, 省署抄目. 糾正非違, 監守符印. 若列曹事有異同, 得以聞奏.

역문 사록·녹사참군은189) 문안을 발송하고 일정 지체(와 과실)을

---

186) 尹과 少尹은 京兆·河南·太原 3府의 차관이다. 別駕·長史·司馬는 도독부 및 각 주의 上佐로 三官이라고 불렀다.

187) 당에서는 設官分職할 때 담당한 직능에 따라 長官-通判官-判官-主典 4등급으로 나누었다. 각 府州의 都督·刺史는 長官, 別駕·長史·司馬는 通判官, 諸曹參軍事는 判官(司判이라고도 부름), 諸曹의 佐·史는 主典이 되었다. 文案을 처리할 때 主典은 檢請, 判官은 分判, 通判官은 通判을 책임지고, 長官은 사안의 가부·거취를 결정하는 책임을 졌다. 通判官은 判司의 결정을 改正할 수 있었는데, 만약 異判하여 잘못(失)이 있을 경우 법률상 異判 通判官으로 논죄하는 데 그쳤다. 四等官의 文案 서명에 사용하는 전용어는 판관의 경우 '白', 통판관은 '咨', 長官은 '示'였다. '咨'는 장관에게 자문한다는 의미인데, 거기에는 장관도 일부 직책을 분담한다는 의미가 들어 있다.

188) 매해 연말에 上佐는 朝集使로서 상경하여 1년간의 회계 문서와 고과 평가서를 보고하였다.(『唐六典』 권3, 尙書戶部 戶部郞中, 79쪽(『역주 당육전(상)』, 상서호부 호부낭중, 344~345쪽), "凡天下朝集使皆令都督·刺史及上佐更爲之, 若邊要州都督·刺史及諸州水旱成分, 則佗官代焉. 皆以十月二十五日至于京都, 十一月一日戶部引見訖, 於尙書省與羣官禮見, 然後集于考堂, 應考績之事. 元日, 陳其貢篚於殿庭") 朝集使는 경사에 있는 동안 전용 邸舍에 머물렀으며, 元日 조회에 참가한 후 각자의 州·府로 돌아갔다. 안사란 이후 조집사제도는 장기간 중지되었다가 德宗 建中 원년(780) 복구되었지만 다음해에 다시 중지되었으며 그 이후로 사실상 폐지되었다.

189) 사록참군사는 경조·하남·태원부의 속관이고 녹사참군사는 도독부 및 각 주부의 속관이다. 사록·녹사참군사는 府州 내의 위법행위를 규찰하고, 諸曹의 업무를 총괄하였다. 그리하여 이 두 직책을 "與一州府之政, 總錄諸曹之事"라고 하였다. 『韓昌黎文集』 권7, 碑誌, 唐故河南令張君墓誌銘에 의하면, 張署가 京兆府 司錄이 되었을 때 "諸曹白事, 不敢平面視, 共食公堂, 抑首促促就哺歠,

심사하며, (문안을) 검토하여 서명하고 (그) 목록을 작성하는 것을 관장하며,[190] 비리와 위법을 바로잡고 부절과 관인을 감독하고 보관(하는 것을 관장)한다. 만약 각 조에서 접수한 문안들 사이에 차이가 있을 경우 황제께 아뢰어 (확인을 받아)야 한다.[191]

○ 功曹、司功參軍掌官吏考課、假使、選擧、祭祀、禎祥、道佛、學校、表疏、書啓、醫藥、陳設之事. 凡差使, 先差州官; 不充, 取縣官, 率一半已上; 不充, 取前資官. 其上佐、錄事參軍、縣令不得充使出境. 凡州、縣及鎭倉督, 縣博士、助敎, 中、下州市令及縣市令, 嶽、瀆祝史, 並州選, 各四周而代. 州、鎭倉督, 州、縣市令, 取勳官五品已上及職資九品者; 若無, 通取勳官六品已下, 倉督取家口重大者爲之. 州市令不得用本市內人, 縣市令不得用當縣人. 博士、助敎部內無者, 得於旁州通取. 縣錄事通取部內勳官五品已上; 若無堪任者, 並佐、史通取六品已下子及白丁充之. 凡貢擧人有博職高才, 强學待問, 無失俊選者, 爲秀才; 通二經已上者, 爲明經; 明閑時務, 精熟一經者, 爲進士; 通

捐起趨去, 無敢闌語"라고 하여, 그 權任이 컸음을 잘 보여준다. 司錄·錄事參軍을 비롯하여 아래에 차례로 열거되는 功曹·司功參軍, 倉曹·司倉參軍, 戶曹·司戶參軍, 兵曹·司兵參軍, 法曹·司法參軍, 士曹·司士參軍의 직무에 대해서는 『舊唐書』 권44, 職官3, 1919~1920쪽; 『新唐書』 권49하, 職官4下, 1312~1313쪽 참조.

190) 付事는 접수한 文案을 관련 曹司에 발송하여 처리하는 것을 말한다. 勾稽는 율령격식에 의거하여 文案 처리 중 과오나 일정 지체가 있었는지 조사하는 것을 말한다. 勾稽 순서는 현존하는 당대 문서에 따르면 일반적으로 먼저 錄事가 檢核하고 과오가 없으면 서명하고 '檢無稽失'이라고 명기한 다음 錄事參軍事에게 보내면 녹사참군사가 朱筆로 갈고리형의 표시(勾)를 하여 완료하였음을 확인하고 서명하였다. 문서에는 문서 접수일자와 行判 일자를 적었다. 省署抄目이란 주고받은 모든 문안을 검토하여 서명하고, 그 목록·提要·접수일자·발송일자를 기록하여 일정 지체를 심사하는 데 편의를 도모하는 것을 말한다.

191) 동일 사안(혹은 상호 관련이 있는 사안)에 관한 문서를 여러 조에서 접수하였는데 그 문서들 간에 차이가 있을 경우 황제(사실상 상서도성)에게 聞奏하여 확인을 받아야 한다는 것으로 이해된다.

達律令者, 爲明法. 其人正直淸修, 名行孝義, 旌表門閭, 堪理時務, 亦隨賓貢爲孝弟力田. 凡貢人, 上州歲貢三人, 中州二人, 下州一人. 若有茂才異等, 亦不抑以常數. 凡貢人行鄕飮酒之禮, 牲用少牢. 若州縣春、秋二社及釋奠之禮, 亦皆以少牢. 凡諸州每年任土所出藥物可用者, 隨時收採, 以給人之疾患. 皆預合傷寒、時氣、瘧、痢等藥, 部內有疾患者, 隨須給之.

역문 공조·사공참군은 관리의 고과,192) 가사,193) 선거,194) 제사, 상서, 도관과 불사,195) 학교,196) 표·소와 서·계,197) 의약(학),198)

---

192) 고과에 대해서는 『唐六典』 권2, 上書吏部, 考功郎中, 41~46쪽(『역주당육전(상)』 권2, 상서이부 고공낭중, 242~256쪽) 참조.

193) 假使는 임시적 성격의 公事를 처리하기 위해 파견하는 使이다.

194) 선거에 대해서는 『唐六典』 권2, 上書吏部, 吏部尙書 侍郎, 27~28쪽(『역주당육전(상)』 권2, 상서이부 이부상서 시랑, 153~167쪽) 참조.

195) 주현의 승려와 도사는 功曹에서 관할하였고, 京師에 있는 자는 祠部와 司封에서 관할하였다.

196) 당은 건국 직후인 義寧 3년(618) 5월 중앙에 국자학·태학·사문학, 지방에 군·현학을 설립하였고, 武德 4년(621)에는 修文館(무덕 9년(626) 홍문관으로 개칭)을 설치하였으며, 7년(624)에는 지방 관학을 확대하여 주·현학에 이어 鄕學까지 설립하였다. 주학·현학의 博士·助敎·生員에는 모두 정원이 있었고, 生員의 내원은 8품 이하 관인의 子와 서민의 子였다. 만약 주현의 생원에 결원이 생기면 長官이 보충할 수 있었는데 長史와 功曹가 그 사무를 주관하였다. 州學의 博士 가운데 有品者는 반드시 吏部에서 銓選하였고, 縣學의 博士와 助敎는 州에서 선임하였다. 주·현의 생원은 입학할 때 絹 1필과 酒脯를 束脩로 바쳤는데, 3할은 博士, 2할은 助敎가 가졌다. 교수하는 경서는 『孝經』·『尙書』·『論語』·『周易』·『毛詩』·『儀禮』·『周禮』·『左傳』 등이었고, 『孝經』과 『論語』를 우선으로 하였다. 매일 楷書 한 장을 베꼈으며, 아울러 『說文』·『字林』·『爾雅』 등의 字書도 읽었다. 開元 21년(733) 칙령에 따르면 주·현의 학생으로 25세 이하 8·9품의 子와 21세 이하 서인 가운데 1經 이상에 통하였거나 비록 통하지 못하였더라도 文詞史學에 재능이 있는 자를 매해 선발하여, 簡試를 치른 후 국자감의 四門學에 입학하여 俊士가 되게 하였다. 나머지 학업에 성취가 있는 자도 州縣의 貢擧를 통해 상경해서 과거시험에 참가할 수 있었다. 또한 개원 21년에는 "許百姓任立私學, 欲其寄州縣受業者亦聽"(『唐會要』 권35, 學校, 741쪽) 하여, 당 중기 이후에는 官學 이외에 私學도 발전하였다.

197) 表는 황제에게 올리는 章表로서 諸葛亮의 出師表나 李密의 陳情表를 예로 들 수 있다. 당대 문집 중에 謝恩의 表文이나 祥瑞를 慶賀하는 表文이 많이 수록되어 있다. 疏는 奏疏로서 신하가 政事를 진술한 문서이다. 啓는 황태자에게 올리는 문서이며, 소속 장관에게 올리는 非公文 형태의 문서를 가리키기도 한다. 表·疏·啓는 모두 상행 문서이다. 書는 대부분 동등한 관서 혹

진설[199] 등의 일을 관장한다. 무릇 사를 파견[200]할 경우 먼저 주관을 파견하고, 부족하면 현관을 취하되 (주관을) 대략 절반 이상으로 하며, (그리고도) 부족하면 전자관[201]을 취한다. 그런데 상좌·녹사참군·현령은 사에 충임되어 주의 경계를 나갈 수 없다. 무릇 주·현 및 진의 창독, 현의 박사·조교, 중(주)·하주의 시령 및 현의 시령, 악·독의 축사[202]는 모두 주에서 선임하고, 각기 4년을 주기로 교체한다. 주·진의 창독과 주·현의 시령은 훈관 5품 이상[203] 및 직자 9품[204]에서 선발하고, (이들이) 없으면 널리 훈관 6품

은 동료 간에 주고받은 문서를 가리킨다. 『唐六典』 권1, 三師三公尙書都省, 11쪽(『역주당육전(상)』 권1, 삼사삼공상도성, 138쪽): "凡下之所以達上, 其制亦有六, 曰表·狀·牋、啓·牒·辭. [(原注)表上於天子, 其近臣亦爲狀. 牋、啓於皇太子, 然於其長亦爲之, 非公文所施]" : 『唐會要』 권26, 牋表例, 587쪽: "舊例, 上所及下, 其制六, 天子曰制, 曰勅, 曰冊, 皇太子曰令, 親王公主曰敎, 尙書省下州, 州下縣, 縣下鄕, 皆曰符也. 下之達上, 其制有六, 上天子曰表, 其近臣亦爲狀, 上皇太子曰牋啓, 于其長上公文皆爲牒, 庶人之言曰辭."

198) 醫藥은 醫藥學을 가리킨다. 貞觀(627~645) 연간에 처음으로 각 주에 설치하였고, 開元(713~741) 연간에 이르러 각 주에 醫學博士와 助敎를 두고 生員數를 정하였으며 반드시 정기적으로 州의 경내를 巡療하게 하였다. 州府에서는 『本草』와 『百一集驗方』을 抄錄하여 經史와 같이 두었다. 玄宗은 직접 『廣濟方』을 저술하고 주현의 장관에게 大版에 抄錄하여 곳곳에 공시하게 하였으며, 채방사는 사람을 보내 조사하여 탈루나 오류가 없게 하였다.

199) 陳設은 제사와 기타 예의를 거행할 때 禮制에 따라 기물을 진열하고 설치하는 것을 말하며, 관원이 예제에 따라 정해진 자리에 위치하는 것도 포함된다.(『新唐書』 권11, 禮樂1, 312쪽: "陳設, 其別有五, 有待事之次, 有卽事之位, 有門外之位, 有牲器之位, 有席神之位")

200) 差使는 임시적 성격의 公事를 위해 파견하는 것으로 통상 差遣이라고 한다. 일반적으로 영접과 환송의 差遣으로는 參軍事를 충임하는 것이 관례였고, 州府에 중대한 토목공사 및 兵卒·徭役의 징발, 租調의 운송 등이 있을 경우 대부분 임시 差遣으로 적임자를 선임하여 파견하였다. 당 초에는 差遣職이 대부분 임시 성격의 것으로 개별적인 현상에 지나지 않았으나, 武則天 집정 시기에 이르러 파격적인 인재의 등용 및 관원의 증가와 더불어 差遣法이 점차 유행하기 시작하였으며, 현종대에 이르러 마침내 제도화되었다. 당시 '使'자를 띤 직함은 바로 제도화된 差遣官이다.

201) 前資란 관원이 임직했던 資歷을 가리킨다. 前資官은 임기만료(考滿)나 다른 이유로 停官되어 待選 중인 자이다.

202) 당에서는 五嶽과 四瀆에 모두 寺廟가 있었는데 祝史를 두고 祭祀의 陳設과 祭文의 宣讀 및 일상 文案 등을 관장하게 하였다.

이하에서 취하되, 창독은 정남이 많고 재력이 있는 (호[戶]의) 사람을 취하여 삼는다. 주의 시령에는 본시 내의 사람을 임용할 수 없고, 현의 시령에는 그 현 사람을 임용할 수 없다. 박사·조교는 만약 관할 구역 내에 적임자가 없을 경우 인근 주에서 널리 취할 수 있다. 현의 녹사는 관할 구역 내의 훈관 5품 이상에서 널리 취하고, 만약 (훈관 5품 이상에서) 이 임무를 감당할 자가 없는 경우(에는 6품 이하 관리의 자와 평민 중에서 널리 취하여 충임하고) 좌·사도 6품 이하 관리의 자와 평민 중에서 널리 취하여 충임한다. 무릇 공거인으로[205] **박식하고 재주가 뛰어나며, 학문에 힘쓰고 질문에 잘 응대하며, 품행에 과오가 없고 학문에 조예가 깊은 자를 수재라고 한다. 2경 이상에 통한 자를 명경이라고 한다.**[206] **시무에 밝고 능란하며 1경에 정통한 자를 진사라고 한다.**[207] **율령에 통달한 자는**

---

203) 勳官은 戰功을 세워 勳階를 얻은 자를 말한다. 勳階는 1轉에서 12轉으로 나뉘며, 차례로 종7품상부터 정2품상에 상당한다. 최저 1轉은 武騎尉, 최고 12轉은 上柱國이라 하였다. 勳官 5품이란 곧 5轉으로 그 명칭은 騎都尉이다.

204) 職資는 職事官의 資歷이다. 직사관은 일반적으로 그 관직에서 兩考 이상 임직해야 자력을 갖춘 것으로 간주되었다. 따라서 職資 9품이란 9품 직사관으로 2년 이상 임직한 자를 가리킨다.

205) 당대의 貢擧에는 매년 과목을 나누어 시행하는 常科와 황제의 칙에 의해 임시로 시행하는 制科가 있었다. 『新唐書』 권45, 選擧上, 1159쪽에 의하면, 常科의 과목으로는 秀才·明經·準仕·進士·明法·明算·一史·三史·開元禮·道擧·童子 등이 있었다. 공거의 내원으로는 生徒와 鄕貢이 있었는데, 생도란 중앙·지방에 설치된 각급학교 및 홍문관·숭문관의 학생이며, 향공이란 지방 주현에서 추천하여 올려보낸 貢士이다. 아래의 수재·명경·진사·명법에 대해서는 『唐六典』 권2, 尙書吏部, 考功員外郎 : 권4, 尙書禮部, 禮部尙書 侍郎 : 권21, 國子監 참조.

206) 당대에는 『禮記』·『左傳』·『毛詩』·『周禮』·『儀禮』·『周易』·『尙書』·『公羊』·『穀梁』 등의 9경이 正經이었는데, 이를 大·中·小經으로 나누었다. 『禮記』·『左傳』이 大經, 『毛詩』·『周禮』·『儀禮』가 中經, 『周易』·『尙書』·『公羊』·『穀梁』이 小經이었다. 명경과에는 五經·三經·二經·學究一經·三禮·三傳·史科가 있었다. '通二經'이란 사실상 이들 명경과 중 二經을('通三經', '通五經'이란 三經·五經科를) 가리킨다. 通二經은 大經 1경과 小經 1경에 통하거나, 中經 2경에 통하는 것이고, 通三經은 大·中·小 각 1경에 통하는 것이며, 通五經은 大經 모두와 중경·소경 중 3경에 통하는 것이다. 通二經·通三經·通五經은 해당 경과 함께 반드시 『孝經』과 『論語』을 학습해야 했다.

명법이라고 한다.[208] 그 사람됨이 정직하고 청렴하며, 효와 의를 행하여 이름이 알려지고, 조정에서 마을에 정표를 세워 표창하며, 시무를 처리할 능력이 있으면 역시 (공품(貢品)을 진헌할 때) 따라서 빈공하며 (이를) 효제역전이라고 한다.[209] 무릇 공인은 상주에서는 매년 3인을 천거하고, 중주에서는 2인, 하주에서는 1인이다.[210] 만약 재능이 특별히 뛰어난 인재라면 또한 (천거) 규정 인원수로 제한하지 않는다. 무릇 사람을 추천하여 보낼 때는 향음주의 예를 베풀며[211] 희생은 소뢰를 쓴다.[212] 주현에서 행하는 봄·

---

207) 진사과의 시험 과목은 전후로 변화가 있었다. 진사과는 처음엔 隋制를 따라 試策하였을 뿐이나 태종 정관 8년(634) '讀經史一部'가 추가되었고, 고종 永隆 2년(681) 帖經과 試雜文이 추가되었다. 이후 진사과 시험은 帖經·試雜文·試策(時務를 묻는 時務策)으로 이루어지게 되었다. 첩경은 처음에는 小經 1경과 『老子』를 첩시하였는데, 개원 25년(737) 大經 1경을 帖試하는 것으로 개정하였고, 천보 9재(742) 다시 『老子』를 『爾雅』로 바꾸었다. 試雜文은 永隆 2년에는 雜文 2首를 시험하였고 그 내용은 箴·銘·論·表 형식의 문장이었는데, 개원(713~741) 연간에 그 중 1수를 賦나 試로 대신하였으며, 천보(742~755) 말에 모두 詩賦로 대체하였다. 개원 25년 규정에 의하면, 대경 1경을 첩시하여 (10문항 중) 4문항 이상에 통해야 하고, 잡문은 詩·賦를 시험하며, 策文은 반드시 騈文으로 쓰고 聲律을 엄격히 맞추며 文詞를 화려하게 하고 널리 전례를 들게 함으로써, 이미 시부와 책문을 중시하는 경향으로 바뀌고 있었음을 보여준다.

208) 명법과는 律·令 각 1部를 시험하되 每部試十帖하였고, 아울러 試策十條(율 7조, 령 3조)하였다.

209) 주182) 참조. 賓貢이라 한 것은 지방에서 조정에 인재를 추천할 때 賓禮로써 貢하였기 때문이다.

210) 당대에 각 주에서 貢人은 주현의 시험을 통하여 선발하였다. 매년 5월 조정에서 군현에 擧格을 반포하여, 그 해에 국자감과 각 주부에서 상서성에 추천하여 명경시와 진사시에 응시하게 할 인원 수, 主司에서 선발할 합격자 수, 擧主와 主試官에 대한 요구(주의) 사항 등을 규정하였다. 주현에서는 이에 의거하여 제반 사항을 준비하고, 아울러 7·8월에 시험을 실시하였다. 응시자는 本籍에 응시원을 제출한 다음, 먼저 현위가 주관하는 縣考에 응시하고, 합격하면 府·州의 功曹 또는 司功參軍이 주관하는 府·州考에 응시하며, 합격하면 비로소 本州의 貢人으로 선발되는데, 상경하기 전 鄕飮酒禮에 참가하였다.(『韓昌黎文集』 권4, 序, 贈張童子序 참조)

211) 鄕飮酒의 禮는 5禮 중 嘉禮에 속한다. 향음주의 예에 대해서는 『儀禮』 鄕飮酒禮, 『禮記』 鄕飮酒義, 『周禮』 地官, 大司徒·鄕大夫에 기술되어 있다. 『禮記注疏』 권61, 鄕飮酒義, 孔穎達疏에 "凡有四事, 一則三年賓賢能, 二則鄕大夫飮國中賢者, 三則州長習射飮酒, 四則黨正蜡祭飮酒. 總而言之, 皆謂之鄕飮酒"라 하였는데, 주현에서 貢人에게 베푼 鄕飮酒는 공영달이 말한 '一則三年賓賢能'과 유사

가을 두 차례의 사직 제사[213] 및 석전의 예[214]도 모두 소뢰로 한다. 무릇 각 주는 해마다 그 땅에서 산출된 약물 중 사용할 만한 것은

하였다. 한과 서진의 각 주·군에서는 학교에서 향음주례를 행하였고, 당에서는 정관 6년(632) 모든 주현에 명령하여 매년 향음주례를 행하도록 하였다.(『通典』 권73, 禮典, 2007쪽: "大唐貞觀六年, 詔曰, 比年豐稔, 閭里無事. 乃有墮業之人, 不顧家産, 朋遊無度, 酣宴是耽, 危身敗德, 咸由於此. 自非澄源正本, 何以革玆弊俗, 可先錄鄉飮酒禮一卷, 頒示天下, 每年令州縣長官, 親率長幼, 依禮行之, 庶乎時識廉耻, 人知禮節") 당에서 반행한 『鄉飮酒禮』에는 孔穎達이 말한 '四事'가 포함되어 있지만, 貢擧 때 이 禮를 약간 사용했을 뿐 나머지는 시행하기 어려웠을 것이다. 향음주례의 의식은 『開元禮』에 보이는데, 刺史 또는 上佐가 주인이 되었고, 빈객에는 賓·介·衆賓의 3등급이 있었다. 주현의 시험에 급제한 貢士는 秀才·明經·進士 및 孝悌力田으로 모두 賓이 되어 나이순으로 자리를 정하고 主賓이 의식에 따라 예를 행하였다. 그래서 鄉貢을 賓貢이라고도 불렀다.

212) 小牢는 羊과 豕를 희생으로 사용하고, 大牢는 牛·羊·豕를 희생으로 사용한다.

213) 『唐六典』 권4, 尙書禮部, 111쪽에 吉禮 43번째, 46번째로 각각 '諸州祭社稷', '諸縣祭社稷'이 나온다. 당대 주현에서는 봄·가을 둘째 달에 社稷에 제사를 지냈다. 『通典』 권121, 禮81, 開元禮16, 吉禮13에 의하면, 그 禮는 刺史가 제사를 주관하여 初獻이 되고 上佐가 亞獻이 되며 錄事參軍 또는 判司가 終獻이 되고 나머지 관원은 從祭한다. 社神은 后土·句龍氏를 배향하고 稷神은 后稷棄를 배향한다. 희생은 小牢를 쓰고, 祭壇과 瘞埳은 둘을 마련한다. 제사 전에 자사는 別寢에서 2일 간 散齋하고 廳事에서 1일간 致齋하며, 亞獻 이하 參獻하는 관원들도 반드시 3일간 齋戒해야 한다. 功曹參軍事는 刺史와 모든 從祭 관원을 이끌고 북쪽 계단으로 단에 올라가 社神의 神座 앞에서 남향하고 무릎 꿇고 奠爵하며, 祝史는 차례로 社神과 后土氏의 神座를 향하여 축문을 宣讀한다. 이어 稷神과 后稷棄에게도 같은 방식으로 제사지낸다. 최후로 瘞位를 바라보고, 埳의 동서에서 각각 2인이 祭品을 묻고 祝文·祝板은 불사른다.

214) 釋奠은 '先聖先師'에 대한 제사 명칭으로(『唐六典』 권4, 尙書禮部, 120쪽: "凡祭祀之名有四, 一曰祀天神, 二曰祭地祇, 三曰享人鬼, 四曰釋奠於先聖先師") 매년 봄과 가을 두 차례, 즉 음력 2월과 8월 상순의 丁日에 주현의 孔廟에서 행하였다. 釋奠에는 "皇太子釋奠, 國學釋奠, 釋奠于齊太公, 諸州釋奠, 諸縣釋奠"(같은 책, 111쪽)이 있으며, 諸州釋奠은 정관 21년(647) 中書侍郞 許敬宗의 상주로 시작되었다.(『唐會要』 권35, 釋奠, 748쪽: "(貞觀)二十一年, 中書侍郎許敬宗等奏,…(其諸州刺史爲初獻, 上佐爲亞獻, 博士爲終獻, 學縣令爲初獻, 丞爲亞獻, 博士旣無品秩, 請主簿通爲終獻. 若缺, 並以次差攝") 先聖은 고대에는 舜·禹·湯·文이었는데, 魏正이 처음으로 隋 大業(605~616) 연간에 釋奠에서 孔子를 높여 先聖으로 하였다. 武德 7년(624)에는 周公을 先聖으로 하고 孔子를 배향하였다. 정관 후 周公을 폐하고 다시 孔子를 先聖으로 하였다. 高宗 때 다시 周公을 先聖으로 하였다가 곧 정관의 제도로 복귀하였다. 이로부터 先聖은 孔子를 가리키게 되었다. 先師는 魏·晉에서 隋에 이르기까지는 대부분 顔回였는데, 정관 21년에 左丘明·卜子夏·公羊高·穀梁赤·伏勝·高堂生·戴聖·毛萇·孔安國·劉向·鄭衆·杜子春·馬融·盧植·鄭玄·服虔·何休·王肅·王弼·杜元凱·范甯·賈逵 등 22인을 先師로 하였다.(『通典』 권53, 禮13, 1480쪽) 석전에서 희생은 小牢, 음악은 軒縣을 사용하고, 六佾舞를 추며, 모든 祭官은 祭服을 입고 조교는 儒服, 학생은 靑衿服을 착용하였다. 『開元禮』에 석전의식이 보이는데 대략 사직제사와 비슷하다.

때에 맞추어 거두고 채집하여 사람들의 질환 치료에 제공한다. 모두 미리 상한·계절병·학질·이질 등의 약을 조제해 두어 관할 구역 내에 질환자가 있으면 필요에 따라 지급한다.

○ 倉曹、司倉參軍掌公廨、度量、庖廚、倉庫、租賦、徵收、田園、市肆之事. 每歲據靑苗徵稅, 畝別二升, 以爲義倉, 以備凶年; 將爲賑貸, 先申尙書, 待報, 然後分給. 又, 歲豐, 則出錢加時價而糴之; 不熟, 則出粟減時價而糶之, 謂之常平倉. 常與正、義倉帳具本利申尙書省.

역문 창조·사창참군은 공해,[215] 도량(형),[216] 포주,[217] 창고,[218] 조

215) 公廨는 州의 관사를 가리키는데, 그와 관련된 물품까지 관리한다는 의미를 내포하고 있다. 『唐律疏議』 권15, 廏庫律, 監主貸官物條, 291쪽: "疏議曰, 卽充公廨, 謂以官物迴充公廨, 及私用公廨之物, 無文記, 有文記, 立判案. 若官物從倉庫積儲之中, 出付人將市易, 其市易人私用者, 各準前官物應座之罪, 皆減一等座之, 稱私用者, 雖貸亦同": 27권, 雜律, 官廨倉庫失火條, 510쪽: "諸於官府廨院倉庫內失火者, 徒二年": 27권, 雜律, 燒官府私家宅舍條, 511쪽: "諸故燒官府廨舍及私家舍宅, 若財物者, 徒三年. 贓滿五匹, 流二千里, 十匹絞."

216) 度量은 도량과 권형을 가리킨다고 보아야 할 것이다. 『唐六典』 권20, 太府寺, 540쪽(『역주 당육전(중)』 권20, 태부시, 637~638쪽: "二法平物, 一曰度量.〔度謂分·寸·尺·丈, 量謂合·升·斗·斛.〕, 二曰權衡.〔權, 重也. 衡, 平也〕": 『唐會要』 권66, 太府寺, 1364쪽: "武德八年九月勅, 諸州斗秤經太府較之. 開元九年勅格, 權衡度量并函脚雜令諸道,… 諸積秬黍爲度量權衡者, 調鐘律·測晷景·合湯藥, 及冕服制用之外, 官私悉用大者. 京諸司及諸州, 各給秤尺及五尺度斗升合等樣, 皆銅爲之. 關市令, 諸官私斗尺稱度, 每年八月, 諸金部·本府寺平較. 不在京者, 詣所在州縣平較. 並印署, 然後聽用": 『唐律疏議』 권26, 雜律, 私作斛斗秤度條, 499쪽: "疏議曰, 依令, 斛斗秤度等, 所司每年校量·印署充用. 其有私家自作, 致有不平而在市執用者, 笞五十. 因有增減贓重者, 計所增減, 準資論.… 其在市用斛斗秤度雖平, 而不經官司印者, 笞四十": 권26, 雜律, 校斛斗秤度條, 497쪽: "諸校斛斗稱度不平, 杖七十. 監校者不覺減一等, 知情與同罪."

217) 당대 모든 州에 公廚가 있었는데, 단지 식사하기 위한 장소만이 아니었다. 식사를 하면서 公事를 논의하였기 때문에 公廚는 評議政事의 장소로 간주되었다. 公廚는 官廚와 吏廚로 나뉘었고, 그 비용은 公廨錢을 본전으로 한 이자 수입 즉 食錢으로 충당하였다.(『文苑英華』 권806, 記, 宴饗, 蔡詞立, 虞州孔目院食堂記, 4263쪽上: "京百司至于天下郡府, 有曹署者, 則有公廚, 亦非唯食爲謀, 所以因食而集, 評議公事者也": 周紹良主編, 『唐代墓志匯編』(上海古籍出版社, 1992), 唐故河南府同錄事參軍盧(士瓊)君墓誌銘, 2099쪽: "舊事, 掾曹之下, 各請家僮一人食錢, 助本司府史廚附食. 司祿家僮或三人或四人就公堂餘食, 侵擾廚吏, 弊日益長. 君使請家僮二人食錢, 于司祿府史廚附食, 家僮終不入官廚.")

부,219) 징수,220) 전원,221) 시사222)에 관한 일을 관장한다. 해마다 청묘(부)223)에 의거하여 1무당 2승의 세를 징수하고 (이를) 의창

---

218) 당대에 설치된 倉으로는 正倉·義倉·常平倉의 3종류가 있었다. 기본적으로 정창은 正租, 의창은 地子, 상평창은 和糴을 비축하고 관리하였지만, 이러한 규정이 그대로 지켜졌던 것은 아니다. 租稅 수납, 祿廩 출급, 遞糧 업무를 주로 하는 正倉에서 賑濟·出貸·出糶도 겸하였고, 흉년의 賑濟를 목적으로 한 義倉粟이 國用으로 전용되어 賦稅化하였으며, 당 후기에는 常平·義倉에서 賑貸·借貸·出糶가 자주 행해졌다. 주현에 설치된 州倉과 縣倉에서는 正租를 수납하였으므로 正倉은 州縣 糧倉의 통칭이기도 하였다. 당대에 설치된 庫로는 左藏署 관할인 左藏東庫·左藏西庫·左藏朝堂庫·東都(左藏)庫가 있었고, 右藏署 관할인 右藏內庫·右藏外庫·東都(右藏)庫가 있었다. 기본적으로 左藏署 소속 庫는 庸·調 및 折租로 징수하는 布帛을 수납하고 지급하였으며, 右藏署 소속 庫는 각 주에서 토공으로 올리는 金玉·珠貝·玩好物을 수장하고 지급하였다.

219) 租賦징수에 대해서는 『唐六典』 권3, 尙書戶部, 76~77쪽(『역주 당육전(상)』 권3, 상서호부, 325~328쪽) 참조. 조부 징수는 里正이 작성한 戶籍과 計帳을 근거로 하여 이루어졌으며, 징수 시기를 어길 경우 里正부터 주현의 장관까지 모두 처벌을 받았다.(『唐律疏議』 권13, 戶婚律, 輸課稅物違期條, 252~253쪽: "疏議曰, 輸課稅之物, 謂租·調及庸, 地租雜稅之類. 物有頭數, 輸有期限, 而違期不充者, 以十分論, 一分笞四十. 假有當里之內, 徵百石物, 十斛不充, 笞四十, 每十斛加一等. 全違期不入者徒兩年. 州·縣各以部分內數不充, 科罪準此")

220) 징은 장물을 거두어들이는 것, 수는 속금을 거두어들이는 것을 가리킨다.(『唐律疏議』 권4, 名例律, 以贓入罪條 참조)

221) 당대 주현의 田園으로는 職田·公廨田과 公廨園·設宴田園 등이 있었다. 職田은 조정에서 내외 직사관에게 지급한 祿田으로 職事品給에 의거하여 지급되었다.(『唐六典』 권3, 尙書戶部, 75~76쪽(『역주당육전(상)』 권3, 상서호부, 323~325쪽 참조) 武德(618~626) 연간에는 京官에게만 지급하고 外官에게는 지급하지 않았으나 정관 11년(637) 이후 외관에게도 지급하였는데 경관보다 외관에게 지급된 면적이 더 많았다. 개원 11년(723) 職田으로 인해 백성들이 폐해를 입는다고 여겨 職田 1畝당 粟 2升을 지급하고 田은 貧戶들에게 나누어 주었다가 개원 18년(730) 다시 舊制를 회복하였다. 公廨田은 內外諸司에 모두 지급되었는데 각각 차등이 있었다.(『唐六典』 3, 尙書戶部, 75쪽(『역주당육전(상)』 권3, 상서호부, 322~323쪽) : 『通典』 권35, 職官17, 970쪽 참조) 공해전은 농민에게 경작하게 하고 租를 거두어 주현의 公廚常食 및 月料로 충당하였다. 주현의 職田과 公廨田의 籍帳에는 白簿와 黃籍이 있었는데, 白簿는 상서성 보고용이었고, 黃籍에는 土地의 四至·租佃人·租額 등을 기재하였다 (『新唐書』 권55, 食貨5, 1400쪽: "先是, 州縣職田·公廨田, 每歲六月以白簿上尙書省覆實, 至十月輸送, 則有黃籍" : 『冊府元龜』 권506, 邦計部, 俸祿2, 6071쪽上, 開元 19년 4월 勅: "天下諸州縣幷府鎭戍官等職田四至頃畝造帳申省, 仍依原租價對定, 六斗以下者依舊定, 以上者不得過六斗") 公廨園·設宴田園은 소규모로 租田한 것을 제외하면 대부분 관부에서 직접 경영하였는데 雜傜를 징발하여 경작시키고 그 수확물은 公廨 常食料로 사용하였다.

222) 市肆는 市內의 商肆로 여기서는 商肆에 대한 관리를 말한다. 『唐六典』 권20, 太府寺, 兩京諸市署, 543쪽(『역주당육전(상)』 권20, 태부시 양경제시서, 650~654쪽)에 京·都諸市令의 직무를 기록하였는데, 州縣市의 경우도 이에 준하였을 것이다.

(곡)으로 삼아 흉년에 대비하되,[224] 진대하려 할 경우 먼저 상서성에 신청하고 답변을 기다(려 받은) 다음 나누어 준다.[225] 또 풍년이 들면 돈을 내어 시장 가격보다 높은 가격으로 사들이고, 흉년이 들면 곡물을 내어 시장 가격보다 낮은 가격으로 파는데, 이것을 일러 상평창이라 하며[226] 항상 정창·의창의 장부와 함께 본전

223) 青苗는 青苗簿를 가리킨다. 『唐六典』 권3, 尙書戶部, 84쪽(『역주당육전(상)』 권3, 상서호부, 364쪽)에 의하면, 왕공 이하는 매년 호별로 已受田과 빌린 황무지 등에 의거하여 재배 면적을 다 기록한 청묘부를 만들고, 각 주에서는 이를 7월 이전 상서성에 보고하였다. 청묘부는 호조에서 만들고, 창조가 이것에 의거하여 의창곡을 징수하였다.

224) 의창은 社倉이라고도 하며 隋 開皇 5년(585)에 처음으로 설치되었다.(『隋書』 권24, 食貨志, 684쪽 : 『冊府元龜』 권502, 邦計部 常平, 6019쪽下, 開皇 5년 5월 詔) 당대에는 武德 9년(626)에 社倉을 설치하였고, 貞觀 2년(628) 戴胄의 奏議에 따라 각 주현에 의창을 설치하였다.(그 때까지는 매년 水旱이 있을 때마다 正倉에서 出給했고 正倉이 없는 곳에서는 他州로 就食하게 하였다) 賑濟에 대비하자는 본래 의도대로 高宗·則天 시기까지 수십 년간은 "義倉不許雜用" 하였으나 中宗 神龍(705~706) 연간부터는 "天下義倉費用向盡"하였다.(『唐六典』 권3, 尙書戶部, 倉部郎中, 84쪽 : 『唐六典』 권30, 倉曹司倉參軍, 748쪽 : 『舊唐書』 권49, 食貨下, 2122~2123쪽 : 『新唐書』 권51, 食貨1, 1344쪽) 개원(713~741) 초 전국에 다시 의창을 세웠지만 점차 의창의 비축 곡물을 長安으로 轉運하여 국용에 충당함으로써 의창이 일종의 賦稅로 변질되었다.(『舊唐書』 권49, 食貨下, 2124쪽 : 『唐會要』 권88, 倉及常平倉, 1911~1914쪽 : 『文獻通考』 권21, 市糴2, 常平義倉租稅, 204쪽下) 의창은 토지면적을 기준으로 징수하는 방식을 취하였으므로 地稅·地子라고 하였다. 고종 때 호구를 기준으로 징수하도록 개정하였으나 얼마 지나지 않아 다시 舊制를 회복하였다. 『通典』 권12, 食貨12, 293쪽에는 天寶(749) 8載 전국(관내·하북·하동·하서·농우·검남·하남·회남·강남·산남도)의 의창에 비축된 米를 6,317만 7,660석으로 기록하고 있다.

225) 『冊府元龜』 권105, 帝王部, 惠民에 의하면, 太宗부터 文宗까지 義倉에서 賑貸한 회수가 106차례이고 그 지역은 주로 河南·河北·京畿·江南·淮南道였다. 賑貸의 보고 절차에 대해서는 『冊府元龜』 권506, 邦計部, 常平, 6022쪽上, 開元 29년(741) 制에 "令州縣長官與採訪使勘會, 量事給訖奏聞, 朕當重遣使臣宣尉按覆"이라 하였다.

226) 상평창의 연혁에 대해서는 『역주당육전(상)』 권20, 태부시 상평서, 665~673 참조. 당대의 상평창 및 상평서 설치상황을 보면, 장안과 낙양의 경우는 사료에 따라 차이를 보이지만(같은 책, 673쪽 주168) 참조) 대체로 永徽 6년(655) 長安의 동·서 兩市에 常平倉을 설치하고, 顯慶 6년(661) 12월 동·서 兩市 상평창에 常平署 관원을 두었으며, 垂拱(685~688) 초 東都에 상평서를 설치한 것으로 보인다. 諸州의 경우는 貞觀 13년(639) 처음으로 洛·相·幽·徐·齊·幷·秦·蒲 8주에 상평창을 설치하고, 개원 7년(719) 關內·隴右·河南·河北五道及荊·揚·襄·夔·緜·益·彭·蜀·漢·劍·茂 등 州에 상평창을 설치하였으며, 이후에도 상평창 설치 범위가 계속 확대되어 신강의 西州에까지 설치되었다. 토로번 문서에 의하면 그 州府 소재지 및 縣에도 상평창이 설치되어 있었다.(같은

과 이자를 다 갖추어 상서성에 보고한다.

○ 戶曹、司戶參軍掌戶籍、計帳, 道路、逆旅, 田疇、六畜、過所、蠲符之事, 而剖斷人之訴競. 凡男女婚姻之合, 必辨其族姓, 以擧其違. 凡井田利害之宜, 必止其爭訟, 以從其順. 凡官人不得於部內請射田地及造碾磑, 與人爭利.

역문 호조·사호참군은 호적과 계장,227) 도로228)와 여관,229) 토지경계230)·육축231)·과소232)·견부233)에 관한 일을 관장하고, (이것

책, 673쪽 주169) 참조) 『通典』 권12, 食貨12, 293쪽에는 天寶 8載(749) 전국(관내·하북·하동·하서·농우·검남·하남·회남·강남·산남도)의 상평창에 비축된 米를 460만 2,220석으로 기록하고 있다.

227) 戶籍과 計帳에 대해서는 『역주당육전(상)』 권3, 상서호부 호부낭중, 313~315쪽 참조. 당대에 호적은 3년에 한 번, 계장은 매년 작성하였다. 호적과 계장의 기초는 手實인데, 수실에는 每戶의 丁口·연령·田宅이 기록되었다. 수실의 정확성 여부는 호적과 계장의 작성은 물론이고 戶部의 다음해 지출계획 편성에도 영향을 미쳤다. 따라서 현령이 반드시 직접 면전에서 수실을 검사하도록 하였는데, 이를 團貌 혹은 貌定이라 하였다. 검사는 '五九'(十九·四十九·五十九·七十九·八十九)에 중점이 두어졌는데, 이 나이를 지나면 進丁되거나 각각의 노년 단계로 진입하여 과역의 징발이나 면제 또는 우대가 이루어지므로 잘못이 있어서는 안되기 때문이었다. 호적 작성은 해당연도 정월 상순에 시작하여 3월에 마치는데, 縣司가 州에 가서 수실을 취합하여 매 戶당 1張, 매 鄕당 1卷씩 총 3부를 만들어 1부는 호부에 송부하고 주·현에 각각 1부를 두었다. 계장 작성도 봄에 시작하는데 수실을 모아 縣·州의 호구 및 公課의 총수를 산출하여 冊으로 만들고, 추동에 朝集使 혹은 計帳使가 지니고 상경하여 상서성 호부에 보고하였다. 호부 탁지사는 이것에 의거하여 다음해 租調 총수입을 산출하고 아울러 지출계획을 세웠다.

228) 도로란 교통 관리뿐만 아니라 도로의 유지·보수도 아울러 가리킨다. 당대에는 여러 차례 이에 관한 칙령을 반포하였다. 『唐會要』 권86, 道路, 1864~1865쪽: "廣德元年八月勅, 如聞諸軍及諸府, 皆於道路開鑿營種, 衢路隘窄, 行李有妨, 苟狥所資, 頗乖法理, 宜令諸道諸使及州府長史, 卽差官巡檢, 各依舊路, 不得輒有耕種, 幷所在橋路, 亦令隨要修葺. 大曆八年七月勅, 諸道官路不得令有耕種及斫伐樹木, 其有官處, 勾當塡補." 교통사고 처리 관련 규정도 있다. 『唐律疏議』 권26, 雜律, 無故於城內街巷走馬條, 480~481쪽: "諸於城內街巷及人衆中, 無故走車馬者, 笞五十. 以故殺傷人者, 減鬥殺傷一等. 疏議曰 有人於城內街衢巷衖之所, 若人衆之中, 衆謂三人以上. 無要速事故走車馬者, 笞五十. 以走車馬唐突殺傷人者, 減鬥殺傷一等.… 若有公私要速而走者不坐, 以故殺傷人者, 以過失論. 其因驚駭以不可禁止而殺傷人者, 減過失二等."

229) 逆旅는 旅店으로 逆은 迎과 같다. 旅店은 대부분 官驛 가까이에 있고 旅人의 출입과 왕래가 많아 해당 주현의 戶曹參軍 혹은 司戶參軍의 관할을 받았다.

들에 관한) 사람들의 송사나 다툼을 샅샅이 살펴 판결한다. 무릇 남녀 사이 혼인의 적합함을 위해 반드시 그 족성을 분별하여 (규정을 위반했을 경우) 위반 사실을 드러내 (조사한다).[234] 무릇 토

---

230) 田疇는 『禮記』 권16, 月令, '可以糞田疇'의 孫希旦集解에 "蔡云, 穀田曰田, 麻田曰疇. 吳氏澄曰, 田疇, 謂耕熟而其田有疆界者"라 하였다. 田令의 규정과는 달리 당대에 每戶가 실제 보유한 전토 면적은 반드시 호조 혹은 사호참군이 매호의 靑苗 면적에 의거하여 편성한 靑苗簿를 기준으로 삼았다. 또 경작지의 확대는 부세 징수와 직접적으로 관련이 있어, 황무지 개간 정책을 장려하여 주현의 간전 면적이 영업·구분전의 2/10에 이르면 고과등급 1등을 올려주었고, 반대 경우는 처벌하였는데 그 처벌규정은 다음과 같다. 『唐律疏議』, 권13, 戶婚律, 部內田疇荒蕪條, 248쪽: "諸部內田疇荒蕪者, 以十分論, 一分笞三十, 以分加一等, 罪止徒一年. 戶主犯者, 亦計所荒蕪五分論, 一分笞三十, 一分加一等. 疏議曰, 部內謂州縣及里正所管. 田疇者, 言田之疇類, 或云疇之畔也. 不耕謂之荒, 不鋤謂之蕪. 若部內總計準口授田, 十分之中, 一分荒蕪者, 笞三十. 假若官田百頃, 十頃荒蕪笞三十. 一分加一等, 謂十頃加一等, 九十頃荒蕪者, 罪止徒一年. 州縣各以長官爲首, 佐職爲從, 縣以令爲首, 丞·尉爲從, 州則刺史爲首, 長史·司馬·司戶爲從."

231) 六畜은 馬·牛·羊·猪·狗·雞이다. 당의 제도에 따르면 재산의 다소에 따라 戶를 9등으로 나누었는데 六畜 가운데 특히 牛의 마릿수는 호등을 정하는 중요한 기준이 되었다.(『舊唐書』 권48, 食貨上, 2090쪽: "(開元)二十二年五月敕, 定戶口之時, 百姓非商戶郭外居宅及每丁一牛, 不得將入貨財數") 현존하는 당대 돈황 戶籍簿에 등록된 재화 중에 '車畜'이라는 항목이 있는데, 그 가운데 畜數는 주로 牛였다.

232) 過所는 지금의 통행증과 같은 것으로 여행자는 관문을 통과할 때 과소를 제시해야 하는데, 먼저 刑部 司門司에 과소를 신청하면 京師 거주자는 도성에서 발급하고 지방 거주자는 州에서 발급하였다. 과소에는 여행자 및 從者의 신분·성명·연령·행선지·여행 목적 등이 기재되었다. 한에서는 傳이라고 하였고 당에서는 過所라고 하였다. 행인의 왕래에는 과소를 포함하여 해당 공문이 있어야 했으며, 공문이 없이 사사로이 관문을 통과할 경우 처벌되었다.(『舊唐書』 권43, 職官2, 1839쪽: "凡度關者, 先經本部本司請過所, 在京則省給之, 在外則州給之. 而雖非所部, 有來文者, 所在亦給" : 『新唐書』 권46, 百官1, 1200쪽: "天下關二十六, 有上·中·下之差. 度者, 本司給過所, 出塞踰月者, 給行牒, 獵手所過, 給長籍, 三月一易. 蕃客往來, 閱其裝重, 入一關者, 餘關不譏" : 『唐律疏議』 권8, 衛禁律, 私度及越度關條, 172쪽: "疏義曰, 水陸等關, 兩處各有門禁, 行人來往皆有公文, 謂驛使驗符券, 傳送據遞牒, 軍防丁夫有總歷, 自餘各請過所而度. 若無公文, 私從關門過, 合徒一年" : 권8, 衛禁律, 不應度關而給過所條, 174쪽: "諸不應度關而給過所, 若冒名請過所而度者, 各徒一年. 疏議曰, 不應度關者, 謂有征役番期及罪譴之類, 皆不合輒給適所, 以官司輒給. 及身不合度關以取過所者, 若冒他人名請過所而度者, 合徒一年" : "若家人相冒, 杖八十. 主司及關司知情, 各與同罪, 不知情者不坐")

233) 蠲符는 부역과 조세를 면제하는 符文으로 州府에서 발급하였다. 현임관의 課役 면제도 반드시 蠲符에 의거하였다. 『通典』 권6, 食貨6, 106~108쪽: "諸任官應免課役者, 皆待蠲符至, 然後注免. 符雖未至, 驗告身灼然實者, 亦免."

234) 당에서는 혼인할 때 성씨에 관해 금령이 많았다. 예를 들면 同姓婚과 尊卑婚 등을 금하였으

지를 둘러싼 이해의 마땅함을 위해 반드시 분쟁과 송사를 중지시켜 순리에 따르게 한다.[235] 무릇 관인은 관할구역 내에서 토지의 이용을 신청하거나 물레방앗간을 만들어 백성과 이익을 다투어서는 안된다.[236]

○ 兵曹、司兵參軍掌武官選擧, 兵甲器仗, 門戶管鑰, 烽候傳驛之事. 凡驛馬以驛字印印左肘, 以州名印印項左. 每歲貢武擧人有智勇謀略强力悍材者, 擧而送之. 試長垜、馬槍、翹關、擎重, 以爲等第之上下, 爲之升黜, 從文擧行鄕飮酒之禮, 然後申送.

므로 戶曹에서 반드시 남녀 쌍방의 族姓을 판명해야 했으며, 同姓婚에 대한 처벌 규정을 두었고, 納妾의 경우에도 同姓은 금지하였다.(『唐律疏議』 권14, 戶婚律, 同姓爲婚條, 262~263쪽: "諸同姓爲婚者, 各徒二年, 緦麻以上, 以姦論.… 答曰, 買妾不知其姓, 則卜之. 取決蓍龜. 本防同姓, 同姓之人, 卽嘗同祖, 爲妻爲妾, 亂法不殊. 戶令云, 娶妾仍立婚契, 卽驗妻妾, 求名爲婚, 依準禮令, 得罪無別" : "疏議曰, 外因有服屬者, 謂外祖父母舅姑妻之父母此等若作婚姻, 是名尊卑共爲婚姻. 及娶同母異父姊妹, 若妻前夫之女者. 注云, 謂妻所生者, 前夫之女, 後夫娶之, 如非其妻所生, 自從本法, 餘條稱前夫之女者, 準此. 據'雜律' 姦前夫之女, 亦據妻所生者, 故云亦準此. 各以姦論. 其外人, 雖有服, 非尊卑者爲婚不禁" : "其父母之姑舅兩姨姊妹, 及姨若堂姨, 母之姑若堂姑, 己之堂姨及再從堂姨・堂外甥母, 女婿姊妹竝不得爲婚姻")

235) 토지 환수 중에 분쟁이 발생할 경우 戶曹에서 반드시 합리적인 처리를 통해 수습해야 한다는 것이다. 토지 분쟁에 대해서는 다음과 같은 처리 규정이 있다. 仁井田陞, 『唐令拾遺』, 田令, 第23條, 637쪽: "諸受田, 先課役, 後不課役, 先無後少, 先貧後富. 其限田戶內, 有合進受者, 雖不課役, 先役自取, 有餘收受" : 第26條, 641쪽 "諸田, 爲水侵射, 不依舊流, 新出之地, 先給被侵之家, 若別縣界新出, 依收受法, 其兩岸異管, 從正流爲斷, 若合隔越受田者, 不取此令.:第27條, 641쪽 其借而不耕, 經二年者, 任有力者借之, 卽不自加功, 轉分與人者, 其地卽廻借見佃之人, 若佃人雖經熟訖, 三年之外不能種耕, 依式追收, 改給也: 第 28條, 641~642쪽) 諸競田, 判得已耕種者, 後雖改判, 苗入種人, 耕而未種者, 酬其功力, 未經斷決, 强耕種者, 苗從地判."

236) 관원이 직권을 이용해서 民田을 침탈하면 처벌을 받았고(『唐律疏議』 권13, 戶婚律, 在官侵奪私田條, 246쪽: "諸在官侵奪私田者, 一畝以下杖六十, 三畝加一等. 疏議曰, 律稱在官, 卽是居官挾勢, 侵奪百姓私田者, 一畝以下杖六十"), 또한 연애의 불법 설치를 엄히 금하였다.(『唐六典』 권7, 尙書工部, 水部郞中員外郞, 226쪽: "凡水有漑灌者, 碾磑不得與爭其利, (原注)自季夏及于仲春, 皆閉斗門, 有餘乃得聽用之" : 『唐會要』 권89, 碾磑, 1924쪽: "開元九年正月, 京兆少尹李元紘奏, 疏三輔諸渠, 王公之家, 沿渠立磑, 以害水功, 一切毁之, 百姓大獲其利")

역문 병조·사병참군은 무관의 선거,[237] 병갑과 기장,[238] 문과 열쇠,[239] 봉후[240]와 전역[241]의 일을 관장한다. 무릇 역마는 '역'자가 새

---

237) 『唐六典』 권5, 尙書兵部 兵部員外郎, 160~161쪽(『역주당육전(상)』 권5, 상서병부 병부원외랑, 520~528쪽) 참조.

238) 『唐六典』 권16, 衛尉寺 武庫令, 460~463쪽(『역주당육전(중)』 권16, 위위시 무고령, 462~481쪽) 참조. 이에 따르면, 천하의 兵仗器械로 軍鼓(3종)·金(종,?? 4종)·弓(4종)·弩(7종)·箭(4종)·刀(4종)·槍(4종)·甲(13종)·彭排(6종)·旗(32종)·袍(5종)·器用(8종)이 나열되어 있다.

239) 城門·武庫 등의 문과 열쇄, 그리고 개폐시간에 대한 감독을 가리킨다. 『唐律疏議』 권8, 衛禁律, 越州鎭戍等垣城條, 171~172쪽: "卽州鎭關戍城武庫等門, 應閉忘誤不下鍵, 若應開毀管鍵而開者, 各杖八十. 疏議曰, 州鎭關戍城武庫各有禁, 門應閉須下鍵, 其忘誤不下鍵, 若應開毀管鍵而開者, 各得杖八十": "若擅開閉者, 各加越罪二等, 卽戍市無故開閉者, 與越罪同. 未得開閉者, 各減已開閉一等. 疏議曰, 擅, 謂非時而開閉者. 州及鎭·戍·武庫門, 而有非時擅開閉者, 加越罪二等, 處徒二年. 縣城以下擅開閉者, 竝加越罪二等. 戍市無故開閉者, 謂州縣鎭戍等長官主執鑰者, 不依法式開閉, 與越罪同. 其坊正市令, 非時開閉坊市門者, 亦同城主之法. 州縣鎭戍城門各徒一年, 自縣城以下, 悉與越罪同. 旣云城主無故開閉, 卽是有故許開, 若有警急驛使及制勅, 事速非時至州縣者, 城主驗實亦得依法爲開."

240) 봉후는 변방에서 위급을 알리는 보고 체계로, 烽堠·烽堡·烽臺라고도 한다.(『通典』 권152, 兵5, 3901쪽: "烽臺, 於高山四顧險絶處置之, 無山亦於孤迥平地置. 下築羊馬城, 高下任便, 常以三五爲準. 臺高五丈, 下闊二丈, 上闊一丈, 形圓") 당대에 전국적으로 1,380여 곳의 烽堠가 있었는데 대체로 변방에서 수도까지 이어져 있었으며 30리 간격으로 하나씩 두었다. 위에 桔皐를 설치하고 그 끝에 바구니(兜零)를 매달아 薪草를 담아두었다가 적이 침입하면 불을 붙여 보고하는 것을 烽이라고 하였고, 薪을 많이 쌓아두었다가 적이 이르면 불살라 연기를 올려 위급함을 보고하는 것을 燧라고 하였다. 낮에는 燔燧하였고 밤에는 擧烽하였다. 봉화를 놓을 때는 一炬·二炬·三炬·四炬로 구분하였는데 적의 다소에 따라 차이를 두었다. 매 봉화마다 帥 1인, 副 1인을 두었다. 『唐律疏議』 권8, 衛禁律, 烽候不警條, 179~180쪽: "諸烽候不警, 令寇賊犯邊, 及應擧烽燧而不擧, 應放多烽而放少烽者, 各徒三年. 疏議曰, 烽候, 謂從邊緣置烽, 連於京邑, 烽燧相應, 以備非常. 放烽多少, 具在別式. 候望不擧, 是名不警. 若令番寇犯塞, 外賊入邊, 及應擧烽燧而不擧, 應放多烽而放少烽者, 各徒三年": "若放烽已訖, 而前烽不擧, 不卽往告者, 罪亦如之. 以故陷敗戶口軍人城戍者絞": "卽不應擧燧而擧, 若應放少烽而放多烽, 及遶烽二里內輒放烟火者, 各徒一年."

241) 傳驛은 문서를 전달하고 관원의 왕래를 위하여 설치한 것이다. 步遞를 郵라 하였고 馬遞를 驛이라고 하였다. 『唐六典』 권5, 尙書兵部 駕部郎中 員外郎, 162~163쪽(『역주당육전(상)』 권5, 상서병부 가부낭중 원외랑, 535~538쪽)에 따르면, 당에서는 무릇 30리마다 驛站을 설치하였는데 전국에 모두 1,639개소가 있었다. 그 중 260개는 水驛, 1,297개는 陸驛이, 86개는 수륙 겸용이었다. 매 역마다 역장 1인을 두었고, 역무의 다소를 헤아려 말을 지급하였는데, 京師 부근 역참에는 75필, 그 나머지 지역은 忙閑에 따라 차등을 두었다. 水驛의 경우는 선박을 지급하였으며, 역무의 다소에 따라 차등을 두었다. 역마가 필요한 경우에는 반드시 신청하여 卷이나 符를 발급받아야 하는데 京師에서는 문하성에서 발급하고 그 밖의 지역에서는 州·軍에서 발급하였다. 傳驛에 관한 규정으로는 卷이나 符의 발급에 관한 규정(『唐律疏議』 권10, 職制律, 驛使稽

겨진 도장을 왼쪽 어깨 부분에 찍고, 주의 이름이 새겨진 도장을 목 왼쪽에 찍는다. 해마다 무거에 응시할 사람을 조정에 올려 보내는데 지용과 모략, 강한 힘과 뛰어난 재주가 있는 자를 추천하여 보낸다. 장타·마창·교관·경중을 시험하고[242] (성적에 따라) 등급의 상하를 매겨 합격시키거나 탈락시키며, 문(관의 공)거의 예에 따라 향음의 예를 행한 다음 중앙에 보고하고 올려보낸다.

○ 法曹、司法參軍掌律、令、格、式, 鞫獄定刑, 督捕盜賊, 糾逖姦非之事, 以究其情僞, 而制其文法. 赦從重而罰從輕, 使人知所避而遷善遠罪.

역문 법조·사법참군은 율·영·격·식에 따라[243] 송사를 심리하

程條, 208쪽: "疏議曰, 依令, 給驛者給銅龍傳符, 無船符處爲紙卷, 量事緩急, 注驛數於符契上, 據此驛數以爲行程, 稽此程者, 一日杖八十, 二日加一等, 罪止徒二年"), 驛馬와 驛子의 제공에 관한 규정(『唐律疏議』 권10, 職制律, 增乘驛馬條, 210쪽: "疏議曰, 依公式令, 給驛職事三品以上, 若王四匹, 四品及國公以上三匹, 五品及爵三品以上二匹, 散官·前官各遞減職事官一品, 餘官爵及無品人各一匹, 皆數外別給驛子. 此外須將典吏者, 皆臨時量給. 此是令文本數, 數外剩取, 是日增乘, 一匹徒一年, 一匹加一等. 應乘驛驢而乘驛馬者, 又準駕部式, 六品以下, 前官·散官·衛官·省使·差使急速者給馬, 使廻及餘使竝給驢") 공문서 전달에 관한 규정(『唐律疏議』 권10, 職制律, 文書應遣驛不遣條, 209~210쪽: "疏議曰, 依公式令, 在京諸司有事須乘驛及諸州有急速大事, 皆合遣驛, 而所司乃不遣驛, 非應遣驛而所司乃遣驛, 若違者各杖一百. 又依儀制令, 皇帝踐祚及加元服, 皇太后加號·皇太子立及赦, 元日, 刺史若京官五品以上在外者, 竝奉表疏賀, 州遣使, 餘附表, 此卽應遣使而不遣者, 亦合杖一百": "諸驛使受書, 不依題署, 誤詣他所者, 隨所稽留, 以行書稽程論減二等, 若由題署者誤, 坐其題署者") 등이 있다.

242) 모두 武擧 시험과목 명칭이다. 武擧는 武則天 長安 2년(702) 이후 시행되었으며, 그 제도는 이부에서 실시하는 文擧와 같았다. 『唐六典』 권5, 尙書兵部에는 武擧 7과목인 長垛·騎射·馬槍·步射·材貌·言語·擧重이 기술되어 있다.(『역주당육전[상]』 권5, 상서병부 병부원외랑, 520~523쪽) 長垛는 활쏘기, 馬槍은 창 던지기, 翹關은 무거운 것 들기이고, 擎重은 무거운 것을 지는 것인데 『新唐書』에는 '負重'으로 되어 있다.(『新唐書』 권44, 選擧上, 1170쪽: "負重者, 負米五斛, 行二十步")

243) 율령격식에 대해서는 『唐六典』 권6, 尙書刑部 刑部郎中, 180~185쪽(『역주당육전[상]』 권6, 刑部郎中, 549~578쪽) 참조.

고 형을 정하며[244] 도적을 감독하고 체포하며[245] 간악과 불법을 규찰하고 멀리하는 일을 관장하여, 그 실정과 거짓을 철저히 알아내고 그 법규를 만든다. 사면할 때는 무겁게 (사면해 줄 수 있는 법조문을) 적용하고 처벌할 때는 가볍게 (처벌할 수 있는 법조문을) 적용하여,[246] 사람들에게 피할 바를 알아 선을 행하고 죄를 멀리하게 한다.

○ 士曹、司士參軍掌津梁、舟車、舍宅、百工衆藝之事. 啓塞必從其時, 役使不奪其力, 通山澤之利以贍貧人, 凡州界內有出銅、鐵處, 官未採者, 聽百姓私採. 若鑄得銅及白鑞, 官爲市取., 如欲折充課役, 亦聽之. 其四邊, 無問公私, 不得置鐵冶及採銅. 自餘山川藪澤之利, 公私共之. 致瓌異之貨以備國用, 是以官無禁利, 人無稽市. 凡知山澤有異寶、異木及金、玉、銅、鐵、彩色雜物處堪供國用者, 奏聞.

---

244) 송사의 심리는 本州에서 발생한 안건에 한하였고 자사가 주심 장관, 법조·사법참군이 판관이 되었다. 안건의 판결은 형벌의 경중에 따라 장형·태형은 현에서, 도형은 주에서, 유형 이상은 상서성 형부에서 판결하였고, 사형 판결은 大理寺로 보내 복심한 후 다시 황제에게 올려 재가를 받았다.

245) 劫盜·偸竊·謀殺 사건이 발생하면 피해자는 主司에 고발해야 하고, 主司는 官司에 보고해야 하고, 官司는 즉시 檢驗하고 追捕해야 하며, 그러지 않을 경우 각각 처벌을 받았다.(『唐律疏議』 권24, 鬪訟律, 强盜殺人不告主司條, 449쪽: "諸强盜及殺人賊發, 被害之家及同伍卽告其主司. 若家人同伍單弱, 比伍爲告. 當告不告, 一日杖六十, 主司不卽言上, 一日杖八十, 三十杖一百. 官司不卽檢校捕逐, 及有所推避者, 一日徒一年, 竊盜各減二等" : 『唐令拾遺』 逋亡令, (第2條, 729쪽 "諸有盜賊及被傷害者, 卽告隨近官司, 村·坊·屯·驛聞告之處, 率隨近軍人及夫, 從發處追捕") 主司란 坊正·村正·里正 등을 가리키고, 官司란 州·縣·鎭·戍를 가리킨다.

246) 이는 법조·사법참군이 斷案量刑할 때 준수해야 할 사항으로, 그 목적은 이른바 "法不在嚴, 貴於知禁"에 있었다. 『唐律疏議』 권30, 斷獄律, 赦前斷罪不當條, 566쪽: "諸赦前斷罪不當者, 若處輕爲重, 宜改從輕, 處重爲輕, 卽依輕法. 疏議曰, 處斷刑名, 或有出入, 不當本罪, 其事又在恩前, 恐判官執非不移, 故明輕坐之法, 故令云, 犯罪若斷決逢格改者. 格重聽依犯時, 格輕, 聽從輕法. 卽總全無罪, 亦名輕法. 其處重爲輕, 卽依輕法. 假令犯十惡, 非常赦所不免者, 當時斷爲輕罪, 及全放, 竝依赦前斷定."

역문 사조·사사참군은 나루터에 설치한 다리,[247] 배와 수레,[248] 사택,[249] 온갖 공인의 각종 기예[250]에 관한 일을 관장한다. (산택을) 개방하고 금지할 때는 반드시 그 (마땅한) 때를 따르고, 백성을 부릴 때는 그 (농사지을) 힘을 빼앗지 않으며, 산택에서 나오는 이익을 통하게 하여[251] 가난한 사람을 넉넉하게 하고, 무릇 주의 경계 내에 구리와 철의 산지가 있는데 (이 중) 관에서 채광하지 아니한 곳은 백성들이 사사로이 채광하는 것을 허용한다.[252] 만약 (광석을) 녹여 구리와 백랍[253]을 얻으면 관에서는 사들여 취하고, 환산하여 과역으로 충당하고자 하면 역시 허용한다. 사방의 변경

---

247) 津梁은 나루터에 설치한 배다리(造舟之梁)·돌기둥 다리(石柱之梁)·나무기둥 다리(木柱之梁) 등을 가리킨다. 『唐六典』 권7, 尙書工部 水部郎中, 226쪽(『역주당육전(상)』 권7, 상서공부 수부낭중, 688~690쪽) 참조.

248) 舟는 河津의 渡船과 水驛에서 사용하는 선박, 車는 주현에서 갖추고 있는 牛車이다. 이는 모두 士曹에서 비치하고 營造하며 修繕한다. 大津에 공급되는 배와 뱃사람에 대해서는 『唐六典』 권7, 尙書工部 水部郎中, 226~227쪽(『역주당육전(상)』 권7, 상서공부 수부낭중, 690~691쪽) 참조.

249) 舍宅은 주현의 廨舍를 가리킨다.

250) 百工이 주현에서 필요한 각종 기물을 만드는 것을 가리킨다.

251) 山澤之利는 나무의 벌채와 약재의 채집, 물고기 잡이와 금수의 사냥, 동철의 채광과 재련 및 주조 등을 가리킨다. 이러한 것에는 모두 時令의 제한이 따랐다. 『唐六典』 권7, 尙書工部, 虞部郎中·員外郎, 224~225쪽(『역주당육전(상)』 권7, 상서공부 우부낭중 원외랑, 682~683쪽) 참조.

252) 당대에 동·철 등의 채광과 야금은 관영이었지만, 일반 백성들에게도 채광이 허가되었다. 少府監 아래에 여러 冶監이 있는데, 동철 산지에 설치하여 鎔鑄를 관장하였다. 각지에 설치한 冶監의 수에 대해서는 新唐書』 권54, 食貨4, 1383쪽에 "凡銀·銅·鐵·錫之冶一百六十八"이라고 하였지만, 그 아래 열거된 여러 주의 총수("陝·宣·潤·饒·衢,·信五州, 銀冶五十八, 銅冶九十六, 鐵山五, 錫山二, 鉛山四. 汾州礬山七")와 부합하지 않는다. '官府未採者'라는 것은 아직 冶監이 설치되지 않은 곳으로 백성에게 채광을 허용하였다. 이미 冶監을 설치한 곳이라 할지라도 백성들이 편의대로 채광할 경우 허용하였지만 납세해야 했다.(『唐六典』 권22, 小府監 掌冶署, 577쪽: "凡天下諸州出銅鐵之所, 聽人私採, 官收其稅" : 『太平寰宇記』 권107, 江南西道5, 饒州 德興縣, "總章二年, 鄧遠上列取銀之利. 上元二年, 因置監場, 令百姓任便采取, 官司什二稅之")

253) 白鑞은 주석과 납의 합금이다. 동과 백납은 모두 동전을 주조하는 원료인데 많이 부족했기 때문에 백성이 사사로이 채광할 경우 관에서 구매하여 冶監의 동전 주조에 제공하였다.

지역에서는 관부든 개인이든 불문하고 철야를 두거나 구리를 캐낼 수 없다.[254] 나머지 산천과 수택에서 나오는 이익은 관부와 개인이 공유한다. 진기한 재보를 바치게 하여 나라의 쓰임에 준비한다. 이렇게 하여 관부는 이익을 금하지 않고 백성은 시에 쌓아두지 않는다. 무릇 산과 못에 기이한 재보와 기이한 나무 및 금·옥·구리·철과 각종 물품이 산출되어 나라의 쓰임에 충당할 만한 곳을 알게 되면 황제께 아뢴다.

○ 參軍事掌出使檢校及導引之事.

역문 참군사는 사신의 파견, (안건의) 조사[255] 및 (빈객을) 인도하는 일을 관장한다.

○ 市令、丞掌市廛交易, 禁斥非違之事.

역문 시령과 시승은 시장의 교역(에 관한 일)과 비리와 위법 행위를 금하는 일을 관장한다.

---

254) 예로부터 변경 지역은 전쟁이 그치지 않았고 동과 철은 병기 제작 원료이므로 이러한 禁令을 두었다. 『唐六典』 권22, 小府監 掌冶署, 577쪽: "其西邊·北邊諸州禁歪無置鐵冶及採礦. 若器用所須, 則具名數, 移於所由, 官供之, 私者, 私市之" : 『唐會要』 권86, 市, 1874쪽: "開元二年閏三月勅, 諸錦·綾·羅·縠·繡·織成紬·絹·絲·犛牛尾·眞珠·金·鐵, 並不得與諸蕃互市, 及將入蕃, 金鐵之物, 亦不得將度西北諸關."

255) 여기에서 검교는 조사하다, 살피다의 의미로 쓰인 것 같다. 이러한 일반적인 의미 이외에 관제 용어로서 '검교○○관'이라고 할 경우, 당 초에는 '대리'의 의미였다. 중당 이후에는 대부분의 使職이나 外官이 중앙 臺省의 관함을 겸대하였고 그 중 삼공·상서복야·상서 등 고위 관함을 더한 자를 검교관이라 칭하였는데, 관품의 고하를 표시하였을 뿐이고 그 직사를 관장하지는 않았다.

○ 經學博士以五經敎授諸生.

역문 경학박사는 오경을 여러 생도들에게 교수한다.

○ 醫學博士以百藥求療平人有疾者. 下至執刀、白直、典獄、佐、史, 各有其職. 州、府之任備焉.

역문 의학박사는 각종 약물로써 평민 가운데 병이 있는 자를 찾아 치료한다. 아래로 집도・백직・전옥・좌・사[256]에 이르기까지 각각 그 직무가 있다. (이렇게 하여) 주・부의 직임이 갖추어졌다.

◎ 萬年、長安、河南、洛陽、奉先、太原、晉陽, 令各一人, 正五品上. 殷、周已往, 五等諸侯皆自理其人. 及周衰, 諸侯相幷, 大國則別置邑、縣、鄙, 以君其人. 齊、晉謂之大夫, 魯、衛謂之宰, 楚爲公、尹, 秦曰令、長. 漢書云.. 縣長皆掌理其縣. 萬戶已上爲令, 秩千石至六百石., 減萬戶爲長, 秩五百石至三百石. 皆有丞、尉, 秩四百石至二百石, 是爲長吏. 百石以下, 有佐史之秩, 爲少吏. 漢京兆尹統長安令, 後漢河南尹統洛陽令, 魏、晉已後皆因之. 隋初, 兩京置四縣, 增秩爲正五品, 皇朝因之而不改. 天后時, 東都又置來庭、永昌二縣, 以太原爲北都, 尋亦罷. 開元十一年置北都, 以晉陽、太原爲京縣. 十七年巡陵, 又以奉先同京縣. 丞二人, 從七品上. 漢氏縣丞、尉多以本郡人爲之, 三輔縣則兼用他郡. 及隋氏革選, 盡用他郡之人. 漢已下皆一人. 皇朝置京縣丞二員, 北京太原、晉陽各置一丞. 主簿二人, 從八品上. 自漢以來, 主簿皆令、長辟除. 周、隋長安縣令、丞已下有功曹

256) 佐와 史는 유외관으로서 色役과 職役에 충당되었다.

主簿, 西曹、兵・倉・戶・法・士等曹主簿. 皇朝京縣置二人, 太原、晉陽各一員. **錄事二人, 從九品下**. 隋長安縣置錄事二人. **佐二人 史二人. 尉六人, 從八品下**. 漢氏長安有四尉, 分爲左、右部. 城東、南置廣部尉, 是爲左部., 城西、北置明部尉, 是爲右部. 並四百石, 黃綬、大冠. 主追捕盜賊, 何察姦非. 後漢洛陽置四尉, 皆孝廉作, 有東部、南部、西部、北部尉. 魏氏因之. 晉洛陽置六部尉, 過江, 亦於健康置六部尉, 宋、齊、梁、陳並因之. 北齊鄴縣亦置三尉. 隋氏長安無尉, 有正, 煬帝後置尉. 皇朝武德初, 始置尉六人. **司功佐三人, 史六人. 司倉佐四人, 史八人. 司戶佐五人, 史十人. 司兵佐三人, 史六人. 司法佐五人, 史十人. 司士佐四人, 史八人. 典獄十四人. 問事八人. 白直十八人. 博士一人, 助教一人, 學生五十人.**

역문 만년257) · 장안258) · 하남259) · 낙양260) · 봉선261) · 태원262) · 진

---

257) 수에서는 大興縣이었다. 당 무덕 원년(618)에 만년현으로 바꾸었고, 그 후에도 여러 차례 개명되었다.(『舊唐書』 권38, 地理1, 1396쪽: "萬年, 隋大興縣. 武德元年, 改爲萬年. 乾封元年, 分置明堂縣, 治永樂坊. 長安三年廢, 復倂萬年. 天寶七載, 改爲咸寧. 乾元復舊也") 皇城의 南大街 동쪽 54坊이 만년현의 관할 구역이었다. 그 縣廨는 宣陽坊의 東南隅에 있었고 京兆府에서 7리 떨어져 있었다.

258) 수대에 이미 설치되었다.(『舊唐書』 권38, 地理1, 1396쪽: "長安, 隋縣. 乾封元年, 分爲乾封縣, 治懷直坊. 長安三年廢, 復倂長安") 皇城의 南大街 서쪽 54坊이 만년현의 관할 구역이었다. 그 縣廨는 長壽坊의 西南隅에 있었고 京兆府에서 6리 떨어져 있었다.

259) 동도인 낙양성 내에 있으며 수대에 이미 설치되었다.(『舊唐書』 권38, 地理1, 1422쪽: "武德四年, 權治司隷臺. 貞觀元年, 移治所於大理寺. 貞觀二年, 徙理金墉城. 六年, 移治都內之毓德坊. 垂拱四年, 分河南・洛陽置永昌縣, 治於都內之道德坊. 永昌元年, 改河南爲合宮縣. 神龍元年, 復爲河南縣, 廢永昌縣. 三年, 復爲合宮縣. 景龍元年, 復爲河南縣")

260) 동도인 낙양성 내에 있으며 수대에 이미 설치되었다.(『舊唐書』 권38, 地理1, 1422~1423쪽: "武德四年, 權治大理寺. 貞觀元年, 徙治金墉城. 六年, 移治都內之毓德坊. 垂拱四年, 分置永昌縣. 天授三年, 又分置來廷縣, 治於都內之從善坊. 龍朔元年, 廢來廷縣. 神龍二年十一月, 改洛陽爲永昌縣. 唐隆元年七月, 復爲洛陽")

261) 奉先은 예전의 蒲城縣으로, 지금의 섬서성 蒲城이며 同州에 속한다.(『舊唐書』 권38, 地理1, 1398쪽: "開元四年, 以管橋陵, 改京兆府, 仍改爲奉先縣. 十七年, 制官員同赤縣. 寶應二年, 又置玄宗泰陵於縣東北") 그 경내에 泰陵 이외에 諸陵이 있는데, 橋陵은 서북 30리 豐山에, 景陵은 서북 20리 金熾山에, 光陵은 북 15리 堯山에, 惠陵은 서북 10리 지역에 있다.

양263)**(현의)**264) **영은 각 1인으로 정5품상이다.**265) 은・주 이래로 (공・후・백・자・남의) 5등 제후는 모두 직접 그 백성을 다스렸다.266) 주가 쇠퇴하면서 제후들이 서로 겸병하였고, 큰 나라는 별도로 읍・현・비를 두어267) 그 백성을 통치하였다. (그 장을) 제・진에서는 대부라 하였고,268) 노・위에서는 재라고 하였으며,269) 초에서

---

262) 太原은 지금의 산서성 太原이다. 漢 晉陽縣의 舊址이며, 隋 太原郡의 治所였다. 天授 원년(690) 이곳에 北都를 두었고, 天寶 원년(742) 北京으로 개칭하였다. 성내에 晉陽宮이 있었고, 궁성 동쪽에 起義堂이 있었다.

263) 지금의 산서성 太原市內이다. 북제 때 설치하고 龍山이라 하였으며 太原郡에 속하였다. 수 개황 3년(583)에 晉陽으로 개칭하였다. 당 고조 이연은 기병할 때 진양의 號令堂이라는 곳에서 誓師하였다.

264) 당대의 현의 등급에 대해 『唐六典』 권3, 尙書戶部, 73쪽에서는 京縣・畿縣・望縣・上縣・中縣・中下縣・下縣으로 구분하였고, 『通典』 권33, 職官15, 州郡下, 縣令, 919~920쪽에서는 赤縣・畿縣・望縣・緊縣・上縣・中縣・下縣으로 구분하였는데, 여기에서 언급하고 있는 만년현 이하 7현은 『唐六典』 권3, 尙書戶部, 73쪽: "凡三都之縣, 在城內曰京縣,(〔原注〕奉先同京城.) 城外曰畿縣" 및 『通典』 권33, 職官15, 920쪽: "京都所治爲赤縣"에 따르면 모두 京縣이었으며 또한 赤縣이라고도 하였음을 알 수 있다.

265) 수의 大興(당의 萬年)・長安 현령은 종5품하였다. 武德 원년(618)에 정5품상이 되었다가 7년(624)에 종5품이 되었으며, 貞觀(627~645) 초 다시 정5품상이 되었다. 나머지 河南・洛陽・太原・晉陽・奉先 등 京縣의 현령들도 정5품상이었으며, 天寶 2년(743)에 新豐・萬年을 나누어 會昌縣을 두었는데 그 현령도 정5품상이었다.(『舊唐書』 권42, 職官2, 1794쪽: "長安・河南・洛陽・太原・晉陽・奉先・會昌縣令, 〔原注〕武德元年, 勅萬年・長安令爲正五品上. 七年定令, 改爲從五品. 貞觀初復舊也")

266) 『通典』 권31, 職官13, 851쪽: "昔黃帝旁行天下, 分建萬國, 至於唐虞, 別爲五等, 曰公・侯・伯・子・男. 則虞書所謂輯五瑞, 脩五玉, 是其制也. 夏與唐虞同. 殷制, 天子之田方千里, 公・侯百里, 伯七十里, 子・男五十里, 不能五十里者不合於天子, 附於諸侯. 凡四海之內九州, 州方千里, 州建百里之國三十, 七十里之國六十, 五十里之國百有二十, 凡二百一十國. 名山大澤不以封, 其餘以爲附庸閒田. 凡九州千七百七十三國."

267) 『舊唐書』 권44, 職官3, 1920쪽에 "大國分置, 郡・邑・縣・鄙"라고 하여, 邑 위에 郡이 있는 것으로 보았다. 邑은 城區를 가리키는데, 큰 것을 都, 작은 것을 邑이라 하였고, 때로는 封國을 邑이라고 칭하였다.(『左傳』 권7, 桓公: "君次於郊郢, 以禦四邑") 縣은 처음엔 변방 지역의 행정 구획이었으나(『通典』 권33, 職官15, 917쪽: "春秋時, 列國相滅, 多以其地爲縣") 후에는 점점 내지를 가리키게 되었고, 君主가 거하는 지역을 縣이라 부르기도 하였다.(『禮記』, 王制: "天子之縣內") 鄙는 대부분 小邑을 가리켰다.(『周禮』, 天官: "以八則治都鄙, (鄭玄注)都鄙, 公卿大夫之采邑, 五子弟所食邑")

는 공·윤이라 하였고,[270] 진에서는 영·장이라 하였다.[271] 『한서』에 이르기를 "현장은 모두 소속 현을 다스리는 일을 관장한다.[272] (현의 인구가) 1만 호 이상이면 영이라 하고 질은 천석에서 육백석이다. 1만 호가 안되면 현장이라 하고 질은 오백석에서 삼백석이다.[273] 모두 승과 위가 있는데 질은 사백석에서 이백석이며 장리라고 한

---

268) 『史記』 권46, 田敬仲完世家, 1881쪽: "田釐子乞事齊景公爲大夫" : 권43, 趙世家, 1781쪽: "趙衰爲原大夫, 居原, 任國政."

269) 魯의 경우는 『史記』 권47, 公子世家, 1915쪽: "其後定公以孔子爲中都宰, 一年, 四方皆則之" : 1916쪽: "使仲由爲季氏宰" 참조. 衛의 경우는 『呂氏春秋』 恃君覽, 觀表: "郈成子爲魯聘於晉, 過衛, 右宰穀臣止而觴之" 참조.

270) 楚는 전후 두 차례에 걸쳐 陳을 멸하고 그곳에 현을 설치하였다. 1차는 楚 莊王 16년(기원전 598)이고(『史記』권40, 楚世家, 1702쪽: "已破陳, 即縣之"), 2차는 楚 惠王 10년(기원전 479)이다.(『史記』 권40, 楚世家, 1718쪽: "滅陣而縣之") 楚에서는 縣의 장관을 尹, 邑의 대부를 公이라고 불렀다.(『史記』 권40, 楚世家, 1718쪽: "惠王二年, 子西召故平王太子建之子勝於吳, 以爲巢大夫, 號曰白公. 白公好兵而下士, 欲報仇. 六年, 白公請兵令尹子西伐鄭")

271) 『漢書』 권19上, 百官公卿表上, 742쪽: "縣令·長, 皆秦官, 掌治其縣" : 『史記』 권5, 秦本紀, 203쪽: "幷諸小鄉聚, 集爲大縣, 縣一令, 四十一縣" : 권68, 商君列傳, 2232쪽: "而集小鄉邑聚爲縣, 置令丞, 凡三十一縣, 爲田開阡陌封疆, 而賦稅平." 전국시대에 秦·魏·趙·韓 등 여러 나라에서 현의 관리들을 嗇夫라고 칭하였다. 『雲夢秦簡』에 의하면 秦에는 田嗇夫·倉嗇夫·庫嗇夫·廐嗇夫·苑嗇夫·亭嗇夫·司空嗇夫·漆園嗇夫·采山嗇夫 등 직무에 따른 여러 嗇夫를 두었는데, 大嗇夫 또는 縣嗇夫는 현에서 가장 높은 지위의 嗇夫로서 곧 縣令과 縣長의 별칭이었다.

272) 『漢書』 권19上, 百官公卿表上, 742쪽에는 "縣令·長, 皆秦官, 掌治其縣"이라고 하여 '皆'라고 할 수 있으나, 『唐六典』에서는 "縣長皆掌治其縣"이라고 하여 '皆'라고 하면 어색하다. 그런데 한에는 현에 令·長을 포함하여 각종 명칭의 장관이 있었으므로 '縣長'을 복수명사로 본다면 그런대로 의미가 통할 수도 있다. 한대에 대체로 縣에 상당하는 구획으로 "列侯所食縣曰國, 皇太后·皇后·公主所食曰邑, 有蠻夷曰道"가 있었는데, "候國之長曰相, 邑與道之長官, 大者稱令, 次者爲長"이라 하였으며, 이들의 직무는 "皆掌治民, 顯善勸義, 禁姦罰惡, 理訟平賊, 恤民時務, 秋冬集課, 上計於所屬郡國"이었다.(『後漢書』 권38, 百官5, 3622~3623쪽 참조)

273) 이는 관할 호구수의 다소를 令과 長을 구분하는 기준으로 삼았음을 말한다. 그러나 만호 이상과 이하는 대략적인 수치일 뿐이고, 실제 상황에 따라 상당히 융통성 있게 운영하였다.(『後漢書』 권38, 百官5, 3623쪽: "應劭漢官曰, 漢書百官表云, 萬戶以上爲令, 萬戶以下爲長. 三邊始孝武皇帝所開, 縣戶數百而或爲令. 荊揚江南七郡, 唯有臨湘·南昌·吳三令爾. 及南陽穰中, 土沃民稠, 四五萬戶而爲長. 桓帝時, 以(汝)南陽安爲女公主邑, 改號爲令, 主薨復復其故. 若此爲繫其本. 俗說令長以水土爲之, 及秩高下, 皆無明文. 班固通儒, 述一代之書, 斯近其眞")

다.[274] 백석 이하로는 좌사의 질이 있으며 소리라고 한다."[275] 한의 경조윤은 장안 현령을 통할하였고[276] 후한의 하남윤은 낙양 현령을 통할하였으며[277] 위와 진 이후로 모두 이를 따랐다.[278] 수 초에 경사와 동도에 4현을 두고 질을 높여 정5품으로 하였으며,[279] 당에서는 이를 따르고 바꾸지 않았다.[280] 칙천무후 때에 동도에 또 내정·영창 2현을 두었고 태원을 북도로 하였으나 조금 있다가 역시 폐지하

---

274) 승과 위의 정원에 대해서는 『後漢書』 권38, 百官5, 3623쪽: "丞各一人. 尉大縣二人, 小縣一人. 應… 劭漢官曰, 大縣丞左右尉, 所謂命卿三人. 小縣一尉一丞, 命卿二人.… 雒陽令秩千石, 丞三人, 四百石" 참조. 그 직무에 대해서는 『後漢書』 권38, 百官5, 3623쪽: "本注曰, 丞署文書, 典知倉獄. 尉主盜賊. 凡有賊發, 主名不立, 則推索行尋, 案察姦宄, 以起端緒" 참조.

275) 『漢書』 권19上, 百官公卿表上, 742쪽: "百石以下有斗食·佐史之秩, 是爲少吏."

276) 京兆尹은 秦에서 內史라 하였고, 漢 景帝 2년(기원전 155) 右內史를 두었으며, 武帝 太初 원년(기원전 104) 다시 京兆尹이라 하였다. 예하에 12縣을 통할하였는데, 長安은 京兆尹의 屬縣 중 하나였으며 따라서 京兆尹이 長安令을 통령하였다.

277) 후한은 낙양에 도읍하여 京師를 다스리는 자를 河南尹이라고 하였다. 洛陽은 河南尹의 屬縣 중 하나였으며 따라서 河南尹이 洛陽令을 통령하였다. 하남윤의 연혁에 대해서는 『漢官儀』卷上, 149쪽 "河南尹所治周地也. 洛陽本周城, 周之衰微, 分爲西(東)周, 秦兼天下, 置三川守河洛伊也. 漢更名河南, 孝武皇帝增曰太守. 世祖中興, 徙都洛陽, 改號爲尹. 尹, 正也. 詩曰, 赫師尹" : 『後漢書』 권29, 郡國1, 3389쪽: "世祖都雒陽, 建武十五年改曰河南尹" 참조.

278) 魏는 長安·譙·許昌·鄴·洛陽을 5都로 삼고 洛陽을 京師로 하였으며 河南尹과 洛陽縣令을 두었다. 長安에는 京兆尹과 長安令을 두었다. 晉은 洛陽에 도읍하여 魏의 제도를 따랐다. 동진 및 남조는 모두 건업에 도읍하였다. 北魏 孝文帝는 洛陽으로 천도하였는데 太和 23년(499) 次職令을 복구하고 河南尹과 洛陽令을 두었으며 令은 종5품하이었다.

279) 경사에 長安·大興 2현, 동도에 河南·洛陽 2현을 두었다. 수 문제는 周를 계승하여 장안에 도읍하고 경조윤을 두었다. 또한 漢 장안성 동남쪽의 龍首山에 新都를 조성하고 大興縣이라 하였다. 양제가 즉위하여 동도 낙양을 조성하고 河南尹을 두었으며 都城 내에 하남·낙양 2현을 두었다. 이리하여 수는 동서 양경에 모두 4현을 두었다. 『隋書』 百官志에 의하면 문제 때 大興·長安令은 종5품하였고, 양제 대업 3년(607)에 大興·長安·河南·洛陽의 4현령은 모두 정5품이 되었다.

280) 당은 수를 따라서 京師에 2현을 두었다. 하나는 長安으로 수대의 이름을 그대로 따랐고, 다른 하나는 萬年으로 大興을 개칭한 것이다. 모두 경조윤에 속하였다. 당 무덕 원년(618) 칙을 내려 만년·장안령을 정5품상으로 하였고, 무덕 7년(624)에 종5품으로 고쳤다가 정관(627~645) 초에 다시 복구하였다. 이후로 京縣令은 모두 정5품상이었다. 顯慶 2년(657) 낙양에 東都를 설치하고 하남윤을 두었으며 河南·洛陽 2현을 두었다. 京·都 4현은 모두 京縣이었다.

였다.[281] 개원 11년(723) 북도를 두었고 진양·태원을 경현으로 하였다.[282] (개원) 17년(729)에 황릉을 순시하고 또한 봉선을 경현과 동급으로 하였다.[283] **승은 2인으로 종7품상이다.** 한에서 현승과 현위는 대부분 본군 사람으로 임명하였는데, 삼보의 현은 다른 군 사람도 아울러 임용하였다.[284] 수에 이르러 선거를 변혁하면서 모두 다른 군 사람을 임용하였다.[285] (승의 정원은) 한 이래로 모두 1인이었다. 당에서 경현의 승의 정원은 2인이었고, 북경의 태원·진양은 각각 1인의 승을 두었다. **주부는 2인으로 종8품상이다.** 한 이래로 주부는 모두 현령·현장이 직접 임명하였다. 북주와 수에서는 장안 현령·현승 아래에 공조주부와 서조·병조·창조·호조·법조·사조 등의 주부가 있었다.[286] 당에서는 경현에 2인을 두었고,[287] 태원·진

---

281) 垂拱 4년(688) 7월 1일 洛陽縣을 나누어 永昌縣을 두었고, 天授 3년(692) 3월 9일 또 나누어서 來廷縣을 두었다. 長安 2년(702) 6월 2일 2현을 동시에 폐지하였다. 神龍 2년(706) 11월 2일 洛陽을 永昌縣으로 개칭하였고, 唐隆 원년(710) 다시 洛陽縣으로 회복하였다. 天授 원년(690) 太原을 北都로 하였으나 神龍 원년(705) 폐지하였다.

282) 개원 11년 정월 北都를 설치하고 并州는 太原府로 하였으며 晉陽·太原을 京縣으로 하였다. 관리의 임명은 하나같이 京兆·河南 2府에 준하였다. 天寶 원년(742) 북도를 北京으로 개칭하였다.

283) 『舊唐書』 권8, 玄宗紀, 194쪽: "十一月庚申, 親饗九廟. 辛卯, 發京師. 丙申, 謁橋陵. 上望陵涕泣, 左右並哀感. 制奉先縣同赤縣, 以所管萬三百戶供陵寢, 三府兵馬供宿衛, 曲赦縣內大辟罪已下." 같은 달에 현종은 定陵·獻陵·昭陵과 乾陵을 進謁하였다.

284) 三輔의 縣이란 京兆尹·左馮翊·右扶風이 관할하는 현을 가리킨다. 三輔의 官은 他郡보다 높았다. 他郡 卒吏의 秩은 百石이지만 三輔 卒吏는 二百石이었고, 他郡의 遊徼·獄史는 모두 百石이 안되지만 장안의 유격·옥사는 百石이었다.

285) 『隋書』 권28, 百官下, 792쪽. 수 문제 개황 3년(583) 辟署를 폐지한 후 그 주현의 장관 및 좌관은 "別置品官, 皆吏部除授, 每歲考殿最. 刺史·縣令, 三年一遷, 佐官四年一遷. 佐官以曹爲名者, 並改爲司" 하였다.

286) 北周의 長安 縣令·丞 이하 功曹·主簿 및 諸曹의 설치에 대해서는 사서에 기록이 없으나, 隋의 長安縣은 당연히 북제의 제도를 따랐을 것이다. 『隋書』 권28, 百官下, 783쪽: "大興·長安縣, 置令, 丞, 正, 功曹, 主簿, 西曹, 金·戶·兵·法·士曹等員, 竝佐史, 合一百四十七人"에 따르면 본문의 功曹 앞에 '正'자가 누락된 것으로 생각된다.

양은 각각 1인이었다. **녹사는 2인으로 종9품하이고**, 수 장안현에는 녹사 2인을 두었다. **좌는 2인이고 사는 2인이다.**[288] **위는 6인으로 종8품하이다.** (전)한은 장안에 4인의 위가 있었는데 좌·우부로 나뉘었다. 성동과 성남에 광부위를 두고 이를 좌부라고 하였고, 성서와 성북에 명부위를 두고 이를 우부라고 하였다.[289] 모두 사백석이었으며 황색 인끈을 차고 대관을 썼다.[290] 도적을 추포하고 간사와 위법을 사찰하는 일을 주관하였다. 후한은 낙양에 4인의 위를 두었는데 모두 효렴이 임명되었고,[291] 동부·남부·서부·북부위가 있었다. 위는 이를 따랐다.[292] (서)진은 낙양에 6부위를 두었고, 동진도 역시 건강에 6부위를 두었으며,[293] 송·제·양·진은 모두 이를

---

287) 당에서는 오직 長安·萬年·河南·洛陽의 4京縣에만 2인의 主簿를 두었고 畿縣 이하는 모두 1인이었다. 또 장안·만년 2현의 丞 및 主簿의 정원은 전후로 차이가 있다. 『唐會要』 권69, 州府及縣加減官, 1448쪽: "(大歷)四年三月四日, 長安·萬年縣丞各減一員, 主簿一員, 尉兩員."

288) 『舊唐書』 권44, 職官3, 1920쪽에는 4인으로 되어 있다.

289) 『漢官舊儀』(清孫星等輯, 周天點校, 『漢官之種』), 卷下, 47쪽: "長安城方六十里, 中皆屬長安令. 置佐·右尉. 城東·城南置廣部尉, 城西·城北置明部尉, 凡四尉."

290) 大冠은 武冠이다.(蔡邕, 『獨斷』, "武冠或曰繁冠, 今謂之大冠, 武冠服之") 尉는 武事와 관련이 있어 武冠을 썼다. 趙의 惠文王이 만들었다고 해서 惠文冠이라고도 한다. 侍中·中常侍도 이 관을 썼는데, 별도로 金鐺을 달고 蟬 문양을 넣었으며 豹尾로 장식하고 황금으로 竿을 만들었다.(『晉書』 권25, 輿服志, 768쪽: "應劭漢官云, 說者以爲金取剛强, 百鍊不耗. 蟬居高飲淸, 口在掖下. 貂內勁悍而外柔縟. 又以蟬取淸高飲露而不食, 貂則紫蔚柔潤而毛采不彰灼, 金則貴其寶瑩, 於義亦有所取. 或以爲北土多寒, 胡人常以貂皮溫額, 後世效此, 遂以附冠")

291) 孝廉은 한대의 관리 선거 과목이다. 처음에 孝·廉이 각각 하나의 과목이었으나 후에 합쳐졌다. 郡國에서 해마다 1~2인을 추천하였고 대부분 처음에 郎中에 제수되었는데, 후한 순제 이후 먼저 公府에서 課試하고 그 능력을 보아 除授하는 것으로 개정되었다. 여기에서는 孝廉으로 추천된 자를 가리킨다.(『後漢書』 권38, 百官5, 3623쪽: "(注)漢官曰, 雒陽令秩千石, 丞三人四百石, 孝廉左尉四百石, 孝廉右尉四百石."

292) 曹魏는 한의 제도를 따라 洛陽縣에 部尉를 두었다. 『三國志』 권9, 魏書 曹爽傳, 288쪽에 "(注)魏末傳曰, 爽兄弟歸家, 敕洛陽縣發民八百人, 使尉部圍爽第四角, 角作高樓, 令人在上望視爽兄弟擧動"이라 하였는데, 여기에서의 尉部는 洛陽縣의 部尉를 말하며, 징발한 백성이 낙양현 경내의 사람이어서 部尉가 통령하였다.

따랐다. 북제는 업현에 역시 3위를 두었다.294) 수에서는 장안에 위가 없었고 정이 있었으며, 양제가 후에 위를 두었다.295) 당에서는 무덕(618~626) 초에 처음으로 위 6인을 두었다.296) **사공은 좌가 3인이고 사는 6인이다. 사창은 좌가 4인이고 사는 8인이다. 사호는 좌가 5인이고 사는 10인이다. 사병은 좌가 3인이고 사는 6인이다. 사법은 좌가 5인이고 사는 10인이다. 사사는 좌가 4인이고 사는 8인이다. 전옥은 14인이다. 문사는 8인이다. 백직은 18인이다. 박사는 1인이고 조교는 1인이며 학생은 50인이다.**

○ 京兆、河南、太原諸縣, 令各一人, 正六品上; 丞一人, 正八品下. 主簿一人, 正九品上. 隋九等縣丞、尉已下皆有, 以本縣人爲之, 高宗始爲品官, 令吏部選授. 尉二人, 正九品下. 後漢置尉, 大縣二人, 小縣一人, 主捕盜賊. 三國、晉、宋之後並因之. 隋氏九等縣則上縣二人, 中、下縣一人., 煬帝改爲縣正, 又爲書佐. 皇朝復爲縣尉, 畿玄縣戶不滿四千者亦置二人, 萬戶已上置三人. 諸州上縣令從六品上., 丞一人, 從八品上., 主簿一人, 正九品下., 尉二人, 從九品上. 中縣令一人, 正七品上., 丞一人, 從八品下., 主簿一人, 從九品上., 尉一人, 從九品下, 縣滿四千戶增置一人. 中下縣令一人, 從七

293) 『晉書』 권24, 職官志, 747쪽: "洛陽縣置六部尉. 江左以後, 建康亦置六部尉." 6部尉는 左·右·東·西·南·北 6部尉를 가리키는데, 낙양을 6개 구역으로 나누어 사회치안을 담당하였다.

294) 北齊는 鄴에 도읍하였으며, 鄴·臨漳·安成 3縣을 두었다. 『隋書』 권27, 百官中, 761쪽: "鄴·臨漳·成安三縣令, 各置丞·中正·功曹·主簿·門下督·錄事·主記, 議及功曹·記室·戶·田·金·租·兵·騎·賊·法等曹掾員, 鄴又領右部·南部·西部三尉, 又領十二行經途尉. 凡一百三十五里, 里置正."

295) 隋에는 大興·長安 縣令·丞 아래에 正이 있었고 尉는 없었다.(『隋書』 권28, 百官下, 783쪽: "大興·長安縣, 置令, 丞, 正, 功曹, 主簿, 西曹, 金·戶·兵·法·士曹等員. 幷佐史, 合一百四十七人") 煬帝는 大業 3년(607) 縣尉를 縣正이라 하였고, 곧 正을 戶曹·法曹로 개칭하였다.(『隋書』 권28, 百官下, 802쪽: "縣尉爲縣正, 尋改正爲戶曹·法曹, 分司以承郡之六司")

296) 『新唐書』 권49, 百官4下, 1319쪽: "武德元年, 改書佐曰縣尉, 尋改曰正. 諸縣置主簿, 以流外爲之. 京縣·上縣, 丞皆一人, 畿縣·上縣, 正皆四人. 七年, 改縣正復曰尉."

品上., 丞一人, 正九品上., 主簿一人, 從九品上., 尉一人, 從九品下. 下縣令一人, 從七品下., 丞一人, 正九品下., 主簿一人, 從九品上., 尉一人, 從九品下. 丞一人, 正八品下; 注見上文. 主簿一人, 正九品上; 隋九等縣丞、尉已下皆有光初功曹、光初主簿, 功曹主簿, 西曹、金·戶·兵·法·士等曹佐及市令等員, 正九品下, 皆本縣人爲之. 高宗始爲品官, 令吏部選授. 尉二人, 正九品下; 錄事二人, 史三人; 司功佐三人, 史五人; 司倉佐四人, 史七人; 司戶佐四人, 史七人, 帳史一人. 萬戶已上增置佐二人、史四人、帳史一人. 司法佐四人, 史八人., 萬戶已上增置佐一人、史二人. 司士佐四人, 史八人; 典獄十人; 問事四人; 白直十人; 市令一人, 佐一人, 史一人, 帥二人; 經學博士一人, 助敎一人, 學生四十人.

역문 경조·하남·태원부의 모든 현297)의 영은 1인으로 정6품상이다. 승은 1인으로 정8품하이다. 주부는 1인으로 정9품상이다. 수의 9등현의 승·위 아래에 모두 (주부를) 두었고 본현의 사람으로 임명하였다. (당) 고종 때 처음 품관으로 되었으며 이부에서 임명하게

297) 경조부·하남부·태원부 소속의 京縣을 제외한 畿縣들을 가리킨다. 畿縣의 숫자는 사료에 따라 조금씩 차이를 보인다. 『舊唐書』 地理志에 의하면 京兆府에는 長安·萬年·奉先의 3京縣 이외에 藍田·渭南·昭應·三原·富平·櫟陽·咸陽·高陵·涇陽·醴泉·雲陽·興平·鄠·武功·好畤·盩厔·奉天·華原·美原·同官 등 20개 기현이 있고, 河南府에는 河南·洛陽의 2京縣 이외에 偃師·鞏·緱氏·告成·登封·陸渾·伊闕·伊陽·壽安·新安·福昌·澠池·長水·永寧·密·河淸·潁陽의 17개 기현이 있으며, 太原府에는 太原·晉陽의 2京縣 이외에 太谷·文水·楡次·盂·淸源·交城·陽曲·壽陽·廣陽·樂平·祁 등 11개 기현이 있다. 『新唐書』 地理志에 의하면 경조부에는 咸陽·興平·雲陽·涇陽·三原·渭南·昭應·高陵·同官·富平·藍田·鄠·奉天·好畤·武功·醴泉·華原·美原 등 18개 기현이 있고, 하남부에는 偃師·鞏·緱氏·陽城(告成)·登封·陸渾·伊闕·新安·澠池·福昌·長水·永寧·壽安·密·河淸·潁陽·伊陽·王屋 등 18개 기현이 있으며, 태원부에는 『舊唐書』와 동일한 11개 기현이 있다. 또한 『元和郡縣圖志』에 의하면 경조부와 태원부에 『舊唐書』와 동일하게 각각 20개와 11개 畿縣이 있고, 하남부에는 偃師·緱氏·鞏·伊闕·密·王屋·長水·伊陽·河陰·陽翟·潁陽 ·告成·登封·福昌·壽安·澠池·永寧·新安·陸渾 등 19개 기현이 있다. 그런데 『通典』 권33, 職官15, 919쪽에서는 각 현의 명칭은 열거하지 않은채 기현의 수를 82개로 기록하고 있어, 다른 사서에 기록된 기현의 수가 대략 50개 정도인 것과 커다란 차이를 보인다.

하였다.[298] 위는 2인으로 정9품하이다. 후한에서 위를 두었는데 대현은 2인이고 소현은 1인으로 도적을 체포하는 것을 주관하였다.[299] 삼국시대와 진·송 이후 모두 이를 따랐다.[300] 수의 9등현에서는 상현은 2인, 중·하현은 1인을 두었다. 양제 때에 현정으로 개칭하였고, 또한 서좌라고 하였다.[301] 당에서는 다시 현위라고 하였고, 기현은 호수가 4천 호가 되지 않아도 2인을 두었고 1만 호 이상이면 3인을 두었다.[302] 각 주의 상현의 영은 (1인으로) 종6품상이다. 승은 1인으로 종8품상이다. 주부는 1인으로 정9품하이다. 위는 2인으로 종9품상이다. 중현의 영은 1인으로 정7품상이다. 승은 1인으로 종8품하이다. 주부는 1인으로 종9품상이다. 위는 1인으로 종9품하이고 4천 호가 넘는 현은 1인을 더 둔다.[303] 중하현의 영은 1인으로 종7품상이다. 승은 1인으로 정9품상이다. 주부는 1인으로 종9품상이다. 위는 1인으로 종9품하이다. 하현의 영은 1인으로 종7품하이다. 승

---

298) 당에서 畿縣의 主簿는 정9품상, 上縣·中縣의 主簿는 정9품하, 中下縣의 主簿는 종9품하였고, 품관은 모두 吏部에서 임명하였다.

299) 『後漢書』 권38, 百官5, 3623쪽: "尉, 大縣二人, 小縣一人. 本注曰, 尉主盜賊. 凡有賊發, 主名不立, 則推索行尋, 案察姦宄, 以起端緒."

300) 『晉書』 권24, 職官志, 747쪽: "洛陽縣置六部尉. 江左以後, 建康亦置六部尉, 餘大縣置二人, 次縣·小縣各一人" : 『太平御覽』 職官部 67, 縣尉, 1260쪽上: "宋武帝詔曰, 百里之任, 總歸官長, 縣尉實效甚微, 其費不少, 二品縣可置一尉而已, 餘悉停省" : 『宋書』 권40, 百官下, 1258쪽: "宋太祖元嘉十五年, 縣小者又省之." 이에 의하면, 縣尉의 설치와 관련하여 三國과 晉·宋 모두 대체로 漢의 제도를 따랐으나 구체적인 정황은 같지 않았다.

301) 隋의 9등현에는 모두 令·丞·尉를 두었다. 『隋書』 百官志에 의하면 양제 대업 3년(607)에 縣尉를 縣正으로 개칭하였고 諸曹의 掾史를 모두 書佐라고 하였다.(주295) 참조)

302) 『新唐書』 권49下, 百官4下, 1319쪽: "武德元年, 改書佐曰縣尉, 尋改曰正. 諸縣置主簿, 以流外爲之. 京縣·上縣·丞皆一人, 畿縣·上縣, 正皆四人. 七年, 改縣正復曰尉. 貞觀初, 諸縣置錄事. 開元, 上縣萬戶中縣四千戶以上, 增尉一人. 京兆·河南府諸縣, 戶三千以上置市令一人, 戶一萬以上置義倉督三人. 其後畿縣戶不及四千, 亦置尉二人, 萬戶增一人."

303) 『新唐書』 권49下, 百官4下, 1319쪽: "開元, 上縣萬戶中縣四千戶以上, 增尉一人."

은 1인으로 정9품하이다. 주부는 1인으로 종9품상이다. 위는 1인으로 종9품하이다. 승은 1인으로 정8품하이다. 주문은 위에 따른다. 주부는 1인으로 정9품상이다. 수의 9등현은 승·위 아래에 모두 광초공조·광초주부, 공조주부, 서조와 금·호·병·법·사 조의 좌 및 시령 등이 있었는데 정9품하이었으며304) 모두 본현의 사람으로 임명하였다. 고종 때에 처음 품관으로 되었으며 이부에서 임명하게 하였다. 위는 2인으로 정9품하이다. 녹사는 2인이고 사는 3인이다. 사공좌는 3인이고 사는 5인이다. 사창좌는 4인이고 사는 7인이다. 사호좌는 4인이고 사는 7인이며 장사는 1인이다. 1만 호 이상의 현은 좌 2인, 사 4인, 장사 1인을 더 두었다. 사법좌는 4인이고 사는 8인이다. 1만 호 이상의 현은 좌 1인, 사 2인을 더 두었다. 사사좌는 4인이고 사는 8인이다. 전옥은 10인이다. 문사는 4인이다. 백직은 10인이다. 시령은 1인이고 (그) 좌는 1인이고 사는 1인이며 수는 2인이다. 경학박사는 1인이고 조교는 1인이며 학생은 40인이다.

○ 諸州上縣, 令一人, 從六品上; 丞一人, 從八品下; 主簿一人, 正九品下;尉二人, 從九品上; 錄事二人, 史三人; 司戶佐四人, 史七人, 帳史一人; 萬戶已上增置佐二人、史四人、帳史一人. 司法佐四人,

---

304) 『隋書』 권28, 百官下, 783쪽: "縣, 置令, 丞, 尉, 正, 光初功曹, 光初主簿, 功曹, 主簿, 西曹, 金·戶·兵·法·士等曹佐, 及市令等員. 合九十九人." 『唐六典』의 위의 주문을 『隋書』의 기록과 비교해 보면, 먼저 光初功曹 앞에 '正' 즉 縣正이 빠져 있고, 또 마지막에 '正九品下'가 들어가 있고 '合九十九人'이 빠져 있다. 原注에 나열된 屬官은 매우 많아서 모두 정9품하로 보기는 어려울 것이다. 또한 隋의 大興·長安 2縣의 縣正·功曹·主簿는 모두 視종9품이고 下縣의 丞은 종9품상, 中縣의 尉는 종9품하이다. 丞·尉 아래의 諸曹佐의 品位가 이보다 높을 리 없으므로, '正九品下'라는 구문은 '合九十九人'의 誤記이거나 다른 주석이 잘못 삽입된 듯하다.

史八人; 萬戶已上增置佐一人、史二人, 餘同畿縣. 典獄十人; 問事四人; 白直十人; 市令一人, 佐一人, 史一人, 帥二人, 倉督二人., 博士一人, 助教一人, 學生四十人.

역문 모든 주의 상현[305]의 영은 1인으로 종6품상이다. 승은 1인으로 종8품하이다. 주부는 1인으로 정9품하이다. 위는 2인으로 종9품상이다. 녹사는 2인이고 사는 3인이다. 사호좌는 4인이고 사는 7인이며 장사는 1인이다. 1만 호 이상의 현은 좌 1인, 사 4인, 장사 1인을 더 두었다. 사법좌는 4인이고 사는 8인이다. 1만 호 이상의 현은 좌 1인, 사 2인을 더 두었고, 나머지는 기현과 동일하다. 전옥은 10인이다. 문사는 4인이다. 백직은 10인이다. 시령은 1인이고 (그) 좌는 1인이며 사는 1인이고 수는 2인[306]이며 창독은 2인이다. 박사는 1인이고 조교는 1인이며 학생은 40인이다.

○ 諸州中縣, 令一人, 正七品上; 丞一人, 從八品下; 主簿一人, 從九品上; 尉一人, 從九品下; 錄事一人, 史二人; 司戶佐三人, 史五人, 帳史一人; 四千戶增置佐一人、史二人、帳史一人. 司法佐三人, 史

---

305) 『唐六典』에서는 당대의 현을 京縣·畿縣·望縣·上縣·中縣·中下縣·下縣의 7등으로 구분하고, 상현 이하는 기본적으로 관할 호수의 다소에 따라 구분하였다.(『唐六典』 권3, 尙書戶部, 戶部郎中, 73쪽: "六千戶已上爲上縣, 二千戶已上爲中縣, 一千戶已上爲中下縣, 不萬一千戶皆爲下縣") 『唐會要』에서도 상현 이하의 현을 관할 호수에 따라 구분하였다.(『唐會要』 권70, 量戶口定州縣等第例, 1457쪽: "武德令, 戶五千以上爲上縣, 二千戶以上爲中縣, 一千戶以上爲中下縣. 至開元十八年三月七日, 以六千戶已上爲上縣, 三千戶已上爲中縣, 不滿三千戶爲中下縣, 其赤·畿·望·緊等縣, 不限戶數, 並爲上縣. 去京五百里內, 幷緣邊州縣, 戶五千已上亦爲上縣, 二千已上爲中縣, 一千已上爲中下縣") 『通典』 권33, 職官15, 州郡下 縣令, 919~920쪽에서는 현을 赤縣·畿縣·望縣·緊縣·上縣·中縣·下縣의 7등으로 나누고, 望縣 이하는 호구의 다소와 토질의 좋고 나쁨으로 구분하였다.

306) 『舊唐書』 권44, 職官3, 1921쪽에는 1인으로 되어 있다.

六人; 四千戶增置佐一人、史二人. 典獄八人; 問事四人; 白直八人; 市令一人, 佐一人, 史一人, 帥二人, 倉督一人; 博士一人, 助敎一人, 學生二十五人.

역문 모든 주의 중현의 영은 1인으로 정7품상이다. 승은 1인으로 종8품하이다. 주부는 1인으로 종9품상이다. 위는 1인으로 종9품하이다. 녹사는 1인이고 사는 2인이다.[307] 사호좌는 3인이고 사는 5인이며 장사는 1인이다. 4천 호의 현은 좌 1인, 사 2인, 장사 1인을 더 두었다. 사법좌는 3인이고[308] 사는 6인이다. 4천 호의 현은 좌 1인, 사 2인을 더 두었다. 전옥은 8인이다. 문사는 4인이다. 백직은 8인이다. 시령은 1인이고 (그) 좌는 1인이며 사는 1인이고 수는 2인이며 창독은 1인이다. 박사는 1인이고 조교는 1인이며 학생은 25인이다.

○ 諸州中下縣, 令一人, 從七品上; 丞一人, 正九品上; 主簿一人, 從九品上; 尉一人, 從九品下; 錄事一人; 司戶佐二人, 史四人, 帳史一人; 司法佐二人, 史四人., 典獄六人; 問事四人; 白直八人; 市令一人, 佐一人, 史一人, 帥二人; 無市則闕. 博士一人, 助敎一人, 學生二十五人.

역문 모든 주의 중하현의 영은 1인으로 종7품상이다. 승은 1인으로 정9품상이다. 주부는 1인으로 종9품상이다. 위는 1인으로 종9품하이다. 녹사는 1인이다. 사호좌는 2인이고 사는 4인[309]이며

307) 『舊唐書』 권44, 職官3, 1921쪽에는 4인으로 되어 있다.
308) 『舊唐書』 권44, 職官3, 1921쪽에는 2인으로 되어 있다.

장사는 1인이다. 사법좌는 2인이고 사는 4인이다. 전옥은 6인이다. 문사는 4인이다. 백직은 8인이다. 시령은 1인이고 (그) 좌는 1인이며 사는 1인이고 수는 2인이다. (관할 구역에) 시장이 없으면 설치하지 않는다.[310] 박사는 1인이고 조교는 1인이며 학생은 25인이다.

○ 諸州下縣, 令一人, 從七品下; 丞一人, 正九品下; 主簿一人, 從九品上; 尉一人, 從九品下; 錄事一人; 司戶佐二人, 史四人, 帳史一人; 司法佐二人, 史四人; 典獄六人; 問事四人; 白直八人; 市令一人, 史一人, 帥二人; 無市則闕. 博士一人, 助敎一人, 學生二十人.

역문 모든 주의 하현의 영은 1인으로 종7품하이다. 승은 1인으로 정9품하이다. 주부는 1인으로 종9품상이다. 위는 1인으로 종9품하이다. 녹사는 1인이다. 사호좌는 2인이고 사는 4인이며 장사는 1인이다. 사법좌는 2인[311]이고 사는 4인이다. 전옥은 6인이다. 문사는 4인이다. 백직은 8인이다. 시령은 1인이고 사는 1인[312]이며 수는 2인이다. (관할 구역에) 시장이 없으면 설치하지 않는다. 박사는 1인이고 조교는 1인이며 학생은 20인이다.

---

309) 『舊唐書』 권44, 職官3, 1921쪽에는 3인으로 되어 있다.

310) 大中 5년(851) 8월 칙에 의하면, 중현 가운데 3천 호 이상인 곳에는 시령을 두고, 3천 호 미만인 곳은 시관을 두지 못하게 하였다.(『唐會要』 권86, 市, 1876쪽: "(大中)五年八月, 州縣職員令, 大都督府市令一人, 掌市內交易, 禁察非僞, 通判市事, 丞一人, 掌判事. 佐一人, 史一人, 師三人, 掌分行檢察州縣市, 各令準比. 其月勅, 中縣戶滿三千以上, 置市令一人, 史二人. 其不滿三千戶以上者, 並不得置市官. 若要路須置, 舊來交易繁者, 聽依三千戶法置, 仍申省. 諸縣在州郭下並置市官. 又準戶部格式. 其市吏壁帥之徒, 聽於當州縣供官人市買")

311) 『舊唐書』 권44, 職官3, 1921쪽에는 1인으로 되어 있다.

312) 『舊唐書』 권44, 職官3, 1921쪽에는 2인으로 되어 있다.

○ 京畿及天下諸縣令之職, 皆掌導揚風化, 撫字黎氓, 敦四人之業, 崇五土之利, 養鰥寡, 恤孤窮, 審察寃屈, 躬親獄訟, 務知百姓之疾苦. 所管之戶, 量其資産, 類其强弱, 定爲九等. 其戶皆三年一定, 以入籍帳. 若五九、謂十九、四十九、五十九、七十九、八十九. 三疾謂殘疾、廢疾、篤疾. 及中、丁多少, 貧富强弱, 蟲霜旱澇, 年收耗實, 過貌形狀及差科簿, 皆親自注定, 務均齊焉. 若應收授之田, 皆起十月, 里正勘造簿曆; 十一月, 縣令親自給授, 十二月內畢. 至於課役之先後, 訴訟之曲直, 必盡其情理. 每歲季冬之月, 行鄕飮酒之禮, 六十已上坐堂上, 五十已下立侍於堂下, 使人知尊卑長幼之節. 若籍帳、傳驛、倉庫、盜賊、河隄、道路, 雖有專當官, 皆縣令兼綜焉. 縣丞爲之貳.

역문 경기와 전국 모든 현의 현령의 직무는 모두 풍속의 교화를 이끌어 진작시키고 백성들을 어루만져 보살피며, 사·농·공·상의 각 직업에 힘쓰게 하고[313] 토지의 생산을 높이며, 홀아비와 과부를 부양하고 외롭고 곤궁한 자들을 구휼하며, 억울한 누명이 없도록 살피고 몸소 옥사와 소송을 처리하며, 백성들의 괴로움을 알고자 힘쓰는 것이다. 관할하는 호에 대하여 그 자산을 헤아리고 그 노동력을 분별하여 9등급으로 정한다.[314] 그 호등은 모두 3년에 한 번씩 규정하여 호적과 계장에 기입한다.[315] (호적과 계장에

313) 『唐六典』 권3, 尙書戶部 戶部郎中, 74쪽: "辨天下之四人, 使各專其業. 凡習學文武者爲士, 肆力耕桑者爲農, 功作貿易者爲工, 屠沽興販者爲商. 工·商之家不得預於士, 食祿之人不得奪下人之利."

314) 『唐會要』 권85, 定戶等第, 1845쪽: "武德六年三月令, 天下戶量其貲産, 定爲三等. 至九年三月二十四日, 詔, 天下戶三等, 未盡升降, 依爲九等." 戶의 등급은 3년에 한 번씩 소유 자산의 수량에 따라 정하였다. 자산에 포괄되는 것은 戶內丁中·奴婢部曲·住宅·菜園·車牛·藏糧이었다.

315) 『唐六典』 권3, 尙書戶部 戶部郎中, 74쪽: "凡天下之戶, 量其資産, 定爲九等[(原注)每三年, 縣司注

기입할 때) 다섯의 아홉수 19세·49세·59세·79세·89세를 말한다.[316]와 삼질 잔질·폐질·독질을 말한다.[317] 및 (각 호의) 중남·정남의 다소,[318] 빈부와 강약,[319] 곤충·서리·가뭄·장마로 인한

定, 州司覆之, 然後注籍而申之於省.]. 每定戶以仲年([原注)子·卯·午·酉], 造籍以季年([原注)丑·辰·未·戌]." 호적은 黃麻紙로 제작하고 楷書로 기입하였으며, 戶口數·年齡·戶等, 課不課, 應受·已受·未受田 등을 기록하였다. 開元(713~741) 연간에는 鄕별로 1권을 만들었고 天寶(742~755) 연간에는 里별로 1권을 만들었다. 각 권마다 3부를 만들어 1부는 尙書省 戶部에, 나머지는 州·縣에 각 1부씩 보존하였다.(開元 연간에는 4부를 만들어 낙양 호부에도 1부를 보존하였다) 제작 비용은 각 戶에서 추렴하였는데 개원 연간의 경우 戶당 개원통보 1전을 징수하였다.(『冊府元龜』 권486, 邦計部 戶籍, 5811쪽上) 戶籍은 통상 5차의 기간 즉 15년 동안 보존하였다. 州에는 籍庫를 설치하고 縣은 籍坊을 두었으며, 典 1인을 두어 관리하였다.

316) 五九는 호구등록 때 특별히 주의해야 할 다섯 개의 아홉수 나이로 19세·49세·59세·79세·89세를 말한다. 당대에 이 五九의 나이는 각각 과역의 부과, 과역의 면제 및 우대에 이르는 준비기이다. (武德 6年令 또는 武德 7年令에 따르면) 19세는 2년 후인 21세에 丁이 되어 역이 부과된다. 49세는 1년 후인 50세에 역이 면제될 수 있다. 59세는 1년 후인 60세에 老年이 되어 토지가 환수될 때 老男으로 구분전 40畝를 보유하게 된다. 79세와 89세는 각각 1년 후인 80세와 90세가 되면 侍丁 1인과 2인이 지급된다.

317) 疾은 殘疾-廢疾-篤疾 3단계로 나뉜다.(『白氏六帖事類集』 권9, 三疾令 戶令: "諸一目盲·兩耳聾·手無二指·足無大拇指, 禿瘡無髮·久漏·下重·大癭瘇如此之類, 皆爲殘疾. 癡瘂·侏儒·腰脊折·一肢廢, 如此之類皆爲廢疾. 癲狂·兩肢廢·兩目盲, 如此之類皆爲篤疾") 殘疾의 丁男은 課(租·調)를 부담하고 役은 면제되며, 廢疾·篤疾은 課役을 모두 면제받는다. 특히 80세 이상이거나 篤疾인 자는 侍人 1명이 지급되는데(『唐令拾遺』, 戶令, 第12條2, 31쪽), 侍人은 課役 중에 租·調만 부담하고 役은 면제된다.(『唐令拾遺』, 賦役令, 第22條, 688쪽)

318) 武德 7年令에 따르면 中丁의 규정은 16세에 中이 되고 21세에 丁이 되지만, 이후 관련 규정이 여러 차례 바뀌었다.(『通典』 권7, 食貨7, 155쪽: "大唐武德七年定令, 男女始生爲黃, 四歲爲小, 十六爲中, 二十一爲丁, 六十爲老. 神龍元年, 韋皇后求媚於人, 上表, 請天下百姓年二十二成丁, 五十八免役, 制從之. 韋庶人誅後, 復舊. 玄宗天寶三載十二月制, 自今以後, 百姓宜以十八以上爲中男, 二十三以上成丁")

319) 貧富란 해당 戶의 재산 상황을 말하며, 자산에는 丁中·奴婢部曲·住宅·菜園·車牛·藏糧 등이 포괄되었다. 단 개원 22년(734) 5월 칙령에 의해 "百姓非商戶, 郭外居宅及每丁一牛, 不得將入貨財數" 하였다.(『舊唐書』 권48, 食貨上, 2090쪽) 强이란 신체가 강건한 자, 弱이란 신체가 허약한 자를 말한다.(『唐律疏議』 권13, 戶婚律, 差科賦役違法條, 251쪽: "凡差科, 先富强, 後貧弱, 先多丁, 後少丁" : 『역주당률소의』 권13, 戶婚律, 2246쪽: "무릇 부역을 差科할 때 부유한 戶와 신체가 강건한 자를 우선하고 가난한 戶와 신체가 허약한 자를 나중으로 하며, 丁男이 많은 호를 우선하고 丁男이 적은 戶를 나중으로 한다")

그 해의 농산물 피해 실정(을 참작한 세금의 감면),[320] 외모 조사[321]와 역의 부과 기록[322]은 모두 (현령) 자신이 하되 공평하도록 힘쓴다. 환수하고 지급해야 할 토지는 모두 그 해 10월부터 이정[323]이 심사하여 장부에 기록하고, 11월부터 현령이 직접 지급하여 12월 안에 마무리한다.[324] 역을 부과하는 순서와 소송의 시비

---

320) 관할 구역 내에 위에서 말한 자연재해가 일어났을 경우 현령은 세금을 감면하기 위해 상부의 州에 보고하고 상황을 참작하여 租賦를 감면하였다.(『唐六典』 권3, 尙書戶部, 戶部郎中, 77쪽: "凡水・旱・蟲・霜爲災害, 則有分數, 十分損四已上, 免租, 損六已上, 免租・調, 損七已上, 課・役俱免. 若桑・麻損盡者, 各免調") 주현에서 재해를 보고하는 과정에도 엄격한 규정이 있었다.(『唐律疏議』 권13, 戶婚律, 部內旱澇霜雹條, 247쪽: "疏議曰,… 依令, 十分損四以上免租, 損六免租調, 損七以上課役俱免. 若桑麻損盡者, 各免調. 其應損免者, 皆主司佘言. 主司爲里正以上, 里正須言於縣, 縣申州, 州申省, 多者奏聞. 其應言而不言, 及妄言者, 所由主司杖七十, 其有充使覆檢不以實者, 與同罪, 坐贓論, 罪止徒三年. 旣是以贓致罪, 皆合累倍而斷")

321) 過貌形狀은 소위 團貌라고 하여 현령이 관할 구역내 戶의 人丁 중에서 과역을 면제할 자 또는 侍丁을 지급할 자의 나이나 용모를 면접 심사하고 직접 결정하여 호적과 계장에 기입하는 것을 말한다. 매년 한 차례 실시하는 것을 小團, 3년에 한 차례 호등을 정할 때 실시하는 것을 大團이라 하였다.(『唐會要』 권85, 團貌, 1843~1844쪽: "延載元年八月勅, 諸戶口計年將入丁老疾應免課役及給侍者, 皆縣親貌形狀, 以爲定簿一定以後不得更貌. 疑有奸濫者, 聽隨時貌定, 以付手實. 開元二十九年三月二十六日勅, 天下諸州, 每歲一團貌, 旣以轉年爲定, 復有籍書可憑, 何至勞煩, 不從簡易, 於人非便, 事資釐革. 自今已後, 每年小團宜停, 待至三年定戶日, 一時團貌, 仍令所司, 作條件處分") 이후 天寶 4년(745)에는 호등을 정할 때 현령이 村鄕과 함께 심의하여 결정하고 상부에 보고하도록 규정함으로써 보다 철저하게 관리하였다. 현재 전해지는 『吐魯番出土文書』 중 蒲昌縣에서 西州都督府로 보낸 定戶 관련 보고 문서(『文物』 7, 1975: "本縣定戶, 奉命辦理完畢. 今年定戶, 宜升宜降, 力求公允. 鄕村父老具狀前來. 惟蒲昌小縣, 百姓不多. 明府對城鄕父老評定戶等, 竝無延誤, 人無怨言, 皆得均平. 謹具狀上報")에서 이를 확인할 수 있다.

322) 差科簿에서 差科라는 것은 주현에서 공무의 수요에 따라 丁中을 징발하여 충당하는 雜徭를 말한다. 差科의 순서는 다음과 같다. 『唐律疏議』 권16, 擅興律, 丁夫差遣不平條, 317쪽(『역주당률소의』 권16, 擅興律, 2376쪽: "疏議曰, 差遣之法, 謂先富强, 後貧弱, 先多丁, 後少丁. 凡丁分番上役者, 家有兼丁, 要月家貧, 單身閑月之類. 違此不平, 及令人數欠剩者, 一人笞四十, 五人加一等, 罪止徒一年." 현존하는 唐代 돈황의 差科簿에는 해당 향의 人丁名數와 破除名數(도망자・사망자・廢疾者와 이미 징발된 절충부 衛士나 土鎭兵 등)가 기록되어 있고, 다음으로 당시 각 호등의 姓名・年齡・身分과 差科注 등이 있다. 差科注의 注에는 여러 종류의 差役이 있지만 兵役이 가장 많다.

323) 『通典』 권3, 食貨3, 63쪽: "大唐令, 諸戶以百戶爲里, 五里爲鄕, 四家爲鄰, 五家爲保. 每里置正一人, 掌按比戶口, 課植農桑, 檢察非違, 催驅賦役."

324) 균전의 지급 규정에 대해서는 『唐六典』 권3, 尙書戶部 戶部郎中, 74~75쪽(『역주당육전(상)』

는 반드시 그 실정과 이치에 맞게 한다. 매해 겨울 12월에는 (학교에서) 향음주의 예를 행하는데 60세 이상의 사람은 당상에 앉고 50세 이하의 사람은 당하에 시립하여 사람들로 하여금 존비와 장유의 절도를 알게 한다.[325] 적장・전역・창고・도적・하제・도로에 관한 일은 비록 전담관이 있다고 하더라도 모두 현령이 아울러 총괄한다. 현승은 현령의 차관이다.

○ 主簿掌付事勾稽, 省署抄目, 糾正非違, 監印, 給紙筆、雜用之事.

역문 주부는 (각 조에) 공문서를 발부하고 (문서 처리 중의) 지체와 과실을 심사하며, 주고받은 문서를 검토하여 서명하고 그 목록을 등록하며, 위법 행위를 규찰하고 바로잡으며, 인장(의 보관과 사용)을 감독하고, 종이와 붓과 자질구레한 물품을 공급하는 일

권3 상서호부 호부낭중, 318~320쪽); 『通典』 권2, 食貨2, 30쪽: "應給園宅地者, 良口三口以下給一畝, 每三口加一畝, 賤口五口給一畝, 每五口加一畝, 並不入永業口分之限. 其京城及州郡縣郭下園宅, 不在此例.… 諸以工商爲業者, 永業口分田各減半給之, 在狹鄉者並不給" 참조.

325) 『儀禮』 鄕飮酒禮와 『禮記』 鄕飮酒義에 의하면, 鄕飮酒의 禮에는 選賓・迎賓・列位에서부터 진설할 음식기명, 악공이 연주할 악곡 등에 이르기까지 모두 엄격한 등급 구별과 상세한 규정이 있어 尊卑・長幼・倫常의 차서를 드러낼 뿐만 아니라 安邦・治國의 정치적 함의까지 선양하였다.(『儀禮』, 鄕飮酒禮, 鄭玄注: "鄕大夫以正月之吉受法于司徒, 退而頒之于其鄕吏, 使各以教其所治, 以考其德行, 察其道藝, 及三年大比而興賢者能者, 鄕老及鄕大夫帥其吏與其衆寡以禮, 禮賓之, 厥明獻賢能之書於王, 是禮乃三年正月而一行焉. 諸侯之鄕大夫貢士於其君蓋如此云. 古者年七十而致仕, 老於鄕里, 大夫名曰父師, 士名曰少師, 而教學焉. 恒知鄕人之賢者, 是以大夫就而謀之, 賢者爲賓, 其次爲介, 又其次爲衆而賓, 與之飮酒, 是亦將獻之以禮, 禮賓之也. 今郡國十月行此飮酒禮"; 『禮記』 권61, 鄕飮酒義, "鄕飮酒之禮, 六十者坐, 五十者立侍, 以聽政役, 所以明尊長也. 六十者三豆, 七十者四豆, 八十者五豆, 九十者六豆, 所以明養老也. 民知尊長養老, 而後乃能入孝弟, 民入孝弟, 出尊長養老, 而后成教, 成教而後國可安也") 唐에서는 정관 6년(632) 모든 주현에 명령하여 매년 향음주의 예를 행하도록 하였다.(『通典』 권73, 禮典, 2007쪽: "大唐貞觀六年, 詔曰, 比年豐稔, 閭里無事. 乃有墮業之人, 不顧家産, 朋遊無度, 酣宴是耽, 危身敗德, 咸由於此. 自非澄源正本, 何以革茲弊俗, 可先錄『鄕飮酒禮』一卷, 頒示天下, 每年令州縣長官, 親率長幼, 依禮行之, 庶乎時識廉耻, 人知禮節")

을 관장한다.

○ 錄事掌受事發辰, 句檢稽失.

역문 녹사는 공문서를 접수한 일시를 등록하고, 공문서 처리 중에 지체와 과실이 있는지 심사하는 것을 관장한다.

○ 縣尉親理庶務, 分判衆曹, 割斷追催, 收率課調.

역문 현위는 여러 가지 사무를 직접 처리하고, 소속 각 조를 나누어 관리하며, (과조를) 심의하고 결정하며 (과조의) 기한 내 납부를 재촉하고, 과조를 징수하고 총계한다.[326]

○ 博士掌以經術教授諸生. 二分之月, 釋奠于先聖、先師.

역문 박사는 학생들에게 경술을 교수하는 일을 관장한다. 춘분과 추분이 있는 달에 선성과 선사에게 석전의 예를 드린다.[327]

◎ 大都護府, 大都護一人, 從二品; 副大都護一人, 從三品; 副都護二人, 正四品上. 漢武帝開西域, 安其種落三十六國, 置使者、校尉以領護之. 宣帝時, 鄭吉爲西域都護, 始立幕府; 都護之名, 自吉始也. 至章帝時,

---

326) 課調는 관할구역 내의 각 戶가 규정에 따라 매년 반드시 납부해야 할 부세로 租·庸·調와 雜稅를 포괄한다. 割斷은 처분 결단의 의미로 규정에 따라 課戶의 납부액을 심의하여 결정하는 것이다. 追催는 납입 기한을 재촉하는 것이며, 收率은 징수하여 헤아리는 것이다.

327) 주214) 참조.

廢西域都護, 令戊己校尉領之. 魏、晉之間, 有都護左・右軍、都護將軍之号, 遂廢都護之名. 皇朝永徽中, 始置安南、安西大都護. 景雲二年, 又置單于都護. 開元初, 置北庭都護. 今有單于副都護. 長史一人, 正五品上; 漢宣帝置西域都護長史一人, 自後不絶, 今單于則不置. 司馬一人, 正五品下. 漢武帝置護烏桓校尉、護羌校尉, 各司馬二人; 元帝置戊己校尉, 亦置司馬一人, 皆都護司馬之任也. **錄事參軍事一人**, 正七品上; **錄事二人**, 從九品上; 史二人. **功曹參軍事一人**, 正七品下; 府二人; 史二人; **倉曹參軍事一人**, 正七品下; 府二人; 史二人. **戶曹參軍事一人**, 正七品下; 府三人; 史三人; 帳史一人. **兵曹參軍事一人**, 正七品下; 府三人; 史四人. **法曹參軍事一人**, 正七品下; 府三人; 史四人. **參軍事三人**, 正八品下. 單于唯有兵曹、倉曹兩員.

역문 **대도호부의 대도호는 1인으로 종2품이고, 부대도호는 1인으로**[328] **종3품이며, 부도호는 2인으로**[329] **정4품상이다.** 한 무제는 서역[330] 땅을 개척하고서 그 (지역의) 종족 부락 36국을 안정시키고, 사자・교위를 두어 그들을 통령하고 보호하였다.[331] 선제 때 정길[332]이 서역도호가 되어 처음으로 막부를 세웠다.[333] 도호라는 이름은

---

328) 『新唐書』 권49下, 百官4下, 1316쪽에는 2인으로 되어 있다.

329) 『舊唐書』 권44, 職官3, 1922쪽에는 4인으로 되어 있다.

330) 『漢書』 권96, 西域傳, 3871쪽: "西域以孝武時始通, 本三十六國, 其後稍分至五十餘, 皆在匈奴之西, 烏孫之南. 南北有大山, 中央有河, 東西六千餘里, 南北千餘里. 東則接漢, 阸以玉門・陽關, 西則限以葱嶺. 其南山, 東出金城, 與漢南山屬焉."

331) 『漢書』 권96, 西域傳, 3873쪽: "漢興至于孝武, 事征四夷, 廣威德, 而張騫始開西域之跡. 其後驃騎將軍(霍去病)擊破匈奴右地, 降渾邪・休屠王, 遂空其地, 始築令居以西, 初置酒泉郡, 後稍發徙民充實之. 分置武威・張掖・敦煌, 列四郡, 據兩關焉. 自貳師將軍(李廣利)伐大宛之後, 西域震懼, 多遣使來貢獻, 漢使西域者益得職. 於是自敦煌西至鹽澤, 往往起亭, 而輪臺・渠犁皆有田卒數百人, 置使者校尉領護, 以給使外國者."

332) 『漢書』 권70, 鄭吉傳, 3005쪽: "鄭吉, 會稽人也. 以卒伍從軍, 數出西域, 由是爲郎. 吉爲人彊執, 習外國事."

333) 『漢書』 권70, 鄭吉傳, 3005쪽: "吉於是中西域而立莫府, 治烏壘城, 鎮撫諸國, 誅伐懷集之. 漢之號

정길에서부터 시작되었다.334) 장제 때에 이르러 서역도호를 폐지하고, 무기교위로 하여금 그들을 통령하게 하였다.335) 위·진 시대에는 도호좌·우군과 도호장군이라는 칭호가 있었고 마침내 도호라는 이름이 폐지되었다.336) 당나라 (고종) 영휘 중에 처음으로 안남·안서대도호를 두었다.337) (예종) 경운 2년(711)에 또 선우도호를 두었

令班西域矣. 始自張騫而成於鄭吉."

334) 『漢書』 권70, 鄭吉傳, 3005쪽: "至宣帝時, 吉以侍郎田渠黎, 積穀, 因發諸國兵攻破車師, 遷衛司馬, 使護鄯善以西南道. 神爵中, 匈奴乖亂, 日逐王先賢撣欲降漢, 使人與吉相聞. 吉發渠黎·龜茲諸國五萬人迎日逐王, 口萬二千人, 小王將十二人隨吉至河曲, 頗有亡者, 吉追斬之, 遂將詣京師. 漢封日逐王爲歸德侯. 吉. 既破車師, 降日逐, 威震西域, 遂并護車師以西北道, 故號都護. 都護之置自吉始焉."

335) 戊己校尉는 前漢 元帝 때 처음 설치되었는데, 後漢 章帝 때 서역도호를 폐지하고 무기교위로 하여금 서역을 통령하게 하였다. 그 사이 서역과 교류와 단절이 되풀이됨에 따라 서역도호와 무기교위도 병치 혹은 폐지되는 곡절을 겪었으며, 특히 後漢 建武(25)에서 延光(122)까지 '三絶三通'이라고 불렀을 정도로 서역도호와 무기교위의 치폐가 일정하지 않았다. 그 상황을 전해 주는 기사를 살펴보면 대략 다음과 같다. 前漢 말과 新의 상황은 『後漢書』 권88, 西域傳, 2909쪽: "由是西域怨叛, 與中國遂絶, 並復役屬匈奴". 後漢 초의 상황은 『後漢書』 권88, 西域傳, 2909쪽: "匈奴斂稅重刻, 諸國不堪命, 建武中, 皆遣使求內屬, 願請都護. 光武以天下初定, 未遑外事, 竟不許之". 明帝와 章帝 시기의 상황은 『後漢書』 권88, 西域傳, 2909쪽: "永平中, 北虜乃脅諸國共寇河西郡縣, 城門晝閉. 十六年, 明帝乃命將帥, 北征匈奴, 取伊吾盧地, 置宜禾都尉以屯田, 遂通西域, 于寘諸國皆遣子入侍. 西域自絶六十五載, 乃復通焉. 明年, 始置都護·戊己校尉. 及明帝崩, 焉耆·龜茲攻沒都護陳睦, 悉覆其衆, 匈奴·車師圍戊己校尉. 建初元年春, 酒泉太守段彭大破車師於交河城. 章帝不欲疲敝中國以事夷狄, 乃迎還戊己校尉, 不復遣都護". 和帝 시기는 『後漢書』 권4, 和帝紀, 173쪽: 永元三年 "十二月, 復置西域都護·騎都尉·戊己校尉官". 安帝 시기는 『後漢書』 권5, 安帝紀, 207쪽: 永初元年, "壬戌, 罷西域都護" 참조.

336) 『三國志』 권9, 魏書 曹洪傳, 278쪽: "累從征伐, 拜都護將軍"; 권28, 魏書 諸葛誕傳, 770쪽: "以誕爲左都護·假節·大司徒·驃騎將軍·青州牧·壽春侯"; 『通典』 권32, 職官14, 896쪽: "晉宋以後, 有都護之官, 亦其任也. 『南齊書』曰, 廣州西南有二江, 川源深遠, 別置都護, 專征討之事. 陳伯超爲西江都護, 沈顗爲南江都護."

337) 安南都護의 설치 과정은 『舊唐書』 권41, 地理4, 1749쪽: "安南都督府, 隋交趾郡. 武德五年, 改爲交州總管府. 管交·峰·愛·仙·鳶·宋·慈·險·道·龍十州. 其交州領交趾·懷德·南定·宋平四縣.… 調露元年八月, 改交州都督府爲安南都護府. 大足元年四月, 置武安州·南登州, 並隷安南府. 至德二年九月, 改爲鎭南都護府. 後爲安南府. 刺史充都護, 管兵四千二百. 舊領縣八, 戶一萬七千五百二十三, 口八萬八千七百八十八" 참조. 安西大都護의 설치 과정은 『舊唐書』 권40, 地理3, 1647쪽: "貞觀十四年, 侯君集平高昌, 置西州都護府, 治在西州. 顯慶二年十一月, 蘇定方平賀魯, 分其地置濛池·崑陵二都護府. 分其種落, 列置州縣. 於是, 西盡波斯國, 皆隷安西都護府. 仍移安西都護府理所於高昌故地. 三年五

다.[338] (현종) 개원(713~741) 초에 북정도호를 두었다.[339] 지금은 선우부도호가 있다.[340] **장사는 1인으로 정5품상이다**. 한 선제는 서역도호장사 1인을 두었고 그 후로 끊이지 않고 이어져 왔는데 지금은 선우(도호부)에 (장사를) 두지 않는다. **사마는 1인으로 정5품하[341] 이다**. 한 무제 때 호오환교위[342]·호강교위[343]를 두었고, 각각 사마

月, 移安西府於龜玆國. 舊安西府復爲西州. 龍朔元年, 西域吐火羅款塞, 乃於于闐以西·波斯以東十六國, 皆置都督, 督州八十, 縣一百一十, 軍府一百二十六, 仍立碑於吐火羅以志之. 咸亨元年四月, 吐蕃陷安西都護府, 至長壽二年, 收復安西四鎭, 依前於龜玆國置安西都護府. 至德後, 河西·隴右戍兵皆徵集, 收復兩京. 上元元年, 河西軍鎭多爲吐蕃所陷. 有舊將李元忠守北庭, 郭昕守安西府, 二鎭與沙陀·迴鶻相依, 吐蕃久攻之不下. 建中元年, 元忠·昕遣使間道奏事, 德宗嘉之, 以元忠爲北庭都護, 昕爲安西都護. 其後, 吐蕃急攻沙陀·迴鶻部落, 北庭·安西無援, 貞元三年, 竟陷吐蕃" 참조.

338) 처음으로 선우도호부를 설치한 것은 고종 麟德 원년(664)이다.(『舊唐書』 권4, 高宗本紀, 85쪽: "麟德元年春正月甲子, 改雲中都護府爲單于大都護府, 官品同大都督府. 二月丁亥, 加授殷王旭輪單于大都護") 그 1년 전에 이미 燕然都護府를 瀚海都護府로 개칭하고, 瀚海都護府를 雲中都護府로 개칭하였다.(『舊唐書』 권39, 地理2, 1488쪽: "單于都護府, 秦漢時雲中郡城也. 唐龍朔三年, 置雲中都護府. 麟德元年, 改爲單于大都護府. 東南至朔州三百五十七里. 振武軍在城內置") 高宗 때는 친왕이 선우대도호를 遙領하였기 때문에 실제로 선우대도호에 임명된 자는 蘇定方의 부장 蕭嗣業이었다. 이 시기 선우 관할구역에서 돌궐이 반란을 일으켜 대규모 토벌이 이루어졌다.(『舊唐書』 권84, 裴行儉傳, 2803쪽: "調露元年, 突厥阿史德溫傅反, 單于管內二十四州並叛應之, 衆數十萬. 單于都護蕭嗣業率兵討之, 反爲所敗. 於是以行儉爲定襄道行軍大總管, 率太僕少卿李思文·營州都督周道務等部兵十八萬, 幷西軍程務挺·東軍李文暕等總三十餘萬, 連亘數千里, 並受行儉節度. 唐世出師之盛, 未之有也") 이후 阿史德溫傅은 패하여 항복했지만 죽임을 당했다. 이후 동돌궐의 반란이 되풀이되자 당은 사신을 보내 默啜可汗을 회유하여 당과 화친을 맺도록 하였다. 景雲 2년(711)에 이르러 默啜可汗과 화친하고 다시 선우도호를 설치하였다.(『舊唐書』 권7, 睿宗本紀, 156쪽: "突厥默啜遣使請和親, 許之")

339) 『舊唐書』 권40, 地理3, 1645쪽: "北庭都護府. 貞觀十四年, 侯君集討高昌, 西突厥屯兵於浮圖城, 與高昌相響應. 及高昌平. 二十年四月, 西突厥泥伏沙鉢羅葉護阿史那賀魯率衆內附, 乃置庭州, 處葉護部落. 長安二年, 改爲北庭都護府. 自永徽至天寶, 北庭節度使管鎭兵二萬人, 馬五千匹, 所統攝突騎施·堅昆·斬啜, 又管瀚海·天山·伊吾三軍鎭兵萬餘人, 馬五千匹. 至上元元年, 陷吐蕃."

340) 지금이란 開元 시기를 가리킨다. 개원 4년(716)에 張知運이 선우부도호로 있었다.(『舊唐書』 권103, 郭知運傳, 3190쪽: "(開元)四年冬, 突厥降戶阿悉爛·跌跌思太等率衆反叛, 單于副都護張知運爲賊所執, 詔薛訥領兵討之. 叛賊至綏州界, 詔(郭)知運領朔方兵募橫擊之, 大破賊衆於黑山呼延谷, 賊捨甲仗幷棄張知運走")

341) 『舊唐書』 권44, 職官3, 1922쪽에는 정5품상으로 되어 있다.

342) 『後漢書』 권38, 百官5, 3626쪽: "護烏桓校尉一人, 比二千石. 本注曰, 主烏桓胡. 應劭漢官曰, 擁

는 2인이었다. 원제는 무기교위를 두었고, 역시 사마 1인을 두었는데,[344] 모두 도호사마의 직임이었다. 녹사참군사는 1인으로 정7품상이다. 녹사는 2인으로 종9품상이고 사는 2인이다. 공조참군사는 1인으로 정7품하이고, 부는 2인이며, 사는 2인이다. 창조참군사는 1인으로 정7품하이고, 부는 2인이며, 사는 2인이다. 호조참군사는 1인으로 정7품하이고, 부는 3인이며, 사는 3인이고, 장사(帳史)는 1인이다. 병조참군사는 1인으로 정7품하이고 부는 3인이며 사는 4인이다. 법조참군사는 1인으로 정7품하이고 부는 3인이며 사는 4인이다. 참군사는 3인으로 정8품하이다. 선우(도호부)에는 오직 병조와 창조의 정원만 있다.

○ 上都護府. 都護一人, 正三品; 副都護二人, 從四品上. 長史一人, 正五品上; 司馬一人, 正五品下. 錄事參軍事一人, 正七品下; 錄事二人; 史三人. 功曹參軍事一人, 從七品上; 府二人; 史二人. 倉曹參軍事一人, 從七品上; 府二人; 史二人. 戶曹參軍事一人, 從七品上; 府三人; 史三人; 帳史一人. 兵曹參軍事一人, 從七品上; 府三

節. 長史一人, 司馬二人, 皆六百石. 幷領鮮卑. 客賜質子, 歲時胡市焉." 護烏桓校尉의 설치과정에 대해서는 『後漢書』 권90, 烏桓傳, 2981쪽: "及武帝遣驃騎將軍霍去病擊破匈奴左地, 因徙烏桓於上谷·漁陽·右北平·遼西·遼東五郡塞外, 爲漢偵察匈奴動靜. 其大人歲一朝見, 於是始置護烏桓校尉, 秩二千石, 擁節監領之, 使不得與匈奴交通" 참조.

343) 護羌校尉의 설치와 폐지 과정에 대해서는 『後漢書』 권87, 西羌傳, 2876쪽: "時先零羌與封養牢姐種解仇結盟, 與匈奴通, 合兵十餘萬, 共攻令居·安故, 遂圍枹罕. 漢遣將軍李息·郎中令徐自爲將兵十萬人擊平之. 始置護羌校尉, 持節統領焉" ; 『漢官儀』(卷上, 154~155쪽: "護羌校尉, 武帝置, 秩比二千石, 持節以護西羌. 王莽亂, 遂罷. 時班彪議宜復其官, 以理冤結. 帝從之. 以牛邯爲護羌校尉, 設治所于隴西令居縣" 참조. 護羌校尉 역시 長史와 司馬를 두었다.(『後漢書』 권38, 百官5, 3626쪽: "護羌校尉一人, 比二千石. 本注曰, 主西羌. 應劭漢官曰, 擁節. 長史·司馬二人, 皆六百石")

344) 『漢書』 권19上, 百官公卿表上, 738쪽: "戊己校尉, 元帝初元元年置, 有丞司馬各一人, 候五人, 秩比六百石."

人; 史四人. 參軍事三人, 從八品上.

역문 상도호부의 도호는 1인으로 정3품이고, 부도호는 2인으로 종4품상이며, 장사는 1인으로 정5품상이고, 사마는 1인으로 정5품하[345]이다. 녹사참군사는 1인으로 정7품하이고, 녹사는 2인이며, 사는 3인이다. 공조참군사는 1인으로 종7품상이고, 부는 2인이며, 사는 2인이다. 창조참군사는 1인으로 종7품상이고, 부는 2인이며, 사는 2인이다. 호조참군사는 1인으로 종7품상이고, 부는 3인이며, 사는 3인이고, 장사(帳史)는 1인이다. 병조참군사는 1인으로 종7품상이고, 부는 3인이며, 사는 4인이다. 참군사는 3인으로 종8품상이다.

○ 都護、副都護之職, 掌撫慰諸蕃, 輯寧外寇, 覘候姦譎; 征討攜離; 長史、司馬貳焉. 諸曹如州、府之職.

역문 도호·부도호의 직임은 관할지역의 이민족을 위무하고, 외적의 침입을 평정하며, 간악한 흉계를 정탐하고, 반란을 정벌하는 일을 관장하는 것이다. 장사와 사마는 차관이다. 각 조(의 직임)은 주·부의 직임과 같다.

◎ 上鎭, 將一人, 正六品下; 鎭副一人, 正七品下. 魏有鎭東、鎭西、鎭南、鎭北將軍之名, 晉、宋已後皆因之. 隋有鎭將、鎭副, 皇朝因之. 錄

345) 『舊唐書』 권44, 職官3, 1922쪽에는 정5품상으로 되어 있다.

事一人; 史二人. 倉曹參軍事一人, 從八品下; 職同諸州司倉. 佐一人; 史二人. 兵曹參軍事一人, 從八品下; 佐二人; 史二人. 倉督一人; 史二人.

역문 상진의 진장은 1인으로 정6품하이고, 진부는 1인[346]으로 정7품하이다. (삼국의) 위에는 진동·진서·진남·진북장군이라는 이름이 있었고,[347] 진·송 이후 모두 이를 따랐다.[348] 수에는 진장·진부가 있었고,[349] 당에서는 이를 따랐다.[350] 녹사는 1인이고, 사는 2인이다.

346) 『新唐書』 권49하, 百官4하, 1319쪽에는 2인으로 되어 있다.

347) 『宋書』 권39, 百官上, 1225쪽: "鎭東將軍, 一人. 後漢末, 魏武帝居之. 鎭南將軍, 一人. 後漢末, 劉表居之. 鎭西將軍, 一人. 後漢初平三年, 韓遂居之. 鎭北將軍, 一人. 魚豢曰, 鎭北·四安, 魏黃初·太和中置."

348) 『晉書』 권3, 帝紀3, 60쪽, 泰始 6年: "丁未, 以汝陰王駿爲鎭西大將軍·都督雍涼二州諸軍事" : 74쪽, 太康 3년: "冬十二月甲申, 以司空齊王攸爲大司馬·督靑州諸軍事, 鎭東大將軍" : 95쪽, 元康 9년: "以北中郞將·河間王顒爲鎭西將軍, 鎭關中, 成都王穎爲鎭北大將軍, 鎭鄴." 宋의 경우는 『宋書』 文帝紀에 따르면 元嘉 9년(432) 尙書 王仲德을 鎭北將軍·徐州刺史로, 元嘉 13년(436) 中軍將軍 樵王 義宣을 鎭南將軍·江州刺史, 元嘉 15년(438) 平東將軍 土浴渾 慕容延을 鎭西將軍으로 임명하였다. 宋 이후의 여러 왕조도 모두 이 제도를 따랐는데 『南齊書』 百官志에 따르면 齊에서는 四鎭將軍을 장군의 칭호로 사용하였다. 『隋書』 百官志에 따르면 梁의 경우 4鎭을 8鎭으로 나누고 동·서·남·북을 在外에, 전·후·좌·우를 在內에 두었다. 陳은 梁의 제도를 따랐다. 북위에서는 『魏書』 百氏志에 따르면 四鎭將軍이 太和改制 이전에는 제2품하이었고 改制 후에는 제2품이었다. 북제에서는 『隋書』 百官志에 따르면 四鎭將軍이 종2품이었다. 『周書』 盧辯傳과 『通典』 職官 後周官品에 열거된 北周의 將軍 중에 四鎭將軍이 없으나, 周紹良主編, 『唐代墓志匯編』, 唐故上輕車都尉潞州長史眞定郡公許(行師)府君墓誌, 327쪽에 "祖康, 周鎭西將軍·梁州刺史"라고 한 것으로 보아 北周에도 이 명칭이 있었던 듯하다.

349) 隋는 北齊의 제도를 이었다. 『隋書』 권27, 百官中, 763쪽: "(北齊)三等諸鎭, 置鎭將·副將, 長史, 錄事參軍, 倉曹·中兵·長流·城局等參軍事, 鎧曹行參軍, 市長, 倉督等員." 鎭은 軍이 관할하는 지방행정기구이며 鎭을 설치한다는 것은 행정적으로 州급 단위를 설치하는 것에 상당한다. 北齊에서 三等의 鎭將은 제4품하이고 三等의 鎭副는 종4품하이었다. 隋에서 上鎭將軍은 종4품하, 上鎭副將·中鎭將軍은 종5품하, 中鎭副·下鎭將은 정6품하, 下鎭副將은 종6품하였다.

350) 『職官分紀』 권43에 『唐六典』 原注를 인용하고 있는데, 거기에 따르면 "皇朝因之" 다음의 注文에 "每防五百人爲上鎭, 三百人爲中鎭, 不及者爲下鎭"이라고 하였다. 『新唐書』에도 이와 유사한 내용이 있다.(『新唐書』 권49下, 百官4下, 1320쪽: "凡軍鎭, 五百人有押官一人, 千人有子總管一人, 五千人又有府三人·史四人. 上戍, 佐一人·史二人, 中戍, 史二人, 下戍, 史一人. 唐廢戍子, 每防人五百人爲上鎭, 三百人爲中鎭, 不及者爲下鎭, 五十人爲上戍, 三十人爲中戍, 不及者爲下戍")

창조참군사는 1인으로 종8품하이고, 직무는 모든 주의 사창과 같다. 좌는 1인이며, 사는 2인이다. 병조참군사는 1인으로 종8품하이고, 좌는 2인이며, 사는 2인이다. 창독은 1인이고, 사는 2인이다.

○ 中鎭, 將一人, 正七品上; 鎭副一人, 從七品上. 錄事一人. 兵曹參軍事一人, 正九品下; 佐一人; 史四人. 倉督一人, 史二人.

역문 중진의 진장은 1인으로 정7품상이고, 진부는 1인으로 종7품상이다. 녹사는 1인이다. 병조참군사는 1인으로 정9품하이고, 좌는 1인이며, 사는 4인이다. 창독은 1인이고, 사는 2인이다.

○ 下鎭, 將一人, 正七品下; 鎭副一人, 從七品下. 錄事一人. 兵曹參軍事一人, 從九品下; 佐一人; 史二人. 倉督一人; 史一人.

역문 하진의 진장은 1인으로 정7품하이고, 진부는 1인으로 종7품하이다. 녹사는 1인이다. 병조참군사는 1인으로 종9품하이고, 좌는 1인이며, 사는 2인이다. 창독은 1인이고, 사는 1인이다.

◎ 上戍, 主一人, 正八品下; 戍副一人, 從八品下. 左傳曰齊侯使公子無虧戍曹, 又使連稱、管至父戍葵丘. 至後魏孝文, 使趙遐爲梁城戍主. 又王榮世爲三城戍主, 遇賊陷城, 與戍副鄧元興等皆不屈節, 被害. 宋書云: 劉德願爲遊擊將軍, 領石頭戍事. 宋壇道濟以護軍領石頭戍事. 宋、齊已下至隋, 皆有其官, 皇朝因之. 佐一人; 史二人.

역문 상수의 수주는 1인으로 정8품하이고, 수부는 1인으로 종8품하이다. 『좌전』에 제(齊)후가 공자 무휴로 하여금 조를 지키게〔戍〕 하고,[351] 또 연칭과 관지보로 하여금 규구를 지키게 하였다고 하였다.[352] 북위 효문제 때에 이르러 조하로 하여금 양성의 수주가 되게 하였다.[353] 또 왕영세가 삼성의 수주가 되었을 때 적이 침입하여 성이 함락되었으나 수부 등원흥 등과 함께 모두 절의를 굽히지 아니하여 해를 당했다.[354] 『송서』에 이르기를 "유덕원이 유격장군이 되어 석두수사를 겸하였다"라고 하였다.[355] (남조) 송의 단도제는 호군으로 석두수사를 겸했다.[356] 송·제 이하 수에 이르기까지 모두 이 관

---

351) 이는 魯 閔公 2년(기원전 660)의 일이다. 齊侯는 齊 桓公을 가리키고, 無虧는 武孟이라고도 하며 桓公의 아들이다. 戍曹는 軍을 주둔시켜 衛曹를 방어하는 것이다. 曹는 衛國의 邑으로 지금 河南 滑縣의 서남이다. 『左傳』 권11, 閔公에 따르면 狄人이 衛를 滅하고 衛 懿公이 전사하자, 衛의 遺民 남·녀 730명에다 共·滕의 民을 더하여 5천 명이 戴公을 新君으로 세우고 曹를 임시 국도로 하였다. 이 때 齊侯가 公子 無虧로 하여금 車 300乘, 甲士 3천 인을 거느리고 曹를 지키게 하였던 것인데, 無虧의 母는 衛姬로 齊와 衛가 인척관계에 있었기 때문에 환공이 그 아들로 하여금 衛를 도와 曹를 지키게 한 것이다.

352) 이 구절에서 주어는 그대로 齊侯이지만 齊 桓公이 아니라 그의 형 襄公이다. 齊 襄公은 齊의 14대 國君이다. 連稱과 管之父는 모두 齊의 大夫이다. 葵丘는 齊國의 지명으로 杜預의 注에 "臨淄西有地名葵丘"라 하였다. 『左傳』 권8, 莊公: "齊侯使連稱·管至父戍葵丘.. 瓜時而往曰, 及瓜而代. 期戍, 公問不至. 請代, 弗許, 故謀作亂."

353) 趙遐는 天水人으로 南朝 宋에서 출사하였으나 후에 北魏에 투항하였다. 梁城은 지금의 河南 臨汝縣 서쪽이다. 『魏書』 권52, 趙遐傳, 1147쪽: "遐, 初爲軍主, 從高祖征南陽. 景明初, 爲梁城戍主, 被蕭衍將攻圍. 以固守及戰功, 封牟平縣開國子, 食邑二百戶."

354) 『魏書』 권87, 王榮世傳, 1894쪽: "王榮世, 陽平館陶人也. 爲三城戍主·方城縣子. 蕭衍攻圍, 力窮知不可全, 乃先焚府庫, 後殺妻妾. 及賊陷城, 與戍副鄧元興等俱以不屈被害. 肅宗下詔褒美忠節, 進榮世爵爲伯, 贈齊州刺史 : 元興開國子, 贈洛州刺史."

355) 劉德願은 彭城人으로 護軍將軍 劉懷愼의 아들이다. 石頭戍는 建康 서쪽의 石頭城으로 지금의 南京市 淸涼山이다. 산을 등지고 강에 임해 있어 지세가 험난한 요새로 建康을 지키는 重鎭이었으므로 南朝의 모든 皇帝들이 신임하는 인물들에게 石頭戍事를 겸하게 하였다. 『宋書』 권45, 劉懷愼傳, 1376쪽: "子德願嗣. 世祖大明初, 爲游擊將軍, 領石頭戍事. 坐受賈客韓佛智貨, 下獄, 奪爵土, 後復爲秦郡太守. 德願性粗率, 爲世祖所狎侮. 上寵姬殷貴妃薨, 葬畢, 數與群臣至殷墓. 謂德願曰, 卿哭貴妃若悲, 當加厚賞. 德願應聲便號慟, 撫膺擗踊, 涕泗交流. 上甚悅, 以爲豫州刺史."

356) 檀道濟는 高平 金鄉人으로 北府兵 출신이다. 차례로 劉宋의 무제·문제를 從事하여 武陵郡公에 봉해지고, 征南大將軍·江州刺史에 임명되었으며 후에 다시 司空으로 승진하였다. 『宋書』 권

직이 있었고,[357] 당은 이를 따랐다.[358] 좌는 1인이고, 사는 2인이다.

○ 中戍, 主一人, 從八品下; 史二人.

역문 중수의 수주는 1인으로 종8품하이고, 사는 2인이다.

○ 下戍, 主一人, 正九品下; 史一人.

역문 하수의 수주는 1인으로 정9품하이고, 사는 1인이다.

○ 鎭將、鎭副掌鎭捍防守, 總判鎭事.

역문 진장과 진부는 (관할 구역을) 보호하고 방비하며 본진의 사무를 총괄하는 것을 관장한다.

○ 錄事掌受事句稽.

역문 녹사는 공문서의 접수 일시를 기록하고 공문서 처리의 지체나 과실을 심사하는 것을 관장한다.

○ 倉曹掌儀式、倉庫, 飮膳、醫藥, 付事勾稽, 省署抄目, 監印, 給紙

---

43. 檀道濟, 1342쪽: "高祖受命, 轉護軍, 加散騎常侍, 領石頭戍事. 聽直入殿省."

357) 송·제·양·진과 북위·북주 및 수는 모두 戍를 설치하였다. 『隋書』 百官志에 따르면 北齊와 隋에서 戍主·副는 모두 품관이었으며, 隋에서는 상·중·하 3등급으로 나누어 上戍主는 정7품하, 中戍主·上戍副는 정8품하, 下戍主는 정9품하이었다.

358) 『新唐書』 권49下, 百官4下, 1320쪽 및 『職官分紀』 권43에 인용된 『唐六典』 原注에 모두 "五十人爲上戍, 三十人爲中戍, 不及者爲下戍"이라고 하였다.

筆, 市易、公廨之事.

역문 창조(참군사)는 의식과 창고, 음식과 의약품(에 관한 일), 공문서를 해당 부서에 발부하고 (공문서 처리의) 지체나 과실을 심사하며, 주고받은 문서를 검토하여 서명하고 그 목록을 등록하며, 인장(의 보관과 사용)을 감독하고, 종이와 붓을 지급하는 일, 시장의 교역과 관청(에 관한) 일을 관장한다.

○ 兵曹掌防人名帳, 戎器、管鑰, 差點及土木興造之事.

역문 병조(참군사)는 방인의 명부, 병기와 (진수의) 문단속, (사병의) 징발과 점검 및 토목 공사에 관한 일을 관장한다.359)

○ 戍主、戍副掌與諸鎭略同.

역문 수주·수부는 모든 진(의 진장·진부)와 대략 같은 일을 관장한다.

◎ 五嶽、四瀆, 令各一人, 正九品上. 古者, 神祠皆有祝及祭酒, 或有史者. 令, 蓋皇朝所置. 祝史三人 ; 齋郎三人. 並皇朝所置.

역문 오악·사독360)의 영은 각 1인으로 정9품상이다. 고대에 신을

359) 『新唐書』 권46, 百官1, 1320쪽: "兵曹參軍事, 掌防人名帳·戎器·管鑰·馬驢·土木·謫罰之事."

360) 五嶽은 嵩山·泰山·華山·衡山·恒山이고 四瀆은 淮·江·河·濟를 말한다. 당에서는 五嶽·四瀆에 모두 祠宇를 세워 때에 따라 제사를 지냈다. 『唐六典』 권4, 尙書禮部 祠部郎中, 124쪽(『역주당육전(상)』 권4, 상서예부 사부낭중, 441쪽)에 의하면 입춘일에 兗州에서 東岳인 泰山에, 唐

제사지내는 사당에는 모두 축과 좨주가 있거나 혹은 사가 있었다.[361] 영은 대개 당에서 설치한 것이다. 축사는 3인이고, 재랑은 3인이다.[362] 모두 당에서 설치하였다.[363]

○ 廟令掌祭祀及判祠事.

역문 묘령은 제사와 사당에 관한 일을 관장한다.[364]

州에서 東瀆인 淮에 제사지내고, 입하일에 衡州에서 南嶽인 衡山에, 益州에서 南瀆인 江에 제사지내며, 季夏의 土王日에 河南府에서 中嶽인 嵩山에 제사지내고, 입추일에는 華州에서 西嶽인 華山에, 同州에서 西瀆인 河에 제사지내고, 입동일에 定州에서 北嶽인 恒山에, 河南府에서 北瀆인 濟에 제사지낸다. 『舊唐書』 玄宗本紀에 의하면 五嶽은 王에, 四瀆은 公에 봉하였다. 先天 2년(713)에 華嶽神을 金大王으로 봉하였고, 開元 13년(725)에 泰山에 올라 봉선의 예를 행한 후 泰山神을 天齊王으로 봉하였으며, 天寶 5載(746)에 中嶽을 中大王으로, 南嶽을 司天王으로, 北嶽을 安大王으로 봉하였다. 또한 다음해에 五嶽을 이미 王으로 봉하였으니 四瀆을 公으로 봉한다는 조서를 내려 河瀆을 靈源公, 濟瀆을 淸源公, 江瀆을 廣源公, 淮瀆을 長源公으로 봉하였다.

361) 고대에 신에게 제사를 지낼 때 제사를 담당하는 자로 祝·祭酒·史라는 관원이 있었다. 祝은 太祝 혹은 大祝의 간칭이며, 春官 宗伯의 속관으로 祝官의 長이다. 祭酒는 고대에 귀족대부의 향연에서 長者로서 酹酒祭神하였으므로 祭酒라 칭하였다. 史는 太史 혹은 大史를 말하며, 春官 宗伯의 屬官으로 典籍·禮法 겸 祭祀·司星曆 등을 관장하였다. 또한 고대에 司祝官은 史官을 겸하였으므로 祝史라고도 하였다.

362) 본래 "祝史三人齋郎三人"의 구문은 빠져 있었으나 『職官分紀』에 의하여 보충한 것이다. 祝史는 춘추시기 晉·鄭·魯·衛·齊·隨 등에 모두 있었으며 祭祀祈禱를 관장하였다. 일설에 의하면 祝과 史는 다른 직이었다고 한다.(『左傳』 권60, 哀公: "公爲支離之卒, 因祝史揮以侵. (楊伯駿注)祝與史本二職, 此蓋揮兼二事, 故稱祝史揮") 齋郎은 제사 때의 집사를 말한다. 당에서는 太常寺 太廟와 그 소속 郊社署, 鴻臚寺 司儀署 및 五嶽·四瀆에 모두 齋郎을 두었다. 『新唐書』 選擧志에 따르면 盛唐 시기에 齋郎의 정원은 862명에 달하였다. 그 중 太廟齋郎은 5품 이상 관의 자손에서 취하였고 郊社齋郎은 6품관의 자에서 취하였다. 다만 『職官分紀』와 달리 『舊唐書』 권44, 職官3, 1924쪽 및 『新唐書』 권49하, 百官4하, 1320쪽에는 齋郎의 수가 30인으로 되어 있다.

363) 본래 "並皇朝所置"의 구문은 빠져 있었으나 역시 『職官分紀』에 의하여 보충한 것이다.

364) 당에서 五嶽·四瀆에 대한 제사일은 五時迎氣의 날, 즉 立春·立夏·季夏·立秋·立冬으로 정해져 있었고 當地의 자사 혹은 군수가 주관하였다. 가뭄이 발생했을 때는 관원을 파견하여 京城의 北郊에서 嶽鎭海瀆에 제사를 지내거나 嶽瀆이 있는 곳의 社廟에서 비를 구하는 제사를 지냈다.(『通典』 권120, 禮80, 3058쪽: "敢昭告於東方嶽鎭海瀆, 久闕時雨, 黎元恇懼, 惟神哀救蒼生, 敷降嘉液, 謹以制幣淸酌脯醢, 明薦於東方嶽鎭海瀆, 尙饗") 풍년이 들었을 때도 관원을 파견하여 嶽瀆

○ 祝史掌陳設、讀祝、行署文案.

역문 축사는 진설·축문낭독·문서처리를 관장한다.

○ 齋郎掌執俎豆及灑掃之事.

역문 재랑은 조두[365]를 운반하고 청소하는 일을 관장한다.

◎ 上關, 令一人, 從八品下; 按:『周禮』有司關上士二人, 又有尹喜爲關令; 漢有甯成爲關都尉, 並其職也. 隋代立制, 皇朝因之. 丞二人, 正九品下. 皇朝置. 錄事一人, 府二人, 史四人, 典事六人, 津吏八人.

역문 상관의 영은 1인으로 종8품하이고, 살펴보건대 『주례(周禮)』에 (지관 사도의 속관으로) 사관상사 2인이 있었고,[366] 또한 윤희가 관령이 되었으며,[367] 한에서는 영성이 관도위가 되었는데,[368] 다 (관령

의 신에게 제사를 지내 보고하였는데 開元(713~714)·天寶(742~755) 시기에 이러한 종류의 제사가 많았다.

365) 俎와 豆는 모두 고대에 제사나 연회에서 사용된 기구이다. 俎는 牲을 담는 데 사용되었고 大房·房俎라고도 하였다. 豆는 젓과 같이 젖은 것을 담는 그릇이다.

366) 『周禮』에 따르면 地官 司徒의 속관에 司關上士 2인, 中士 4인, 府 2인, 史 4인, 胥 8인, 徒 80인이 있고, 關마다 下士 2인, 府 1인, 史 2인, 徒 4인을 두었다. 司關의 임무는 관문을 출입하는 물품을 검사하고 관세를 징수하며 암거래를 조사하는 것이다. 또한 관문을 출입하는 모든 사람들에게 節과 傳을 발급하며 만약 외부의 빈객이 알현하고자 할 때에는 즉시 왕에게 보고하였다.

367) 尹喜는 字가 公度이고 函谷關 또는 散關令으로 전해진다. 『列仙傳』에 의하면 윤희는 周의 大夫로 점성술에 능했으나 남모르게 덕행을 행하여 사람들에게 알려지지 않았다고 한다. 춘추 말에 노자가 난세를 피하여 함곡관에 이르렀을 때 윤희가 도에 대해 묻자 그 답으로 적어준 책이 『道德經』이라 전해진다.(『史記』 권63, 老子韓非列傳, 2141쪽: "老子脩道德, 其學以自隱無名爲務. 居周久之, 見周之衰, 迺遂去. 至關, 關令尹喜曰, 子將隱矣, 彊爲我著書. 於是老子迺著書上下篇, 言道德之意五千餘言而去, 莫知其所終")

의) 직임이다. 수에서는 (정식으로) 제도를 만들었고,[369] 당은 이를 따랐다.[370] 승은 2인으로 정9품하이다. 당에서 (승을) 두었다. 녹사는 1인이고, 부는 2인이며, 사는 4인이고, 전사는 6인이며, 진리는 8인이다.

○ 中關, 令一人, 正九品下; 丞一人, 從九品下. 錄事一人, 府一人, 史二人, 典事四人, 津吏六人.

역문 중관의 영은 1인으로 정9품하이고, 승은 1인으로 종9품하이다. 녹사는 1인이고, 부는 1인이며, 사는 2인이고, 전사는 4인이며, 진리는 6인이다.

○ 下關, 令一人, 從九品下. 府一人, 史二人, 典事二人, 津吏四人.

역문 하관의 영은 1인으로 종9품하이다. 부는 1인이고, 사는 2인이며, 전사는 2인이고, 진리는 4인이다.

---

368) 寗成은 河陽穰(지금의 河南 鄧縣) 사람으로 景帝 때 郎謁者로 있다가 濟南都尉로 승진하였고 후에 中尉로 되었으며, 武帝 때 內史가 되었다. 성품이 성급하고 엄격하여 『史記』와 『漢書』의 酷吏傳에 입전되었다. 『史記』에는 '寗成'으로 되어 있다. 關都尉는 『漢書』 百官公卿表에 '秦官'으로 되어 있는데 王先謙 注에 '函谷關 都尉'라고 하였다. 『漢書』 권28下, 地理下, 1614쪽에 따르면 敦煌郡에는 陽關都尉를 두어 陽關을 다스렸고 玉門都尉는 玉門關을 다스렸다고 하여, 漢의 邊郡에는 關都尉가 있었음을 알 수 있다. 그러나 寗成이 關都尉라는 기록은 『史記』와 『漢書』에 모두 보이지 않고 濟南都尉로 나와 있다.

369) 『隋書』 권28, 百官下, 784쪽: "關, 置令·丞. 其制, 官屬各立三等之差."

370) 당에는 모두 26關이 있었다. 上關 6개(京兆府 藍田關, 華州 潼關, 同州 蒲津關, 岐州 散關, 隴州 大震關, 原州 隴山關), 中關 13개(京兆府 子午·駱谷·庫谷 3관, 同州 龍門關, 會州 會寧關, 原州 木峽關, 石州 孟門關, 嵐州 合河關, 雅州 邛萊關, 彭州 蠶涯關, 安西 鐵門關, 興州 興城關, 華州 渭津關), 下關 7개(梁州 甘亭·百牢 2관, 河州 鳳林關, 利州 石門關, 延州 永和關, 綿州 松嶺關, 龍州 涪水關)이다.(『唐六典』 권6, 尙書刑部 司門郎中 員外郎, 195~196쪽)

○ 關令掌禁末遊, 伺姦慝. 凡行人車馬出入往來, 必據過所以勘之.

역문 관령은 행상을 금지하고, 가지고 갈 수 없는 물건이나 물건을 숨기는 것을 규찰하는 일을 관장한다.371) 무릇 행인과 거마가 출입 왕래할 때는 반드시 과소에 의거하여 대조 확인한다.372)

○ 丞掌付事勾稽, 監印, 省署抄目, 通判關事.

역문 승은 공문서를 발부하고 문서 처리 중의 지체와 과실을 심사하며, 인장(의 보관과 사용)을 감독하고, 문서를 검토하여 서명하고 그 목록을 등록하며, 관 내부의 일을 통판하는 것을 관장한다.

○ 錄事掌受事發辰, 勾檢稽失.

역문 녹사는 공문서를 접수한 일시를 기록하고 공문서 처리 중의 지체나 과실을 심사하는 것을 관장한다.

○ 典事掌巡劖鋪及雜當.

---

371) 末遊는 돌아다니면서 판매하는 상인을 가리킨다. 상인에 대한 關禁은 고대 농업사회에서 장기간 시행되었다. 『左傳』 文公 2년조의 '廢六關'에 대한 杜預 注에 "塞關·陽關之屬, 凡六關, 所以禁絶末遊, 以廢之"라 하였다. 당대의 관금에 대해서는 『唐六典』 권6, 尙書刑部 司門郎中 員外郎, 195~196쪽(『역주당육전(중)』 권6, 상서형부 사문낭중 원외랑, 628~629쪽) 참조.

372) 過所는 지금의 통행증과 같은 것으로 여행자는 관문을 통과할 때 과소를 제시해야 하는데, 먼저 刑部 司門司에 과소를 신청하면 京師 거주자는 도성에서 발급하고 지방 거주자는 州에서 발급하였다. 과소에는 여행자 및 從者의 신분·성명·연령·행선지·여행 목적 등이 기재되었다. 한에서는 傳이라고 하였고 당에서는 過所라고 하였다. 행인의 왕래에는 과소를 포함하여 해당 공문이 있어야 했으며, 공문이 없이 사사로이 관문을 통과했을 경우 처벌되었다.(주232) 참조)

역문 전사는 (정해진 구역을) 순시하면서 관내의 도로 정리와 기타 잡무를 관장한다.[373)]

○ 津吏掌橋舟公之事. 無津則不置.

역문 진리는 교량과 배에 관한 일을 관장한다.[374)] 진이 없으면 두지 않는다.

『唐六典』載古官制度, 備因革, 成一王書, 可爲後世標準. 比緣兵火, 所在闕文. 棫承乏永嘉, 得本於州學教授張公, 同以白 太守徽學新安程公, 一見肅然, 曰:周公之典, 所謂設官分職, 以爲民極, 蓋具體矣. 其階品有制, 其尊卑有序, 其名官有義. 公等能廣其傳, 則

朝廷於焉若稽, 縉紳於焉矩儀, 士子於焉講究, 一擧三得, 不其偉歟! 因命張公校其訛闕, 而棫募工鏤板, 幾年有成, 乃藏諸學, 以傳久遠, 資其直以養士類.

紹興四年, 歲次甲寅, 七月戊申朔. 左文林郎充溫州州學教授張希亮

---

373) 巡剗鋪는 『新唐書』 百官志에 '巡薙'로 되어 있다. 순시를 하면서 잡초를 제거하여 범죄자가 숨어 있지 못하게 함으로써 정찰하고 추적하여 체포한다는 의미이다. 雜當은 雜務를 말한다.

374) 『新唐書』 권49下, 百官4下, 1321쪽: "上津置尉一人, 掌舟梁之事, 府一人, 史二人, 津長四人. 下津, 尉一人, 府一人, 史二人, 津長二人. 永徽中, 廢津尉, 上關置津吏八人. 永泰元年, 中關置津吏六人, 下關四人, 無津者不置." 당에서 津을 통과하는 방법은 다리를 통하여 건너는 방법과 배를 이용하여 건너는 방법이 있었다. 다리에는 배로 만든 것, 돌기둥으로 만든 것, 나무기둥으로 만든 것 등이 있었고 津關·濟州津·平陰津·風陵津 등의 규모가 큰 津에서는 渡船을 두어 건너게 하였다. 뱃사공으로는 근처의 殘疾者나 中男 중에서 물길을 잘 아는 자로 충당하였다. 『唐六典』 권7, 尙書工部 水部郎中, 226~227쪽(『역주당육전(상)』 권7, 상서공부 수부낭중, 688~691쪽) 참조.

校正, 左宣教郎知溫州永嘉縣主管勸農公事詹棫題誌

역문 『당육전』은 고대 관리 제도를 기재한 것으로 (제도의) 연혁이 갖추어져 있어 일대의 왕서를 이루니 후세의 표준이 될 만합니다. 근래에 전란으로 인하여 곳곳에서 관련 기록이 누락되어 있습니다. 역〔詹棫〕이 영가현에 임명되었을 때 주학교수 장공〔장희량〕에게서 『당육전』을 얻어 (저희) 두 사람이 휘학계파인 신안 정 태수에게 보고하였더니 첫눈에 살펴보고 엄숙하게 말하기를 "(『당육전』은) 주공의 법도로서 이른바 관서를 설치하고 직책을 나누는 것이니, 나라의 준칙으로 삼을 만하고 대체로 체제도 갖추어져 있다. 그 품계에 규정이 있고 존비에 순서가 있으며, 관명에 의리가 있다. 그대들이 널리 전할 수 있다면

조정에서는 이것을 참고로 하고, 고관들은 이것을 법도로 하며, 학자들은 이것을 연구할 것이므로 일거삼득이니 훌륭한 일이 아니겠는가!"라고 하였습니다. 그리고서 장공에게 명하여 착오 부분과 결손 부분을 교감하게 하고, 역〔詹棫〕에게는 공인을 모집하여 조판하게 해서 수년 만에 (책이) 완성되니, 마침내 모든 학관에 보관하고 후세에 길이 전하여 학자를 양성하는 데 도움이 되게 하였습니다.

(남송 고종) 소흥 4년 갑인년(1134) 7월 무신 초하루. 좌문림랑 충온주주학교수 장희량이 교정하고, 좌선교랑 지온주영가현주관권농공사 첨역이 적습니다.

附　録

索 引

[ㄴ]

[ㅋㅌ]